海城中学校

〈収録内容〉

※一般①の国語の大問一は、問題に使用された作品の著作権者が二次使用の許可を出していないため、問題を掲載しておりません

便利な DL コンテンツは右の QR コードから

国語の問題は
紙面に掲載

⇒

※データのダウンロードは 2025 年 3 月末日まで。
※データへのアクセスには、右記のパスワードの入力が必要となります。 ⇒ 544490

〈合格最低点〉

	一般①	一般②		一般①	一般②
2024年度	242点	267点	2020年度	247点	234点
2023年度	250点	245点	2019年度	253点	249点
2022年度	245点	267点	2018年度	235点	231点
2021年度	241点	258点	2017年度	232点	231点

本書の特長

実戦力がつく入試過去問題集

- ▶ 問題 …………… 実際の入試問題を見やすく再編集。
- ▶ 解答用紙 …… 実戦対応仕様で収録。
- ▶ 解答解説 …… 詳しくわかりやすい解説には、難易度の目安がわかる「基本・重要・やや難」の分類マークつき（下記参照）。各科末尾には合格へと導く「ワンポイントアドバイス」を配置。採点に便利な配点つき。

入試に役立つ分類マーク

基本 確実な得点源！
受験生の 90％以上が正解できるような基礎的、かつ平易な問題。
何度もくり返して学習し、ケアレスミスも防げるようにしておこう。

重要 受験生なら何としても正解したい！
入試では典型的な問題で、長年にわたり、多くの学校でよく出題される問題。
各単元の内容理解を深めるのにも役立てよう。

やや難 これが解ければ合格に近づく！
受験生にとっては、かなり手ごたえのある問題。
合格者の正解率が低い場合もあるので、あきらめずにじっくりと取り組んでみよう。

合格への対策、実力錬成のための内容が充実

- ▶ 各科目の出題傾向の分析、合否を分けた問題の確認で、入試対策を強化！
- ▶ その他、学校紹介、過去問の効果的な使い方など、学習意欲を高める要素が満載！

解答用紙ダウンロード 解答用紙はプリントアウトしてご利用いただけます。弊社ＨＰの商品詳細ページよりダウンロードしてください。トビラのＱＲコードからアクセス可。

UD FONT 見やすく読みまちがえにくいユニバーサルデザインフォントを採用しています。

海城中学校

生徒数　991名
〒169-0072
東京都新宿区大久保3-6-1
☎03-3209-5880
山手線新大久保駅　徒歩５分
副都心線西早稲田駅　徒歩８分

中高一貫を効果的に生かし
コース別教育で、個性を尊重
校外活動で心身の健全を図る

URL	https://www.kaijo.ed.jp/

剛健でリベラルな校風の進学校

グローバルな視野を持ち、社会人としてバランスのとれた、21世紀を担う「新しい紳士」を育てることを目標としている。「国家、社会に有為な人材を育成する」という建学の精神と、「質実剛健・リベラルでスマート」な校風を、１世紀以上の歴史を持つ現在も受け継ぐ伝統校。「高い知性と豊かな情操を身につけ、国際社会においてリーダーとして活躍する人間の育成」に努めている。

1891（明治24）年、海軍予備校として発足。1899年、日比谷中学校を併設。1947（昭和22）年に新制海城中学校、翌年には新制海城高等学校が発足した。

全館 Wi-Fi 完備 豊かな教育環境

伝統あるキャンパスには、約13,000㎡の広い人工芝グラウンド、図書館、理科・音楽・美術・書道などの各教室、プール、弓道場などの施設がある。また、空調完備のアリーナ、カフェテリア、ICT LAB.など、高いレベルの授業に応じた機能を完備している。2006年には、耐震、免震、制震機能を備えた校舎が完成。2016年には全教室に電子黒板機能付のプロジェクターとホワイトボードが設置され Wi-Fi 環境も整えられた。2021年夏には新理科館が完成し、理科教育・STEAM 教育の一層の充実を図る。

充実した施設で文武両道を育てる

生きた英語教育 高2より2コース制

一貫教育の利点を生かし、中学から高校１年次までは柔軟な思考力と応用力を身につけることを目標に、基礎学力の充実に重点を置く。国・数・英に力を入れ、いずれも週５～６時間の授業をあてている。特に英語は、ネイティブ・スピーカーによる、1クラスを2分割した少人数授業も行われる。

高校２年次より、生徒個々の適性・進路に応じて文科コースと理科コースの２つのコースカリキュラムを用意している。海城の教育の基本的な考え方である「バランスのとれた授業」を実践するために、すべての教科を履修しつつも、文科コースでは国・英・社に、理科コースでは数・理に力を入れた授業を展開している。

新しい人間力を 育成するPAやDE

価値観の多様化やグローバル化が進む現代社会で新しい人間力として重要視されるコミュニケーション能力やコラボレーション能力のイロハを、中１・中２年次に、PA（プロジェクト・アドベンチャー）やDE（ドラマ・エデュケーション）といった体験学習プログラムによってまずは身につける。その下地の上で、人間力をさらに高めるべく、生徒たちは学校行事・生徒会活動に積極的に参加する。

自主性と判断能力を養うために、生徒会活動、特にクラブ活動を奨励している。中・高を合わせ、文化系28、体育系17のクラブ・同好会がある。

中学から高校への進級時にはアメリカで、高校１・２年次の夏休みにはイギリスでの海外語学研修も実施。

海外研修

思春期にある生徒のために、相談活動の充実を図っている。生徒・保護者を対象に、週４日専門カウンセラーによる学習や日常生活に関わる幅広い相談の場を設け、安定した学校生活ができるように努めている。

東大に多数合格 トップレベルの進学実績

毎年卒業生全員が進学を希望し、ほぼ全員が一流大学に進学するという高い実績を誇る。コンピュータを設置した専用進路相談室では、進学指導のための徹底した分析が行われている。

2023年度は東大31名、京都大６名、一橋大９名、東京工業大９名など、国公立大に134名、早稲田大106名、慶應義塾大90名、東京理科大90名、上智大27名など、私立大に547名が現役合格。医・歯・薬科系に多くの合格者があるのも特徴だ。

2024年度入試要項

試験日　1/7（帰国生）　2/1（一般①）
2/3（一般②）

試験科目　国・算＋面接か国・算・英＋面接（帰国生）
国・算・理・社（一般①・②）

2024年度	募集定員	受験者数	合格者数	競争率
一般①	145	477	160	3.0
一般②	145	1005	336	3.0
帰国生	30	146	54	2.7

過去問の効果的な使い方

① **はじめに**　ここでは，受験生のみなさんが，ご家庭で過去問を利用される場合の，一般的な活用法を説明していきます。もし，塾に通われていたり，家庭教師の指導のもとで学習されていたりする場合は，その先生方の指示にしたがって，過去問を活用してください。その理由は，通常，塾のカリキュラムや家庭教師の指導計画の中に過去問学習が含まれており，どの時期から，どのように過去問を活用するのか，という具体的な方法がそれぞれの場合で異なるからです。

② **目的**　言うまでもなく，志望校の入学試験に合格することが，過去問学習の第一の目的です。そのためには，それぞれの志望校の入試問題について，どのようなレベルのどのような分野の問題が何問，出題されているのかを確認し，近年の出題傾向を探り，合格点を得るための試行錯誤をして，各校の入学試験について自分なりの感触を得ることが必要になります。過去問学習は，このための重要な過程であり，合格に向けて，新たに実力を養成していく機会なのです。

③ **開始時期**　過去問との取り組みは，通常，全分野の学習が一通り終了した時期，すなわち6年生の7月から8月にかけて始まります。しかし，各分野の基本が身についていない場合や，反対に短期間で過去問学習をこなせるだけの実力がある場合は，9月以降が過去問学習の開始時期になります。

④ **活用法**　各年度の入試問題を全問マスターしよう，と思う必要はありません。完璧を目標にすると挫折しやすいものです。できるかぎり多くの問題を解けるにこしたことはありませんが，それよりも重要なのは，現実に各志望校に合格するために，どの問題が解けなければいけないか，どの問題は解けなくてもよいか，という眼力を養うことです。

算数

どの問題を解き，どの問題は解けなくてもよいのかを見極めるには相当の実力が必要になりますし，この段階にいきなり到達するのは容易ではないので，この前段階の一般的な過去問学習法，活用法を2つの場合に分けて説明します。

☆偏差値がほぼ55以上ある場合

掲載順の通り，新しい年度から順に年度ごとに3年度分以上，解いていきます。

ポイント1…問題集に直接書き込んで解くのではなく，各問題の計算法や解き方を，明快にわかるように意識してノートに書き記す。

ポイント2…答えの正誤を点検し，解けなかった問題に印をつける。特に，解説の 基本 重要 がついている問題で解けなかった問題をよく復習する。

ポイント3…1回目にできなかった問題を解き直す。同様に，2回目，3回目，…と解けなければいけない問題を解き直す。

ポイント4…難問を解く必要はなく，基本をおろそかにしないこと。

☆偏差値が50前後かそれ以下の場合

ポイント1～4以外に，志望校の出題内容で「計算問題・一行問題」の比重が大きい場合，これらの問題をまず優先してマスターするとか，例えば，大問[2]までをマスターしてしまうとよいでしょう。

理科

理科は1から順番に解くことにほとんど意味はありません。理科は，性格の違う4つの分野が合わさった科目です。また，同じ分野でも単なる知識問題なのか，あるいは実験や観察の考察問題なのかによってもかかる時間がずいぶんちがいます。記述，計算，描図など，出題形式もさまざまです。ですから，解く順番の上手，下手で，10点以上の差がつくこともあります。

過去問を解き始める時も，はじめに1回分の試験問題の全体を見通して，解く順番を決めましょう。得意分野から解くのもよいでしょう。短時間で解けそうな問題を見つけて手をつけるのも効果的です。くれぐれも，難問に時間を取られすぎないように，わからない問題はスキップして，早めに全体を解き終えることを意識しましょう。

社会

社会は1から順番に解いていってかまいません。ただし，時間のかかりそうな，「地形図の読み取り」，「統計の読み取り」，「計算が必要な問題」，「字数の多い論述問題」などは後回しにするのが賢明です。また，3分野（地理・歴史・政治）の中で極端に得意，不得意がある受験生は，得意分野から手をつけるべきです。

過去問を解くときは，試験時間を有効に活用できるよう，時間は常に意識しなければなりません。ただし，時間に追われて雑にならないようにする注意が必要です。“誤っているもの”を選ぶ設問なのに“正しいもの”を選んでしまった，“すべて選びなさい”という設問なのに一つしか選ばなかったなどが致命的なミスになってしまいます。問題文の“正しいもの”，“誤っているもの”，“一つ選び”，“すべて選び”などに下線を引いて，一つ一つ確認しながら問題を解くとよいでしょう。

過去問を解き終わったら，自己採点し，受験生自身でふり返りをしましょう。できなかった問題については，なぜできなかったのかについての分析が必要です。例えば，「知識が必要な問題」ができなかったのか，「問題文や資料から判断する問題」ができなかったのかで，これから取り組むべきことも大きく異なってくるはずです。また，正解できた問題も，「勘で解いた」，「確信が持てない」といったときはふり返りが必要です。問題集の解説を読んでも納得がいかないときは，塾の先生などに質問をして，理解するようにしましょう。

国語

過去問に取り組む一番の目的は，志望校の傾向をつかみ，本番でどのように入試問題と向かい合うべきか考えることです。素材文の傾向，設問の傾向，問題数の傾向など，十分に研究していきましょう。

取り組む際は，まず解答用紙を確認しましょう。漢字や語句問題の量，記述問題の種類や量などが，解答用紙を見て，わかります。次に，ページをめくり，問題用紙全体を確認しましょう。どのような問題配列になっているのか，問題の難度はどの程度か，などを確認して，どの問題から取り組むべきかを判断するとよいでしょう。

一般的に「漢字」→「語句問題」→「読解問題」という形で取り組むと，効率よく時間を使うことができます。

また，解答用紙は，必ず，実際の大きさのものを使用しましょう。字数指定のない記述問題などは，解答欄の大きさから，書く量を考えていきましょう。

――出題傾向と対策
合否を分けた問題の徹底分析――

出題傾向と内容

出題分野1 〈数と計算〉

「四則計算」・「数の性質」の問題が，毎年，出題されている。「四則計算」では，計算の工夫が試される。

2 〈図形〉

「平面図形」・「立体図形」の問題は毎年，出題されており，「相似」・「図形や点の移動」の出題率も高い。

3 〈速さ〉

「速さの三公式と比」の問題が，ほぼ毎年，出題されており，かなり難度の高い問題も含まれている。「旅人算」が出題されやすく，「流水算」は出題率が低い。

4 〈割合〉

「割合と比」の問題が毎年，出題されている。難しい「濃度」の問題や，あるいは，他の分野との融合問題として出題され，「速さの三公式と比」などで，「比」の利用が試される。

5 〈推理〉

「論理・推理」・「場合の数」・「規則性・N 進法」の出題率が高い。「場合の数」が難しい。

6 〈その他〉

難しめの「消去算」の問題が，かなり出題されている。

出題率の高い分野

❶平面図形・面積　❷割合と比　❸立体図形・体積　❹場合の数　❺数の性質

来年度の予想と対策

出題分野1 〈数と計算〉…「規則性」・「演算記号」と組み合わされた「数の性質」が出題されることがある。「四則計算」では常に「計算の工夫」を心がけよう。

2 〈図形〉…「平面」「立体」「相似」の応用問題，融合問題を練習しよう。過去問で「図形」の問題だけ，連続して解いてみると，年度による難度の差がわかり，参考になる。かなり難しい「図形」問題でも，小問によっては基本レベルの出題があるので，問題をよく読みヒントを探して試行錯誤することが重要である。

3 〈速さ〉…比を使う「旅人算」の解き方を練習しよう。近年，出題されていない分野の応用レベルの練習も必要である。

4 〈割合〉…「速さの比」「面積比」「比の文章題」の応用問題を練習しよう。

5 〈推理〉…「論理・推理」・「場合の数」・「数列・規則性」，その他の応用問題を，基本を固めたうえで練習しよう。年度により，「場合の数」の内容が難しい。

6 〈その他〉…難しい「消去算」の解き方，操作をマスターしよう。「差集め算」「鶴カメ算」，その他の応用問題を練習しよう。

学習のポイント

●大問数6題　小問数20題前後　　●試験時間50分　満点120点

●標準問題からさらに上の問題が出題されるが，基本を固めることが第一のポイント。

年度別出題内容の分析表 算数

（よく出ている順に，☆◎○の3段階で示してあります。）

	出題内容	27年		28年		29年		30年		2019年	
		①	②	①	②	①	②	①	②	①	②
数と計算	四則計算	○	○	○	○	○	○	○	○	○	○
	単位の換算					○			○		
	演算記号・文字と式									☆	
	数の性質	○	○	☆	○	☆	◎	☆	☆	☆	☆
	概　数										
図形	平面図形・面積	☆	☆	☆	☆	☆	☆	☆	☆	☆	☆
	立体図形・体積と容積	☆	☆	○	☆	☆	☆	◎	☆	☆	◎
	相似（縮図と拡大図）	☆	☆	☆	☆	☆	☆	◎	◎	○	☆
	図形や点の移動・対称な図形		☆			◎		☆	◎	◎	
	グラフ	☆	☆	☆	☆	◎			○		
速さ	速さの三公式と比		◎	☆	◎	☆	☆	◎	◎	○	◎
	旅人算		○	◎	◎			○	○		◎
	時計算										
	通過算					☆	○				
	流水算									○	
割合	割合と比	☆	☆	◎	○	☆	◎	☆	◎	◎	☆
	濃　度		☆	○		○				○	○
	売買算										○
	相当算										
	倍数算・分配算	○			○						
	仕事算・ニュートン算								○		
	比例と反比例・2量の関係										
推理	場合の数・確からしさ	☆		☆	☆		☆	☆	◎	◎	☆
	論理・推理・集合					◎					
	数列・規則性・N進法	☆	☆	◎	○	☆					
	統計と表			◎		☆					
その他	和差算・過不足算・差集め算						◎	○	○		○
	鶴カメ算								○	○	
	平均算									○	
	年令算										
	植木算・方陣算										
	消去算	○		◎	○		○		◎	○	☆

海城中学校

（よく出ている順に，☆◎○の3段階で示してあります。）

出題内容		2020年		2021年		2022年		2023年		2024年	
		①	②	①	②	①	②	①	②	①	②
数と計算	四則計算	○	○	○	○	○	○	○	○	○	○
	単位の換算	◎	○		○	◎			◎		
	演算記号・文字と式			☆			☆				
	数の性質	○	○	○		☆	☆	☆	○	◎	○
	概　数										
図形	平面図形・面積	☆	☆	☆	☆	☆	☆	☆	☆	☆	☆
	立体図形・体積と容積	☆	☆	☆	◎	☆	☆	○	☆	◎	◎
	相似（縮図と拡大図）		○		○	☆		☆		☆	
	図形や点の移動・対称な図形				☆			☆	☆		◎
	グラフ		☆			◎					
速さ	速さの三公式と比	☆		◎	◎	◎	◎		☆	☆	☆
	旅人算	○		◎						☆	
	時計算	☆							○		☆
	通過算								○		
	流水算										
割合	割合と比	☆	☆	☆	☆	☆	☆	☆	☆	☆	☆
	濃　度	○		☆	◎	○	○	○		○	
	売買算										◎
	相当算		○		○						
	倍数算・分配算										
	仕事算・ニュートン算		◎			○				☆	○
	比例と反比例・2量の関係		○								
推理	場合の数・確からしさ	☆	☆	☆	☆	◎	☆	○	☆	○	☆
	論理・推理・集合									☆	
	数列・規則性・N進法			◎	○	◎		◎			☆
	統計と表										
その他	和差算・過不足算・差集め算						○				
	鶴カメ算	○							○	○	
	平均算										
	年令算									○	
	植木算・方陣算										
	消去算		○	○			◎	○		○	○

海城中学校

2024年度 海城中学校 合否を分けた問題 算数

一般① 1 (4)〈数の性質〉

「約数の個数が奇数である整数」，具体的には「約数の個数が9個である整数」の問題であり．「平方数」の性質が問われている。

【問題】

100以上300以下の整数のうち，約数の個数が9個である整数をすべて求めなさい。

【考え方】

100～300までの平方数

約数が3個 ↘　↙ 約数が3個

…10×10＝100＝4×25，11×11＝121，12×12＝144＝4×4×9，
13×13＝169，14×14＝196＝4×49，15×15＝225＝9×25，
16×16＝256＝2×2×2×2×2×2×2×2，17×17＝289

したがって，約数が9個である整数は
「素数の平方数」×「素数の平方数」である100，196，225と
「同じ素数を8個かけ合わせた数」である256

受験生に贈る「数の言葉」――――――――「ガリヴァ旅行記のなかの数と図形」

作者　ジョナサン・スウィフト（1667～1745）

…アイルランド　ダブリン生まれの司祭

リリパット国…1699年11月，漂流の後に船医ガリヴァが流れ着いた南インド洋の島国

①人間の身長…約15cm未満　②タワーの高さ…約1.5m
③ガリヴァがつながれた足の鎖の長さ…約1.8m　④高木の高さ…約2.1m
⑤ガリヴァとリリパット国民の身長比…12：1　⑥ガリヴァとかれらの体積比…1728：1

ブロブディンナグ国…1703年6月，ガリヴァの船が行き着いた北米の国

①草丈…6m以上　②麦の高さ…約12m　③柵（さく）の高さ…36m以上
④ベッドの高さ…7.2m　⑤ネズミの尻尾（しっぽ）…約1.77m

北太平洋の島国…1707年，北緯46度西経177度に近い国

王宮内コース料理　①羊の肩肉…正三角形　②牛肉…菱形　③プディング…サイクロイド形
④パン…円錐形（コーン）・円柱形（シリンダ）・平行四辺形・その他

2023年度 海城中学校 合否を分けた問題 算数

一般① ③ (2)〈平面図形・相似・割合と比〉

よく出る問題であり，これらの問題をマスターしてしまおう。
理解してしまえば，難しい問題ではない。

【問題】

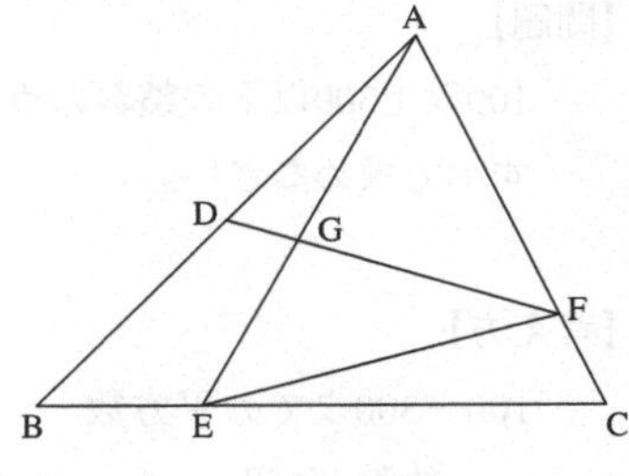

右図のような三角形ABCにおいて，辺ABのまん中の点をD，辺BCを2：5に分ける点をE，辺CAを1：3に分ける点をFとし，AEとDFの交わった点をGとする。

(2) DG：GFを最も簡単な整数の比で求めなさい。

【考え方】

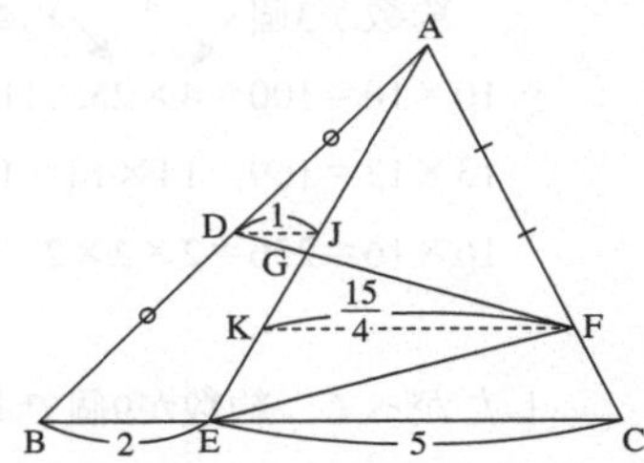

三角形ADJとABE…相似比が1：2であり，DJの長さは1

三角形AKFとAEC…相似比が3：4であり，

$$KFの長さは5\div4\times3=\frac{15}{4}$$

したがって，DG：GFは1：$\frac{15}{4}$=4：15

受験生に贈る「数の言葉」―――――――――――― バートランド・ラッセル(1872～1970)が語るピュタゴラス(前582～496)とそのひとたちのようす(西洋哲学史)

①ピュタゴラス学派のひとたちは，地球が球状であることを発見した。

②ピュタゴラスが創った学会には，男性も女性も平等に入会を許された。
財産は共有され，生活は共同で行われた。科学や数学の発見も共同のものとみなされ，ピュタゴラスの死後でさえ，かれのために秘事とされた。

③だれでも知っているようにピュタゴラスは，すべては数である，といった。
かれは，音楽における数の重要性を発見し，設定した音楽と数学との間の関連が，数学用語である「調和平均」，「調和級数」のなかに生きている。

④五角星は，魔術で常に際立って用いられ，この配置は明らかにピュタゴラス学派のひとたちにもとづいており，かれらは，これを安寧とよび，学会員であることを知る象徴として，これを利用した。

⑤その筋の大家たちは以下の内容を信じ，かれの名前がついている定理をかれが発見した可能性が高いと考えており，それは，直角三角形において，直角に対する辺についての正方形の面積が，他の2辺についての正方形の面積の和に等しい，という内容である。
とにかく，きわめて早い年代に，この定理がピュタゴラス学派のひとたちに知られていた。かれらはまた，三角形の角の和が2直角であることも知っていた。

2022年度 海城中学校 合否を分けた問題 算数

一般① 1 (4)〈ニュートン算・割合と比〉

「ニュートン算」の問題であるが，型通りの問題設定にはなっていない。「3分間に8人」，「2分間に5人」という内容を使って解答まで到達できるかどうかかポイントになる。

【問題】

ある店に，午後6時に何人かの客がおり，一定の割合で客が来店する。
3分間に8人の割合で客が出ていくと，午後7時51分に客がいなくなる。
2分間に5人の割合で客が出ていくと，午後8時28分に客がいなくなる。
午後6時にいた客は何人か。

【考え方】

6時から7時51分までに出ていった客…$8\times(60+51)\div3=296$(人)
6時から8時28分までに出ていった客…$5\times(120+28)\div2=370$(人)

7時51分から8時28分までに1分で来店した客
…$(370-296)\div(60+28-51)=74\div37=2$(人) ☆ここがポイント

したがって，6時までに来店した客は$296-2\times(60+51)=74$(人)
【別解】$370-2\times(120+28)=74$(人)

受験生に贈る「数の言葉」

数学者の回想　高木貞治1875～1960

数学は長い論理の連鎖だけに，それを丹念にたどってゆくことにすぐ飽いてしまう。論理はきびしいものである。例えば，1つの有機的な体系というか，それぞれみな連関して円満に各部が均衡を保って進んでゆかぬかぎり，完全なものにはならない。

ある1つの主題に取り組み，どこか間違っているらしいが，それがはっきり判明せず，もっぱらそればかりを探す。神経衰弱になりかかるぐらいまで検討するが，わからぬことも多い。夢で疑問が解けたと思って起きてやってみても，全然違っている。そうやって長く間違いばかりを探し続けると，その後，理論が出来ても全く自信がない。そんなことを多々経験するのである。(中略)

技術にせよ学問にせよ，その必要な部分だけがあればよいという制ちゅう(限定)を加えられては，絶対に進展ということはあり得ない。「必要」という考え方に，その必要な1部分ですらが他の多くの部分なくして成り立たぬことを理解しようとしないことがあれば，それは全く危険である。

――出題傾向と対策
合否を分けた問題の徹底分析――

出題傾向と内容

毎年，大問4題の出題であり，分野は理科の4分野すべてからほぼ均等に出題されている。教科書で学ぶ知識をもとに，実践的な応用力を試す出題となっている。

どの問題も単に小問を集めたものではなく，1つのテーマに沿って出題され，実験や観察をもとにした問題で，条件設定などを説明するため設問の文章は長めになっており，確実な基礎力とそれを応用する思考力を試すという意図がうかがえる。記述式の問題の出題数も多い。単に結果の暗記だけでなく，そこに至る過程(分析力・考察力・判断力・表現力)を重視している。

生物的領域 2022年はマグロを題材にした問題で，生態系に関する内容も含まれていた。2023年はメダカの発生に関する問題と，ザリガニの捕食の問題であった。論述式の問題が出題された。今年は昆虫と花の受粉に関する問題で，与えられたデータや表などから結論を導きだす思考力を要する問題であった。単に生物用語を覚えているだけでは対応できない。観察や実験の結果から何がわかるかを常に考える習慣を身に付けたい。

地学的領域 2022年は気象の問題で，観測データから結論を推測する問題，2023年は岩石の風化に関する実験に基づく問題であった。2024年は地学の総合問題であった。問題文のポイントを理解するのが難しい問題であった。出題形式は多岐にわたるので，過去の入試問題をよく練習することも大切である。

化学的領域 2022年は反応速度に関する，あまり出題されない内容の問題，2023年は乾燥剤と鉄に関する問題であった。今年は溶解度に関する問題であった。水和物に関する問題は小学生のレベルを超えるもので，正解するのは難しいと思われる。過去には水溶液・気体に関する問題が多いが，偏りのない学習が必要である。記述問題・グラフ作成などの形式もあり，幅広い応用力が求められる。

物理的領域 2022年はレンズに関する問題，2023年は回路と電流に関する問題で，グラフの作図が必要な問題であった。今年は音の性質に関するやや難しい内容であった。計算問題はレベルの高い内容であり，事前に問題集などで十分な演習を行うことが大切である。

学習のポイント

●問題文が比較的長いものが多い。基礎的な知識を応用する力と読解力が重要である。

来年度の予想と対策

幅広い理科の知識が必要である。表やグラフから傾向を読み取る力や，図から考えられる結論を導く力が求められる。そうして導いた答えを簡潔な文章にまとめる国語力も必要である。そのためにも，普段の演習で記述形式の問題を解いて，慣れておくことが重要である。これまでの過去問を解くなどして練習を行うとよい。

生物分野では，観察や実験を中心とした図や表を使った出題が予想されるので，植物や昆虫・動物の特徴を図鑑や資料で調べ，実際の例など具体的な知識も知っておきたい。化学の分野はこの数年難問が多い。水溶液や気体の発生に関する出題が多いので，各々の性質，金属と水溶液の反応，その時発生する気体などについてまとめておくとよい。また，溶解度や気体の発生量に関する計算問題などに慣れておきたい。地学分野では，気象，月や星の動きに関して理解を深めたい。物理分野の計算問題では難易度の高い問題もあり，問題集で十分に演習をしておいてほしい。

難問も出題されるが，合否を左右するのは基本的な問題をいかにミスなく解くかである。試験時間は45分で比較的余裕があるが，難問に時間を取られすぎにないように注意し，できる問題で確実に得点するようにしたい。

年度別出題内容の分析表　理科

（よく出ている順に，☆◎○の3段階で示してあります。）

出題内容		27年		28年		29年		30年		2019年	
		①	②	①	②	①	②	①	②	①	②
生物的領域	植物のなかま				◎		☆		☆		
	植物のはたらき									☆	
	昆虫・動物		☆	○	◎					☆	☆
	人　体	☆		☆		☆					○
	生態系							☆			
地学的領域	星と星座		☆			☆					
	太陽と月							☆			☆
	気　象	☆		☆		○			☆		
	地層と岩石						☆			☆	○
	大地の活動				☆						
化学的領域	物質の性質						☆	☆	◎	☆	◎
	状態変化		○	◎						○	
	ものの溶け方	◎		◎							
	水溶液の性質	○									
	気体の性質				○	☆			◎		◎
	燃　焼		○		☆				○		
物理的領域	熱の性質			○							
	光や音の性質			☆		○	☆				
	物体の運動									☆	
	力のはたらき	☆				☆			☆		☆
	電流と回路				☆				☆		
	電気と磁石										
その他	実験と観察		☆	☆	☆			◎	◎	◎	
	器具の使用法		○						○		◎
	環　境			○							
	時　事			○							
	その他										

海城中学校

（よく出ている順に，☆◎○の3段階で示してあります。）

	出題内容	2020年		2021年		2022年		2023年		2024年	
		①	②	①	②	①	②	①	②	①	②
生物的領域	植物のなかま	☆			☆						
	植物のはたらき									○	
	昆虫・動物		○	☆		☆	☆	☆		☆	
	人　体						○		☆		☆
	生態系					◎		○			
地学的領域	星と星座		○								○
	太陽と月		○				☆			○	◎
	気　象			☆		☆					
	地層と岩石	○	○		○			☆	☆	○	
	大地の活動										
化学的領域	物質の性質										
	状態変化		○		◎						
	ものの溶け方		☆	◎						☆	
	水溶液の性質	☆		◎			☆				◎
	気体の性質				☆	◎		☆			◎
	燃　焼								☆		
物理的領域	熱の性質	☆			☆	○					
	光や音の性質		☆	☆		☆				☆	
	物体の運動						☆				
	力のはたらき								☆		☆
	電流と回路							☆			
	電気と磁石										
その他	実験と観察	☆		☆		☆		☆	☆	☆	☆
	器具の使用法										
	環　境		○					○			
	時　事		○	○	○						
	その他		◎							○	

2024年度 海城中学校 合否を分けた問題 理科

●一般①　この問題で，これだけは取ろう！

1.	光や音の性質	標準～やや難	後半の計算問題はやや難である。前半部分はしっかり得点しよう。
2.	ものの溶け方	標準～やや難	硫酸銅水和物の問題は難問である。ここでも前半で得点したい。
3.	昆虫	標準	実験結果から結論を推定する問題で，やや難しい。基本問題はしっかりと解こう。
4.	観察結果の分析	標準～やや難	問題文から答えを推論する問題。問題文の内容がどこまで理解できるかが鍵

●鍵になる問題は1. の問4，問5だ！

機器1は，毎秒10mの速さで機器2に近づいているものとします。機器1と機器2の距離が300mのとき，機器1から単発的な音を発し，その2秒後と4秒後，つまり2秒間隔で計3回の単発的な音を発するとします。

問4　機器2が1回目の音を受け取ってから2回目の音を受け取るまでの時間は，何秒ですか。

問5　機器1と機器2の距離は時間とともに短くなります。このことが機器2の音を受け取る時間にどのように影響するかを考えてみます。機器2が2回目の音を受け取ってから3回目の音を受け取るまでの時間は，何秒ですか。

【解説】

問4　機器1が移動していなければ，1回目の音を受け取ってから2回目の音を受け取るまでの時間は2秒である。しかし，機器2が秒速10mで機器1に向かって近づいているので，2回目の音が発せられた場所は1回目の音が発せられた場所より20m機器1に近くなっている。20mを音が移動するのにかかる時間は，20÷340＝0.058秒であり，2回目の音が聞こえる時間は2秒より0.058秒短くなっている。それで，機器2が1回目の音を受け取ってから2回目の音を受け取るまでの時間は2－0.058＝1.942≒1.94秒である。

問5　問4と同様に考える。機器1が2回目の音を出してから3回目の音を出すまでの間に，機器1は20m機器2に近づいている。この20mを音が伝わるのにかかる時間は0.058秒で，機器2が2回目の音を受け取ってから3回目の音を受け取るまでの時間は2－0.058＝1.942≒1.94秒である。

2023年度 海城中学校 合否を分けた問題 理科

●一般① この問題で，これだけは取ろう！

1.	電流と回路	標準～やや難	グラフの読み取りができるかどうかがカギとなる。1問でも多く正解したい。
2.	気体の性質	標準	難問ではないが，いろいろな知識を持っているかが問われている。
3.	動物	標準	実験結果から結論を推定する問題で，やや難しい。基本問題はしっかりと解こう。
4.	地層と岩石	標準	実験の内容を理解する読解力が必要。基本問題の出題もあるので，確実に解こう。

●鍵になる問題は1. の問2，問4だ！

問2 図2の電球A，B，Dに流れる電流はそれぞれいくらですか。図1のグラフを読み取り，小数第二位まで答えなさい。（図1は省略）

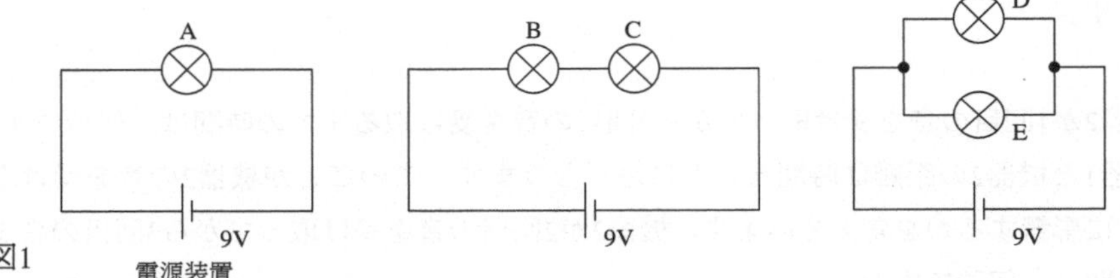

図1

問4 図3の回路で電球Gに流れる電流が0.25Aであったとき，電源装置の電圧はいくらですか。図1のグラフを読み取り，小数第一位まで答えなさい。

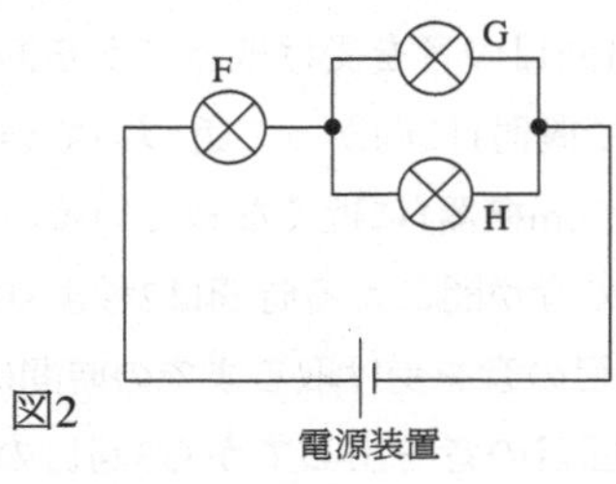

図2

【解説】

問2 Aには9Vの電圧がかかるので，グラフより0.74≒0.75Aの電流が流れる。BとCにはそれぞれ4.5Vの電圧がかかるので，Bを流れる電流は0.547≒0.55Aの電流が流れる。DとEにはそれぞれ9Vの電圧がかかるので，Dを流れる電流はAと同じ0.75Aである。

問4 電球Gを流れる電流が0.25Aなので，グラフよりGにかかる電圧は1.53Vである。Fを流れる電流は0.5AなのでFにかかる電圧は3.90Vである。よって，電源装置の電圧は1.53＋3.90＝5.43≒5.4Vになる。

問5，問7はグラフを書いて，その交点から答えを導く問題である。問題文をしっかり理解できないと解けない問題であった。

2022年度 海城中学校 合否を分けた問題 理科

●一般①　この問題で，これだけは取ろう！

1.	光の性質	標準	レンズの焦点を作図から求める問題であった。虚像の問題に戸惑った人も多いと思う。
2.	水溶液の性質	標準～やや難	前半は標準的な問題である。問7，8は内容の理解がやや難なので，前半で得点したい。
3.	動物・生態系	標準	論述形式の解答がやや難しい。問題をよく読んで内容を把握すること。
4.	気象	標準	グラフを読み取る力が試される。全般に応用力を要する問題であった。

●鍵になる問題は2．の問7，問8だ！！

問6で求めた時間（実験開始の濃度から半分の濃度になるまでの時間）を半減期といいます。過酸化水素水の場合は，濃度が何％のときから測定しても，そこから半分の濃度になるまでの時間は半減期と同じであることがわかっています。（問6で過酸化水素水の半減期は180秒であることが求められている。）

問7　過酸化水素水の濃度が0.5％になるのは実験開始から何秒後ですか。（実験開始時の過酸化水素水の濃度は4％で，20mLと与えられている）

次に同じ温度で，8％の過酸化水素水20mLに少量の二酸化マンガンを入れて，同様の実験を行いました。

問8　過酸化水素水の濃度が1％になるまでの時間は，4％の過酸化水素水を用いて実験を行った場合と比べて，どのような違いがあると考えられますか。最も適当なものを次のア～ウから選び，記号で答えなさい。

ア　2倍より短い　　イ　2倍より長い　　ウ　ちょうど2倍

【解説】

問7　半減期という言葉は，小学校の範囲ではなじみのない言葉である。それで，説明文に従って問題を解くしかない。実験開始時の濃度に関係なく，その濃度の半分の濃度になるのにかかる時間は，常に一定であるというのが，半減期の意味である。（すべての反応で半減期が一定になるのではなく，ある一部の反応でこのような関係が成り立つ。）初め4％だった過酸化水素水が2％になるのに180秒かかり，さらにその半分の1％になるのにも180秒かかり，さらに0.5％になるのにも180秒かかる。つまり半減期を3回繰り返すと，4％から0.5％に変化する。よってかかった時間は，180×3＝540秒である。

問8　8％が1％になるのには，8％→4％→2％→1％と，半減期を3回経る。4％では半減期が2回なので，1％になるのにかかる時間は，4％の過酸化水素水を用いて実験を行った場合と比べて，3÷2＝1.5倍になる。

——出題傾向と対策
合否を分けた問題の徹底分析——

出題傾向と内容

本年度も3分野を総合した大問1題のみの出題で小問数も10問以下ときわめて少ない。しかし，本校の特色でもある長文の記述問題は健在であり，取り組みやすいと考えたら大きな間違いである。しっかりした記述対策をしておかないと45分という時間内に要求を満たす解答を書き上げることは難しいといってよいであろう。

一般①は「学力以外の能力を評価する試験も増えているのに，なぜ今でも多くの入試では学力が試されているのか」ということをテーマに，学力とは何か，試験に対する人々の考え方，新しい試験とその問題点など多方面から考えてみようというもの。本文だけでも2000字を超える長文である。漠然と読んでいたらそれだけで終わってしまう。地理は共通テストの試験会場についての2つの地図からの出題。歴史は古代の役人に求められた能力や江戸の教育，自由民権運動などからの出題。政治は地方自治の組織図と選挙の公正さについて。問題の長文の記述だが，1問目は大学入学共通テストで検討された記述式問題に多くの人が反対した理由を，本文や資料を参考に記述問題の特色に触れながら190字以内で説明するもの。2問目は経験が評価される入試に対する批判を学力テストに対する一般的なとらえ方に触れながら，本文や資料を参考に160字以内で説明するというものである。

一般②は日本を代表する繁華街「銀座」がテーマ。この街が一大商業地として発展した背景を自然災害や歴史的事情などから考えてみようというものである。地理は1枚の写真からその道府県を4つの中から1つ選ぶという珍しいもの。社会のテストというよりテレビのクイズのようである。歴史は江戸時代の五街道とその宿場町の組み合わせを考えるものや有権者比率の変化を示したグラフ，太平洋戦争末期の4つの出来事の並べ替え問題など。政治は誰にでも優しいデザインや世の中という考え方や社会問題にもなった待機児童からの出題。記述の1問目は銀座が煉瓦街として整備された理由を開港上のねらい以外に，当時の日本外交の目標や空欄を埋めながら190字以内で説明するというもの。2問目は関東大震災以降に出現した競争相手の経営方針やこれに対抗した専門店の生き残り策を，資料を参考に空欄を埋めながら160字以内で説明するというものである。

①，②とも長文の記述に関しては本文や写真などの資料を参考にするだけでなく，いくつかの約束事も決められている。内容が正しく字数を満たしていればよいというわけではないので注意を要する。

学習のポイント

●資料問題：複数の資料を組み合わせて読み取る問題をたくさんこなそう！

●論述問題：ポイントを箇条書きにしてまとめよう！

来年度の予想と対策

出題形式・内容とも大きな変化はないものと思われる。単純な知識を問うのではなく，さまざまな視点から問題を考えさせる傾向が強い。まずは各分野とも基本的な知識の獲得に重点を置いて，その後に応用的な問題をこなしていくとよい。

時事問題と関連した出題が多いので，日頃からテレビや新聞のニュースに目を向けながら時事問題対策をしておくことが望まれる。

記述問題は現代の諸問題に関する出題が多いので，常に問題意識を持って生活することはもちろんだが，自分なりの意見を必ずまとめておくことも忘れないで欲しい。

また，グラフなどの読み取り能力も問われているので，普段から資料や統計に慣れておく必要がある。とにかく何か気づいたことを書いてみることが大切である。

年度別出題内容の分析表　社会

（よく出ている順に，☆◎○の3段階で示してあります。）

			出題内容	27年 ①	27年 ②	28年 ①	28年 ②	29年 ①	29年 ②	30年 ①	30年 ②	2019年 ①	2019年 ②
地理	日本の地理	テーマ別	地形図の見方										
			日本の国土と自然	○	○	○	○			○	○	○	
			人口・都市									○	○
			農林水産業		○		○			○	○	○	
			工　業					○		○		○	
			交通・通信			○		○	○				
			資源・エネルギー問題	○				○					○
			貿　易	○			○						
		地方別	九州地方									○	
			中国・四国地方							○			○
			近畿地方										
			中部地方										
			関東地方										
			東北地方										
			北海道地方								○		
	公害・環境問題			○		○		○					
	世界地理				○	○	○	○	○			○	
日本の歴史	時代別		旧石器時代から弥生時代	○			○						○
			古墳時代から平安時代				○			○		○	
			鎌倉・室町時代							○			○
			安土桃山・江戸時代	○	◎	○	○	○	○	○	○	○	○
			明治時代から現代	○	○	○		○	○		○	○	○
	テーマ別		政治・法律	○	○	○	○	○	○	○	○	○	○
			経済・社会・技術	○	○	○	○	○	○	○	○	○	○
			文化・宗教・教育	○	○	○	○	○		○		○	○
			外　交		○	○	○		○	○	○		○
政治	憲法の原理・基本的人権			○						○	○	○	○
	国の政治のしくみと働き			○		○							○
	地方自治					○				○		○	
	国民生活と社会保障									○			
	財政・消費生活・経済一般							○				○	○
	国際社会と平和				○	○	○		○				
時事問題							○		○			○	
その他				○	○	○	○	○	○	○	○	○	

海城中学校

（よく出ている順に，☆◎○の3段階で示してあります。）

出題内容				2020年		2021年		2022年		2023年		2024年	
				①	②	①	②	①	②	①	②	①	②
地理	日本の地理	テーマ別	地形図の見方	○									
			日本の国土と自然	○	○	○	○	○	○		○	○	○
			人口・都市										
			農林水産業	○	○	○	○		○	○	○		
			工　業	○				○		○			
			交通・通信						○			○	
			資源・エネルギー問題										
			貿　易										
		地方別	九州地方			○		○				○	○
			中国・四国地方										
			近畿地方										
			中部地方										
			関東地方										
			東北地方				○						
			北海道地方										
	公害・環境問題				○	○	○						
	世界地理			○		○					○		
日本の歴史	時代別		旧石器時代から弥生時代				○			○			
			古墳時代から平安時代	○	○			○	○	○	○	○	
			鎌倉・室町時代			○		○			○		
			安土桃山・江戸時代			○		○	○	○	○	○	○
			明治時代から現代	◎	○	○	○			○	○	○	○
	テーマ別		政治・法律	○	○	○	○	◎		○	○	○	○
			経済・社会・技術	○	◎			○	○	○	○	○	○
			文化・宗教・教育					○	◎	○	○	○	
			外　交	○		○			○	○	○		○
政治			憲法の原理・基本的人権				○		○	○		○	
			国の政治のしくみと働き		○		○	○	○	○	○	○	
			地方自治			○	○					○	
			国民生活と社会保障	○						○	○		○
			財政・消費生活・経済一般	○	○					○			
			国際社会と平和			○	○		○	○	○		
時事問題				○									
その他				○	○	○	○			○	○	○	○

海城中学校

2024年度 海城中学校 合否を分けた問題 社会

問6

本校の問題の特徴は何といっても長文の記述にある。本年度も190字と160字といった2題の記述問題が出題されている。記述問題以外は難易度的にもそれほど高いものではないうえ問題数も極めて少ない。それだけにこの記述問題の出来が合否を左右するのは確かであり，いかに的確に部分点を取っていけるかがポイントとなる。指摘されている条件を守り，時間内にいかにまとめるかが求められている。

設問は「2021年度から実施される大学入学共通テストの国語・数学において記述式問題を導入するという文部科学省の方針発表を受け，多くの人々が試験の公平性が損なわれると考える理由を本文や資料1～資料3からわかることをもとに，共通テストの特徴と，記述式問題の回答内容や採点方法の特色を明らかにしながら190字以内で説明せよ」というものである。共通テストとは従来のセンター試験に代わり実施されるようになったもので，1月中旬の土日の2日間にわたって全国一斉に実施される。国公立大学の一般選抜受験者は原則共通テストを受験しなければならず，多くの私立大学でも共通テストの成績を利用する共通テスト利用方式を採用している。そういった意味では大学進学を考える受験生には避けて通れないものといってよいものとなっている。国公立大学では共通テストの自己採点を行った後，志望する大学に願書を提出し各大学で実施される2次試験(個別学力試験)に臨むことになる。もし自己採点の結果が思わしくなければ志望校を変更することもやむを得ない。私立大学に関してはさまざまな受験システムが実施されてはいるが，全私立大学の約9割が何らかの形で共通テストを利用しているといわれる。

さて，共通テストは日本最大のテストであり毎年50万人という膨大な数の受験生が参加する。それだけに採点に当たっては正確無比であることは必須の条件となる。さらに，1次試験という仕組みから時間的な制約も生じざるを得ない。こうした点から採用されたのがマークシート方式である。現在でも中学受験をはじめ各種のテストで採用されていることからもその優れた点は納得できる。もちろんマークシート方式だからと言って単なる知識や解答を暗記できるような問題を排除する工夫は行われている。各種の資料やデータ，文章などの分量も多く，思考力や判断力，表現力を重視したさまざまな問題作りの努力がされているといわれる。もちろんこれは素晴らしいことではあるが，逆に考えるとやはり単なる暗記中心の知識ではなく，学力を含めた総合的な力を求めているということに他ならない。そこで登場したのが設問にある記述問題の導入ということであり，どんなに素晴らしい工夫をしてもマークシート方式には限界があるということである。資料1にあるように採点そのものにミスはなくても，データの整理などでのヒューマンエラーは避けられない。これが記述式問題となると採点そのものに1万人程度の人数が必要になるといわれる。そのためには当然のこととしてこうした作業に手慣れた事業者の手を借りざるを得ない。しかし，一般にこうした事業者は全国規模でテストを実施したり問題集を販売したりといった，いわゆる入試センターとは相反する事業者である可能性も高い。これでは公平性に疑義も生じかねない。さらに一番の問題点は資料2・3にあるようにどれだけ正確な採点が保証されるのであろうかという問題である。確かに正答の基準といったものは示されるようだがそれは当然のことで，それをどう判断するかということである。資料2の言葉でいうと，正答の条件は満たしているが，それを点数化して合否との関係にまで結びつけるのは極めて大変である。資料3にあるように，数百から数千枚の答案を採点する大学の個別試験でさえも正確に，そして何より公平に採点することの難しさは容易に理解できる。これが50万枚の答案となるとその困難さはだれでも納得がいくというものであろう。実際，過去に行ったプレテスト(予備テスト)でも採点結果を補正する必要が生じ，3割の採点結果が自己採点と一致しなかったといわれる。

いずれにしても本校の記述問題は相当手強い。普段から自分で考えるだけでなく，与えられた条件を素早くまとめるといった学習方法の確立が必要であると改めて実感させられる設問である。

2023年度 海城中学校 合否を分けた問題 社会

問1　(1)

設問は伊能忠敬が作成した「大日本沿海輿地全図(伊能図)」と，江戸時代後半に最も普及したといわれる長久保長安が作成した「改正日本輿地路程全図(赤水図)」を見た生徒と先生の会話から，「たとえ伊能図が公開されていたとしても赤水図より普及していたとは断言できない理由を，資料1，資料2を参考に江戸時代後半の人々の暮らしの変化や，伊能図と比べたときの短所にもふれながら赤水図の長所について150字以内で説明せよ」というものである。伊能忠敬は17歳で下総国・佐原の伊能家の養子となり，酒造りに熱心に取り組み家業を盛り立てた。その後50歳で隠居し江戸に出て幕府天文方・高橋至時に師事して測量術や暦学，天文学などを学んだという。1800年，東北や蝦夷地の測量を手始めに17年にわたって日本全国の沿岸を測量し地図の作成を行った。彼の歩いた距離は地球1周にあたる4万kmにも及ぶといわれる。自身は地図の作成中に死亡したが，弟子たちがこれを引き継ぎ1821年にようやく完成することになる。その地図の正確さについては明治に来日したヨーロッパ人をも驚かし，明治政府の国土基本図として20世紀まで重用されたという。本文にもあるように幕府はこれを非公開とした。明治以降地図の作製は陸軍が行ったとあるように地図は極めて高度な軍事機密である。1828年，シーボルトが日本での任期が終わり帰国することになる。たまたま暴風雨により船が座礁，その時シーボルトの荷物の中から見つかったのがこの伊能図である。彼はスパイの疑いをかけられ取り調べの結果国外追放処分となった。地図を渡したとされる天文方の高橋景保(伊能の師である至時の息子)は逮捕され獄中で死亡することになる。伊能図が庶民の役に立たなかった理由はわかろうというものである。

さて，広く社会に普及したという赤水図は伊能図より半世紀ほど早く作られた地図である。長久保赤水は農家の生まれだが勉学に励み水戸藩主に学問を教えた学者である。資料1と2は江戸周辺を描いた伊能図と赤水図である。さすがに両者を比較するとその正確さは一目瞭然と言えよう。しかし，江戸時代という時代背景を考えると赤水図の正確さも捨てたものではない。赤水図の特徴はどこにあるかというと豊富な情報につきる。山や川の名前などが内陸部にまで細かく記入されている。街道や宿場など伊能図にはない情報があふれている。伊能忠敬も全国を測量するのに「赤水図」を持ち歩いたと記録されている。また，松下村塾で知られる吉田松陰は実践の人で，長崎や江戸，果ては東北まで足を延ばし見聞を広めた人だが，松陰の手紙には「これがなくては不自由だ」と記されているという。赤水図はいわば当時のガイドブックのような存在だったのではないだろうか。

次に考えなくてはならないのは江戸後半の人々の暮らしである。江戸時代，参勤交代などが制度化されたこともあり五街道を中心に道路網が整備，さらに東廻りや西廻り，江戸と大阪を結ぶ南海路など海上交通も整備された。モノが動けば当然人も移動する。また，18世紀以降になると問屋制家内工業も各地で起こり始める。19世紀には工場制手工業(マニュファクチュア)も始まり工業の近代化が進んでいった。さらに庶民の暮らしでは神仏への信仰が高まり各地の寺社への参拝も盛んになってきた。特に御師(伊勢神宮への集団参詣を勧誘したり案内したりする人)の活躍により伊勢参りが爆発的に盛んになってきた。弥二さん喜多さんで有名な「東海道中膝栗毛」が大流行したのは19世紀初めだが，二人の旅の目的はお伊勢参りである。このお伊勢参りは60年周期で大流行したといわれるが，1705年には200万人，1830年にはなんと500万人がお参りしたといわれる。江戸時代の人口は3000万人程度といわれるのでいかに多くの人々が足を運んだのかは理解できるであろう。つまり，鎖国していた江戸時代は決して内にこもっていたわけではない。むしろ，押さえつけられていた庶民にとって旅や寺社へのお参りは心を開放する最大の娯楽であったということである。その際，赤水図はなくてはならない旅のお供であったわけである。

いずれにしても本校の記述問題は相当手強い。普段から自分で考え，意見をまとめるといった学習方法を確立させることが何よりも必要であると改めて実感させられる設問である。

2022年度 海城中学校 合否を分けた問題 社会

問2

設問は「室町時代，村同士の紛争に対し湯起請と呼ばれる解決方法が選ばれることがあったが，領主がこうした解決方法を選んだ理由を本文と各種資料を参考にして130字以内で説明せよ」というもの。そして，その際には資料から読み取れる人々が神について持っていた考えに触れるという条件も付いている。鎌倉時代も後半になると農業技術が格段に進歩，畿内を中心に稲と麦の二毛作が普及，刈敷や草木灰といった肥料も使われるようになってきた。さらに，牛や馬に鋤を引かせる牛馬耕も広まっていったほか，灌漑技術の発展や水車の発明などもみられるようになった。こうした生産力の向上を背景に農民たちは互いに結びつきを強くし，荘園や守護大名の支配といった枠を超え新しい村落を形成するような動きも起こってくる。これが室町時代になるとさらに拡大し，やがて寄合を通じて村掟を作ったり自分たちで犯罪者を処罰する権利を行使するといった惣と呼ばれる自治に繋がっていくことになる。

さて，資料1は鎌倉時代から続く二つの村の土地争いである。小競り合いからやがて村同士の合戦にまで発展していく。これに対し幕府が仲裁に入ったのか，逆に村が積極的に不満を訴えたのか分からないが幕府の裁判が行われたようだ。しかし，一方が勝利すれば敗れた側の不満は高まることになる。法の支配が確立されていない当時ではこうした不満が再び高まり15年後争いが復活。そこで登場したのが湯起請である。湯起請とはそれぞれが自分たちの主張していることこそが真実であると誓い，どちらの言い分が正しいかを神仏に判断してもらおうというシステムである。両者が同じ湯の中に入っている石を取り出し，焼けただれなかった方，あるいはよりやけどの程度が軽い方の主張が真実であるという恐ろしい儀式である。本文の写真にもある古代の「明神探湯」と同じやり方である。主に土地争いなどのような民事事件で行われたが，中には刑事事件でも行われたようである。それぞれが自分の利益を求める民事ならまだ理解の及ぶところだが，犯罪事実の存否を判断するとなると言葉を失う。ただ，三角の木材を並べた上に正座させ，膝の上に重い石を乗せて自白を強要した「石抱き」などという方法が江戸時代でも行われたということを考えると一概に否定できないのかもしれない。資料2は「一味神水」の様子である。これは中世の一揆などの際に村人たちが行う誓いの儀式で，神仏の前で起請文を書き全員が署名，それを焼いた灰を神仏に備えた水に混ぜて全員で飲むというものである。一味とは「みんな平等で差別がない」という仏教の教えといわれる。過酷な支配に虐げられている農民たちが団結して反抗する一揆という行動を決意するうえでは極めて大きな威力を発揮したことは容易に想像できる。江戸時代の一揆でもこの言葉はたびたび登場するようである。資料3はその起請文の例である。そこにも「もし決めたことを守らなかったなら，神々の罰を受けます」と記されている。起請文とは契約した内容を守ることを神仏に誓い，違反した場合は神仏の罰を甘んじて受けることを記した証拠の文章である。まさに現代の契約書といえる。神仏を保証人とした契約書と考えればよいであろう。今でもお守りは広く流通している。神社やお寺が作る厄除けなどの護符の裏側に守るべき約束などを記したものが起請文で，特に熊野権現の牛王宝印は戦国大名たちに広く用いられた起請文の代表である。こうした物事の真偽—どちらが正しいのか—を判断する裁判(神明裁判)は古代ヨーロッパをはじめ世界各地にみられる。これらはすべて神に対する恐れがその根本に存在する。科学的な思考が広まっていない社会では解明できないことにあふれている。雷に打たれて亡くなった人を，「木の下に逃げたから雷に打たれたのだ」という説明するより，「それがまさに神の意思なのだ」といったほうが納得できたのだろう。道真が大宰府で亡くなった後，都で起こった関係者の相次ぐ死亡や宮中への落雷を彼のたたりと考えた日本人にはこの考え方はより理解できるのではないだろうか。

いずれにしても本校の記述問題は相当手強いといわざるを得ない。過去問を通じてこの種の記述になれることはもちろんだが，普段から自分で考え意見をまとめるといった学習方法を確立させることが何よりも必要であると改めて実感させられる設問である。

――出題傾向と対策
合否を分けた問題の徹底分析

出題傾向と内容

文の種類：小説・説明的文章

一般①・②ともに，大問二題構成で独立した知識問題はない，というスタイルが続いている。小説，随筆では心情や主題をとらえる読解が必要なもの，説明的文章では，論理の展開を追って要旨をとらえる読解が必要なものが出題される。文章の量や構成・語彙などは中学入試の標準的なレベルであるが，設問の一つ一つは難度が高いため，高い読解力や，記述の力が求められる。

設問形式：選択式が中心だが，書き抜きや，長い字数の記述問題も2～3題出題されている。一問一答型の知識問題は，ほとんど出題されていない。選択式の問題は，傍線部の前後に根拠を探しながら，文章全体を見渡さなければ解答を導けないものが多く，難問といえよう。記述式の問題も同様に，細部と全体を見渡す二つの目が要求される。比較的字数の多い自由記述問題が出題されるので，ポイントをおさえた的確な表現で解答をまとめることができるかどうかが，合否の分かれ目となっている。また，単に大意やあらすじをつかむだけの読み方では対応できず，論理を追って要旨をとらえる力，作品の奥に隠された作者の意図や主題をつかみ出す批評的な力も不可欠である。

漢字：一般①・②どちらも書き取り5題。すべて小学校で習う漢字であった。手堅く得点できるようにしたい。

選択肢など：4択が中心である。正解と紛らわしい選択肢も含まれている。文脈を丁寧に追いながら読み，一つ一つの選択肢と文章を照らし合わせることが大切である。選択肢の問題が多いので，ここで手堅く得点することは，合格につながることになる。

出題頻度の高い分野

❶小説・説明的文章　❷心情の読み取り　❸要旨の読み取り　❹文章の細部の読み取り
❺漢字の読み書き

来年度の予想と対策

小説は比較的長文で，かつ設問も多いことが予想される。よって，ふだんから読むスピードを意識して取り組みたい。読解には高いレベルでの読み込む力，考える力，文章表現能力が求められる。対策としては，まず語彙を十分に増やしておくことである。辞書を使う習慣を身につけるのは言うまでもないが，さまざまな文章に接することが肝要である。文章に接することで語彙は広がる。

また，多くの過去問にあたることで，50分という試験時間の使い方を身につけ，かたよることなく解答していきたい。

学習のポイント

- ●漢字の読み書きを確実にする。
- ●小説・説明的文章について，選択肢の問題に慣れておく。
- ●要旨をまとめる練習，文章を簡潔にまとめて書く練習をする。

年度別出題内容の分析表 国語

（よく出ている順に，☆◎○の3段階で示してあります。）

		出題内容	27年		28年		29年		30年		2019年	
			①	②	①	②	①	②	①	②	①	②
設問の種類		主題の読み取り	○	○	○	○	◎	◎	○	○	○	○
		要旨の読み取り	◎	◎	◎	◎	◎	◎	◎	◎	◎	◎
		心情の読み取り	☆	☆	○	○	◎	◎	◎	◎	◎	◎
		理由・根拠の読み取り	○	○	○	○	◎	◎	○	○	○	○
		場面・登場人物の読み取り	○	○		◎	◎	◎	◎	◎	◎	◎
		論理展開・段落構成の読み取り										○
		文章の細部表現の読み取り	☆	☆	☆	☆	☆	☆	☆	☆	☆	☆
		指示語										
		接続語										
		空欄補充	○	○	○							
		内容真偽			○	○	○	○	○	○	○	○
	根拠	文章の細部からの読み取り	☆	☆	☆	☆	☆	☆	☆	☆	☆	☆
		文章全体の流れからの読み取り	◎	◎	◎	◎	◎	◎	◎	◎	◎	◎
設問形式		選択肢	☆	☆	☆	☆	☆	☆	☆	☆	☆	☆
		ぬき出し			○	○						
		記　述	◎	◎	◎	◎	◎	◎	◎	◎	◎	◎
記述の種類		本文の言葉を中心にまとめる	◎	◎	◎	○	○	○	○	○	○	○
		自分の言葉を中心にまとめる	○	○	○	◎	○	○	○	○	○	○
		字数が50字以内	○			○	○				○	
		字数が51字以上	○	◎	◎	◎	◎	◎	◎	◎	◎	◎
		意見・創作系の作文										
		短文作成										
語句・知識		ことばの意味	○		○							○
		同類語・反対語										
		ことわざ・慣用句・四字熟語	○									
		熟語の組み立て										
		漢字の読み書き	○	○	○	○	○	○	○	○	○	○
		筆順・画数・部首										
		文と文節										
		ことばの用法・品詞										
		かなづかい										
		表現技法										
		文学史										
		敬　語										
文章の種類		論理的文章（論説文，説明文など）	○	○		○	○	○	○	○	○	○
		文学的文章（小説，物語など）	○	○	○	○	○	○	○	○	○	○
		随筆文			○							
		詩（その解説も含む）										
		短歌・俳句（その解説も含む）										
		その他										

海城中学校

(よく出ている順に，☆◎○の3段階で示してあります。)

出題内容			2020年		2021年		2022年		2023年		2024年	
			①	②	①	②	①	②	①	②	①	②
設問の種類		主題の読み取り	○	○	○	○	○	○	○	○	○	○
		要旨の読み取り	◎	◎	◎	◎	◎	○	◎	◎	◎	◎
		心情の読み取り	◎	◎	◎	◎	◎	◎	◎	◎	◎	◎
		理由・根拠の読み取り	○	○	○	○	○	○	○	○	○	○
		場面・登場人物の読み取り	◎	◎	◎	◎	◎	◎	◎	◎	◎	◎
		論理展開・段落構成の読み取り										
		文章の細部表現の読み取り	☆	☆	☆	☆	☆	☆	☆	☆	☆	☆
		指示語					○					
		接続語										
		空欄補充										
		内容真偽	○	○	○	○	○	○	○	○	○	○
	根拠	文章の細部からの読み取り	☆	☆	☆	☆	☆	☆	☆	☆	☆	☆
		文章全体の流れからの読み取り	◎	◎	◎	◎	◎	◎	◎	◎	◎	◎
設問形式		選択肢	☆	☆	☆	☆	☆	☆	☆	☆	☆	☆
		ぬき出し		○	○		○					
		記　述	◎	◎	◎	◎	◎	◎	◎	◎	◎	◎
記述の種類		本文の言葉を中心にまとめる	○	○	○	○	○	○	○	○	○	○
		自分の言葉を中心にまとめる	○	○	○	○	○	○	○	○	○	○
		字数が50字以内										
		字数が51字以上	◎	◎	◎	◎	◎	◎	◎	◎	◎	◎
		意見・創作系の作文										
		短文作成										
語句・知識		ことばの意味			○						○	
		同類語・反対語										
		ことわざ・慣用句・四字熟語			○							
		熟語の組み立て										
		漢字の読み書き	○	○	○	○	○	○	○	○	○	○
		筆順・画数・部首										
		文と文節										
		ことばの用法・品詞										
		かなづかい										
		表現技法										
		文学史										
		敬　語										
文章の種類		論理的文章(論説文，説明文など)	○	○	○	○	○	○	○	○	○	○
		文学的文章(小説，物語など)	○	○	○	○	○	○	○	○	○	○
		随筆文										
		詩(その解説も含む)										
		短歌・俳句(その解説も含む)										
		その他										

海城中学校

2024年度 海城中学校 合否を分けた問題 国語

一般① 二 問五

文章の内容を正しく読み取った上で，選択肢の文の細かい部分と照らし合わせながら検討し，正答を選ぶ必要があるため。

★こう答えると「合格できない」！

（×）ア

→文章中に「思考し行動する部分はいずれ機械が行えるようになるかもしれない」とあり，この内容は選択肢の文の「単に思考し行動することは機械にもできる」の部分に合うとはいえる。しかし，文章中の「知覚は身体なしでは行えない」「自分の身体で外界と内部の変化も感じ取り，試行錯誤しながら上達し，上達している自分を内観する。この……『主観的体験』こそが人間にしかできないこと」という内容は，選択肢の文の「夢中になって体を動かすことで……変化させる」という内容とずれている。よって，誤り。

（×）ウ

→文章中の「熟達していく過程で，私たちは夢中という状態に入る。この状態では……リアリティが一層高まる」という内容は，選択肢の文の「人間が身体的な……世界を感じ取ること」に合っている。しかし，選択肢の文の「機械が世界を大づかみにとらえる」という内容は，文章中には書かれていない。よって，誤り。

（×）エ

→文章中に「私たちは身体を通じて外界を知覚し，それを元に考え行動している」とあり，それが「人間と機械を分ける決定的な差」だとある。この内容は，選択肢の文の「人間は自分の身体で……それは人間にしかできないこと」に合っている。しかし，選択肢の文の「機械は思考を通して世界を感じ取る」という内容は，文章中には書かれていない。よって，誤り。

★こう書けば合格だ！

（○）イ

→文章中に「機械と人間の最大の違いは『主体的体験』の有無だ」」とあることに注目し，「自分の身体で外界と内部の変化も感じ取り，試行錯誤しながら上達し，上達している自分を内観する。この……『主観的体験』こそが人間にしかできないこと」という内容をふまえると，選択肢の文は正しい。

一般① 二 問一a

★合否を分けるポイント（この設問がなぜ合否を分けるのか？）

漢字の問題は，確実に得点する必要があるため。

★こう答えると「合格できない」！

（×）見当

→「見当」は，めあてや見込みのこと，文章中には，将棋対局の中で，二つ三つの「手をケントウします」とあり，この文脈に合わない。

★こう書けば合格だ！

（○）検討

→「検討」は，詳しく調べて当否を考えることであり，ここでの文脈に合う。

2023年度 海城中学校 合否を分けた問題 国語

一般① 一 問八

文章の内容を正しく読み取った上で，選択肢の文の細かい部分と照らし合わせながら検討し，正誤を判断する必要があるため。また，「適当でないもの」を選ぶ問いなので，注意が必要であるため。

★こう答えると「合格できない」！

(×) ア

→「今だって戦争みたいなもんじゃないか」と言った中条君は，「防空頭巾の代わりにマスクして」と言っている。この内容に，選択肢の文が合致している。

(×) イ

→「今だって戦争みたいなもんじゃないか」と言った中条君は，今の人々は「コロナっていう未知のウイルス」と戦っており，「世界中で五百万人の人が死んで」いると言っている。この内容に，選択肢の文が合致している。

(×) ウ

→「僕」は，「だってウイルスは目に見えない。僕の近くにコロナで亡くなった人もいない。自分たちを焼き殺しにやってくるB29のほうが怖いじゃないか」と考えている。この内容に，選択肢の文が合致している。

★こう書けば合格だ！

(○) エ

→選択肢の文の「死者がそれほどいない『今』」という内容は，「僕」が考えてはいないことである。よって，選択肢の文は誤り。

一般① 二 問一

★合否を分けるポイント（この設問がなぜ合否を分けるのか？）

漢字の問題は，確実に得点する必要があるため。

★こう答えると「合格できない」！

(×) b：上

→同訓異字の使い分けに注意する。「あ(げる)」は「具体例を挙げる」「腕前を上げる」「たこを揚げる」のように使い分ける。

(×) c：危機

→同音異義語の使い分けに注意する。「危機」は，危険な状態，という意味。傍線部は「観察に使うキキを変える」とあるので，意味がつながらない。器具・器械・機械の総称である「機器」がふさわしい。

★こう書けば合格だ！

(○) b：挙　c：機器

2022年度 海城中学校 合否を分けた問題 国語

一般① 二 問六

文章の内容を正しく読み取った上で，選択肢の文の細かい部分と照らし合わせながら検討し，正答を選ぶ必要があるため。また，「適当でないもの」を選ぶ問いなので，注意が必要であるため。

★こう答えると「合格できない」！

(×) イ

→「遠隔でのやりとり」について筆者は，「万が一自分が感染者でも，相手にうつす心配はない。その場にいた誰かからうつされる心配もない」「それ（＝自分の弱点など）を相手に嗅ぎ取られる心配なく関わることを可能にする」と述べている。この内容に選択肢の「相手と接触することはないので，……逃れられる」が合致している。

一方で筆者は，「物事に対するとっさの反応，醸し出す雰囲気，相槌などは，言葉よりもずっと正確にその人を映し出すこともあるが，遠隔ではそれらがなかなか見えてこない」とは述べているが，選択肢の「自分が伝えたいと願う情報を相手に正確に届けることはできない」という内容は述べていない。よって誤答。

(×) ウ

→「遠隔でのやりとり」について筆者は，「万が一自分が感染者でも，相手にうつす心配はない。その場にいた誰かからうつされる心配もない」と述べている。この内容に選択肢の「他人との直接的な接触を避けることができ，感染の心配から逃れることができる」が合致している。

一方で，選択肢の「においをはじめとした，自分でコントロールできない情報を隠しておくことは難しい」にあたる内容を筆者は述べていない。よって誤答。

(×) エ

→「遠隔でのやりとり」について筆者は，「遠隔でのやりとりは，それ（＝自分の弱点など）を相手に嗅ぎ取られる心配なく関わることを可能にする」と述べている。この内容に，選択肢の「他人に見せたくないものを見せないままでいられる」が合致している。

一方で，選択肢の「直接のやりとりよりも人と近づくことができ」「自分が制御することのできないような情報を相手に伝えることはできない」にあたる内容を筆者は述べていない。よって誤答。

★こう書けば合格だ！

(○) ア

→「遠隔でのやりとり」について筆者は，「遠隔でのやりとりは，それ（＝自分の弱点など）を相手に嗅ぎ取られる心配なく関わることを可能にする」と長所を述べたあと，「物事に対するとっさの反応，醸し出す雰囲気，相槌などは，言葉よりもずっと正確にその人を映し出すこともあるが，遠隔ではそれらがなかなか見えてこない」と短所を述べている。

長所の内容に選択肢の「直接顔を合わせることなく……かくしておくことができる」が，短所の内容に選択肢の「自分が無意識のうちに発する，……共有は難しい」が合致している。

大切なことはメモしておこうネ！

ET-G

2024年度

★★★★★★★★★★★★★★★★★★★★★★★★

入　試　問　題

2024年度

海城中学校入試問題(一般①)

【算 数】（50分） ＜満点：120点＞

【注意】・分数は最も簡単な帯分数の形で答えなさい。

・必要であれば，円周率は3.14として計算しなさい。

1 次の問いに答えなさい。

(1) $9 \div \left\{4\frac{1}{6} + \left(2.25 - 1\frac{1}{2}\right) \div 0.75 - 2\frac{1}{2}\right\} \div 1.125$ を計算しなさい。

(2) 8％の食塩水80g，6％の食塩水120g，4％の食塩水150g，水 □ gを混ぜて5％の食塩水をつくりました。□ にあてはまる数を求めなさい。

(3) 現在，父の年齢(れい)は兄の年齢の3倍と弟の年齢の和より4歳(さい)上です。24年後，父の年齢は兄と弟の年齢の和に等しくなります。父と弟の年齢の差を求めなさい。

(4) 100以上300以下の整数のうち，約数の個数が9個である整数をすべて求めなさい。

(5) 下の図において直線ABとCDは平行で，長さの等しい辺には同じ印がついています。図の角アの大きさを求めなさい。

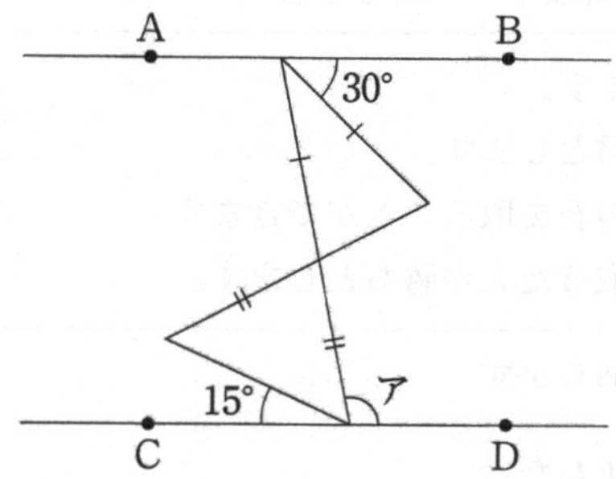

2 下の図のような三角形ABCにおいて，辺ABを2：3に分ける点をD，辺BCを2：1に分ける点をE，辺CAの真ん中の点をFとします。また，AEとBF，AEとCDが交わる点をそれぞれP，Qとします。

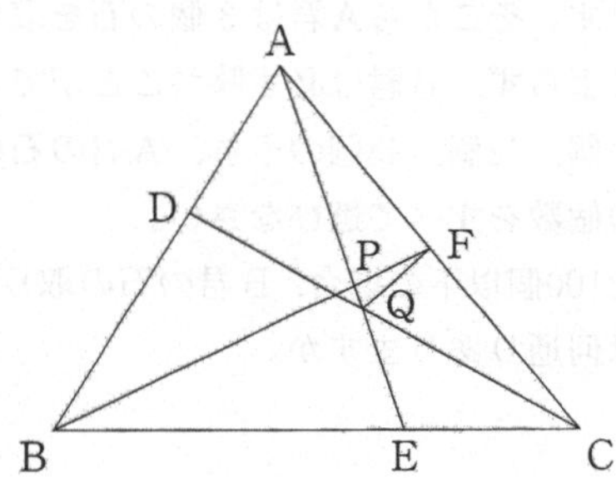

⑴　AQ：QEを最も簡単な整数の比で求めなさい。

⑵　AP：PQ：QEを最も簡単な整数の比で求めなさい。

⑶　三角形ABCと三角形FPQの面積の比を最も簡単な整数の比で求めなさい。

3　ある倉庫には毎朝，同じ量の荷物が届きます。Aさん，Bさん，Cさんの三人で倉庫からすべての荷物を運ぶことにしました。倉庫からすべての荷物を運ぶのに，Aさん一人では20分，Bさん一人では24分，Cさん一人では40分かかります。

⑴　1日目は，はじめにAさん一人で荷物を運び，その後BさんとCさんが同時に加わり三人で運んだところ，すべての荷物を運ぶのに全部で16分かかりました。はじめにAさん一人で荷物を運んでいた時間は何分ですか。

⑵　2日目は，はじめにAさんとBさんの二人が一緒（しょ）に同じ時間だけ荷物を運び，最後にCさん一人で残った荷物をすべて運びました。このとき，Cさんが荷物を運んだ時間は他の二人の3倍でした。すべての荷物を運ぶのにかかった時間は何分ですか。

⑶　3日目は，はじめにBさん一人で荷物を運び，その後Aさん一人でBさんが運んだ時間の2倍の時間だけ荷物を運びました。最後にCさん一人でBさんよりも4分少ない時間だけ荷物を運んだところ，すべての荷物を運び終えました。すべての荷物を運ぶのにかかった時間は何分何秒ですか。

4　A君，B君の二人で，次の石取りゲームをします。

- はじめに何個か石があります。
- はじめに石を取る人はA君とします。
- 交互（ご）に1個から6個までの石を取ることができます。
- 最後に残った石をすべて取った人が勝ちとします。

例えば，はじめに20個の石があります。

①　A君は5個の石を取りました。

②　B君は残った15個の石から6個の石を取りました。

③　A君は残った9個の石から1個の石を取りました。

④　B君は残った8個の石から5個の石を取りました。

⑤　A君は残った3個の石から3個すべてを取ったので，ゲームに勝ちました。

⑴　はじめに15個の石があります。そこからA君は3個の石を取りました。次にB君は何個の石を取れば，A君の石の取り方によらず，B君は必ず勝つことができますか。

⑵　はじめにある石が40個，41個，42個，43個のうち，A君の石の取り方によらず，B君が必ず勝つことができるはじめの石の個数をすべて選びなさい。

⑶　はじめにある石が10個以上100個以下の場合，B君の石の取り方によらず，A君が必ず勝つことができるはじめの石の個数は何通りありますか。

5　下の図のように１辺の長さが６㎝の立方体ABCD－EFGHがあり，各辺上の点Ｐ，Ｑ，Ｒ，Ｓ，Ｔ，ＵはAP＝FQ＝CR＝BS＝DT＝GU＝１㎝となる点とします。ただし，角すいの体積は(底面積)×(高さ)÷３で求められるものとします。

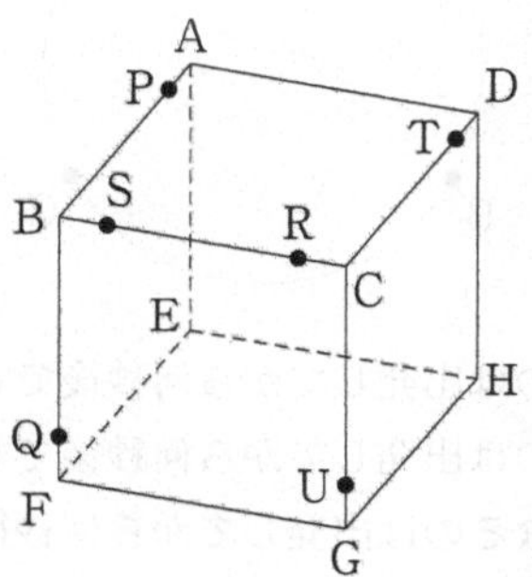

⑴　３点Ｐ，Ｑ，　Ｒを通る平面と辺AE，CG，DHの真ん中の点を通る平面でこの立方体を切断します。切断したときにできる立体のうち，点Ｅをふくむ立体の体積を求めなさい。

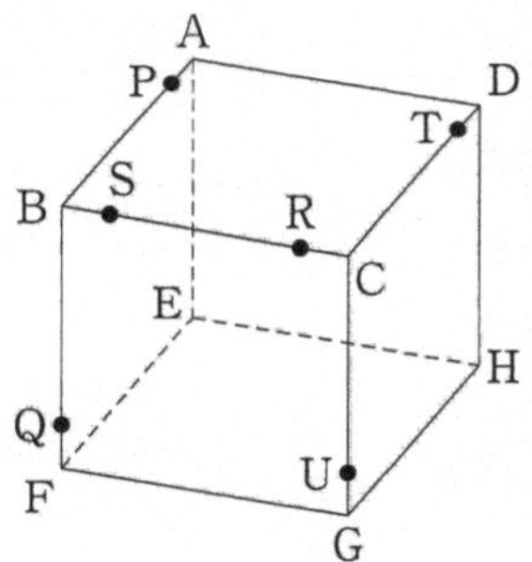

⑵　３点Ｐ，Ｑ，　Ｒを通る平面と３点Ｓ，Ｔ，Ｕを通る平面でこの立方体を切断します。切断したときにできる立体のうち，点Ｅをふくむ立体の体積を求めなさい。

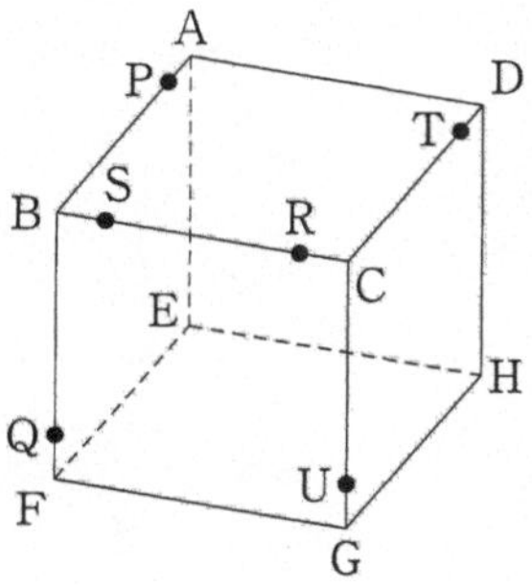

6　次のページの図のように長さ120㎝の円周上に，はじめ，等間隔(かく)に３点Ａ，Ｂ，Ｃがあります。Ａ，Ｂ，Ｃは同時に出発し，Ａは時計回りに毎秒４㎝，Ｂは時計回りに毎秒６㎝，　Ｃは反時計回りに毎秒４㎝の速さで円周上を進みます。ただし，Ｃは５秒進むごとに３秒その場で停止するものとします。

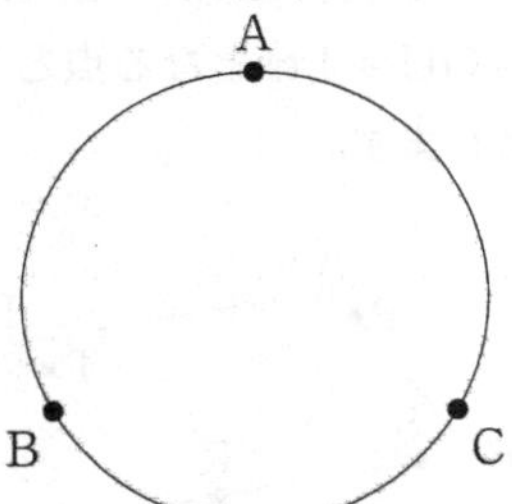

⑴　2点B，Cがはじめて重なるのは出発してから何秒後ですか。

⑵　2点A，Cが2回目に重なるのは出発してから何秒後ですか。

⑶　3点A，B，Cがはじめて重なるのは出発してから何秒後ですか。

【理　科】（45分）　＜満点：80点＞

１．次の文章を読んで，以下の各問いに答えなさい。特に指示がなければ，数値で答えるものは，必要であれば四捨五入して小数第二位まで答えなさい。

音の伝わる時間を測ることによって得られる情報があります。たとえば，稲光(いなびかり)が見えてから雷鳴(らいめい)が聞こえるまでの時間を測ると，雷(かみなり)が落ちたところまでのおよその距離(きょり)が分かります。光は速さが大変大きく一瞬(いっしゅん)で伝わりますが，音は空気中を毎秒340mの速さで伝わるので，この違(ちが)いを利用しています。

図１のように，単発的な音を発することができる機器１と，音を受け取ることができる機器２があり，この２つを一緒(いっしょ)にした装置があります。

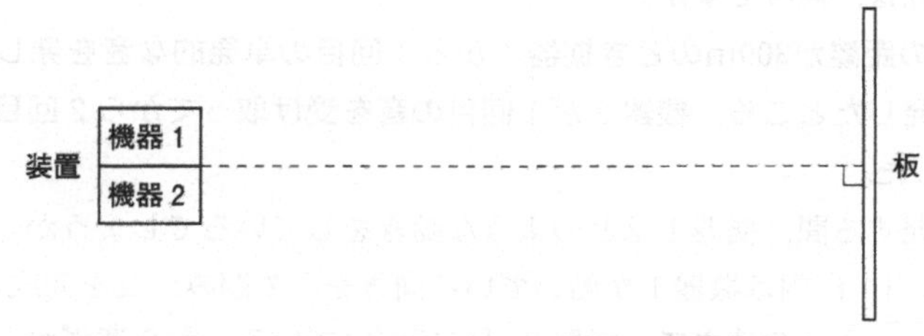

図１

機器１から発した音は板で反射し，戻(もど)ってきた音を機器２で受け取ります。２つの機器は小さく，機器１から発した音は，板で垂直に反射し，機器２に戻ってくるものとします。また，音の伝わる速さは，音を発するものや反射するものが静止していても動いていても，変化することはありません。

装置と板がともに静止している場合を考えてみます。

問１　装置と板の距離は300mとします。機器１から発した音が機器２に戻ってくるまでにかかる時間は何秒ですか。

静止した板に向かって，装置が点線上を毎秒10mの一定の速さで動いている場合を考えてみます。

問２　装置と板の距離が300mのとき機器１から音を発すると，音が機器２に戻ってくるまでにかかる時間は何秒ですか。

静止した装置に向かって，板が点線上を毎秒10mの一定の速さで動いている場合を考えてみます。

問３　装置と板の距離が300mのとき機器１から音を発すると，音が機器２に戻ってくるまでにかかる時間は何秒ですか。また，音が板で反射されたときの装置と板の距離は何mですか。ただし，この距離については，必要であれば四捨五入して，整数で答えなさい。

問３で求めた時間は，問３で求めた距離のところに板が静止している場合と同じ値になります。つまり，板の動きが目視できない場合は，音が戻ってくるのにかかる時間を測っても，板が静止しているか動いているかを判断することは困難です。

そこで，装置が静止しているか動いているかでどのような影響(えいきょう)が現れるのかを考えてみることにします。次のページの図２のように，音を発する機器１と受け取る機器２を分け，点線上を一定の速さで動いている機器１から機器２に向けて発した音を，静止した機器２で受け取るようにします。

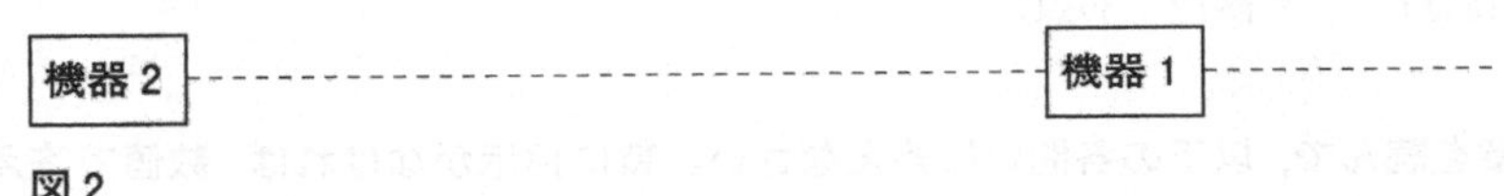

図２

機器１は，毎秒10mの速さで機器２に近づいているとします。機器１と機器２の距離が300mのとき，機器１から単発的な音を発し，その２秒後と４秒後，つまり２秒間隔（かんかく）で計３回の単発的な音を発するとします。

問４　機器２が１回目の音を受け取ってから２回目の音を受け取るまでの時間は，何秒ですか。

問５　機器１と機器２の距離は時間とともに短くなります。このことが機器２の音を受け取る時間にどのように影響するかを考えてみます。機器２が２回目の音を受け取ってから３回目の音を受け取るまでの時間は，何秒ですか。

機器１と機器２の距離が300mのとき機器１から１回目の単発的な音を発し，その２秒後に２回目の単発的な音を発したところ，機器２が１回目の音を受け取ってから２回目の音を受け取るまでの時間は2.04秒でした。

問６　２回の音を発する間，機器１はどのような動きをしているでしょうか。次の文中の □ 内には数値を入れ，｛　｝内は機器１が動いている向きを○で囲み，文を完成させなさい。

機器１は毎秒 □ mの速さで，機器２｛に近づいている・から遠ざかっている｝。

２． 次の文章を読んで，以下の各問いに答えなさい。なお，数値で答えるものは，必要であれば四捨五入して整数で答えなさい。

硫酸銅（りゅうさんどう）は水の検出に用いられることがある物質です。これは，白色の硫酸銅が水を取（と）り込（こ）むと青色に変化する性質を利用しています。

水を取り込むことで青くなると別の物質に変化したように感じますが，この色の違いは水を取り込んでいるかどうかだけでどちらも硫酸銅です。まったく水を取り込んでいない白色のときを無水塩と呼び，水を取り込んで青色になったときは水和物と呼びます。

この硫酸銅を用いて，以下の実験Ⅰ～Ⅲを行いました。

実験Ⅰ　33℃ の水100ｇに硫酸銅の無水塩を限界まで溶（と）かしたところ，25ｇ溶けて青色の硫酸銅水溶液（すいようえき）が得られた。

実験Ⅱ　実験Ⅰの水溶液の温度を53℃ まで上げて再び硫酸銅の無水塩を限界まで溶かしたところ，さらに11ｇ溶けた。

実験Ⅲ　実験Ⅱで得られた硫酸銅水溶液を33℃ に冷却（れいきゃく）したところ，青色の結晶（けっしょう）が20ｇ得られた。

問１　水の検出について，次の⑴，⑵に答えなさい。

⑴　水の検出に用いられる試験紙として適当なものを次のア～ウから１つ選び，記号で答えなさい。

ア　赤色リトマス紙　　イ　青色リトマス紙　　ウ　塩化コバルト紙

⑵　硫酸銅のように水を取り込むことで色が変わる性質をもつ物質が用いられる例として最も適当なものを次のア～エから１つ選び，記号で答えなさい。

ア　乾燥剤（かんそうざい）　イ　消臭剤（しょうしゅうざい）　ウ　防腐剤（ぼうふざい）　エ　防虫剤（ぼうちゅうざい）

問２　33℃ の硫酸銅の飽和（ほうわ）水溶液の濃度（のうど）は何％ですか。

問３　53℃ の水150ｇに硫酸銅の無水塩は最大何ｇ溶かすことができますか。

問4　実験Ⅲで得られた青色の硫酸銅の水和物の結晶について，次の⑴，⑵に答えなさい。

⑴　実験Ⅲで得られた結晶20ｇを加熱すると，硫酸銅の無水塩が12.8ｇ得られました。実験Ⅱで温度を上げて溶かした量よりも多くなっている理由を簡潔に説明しなさい。

⑵　実験Ⅲで結晶が得られた後の硫酸銅水溶液の濃度は何％ですか。

問5　実験Ⅲで得られた結晶と同じ割合で水を取り込んでいる硫酸銅の水和物について，次の⑴，⑵に答えなさい。

⑴　この硫酸銅の水和物を33℃の水100ｇに溶かすとき，最大何ｇ溶かすことができますか。

⑵　この硫酸銅の水和物100ｇを加熱していくと，次の図のように重さが変化して64ｇの無水塩になることが知られています。この図からわかることを述べた下の文中の【Ｘ】～【Ｚ】に当てはまる数値をそれぞれ答えなさい。

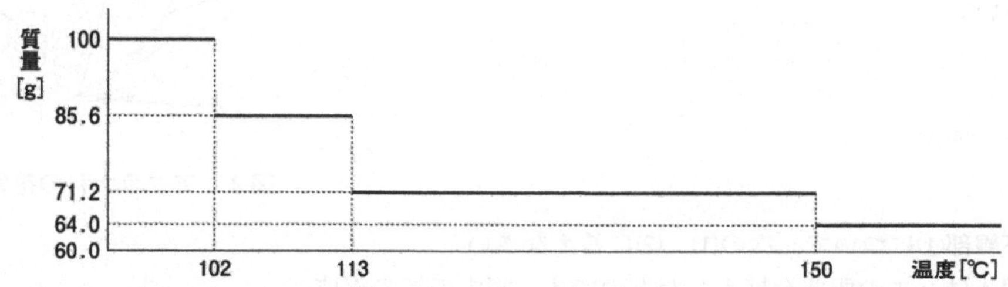

十分な水を取り込んだ硫酸銅の水和物が無水塩になるまでに３回重さが減少をすることがわかる。

取り込んでいた水の量を100％とすると，102℃のところで【　Ｘ　】％の水分が，113℃のところでさらに【　Ｙ　】％の水分が，最終的に150℃のところでさらに【　Ｚ　】％の水分が放出されることで無水塩になることがわかる。

3．次の文章を読んで，以下の各問いに答えなさい。

夏に高山に登ってみると一面のお花畑が広がっています（図１）。どうしてお花畑が広がっているのでしょうか。

高山で花を咲(さ)かせるのは背の低い植物が多いです。こうした植物が育つには光が必要です。高山の山頂付近は風が強く，その風によって樹木は折れたり倒(たお)れたりするため，高木が存在することができません。そのため背の低い植物でも光を受けることができます。また，夏まで雪が残る谷や窪地(くぼち)では，雪が溶けるとその水を吸収して花々が咲き誇(ほこ)ります。

図１　高山のお花畑

植物が花を咲かすのは自身の子孫を残すためです。花を咲かせて虫などに花粉を運んでもらうことで，受粉をして種子を作ります。植物は花粉を運んでもらうため，虫を呼ぶ様々な工夫(くふう)をしています。図２は日本の高山の花に訪(おとず)れる昆虫(こんちゅう)の割合を表し，①<u>ハエ類</u>が最も多く，その次に②<u>ハチ類</u>が多くなっています。

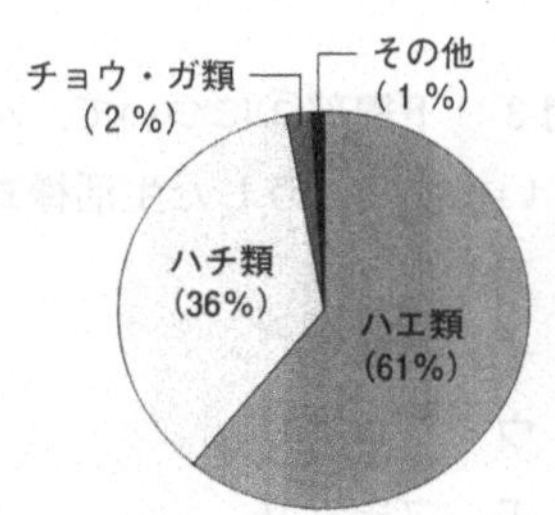

図２　日本の高山の花に訪れる昆虫の割合

高山は低地と比べて気温が低く，花粉を運んでもらう虫の活動時期が限られています。そのため，花には，虫を呼び寄せ，より確実に受粉をするための特徴が見られます。

例えば，高山に生息するマルハナバチといったハチ類は視覚によって花を探していると言われています。花は，マルハナバチなどが訪れやすい黄色や紫色，桃色などの花の色になっているものもあります。それが結果的にマルハナバチから見れば目立つ色になっています。また，花と言えば，良い香りというイメージがある人もいるかと思いますが，③高山にはイブキトラノオのように，くさいにおいが出る植物もあります。花が目立つか，においを出すかはどのような虫が花粉を運ぶかに関連していると考えられています。

問１　図３はアブラナ科の花の構造の断面図を示しています。Ａ，Ｂの名称を答えなさい。また，花の蜜が存在する部分はどこですか。図中のア～オから１つ選び，記号で答えなさい。

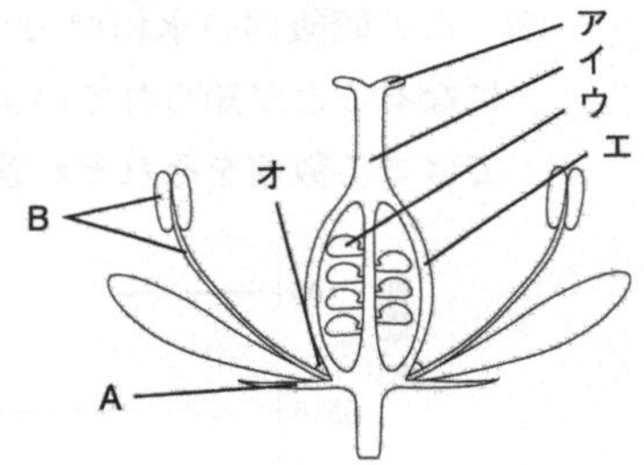

図３　アブラナ科の花の構造

問２　下線部①について，次の⑴，⑵に答えなさい。

⑴　図４はハエの頭部を拡大したものです。図中のＸの部位の名称を答えなさい。

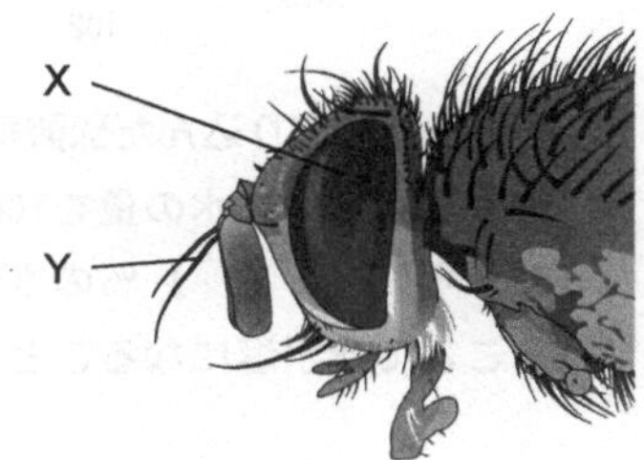

図４　ハエの頭部

⑵　図５は図４のＹの表面部分をさらに拡大したものです。ハエはここで，くさいにおいなど空気中に漂うにおい物質を感知しています。Ｙの部分にこうした細い毛がたくさんあることの利点を簡潔に説明しなさい。

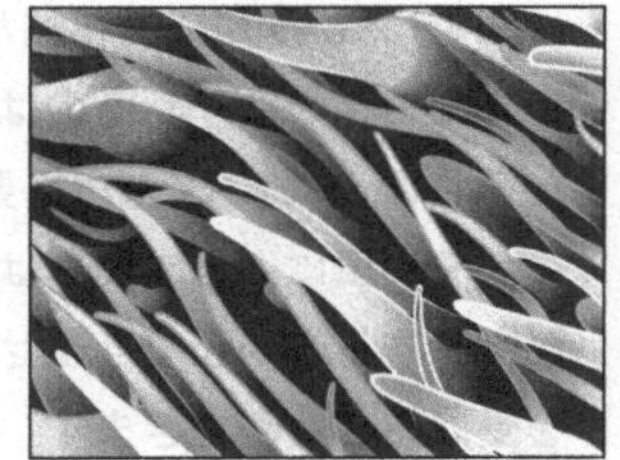

図５　Ｙを拡大した様子

問３　下線部②について，ハチ類の中には女王バチと働きバチからなる集団で生活をしているものもいます。こうした生活様式をもっている昆虫を次のア～オからすべて選び，記号で答えなさい。

ア　チョウ
イ　アリ
ウ　シロアリ
エ　ゴキブリ
オ　ユスリカ

問４　下線部③について，高山においてイブキトラノオ（図６）の花が，くさいにおいを出すことの利点を花粉を運ぶ昆虫の特徴をふまえて簡潔に説明しなさい。

図６　イブキトラノオ

問５　図７はニュージーランドの高山の花に訪れる昆虫の割合を示しています。また，次のア，イは日本もしくはニュージーランドのある地域における高山植物の花の色の割合を示しています。ニュージーランドの高山植物の花の色の割合はアとイのどちらになりますか。記号で答えなさい。また，そのように考えた理由を図７を踏まえて説明しなさい。

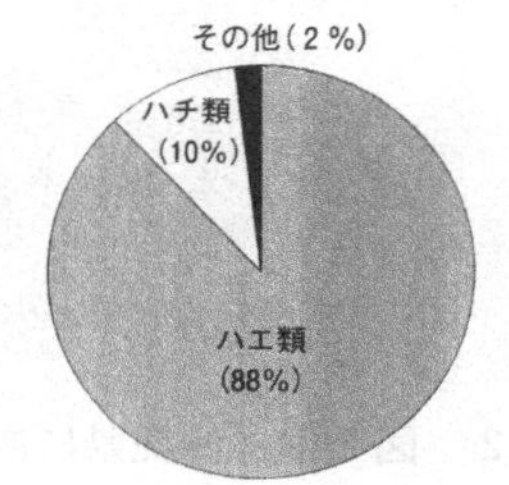

図７　ニュージーランドの高山の花に訪れる昆虫の割合

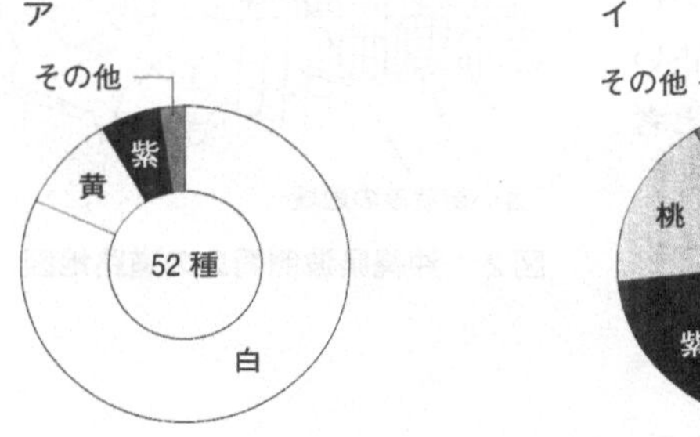

４．次の文章を読んで，以下の各問いに答えなさい。

わたしたち人間は，陸地に道路を張り巡らせることで人や物の行き来を盛んにしています。道路を人工的に設置するときに，地形などの自然を無視することはできません。張り巡らされた道路がどのように自然環境とつながっているのか見てみましょう。以下の地図はすべて，真北（北極点のある方向）が図の上方向となっています。

問１　京都市街地周辺の道路のみを示した次のページの図１を見ると，中心部に比べて図の端の方の道路は曲がっており数も少ないことがわかります。図１の中央には，二条城があり，二条城を囲む道路は周辺道路とずれた方角を向いています。建設当時，周辺道路の方角は太陽の方位から，二条城の方角は方位磁針の向きから決められたのではないかと言われています。また，現在の方位磁針のＮ極が指し示す方向は図１の通りです。以上のことから言えることとして適当なものを次のア～エからすべて選び，記号で答えなさい。

ア　現在の京都周辺では，方位磁針のＮ極が指し示す方向は真北よりも少し西にずれる。

イ　地球において，方位磁針のＮ極が指し示す方向は時とともに変化する。

ウ　月は一年を通して同じ時刻に同じ方位から昇るため，月を基準にすれば正確な方位がわかる。

エ　二条城が建てられた時代には，方位磁針のＳ極は現在の真南よりも東に数度ずれた方向を指し示していた。

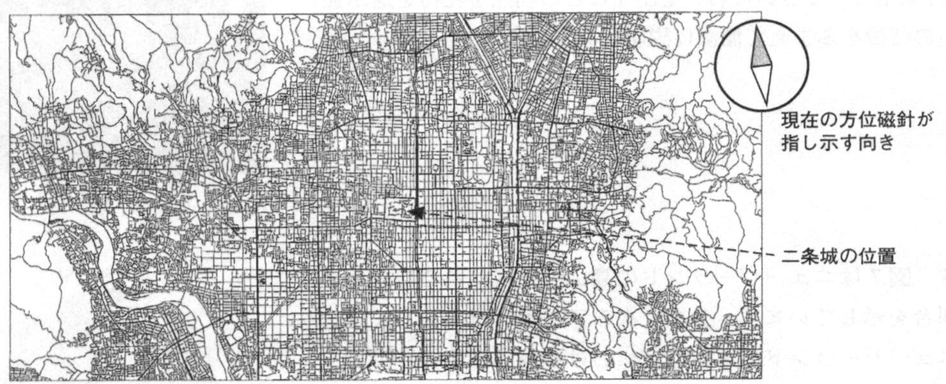

図１　京都市街地周辺の道路地図

問２　図２は，沖縄県にある波照間島の道路のみを示した地図です。島の西部を中心に東西南北に新しい道路が建設されているのに対して，中心部のような古い街並みでは道路および家の向きが異なっています。古い街並みはこの地域の自然環境を反映して作られたと考えられているのですが，何の方角を基準にしていると考えられますか。表１を参考にして，最も適当なものを次のア～エから１つ選び，記号で答えなさい。

ア　海流　　イ　季節風　　ウ　太陽　　エ　星座

図２　沖縄県波照間島の道路地図

表１　沖縄県波照間島の様々なデータ（月ごとのデータ）

要素	周辺の海流の平均的な向き	最多だった風向	日の入りの方位	南十字星がよく見える方角
１月	東	北北東	南西	南
２月	東	北北東	西南西	南
３月	南西	北北東	西	南
４月	西南西	北東	西北西	南
５月	東	南	北西	南
６月	東	南南西	北西	南
７月	南東	南	北西	見えない
８月	西南西	南	西北西	見えない
９月	東	北東	西	見えない
10月	南東	北北東	西南西	見えない
11月	南南西	北東	南西	見えない
12月	東北東	北北東	南西	南

問３　次のページの図３は，メキシコのテオティワカンという場所の道路で，テオティワカン遺跡（いせき）を貫（つらぬ）く道路（図中の矢印）は南北の方向からずれていることがわかります。この地域の神話で世界が始まったとされる日の日没（にちぼつ）の光が，道路と直角な方向になるように作られたと考えられています。この日として適当なものを次のア～エから１つ選び，記号で答えなさい。ただし，この地域は北緯（ほくい）20°付近に位置しています。

図３　メキシコ・テオティワカンの道路地図

ア　１月10日　　**イ**　３月15日　　**ウ**　８月13日　　**エ**　11月11日

問４　**図４，５は同じ範囲（はんい）を表しており，それぞれ山口県にある青海島の道路のみを示した地図と河川（かせん）や海などの水域のみを示した地図です。この地域出身の金子みすゞは，この島の自然に関する詩として次のようなものを詠（よ）んでいます。下の⑴，⑵に答えなさい。**

波の橋立よいところ、
右はみずうみ、もぐっちょがもぐる、
左ゃ外海、白帆（しらほ）が通る、
なかの松原、小松原、
さらりさらりと風が吹（ふ）く。

　　海のかもめは
　　みずうみの
　　鴨（かも）とあそんで
　　日をくらし、
　　あおい月出りゃ
　　みずうみの、
　　ぬしは海辺で
　　貝ひろう。

波の橋立、よいところ、
右はみずうみ、ちょろろの波よ、
左ゃ外海、どんどの波よ、
なかの石原、小石原、
からりころりと通りゃんせ。

「金子みすゞ童謡全集」（JULA 出版局）より

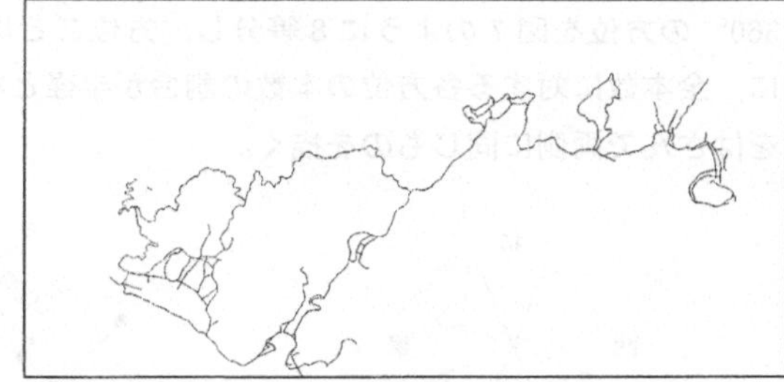

図４　山口県青海島の道路地図

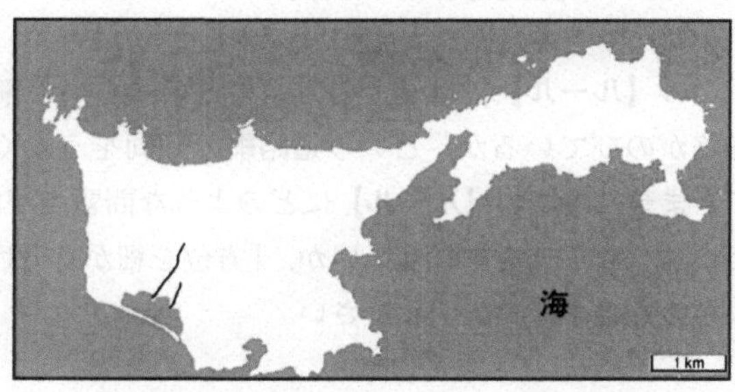

図５　山口県青海島の地図（グレーの部分は海、細い線は河川を示す）

⑴　**この詩が図４の道路上で詠まれたと仮定すると，どの場所に立ってどの向きを向いて詠まれていますか。図５と同じ解答欄の図中に，場所を●で，向きを矢印で示しなさい。**

⑵　**詩の最後の二行にある通り，この場所にはコロコロとした丸い礫（れき）が堆積（たいせき）しています。こうした礫や，この詩の場所の地形のでき方に関する説明として最も適当なものを次のページのア～エから１つ選び，記号で答えなさい。**

ア　火山が噴火して吹き飛ばされた大小様々な石が，そのまま堆積してできた。

イ　川の上流からとても穏やかな流れで運ばれてきた石が，海底に堆積してできた。

ウ　海岸を強い海流で流されてきた石が，波に揺られながら堆積してできた。

エ　大雨によって発生した土石流が，扇状地に厚く堆積してできた。

問5　**図1**，**2**，**3**のように，道路の形やつながりを調べることで，地形や文化，交通輸送などについて考えることができるようになります。道路網において，どの方角にどのくらいの割合の道路がのびているかを調べてみましょう。次の⑴～⑶に答えなさい。

⑴　**図6**は海城中学校周辺の道路のみを示した地図です。道路の端もしくは交差点を・で示し，となりあった・と・を結ぶ直線を道路の１区間とします。**図6**において「どの方角にどのくらいの割合の道路がのびているか」を以下の**【ルール】**で数えることにしたとき，どのようなグラフになるか作図しなさい。

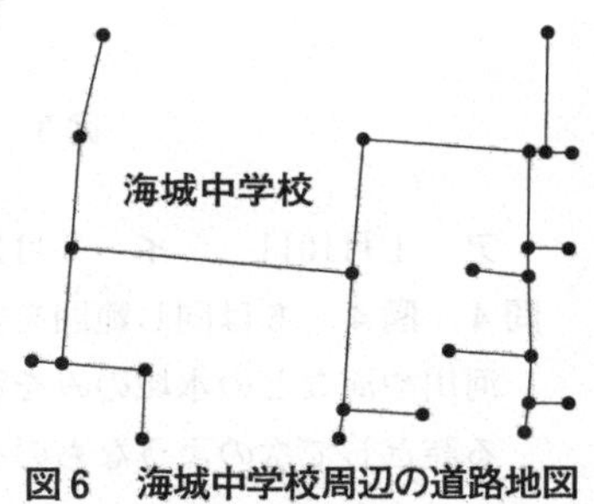

図6　海城中学校周辺の道路地図

【ルール】

360°の方位を**図7**のように8等分し，方位ごとに各区間の本数を数える。結果は**図8**のように，全本数に対する各方位の本数の割合が半径となるような扇形を斜線で示し，扇形は中心点をはさんで両側に同じものを描く。

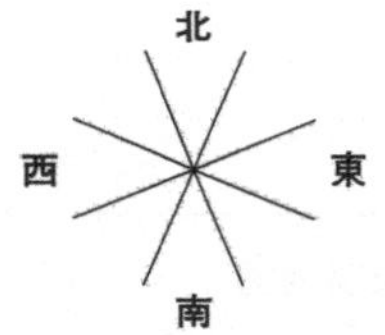

図7　方位を8分割した様子

北
100%
60%
西
東
南

図8　左のような道路の場合に数えた例（右）

⑵　この**【ルール】**では「どの方角にどのくらいの割合の道路がのびているか」という道路網の傾向をうまく表現できません。この**【ルール】**にどのような問題点があり，どのような工夫をすればいいか，「方位を細かく分ける」以外のものを１つ説明しなさい。

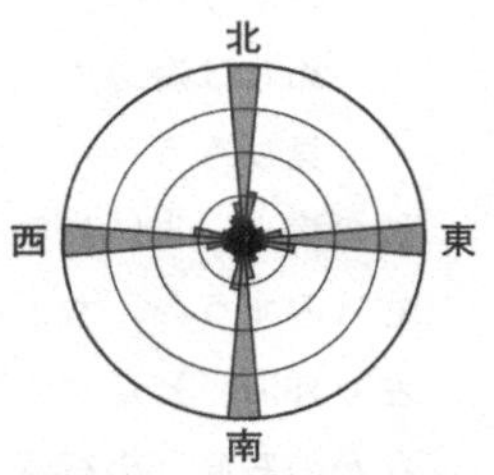

図9　京都市の道路の方位分布

⑶　**図1**のような京都市の道路の向きについて適切な方法でより詳しく調べると，**図9**のように偏りのある図になります。それに対して，**図10**の地域では，道路の方位がバラバラになっており，この地域の地形の影響を受けています。どのような地形であれば，どのような理由によって**図10**のような道路の方位分布になりますか。可能性の１つを説明しなさい。

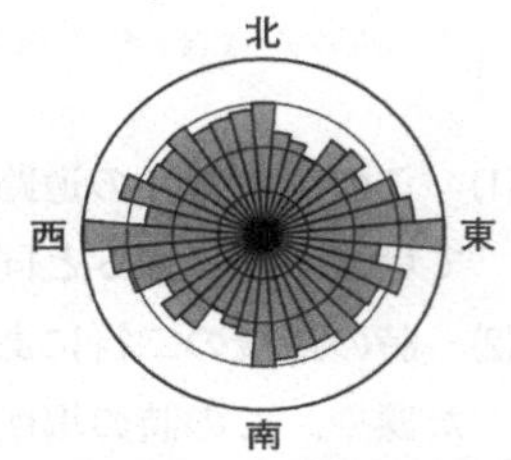

図10　ある地域の道路の方位分布

【社 会】（45分） <満点：80点>

問題　次の文章をよく読んで，あとの問いに答えなさい。

みなさんは今日の試験のためにたくさん勉強をしてきましたよね。でも，勉強をしながら，なぜ入試で試されるのが国算理社の「学力」ばかりなのか，疑問に思ったことはありませんか。例えば，「足の速さ」や「気持ちのよいあいさつ」が中学入試で評価されれば…と思う人もいるのではないでしょうか。最近では学力以外の能力を評価する試験も増えていますが，今も多くの入試では学力が試されています。それはなぜでしょうか。一歩立ち止まって，少し考えてみることにしましょう。

①江戸時代までは，一般庶民が学力を試されることはあまりありませんでした。なぜなら，江戸時代まで日本には身分制度が残っていたからです。しかし，②明治維新以降，形式的には身分制度が廃止されたことで，多くの人々にとって努力することに意味が生まれてきました。というのは，努力次第で優れた学歴をつけることができ，生まれた家庭よりも高い収入を得て，経済的に豊かな生活を送ることができると考えられるようになったからです。特に高度経済成長期以降は，働く人々に学力や専門的な知識などがますます求められるようになっていきます。その中で，経済的余裕をもった一般家庭の多くは「努力の積み重ねこそが，豊かな生活につながる」と考え，子どもの学力を伸ばすために，塾や習い事に積極的に通わせるなど，教育にお金と労力をかけるようになっていきました。

勉強は自分の工夫で努力を重ねやすく，学力試験の点数はおおむね客観的であるため，努力の成果を学力で評価されることに対しては多くの人々が納得していました。また，学力には③多くの仕事にとって必要な能力が含まれるので，その水準が高いほど，大学や会社に評価されると考えるのは自然なことです。しかし，それを先ほどの「気持ちのよいあいさつ」で考えてみると，採点者の好みで点数が変わると思いませんか。例えばある人は「声の大きさ」が，別の人は「おじぎの角度」が一番大事だと考えるかもしれません。「『気持ちいい』と感じる声の大きさ」も採点者によって違います。そうなると，採点者の好みという「運」によって自分の評価が変わってくることになるので，答えが１つしかなく客観的に点数化しやすい学力こそが，能力を評価する基準として，④多くの人々が納得する公正なものだと考えられてきたのです。

《写真》マークシート

このような考え方は，現代の社会にも深く根付いています。2017年の「2021年度から実施される『⑤大学入学共通テスト』の国語・数学において記述式問題を導入する」という文部科学省の方針の発表を受けて起こった世間の混乱は，それを浮き彫りにした出来事でした。長らく続いた「大学入試センター試験」では「すべて選択式の問題で，解答を《写真》のようなマークシートに記入し，機械で読み込んで採点する」という方法であったため，この方針発表は入試システムの大転換を意味していました。しかし，発表を受けてすぐに⑥「共通テストに記述式問題を導入することで，試験の公平性が著しく損なわれる」として，導入への激しい反対が日本各地で起こったのです。その結果，文部科学省は2019年に記述式問題の導入の見送りを正式に決定しました。

一方で，多くの人々が，今までの学力重視の入試のあり方に疑問をもっているのも事実です。高度経済成長期以降の日本の教育における学力とは，多くの場合「知識の量」を意味し，勉強の努力を重ねるということは，多くの知識を覚えることでした。しかし，多くの知識を覚えたとしても，それは判断力や行動力，上手に人間関係を築く能力とは別です。そのため，1990年代以降，知識に偏った学力や試験は批判され，実際の社会の中でより役に立つ力を重視すべきであるという主張が多くなっていきました。こうした中，最近の大学入試は，積極的に知識以外の能力も評価するものに変化してきています。発想力や表現力，対話力などに加え，学級委員や部活動，さらには留学・ボランティアといった学校内外での経験などを評価する入試が増えてきているのです。⑦その試みは，学力というひとつの側面だけではなく，受験生の能力を総合的に評価しようとするものです。しかし，受験生にとっては選択肢が増えることにつながる一方で，現在のところ多くの課題を抱えていて，時には批判を受けることもあります。

いったい，どのような入試が望ましいのか，今後も議論は続きそうです。とはいえ確かなことは，この議論とは別にみなさんがこの数年間の努力で獲得してきた知識と経験は，かけがえのないものだということです。そして，そうした努力の積み重ねの中で「点数化できない素敵な側面」をみなさんは多く培ってきているはずです。この入試でどのような結果になったとしても，4月からは中学生として，それぞれの場所で，その素敵な側面を家族や友人，先生たちにたくさん見せてあげてください。それらは間違いなく，みなさんがこれから公平・公正な社会を形作る上で，「点数」や「偏差値」，「学歴」よりも，はるかに価値があるものなのですから。

問１．下線部①に関連して，江戸時代の教育について述べた文として**誤っているもの**を，次の**ア**～**エ**から１つ選び，記号で答えなさい。

ア．全国各地の藩では，藩校とよばれる学校をつくり，武士の子弟を教育した。

イ．最も有名な学校といわれた足利学校は，藩校のひとつである。

ウ．江戸幕府は，中国で生まれた儒学という学問を尊重していた。

エ．寺子屋という私塾では，武士や僧侶などが先生をつとめた。

問２．下線部②に関連して，明治時代に政府に国会を開くよう求めた運動の名前と，その運動の中で，多摩地域の若者たちが学習会を重ねて作った憲法草案の名前を，それぞれ答えなさい。

問３．下線部③に関連して，古代の役人が仕事をする上で求められた能力などに関する記述として**ふさわしくないもの**を，次の**ア**～**エ**から１つ選び，記号で答えなさい。

ア．十七条の憲法に「地方の役人が勝手に税を取ることを禁止する」と書かれていることからわかるように，大和朝廷の指示に従うことが求められた。

イ．遣隋使や遣唐使として古代の役人が中国に送り出されていることからわかるように，中国の進んだ制度や学問を学んでいることが求められた。

ウ．税として納められた物産に付けられた木簡に物品名や地名などの文字が書かれていることからわかるように，文字を読み書きできることが求められた。

エ．藤原氏が政治の中心となっていく過程において平安京で戦がさかんにおこなわれたことからわかるように，馬に乗りながら弓を引くなどの武芸に秀でていることが求められた。

問４．下線部①に関連した以下の問いに答えなさい。

(1) 公正な社会を形作るためには，私たち一人ひとりに，社会の担い手という意識をもちながら地域社会やその政治に積極的にかかわろうという姿勢が求められます。次のページの図は，地方自治（東京23区の場合）のしくみをまとめたものです。図中のＡ～Ｃにあてはまる語句の組み合わせとして正しいものを，あとの**ア**～**カ**から１つ選び，記号で答えなさい。

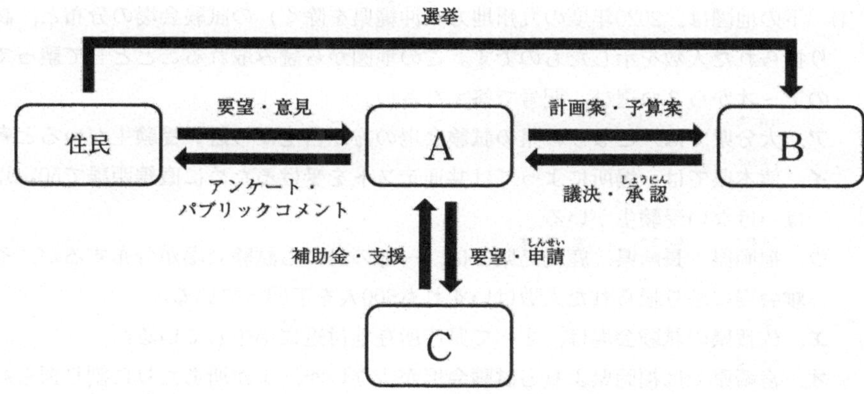

	ア	イ	ウ	エ	オ	カ
A	国・都	国・都	区議会	区議会	区役所	区役所
B	区議会	区役所	国・都	区役所	国・都	区議会
C	区役所	区議会	区役所	国・都	区議会	国・都

⑵　選挙の公正さに関して，議員１人あたりの有権者数に選挙区の間で大きな差が生じていることが問題であるとされています。以下の表に示すような選挙区Ｘおよび選挙区Ｙを例に考えたとき，どのような現象が生じやすくなるでしょうか。①～④の文のうち**正しいもの２つの組み合わせ**を，あとの**ア**～**エ**から１つ選び，記号で答えなさい。

	有権者数	議員定数
選挙区Ｘ	4,000人	２人
選挙区Ｙ	12,000人	３人

①選挙区Ｘの有権者は，選挙区Ｙの有権者に比べて自身の１票の価値が低くなっていると考え，選挙区Ｘに割り当てられる議員定数の拡大を主張するようになる。
②選挙区Ｙの有権者は，選挙区Ｘの有権者に比べて自身の１票の価値が低くなっていると考え，選挙区Ｙに割り当てられる議員定数の拡大を主張するようになる。
③選挙区Ｘで落選した候補者の得票数と，選挙区Ｙで当選した候補者の得票数を比べたとき，前者よりも後者の得票数の方が少ないという現象が起きやすくなる。
④選挙区Ｘで当選した候補者の得票数と，選挙区Ｙで落選した候補者の得票数を比べたとき，前者よりも後者の得票数の方が多いという現象が起きやすくなる。

ア．①と③　　**イ**．①と④　　**ウ**．②と③　　**エ**．②と④

問５．下線部⑤に関連して，大学入学共通テスト（2020年度までは「大学入試センター試験」）は例年１月に実施されます。また，受験生は，志望する大学とは関係なく，大学入試センターによって試験会場を指定されます。これをふまえて，以下の問いに答えなさい。

⑴ 下の地図は，2020年度の九州地方（沖縄県を除く）の試験会場の分布と，試験会場ごとに割り振られた人数を示したものです。この地図から読み取れることとして**誤っているもの**を，次の**ア**～**オ**から**2つ**選び，記号で答えなさい。

ア．大分県では，となりの県の試験会場の方が自宅から近い受験生がいると考えられる。

イ．熊本県では，場所によっては共通テストを受けるために直線距離で50km以上移動しなくてはいけない受験生がいる。

ウ．福岡県，長崎県，鹿児島県では，一部の島にも試験会場が分布するが，それぞれの島の試験会場に割り振られた人数はいずれも500人を下回っている。

エ．佐賀県の試験会場は，すべて県庁所在地付近に集中している。

オ．宮崎県では福岡県よりも試験会場が少ないが，1か所あたりに割り振られた人数は多い。

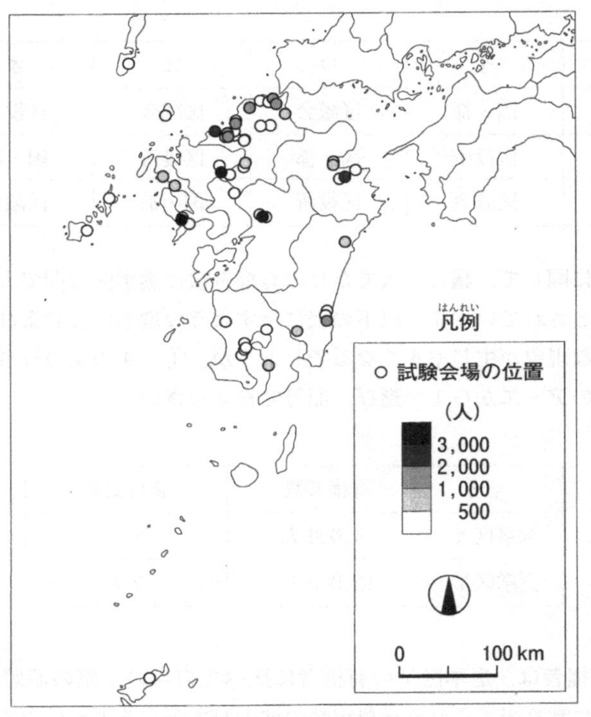

（大学入試センター「令和2年度大学入試センター試験試験場一覧」より作成）

⑵ 次のページの地図は，2016～2023年度の，交通機関の遅延や運休により試験開始時刻の繰下げがおこなわれた試験会場*を示しており，地図中の記号■・▲・●は，大雪，強風，人身事故によるいずれかの遅延・運休理由を示しています（◇はその他です）。遅延・運休理由と記号との組み合わせとして正しいものを，あとの**ア**～**カ**から1つ選び，記号で答えなさい。

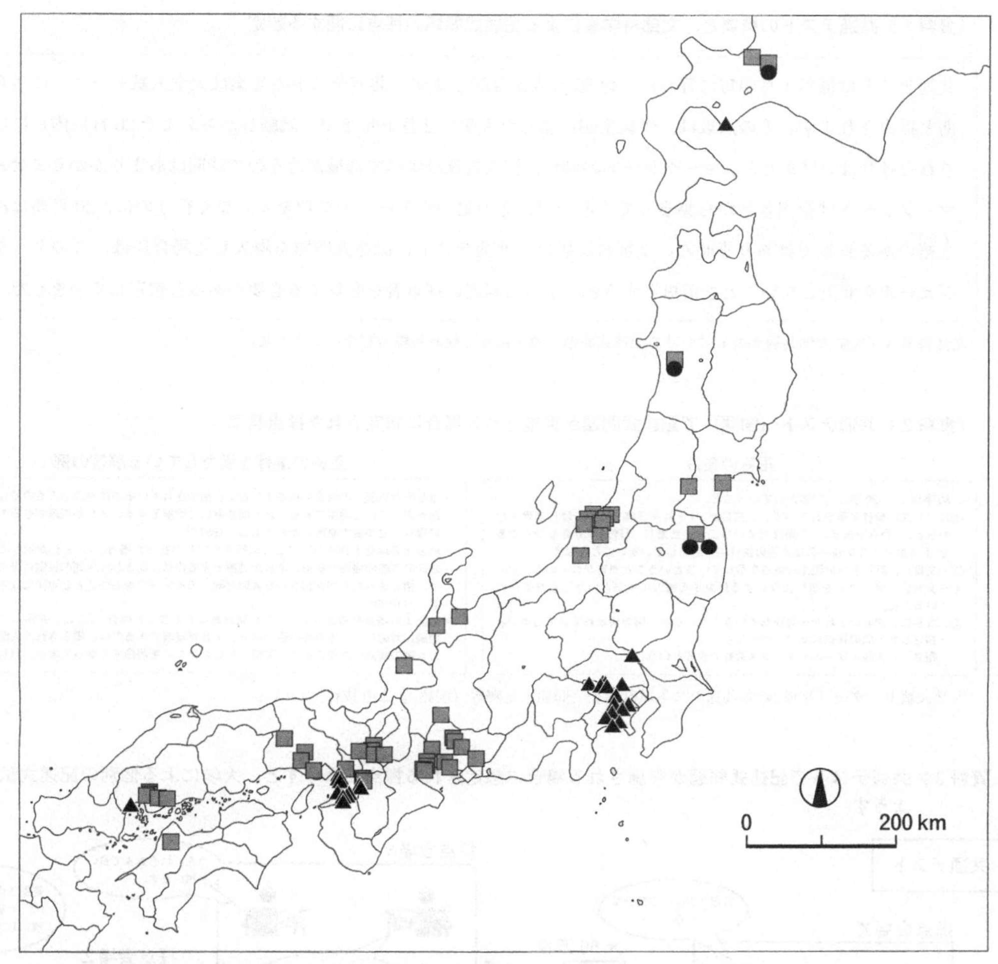

＊同じ試験会場で同じ理由で２回以上繰下げがあった場合は、その回数分並べて記載している。

（大学入試センタープレス発表資料「繰下げ状況について」（各年度）より作成）

	ア	イ	ウ	エ	オ	カ
大雪	■	■	▲	▲	●	●
強風	▲	●	■	●	■	▲
人身事故	●	▲	●	■	▲	■

問６．下線部⑥について，共通テストにおいて，選択式の問題に加えて新たに記述式問題を導入することが検討(けんとう)された際に，多くの人々が「公平性が損なわれる」と考えたのはなぜでしょうか。次のページの本文や《資料１》～《資料３》からわかることをもとに，共通テストの特徴と，記述式問題の解答内容や採点方法の特色を明らかにしながら，190字以内で説明しなさい。

《資料１》共通テストの概要と、文部科学省による記述式問題の採点に関する想定

共通テストは毎年１月中旬に行われ、約50万人が受験します。共通テストの答案は大学入試センターに送られたあと採点されます。その点数は、受験生が出願した大学に２月上旬まで（試験日からおよそ20日以内）には提供されなければいけません。マークシートの場合、採点自体はすべて機械が行うので時間はあまりかかりませんが、マークシートは全国各地から集まってくるので、その集約やデータの整理をミスなく行うのに、20日間は決して余裕（よゆう）のある日数ではありません。文部科学省は、共通テストに記述式問題を導入した場合には、このようなスケジュールを変更（へんこう）しないことを前提とすると、１万人程度の採点者を動員する必要があると想定していました。

（文部科学省「大学入学共通テストにおける記述式問題の導入に係る検討経緯の整理」より作成）

《資料２》共通テスト（国語）で記述式問題が実施される場合に想定された採点基準

正答の条件	正答の条件を満たしている解答の例
①80字以上、120字以内で書かれていること。 ②二つの文に分けて書かれていて、二文目が、「それが理解できるのは」で書き始められ、「からである。」で結ばれていること。ただし、「理解ができるからである。」で結ばれているものは正答の条件②を満たしていないこととなる。 ③一文目に、話し手が地図上の地点を示しているということが書かれていること。 ④一文目に、話し手が指示しようとする対象が実際の場所だということが書かれていること。 ⑤二文目に、次のいずれかが書かれていること。なお、両方書かれていてもよい。 ・指さした人間の視点に立つということ。 ・指さした人間と同一のイメージを共有できるということ。	• 話し手が地図上の地点を指さすことで、指示されているのは地図そのものではなく、地図が表している場所であることが聞き手には理解できる。それが理解できるのは、他者の視点に立つ能力があるからである。（95字） • 地図上の地点を指さして「ここに行きたい」と言った場合、「ここ」が示しているのは地図の実際の場所である。それが理解できるのは、指さした人間の位置に身を置くことで、指さされた人間が指さした人間と同一のイメージをもつことが可能になるからである。（119字） • 地図上の地点を指さして「ここに駅がある」と言った場合、「ここ」が示しているのは地図に対応している実際の駅である。それが理解できるのは、指さされた人間が指さした人間の視点に立つことで、実際に示したいものを想像するからである。（111字）

（大学入試センター「平成30年共通テスト試行調査　問題、正解等（国語）」より抜粋）

《資料３》共通テストで記述式問題が実施される場合に想定される採点のようすと、大学による個別の記述式試験の採点のようす

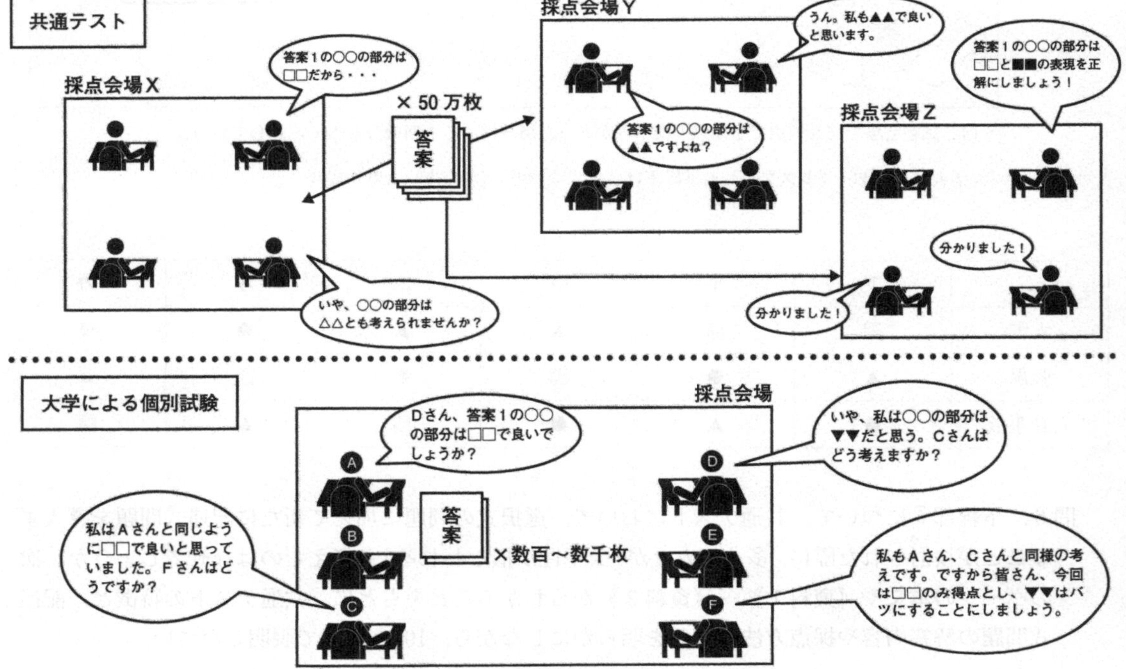

（文部科学省「大学入学共通テストにおける記述式問題の導入に係る検討経緯の整理」などをもとに想定し作成）

問７．下線部⑦について，経験が評価される入試に対しては，実際にどのような批判があると考えられますか。学力テスト型の入試に対する人々の一般的なとらえ方にふれながら，本文や以下の《資料４》～《資料７》からわかることをもとに，160字以内で述べなさい。なお，解答には経験が評価される入試を「新型入試」，学力テスト型の入試を「従来型入試」と表記すること。

《資料４》大学が新型入試で求めている高校在学中の活動歴や成績の例

・全国レベルまたは国際レベルのコンテストやコンクールでの入賞記録や論文の掲載（けいさい）記録
・留学を含むさまざまな国際的活動の経験
・語学力試験などの成績
・数学オリンピックや科学オリンピックなどにおける成績

（各大学の募集要項（令和５年度）より作成）

《資料５》高校生の留学にかかる費用の目安

		期間	
		約２週間	約３カ月間
行先	アメリカ	45万円	160万円
	カナダ	35万円	130万円
	オーストラリア	35万円	130万円

＊航空券は上記の費用に含まれない。

（ISA ウェブサイト「高校生の留学費用 出発前から帰国までに必要な費用について」より作成）
（https://www.isa.co.jp/highschool/cost/）

《資料６》短期留学をした小中学生やその保護者の声

・来年もまた行きたいです。来年はきっと、もっと楽しくなるんだろうなぁと今からワクワクしています。（小４本人）

・お母さんが「百聞は一見にしかず」って言っていました。できれば来年の夏もサマースクールに行ってみたいと思います。（小６本人）

・イギリスに行かせてくれたお母さん、みんなに感謝の気持ちでいっぱいです！（中３本人）

・今回２度目のホームステイでしたが、今後も年に１回くらい参加させたいと思っています。（小５保護者）

・とても貴重な経験ができて、このプログラムに参加させて良かったと思いました。（小６保護者）

・また行きたい！カナダに住みたい！というほど、夢が膨（ふく）らんだようです。（中１保護者）

（エディクム　ウェブサイト「小学生の留学」「中学生の留学」「保護者の声」を参考に作成）
（https://www.edicm.jp/）

《資料７》世帯年収別の、１家庭における１年間の学校外活動費＊（子どもが公立小学校に通う家庭）

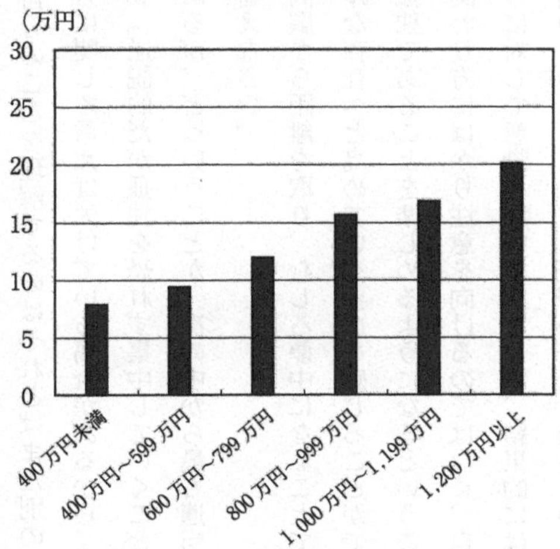

＊「学校外活動」には、体験活動、地域活動、ボランティア、芸術活動、スポーツ活動、国際交流体験活動などが含まれる（塾や家庭教師などの学習補助費は含まない）。

（文部科学省「令和３年度子供の学習費調査」より作成）

の過程を大事にしなくなってしまう。

イ　世間からの評価を気にするために、一時的な評判の良し悪しに振り回されることになり、自分が本当に適切な方法を選べているのかが判断できなくなってしまう。

ウ　世間から評価されることを重視するために、誰もが認める方法と自分なりの方法との間でどっちつかずになり、自分なりの方法が大事だということを忘れてしまう。

エ　世間で評価されている方法を探そうとするために、他者から過度に影響を受けるようになり、自分なりのやり方を考える必要が出てきてもうまく選べなくなってしまう。

問九　――線部８「とても行動的で社交的なのに、自分のことを驚くほどわかっていない人がいる」とあるが、「自分のことを驚くほどわかっていない」状態が生まれるのはなぜか。次の中から最も適当なものを選び、記号で答えなさい。

ア　他者に関心を持ち、他者について多くのことを知っている人であっても、自分に注意を向けることがその分おろそかになってしまい、自分自身を十分理解できていない場合があるから。

イ　他者のことに関しては詳しくて常に注意と関心を向けることをおこたらない人であっても、自分自身に関しては興味を持てずに、まったく我が身をかえりみようとしない場合があるから。

ウ　他者に働きかけて自分のペースに巻きこむことが得意な人であっても、他者の気持ちを受け止め期待にこたえるのに必死で、自分の本当に求めているものを見失ってしまう場合があるから。

エ　他者に強い関心を待ち、他者を理解することには優れている人であっても、自分のことを理解するのはそれとはまた別の能力であり、その能力に関して言えば欠けている場合があるから。

問十　――線部９「逆説的だが孤独を恐れず集中していくことで孤独感は和らぐ」とあるが、どういうことか。次の中から最も適当なものを選び、記号で答えなさい。

ア　他者への同調から距離を取り、むしろ夢中になることで自分自身をオリジナルな存在へと高めていく喜びを感じることができれば、結果として孤独であることを楽しめるようになるということ。

イ　他者との関わり方にばかり注意を向けるのではなく、自分が面白いと思うものに対して意識を集中することで、結果的には自分が孤独な状況に陥っていることにすら気がつかなくなるということ。

ウ　孤独を避けて周囲の人々に合わせようとするよりも、自分にしかできないような独創的なやり方を追求していった方が、かえって高い評価を得ることができて孤独からも解放されるということ。

エ　孤独を恐れて他者に同調していくのではなく、むしろ自分自身がこの世界を感じ取る過程を大切にし、その喜びに没頭することで、結果的には孤独を感じることすらなくなるということ。

問十一　＝＝線部「そこには孤独がどうしても付きまとう」とあるが、「熟達の道」を進んでいくと、なぜ「孤独」が付きまとうのか。次の書き出しに続けて、六〇字以上、八〇字以内で説明しなさい。ただし、次の二語を必ず使うこと。

集団の中で人間は

同調　オリジナル

いこと』が潜んでいる」とあるが、なぜそのように言えるのか。次の中から最も適当なものを選び、記号で答えなさい。

ア　単に思考し行動することは機械にもできるが、夢中になって身体を動かすことで世界を多様なものに変化させるのは、人間であるからこそ可能なことだから。

イ　人間は身体を使って世界を感じ取るが、自分自身の感覚をたよりにしながら何かに夢中になっていくという過程は、機械には起こり得ないものだから。

ウ　人間が身体的な経験を通して物事に夢中になり、リアリティを持って世界を感じ取ることは、機械が世界を大づかみにとらえることとは決定的に異なるから。

エ　機械は思考を通して世界を感じ取るが、人間は自分の身体で何かを感じ取ったり夢中になったりするのであり、それこそが人間にしかできないことだから。

問六　――線部５「群れに適応している我々は孤独に弱い」とあるが、なぜか。次の中から最も適当なものを選び、記号で答えなさい。

ア　人間は他の動物と比較して未熟な子供の期間が圧倒的に長く、その期間中に、孤立してはとうてい生きてはいけないのだということを植え付けられてしまうから。

イ　人間には他者に認められたい、他者を喜ばせたいという思いがあり、仲間はずれにされれば辛い思いをするように、生まれつき孤立を恐れる性質を持っているから。

ウ　人間は、個としては弱く、集団として協力しなければ生き抜くことが難しいので、集団内での評判を気にかけて孤立しないように生きていこうとするものだから。

エ　人間は社会性を持つ生き物で、集団の中にいると必ず周囲の影響を受けてしまうので、孤立してでも自分独自の道を追求して生きていくような生き方が難しいから。

問七　――線部６「何かを極めても、他者に認められるとは限らない」とあるが、そうなるのはなぜか。次の中から最も適当なものを選び、記号で答えなさい。

ア　本質をつかんだという自分の中の手ごたえは信用できるのに対し、正しさをめぐる他者の評価がひっくり返ったことは歴史上多くあり、そちらは信用ならないものでしかないから。

イ　何かを評価する時には、他者と自分のどちらが正しいのか決定できないために、自分としてはそのものの本質をつかんだつもりでも、それが実は見せかけにすぎない場合もあるから。

ウ　評価の基準というものは勝ち負けがつく世界以外はあいまいであり、本質をつかんだと思う自分もそれを批評する他者も、それぞれの基準を振りかざして評価しているだけだから。

エ　評価するための基準があいまいだったり時代によって変化したりするために、自分としてはそのものの本質をつかんだつもりでも、他者が理解してくれない可能性が常にあるから。

問八　――線部７「他者の承認が欲しくても、それを直接追いかけると翻弄されてしまう」とあるが、その結果どうなってしまうと筆者は述べているか。次の中から最も適当なものを選び、記号で答えなさい。

ア　世間の評価を正しさの判断基準にするために、わかりやすい成果が出るかどうかということしか考えられなくなり、そこに至るまで

を断つ時間が必要だ。自分自身を理解し、自分の見方の癖に気がつくには自分の内側に目を向ける必要がある。8とても行動的で社交的なのに、自分のことを驚くほどわかっていない人がいる。それは外的世界を理解することと、自分の内側を理解することが根本的に違うからだ。

孤独の時間は今まで気づかなかったことを浮かび上がらせる。何かに対し面白いと感じる時、なぜ自分はそれを面白いと思ったのだろうかという問いかけを行うこともできる。風が吹いて心地よいと感じる自分を観察することもできる。だが、外に注意を向けていれば、自分が感じていることに気づかない。熟達の道をいくと、孤独が怖くなくなっていく。それは夢中になる喜びがあるからだ。人は夢中になると、他者からどの程度離れているかを忘れている。9逆説的だが孤独を恐れず集中していくことで孤独感は和らぐ。夢中になっている時間は孤独を認識する自我すらなくなるからだ。

（為末大『熟達論』）

問一　～～線部a～eのカタカナを漢字に直しなさい。

問二　——線部1「別の領域で探求してきた人と話をする時、同じ学びの話をしているように感じられることがある」とあるが、「同じ学びの話」と感じられるのはなぜか。次の中から最も適当なものを選び、記号で答えなさい。

ア　ある世界で確かな技能を身につけた人の考えは、成功したという点で他の領域の成功者の考えと似てくるものだから。

イ　ある領域で自分ならではの認識を深めた人の考えは、ある程度の工夫を加えれば違う世界でも使えそうであるから。

ウ　一つの世界で高みを追求してその大事な部分をつかめた人の考えは、他の世界にも当てはめて生かせるものであるから。

エ　一つの領域で何かをつかみとれた人の考えは、違う分野においてもそのまま使い回せることが時にはあるものだから。

問三　——線部2「振れ幅」とあるが、ここでいう「振れ幅」とはどういうことを表した言葉か。次の中から最も適当なものを選び、記号で答えなさい。

ア　遺伝子と環境要因の違いによって決まってしまう人それぞれの能力の差。

イ　人工知能の発達で無限の可能性を持つようになった機械と人間の技能の差。

ウ　同じように努力をしたとしても、個々の人によって変わってくる結果の違い。

エ　その人の努力によって変わってくる、人間が将来的に生み出せる成果の違い。

問四　——線部3「皮肉ではあるが」とあるが、どのような点が「皮肉」なのか。次の中から最も適当なものを選び、記号で答えなさい。

ア　機械よりも優れていたはずの人間が作業効率を求めた結果、機械に任せて人間は手出ししない方がよいという考えに行き着いた点。

イ　合理的なものを追求すればするほど、あらゆる面で人間よりも機械の方がまさっているということが明らかになってしまった点。

ウ　様々な分野で質の高い仕事をするために、人間にしかできないことよりも機械だからこそできることが優先されるようになった点。

エ　これまでは人間が機械をうまく使いこなしてきたが、今後は機械が行う作業を人間が手助けするという形になりかねなくなった点。

問五　——線部4「考える私より、感じて動く私に『人間にしかできな

5群れに適応している我々は孤独に弱い。他者に認められたいとdネガうことも、他者を喜ばせたいと思うことも、仲間はずれにされてeキズつくことも、群れに属していることで起きる。群れの中では、集団内での評判が自らの生存と遺伝子を残すことに影響しているからだろう。

孤独感を和らげるわかりやすい方法は、集団に受け入れられることだ。どこかに所属し、なんらかの役割を見出すことで私たちは安心する。だが、辛いのは、6何かを極めても、他者に認められるとは限らない。そもそも正当な評価などない。勝ち負けがはっきりしているスポーツのような世界は、まだ評価しやすい。だが、世の中の多くの領域は何を基準にするかがとても難しい。評価基準が時代と共に変わってしまうこともよくあるだろう。

他者が正しいかもしれないし、自分が正しいかもしれない。多くの人に評価されたとしてもそれが正しいのかどうかもわからない。皆が散々に否定したのに評価がひっくり返ったことは、歴史上山ほどある。結局何が正しいのか答えは出ない。

7他者の承認が欲しくても、それを直接追いかけると翻弄されてしまう。追いかけているうちに自分のやり方が正しいのかどうかもわからなくなってくる。初心者の段階ではわかりやすいが、段階を経るとこうすればいいという方法はなくなり、自分に合ったやり方を選ぶしかなくなる。正しいことをやったからうまくいくわけでもなく、うまくいったから正しいわけでもない。たまたま最初がうまくいかなかっただけなのに、反省して正しいやり方を諦めてしまうかもしれない。たまたま一度うまくいったやり方を正しいと思い込んで、間違えたやり方に固執してしまうかもしれない。結果だけで、いい決定だったとか悪い決定だったと世間からの評価が下る。何一つ正解がなく誰も教えてくれない中で、この方向だと自分で見当をつけて進んでいかなければならない。

結局、その時に尋ねる相手は自分自身しかいない。

外部に答えを求めるならば、孤独は辛いものとなる。だが、孤独でなければ得られないものもある。人間は社会性を持つ生き物で、かならず周囲の影響を受ける。人間は他者に同調することを避けられないのだ。オリンピックの決勝のような舞台ですら、トップスプリンター同士の足の回転のリズムがシンクロすることが知られている。リズムだけではなく、相手の動きや、話し方、考え方にも影響される。集団にいると、どんなに意識しても集団に自分がすり寄っていくことになる。当然、常識とされるものも似通っていくのだ。

孤独でいれば、集団に対しての同調から距離を取ることができる。集団の「当たり前」に影響されにくくなるのだ。「当たり前」に影響を受けるからこそ私たちは逸脱した行為をせず円滑に社会を回していられるが、裏を返せば集団に同調することで、他との差異がなくなっていくとも言える。集団と折り合えているならば、少なからず集団の中央値に寄っているはずなのだ。孤独は人をオリジナルな存在にする。一人の人間が独創的なアイデアを孤独の時間に生み出した例は、歴史上たくさんある。孤独だからこそ、今までにない何かが生まれたのだ。

他者といる時、私たちの注意は他者に向かう。誰かと一緒にいるということは、そこに注意が向かうということだ。人間の意識は、外に向かっている間は内側には向かない。寂しさはなくなるかもしれないが、自分と向き合うことはできない。自分を知るためには、他者との関わり

難しくなった。可能性とは、別の言い方をすれば、2振れ幅のことである。「可能性がある」とは「未来はどうなるかわからない」ということだ。だからあらゆることがはっきりするならば可能性はなくなっていく。また人間の卓越した技能を機械が再現できないことが、人間の神秘性を支える一つの理由だったが、少しずつ人間の技能が勝てる領域は小さくなってきた。実際に、複雑性が高いため、当面は人間を超えるのは難しいだろうと言われた囲碁の世界でも人工知能に人間が敗れた。身体操作は複雑だから、歩行ひとつとっても機械は満足にできないと言われていたが、自由に走る四足ロボットが登場し、二足走行も数年前と比べかなりスムーズになっている。身体操作の領域でもいずれ追い越されるのだろう。

　ひとつの技能を極めていくことは、目的とされるものに最適化することでもある。例えば仕事とは何かの機能を果たすことであり、良い仕事をするには仕事の役割に自らを最適化することが求められる。ネジを締める時に、ドライバーを使うのが最も効率が良いように、いつも安定して質の高いパフォーマンスがbハッキできることが良いこととされてきた。だが、その最適化だけを求める技能は機械にとって換わられつつある。

　どの分野でも問われ始めたのは、人間にしかできないことは何か、だ。合理性を追求してきたのは私たち自身なので3皮肉ではあるが、機械にやらせるのが最も合理的であるとしたら人間は何をやるべきなのだろうか。新しい技術に対して投げかけられる「何の役に立つのか」という問いはこちらに投げ返された。人間の存在意義とはなんだろうか、という問いだ。

　私は熟達こそが「人間にしかできないこと」を理解する鍵になると考えている。機械と人間の最大の違いは「主観的体験」の有無だ。私たちは身体を通じて外界を知覚し、それを元に考え行動している。思考し行動する部分はいずれ機械が行えるようになるかもしれないが、知覚は身体なしでは行えない。本書では身体の例を多用している。私自身のバックグラウンドがアスリートであることも影響しているが、人間と機械を分ける決定的な差だと考えるからでもある。自分の身体で外界と内部の変化も感じ取り、試行錯誤しながら上達し、上達している自分を内観する。この一連のプロセスから得る「主観的体験」こそが人間にしかできないことではないか。

　熟達していく過程で、私たちは夢中という状態に入る。この状態では外界の感じ取り方も変容し、リアリティがcイッソウ高まる。熟達のプロセスで遭遇する夢中の瞬間こそが人間の生きる実感の中心だと私は考えている。それは他ならぬ「私」を通して、世界を感じていくプロセスでもある。4考える私より、感じて動く私に「人間にしかできないこと」が潜んでいるのではないか。

　この夢中に連なる熟達の道だが、そこには孤独がどうしても付きまとう。技能が向上していけばオリジナルを追求せざるを得なくなるから仕方がないことかもしれない。

　私たちは社会で生まれ、育っていく。個としてはか弱い私たち人類の生存戦略は、群れで力を合わせて生きていくことだった。他の動物と比較して未熟な子供の期間が圧倒的に長い人間は、その時間を使って社会という群れの中で生きていく能力を育む。孤立したまま成長すれば、生き抜くことすら難しいだろう。

ア　わざと指示に背いた自分の字が褒められて、あまりに幼稚ないたずらをしたことを恥ずかしくも思いつつ、いたずらを受け止めてくれてありがたいと思っている。

イ　自分なりに気持ちをこめて書いた字の出来ばえを褒められて、どこか照れくさくもありつつ、あえて遠田の言うとおりにしなかった意図が伝わりうれしく思っている。

ウ　思い浮かべたことが伝わる字であることを褒められて、どこかくすぐったい気持ちもありつつ、自分の遊び心に遠田が気づいてくれたことに喜びを感じている。

エ　遠田に自分の字の意図していなかった点について褒められて、きまりが悪いという思いもありつつ、悪ふざけの内容が遠田に伝わったことには面白さを感じている。

問十二　――線部12「正座したまききちんと礼をし」とあるが、生徒たちのこの様子からどのようなことがわかるか。次の中から最も適当なものを選び、記号で答えなさい。

ア　バカなことや下品なことを言う遠田に対して、生徒の方が大人で、節度をわきまえ礼儀正しくふるまうことを当然だと思っていること。

イ　書道教室の生徒たちは、いいかげんなところもあるし品のないことも言う遠田に、親しみだけではなく敬意をもって接していること。

ウ　いいかげんに見える遠田も実はしつけには厳しく、書道教室の生徒たちは、遠田に叱られないように緊張感をもって過ごしていること。

エ　書を書き上げた生徒たちは、一刻も早く遠田の許しを得てすぐにでも遊びに行けるように、行儀よくあいさつをしようとしていること。

二、次の文章を読んで後の問いに答えなさい。

（熟達を探求していく）プロセスには普遍的な要素がある。だから1別の領域で探求してきた人と話をする時、同じ学びの話をしているように感じられることがある。

将棋の羽生善治さんとお話をした時に「すべての手を考えるのではなく、考えるべき手が二つ三つほど浮かんできてその手をaケントウします。それらは直感で上がってきます」とおっしゃっていた。競技者が没頭している時に、考えるより勘で決めた方が早く論理的な結果を生む状態と同じだ。

また映画監督の北野武さんは「いい役者は自分から見たカメラと監督から見たカメラの二つを持ってる。その次にいい役者は自分のカメラだけのやつだ。一番ダメな役者は中途半端に監督から見たカメラを意識しているやつだ」とおっしゃっていた。スポーツで言えば、無意識で行っていた選手が客観的になり、考え始めた時にスランプにハマる「考え始めの谷」と同じである。

具体的な技能が領域を跨ぐことは少ない。ハードルがうまく跳べても、料理がうまく作れるとは限らないし、マネジメントがうまくできるとも限らない。しかし、ある世界で技能の探求を通じて得た「学びのパターン」は他の世界でも応用可能だと私は考えている。

昨今、人間の能力に関して知見が蓄積されていく中で、努力の価値が疑われつつある。人間の行先は遺伝子と環境要因によって決まっているという意見もあり、そうであれば努力は意味をなさない。

人間についての謎が解明されるにつれ、人間の可能性を信じることが

ちはどのようなものか。次の中から最も適当なものを選び、記号で答えなさい。

ア　これまで自分には適切だと思えなかった遠田の指導を受け、その前よりも明らかに良くなったように見える生徒たちの作品に、いつのまにか関心を引き付けられている。

イ　指導法には疑問を感じてしまう遠田の手本から、生徒たちは何かを吸収することができたのかどうか、作品を見て確かめてみたいという気持ちが生まれている。

ウ　遠田の指導にはやや型破りな印象があるものの、先ほどよりはずっと手本に近づいてきた生徒たちの作品を次々と目の当たりにして、いつしか心を奪われている。

エ　独りよがりなところの目立つ遠田の指導から、どうにかして何かを学ぼうとする生徒たちの熱意にふれ、どれほど上達したのか自分の目で確かめたいと思っている。

問九　――線部9「やはり逸材なのだろうと察せられた」とあるが、なぜ「俺」はそう思うのか。次の中から最も適当なものを選び、記号で答えなさい。

ア　書道の奥深さを力強く端整な手本の文字を通じて子どもたちに伝え、子どもたちもまた遠田の手本にあこがれを持ち、少しでも近づこうと努力しているから。

イ　書道は気楽に取り組めば十分であるということを子どもたちに伝え、子どもたちもまた遠田の言葉に従って、上達することを目指さずに楽しんでいるから。

ウ　書道は自分なりの表現を追求しなければならないことを子どもたちに伝え、子どもたちもまた遠田の助言を受けて、自分の個性を見つけ出そうとしているから。

エ　書道の楽しさや自分なりに表現することの大事さを子どもたちに伝え、子どもたちもまた遠田のそうした指導を受け止めて、実に生き生きとしているから。

問十　――線部10「震える『風』にもゆったりと花丸を描いた」とあるが、この時の遠田の気持ちはどのようなものか。次の中から最も適当なものを選び、記号で答えなさい。

ア　吹く「風」ではなくわざと病気のカゼを思い浮かべたのは良くないが、それを自分なりに実感をこめて表現できていることは認めてあげたいと思っている。

イ　吹く「風」ではなく病気のカゼによる悪寒をいたずら心から思い浮かべているのは問題だが、あえて褒めることで手なずけてしまった方が良いと感じている。

ウ　吹く「風」ではなく病気のカゼによる悪寒を思い浮かべて書いた子の字の方が、他の子たちの文字と比べてもはるかに出来ばえが良く、ひそかに感心している。

エ　吹く「風」ではなく病気のカゼを思い浮かべたために、「風」の字のあらゆる線が震えてしまって出来ばえは良くないが、それも大目に見ようと考えている。

問十一　――線部11「へのへのもへじの男の子は照れ笑いしたが、いたずらが成功してうれしそうでもあった」とあるが、この時の男の子の気持ちはどのようなものか。次の中から最も適当なものを選び、記号で答えなさい。

イ　道具や書くときの心構えを、ことさらに品のない言葉でたとえて悪びれもしない点。

ウ　書を軽んじる思いを隠そうともせずに、不適切な言葉ばかりを口にしている点。

エ　静かに書に集中すべき場なのに、生徒が汚い言葉で悪態をつくのを容認している点。

問五　――線部５「風は風だよね」とあるが、この言葉から、遠田の言葉に対する生徒たちのどのような反応が読み取れるか。次の中から最も適当なものを選び、記号で答えなさい。

ア「どういう『風』」と言われても、初めから遠田の言うことなどまじめに聞く気持ちはなく、どうでもいいこととしてみんなで知らない振りを決めこんでいる。

イ「どういう『風』」と言われても、風は風に決まっているではないかと思い、わけのわからないことばかり言う遠田のことを困った人だという目で見ている。

ウ「どういう『風』」と言われても、同じ吹く風にもいろいろな風があるのだということには気づけず、何を聞かれていてどう答えたらよいかわからずにいる。

エ「どういう『風』」と言われても、風は目に見えないので、形として思い浮かべることができず、どう字に表したらよいのかもわからなくてとまどっている。

問六　――線部６「そういう習慣をつけときゃ、そのうち真夏にも冬の『風』を書けるようになる」とあるが、どういうことを言おうとしているのか。「そういう習慣」とはどのような習慣であるかが明確になるように、次の書き出しに続けて、六〇字以上、八〇字以内で説明しなさい。

文字を書くときに

問七　――線部７「生徒たちは気を取られることなく、〜真剣に半紙に向きあい」とあるが、ここには生徒たちのどのような様子が表れているか。次の中から最も適当なものを選び、記号で答えなさい。

ア　これまでは季節による風の違いに注意を向けたことがなかったが、夏の風を自分の肌で感じたことによって、他の季節の風との違いを文字で書き表す意欲がわいてきて、これまでにない程のやる気を見せている。

イ　これまでは自分の中にある思いをうまく形にできなかったが、夏の風を受けたことによって、自分の表現したいことが明確になり、その思いを忘れないうちに書こうという強い気持ちをみなぎらせている。

ウ　これまでは特に何かを考えることもなく文字を書いていただけだったが、不意に遠田に窓を開けられたことによって、仕切り直しをしようという気分になり、本気で書に取り組もうと決意を新たにしている。

エ　これまではただ半紙に文字を書くだけだったが、実際に夏の風を感じたことで、その体験にもとづいたそれぞれの夏の風を文字で表現しようと意気ごむようになり、周囲をかえりみない程に集中している。

問八　――線部８「俺もいつしか文机ににじり寄って、生徒たちが遠田に差しだす半紙に夢中で見入った」とあるが、この時の「俺」の気持

ア　どぎまぎしている「俺」の様子がおかしくてたまらず、笑ってはいけないと思いつつもおさえられないでいる。

イ　見慣れない「俺」が突然現れたことに興味がわいてきて気持ちがたかぶり、思わず笑いが出てしまっている。

ウ　何の紹介もあいさつもなく入ってきた「俺」に反感を待ち、あざけるような笑い方でその気持ちを表現している。

エ　急に現れた「俺」のことが気になり、書道に気が乗らないこともあって、笑いかけて注意をひこうとしている。

問二　——線部2「遠慮がちに遠田のかたわらに正座した」とあるが、この時の「俺」はどう思っているか。次の中から最も適当なものを選び、記号で答えなさい。

ア　自分を好奇の目で見てくる生徒たちに早く素性を明かしたいのだが、自分に対して自信がない上に、紹介される前にこちらから声をかけるわけにもいかないので、なるべく目立たないようにしようと思っている。

イ　教室の様子をすぐにでも見たいのだが、遠田と会ったばかりで緊張していることに加え、遠田からも生徒たちからも突然の訪問を歓迎されていないように感じられ、このまま居続けていいのか不安に思っている。

ウ　生徒たちに関心を持たれていることは感じ取りつつも、子どもとの接し方に慣れていない上に、まだ自分かどういう用事で来たのかがわかってもらえていないこともあって堂々とふるまえず、気まずく思っている。

エ　遠田の教室でのふるまいを早く確認したくて仕方がないものの、生徒たちの不真面目な様子に困惑したことに加え、来たばかりで教室の雰囲気が十分につかみきれていないので、まずは様子を見ようと思っている。

問三　——線部3「書道教室とはこんなににぎやかでいいかげんなものなのだろうか」とあるが、「俺」はどのような様子を見てこのように思ったのか。次の中から最も適当なものを選び、記号で答えなさい。

ア　おしゃべりをしながらも書くことには常に熱心な生徒たちが、やる気の感じられない指導者に対して、さほど違和感を持つこともなく、口では文句を言いながらも慕っているように見える様子。

イ　失礼な言動を繰り返す生徒たちを指導者が注意せず、大人に対する礼儀を教えないばかりか、生徒の取り組みに関心すら持っておらず、基本的な指導をおろそかにしているように感じられる様子。

ウ　生徒たちが真剣に書道に取り組もうとしないばかりか、指導者もそれを気にとめず、常識とかけ離れた指導ばかりすることで、自分の並外れた才能を見せつけているように感じられる様子。

エ　生徒たちが書くことに集中せずに余計なことばかりしている上に、指導者もそれを正そうとせず、書についての指導も粗っぽく雑なものであるため、軽くあしらっているように見える様子。

問四　——線部4「書への冒瀆もはなはだしい」とあるが、「俺」は遠田のどのような点について「冒瀆」だと感じているのか。次の中から最も適当なものを選び、記号で答えなさい。なお、「冒瀆」という言葉は「神聖なものをけがすこと」を意味する。

ア　はしたない言葉を意味もなく連発し、書道の格式の高さを教えようとしない点。

俺は感心した。なるほど、「風」という一文字だけでも、こんなに多種多様で自由なものだったのか。書道とはこんなにのびのびと気楽に取り組めるものなのか。なにより、遠田に書を褒められ、改善点を教えてもらう子どもたちの、誇らしげで楽しそうな表情といったらどうだ。

たとえや指導法に少々下品だったり型破りではと思われるところはあるが、遠田は書道教室の先生として、9やはり逸材なのだろうと察せられた。書家としてのレベルは、俺にはよくわからない。ただ、手本の文字が力強く端整で、目を惹かれるものなのはたしかだ。

へのへのもへじを書いていた男の子の「風」は、あらゆる線がなんだか震えていた。

「こりゃあ……」

と遠田は言った。「おまえもしかして、吹く『風』じゃなく、引く『カゼ』を思い浮かべながら書いたんじゃないか」

「すげえ！　なんでわかったの若先！」

へのへのもへじの男の子は手を叩いて喜び、まわりの子たちは「そのカゼじゃないよ！」と口々に叫んで笑い転げた。小学生の笑いのツボがわからなかったが、それはともかく、なぜ遠田がカゼだと見抜いたのか、俺も知りたい。

「やっぱりな。悪寒って感じがする」

と遠田は言った。

「オカンってなに？」

「ママのこと」

「『ママ』って呼んでんのかよ、だっせえ」

「じゃあなんて呼ぶの」

「『母ちゃん』だろ」

「嘘だあ。あんたが『ママ』って呼んでるの見たことあんだからね」

子どもたちの会話はどんどん脱線していったが、遠田はいたってマイペースで、10震える「風」にもゆったりと花丸を描いたのち、

「カゼ引いたとき、熱が高いのに寒くてぶるぶるするんだろ。あれが悪寒だ」

と律儀に説明した。「俺がすごいんじゃなく、悪寒っぽさを伝えてきたおまえの字がすごいんだよ。その調子で、今度から『風』の一字には吹く風の意味をこめろ。いきなり反則技かましてくんじゃねえ」

「はーい」

11へのへのもへじの男の子は照れ笑いしたが、いたずらが成功してうれしそうでもあった。

全員の書を確認し終えた遠田は、

「よっしゃ、また来週な。気をつけて帰れや」

と立ちあがった。生徒たちは、

「ありがとうございました！」

と12正座したまきちんと礼をし、半紙をぱたぱた振って墨を乾かしながら長机に散った。帰り仕度ができたものから、㊟三々五々、教室を出ていく。

（三浦しをん『墨のゆらめき』）

㊟ 闖入者…突然入ってきた者。

三々五々…少しずつまとまって行動するさま。

問一　——線部1「二人は俺を見てくすくす笑った」とあるが、この時の女の子たちの説明として最も適当なものを次の中から選び、記号で答えなさい。

女の子のうちの一人が顔をしかめ、

「すまん」

と素直に謝った遠田は、なにを思ったか六畳間と八畳間の掃きだし窓をすべて開け放った。熱と乾いて埃っぽい庭土の香りがドッと室内になだれこむ。

「暑いー！」

「熱中症になったらどうすんの」

生徒たちは悲鳴を上げたが、人工の冷気が夏の威力にかき乱され、薄まっていくのを体感し、どこかはしゃいでいるようでもあった。

「ほら、これが夏の風だ」

遠田がそう宣言するのを見はからったように、暑気を切り裂いて一陣の風が吹き抜け、庭の桜の葉を、そして生徒たちの手もとの半紙を、さわさわと揺らした。

「どんな風だった？」

窓を閉めながら遠田が尋ねると、

「ぬるかった」

「そうかな、けっこう涼しかったよ」

と生徒たちは口々に答える。

「じゃ、いま感じたことを思い浮かべながら、もう一度『風』って書いてみな」

遠田は再び文机に向かって腰を下ろした。「6そういう習慣をつけときゃ、そのうち真夏にも冬の『風』を書けるようになる」

エアコンが「一からやりなおしだ」とばかりにゴウゴウと音を立てる。

でも7生徒たちは気を取られることなく、また涼しくなっていく部屋のなかで真剣に半紙に向きあい、それぞれの夏の「風」を書きはじめた。

納得のいく書を書きあげたものが、つぎつぎと遠田に見せにくる。最終的には生徒全員が文机のまわりに集結した。

遠田は一人一人の書を丁寧に眺め、

「うん、軽やかでいい感じの風が吹いてる。この『虫』みたいな部分の角っちょは、つぎからもう少し筆を立てて書くようにしたほうがいいかもな」

「夏の蒸し暑さがよく出てるじゃねえか。だが、そこを重視しすぎて、二画目のハネがちょっともたついちまったな。ま、滞留する風もたまにはあるってことで、よしとするか」

などと感想を述べつつ、各人の書に朱墨で大きく花丸を描いて返した。正座した生徒たちは、自分以外の書の講評にも耳を傾け、遠田の言葉にうなずいたり笑ったりする。

素人の俺の目にも、窓からの風を感じたあとの生徒たちの字は生き生きと躍動して見えた。もちろん、生徒たちの長机にある、遠田が手本として書いた「風」とはレベルがまるでちがう。遠田の手本は、夏の嵐のような猛々しさを秘めながらも、いわゆる「習字のお手本的なうまい字」だった。それに対して生徒たちの「風」は、いびつだったりたどたどしかったりする。

でも遠田は、手本に無理に近づけるためのアドバイスはしなかった。

8俺もいつしか文机ににじり寄って、生徒たちが遠田に差しだす半紙に夢中で見入った。それぞれが感じた夏の風が、思い思いの形で文字にこめられていた。まとわりつくような「風」。清涼でホッと一息つける「風」。やっぱりエアコンの利いた部屋のほうがいいなという「風」。

だ。こんな男が書道教室の跡継ぎとは、草葉の陰で康春氏が泣いていそうだ。

　俺の疑念と非難の眼差しを察知したのだろうか。耳掃除を終えた遠田は、耳垢を落とした半紙を丸め、文机のそばにあった屑籠にぽいと捨てると、立ちあがって教室内をまわりはじめた。生徒たちの手もとを覗きこみ、ときに筆を持つ手に手を添えてやって、「だいたいこんな感じ」と筆づかいを伝授する。

　ようやく俺が思い浮かべていた書道教室のありさまに近くなってきた。

　座ったままのびあかって観察したところ、子どもたちはみんな「風」と書いているようだ。たしかに、バランスを取るのがむずかしそうな気がする。生徒のなかには一年生ではと思しき小柄な男の子も一人いて、あの子は書道云々以前に、「風」という漢字をまだ習っていないのではと気が揉めたが、遠田はそんなことにはおかまいなしだ。

「ほい、手首ぷらーん。そうそう。リラックスしたまま筆先に気持ちを集中させて、『いまだ！』ってときに半紙に下ろせ」

「『いまだ！』っていつ？」

　と、小柄な男の子が中空で手首を揺らしながら尋ねた。

「筆をちんこにたとえると、『もうしょんべん漏れそう！』ってぐらい気合いが充満したときだ」

「バカじゃん、若先」

　小柄な男の子はあきれたような眼差しを遠田に向け、

「あたしたちそんなもんないんだけど」

　と後方の長机から女の子たちも抗議の声を上げた。

「不完全なたとえをして悪かった。筆を膀胱だと思ってほしい」

「ボウコウってなに？」

「そうか、おまえらおしっこ我慢しないから、存在に気づいてないんだな。体んなかにある、しょんべん溜まるところだ」

「ほんとバカじゃないの、若先」

　教室のあちこちでブーイングが起きる。

　まったく同感だ。4書への冒瀆もはなはだしい。五分も経たずに前言撤回したくはないが、俺が思い浮かべていた古書道教室のありさまでは全然ない。

　遠田はブーイングを気にする様子もなく、ひととおり生徒たちの「風」を見てまわり、

「なにかがたりないっていうか、堅いんだよなあ」

　と敷居をまたいで仁王立ちした。「いったいどういう『風』を思い浮かべて書いてんだ？」

「どういうって……」

「5風は風だよね」

　教室のあちこちで困惑の囁きが交わされる。

「漠然と書いてるから、面白味がねえんだよ」

　と遠田は断じた。「いつも言ってるだろ。手本なんか参考程度にしときゃいい。大事なのは文字の奥にあるもんを想像することだ。『朝顔』って書くことになったら、『どんな色の花を咲かせてる朝顔かな。もしかしたら小便用の便器かも』って、文字を通して自分が伝えたいことはなにかを考えてみるんだ」

「よくわかんないけど、おしっこから離れてよ」

【国語】〈五〇分〉〈満点：一二〇点〉

【注意】字数指定のある問いは、句読点なども字数に含めること。

一、次の文章を読んで後の問いに答えなさい。

ホテルマンである「俺」は、ホテルの筆耕士（宴会場で行われるパーティーや披露宴の招待状の宛名書きなどをする仕事）を長年務めてきた遠田康春が亡くなり、新たにその跡を継いだ書家遠田薫の書道教室を、あいさつと仕事の依頼を兼ねて訪れた。

「遠田薫さん？」

床の間のほうへと長机のあいだを進む男の背に、俺は遠慮がちに呼びかけた。

「あん？」

とちょっと振り返った男は、生徒が筆を走らせている半紙が目の端に映ったようで、

「うおーい、へのへのもへじ書いてるんじゃねえ」

と三年生ぐらいの男の子の頭をぐしゃぐしゃ撫でた。

「バレた」

と男の子は笑う。「若先、戻ってくんの早いよ」

わかせんというのは、若先生の略だろう。この男が遠田薫だったか。女にモテそうなうえに書の腕前も達者なのか。しかも生徒にも慕われている様子だ。容姿や才能の配分に不公平が生じているのではないか、と内心で天への恨み言をつぶやいていたら、

「ねえねえ、そのひとだあれ？」

と教室後方から女の子の声がした。これまた小学校中学年ぐらい、もう一人の同じ年ごろの女の子と並ぶ形で、庭がわの長机を一緒に使っている。1二人は俺を見てくすくす笑った。職場でも子どものお客さまと言葉を交わす機会はさほどないので、どう応答したらいいかわからない。とりあえず軽く頭を下げたら、女の子たちのくすくすが激しくなった。ふいの㊟闖入者にテンションが上がっているのだろうとは思ったが、困惑した。

「夏休み初日で、こいつら気もそぞろなんだよ」

と遠田は言い、文机に向かってどっかと腰を下ろした。生徒たちに俺を紹介する気はないらしい。突っ立っていてもしょうがないので、俺も2遠慮がちに遠田のかたわらに正座した。

「おら、ちゃっちゃと書け。書いてとっととどっか遊びにいってくれ」

「だってさあ、バランス取るのむずかしいよ」

「若先がなかなか花丸くれないんじゃん」

子どもたちが口々に文句を言い、

「手本書いてやっただろうが。適当になぞれや」

と遠田が応戦する。

3書道教室とはこんなににぎやかでいいかげんなものなのだろうか。驚いて推移を見守っていると、子どもたちはひとしきり騒いだことで気がすんだのか、勝手に集中力を取り戻して半紙に向かいはじめた。そのあいだ遠田はといえば、梵天つきの耳かきで耳掃除をしていた。生徒の自主性に任せると言えば聞こえはいいが、いつもこの調子で指導などろくすっぽしていないのではと疑念が湧いた。筆とともに自身の硯の横に置いてあった耳かきを、遠田が視線もやらず手に取ったから

2024年度

海城中学校入試問題（一般②）

【算　数】（50分）　<満点：120点>

【注意】　・分数は最も簡単な帯分数の形で答えなさい。
　　　　　・必要であれば，円周率は3.14として計算しなさい。

1　次の問いに答えなさい。

⑴　次の □ にあてはまる数を求めなさい。

$(2.75+\square)\div 0.5-3\frac{3}{4}\times\left(\frac{1}{4}+1.75\right)=5$

⑵　積が1152，最大公約数が8である2つの整数の組み合わせをすべて求めなさい。

⑶　一定の同じ水量が流れこむ，ため池AとBがあります。満水時の水量はBがAの3倍です。満水時，Aはポンプ1本を使うと27時間で空にできました。満水時，Bは同じポンプ2本を使うと何時間で空にできますか。ただし，ポンプは流れこむ量の5倍で排(はい)水できます。

⑷　0，1の2つの数字のみを使って数をつくり，次のように小さいほうから順に並べます。
1，10，11，100，101，110，111，1000，1001，1010，1011，…
このとき，21番目の数を求めなさい。

⑸　下の図において，印をつけた7つの角の大きさの和を求めなさい。

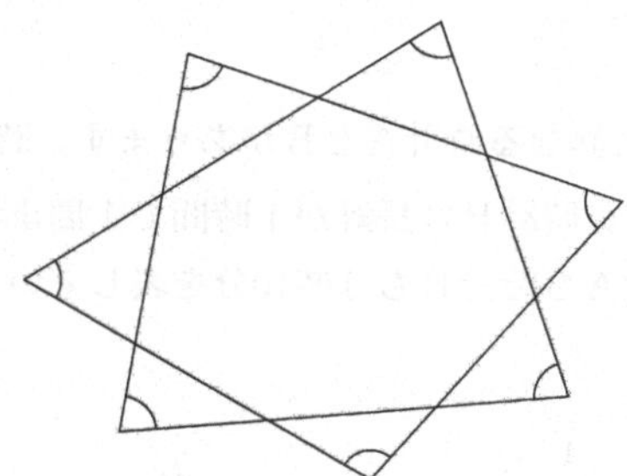

2　下の図のような平行四辺形ABCDにおいて，辺ADを2：1に分ける点をE，辺CDを3：2に分ける点をFとします。直線EFが辺AB，BCの延長と交わる点をそれぞれG，Hとし，三角形DEFの面積を8㎠とします。

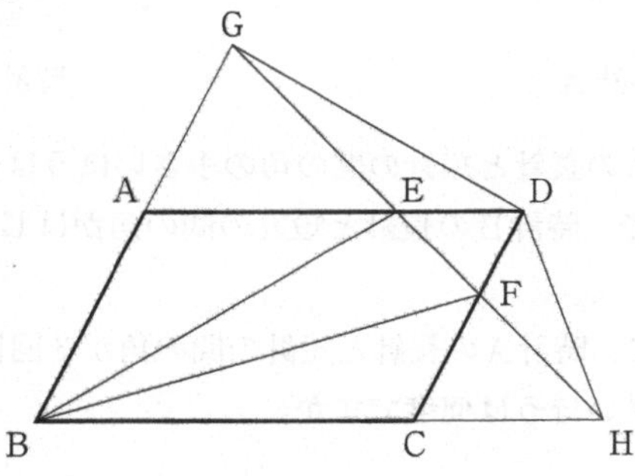

⑴　三角形DGHの面積を求めなさい。

⑵　GE：EF：FHを最も簡単な整数の比で求めなさい。

⑶　三角形EBFの面積を求めなさい。

3　下の図のような台形ABCDを，直線ADを軸として１回転してできる立体について考えます。ただし，円すいの体積は（底面積）×（高さ）÷３で求められるものとします。

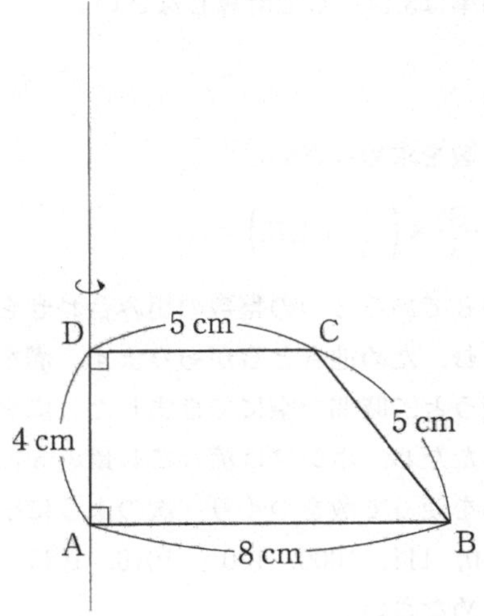

⑴　立体の体積を求めなさい。

⑵　立体の表面積を求めなさい。

4　針のまわり方が通常の時計と異なる時計ＡとＢがあります。時計Ａは長針が30分で１周まわり，短針が12時間で１周まわります。時計Ｂは長針が１時間で１周まわり，短針が６時間で１周まわります。例えば下の図では，時計Ａも時計Ｂも９時10分を表しています。

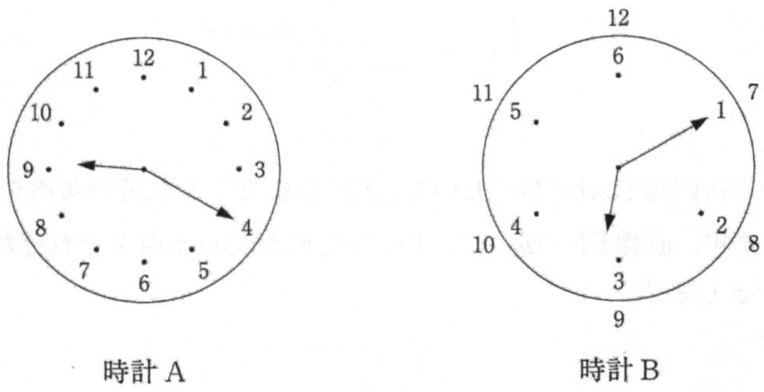

時計Ａ　　時計Ｂ

⑴　９時48分のとき，時計Ａの長針と短針の間の角の小さいほうは何度ですか。

⑵　９時から10時までの間で，時計Ｂの長針と短針の間の角がはじめて20°となるのは９時何分ですか。

⑶　９時から10時までの間で，時計Ａの長針と短針の間の角が３回目に124°となるとき，時計Ｂの長針と短針の間の角の小さいほうは何度ですか。

5　ある商品を1000個仕入れ，３割の利益を見込(こ)んだ定価で販(はん)売しました。いくつか売れたところで残りを定価の２割引きの値段で売り，すべて売り切ったところ，46000円の利益がありました。

翌日，同じ商品を同じ値段で1000個仕入れ，今度は２割の利益を見込んだ定価で販売しました。そして前日に割引きした個数と同じ個数を定価の１割引きの値段で売り，すべて売り切ったところ，52000円の利益がありました。

(1)　商品１個の原価を求めなさい。

(2)　定価で販売した商品は１日何個でしたか。

6　A君，B君，C君，D君の四人で，次の「とり・から・バンバン」ゲームをします。

①　はじめにA君が，自分以外の一人を「とり」と言いながら指名します。
②　「とり」と指名された人が，自分と指名した人以外の一人を「から」と言いながら指名します。
③　「から」と指名された人が，自分と指名した人以外の一人を「バンバン」と言いながら指名します。
④　「バンバン」と指名された人が，自分と指名した人以外の一人を「とり」と言いながら指名します。
⑤　これ以降は，誰(だれ)かがミスをするまで，②から④を繰(く)り返します。

(1)　２回目の「から」でA君が初めて指名されました。ここでA君は「ボンボン」と言ってしまい，ミスをしました。A君からスタートして指名された人の順番は，例えば

$$A \xrightarrow{\text{とり}} B \xrightarrow{\text{から}} C \xrightarrow{\text{バンバン}} D \xrightarrow{\text{とり}} B \xrightarrow{\text{から}} A\text{(ボンボン)}$$ など

が考えられます。これをふくめて，指名された人の順番は全部で何通り考えられますか。

(2)　２回目の「から」でD君が指名されました。ここでD君は「ババーン」と言ってしまい，ミスをしました。A君からスタートして指名された人の順番は，例えば

$$A \xrightarrow{\text{とり}} B \xrightarrow{\text{から}} C \xrightarrow{\text{バンバン}} A \xrightarrow{\text{とり}} B \xrightarrow{\text{から}} D\text{(ババーン)}$$ や

$$A \xrightarrow{\text{とり}} B \xrightarrow{\text{から}} D \xrightarrow{\text{バンバン}} A \xrightarrow{\text{とり}} B \xrightarrow{\text{から}} D\text{(ババーン)}$$ など

が考えられます。これらをふくめて，指名された人の順番は全部で何通り考えられますか。

(3)　１回目と２回目の「から」はA君以外が指名されましたが，3回目の「から」はA君が指名されました。ここでA君は「ボンボン」と言ってしまい，ミスをしました。このとき，A君からスタートして指名された人の順番は全部で何通り考えられますか。

【理　科】（45分）　<満点：80点>

1． 次の文章を読んで，以下の各問いに答えなさい。ただし，水1㎤あたりの重さは1ｇとします。また，特に指示がなければ，数値で答えるものは，必要であれば四捨五入して小数第一位まで答えなさい。

浮力(ふりょく)を利用して液体の濃度(のうど)や密度（1㎤あたりの重さ）を測る器具にボーメ計という「浮(う)き」があります。例えば，図1は観賞魚用の海水の塩分を確認(かくにん)するボーメ計です。ボーメ計は用途(ようと)によって様々な種類があり，測る液体も石油製品，お酒，清涼(せいりょう)飲料など多数あり，液体の品質管理をする一つの方法としても使われます。

図2のように，太さの異なる円筒(えんとう)がつながった形の細長い容器におもりとして粒状(りゅうじょう)の金属を入れてボーメ計に似た「浮き」を作りました。上部円筒の断面積は0.5㎠，　下部円筒の断面積は2㎠で，浮き全体の重さは23ｇです。図3のように，この浮きを水に入れたら，上部の少しを水面上に出して浮きました。

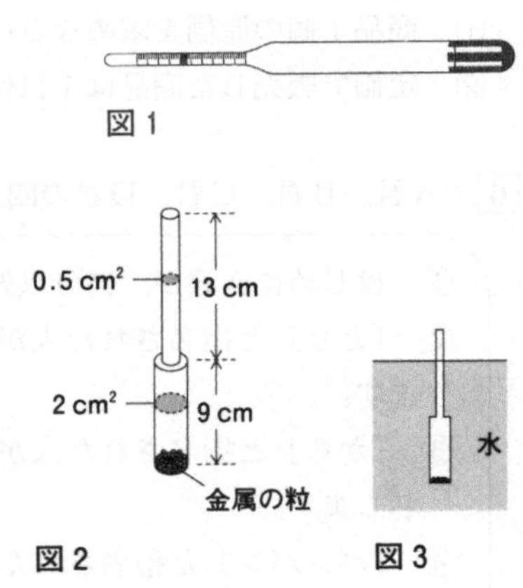

図1　図2　図3

問1　水中に沈(しず)んでいる部分の体積は何㎤ですか。整数で答えなさい。

図4のように，500ｇの水を入れた200ｇの容器を台はかりの上にのせたのち，浮きに糸を付けてつり下げ，容器の側面に触(ふ)れないようにして，ゆっくり水に沈めていきます。このとき，浮きの底が水面にある位置を0㎝として，浮きの沈んだ深さ（水面と浮きの底との距離(きょり)）x［㎝］のときの台はかりの値y［ｇ］を調べました。

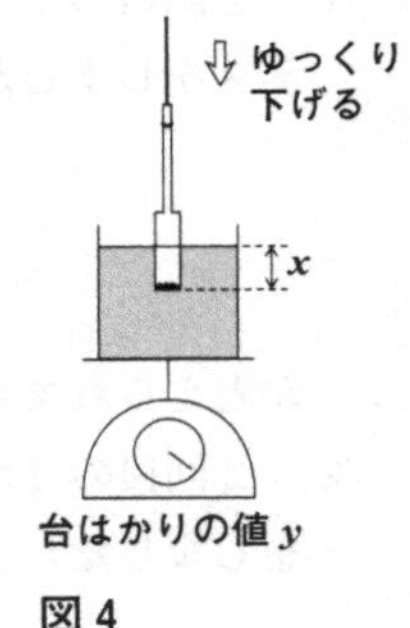

図4

問2　沈んだ深さxと台はかりの値yの関係をグラフにするとどのようになりますか。最も適当なものを次のア～キから1つ選び，記号で答えなさい。

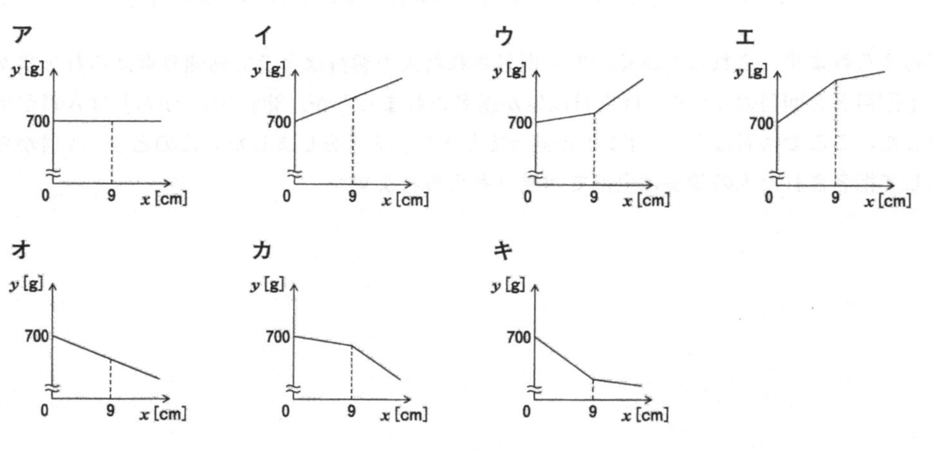

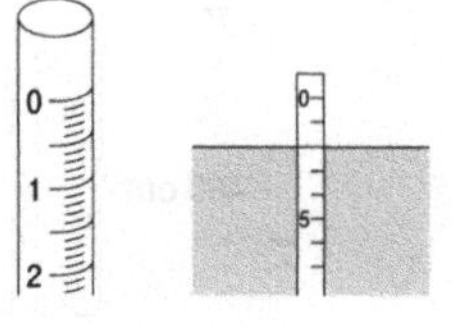

図５　　図６

図５のように，浮きの上部の細い管の部分に０～10㎝の目もりを付け，水に浮かせたときの水面の位置が分かるようにします。このときの浮きの重さは23ｇのままとします。

この目もりを付けた浮きを水に浮かべたところ，水面の位置は２㎝でした（図６）。そこで，水面の位置がちょうど０㎝になるようにおもりの金属を少しだけ加えて調整しました。この調整した浮きを「浮きＦ」とします。

問３　金属を少し加えたことにより，「浮きＦ」の重さは何ｇになりましたか。

この「浮きＦ」を使って実験することにします。

まず400ｇの水の入った３つの容器Ａ，Ｂ，Ｃを用意します。そしてＢには食塩140ｇ，Ｃには砂糖140ｇを溶(と)かし，Ａはそのままとします。このとき，Ｂの溶液(ようえき)は飽和(ほうわ)食塩水となり，濃度は26％，１㎤あたりの重さは1.2ｇとなりました。このＡ，Ｂ，Ｃに「浮きＦ」を浮かべて水面の位置を比(ひ)較(かく)してみました。そして，結果を表のようにまとめました。

	１㎤あたりの重さ	「浮きＦ」の目もり
Ａ（水）	１ｇ	０cm
Ｂ（食塩水）	1.2ｇ	ア
Ｃ（砂糖水）	イ	4.6cm

問４　Ｂに「浮きＦ」を浮かべたときの水面の位置（表のアの値）は何㎝になりますか。

問５　Ｃの砂糖水１㎤あたりの重さ（表のイの値）は何ｇになりますか。

問６　Ｂの食塩水とＣの砂糖水に浮かべた「浮きＦ」の目もりの値に関する次の文について，最も適当なものを次のア～クから１つ選び，記号で答えなさい。

ア　２つの溶液は，濃度，密度ともに等しいので，目もりの値は等しい。
イ　２つの溶液は，濃度，密度ともに等しいが，目もりの値は異なる。
ウ　２つの溶液は，濃度は等しいが，密度は異なるので，目もりの値は異なる。
エ　２つの溶液は，濃度は異なるが，密度は等しいので，目もりの値は等しい。
オ　２つの溶液は，密度は等しいが，濃度は異なるので，目もりの値は異なる。
カ　２つの溶液は，密度は異なるが，濃度は等しいので，目もりの値は等しい。
キ　２つの溶液は，濃度，密度ともに異なるので，目もりの値は異なる。
ク　２つの溶液は，濃度，密度ともに異なるが，目もりの値は等しい。

さて，水に食塩や砂糖を溶かしたとき，体積は変化するのでしょうか。容器Ａ，Ｂ，Ｃ内の水および溶液をそれぞれメスシリンダーに入れて体積を比較してみました。

Ａ：水400ｇのみ
Ｂ：水400ｇに食塩140ｇを溶かした飽和食塩水
Ｃ：水400ｇに砂糖140ｇを溶かした砂糖水

問７　メスシリンダーに入れた水および溶液を比較すると，その様子はどのようになっていますか。最も適当なものを次のページのア～キから１つ選び，記号で答えなさい。

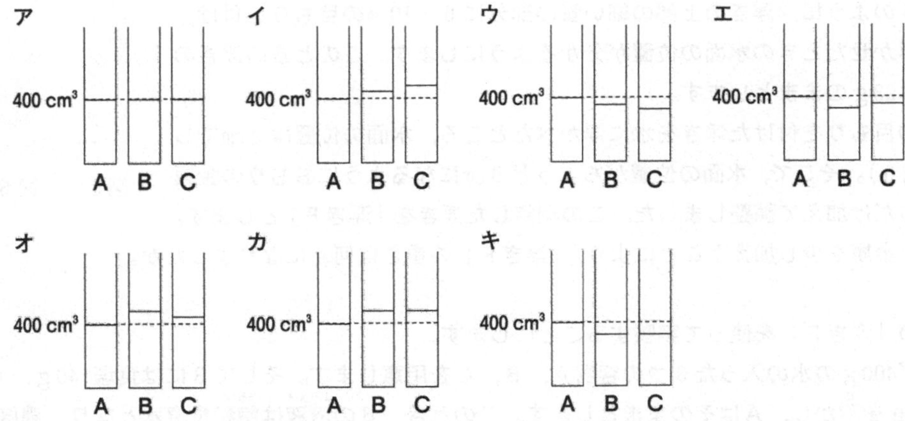

2． 次の文章を読んで，以下の各問いに答えなさい。なお，数値で答えるものは，必要であれば四捨五入して小数第二位まで答えなさい。

塩酸に金属を加えると，金属が溶けながら気体が発生します。このとき発生する気体の体積の最大量は，金属の種類に関係なく，塩酸の量だけで決まります。

塩酸にアルミニウムを加えると，アルミニウムが溶けながら気体が発生します。またこのとき，アルミニウムが完全に溶けてできた水溶液中の水分を蒸発させると，塩化アルミニウムの固体が残ります。アルミニウムの量が多く，未反応のアルミニウムがある場合には，塩化アルミニウムに加えてアルミニウムの固体が残ります。これらの量の関係を調べるために，次のような実験をしました。

【実験】

ある濃度の塩酸10mL とアルミニウム粉末0.1 g を混ぜて，発生した気体の体積を測定した。その後，加熱して水溶液中の水分を蒸発させて得られた固体を十分に乾燥（かんそう）させて重さを測定した。塩酸の濃度と体積は変えずに，アルミニウム粉末の重さを変えて同様の実験を行った。

【結果】

①アルミニウム粉末の重さと発生した気体の体積の関係

アルミニウムの重さ[g]	0.1	0.2	0.3	0.4	0.5
気体の体積[mL]	125	250	375	400	400

②アルミニウム粉末の重さと蒸発後に残った固体の重さの関係

アルミニウムの重さ[g]	0.1	0.2	0.3	0.4	0.5
固体の重さ[g]	0.5	1.0	1.5	A	B

問１　**【実験】**で発生した気体は何ですか。名称（めいしょう）を答えなさい。また，この気体の性質としてふさわしい組み合わせを次のページのア～クから１つ選び，記号で答えなさい。

	空気より軽い	においがある	燃える
ア	○	○	○
イ	○	○	×
ウ	○	×	○
エ	○	×	×
オ	×	○	○
カ	×	○	×
キ	×	×	○
ク	×	×	×

問２　【実験】で用いた塩酸10mLとちょうど反応するアルミニウム粉末の重さは何gですか。

問３　【結果】②のＡ，Ｂに当てはまる数値はそれぞれいくらですか。

塩酸の濃度と体積は変えずに，亜鉛（あえん）粉末0.1gを用いて同様の実験を行ったところ，アルミニウム粉末のときと同じ気体を発生して，亜鉛粉末はすべて溶けました。そのとき発生した気体は35mLで，蒸発後に残った塩化亜鉛の固体の重さは0.2gでした。

問４　実験で用いた塩酸10mLとちょうど反応する亜鉛粉末の重さは何gですか。

問５　蒸発後に残った固体の重さが３gだったとき，用いた亜鉛粉末の重さは何gですか。

塩酸の濃度と体積は変えずに，アルミニウム粉末と亜鉛粉末の混合物0.4gを反応させたところ，混合粉末はすべて溶けて，気体が275mL発生しました。

問６　この混合粉末中のアルミニウム粉末の重さは何gですか。

問７　反応後の水溶液を加熱して水溶液中の水分を蒸発させて得られた固体の重さは何gですか。

３．次の文章を読んで，以下の各問いに答えなさい。

＜文１＞

わたしたちは日々食事をとります。食物がどのようにして消化，吸収されるのか，その流れを追ってみましょう。

まず食物は口内でそしゃくされます。①そしゃくによって食物は飲み込まれやすくなります。②飲み込まれた食物は胃に入り，胃液のはたらきで途中まで消化されます。胃液は塩酸を含んでいるので，強酸性を示します。その後，消化途中の食物（かゆ状液）は小腸に入り，最終的な消化と栄養分の吸収が行われます。不消化分が大腸に入り，便となり排出（はいしゅつ）されます。

問１　下線部①について，そしゃくによって，食物は細かくなります。このことは，食物を飲み込みやすくすること以外にどのような利点となりますか。簡潔に説明しなさい。

問２　下線部②について，次の⑴～⑷の筋肉で，意識的に動かすことができるものには「○」を，そうでないものには「×」を書きなさい。

⑴　食道の手前にある，飲み込むときに使われる筋肉

⑵　食道の筋肉

⑶　胃の入り口部分の筋肉

(4) 胃の出口部分の筋肉

問3　小腸の表面に無数に存在するつくりを何とよびますか。

＜文2＞

小腸における消化について，少しくわしく流れを追ってみましょう。

小腸のはじめの（　1　）cmほどの長さの部分は（　2　）とよばれます。ここで，胃からやってくるかゆ状液が，すい臓，胆のうからの消化液と混ぜ合わされます。

すい臓はすい液をつくり，すい管とよばれる管に分泌します。一方，胆のうは，肝臓でつくられた胆汁をためていて，胆のう管とよばれる管に胆汁を分泌します。胆のう管は，肝臓から出る総肝管と合流し総胆管となります。すい管と総胆管は，（　2　）につながる直前で合流しています。すい液と胆汁は，必要に応じてこれらの管を通って（　2　）にやってきます。すい液はアルカリ性を示すので，かゆ状液に含まれる胃液とまざることで，かゆ状液は中性に近くなります。これにより，すい液に含まれる消化酵素がはたらきやすくなります。

問4　文中の（1）に入る最も適当な数値を次のア～エから1つ選び，記号で答えなさい。

ア　2.5　　**イ**　7　　**ウ**　25　　**エ**　70

問5　文中の（2）に入る語を答えなさい。

問6　胃と（2）に対して，肝臓，胆のう，すい臓は，管によってどのようにつながっていますか。次の（例）にならって，管を線で表すことによって，各臓器の正しいつながり方を完成させなさい。

（例）

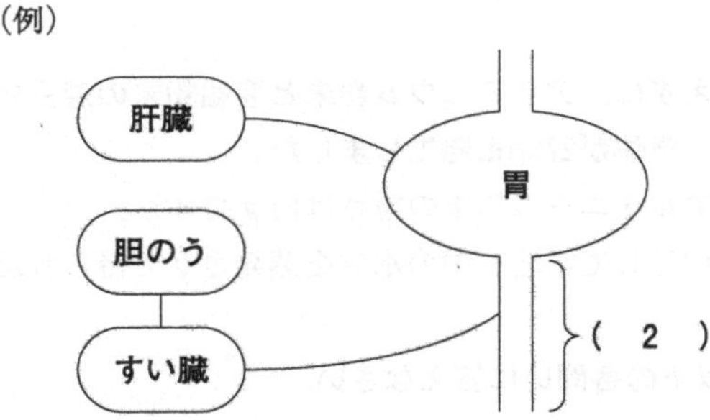

問7　空腹時にたくさん食事をとった後，胃から（2）に大量のかゆ状液が入ってくると，胃で消化していたときと比べて，次の(1)～(3)はどのようになると考えられますか。下のア～ウからそれぞれ選び，記号で答えなさい。

(1) すい臓からのすい液の分泌

(2) 胆のうからの胆汁の分泌

(3) 胃からの胃液の分泌

ア　うながされる　　**イ**　変わらない　　**ウ**　おさえられる

4．影に関する次の文章を読んで，以下の各問いに答えなさい。ただし，必要であれば，場所は東京（北緯36度）と考えなさい。

①月食は月面をスクリーンにして地球の影がうつる現象ですが，②地球の大気をスクリーンにして地球の影がうつる現象もあり，これを地球影といいます。地球影は，（　1　）の東の空と（　2　）の西の空に観察できます。地球以外の天体の影を私たちが観察する機会はあまりありま

せんが，例えば，口径の大きな望遠鏡を使うと③木星表面に天体の影が見られることがあります。また，影を活用して天体の情報を得るという意味では，④水平な地面に垂直に立てた棒の影の変化の仕方を調べれば，太陽の動きを知ることができます。

より身近な場面で影が強く意識されるのは，猛烈な暑さの夏の日ではないでしょうか。酷暑だった昨夏には，⑤日傘をさしたり，スマートフォンで「日かげマップ」などとよばれる機能を使ったりした人もいたかもしれません。「日かげマップ」は，⑥建物の高さと太陽高度などから，日かげ部分を算出して表示するものですが，日かげがどこにできるかという情報は，建物を建てるときにも大変重要です。⑦建築基準法には「日影規制」が定められており，周辺の土地に長時間にわたって影をつくる高い建物が建てられないよう，一定のルールが設けられているのです。

問１　下線部①について，月食が起こっているときに撮影された月の写真を次の**ア**～**エ**から１つ選び，記号で答えなさい。

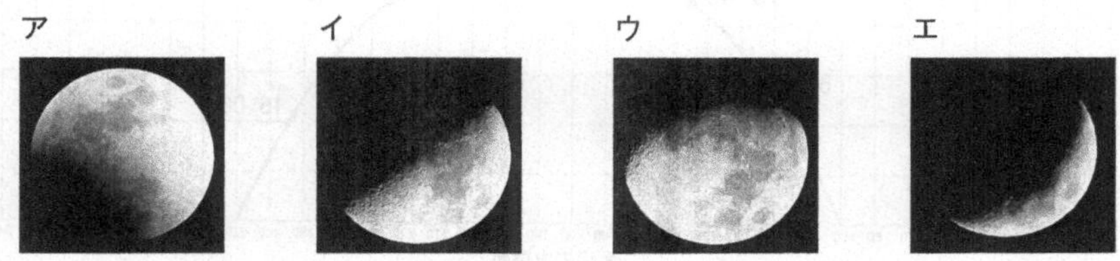

問２　下線部②について，次の⑴，⑵に答えなさい。

⑴　文中の（１），（２）に入る語を次の**ア**～**エ**からそれぞれ選び，記号で答えなさい。

ア　日の出直前　　**イ**　日の出直後　　**ウ**　日の入り直前　　**エ**　日の入り直後

⑵　地球の大気がスクリーンのはたらきをするのはなぜですか。簡潔に説明しなさい。

問３　下線部③の天体に当てはまるものを次の**ア**～**エ**から１つ選び，記号で答えなさい。

ア　土星　　**イ**　北極星　　**ウ**　シリウス　　**エ**　エウロパ

問４　下線部④について，水平な地面に垂直に立てた棒の影の長さがその日のうちで最短になるとき，棒と影の長さがちょうど一致しました。この日は１年のうちのいつ頃だと考えられますか。最も適当なものを次の**ア**～**エ**から１つ選び，記号で答えなさい。

ア　５月下旬　　**イ**　８月上旬　　**ウ**　10月中旬　　**エ**　12月下旬

問５　下線部⑤について，よく晴れた夏の昼間に，日なたの高さ２ｍのところに日傘を設置しました。設置30分後に日傘の下の影の部分と，その周りの日なたの部分とで，地面の温度（地温）と1.5ｍの高さの気温を測りました。これについて述べた文として，**誤っているもの**を次の**ア**～**エ**から１つ選び，記号で答えなさい。

ア　地面の温度が，日なたより影の部分の方が低くなるのは，太陽からの放射による熱がさえぎられるからだと考えられる。

イ　地面の温度が，日なたより影の部分の方が低くなるのは，空気からの伝導による熱がさえぎられるからだと考えられる。

ウ　日なたと影の部分の気温差が，地温差より小さくなるのは，空気の対流による熱の移動が影響しているからだと考えられる。

エ　日なたと影の部分の気温差が，地温差より小さくなるのは，地面からの熱の伝導に時間がかかるからだと考えられる。

問６　下線部⑥について，次の図１は，北緯36°，東経140°における今年の春分の日（2024年３月20日）の太陽の方位角（北を０°として時計回りに360°）と高度の変化を示したものです。これを参考にしながら，高さ140mの直方体の建物が９時46分から13時49分までの約４時間に地表面につくる影のおおよその形を解答棚の図に描き，影の部分を斜線で示しなさい。ただし，この時間内で最も短い影は，長さが100mになるものとします。解答欄の図は建物を真上から見たもので，１マスは縦横とも20mです。

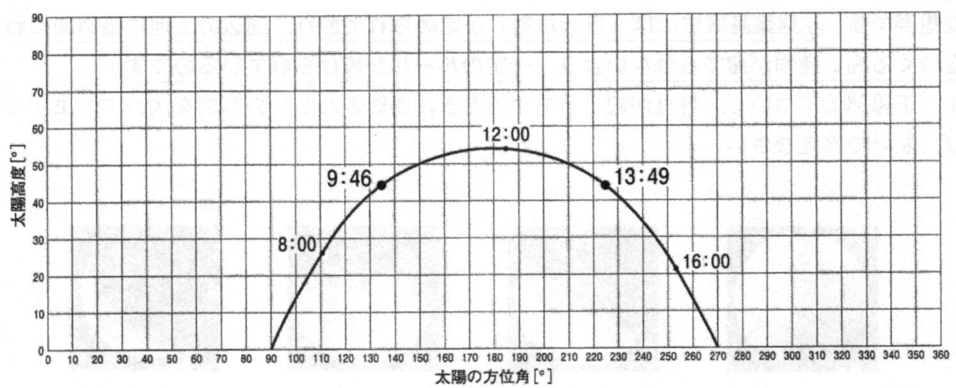

図１　2024 年 3 月 20 日の北緯 36°，東経 140°における太陽の方位角と高度
（国立天文台暦計算室 HP のデータをグラフ化）

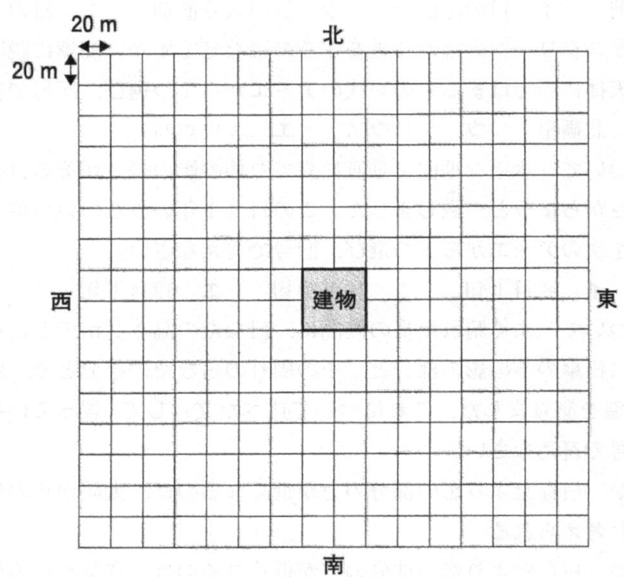

（解答欄の図と同じものを掲載しています）

問７　**下線部⑦**について，日影規制について述べた次の文中の**下線部ア～カ**のうち，**誤っているもの**を１つ選び，記号で答えなさい。また，誤りを正しい語に直しなさい。

日影規制は，最も影が長くなる**ア**<u>**冬至**</u>の日を基準としている。影の長さは，時期だけではなく**イ**<u>**緯度**</u>によっても異なる。そのため，例えば青森と鹿児島を比較すると，他の条件がもし完全に同じであれば，**ウ**<u>**鹿児島**</u>の方が高い建物を建てられるということになる。また，太陽が南中する時刻は**エ**<u>**経度**</u>によって変わる。午前８時から午後４時までの影の範囲を青森と鹿児島の同じ建物で比較すると，兵庫県明石市基準の日本標準時を用いた場合，青森では鹿児島に比べて**オ**<u>**西側**</u>にかたよった形となってしまう。そのため，対象とする時間帯は，**カ**<u>**各地の南中時刻**</u>を基準にして決められている。

【社　会】（45分）　＜満点：80点＞

問題　次の文章をよく読んで，あとの問いに答えなさい。

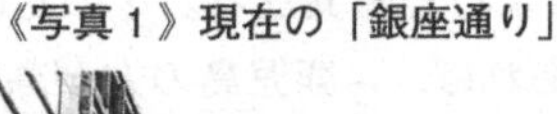
《写真１》現在の「銀座通り」

みなさんは「銀座」と聞いて何を想像するでしょうか。百貨店や高級ブランド店，高級飲食店などが多く立ち並ぶ，東京都中央区の銀座を思い浮かべますか。それとも，中央区の銀座のにぎわいにあやかろうと名づけられた，全国各地にみられる①「○○銀座」を思い浮かべる人もいるでしょうか。

しかし，現在は日本有数の商業地としてにぎわっている中央区の銀座は，江戸時代には②街道が南北を貫いていたものの，街のようすは比較的落ち着いていました。むしろ商業地として発展していたのは，銀座から１㎞ほど北にある日本橋でした。銀座が一大商業地として発展した背景には，どのような事情があったのでしょうか。

その最初のきっかけは，③明治時代のはじめに起こった大火災でした。④1872年の「銀座の大火」により，銀座だけでなく隣接する築地一帯まで焼失してしまいました。これを境に，銀座の中央を通っている大通り（通称「銀座通り」）の幅を広げて，防災上の理由から火災に強い煉瓦街が建設されることになったのです。煉瓦街には，西洋から輸入した洋服，雑貨，時計，カバン，書籍，家具，食品などを販売する専門店が多く開業しました。当時，西洋風の生活を送り始め，海外からの輸入品を求める買い物客が銀座に訪れました。これらの専門店では，買い物客の注目を集めようと，販売している商品の一部を，通りに面した店頭のショーウィンドウ（大きなガラス張りの飾り窓）に展示しました。そのため，銀座通りを歩く人々は，店内に入らなくても，通りから珍しい商品をながめることで買い物気分を味わうことができました。

銀座を訪れた人々が楽しんだのは，買い物だけではありません。銀座の周辺には歌舞伎座や帝国劇場が建ち，人々は歌舞伎やオペラ，バレエや西洋演劇を鑑賞することもできました。落ち着いた空間でコーヒーやお菓子，お酒や料理を楽しみながら会話できるカフェの開店も相次ぎました。それに加え，全国に最新の情報を発信する新聞社や出版社も集まり，銀座は流行の発信地にもなっていきます。こうして銀座は，歩くだけで西洋風の文化にふれることができる最先端の商業地となっていったのです。銀座をぶらぶら歩く，いわゆる「銀ぶら」という言葉は，このころに生まれました。

銀座が発展した次のきっかけは，1923年に発生した関東大震災でした。煉瓦街の大部分が倒壊・焼失してしまいましたが，専門店の経営者たちの多くは，すぐに復興に取り組み始めました。がれきの中から手づくりの木造の仮店舗を次々とつくり，震災からわずか２か月後には一斉に営業を再開させたのです。一方，⑤震災復興の過程で，新たな経営手法をとる大型店が日本橋に次いで銀座にも進出してきました。この新しい競争相手の出現に，銀座の専門店は経営のあり方を見直すことになりました。こうして，専門店と大型店がすみ分ける銀座の特徴がつくられたのです。またこの時期に，震災によって打撃を受けた日本橋の魚市場が，築地に移転してきました。すると，築地から仕入れた新鮮な食材をあつかう寿司屋などの料理店が銀座に多く出店し，銀座は食文化の豊かな地としても有名になりました。このように，銀座は大災害を乗り越える中で新たな魅力を獲得し，日本有数の一大商業地になりました。結果として，1920年代末には，ビルや土地の賃貸価格において銀座は日本橋を抜いて全国１位になったのです。

その後，銀座は⑥アジア・太平洋戦争末期の空襲により，大きな被害を受けましたが，地元の経営者たちの努力により，三たび復興をとげました。次々と⑦鉄筋コンクリートで造られた商業ビルがすき間なく立ち並ぶようになり，銀座は現代的な都市へと発展していきました。一方，1990年代には，銀座の人々が中心となり建物の高さを規制する独自の「銀座ルール」を定めることで，超高層ビルの建設計画に反対するなど，景観を守る努力が続けられています。

現在まで銀座が商業地として栄えてきたのは，立地に恵まれていたという要因も大きいといえます。しかし，その与えられた立地条件を最大限に生かし，⑧街がもつ価値を大切にしながら，たび重なる災害や困難な状況を乗り越えてきた地域の人々の努力も見逃すことはできません。みなさんが銀座を訪れた時には，銀座の積み重ねてきた歴史を思い出しながら，路地を歩いてみると面白いかも知れませんね。

問１．下線部①に関連して，各地に「○○銀座」がたくさんあるように，日本には「○○の小京都」が通称となっている都市が各地にみられます。「○○の小京都」は一般に江戸時代以前の古い町並みや風情が残る都市をさす言葉で，観光案内や小説・ドラマなどでしばしば使われています。次のＡ～Ｃの説明文にあてはまる都市を，地図中のア～カから１つずつ選び，記号で答えなさい。

Ａ「みちのくの小京都」とも呼ばれ，江戸時代には城下町として栄えた。新幹線の駅があり，石川啄木や宮沢賢治が住んでいたことでも知られている。

Ｂ「筑前の小京都」とも呼ばれ，筑後川の流域に位置している。明治初期の士族反乱のひとつである秋月の乱が起きたことでも知られている。

Ｃ「山陰の小京都」とも呼ばれ，江戸時代には城下町として栄えた。高杉晋作や伊藤博文らが学んだ松下村塾があったことでも知られている。

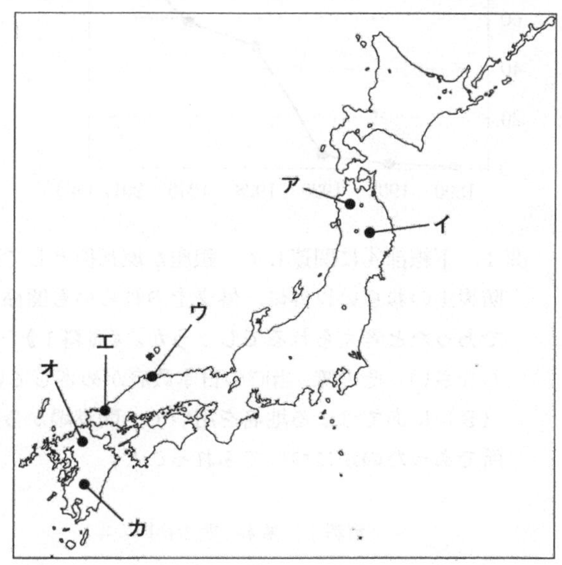

問２．下線部②に関連して，江戸時代の五街道とその宿場町の組み合わせとして適当なものを，次のア～オからすべて選び，記号で答えなさい。

ア．東海道・小田原
イ．中山道・高崎
ウ．甲州道中・甲府
エ．奥州道中・会津
オ．日光道中・水戸

問３．下線部③に関連して，明治時代以降の日本における国政選挙の有権者比率（人口に占める有権者数の割合）の変化を示した図として適当なものを，次のア～エから１つ選び，記号で答えなさい。

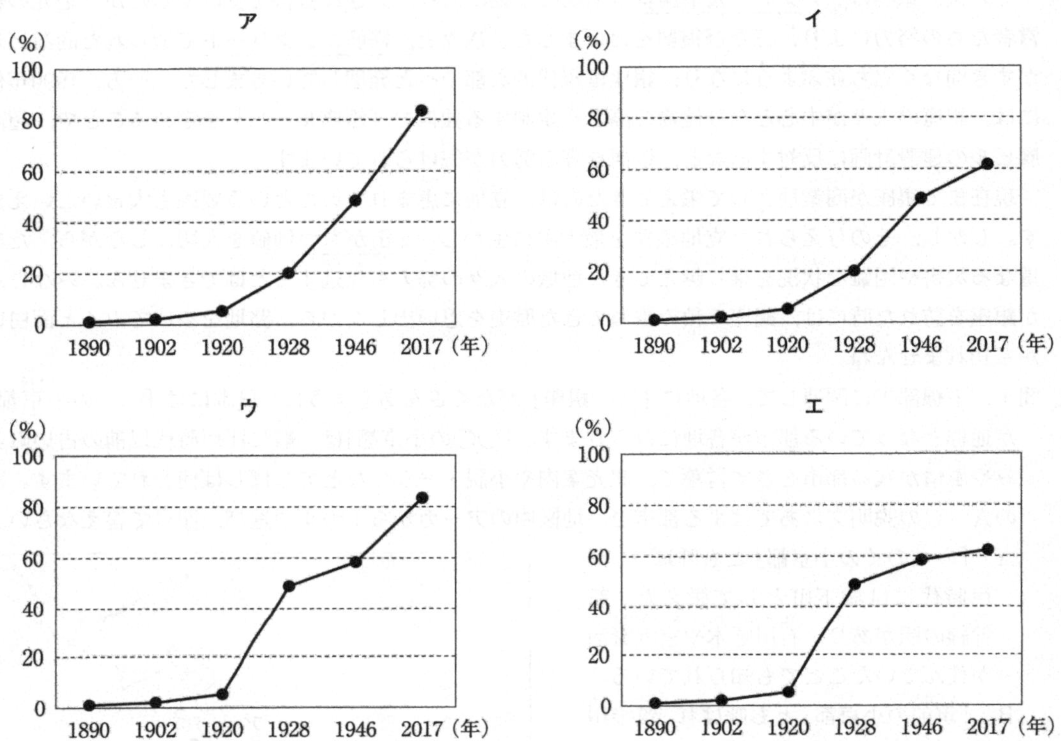

問４．下線部④に関連して，銀座が煉瓦街として整備された背景には，火災に強い街にするという防災上のねらい以外に，外交上のねらいも関係していたといわれます。それはどのようなねらいであったと考えられるでしょうか。《資料１》～《資料４》を参考にしながら，190字以内で説明しなさい。その際，当時の日本政府がめざしていた外交上の目標をあげること。また，空欄（Ａ）・（Ｂ）にあてはまる地名を用いて，開港場から東京を訪れる外国人にとって銀座がどのような場所であったのかについてふれること。

《資料１》幕末～明治初期の年表

1858年	日米修好通商条約が結ばれる
1859年	（　Ａ　）が開港場となる
1869年	築地に、外国人が住むことを認められた居留地が設置される
1871年	岩倉（いわくら）使節団が欧米に向けて出発する
1872年	（　Ｂ　）と（　Ａ　）の間に鉄道が開通する

《資料２》明治初期の銀座とその周辺

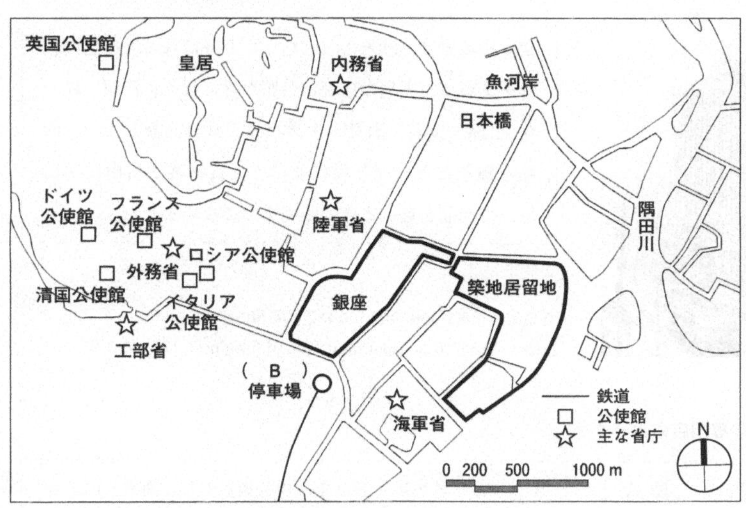

（岡本哲志『銀座四百年　都市空間の歴史』2006年より作成）

《資料３》19世紀から続くロンドンの街並み

＊撮影は1905年。
（ONLINE ジャーニー https://www.japanjournals.com/culture/dayslondon/8267-vol5.html より）

《資料４》整備中の銀座煉瓦街

（資生堂『資生堂百年史』1972年より）

問５．下線部⑤に関連して，当時の銀座通りの専門店にはどのような競争相手が現れ，その競争相手はどのような経営をおこなっていたのでしょうか。また，それに対して銀座通りの専門店は生き残りのため，どのような客を対象にどのような経営をおこなったのでしょうか。次のページの《資料５》～《資料８》を参考にしながら，空欄（Ｃ）にあてはまる語句を用いて160字以内で説明しなさい。

《資料5》1924年に開業した銀座松坂屋と周辺の専門店のようす

銀座松坂屋は、欧米の（　C　）と呼ばれる大型店の経営をまねて、大型の店舗に呉服だけでなく、洋服、靴、化粧品、宝石、家具、生活用品、食料品などまで、商品を種類ごとに売り場に並べて、買物客が自由に手に取って商品を選べる陳列販売をおこないました。

（『親父の写真』銀座今昔…その2「昭和の銀座」
https://ken8756.blogspot.com/2021/04/blog-post_17.html より）

《資料6》1910〜20年代の銀座通りの専門店のようす

天賞堂（1879年創業、高級輸入時計、宝飾品、鉄道模型を販売）では、毎年スイスに社員を派遣し、スイスの高級ブランド時計「ユリス・ナルダン」、「ジラール・ベルゴー」などを輸入・販売する日本の総代理店となりました。1919年に、天賞堂の時計輸入額は日本全体の70％を占め、皇室もここから時計を購入しました。

（T-130プロジェクト『天賞堂の眼』2006年などを参考にまとめました）

ギンザのサヱグサ（1869年「伊勢與」として創業、1925年「銀座サヱグサ」と改称、高級輸入服飾品を販売）について、次のような紹介が残っている。「この店頭には、いつもメッシュ（メルセデス・ベンツ　ドイツの高級自動車）か、パカード（パッカード　アメリカの高級自動車）が1、2台とまっているが、店内はひっそりしている。とびきり上等ぜいたくな装身具に御用のある方はお立ち寄り下さい。」

（今和次郎『新版　大東京案内』1929年をわかりやすく書き直しました）

《資料7》銀座通りの専門店を利用していた人物の日記（一部）

「1921年12月7日　銀座にて靴を買う。26円なり。」
「1923年12月14日　夜、連れの女性と銀座を歩き、田屋（1885年創業、ネクタイや帽子などの洋品小物を販売）の支店にて帽子を買う。金27円、ただし5分引（5％引）という。女性にはハンカチ6枚を買ってあげた。金8円。」
「1925年12月23日　銀座を歩き‥‥震災後に開店した松坂屋に入った。私は、もともとこの種のデパートに出入りすることが嫌なので、これまで館内に入ったことがなかった。‥‥買い物客はゲタ履きのまま歩くため、館内に騒音が反響したり、ホコリが舞い上がっていて、とても長くとどまっていられない。」

（『荷風全集』第19・20巻　1964年の一部をわかりやすく書き直しました）

《資料8》1921年当時の給与生活者の平均月収額

官公吏（公務員）：112.55円　　教員：101.09円　　会社員：97.63円

（永藤清子「大正期における俸給生活者と職工の生活実態」（『甲子園短期大学紀要』30　2012年）より）

問６．下線部⑥に関連して，アジア・太平洋戦争において起こった次のア～エのできごとを，古い年代順に並べなさい。

ア．沖縄各地で激しい地上戦がおこなわれ，たくさんの民間人が亡くなった。

イ．アメリカ・イギリス・中国は日本に無条件降伏をうながすポツダム宣言を発表した。

ウ．昭和天皇が日本の降伏についてラジオで国民に伝えた。

エ．東京が空襲を受け，一夜にして10万人以上の人が亡くなった。

問７．下線部⑦に関連して，かつて日本では木造家屋が主でしたが，戦後はコンクリート造りの家屋も増えてきました。下の**《写真２》**が写された道府県を，次のア～エから１つ選び，記号で答えなさい。

《写真２》

（浜島書店『アクティブ地理 総合』2022年より）

ア．大阪府　　**イ**．沖縄県　　**ウ**．長野県　　**エ**．北海道

問８．下線部⑧に関連して，以下の問いにそれぞれ答えなさい。

⑴　近年は，身近に使用するものだけでなく，まちづくりにおいても，年齢や障がいの有無，国籍などに関係なく，誰にとっても快適でくらしやすい設計が重視されるようになっています。このような設計や考え方を何というか，カタカナで答えなさい。

⑵　近年は，働きやすい環境や子育てしやすい環境の整備なども，持続可能なまちづくりをめざす上で地域社会に求められる重要な課題のひとつとなっています。その点では，各地域において子育て中の保護者が保育園や学童保育施設などに入所を申しこんでも入れない子どもが存在することは大きな問題といえます。このような子どもを一般に何というか，漢字で答えなさい。

問九　――線部８「第一印象の研究者のアレクサンダー・トドロフによると」・９「第一印象と判決の関係を調べた研究」とあるが、この二つの研究からどのようなことが分かるか。次の中から最も適当なものを選び、記号で答えなさい。

ア　子どもっぽい顔の人は、正直であたたかみがあると見られる一方で、体力がなくひ弱である点で他の人に劣っているため、リーダーには適さないと判断される。

イ　子どもっぽい顔の人は、かわいらしく守るべき対象と見られる一方で、未熟にも見えるため、人を率いる力はなく、簡単に罪を犯すような人だと判断される。

ウ　子どもっぽい顔の人は、大人っぽい顔の人よりも格下と見られる一方で、正直者にも見えるため、リーダーのもとで働く人としては信頼が置けると判断される。

エ　子どもっぽい顔の人は、優しく誠実そうに見える一方で、未熟で弱々しくも見えるため、人を率いていくには適さず、悪事にも巻き込まれやすいと判断される。

問十　――線部10「他の生物と比べた人間社会の複雑さ、そしてそれぞれの文化についても思いをはせることができそうです」とあるが、ここからは筆者のどのような考えが読み取れるか。本文全体をふまえた説明として最も適当なものを次の中から選び、記号で答えなさい。

ア　「かわいい」は、動物や人間などに対して保護したいという思いや愛着を呼び起こすものとして広く社会で受け入れられている一方で、使う相手によっては不都合や行き違いが生じたり、未熟な存在とみなされたりする場合もあるように、さまざまな要素がからみ合ったものである。

イ　「かわいい」は、その言葉をかけられた個体に対して良い影響を与えることは人間と動物に共通した現象である一方で、成長しても未成熟な性質を保持したままの個体があったり、子どもらしい反応が実は本能にもとづくものであったりするように、種や個体によって様態は異なる。

ウ　「かわいい」は人間や動物の本能をも刺激する不思議な効果を持つものであることが実証されている一方で、現代社会でむやみに「かわいい」と言うとトラブルになったり、何をかわいいと感じるかは個人差があったりするように、人間社会は動物の世界のように単純ではない。

エ　「かわいい」は、幼いことと同じ意味で用いられ、動物にとっては人間の保護本能を引き出すのに役立つものである一方で、人間社会では「かわいい」という性質が子どもじみた未熟なものとして否定的にとらえられるように、動物の世界と人間社会では対照的な意味合いを持つ。

問五　――線部４「親鳥らしい特徴を取り出した模型を呈示してはヒナを観察し、何がヒナの行動を引き起こすかを調べた」とあるが、この調査で分かったことはどういうことか。次の中から適当なものを**二つ**選び、記号で答えなさい。

ア　反応を引き出す特徴をきわだたせたものの方が、ヒナ鳥はより大きく反応する。

イ　ヒナ鳥はくちばしの特徴を中心に見て親鳥かどうかを判断し口を開けている。

ウ　ヒナ鳥はくちばしを見たら餌を求めるという生まれつきの性質に従っている。

エ　ヒナ鳥はある特徴を持ったくちばしの形だけを見て反射的に口を開けている。

オ　特定の形が誇張されていれば、ヒナ鳥は親鳥に対するのと同じような反応をする。

問六　――線部５「機械や車にも、ベビースキーマは利用されている」とあるが、なぜか。次の中から最も適当なものを選び、記号で答えなさい。

ア　人間はか弱い子どもを保護したいという本能を持っているため、ベビースキーマの丸っこくてふっくらとした特徴は、子どもにとって安全だという安心感に結び付くから。

イ　子どもの特徴を表すベビースキーマを見ると生じる、それを保護したいという人間の本能にうったえかけることで、多くの人に愛される商品を作ろうとしているから。

ウ　ベビースキーマの特徴は非常に単純で、対象が機械や車であっても、その画像を処理すればすぐに子どもらしい画像に変換できるので、それを手軽に利用できるから。

エ　ベビースキーマの魅力は非常に強いので、おもちゃや人形に利用するだけでは満足できなかった人々が、機械や車にも応用しようと考え、数多くの商品が生み出されたから。

問七　――線部６「大人になっても『かわいい』までもよいことが、日本から海外へと進出してきている」とあるが、それに関連して本文に述べられている内容として**適当でないもの**を次の中から選び、記号で答えなさい。

ア　大人になっても「かわいい」まで許されるという日本の特徴は、広く海外で通用し、今や世界における標準となっている。

イ　本能と結び付いている「かわいい」は強力だが、海外の文化では、大人になっても「かわいい」のは必ずしもよいことではない。

ウ　日本のアニメに見られるような「かわいい」顔が、文化の違う海外で受け入れられていることは、新しい傾向だと言える。

エ　「かわいい」は子どもに見られる特徴であるが、日本では大人になっても「かわいい」まま許されるという文化がある。

問八　――線部７「リカちゃん人形と初期のバービー人形の容姿」とあるが、筆者はこのような具体例を挙げてどのようなことを説明しようとしているのか。次の文の空らんに入る適当な言葉を、八〇字以上、一〇〇字以内で答えなさい。ただし、次の語を必ず使うこと。

魅力

リカちゃん人形は（　　　　　　　　　　　　　　　）ということ。

問一　〰〰線部ａ～ｅのカタカナを漢字に直しなさい。

問二　――線部１「『かわいい』は、動物に共通するキラーワード」とあるが、その説明として最も適当なものを次の中から選び、記号で答えなさい。なお「キラーワード」とは、「その一言で、それを聞いた者が思わず反応してしまうような強力な言葉」という意味である。

ア　「かわいい」は、人間だけでなく、それを聞いたどんな動物にもその意味を理解させ、こちらに心を開いて振り向かせることができるような不思議な言葉である。

イ　「かわいい」は、飼育員のやさしい声かけを連想させ、餌をもらうことと結び付けて動物が学習しているため、動物を簡単にあやつることができる便利な言葉である。

ウ　「かわいい」は、動物に向かってそう言った本人が幸せな気持ちになり、その声を聞いた動物たちも警戒をゆるめるというような働きをする特別な言葉である。

エ　「かわいい」は、野良猫だけでなく、動物園の動物たちや散歩する犬にも通用する、その言葉を受け取ったすべてのものを喜ばせることができる魅力的な言葉である。

問三　――線部２「幼さと『かわいい』は連動している」とあるが、それに関連して本文に述べられている内容として最も適当なものを次の中から選び、記号で答えなさい。

ア　成長してオトナになってもかわいいままである動物の種のことをいうネオテニーは、幼い性質が残っているからこそ「かわいい」のだということ。

イ　オトナになっても未熟な性質が残るネオテニーの外見上の特徴は、人間がそれを見ると思わず「かわいい」と感じてしまうものだということ。

ウ　ウーパールーパーが多くの人から「かわいい」と言われるのは、それが成体になる前の未成熟な状態にあるネオテニーの段階だからだということ。

エ　人間が「かわいい」と感じるものの正体は、幼いままオトナになったことを指す、ネオテニーと呼ばれているもののことであるということ。

問四　――線部３「ローレンツが評価されるゆえんは、動物の本能を研究として深化させたことにあります」とあるが、ローレンツが「評価される」のはなぜか。次の中から最も適当なものを選び、記号で答えなさい。

ア　生物の本能とは、生きるために必要な行動をとろうとする意欲と、他の個体よりも早く特定の刺激に反応してより多く餌を確保する能力だと明らかにしたから。

イ　生物が生きるためにまず学ばなければならないのは、外界にある特定の刺激に反応して生き延びるのに最低限必要な行動をとることだと明らかにしたから。

ウ　生物がある特定の刺激に反応して、生きてゆくために必要な行動をとるのは、あらかじめそのような本能を持って生まれてくるからだと明らかにしたから。

エ　生物が外界からの特定の刺激に反応するのは、その行動が生き残るために必要だと生まれてすぐ学ぶ本能がもともと備わっているからだと明らかにしたから。

子ども向けの人形ではありますが、リカちゃんとバービーは、それぞれ日本と欧米で考えられている魅力をdハンエイしているようです。欧米では成熟に魅力を求めるのに対し、日本では「かわいい」に象徴されるように、未熟さやあどけなさに魅力を求めるのです。海外では日本の「かわいい」に該当する言葉は存在せず、「kawaii」がそのまま流通しています。そもそも欧米では、子どもっぽいかわいさは、決してよいものではなかったからです。kawaii に相当する cute という言葉にも、子どもっぽさや未熟という印象が混じっています。欧米だけでなくお隣の国の韓国でも、「美しい」は賛美であっても、「かわいい」は必ずしも賛美とは言えない形容でした。かわいいには、多少の軽蔑や否定が含まれていたのです。

一方で、日本の「かわいい」の歴史をさかのぼってみると、古くは「鳥獣戯画」の動物たちに、現代のキャラクターのeガンソを見出すことができそうです。また、㊟四方田によれば、かわいいものをいとおしむことは、『枕草子』の「もののあはれ」や『今昔物語集』にもさかのぼることができそうだとのことです。当時からすでに、日本人には「はかなきもの」を慈しむという心情があり、未成熟を慈しむ文化があったのです。（中略）

海外で「かわいい」が認められなかった理由に、「かわいい」は生得的解発機構として働くものの、それはあくまでも保護を誘発するものだということがあります。大きくなった子どもが、かわいいと言われるのを嫌う理由も、ここにあります。要するに、保護すべき未熟で格下な存在に見られるからです。

それを裏付けるデータが、アメリカで出されています。8第一印象の研究者のアレクサンダー・トドロフによると、子どもっぽい顔は、正直で優しくあたたかく見られる一方で、身体的に弱く劣位に見えるというのです。彼らは実験で、アメリカの大学生にリーダーとしてふさわしい顔を選ばせました。すると、子どもっぽい顔より大人っぽい長い顔を選ぶことがわかりました。子どもっぽい顔は、リーダーにはふさわしくないと判断されるのです。

さらに、アメリカのマサチューセッツ州の一般公開された犯罪者の顔写真を使って、9第一印象と判決の関係を調べた研究からは、子どもっぽい印象が判決を左右することがわかりました。軽微な犯罪に限定された結果ですが、大人っぽい顔の人は意図的な罪、子どもっぽい顔の人は不慮の罪を犯したと判断される傾向があったのです。つまり、子どもっぽい顔の人は誠実で悪いことはしないものの、きちんとしていないため、うっかり犯罪に巻き込まれると思われるのです。これらの研究からわかるのは、子どもっぽい顔の人はリーダーには向かないと判断され、未熟でしっかりしていないと見られるということです。

保護を誘発するベビースキーマの持つ「かわいい」の魅力は、複雑な人間社会では、誰もが好むキャラクターに利用され圧倒的な存在感がある一方で、未熟とみなされることもあり、社会の中で様々な色づけをされるのです。10他の生物と比べた人間社会の複雑さ、そしてそれぞれの文化についても思いをはせることができそうです。

（山口真美「『かわいい』のマジックはどこにある？」）

㊟ うりざね顔…やや面長な美人の典型的な顔の一つ。
四方田…四方田犬彦『「かわいい」論』（二〇〇六年）のこと。

ベビースキーマは超正常刺激なので、実物よりも特徴を強調するとパワーが増します。それは商品にも生かされ、誰にも愛されるぬいぐるみやキャラクター、キティちゃんやポケモンなどにも使われています。頭でっかちでぷっくりしたお腹のキャラクターや、ゆるキャラの着ぐるみがぎこちなく歩く様子なども、ベビースキーマにあてはまります。しかもその対象は生物に限りません。丸っこい車種のニュービートルに根強い人気があるように、5機械や車にも、ベビースキーマは利用されているのです。

これほど多くのベビースキーマがあるのは、その魅力の強さのためでしょう。魅力が生物としての本能に結び付いているためです。生物にとって子孫を残すことは重要な使命で、外敵に狙われやすい、か弱い子どもを保護するのは最も重要です。そのため、か弱い子どもを保護することは、本能として備わっていると考えるのです。このように、子どもを表す特徴は超正常刺激として働き、ベビースキーマはヒトの保護本能をくすぐるのです。生物の本能に結び付いているからこそ、ベビースキーマはパワフルなのです。

一方でベビースキーマの特徴は単純で、シミュレーションも可能です。顔や車の画像にカージオイド変換という関数で処理すると、子どもらしい画像に変換できます。そんな単純な特徴にかわいらしさを感じることから、ベビースキーマは超正常刺激として、生まれつきのひな型としてヒトに備わっているのだと考えられるのです。

一〇年ほど前になりますが、ペットフード会社の方に意外な文化差を聞きました。住宅事情もありますが、日本ではチワワやトイプードルなど鼻先が短くベビースキーマに該当する犬種が好まれますが、対するドイツではシェパードのように鼻先がしっかり長い犬種が好まれるそうなのです。

大人になっても「かわいい」まで許されるのは日本の特徴です。たとえば日本のポップカルチャーの象徴として、「カワイイ：kawaii」が世界に広がっています。ポケモンやキティちゃんが海外に広く受け入れられているのは、ご存知の通りと思います。同様に日本のアニメ顔が非「かわいい」文化圏である海外に受け入れられているのは、興味深いことです。中国や韓国や東南アジアやヨーロッパ各国にも、「美少女戦士セーラームーン」などの日本のアニメ番組を、子どもの頃から楽しんできた人々が数多くいるのです。6大人になっても「かわいい」までもよいことが、日本から海外へと進出してきていると言えるかもしれません。

そんな日本と欧米の好みの違いを知る題材として、それぞれの代表的な人気の着せ替え人形である、7リカちゃん人形と初期のバービー人形の容姿が挙げられます。

リカちゃん人形の丸顔で大きな目、鼻と顎の小さい顔は、幼い雰囲気で、ふっくらした頬におちょぼ口も、アニメ顔に共通しています。対する切れ長の目で(注)うりざね顔のバービー人形は、ちょっと生意気なティーンエイジャーといった雰囲気で、リカちゃん人形と比べるとスタイルも大人です。歯を見せてにっこり笑っている大きめな口は、幼げなリカちゃん人形と比べると、ちょっといじわるな感じにすら思えます。つまり、幼く従順そうな風貌の日本のリカちゃんに対し、欧米のバービーは成長してしっかりした容姿です。

動物社会では、成長してオトナになってもかわいいままの種があります。かわいいの感じ方には個人差もありますが、手のひらにのせられるくらい小さなサルのマーモセットは、成長してもかわいく見える部類に入るでしょう。つぶらな瞳をして丸っこくて大きな頭のウーパールーパーやヤモリも、かわいく見えるのではないでしょうか。より身近なものとして犬種を比べると、小さくてつぶらな瞳のチワワは、ほっそりとした顔のシェパードやコリーと比べ、成長してもかわいく見えると思うのです。

性的に成熟したオトナになっても未成熟な性質が残ることを、ネオテニーと呼びます。（中略）

ネオテニーとは日本語では「幼形成熟」と表されますが、その名の通り、幼いままオトナになったことを指します。そんな状態にあるウーパールーパーがかわいいとされるように、2幼さと「かわいい」は連動しているのです。このからくりを説明したのが、ノーベル医学・生理学賞を受賞した動物行動学者コンラート・ローレンツです。ローレンツは、生物が生存する上でcフカケツな生まれつきの性質を解明し、動物行動学の分野を開拓しました。そして、「かわいい」も動物行動学から説明したのです。

3ローレンツが評価されるゆえんは、動物の本能を研究として深化させたことにあります。本能とはどのような行動で、どのように起動するかを具体的に明らかにしました。ローレンツは、本能とは生物が生きるために必須な行動で、生まれつき備わっていると考えたのです。この生まれつきの仕組みを「生得的解発機構」と名付け、この行動を誘発する外界にある刺激を「リリーサー」と呼びました。

ともにノーベル賞を受賞したニコラス・ティンバーゲンとの研究では、親鳥から餌をもらう巣の中のヒナ鳥の行動に着目しています。生まれたばかりのヒナ鳥は、誰が教えるわけでもなく、親鳥が来るとわれ先にと口を大きく開けます。こうした行動は生き延びるために必須で、生得的に備わった行動と見なしました。それを証明するため、彼らはこの行動を誘発する刺激「リリーサー」を探しました。4親鳥らしい特徴を取り出した模型を呈示してはヒナを観察し、何がヒナの行動を引き起こすかを調べたのです。

その結果、ヒナはくちばしの形に反応することがわかりました。しかも実際の親よりも、こうした特徴を誇張した模型に強く反応したのです。親という実態から切り離された単純な特徴の模型に反応するということは、ヒナは生まれつきある種の鋳型のようなものを持っていて、それに反応すると考えられるのです。

こうした特徴は「超正常刺激」と呼ばれ、身の回りにも観察できます。たとえば、鳥害を防ぐために畑などに取り付けられた「目玉」です。鳥が嫌う目を表したものですが、顔から切り離した片目だけで、実際の目よりもずっと大きく、まつげなどもなくて白目と黒目だけが誇張されています。

この超正常刺激は、人間世界にも存在します。そのひとつが、子どもの特徴を示す「ベビースキーマ」です。相対的に大きな頭、過大な頭蓋重量、大きな下方にある目、ふっくらと膨らんだ頬、太く短い手足、しなやかで弾力性のある肌、そして不器用な動きなどが特徴です。こうした特徴を見ると、ヒトは保護したくなる欲求が生じるというのです。

ア　女子たちの言葉やふるまいが、自分に対してだけでなく祇園寺先輩にも向けられていると気づいていらだち、女子たちに対して攻撃的な言葉を思わず口ばしってしまった。

イ　女子たちとの会話の中で祇園寺先輩とのやり取りがよみがえり、これまではっきり形になっていなかった自分の思いをしっかり言葉にして女子たちにぶつけた。

ウ　女子たちの態度や行いを見ていると祇園寺先輩が言った言葉が思い出され、先輩の気持ちを代わりに伝えなければならないと思って、女子たちに向かってさけんだ。

エ　女子たちとのやり取りの中で、これまで押し殺してきた不満がだんだんふくれ上がり、その感情とともに祇園寺先輩が使っていた言葉をそのまま言い放った。

問十三　――線部13「自分が自分であるために、闘えるように」とあるが、これは「ぼく」のどのような気持ちを表しているか。「闘う」ということがどういうことか分かるように、次の文の空らんに入る適当な言葉を、六〇字以上、八〇字以内で答えなさい。ただし、次の語を必ず使うこと。

ありのまま

自分に対して（　　　　）という気持ち。

二、次の文章を読んで後の問いに答えなさい。

心理学者ではなくて、単なる動物好きの感想として、1「かわいい」は、動物に共通するキラーワードと思っています。実際に「かわいいこちゃんだね」と口にして近づくと、野良猫（のらねこ）だけでなく、動物園の檻（おり）の中の動物たちも、こちらを振（ふ）り向いて近づいてくるように感じられます。散歩する犬に「かわいこちゃんだね」とつぶやくと、「あら、うれしい」と飼い主の心が開き、当の犬も喜んでくれているように見えるのです。

まるで動物たちが「小わいい」を理解してふるまっているようですが、「かわいい」マジックは、かわいいと口にする自分自身に効くのだと思います。「かわいい」と口にしたとたん、幸せホルモンと呼ばれるオキシトシンが分泌（ぶんぴつ）されて、口にした自分の声の調子や動作などから、動物を警戒（けいかい）させる雰囲気（ふんいき）を消し去るように思うのです。もちろん、飼育員や餌（えさ）やりの人たちのやさしい声かけを、動物たちが学習した可能性も大きいでしょう。いずれにせよ、これは実証されていない、筆者個人の感想ですが。

そのaサヨウは謎（なぞ）としても、「かわいい」は口にする自身の感情に働きかけ、受け取る側の人をいい気持ちにさせる、潤滑油（じゅんかつゆ）のような働きをするのだと思います。小さな赤ちゃんや子どもに「かわいい」と言うと、言われた子を持つ親も、うれしくなることでしょう。

とはいえ、現代社会では、むやみに「かわいい」と言えない時もあります。ある程度の年齢（ねんれい）になった子どもに対して使うには、注意が必要でしょう。いつまでも子ども扱（あつか）いするな、ばかにするなと思われるかもしれませんし、セクシャルハラスメントと受け取られる恐（おそ）れもあります。

そこからわかるのは、「かわいい」は使いようによってはbキケンであることです。複雑な人間社会では、「かわいい」の持つ意味が錯綜（さくそう）しているためです。その流れを読み解くべく、まずは人間社会とは対照的な、動物世界を見ていきましょう。

エ　おどけてその場をなごませようとする、人一倍気づかいができてだれにでもやさしい人物。

問九　――線部9「それは、おたがいにそうなのかもしれない」とあるが、どういうことか。次の中から最も適当なものを選び、記号で答えなさい。

ア「ぼく」が周囲から押しつけられる「男らしさ」にずっと苦しんできたのと同じように、兄も同じ「男らしさ」を周囲から常に期待されて苦しんできたのかもしれないということ。

イ「ぼく」が自分の道を行くことを兄から求められているように、「ぼく」も兄に対して無自覚に「文武両道の優等生」としてのふるまいを求めているのかもしれないということ。

ウ「ぼく」が抱えているつらさは兄には分からないだろうと思っているように、「優等生」の兄も「ぼく」の知らないところで自分なりのつらさを感じているのかもしれないということ。

エ「ぼく」が本当は「文武両道の優等生」である兄のことをうとましく思っているように、兄も男らしくふるまえない「ぼく」のことを内心では嫌っているかもしれないということ。

問十　――線部10「返信はなかなか来なかった」とあるが、なぜ祇園寺先輩はすぐに返信しなかったのだと考えられるか。その説明として最も適当なものを次の中から選び、記号で答えなさい。

ア　次に「ぼく」と会ったときは、「ぼく」の抱えるなやみの相談をされることになると思われるが、それに答えを出す自信がまだなかったから。

イ　次に「ぼく」と会うときには、初めから共通のなやみを持つ親友どうしとして話すことができるので、その喜びで我を忘れてしまったから。

ウ　次に「ぼく」と会うことで、これまで最も深い関係を結んできた黒野よりも「ぼく」との関係が深まってしまうことが不安だったから。

エ　次に「ぼく」と会ったら、自分が抱えてきた問題についての話を深めざるを得なくなると思い、そのことにはまだためらいがあったから。

問十一　――線部11「自覚のない加害者の群れ」とあるが、これは女子たちのどのような様子を表したものか。次の中から最も適当なものを選び、記号で答えなさい。

ア　女子たちが「ぼく」のことを、ケーキを焼くのが好きなかわいらしい男子だと決めつけて悪気もなくおもしろがり、「ぼく」の心を傷つけていることに思い至っていない様子。

イ　女子たちが「ぼく」のことを、ケーキを焼くという趣味が男の子らしくないと思って知らず知らずのうちにばかにした態度をとり、「ぼく」に対して失礼なことを言う様子。

ウ　女子たちが「ぼく」のことを、ケーキを焼くのが好きだというだけで女の子どうしであるかのように感じ、無意識のうちに「ぼく」になれなれしい態度をとっている様子。

エ　女子たちが「ぼく」のことを、彼女にケーキを焼いてきたのだと勝手に判断し、根も葉もないうわさを流していつの間にか「ぼく」をおとしめていることに気づいていない様子。

問十二　――線部12「大きく息を吸いこみ、精いっぱいの声でさけんだ」とあるが、この場面の説明として最も適当なものを次の中から選び、記号で答えなさい。

イ　友達だと思っていた相手が実は自分のことを「こわい」と思って嫌っていたのだということを知って動揺した。

ウ　ケーキをおいしいと言っただけで突然「女の子」と決めつけるように言われてしまったことに衝撃を覚えた。

エ　あまいケーキを食べるなんて普段のイメージに全然合わないとおかしそうに笑われたことにひどく傷ついた。

問五　――線部5「いろんな言葉が、声が、ぼくの内側で響いては消える」とあるが、この時の「ぼく」の説明として最も適当なものを次の中から選び、記号で答えなさい。

ア　祇園寺先輩が言われた言葉と自分に向けられた言葉とが、次々とわき上がってきてからまり合い、二人の思いが自分の中で一つに重なっていくように感じられている。

イ　祇園寺先輩から聞いた話をきっかけにして、今まで自分も言われて嫌な思いをしてきた言葉を次々と思い出し、その嫌な思いを自分の中から消し去ろうと努めている。

ウ　祇園寺先輩の思いと自分の思いには重なるものがあり、そのことを確認するために今まで自分にも向けられてきた言葉を思い出し、頭の中を整理しようとしている。

エ　祇園寺先輩の経験してきたことが自分と重なるような気がしはじめ、これから自分も祇園寺先輩と同じように苦しむことになるのだろうかと不安になってきている。

問六　――線部6「本末転倒だってことは」とあるが、どのようなことを指して「本末転倒」だと言っているのか。次の文の空らんに入る同じ語を、本文中より三字で抜き出して答えなさい。ただし、**「らしさ」以外の語**で答えること。

「女の子らしさ」という（　　　）にとらわれたくないと思うあまり、かえって「ボーイッシュな女の子らしさ」という（　　　）にとらわれてしまっているということ。

問七　――線部7「おごそかな表情でタルトタタンを口に運んだ」とあるが、なぜそのような表情で食べているのか。次の中から最も適当なものを選び、記号で答えなさい。

ア　友達をさける原因となったタルトタタンを食べることで、過去ときっぱり決別しようと決心しているから。

イ　ずっとさけていたタルトタタンを食べることで、過去の自分の頑なさと真剣に向き合おうとしているから。

ウ　嫌いになってしまったタルトタタンを食べることで、思い出されるつらい記憶を乗り越えようとしているから。

エ　いかにも「女の子」が好みそうなタルトタタンを食べることは、女の子らしいものを受け入れる試練だから。

問八　――線部8「黒野先輩と別れたあと」とあるが、「黒野先輩」はここまでの本文全体を通して、どのような人物として描かれているか。次の中から最も適当なものを選び、記号で答えなさい。

ア　正義感にあふれており、偏見を許さずに立ち向かっていこうとする、堂々とした人物。

イ　周囲の子どもっぽい言動をいつも皮肉っぽく見ている、大人びて近寄りがたい人物。

ウ　ひょうひょうとした態度で、固定観念にとらわれずに物事を見て率直な発言ができる人物。

強くなりたい。ゆれないように。
13 自分が自分であるために、闘えるように。

（村上雅郁『きみの話を聞かせてくれよ』）

㊟ 龍一郎…「ぼく」の兄。背が高く、「ぼく」とはあまり似ていない。

問一 ――線部1「ぼくはうなずいた」とあるが、この時の「ぼく」の説明として最も適当なものを次の中から選び、記号で答えなさい。

ア いくら「男勝り」であったとしても、女性に対して「ライオン」というあだ名をつけるのはひどいと彼女に同情している。

イ 祇園寺先輩の性格をよく言い当てているのは、「ウサギ」よりも「ライオン」の方だと思い、彼女の話に同意している。

ウ 名前から受けるイメージと本人の性格との差が大きければ、それを周りから言い立てられるのも仕方ないと思っている。

エ 性質やふるまい、見た目などが、名前の持っているイメージと違うことをからかわれることがあるという話に共感している。

問二 ――線部2「祇園寺先輩はしみじみとうなずいて言う」とあるが、この時の祇園寺先輩の説明として最も適当なものを次の中から選び、記号で答えなさい。

ア 自分の理想の姿を維持したいと思うあまり、本当は大好きなケーキを食べることなくこれまで我慢し続けてきたことを二人の前で認めている。

イ 自分が作り上げてきた自己像に縛られていることは分かっているのだが、その縛りから自由になるのも簡単ではないことを改めて感じている。

ウ これまで守ってきた自分のイメージは、周りの人が言う自分の姿に合わせたものだったことに気づいたが、今さら変えられないと思っている。

エ これまでの自分の、ケーキを食べてしまったら何か不幸なことが起こると決めつけていた気持ちを、ばかみたいだったとふりかえっている。

問三 ――線部3「あの子、ほっとしたように笑って」とあるが、この女の子はなぜ「ほっとしたように笑っ」たと考えられるか。次の中から最も適当なものを選び、記号で答えなさい。

ア 手の届かない存在だと思っていたのが、自分に好意を示してくれたことにおどろき、意外に遠い存在ではないと思えてうれしくなったから。

イ 自分とはかけはなれた存在だと思っていたのが、いっしょに食べたケーキに自分と同じ感想を言ったのを聞いて、一気に親近感がわいたから。

ウ 男の子みたいで乱暴な存在だと思っていたのが、わざとそうふるまっていたと知り、心は女の子なんだと分かってこわくなくなったから。

エ 理解しきれない存在だと思っていたのが、案外自分と変わらない一面もあるのだと感じ、分かり合えるかもしれないと安心したから。

問四 ――線部4「私はぶんなぐられたようなショックを受けた」とあるが、この時の祇園寺先輩の説明として最も適当なものを次の中から選び、記号で答えなさい。

ア 心の底では自分も女の子らしい服や食べ物を楽しみたいと思っていたことに初めて気づかされてうろたえた。

それを関係のないだれかに、勝手なこと、言われたくなかった。

ポケットでスマホがふるえる。ぼくはそれを取りだして、ラインアプリを開いた。

「今日はありがとう。いろいろぐちを言ってしまってごめん」

祇園寺先輩からのメッセージ。

ぼくはしばらく考えて、ちいさくうなずいた。フリック入力で、画面に文字をつむぐ。

「先輩。また、タルトタタンを焼きに行ってもいいですか？」

「ぼくは、もっと先輩と話がしたいです」

既読はすぐについた。だけど、10返信はなかなか来なかった。

「あれ、虎じゃん。どこ行ってたの？」

その声に顔をあげると、クラスメイトの女子たちがこっちを見ていた。

部活帰りだろうか。数人、かけよってきて、勝手に頭をなでてくる。

「家、こっちのほうじゃないよね？　お出かけ？　いいなあ」

「……秘密」

ぼくはかわいた声で答える。すると、女子のひとりが言った。

「あれ？　なんか、あまいにおいがする。もしかしてケーキ焼いた？」

ぼくは無視する。女子たちがキャッキャと言いあう。

「においますね」

「においますねえ」

「どこで焼いたんだろ。よそのおうち？」

「よそのおうちって、だれのおうちよ」

「そりゃあ……あれですよ、彼女、とか」

黄色い笑い声。はじけるような笑顔。

無邪気にはしゃいでいる、11自覚のない加害者の群れ……。

ぼくは歯を食いしばった。

背中を向けて、その場を立ち去る。一刻も早く。

「あれ、待ってよ虎。なに？　おこっちゃった？」

頭の中がぐらぐらする。胸のおくでなにかが燃えている。ちりちりとのどをこがす、不愉快な熱。口の中に残っているタルトタタンの味。断りもなく頭をなでてくる手の感触。どこからかこだまする、今にも泣きそうな祇園寺先輩の声。

――ばかみたい。こんなにおいしいのに。むかつく。

「虎ちゃん、かわいい顔が台なしですよ～？」

「ほんとほんと！　ほら、いつもみたいに笑って！」

ぼくはふり返って、さわいでいる女子たちをにらみつける。

それから、12大きく息を吸いこみ、精いっぱいの声でさけんだ。

今までずっと押さえこんできた思いが、明確な言葉となって夕日の下に響く。

女子たちの表情が固まるのを見ながら、ぼくは思った。

の、ほんとにこわい。そんなの、その人の偏見だってのも、わかってる。だけど、だめなんだよ。そう言ってくる人たちは、私のことを『無理して男子ぶってる女の子』っていうふうに見る。そういうありふれた話に落としこもうとする。それが、ほんとうにいやなんだ」

黒野先輩は言った。

「人は、枠組みから外れたやつがいるのがこわいんだよ。だから、自分がわからないものに出会うと、おかしいって言って攻撃したり、わかりやすいでたらめに押しこんで、わかった気になったり、する」

くっくと笑う先輩。ぼくはなにも言えなかった。

焼きあがったタルトタタンをすこし冷まして、ケーキ型から外す。

ぼくたちはそれを切り分け、一切れずつお皿に取った。黒野先輩がいそいそと、あめ色のリンゴを頬張って笑う。

「ふぐふぐ。すばらしいね」

祇園寺先輩は、7おごそかな表情でタルトタタンを口に運んだ。

ひと口。もうひと口。

しずしずと味わうようにそれをかんで、こくんとのみこむ。

「……おいしい」

先輩はつぶやいた。そうして、泣きそうな声で続けた。

「ばかみたい。こんなおいしいのに。むかつく」

そのまま、祇園寺先輩はうつむいて、なにかを考えこんでいた。ぼくはやっぱり、なにも言えなかった。だまってタルトタタンを食べた。リンゴとカラメルの香り。

あまずっぱい味が口いっぱいに広がって、だけど、今日はただただ、かなしい。

帰り道。

8黒野先輩と別れたあと、学校の近くを歩きながら、ぼくは㊟龍一郎のことを考えた。

サッカー部のキャプテン。文武両道の優等生。あの人はいつもぼくに言う。

「人がなんて言おうと関係ない。自分の道を行けよ」

でも、龍一郎はきっと、ぼくが歩いている道のけわしさを知らない。

ぼくの歩幅を、体力を、道に落ちているちいさな石のひとつひとつが、はだしの足をきずつける感触を……9それは、おたがいにそうなのかもしれないけれど、少なくともぼくは、だれかに「人がなんて言おうと関係ない」なんて、言えない。

人になにかを言われることは、つらい。

自分の道を歩いているだけで、その道に勝手な名前をつけられるのは、歩き方に文句をつけられるのは、どんなに好意的でも笑われるのは、ほんとうにつらい。

祇園寺先輩の思いつめた表情。ウサギ王子の抱えた秘密。

――女の子みたいって、女の子らしいって、そう言われるの、ほんとにこわい。

そうだ。

ぼくらは自分のままでいたいだけ。そうあるように、ありたいだけ。

それからちいさく笑った。なつかしむように、だけどかなしそうに。

「六年生のころ、友だちになった女の子がいたの。世間一般に言われている意味で、つまりはそれも偏見だけど、女の子らしい女の子だった。フリフリしたかわいい服を着て、絵を描くことと、お菓子作りが好きで。その子が私にタルトタタンの味を教えてくれた」

そう言って、祇園寺先輩は、ぎゅっと眉間にしわをよせる。

「その子の家で、その子が作ってくれたタルトタタンを食べたとき。こんなにおいしいものがあるのかって、そう思った。だから、そう伝えた。そしたら、3あの子、ほっとしたように笑って、言ったんだ」

――私さ、羽紗ちゃんのこと、ちょっとこわいって思っていたけど、気のせいだった。

――なあんだ。やっぱり羽紗ちゃんも女の子なんだ。

「その声はひどく弾んでいて。だけど4私はぶんなぐられたようなショックを受けた」

ぼくは黒野先輩の顔をちらりとうかがった。とくに感想はないようだ。もしかすると、すでに知っている話なのかもしれない。祇園寺先輩は続けた。

「それから、私はその子と距離を置いた。ううん、その子だけじゃない。あまいものや、女の子らしいとされるものからも、ますます距離を置くようになった」

私は「らしさ」にとらわれたくなかったんだ――そう、先輩は言った。

自由でありたかった。そんな自分のことが好きだった。

「……だから、やっぱり女の子じゃんとか、女の子らしいところもあるんだねとか、言われたくなかった。そういう目で見られるくらいなら、死んだほうがまし」

思いつめた顔で、先輩は言った。

ぼくは、いつになくしずかな、なにか、神聖なものにふれたような気持ちになった。

心はしんとしていて、だけど、そこのほうではふつふつとなにかが燃えている。

らしさ。

男の子らしさ。女の子らしさ。自分らしさ。

ボーイッシュ女子。スイーツ男子。

虎は虎だから。羽紗は羽紗だから。

轟くん、かわいいし。ケーキ焼く男子とか、アリよりのアリっしょ。

今はいろんな趣味があっていいと思う。羽紗を見てると勇気が出る。自由でいていいんだって思える。なあんだ、やっぱり女の子なんだ……。

5いろんな言葉が、声が、ぼくの内側で響いては消える。

黒野先輩が言った。

「『ボーイッシュな女子らしさ』にとらわれてないか？」

ぼくはおずおずとうなずいた。祇園寺先輩はちいさく笑った。

「そうだね。わかってるんだ。6本末転倒だってことは。私はけっきょく、べつのらしさにとらわれていて、ぜんぜん自由なんかじゃない。でも……」

紅茶の入ったマグを両手で包むように持って、先輩は続ける。

「無理なの。私、女の子みたいって、そう言われる

【国　語】〈五〇分〉〈満点：一二〇点〉

【注意】　字数指定のある問いは、句読点なども字数に含めること。

一、次の文章を読んで後の問いに答えなさい。

「ぼく」（轟虎之助）はケーキを焼くのが趣味で、背が低くかわいらしい外見もあって、周囲から「スイーツ男子」と評されている。ある日、「ぼく」は黒野良輔先輩に呼び出され、生徒会長で剣道部副部長の通称「ウサギ王子」こと祇園寺羽紗先輩に、タルトタタンの作り方を教えてあげてほしいと頼まれ、祇園寺先輩の家でタルトタタンを焼くことになった。

祇園寺先輩は紅茶をいれてくれた。

それから、ケーキが焼けるまで、ぽつぽつとぼくらは話をした。なんでもないような話。どうでもいい、くだらない話。だけど、時間とともに、それは大切な話に変わっていく。

「私さ、むかしから、男勝りって言われてたんだ」

祇園寺先輩はそんなことを言った。

「男子相手にけんかもしたし、スポーツも得意だったし。ほら、見た目もこんなだし。名前はウサギなのに、ライオンみたいって、みんなに言われてた」

1ぼくはうなずいた。

「ぼくは虎なのにハムスターみたいだって言われます」

「まじでよけいなお世話だな」

うんざりしたようにそう言って、黒野先輩が紅茶をすする。

ぼくは、気になっていたことをたずねた。

「あの……だけど、先輩はどうして、そこまで自分のイメージにこだわるんですか？」

祇園寺先輩はしばらくだまっていた。黒野先輩もなにも言わない。聞いちゃまずかったかなと、心配になってきたころ、ようやく祇園寺先輩は口を開いた。

「私はさ、うれしかったんだよ。小三で剣道をはじめて。どんどん強くなって。ボーイッシュだとか、かっこいいとか、そういうふうに言われるのが」

紅茶をひと口飲んで、先輩は続けた。

「誇らしくてならなかった。べつに女子らしくなくていいんだって、いや、こういう女子もいるんだって、私が生きていることで、証明できている気がした。羽紗を見てると勇気が出るって、自由でいていいんだって思えるって、そんなふうに言ってくれる子もいた」

大切な思い出をなぞるように、そう言う祇園寺先輩。

「だけど……」と、ぼくは言いよどんだ。

先輩はだまってぼくの言葉を待っている。だけど、なんだろう。言っていいのかな。失礼かもしれない。迷っていると、黒野先輩が笑った。

「そうだな。あんまり、今の王子は自由には見えないよな」

そのとおりだった。

今まで作りあげてきたイメージを守ろうとするあまり、ケーキを食べることすら、自分にゆるせずにいる。少なくとも、それを他人に知られたくないと思っている。

「そうだね。こんなのはもう、呪いみたいなもの」

2祇園寺先輩はしみじみとうなずいて言う。

大切なことはメモしておこうネ！

一般①

2024年度

解答と解説

《2024年度の配点は解答欄に掲載してあります。》

＜算数解答＞ 《学校からの正答の発表はありません。》

1 (1) 3 (2) 42 (3) 34歳 (4) 100・196・225・256 (5) 110度

2 (1) 2：1 (2) 9：1：5 (3) 90：1

3 (1) 13分 (2) 24分 (3) 22分24秒

4 (1) 5個 (2) 42個 (3) 78通り 5 (1) $106\frac{2}{3}\text{cm}^3$ (2) 177cm^3

6 (1) 9.2秒後 (2) 24.5秒後 (3) 80秒後

○推定配点○

4, 6 各7点×6 他 各6点×13(1(4)完答) 計120点

＜算数解説＞

重要 1 (四則計算，割合と比，濃度，年齢算，消去算，数の性質，平面図形)

(1) $9\times\frac{8}{9}\div\left(1\frac{2}{3}+1\right)=3$

(2) 3種の食塩水の食塩の重さ…80×0.08＋120×0.06＋150×0.04＝6.4＋7.2＋6＝19.6(g)
3種の食塩水の重さの和…80＋120＋150＝350(g)
したがって，混ぜる水は19.6÷0.05－350＝42(g)

(3) 父・兄・弟の現在の年齢…それぞれをチ・ア・オで表す
現在…チ＝ア×3＋オ＋4 －A
24年後…チ＋24＝ア＋オ＋48より，チ＝ア＋オ＋24 －B
A＝B…ア×3＋オ＋4＝ア＋オ＋24より，ア×2＝24－4＝20，ア＝10
AまたはB…チ＝オ＋34
したがって，求める年齢差は34歳

(4) 100～300までの平方数…10×10＝100＝4×25，11×11＝121，12×12＝144＝4×4×9，
13×13＝169，14×14＝196＝4×49，15×15＝225＝9×25，
16×16＝256＝2×2×2×2×2×2×2×2，17×17＝289
したがって，約数が9個である整数は
「素数の平方数」×「素数の平方数」である100，196，225
と「同じ素数を8個かけ合わせた数」である256

(5) 二等辺三角形PQRの内角の和
…右図より，イ＋30＋(イ＋15)×2
＝イ×3＋60＝180
角イ
…(180－60)×3＝40(度)
したがって，角アは180－(15×2＋40)＝110(度)

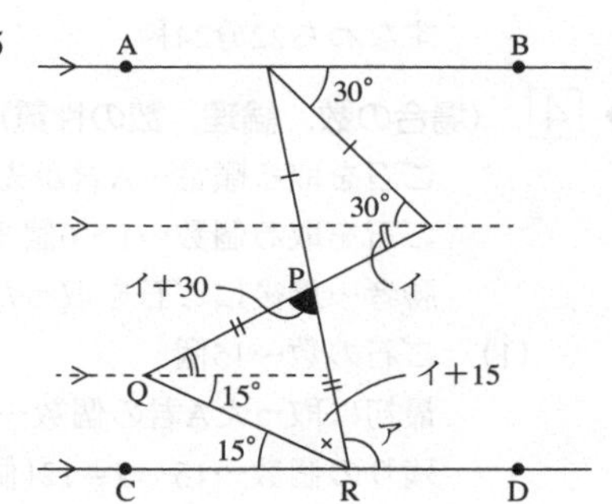

重要 **2** (平面図形，相似，割合と比)

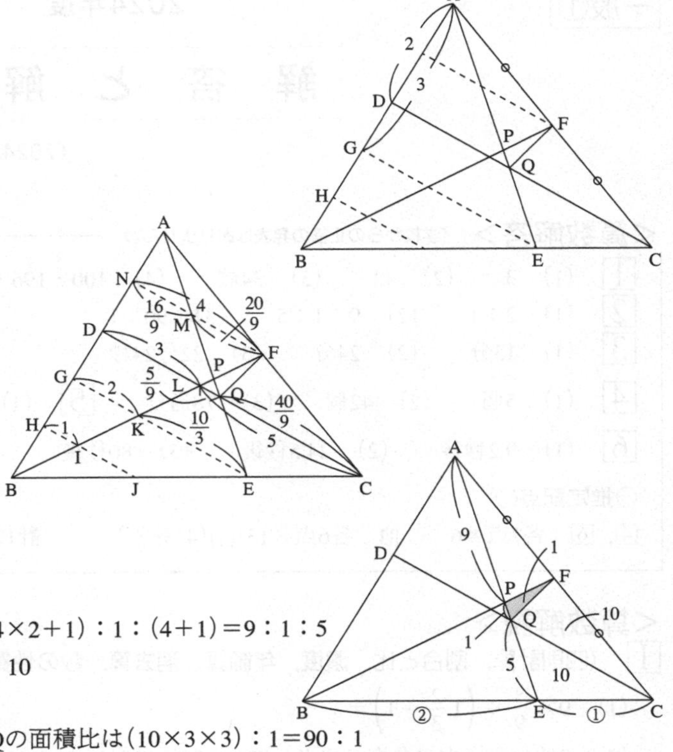

(1)　三角形ADQとAGE
…右図より，相似比は2：3
したがって，AQ：QEは2：1

(2)　HI…右図より，1
NF…4
LC…4×2－3＝5
KE…$5÷3×2=\frac{10}{3}$
GE…$2+\frac{10}{3}=\frac{16}{3}$
NM…$\frac{16}{3}÷3=\frac{16}{9}$
MF…$4-\frac{16}{9}=\frac{20}{9}$
LQ…$5-\frac{20}{9}×2=\frac{5}{9}$
MP：PQ…$\frac{20}{9}:\frac{5}{9}=4:1$

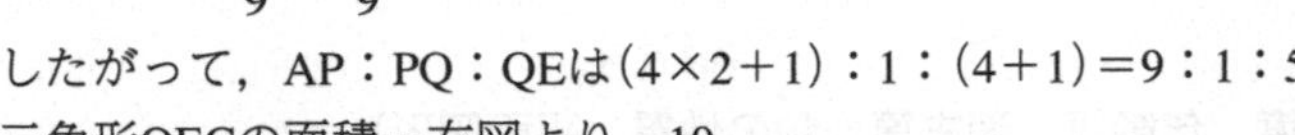
したがって，AP：PQ：QEは(4×2＋1)：1：(4＋1)＝9：1：5

(3)　三角形QECの面積…右図より，10
三角形AQFの面積…10
したがって，三角形ABCとFPQの面積比は(10×3×3)：1＝90：1

重要 **3** (割合と比，仕事算，鶴亀算，単位の換算)

荷物の量…20，24，40の最小公倍数120
Aさんが1分で運ぶ量…120÷20＝6
Bさんが1分で運ぶ量…120÷24＝5
Cさんが1分で運ぶ量…120÷40＝3

(1)　{(6＋5＋3)×16－120}÷(5＋3)＝104÷8＝13(分)

(2)　AさんとBさんが一緒に運んだ時間…△分
△の式…(6＋5)×△＋3×△×3＝120より，20×△＝120，△＝6
したがって，全体の時間は6＋6×3＝24(分)

(3)　Bさんが一人で運んだ時間…○分
○の式…5×○＋6×○×2＋3×(○－4)＝120より，20×○＝132，○＝6.6
したがって，全体の時間は6.6＋6.6×2＋6.6－4＝6.6×4－4＝22.4(分)
すなわち22分24秒

重要 **4** (場合の数，論理，数の性質)

ご石を取る順番…A君が先，B君が後
ご石を取る個数…1～6個まで
勝者…最後にご石を取った人

(1)　ご石の数…15個
最初に取ったA君の個数…3個
残りの個数…15－3＝12(個)

したがって，B君が勝つには12－7＝5(個)取ればよい。

(2)　42個…7の倍数であり，A君が先に1～6個までの数を取り，この後，B君は2人が取ったご石の合計が7個になるようにご石を取ることができるので，B君は必勝になる。

(3)　10～100までの7の倍数…98÷7－7÷7＝13(個)

したがって，(2)より，A君が必勝になるご石の個数は

100－(9＋13)＝78(通り)

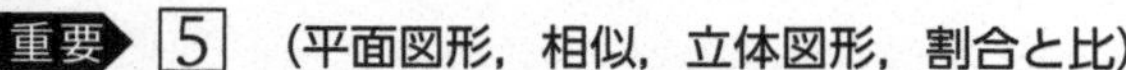

重要 5 (平面図形，相似，立体図形，割合と比)

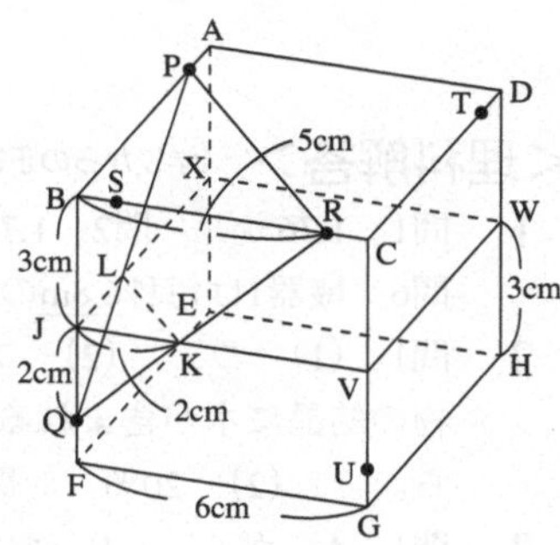

(1)　直方体JVWX－FGHEの体積…右図より，

$6\times6\times3=108(\text{cm}^3)$

三角錐Q－JKLとQ－BRP…相似比2：5

三角錐Q－JKLの体積…$2\times2\div2\times2\div3=\dfrac{4}{3}(\text{cm}^3)$

したがって，求める体積は$108-\dfrac{4}{3}=106\dfrac{2}{3}(\text{cm}^3)$

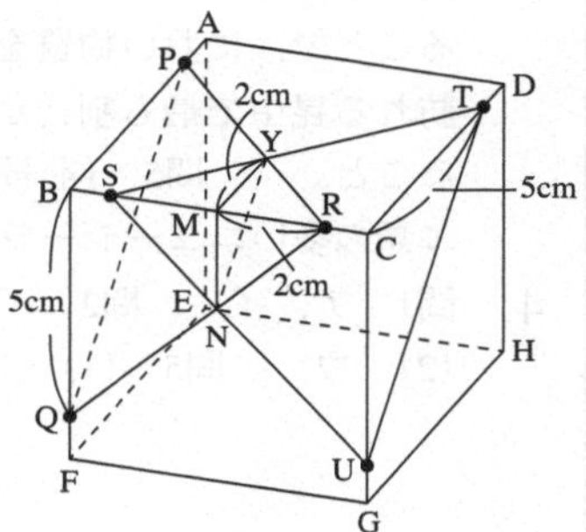

(2)　三角錐S－CUTの体積

…右図より，$5\times5\div2\times5\div3=\dfrac{125}{6}(\text{cm}^3)$

三角錐Y－SNRの体積

…$4\times2\div2\times2\div3=\dfrac{8}{3}(\text{cm}^3)$

したがって，求める体積は$6\times6\times6-\left(\dfrac{125}{6}\times2-\dfrac{8}{3}\right)$

$=216-39=177(\text{cm}^3)$

重要 6 (平面図形，速さの三公式と比，旅人算，割合と比)

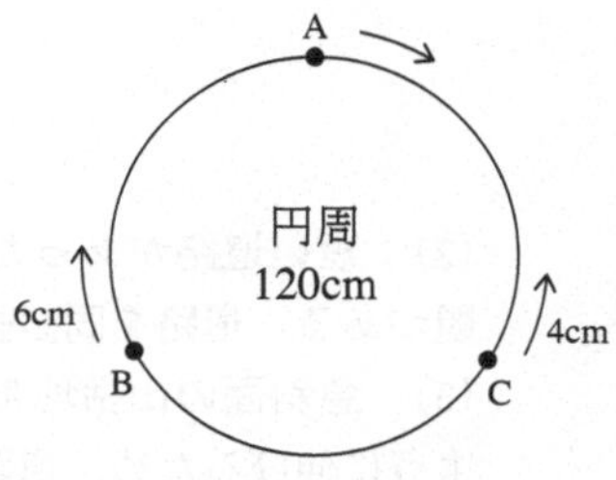

出発時…円周上の3点の間隔は40cm

C…5秒進んで3秒停止を反復する

(1)　8秒後のBC間の道のり…40×2－(6×8＋4×5)＝12(cm)

したがって，2点が重なるのは8＋12÷(6＋4)＝9.2(秒後)

(2)　1回目にA，Cが重なる時刻…40÷(4×2)＝5(秒後)

8×3－5＝19(秒)でAが進んだ道のり…4×19＝76(cm)

19秒でCが進んだ道のり…4×(19－3×3)＝40(cm)

したがって，2回目にA，Cが重なる時刻は24＋{120－(76＋40)}÷(4×2)＝24.5(秒後)

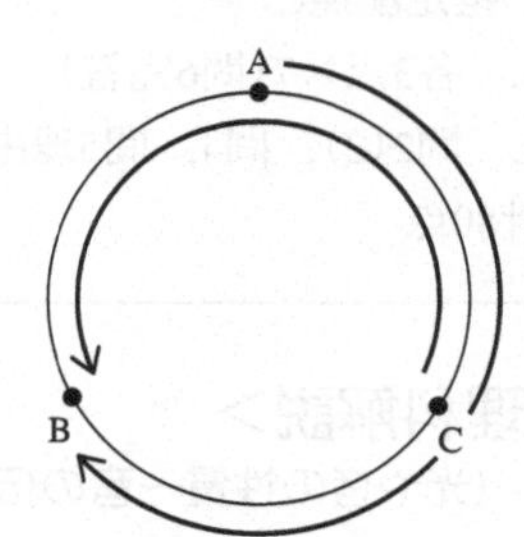

(3)　1回目にA，Bが重なる時刻…40÷(6－4)＝20(秒後)

2回目にA，Bが重なる時刻…20＋120÷2＝80(秒後)

80秒でAが進んだ道のり…4×80＝320(cm)

すなわち2周と80cm

80秒でCが進んだ道のり…4×(80－3×10)＝200(cm)

すなわち1周と80cm

したがって，3点が重なる時刻は80秒後

★ワンポイントアドバイス★

簡単な問題もないが，それほど難しい問題もない。自分にとって取り組みやすい問題を優先して，着実に解いていくことがポイントである。5「平面図形・相似・立体図形」は，よく出る問題であり，正解できなければいけない。

＜理科解答＞《学校からの正答の発表はありません。》

1. 問1 1.76秒 問2 1.71秒 問3 1.71秒，291m 問4 1.94秒 問5 1.94秒
問6 機器1は毎秒6.8mの速さで，機器2から遠ざかっている。

2. 問1 (1) ウ (2) ア 問2 20% 問3 54g 問4 (1) 得られた硫酸銅の水和物の結晶に水が含まれることで，硫酸銅を溶かすことができる水の量が少なくなっているから。 (2) 20% 問5 (1) 45g (2) X 40 Y 40 Z 20

3. 問1 A がく B おしべ (記号) オ 問2 (1) 複眼 (2) 表面積を大きくすることで，におい物質を効果的に感知することができる。 問3 イ，ウ 問4 高山に訪れる昆虫で最も割合が高く，くさいにおいを感知するハエ類を集め，より確実に受粉をすること。 問5 (記号) ア (理由) ハエ類は花のにおいをたよりに花を探すため，ハエ類の多いニュージーランドは白色で目立たない花が多いと考えられるから。

4. 問1 ア，イ 問2 イ 問3 ウ 問4 (1)

(2) ウ 問5 (1)

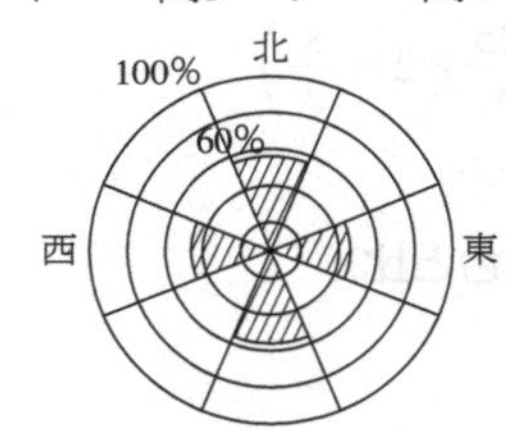

(2) 短い道路があった場合，道路網全体の傾向とは異なる方位の割合が増え得るという問題がある。道路を同じ長さで区切って本数を数えればよい。

(3) 急斜面の山岳地帯では，斜面を登るために道路が様々な方位に曲がりながらう回するように伸びるため，道路の方位分布の偏りが小さくなる。

○推定配点○

1. 各3点×7(問6完答) 2. 問4(1)，問5(1) 各3点×2 他 各2点×8
3. 問2(2)，問4，問5理由 各3点×3 他 各2点×6(問3完答) 4. 各2点×8(問1完答)
計80点

＜理科解説＞

1. (光や音の性質―音の伝わり方)

基本 問1 音は600m移動するので，それにかかる時間は600÷340＝1.764≒1.76秒。

重要 問2 音が機器2に戻ってくるまでにかかった時間を□秒とすると，その間に機器1が板に向かって□×10m近づいているので，音が移動した距離は(600－□×10)mである。よって，340×□＝600－□×10 □＝1.714≒1.71秒である。

問3　板が動く場合も問2と同様に考えてよいので，音が戻ってくる時間は1.71秒である。音が板に届くまでの時間は1.714÷2＝0.857秒であり，その距離は0.875×340＝291.3≒291mである。

問4　機器1が移動していなければ，1回目の音の後2回目に届く音は2秒後になる。しかし，機器1がこの2秒間に20m機器2に近づいているので，2回目の音が伝わるのにかかる時間は1回目の音より20÷340＝0.058秒短くなる。それで，1回目の音の後2回目の音が聞こえるまでの時間は2－0.058＝1.942≒1.94秒である。

問5　問4と同様に，2回目の音を発してから2秒間にさらに20m距離が短くなるので，2回目の音の後3回目の音が聞こえるまでの時間は2－0.058＝1.942≒1.94秒である。

問6　1回目の音の後2回目の音が聞こえるまでの時間は2.04秒であるので，機器1は機器2から遠ざかっている。機器1が毎秒□mの速さで機器2から遠ざかっていると，2秒間に2×□mだけ機器の間の距離は長くなり，この距離を移動するのに0.04秒かかるので，2×□＝340×0.04　□＝6.8mとなる。

2.（ものの溶け方―硫酸銅の結晶）

基本　問1　(1)　塩化コバルト紙は乾燥状態では青色であるが，水分を吸収すると赤色に変わる。この性質を利用して，水の検出に用いられる。

(2)　水を取り込むと色が変わる物質は乾燥剤に用いられる。色が変化することで，まだ使えるか，そろそろ取り換えた方がいいかの目安になる。

基本　問2　33℃の水100gに硫酸銅無水塩が25gまで溶けるので，この飽和溶液の濃度は(25÷125)×100＝20％である。

基本　問3　53℃の水100gに最大36gまで溶かすことができるので，150gの水には$36\times\frac{150}{100}$＝54gまで溶かせる。

やや難　問4　(1)　このとき析出した青色の結晶は，水和水を持つ水和物になっている。水和物は結晶の中に水を取り込んでいるので，水溶液中の100gの水の一部が結晶に取り込まれ，結晶をとかす役割をする水(溶媒という)の量が100gより少なくなる。そのため，溶けられる硫酸銅の量も25gより少なくなり，結晶中の硫酸銅の量が増えることになる。

(2)　実験Ⅲの水溶液は33℃の飽和溶液になっているので，濃度は問2で求めた値と同じになる。

やや難　問5　(1)　実験Ⅲで得られた結晶中の硫酸銅無水物と水和水の重さは，結晶全体の重さが20gで硫酸銅無水物の重さが12.8gなので，水和水の重さは20－12.8＝7.2gである。33℃の水100gに硫酸銅水和物を□g溶かせるとすると，そのうちの硫酸銅無水物の重さは$\square\times\frac{12.8}{20}$g，水和水の重さは$\square\times\frac{7.2}{20}$gである。水和物を水に溶かすと，水和水は溶媒の水に加えられるので水の重さがその分重くなる。33℃における飽和溶液中の(硫酸銅無水物の重さ)：(溶媒(水)の重さ)＝25：100になるので，$\left(\square\times\frac{12.8}{20}\right):\left(100+\square\times\frac{7.2}{20}\right)=25:100$　これを整理すると55×□＝2500　□＝45.4≒45gとなる。

(2)　100gの水和物が64gの無水物になるので，この中に含まれていた水は36gであった。これを100％とすると，102℃までに失われた質量が100－85.6＝14.4gで，これは(14.4÷36)×100＝40％である。同様に102℃から113℃までに失われる質量も85.6－71.2＝14.4gなので40％。113℃から150℃までは71.2－64.0＝7.2gなので20％の水分が放出された。

3.（植物・昆虫―植物と昆虫の関係）

基本　問1　Aはがく，Bはおしべである。アは柱頭，イはめしべ，ウは胚珠，エは子房，オは蜜せんである。蜜が存在するのは，オの蜜せんの部分。

問2 (1) Xは眼の部分で，小さな眼が集まってできる複眼と呼ばれる器官である。

(2) 細い毛がたくさんあることで表面積が広くなり，敏感ににおい物質を感知することができる。

問3 集団で生活し，分業を行う昆虫を社会性昆虫という。ミツバチ，アリ，シロアリなどがその例である。

問4 図2より，高山の花に訪れる昆虫のうちハエ類が最も多い。ハエ類はくさいにおいを感知する能力が優れているので，イブキトラノオはくさいにおいを出すことで数の多いハエ類を集めて受粉を行っている。

問5 ニュージーランドの高山の花に訪れる昆虫は，圧倒的にハエ類が多い。ハエ類は花の色ではなくにおいにひかれて集まるので，有色の花より白色の花が多いと思われる。

4．(その他―観察結果の分析)

問1 月の出の時刻や方角は，季節によって変化するので，月を基準にして正確な方位を決めることはできない。また，二条城が建てられたとき，方位磁石のS極は現在の真南より西にずれていた。

問2 古い街並みは地図の上側が北北東に向いている。これは風向きのデータとよく一致する。南の島で気温が高い時期が長いため，季節風が通りぬけやすいように風向きを考慮して道が作られたと思われる。

問3 春分の日，秋分の日の太陽の光は，日没時に真西の方角からやってくる。遺跡を貫く道路と日没時の光が直交するのは，北半球のこの地では春分の日から秋分の日までの間になるので，この日はウの8月13日が適する。

問4 (1) 橋立とあるので，湖と外海の間に細長い砂地(砂しという)ができた地形である。右側に湖，左側に外海とあるので，地図に示した場所から北西の方角を向いてると思われる。

(2) 外海の海岸に，海流で流されて角の取れた丸い石が堆積したと考えられる。

問5 (1) 全本数が24本で，そのうち13本が南北方向，11本が東西方向である。

(2) 1区間の長さをそろえる。長い区間も短い区間も同じ本数にすると，短い道路の傾向が反映されすぎるので，1区間の長さを同じにして本数を数える。

(3) 傾斜の多い地形では，目的地までまっすぐな道路をつくるよりも曲がりくねったり，カーブしたりする道路が多くなる。そのため，方位分布の偏りが少なくなる。

★ワンポイントアドバイス★

実験や観察をもとにした問題で問題文が長く，読解力を要する。できる問題を確実に得点に結び付けたい。

＜社会解答＞ 《学校からの正答の発表はありません。》

問1 イ　問2 (運動名) 自由民権運動　(草案名) 五日市憲法草案　問3 エ
問4 (1) カ　(2) エ　問5 (1) ウ・オ　(2) イ　問6 (例) 共通テストでは，大量の答案を短期間で採点する必要があるため，記述式問題を採点するためには多くの人手と複数の会場が必要になる。また，記述式問題では一つの問題に対して様々な書き方の正答例が出てくると考えられる。そのため，採点が複数の離れた会場で行われると，公平性を保つための採点者全員での話し合いが難しくなり，正答の基準を統一することが事実上不可能になると考えられたから。　問7 (例) 本人の努力が結果に表れやすいと考えられている従来型入試に比べ，新型入試で評価される留学等の活動には多額の費用が必要である上に，親から受ける助言が，それらの活動へ参加するきっかけとなる場合もある。そのため，家庭の経済格差や教育意識の差による結果への影響が，従来よりも拡大するのではないかという批判が出ると考えられる。

○推定配点○

問6 25点　問7 20点　他 各5点×7(問2・問5(1)各完答)　計80点

＜社会解説＞

(総合─国土と自然・古代～近代の政治・社会・地方自治など)

問1 下野国(しもつけのくに)(現在の栃木県)足利に設けられた学校施設。創立ははっきりしないが鎌倉時代に足利氏が一族の学校として設立したといわれる。15世紀前半，関東管領であった上杉憲実が再興，来日したフランシスコ・ザビエルが「坂東の大学」とヨーロッパに紹介したように東日本の学問の中心といわれた施設。藩校とは江戸時代に各藩が子弟の教育のために設立した学校で全国に二百以上もあったといわれる。その中には現在もその伝統を引き継いでいるものもみられる。

やや難 問2 藩閥政府に反対し立憲政治の確立を求めて起こった民主主義的な政治運動。1874年，征韓論に敗れた板垣退助らは民撰議院設立建白書を提出して言論による政府批判を開始，板垣が作った愛国社を中心に全国的に盛り上がっていった。1881年，明治14年の政変に勝利した伊藤博文は国会開設の勅諭を出し憲法制定を発表，すると理想の憲法を作ろうとさまざまな憲法草案が次々と発表された。そうした中で自由民権運動がさかんだった多摩地方で作られたのが千葉卓三郎の起草による日本帝国憲法(五日市憲法)である。その内容は三権分立や二院制，議院内閣制，基本的人権の尊重などが盛り込まれた極めて進歩的な内容を含んだ憲法草案であった。

問3 平安時代，桓武天皇は兵役を廃止し健児制(こんでいせい)を導入するなど国家としての軍事力は地方の有力者の私的軍事力に置き換えられていった。その背景には都を中心とする畿内での争乱がほとんどなかったことも要因の一つである。平安京で戦が行われるのは，平氏が実権を握るきっかけともなった保元・平治の乱で武家政治が確立する前夜である12世紀中ごろのことである。

重要 問4 (1) 地方自治は首長と議会が不信任決議と解散で相互に抑制と均衡を保つという点では議院内閣的な側面を持つが，首長も住民の直接選挙で選ばれる2元代表制であり，議会の議決に対し首長が拒否権を持つといった点では大統領制に近いともいえる。Aは首長を中心とする執行機関である区役所，Bが議決機関である区議会ということになる。　(2) 国政選挙では議員定数の不均衡はしばしば訴訟の対象にもなっており，一部では違憲判決も出ている。選挙区Xに比べて選挙区Yの有権者は半分の権利しかなく，議員定数の拡大要求は当然のことといえよう。また，有権者数が3倍であるにもかかわらず議員定数が1.5倍にとどまっている選挙区Yは，選挙区Xの有権者の半数である2000票を取ったとしても落選する可能性が考えられる。

問5 (1) 試験会場が割り振られた島は対馬・壱岐・五島列島(長崎)，奄美大島(鹿児島)で福岡県に割り触られた島は存在しない。宮崎は福岡に比べると試験会場が少ない上，割り振られた人数も1000人以下の会場だけである。 (2) 大雪による交通機関の遅延は北海道や東北，北陸などで多く，人身事故は首都圏など人口密度が高く，交通機関の発達した地域で起こりやすい。

問6 膨大な数のテスト用紙を短時間で正確に処理するうえでマークシート方式は実に優れたやり方である。一方，詰め込みの暗記でできあがった知識で学力を判断する従来のテストに対する批判は多くの人の共通認識になっている。大学入試センターが記述式問題を導入し，単なる知識ではなく思考力や判断力，表現力といった総合的な学力を取り入れて合否の基準にしようと考えたのは当然のことともいえるだろう。ただ，テストは正確さや公平性という絶対に守らなければならない条件があるため，記述式問題の採点にはさまざまな難しい問題が残こされている。政府も「採点ミスを完全に防ぐには限界がある」などという理由から，2025年1月以降の大学入学共通テストでの記述式問題の導入を見送る方針で一致したという。大学進学という人生の大きな節目を左右する問題だけに慎重な対応をとったことには一定の評価はできるものの，受験生の立場に立った改革案を探る努力は続けてほしいところだ。

問7 知識偏重からの脱却に異議を唱える人は皆無と思える。グローバル化やデジタル化，多様化などが叫ばれている現代，従来の学力テスト型の入試に対しては多くの人が疑問を持っている。さまざまな経験を通じて身につけた判断力や行動力，人間関係はある意味単なる知識などよりはるかに人生の宝とも呼べるものであろう。しかし，それがすべての人に門戸が開かれていえるとはいえなくなったのが現代の日本の姿である。かつては1億総中流と揶揄(やゆ)された日本だが，現在は経済格差が拡大，人々の意識の中にあった中流という概念は崩壊してしまった。学力が経済力に左右され貧困が貧困を呼ぶともいわれる。公的な教育機関であるならばなおさらそうした懸念はぬぐう必要はあるはずだ。教育にかける国の費用が極めて少ないといわれる日本だけに，政府としてはもっと積極的に投資し夢のある社会の実現に取り組むことを期待したい。

★ワンポイントアドバイス★

単なる知識についての記述が求められているわけではない。示された複数の資料を素早く読み取り，ポイントを字数以内でまとめるといった習慣をつけよう。

<国語解答> 《学校からの正答の発表はありません。》

一 問一 イ 問二 ウ 問三 エ 問四 イ 問五 ウ 問六 (例) その文字の奥にあるものを想像する習慣をつけておけば，いつどんな文字を書くにしても，自分の感じたことを文字を通して表現できるようになるということ。 問七 エ 問八 ア 問九 エ 問十 ア 問十一 ウ 問十二 イ

二 問一 a 検討 b 発揮 c 一層 d 願 e 傷 問二 ウ 問三 エ 問四 ア 問五 イ 問六 ウ 問七 エ 問八 イ 問九 ア 問十 エ 問十一 (例) 他者に同調することを避けられないので，熟達のために自分に合ったオリジナルなやり方を追求してゆくには，同調から距離を取って孤独に身を置く必要があるから。

○推定配点○

一 問六 10点 他 各4点×11 二 問十一 10点 他 各4点×14 計120点

<国語解説>

一 (小説—内容理解，心情理解，表現理解)

問一 三つあとの文に「ふいの闖入者にテンションが上がっているのだろう」とある。

問二 「生徒たちに俺を紹介する気はないらしい」という，少し当てが外れた気分で，「遠慮がち」に座った「俺」の気持ちを考える。

重要 問三 直前の子どもたちと遠田の会話や態度に注目する。

問四 「俺」は，直前の「ほんとバカじゃないの，若先」という生徒の言葉に「まったく同感だ」と考えている。生徒は，その前の遠田の下品なたとえ話をふまえてこう言っている。

問五 ——線部5のところでは，生徒たちはまだ，個々の具体的な「風」というものを思い浮かべられないでいる。

やや難 問六 実際に「風」を感じたあとの，子どもたちの変化をとらえる。「大事なのは文字の奥にあるもんを想像することだ」「文字を通して自分が伝えたいことはなにかを考えてみるんだ」という遠田の発言をふまえて，解答をまとめる。

問七 問五のときに比べて，実際に「風」を感じたあとの，生徒たちの変化をとらえる。

問八 「素人の俺の目にも，窓からの風を感じたあとの生徒たちの字は生き生きと躍動して見えた」とあり，「俺」が生徒たちに引き付けられていることがわかる。

問九 遠田の指導風景をまのあたりにした「俺」の，遠田と生徒たちに対する思いを，「俺は感心した。なるほど，……」で始まる段落などに注目してとらえる。

問十 遠田は「いきなり反則かましてくんじゃねえ」と批判しながらも，「その調子で，今度から『風』の一字には吹く風の意味をこめろ」と，生徒のことを認めている。

重要 問十一 「へのへのもへじの男の子」は，遠田に自分の意図を見破られたとき，「すげえ！　なんでわかったの若先！」と「手を叩いて喜」んでいる。このうれしさと，——線部11の「照れ笑い」をふまえると，ウが正解である。

問十二 「正座」「礼」から，生徒たちの遠田に対する敬意が伝わってくる。

二 (論説文—漢字の書き取り，内容理解，語句の意味，要旨)

基本 問一 a 「検討」は，詳しく調べて当否を考えること。 b 「発揮」は，持っている実力や特性をあらわし出すこと。 c 「一層」は，程度がいちだんと加わること。 d 「願」の音読み「ガン」も確認しておくこと。熟語に「願望・念願・悲願」など。 e 「傷」の音読み「ショウ」も確認しておくこと。熟語に「負傷・傷害・感傷」など。

問二 直前の「普遍的な要素」とは，どのようなことかを考える。三つあとの段落に「ある世界で技能の探究を通じて得た『学びのパターン』は他の世界でも応用可能だ」とあり，この内容がウに合致している。

問三 「振れ幅」がある，とは「可能性」があるということであり，「未来はどうなるかわからない」ということである。

問四 直前の段落で述べられている，「最適化」に関する内容に注目する。

重要 問五 直前の段落に「機械と人間の最大の違いは『主体的体験』の有無だ」とあることに注目する。「主体的体験」は「人間にしかできないこと」である。

問六 直前の段落の内容が，ウに合致している。

問七 直後の段落の「だが，世の中の多くの領域は何を基準にするかがとても難しい。評価基準が時代と共に変わってしまうこともよくあるだろう」が，——線部6の理由である。

問八 直後の「追いかけているうちに自分のやり方が正しいのかどうかもわからなくなってくる。初心者の段階ではわかりやすいが，……世間からの評価が下る」という部分の内容をふまえると，イが正しい。

問九　――線部8を含む段落の最初の四つの文の内容が，アの内容に結びつく。

問十　――線部9を含む段落の「孤独の時間は今まで気づかなかったことを浮かび上がらせる。何かに対し，面白いと感じる時，……孤独が怖くなくなっていく」という内容に注目する。

やや難 問十一　まず，「私たち人類の生存戦略は，群れで力を合わせて生きていくこと」つまり，集団に「同調」して生きることであるという前提を確認する。そのうえで，「孤独でいれば，集団に対しての同調から距離を取ることができる」「孤独は人をオリジナルな存在にする」という筆者の考えに注目し，解答をまとめる。

★ワンポイントアドバイス★

読解問題では，文章が長いうえに細かい読み取りが必要となる。文章が比較的長めなので，早く的確に読み取る力が求められる。読解力を養うには，ふだんから新聞を読んだり，いろいろな小説や随筆，論説文に触れたりすることが大切！

一般②

2024年度

解　答　と　解　説

《2024年度の配点は解答欄に掲載してあります。》

＜算数解答＞ 《学校からの正答の発表はありません。》

1 (1) 3.5 (2) 8と144・16と72 (3) 36時間 (4) 10101 (5) 540度

2 (1) $36cm^2$ (2) 4：2：3 (3) $36cm^2$

3 (1) $540.08cm^3$ (2) $483.56cm^2$

4 (1) 78度 (2) 32分 (3) $8\frac{16}{23}$度

5 (1) 500円 (2) 200個

6 (1) 6通り (2) 14通り (3) 54通り

○推定配点○

2，4　各6点×6　　他　各7点×12(1(2)完答)　　計120点

＜算数解説＞

重要 1 (四則計算，数の性質，割合と比，仕事算，規則性，平面図形)

(1) □＝(5＋7.5)×0.5－2.75＝6.25－2.75＝3.5

(2) 1152…8×8×18＝8×8×1×18＝8×8×2×9
8×8×1×18…8×144
8×8×2×9…16×72
したがって，2つの整数の組み合わせは8と144，16と72

(3) ため池A…一定の水量が流れ込み，満水時ポンプ1本，27時間で空になる
ため池B…Aに流れ込む水量に等しい水量が流れ込む
満水時の水量…BがAの3倍
ポンプの排水量…流れ込む水量の5倍
ため池Aの満水時の水量…(5－1)×27＝4×27
したがって，ため池Bの満水時の水量をポンプ2本で空にする時間は4×27×3÷(5×2－1)＝36(時間)

(4) 10…2進法で2番目
100…2進法で2×2＝4(番目)
1000…2進法で2×2×2＝8(番目)
10000…2進法で2×2×2×2＝16(番目)
したがって，21番目の数は10101

2) 21
2) 10 … 1
2) 5 … 0
2) 2 … 1
1 … 0

(5) 角ア＋イ＋～＋キ
…右図より，七角形の外角の和360度
したがって，角サ＋シ＋～＋チは
180×7－360×2＝180×3＝540(度)

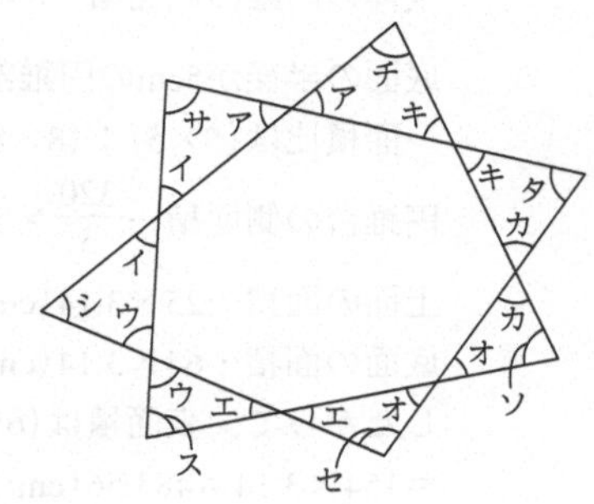

重要 2 (平面図形，相似，割合と比)

(1) 三角形GAEとFDE

…右図より，相似比は2：1

三角形EFDとHFC

…相似比は2：3

したがって，三角形DGHは$8\times2+8+8\div2\times3=36$(cm²)

(2) 図ア

…(1)より，GE：EF：FHは4：2：3

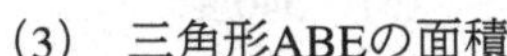

(3) 三角形ABEの面積

…図イより，$8\times(4\div2)\times(5\div2)$

$=40$(cm²)

三角形BCFの面積

…$8\times(6\div2)\times(3\div2)$

$=36$(cm²)

平行四辺形ABCDの面積

…$40\times(6\div4)\times2=120$(cm²)

したがって，三角形EBFは

$120-(8+40+36)=36$(cm²)

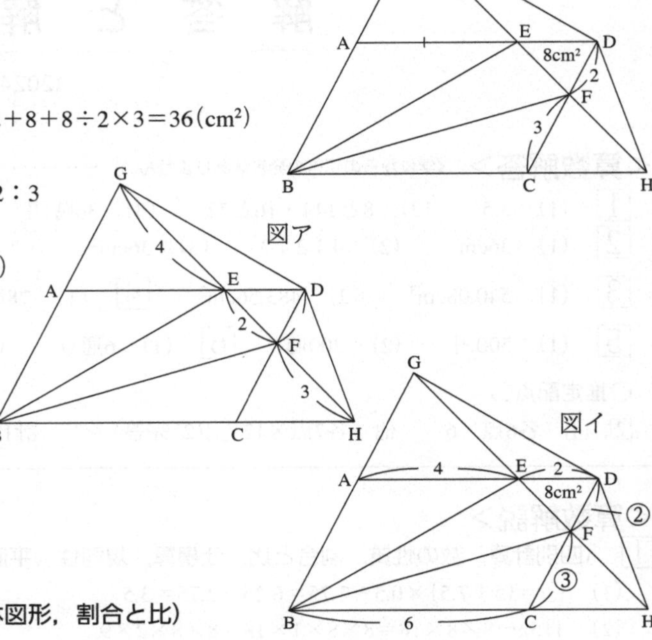

重要 3 (平面図形，図形や点の移動，立体図形，割合と比)

(1) 直角三角形ODCとOAB

…右図より，相似比は5：8

高さOA

…$4\div(8-5)\times8=\frac{32}{3}$(cm)

底面の半径が5cmの円錐部分と全体の円錐

…体積比は$(5\times5\times5)：(8\times8\times8)=125：512$

したがって，求める体積は$8\times8\times3.14\times\frac{32}{3}\div3\div512\times(512-125)$

$=172\times3.14=540.08$(cm³)

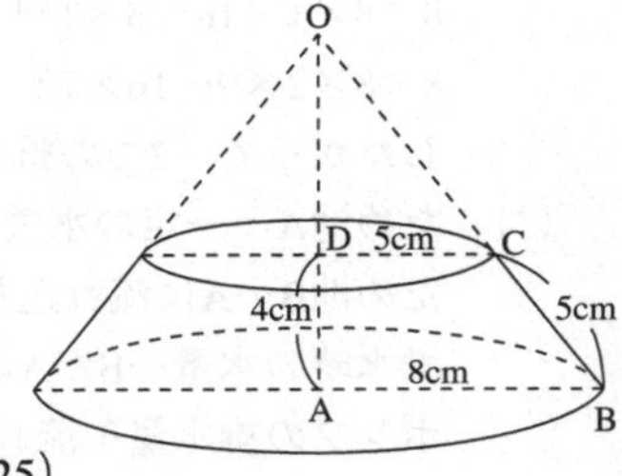

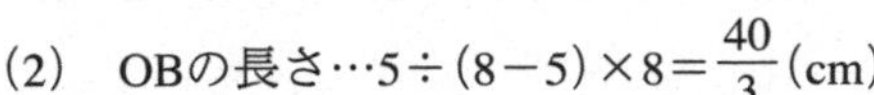

(2) OBの長さ…$5\div(8-5)\times8=\frac{40}{3}$(cm)

全体の円錐の側面積…$8\times\frac{40}{3}\times3.14=\frac{320}{3}\times3.14$(cm²)

底面の半径が5cmの円錐部分と全体の円錐

…面積比は$(5\times5)：(8\times8)=25：64$

円錐台の側面積…$\frac{320}{3}\times3.14\div64\times(64-25)=65\times3.14$(cm²)

上面の面積…25×3.14(cm²)

底面の面積…64×3.14(cm²)

したがって，表面積は$(65+25+64)\times3.14$

$=154\times3.14=483.56$(cm²)

重要 **4** **(速さの三公式と比，時計算，割合と比)**

時計Aの長針…1分で12度回転

時計Bの短針…1時間で60度回転

　　　　　　　1分で1度回転

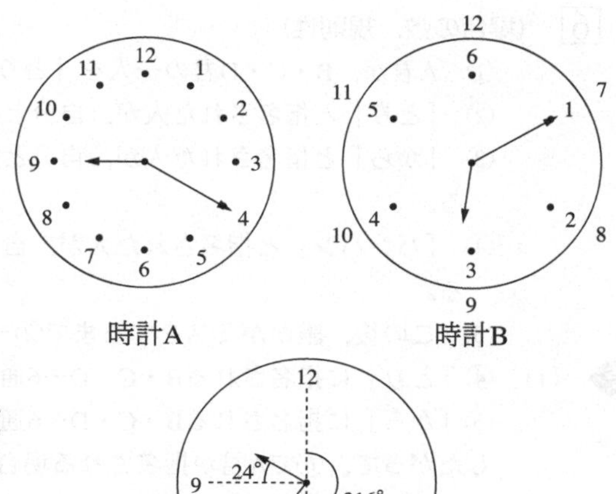

(1)　時計A　9：48

長針48分の角度…12×48－360＝216(度)

短針48分の角度…0.5×48＝24(度)

したがって，右図より，求める角度は

24＋270－216＝78(度)

(2)　時計Bで9時のとき，両針の間の角度…180度

したがって，初めて両針の間の角度が20度に

なるのは(180－20)÷(6－1)＝32(分)

(3)　時計A

9時30分の両針の間の角度…90－15＝75(度)

9時台で3回目に両針の間の角度が124度になる時刻

…30＋(124－75)÷(12－0.5)＝$34\frac{6}{23}$(分)

時計B　9：$34\frac{6}{23}$

両針の間の角度…180＋$34\frac{6}{23}$－6×$34\frac{6}{23}$＝$8\frac{16}{23}$(度)

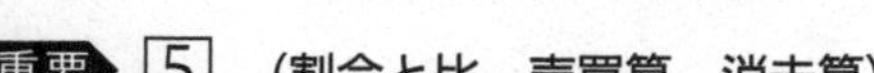

重要 **5** **(割合と比，売買算，消去算)**

ある日

仕入れた個数…1000個

定価…原価×1.3　　売り値…原価×1.3×0.8＝原価×1.04

利益…46000円

翌日

仕入れた個数…1000個

定価…原価×1.2　　売り値…原価×1.2×0.9＝原価×1.08

利益…52000円(売り値で売った個数は，前日，売り値で売った個数に等しい)

(1)　定価で売った個数…○個

売り値で売った個数…1000－○(個)

ある日の利益…原価×0.3×○＋原価×0.04×(1000－○)＝原価×0.3×○＋原価×40－原価×0.04×○＝原価×0.26×○＋原価×40＝46000(円)　－ア

翌日の利益…原価×0.2×○＋原価×0.08×(1000－○)＝原価×0.2×○＋原価×80－原価×0.08×○＝原価×0.12×○＋原価×80＝52000(円)　－イ

ア×2…原価×0.52×○＋原価×80＝92000(円)　－ウ

ウ－イ…原価×0.4×○＝40000　－エ

原価×0.12×○…40000÷0.4×0.12＝12000

したがって，イより，原価は(52000－12000)÷80＝500(円)

(2)　エより，40000÷(500×0.4)＝200(個)

⑥ **(場合の数，規則性)**

① A君が，B・C・D君の一人を「とり」と言って指名する。

② 「とり」と指名された人が，自分と指名した人以外の一人を「から」と言って指名する。

③ 「から」と指名された人が，自分と指名した人以外の一人を「バンバン」と言って指名する。

④ 「バンバン」と指名された人が，自分と指名した人以外の一人を「とり」と言って指名する。

⑤ この後，誰かがミスをするまで②～④までを繰り返す。

重要 (1) ④「とり」に指名されるB・C・D…6通り

⑤「から」に指名されるB・C・D…6通り

したがって，⑥でA君が指名される場合は6通り

(2) ⑤「から」に指名されるA・B・C…14通り

したがって，⑥でD君が指名される場合は14通り

(3) ①…A君が指名する

②…3通り

③…「から」 6通り

④…12通り

⑤…18通り

⑥…「から」 36通り

⑦…72通りのうち，A君以外の指名が42通り

⑧…A君以外の指名が54通り

したがって，⑨「から」でA君が指名される場合は54通り

★ワンポイントアドバイス★

①から，容易ではない問題が並び，最後の⑥まで，レベルの高い問題が出題されている。したがって，②「平面図形と相似」，③「立体図形」，④「時計算」，⑤「売買算」，⑥「場合の数」のどの問題を優先して解くか，が問題になる。

＜理科解答＞ 《学校からの正答の発表はありません。》

1. 問1 23cm^3 問2 エ 問3 24g 問4 8cm 問5 1.1g 問6 ウ 問7 イ

2. 問1 (名称) 水素 (記号) ウ 問2 0.32g 問3 A 1.68 B 1.78
問4 1.14g 問5 1.86g 問6 0.15g 問7 1.25g

3. 問1 消化液にふれる食物の表面積が大きくなり，消化の効率が高くなる。
問2 (1) ○ (2) × (3) × (4) × 問3 じゅう毛 問4 ウ
問5 十二指腸 問6

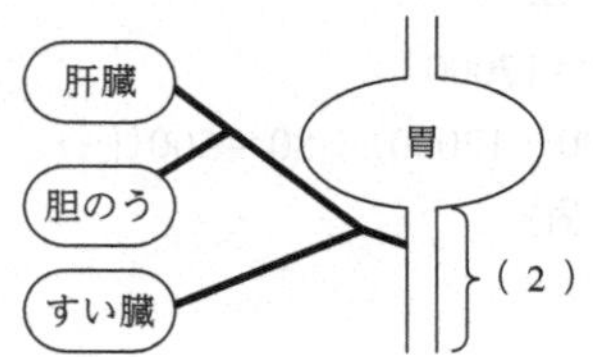

問7 (1) ア (2) ア (3) ウ

4. 問1 ア
問2 (1) 1 エ 2 ア

(2) 大気の粒子が，太陽光を反射・散乱させるため。
問3 エ　問4 ウ　問5 イ　問6 右図
問7 (記号) オ　(正しい語) 東側

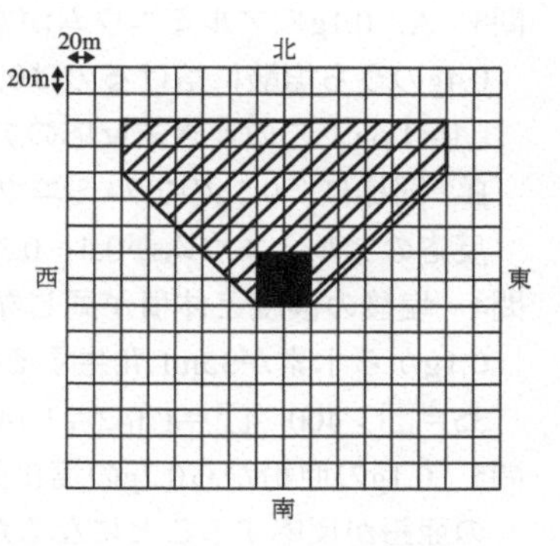

○推定配点○
1. 各3点×7　2. 問4～問7 各3点×4
他 各2点×4(問1完答)　3. 問1，問6 各3点×2
問2 各1点×4　他 各2点×6
4. 問1 1点　問2(2)，問6 各3点×2
他 各2点×5(問2(1)，問7各完答)　計80点

＜理科解説＞

1. (力のはたらき―浮力)

基本 問1 浮きの重さが23gなので，浮力も23gになる。物体が押しのけた水の重さが浮力に等しいので，水中に沈んでいる部分の体積は23cm^{3}である。

重要 問2 台ばかりの値yは，(水の重さ＋容器の重さ＋浮力)と表すことができる。xの値が大きくなると浮力も大きくなるので，yの値も大きくなる。しかし，xの値が9cmまでは断面積が2cm^{2}であり，9cmを超えると0.5cm^{2}になるので浮力が小さくなり，グラフの傾きが緩やかになる。

問3 23gの浮きの水面の位置は，浮きの上部から3cm下にくる。(このとき水にしずむ部分の体積が$2\times9+0.5\times10=23$cm^{3}となり，浮きの重さとつり合うからである。)よって，目盛りは浮きの上部から1cm下を0とする。断面積が0.5cm^{2}の部分で水位を2cm上げるので，増加する浮力は$0.5\times2=$1gである。浮きFの重さは24gになる。

やや難 問4 浮きFが押しのけた食塩水Bの体積を□cm^{3}とすると，その重さは1.2×□gになりこれが24gの浮きFとつり合う。よって1.2×□＝24　□＝20cm^3　水面の位置は浮きの細長い部分の水に沈んでいる長さを□cmとして，2×9＋0.5×□＝20　□＝4cm　これは浮きの上部から9cm下であり，浮きFの目盛りは上部から1cm下を0としているので，アの値は8cmになる。

やや難 問5 浮きFの目盛りが4.6cmなので水面の位置は，上部から5.5cm下になり，このとき水に沈んでいる浮きの部分の体積は，$2\times9+0.5\times(13-5.5)=21.75$cm^{3}になる。砂糖水の1cm^{3}当たりの重さを□gとすると，21.75×□＝24　□＝1.10≒1.1gである。

問6 ともに400gの水に140gをとかしているので，水溶液の濃度は等しい。しかし密度が異なるので，浮力の大きさも異なり目盛りの値は異なる。

問7 水に食塩や砂糖を溶かすと，水溶液の体積は大きくなる。しかし同じ重さの水溶液なのに密度が異なるのは，水溶液の体積が異なるためである。食塩水の密度は1.2g/cm^{3}で，砂糖水は1.1g/cm^{3}なので食塩水の方が体積が小さくなる。よって体積の大きい順に砂糖水＞食塩水＞水となる。

2. (水溶液の性質―金属と酸の反応)

基本 問1 アルミニウムと塩酸が反応すると水素が発生する。水素は空気より軽く，無色・無臭の気体で，火をつけると音を出して燃焼する。

重要 問2 アルミニウムの重さが0.3gまでは，アルミニウムの重さと発生する水素の体積が比例する。それ以後は比例しないのは，加えたアルミニウムの一部が反応せずに残るからである。塩酸が全て反応すると400mLの水素が発生する。125mLの水素が発生するとき0.1gのアルミニウムが全て反応するので，400mLの水素が発生するとき反応したアルミニウムの重さは，0.1：125＝□：400　□＝0.32gである。

問3　A　0.1gのアルミニウムがすべて反応すると0.5gの物質(塩化アルミニウムという)が発生する。0.4gのうち塩酸に溶けるのは0.32gで，これから発生する塩化アルミニウムは0.1：0.5＝0.32：□　□＝1.6g　このとき未反応のアルミニウムが0.4－0.32＝0.08gあるので，併せて1.68gとなる。

B　同様に，0.5gのアルミニウムのうち0.32gが反応し，1.6gの塩化アルミニウムが発生する。未反応のアルミニウムが0.5－0.32＝0.18gあるので，合計で1.78gになる。

問4　塩酸の濃度と体積が同じなので，塩酸がすべて反応するとき400mLの水素が発生する。亜鉛0.1gから水素が35mL発生するので，400mLの水素が発生するとき反応する亜鉛の重さは，0.1：35＝□：400　□＝1.142≒1.14gの亜鉛が反応する。

問5　0.1gの亜鉛から0.2gの塩化亜鉛が発生する。用いた亜鉛が全て3gの塩化亜鉛になるには，1.5gの亜鉛が反応することになるが，亜鉛は最大でも1.14gまでしか反応しない。それで用いた亜鉛粉末の重さを□gとすると，未反応の亜鉛は(□－1.14)gであり，発生する塩化亜鉛は1.14×2＝2.28gである。この合計が3gなので，(□－1.14)＋2.28＝3　□＝1.86gである。

問6　混合粉末中のアルミニウム粉末を□gとすると，亜鉛粉末は(0.4－□)gになる。アルミニウム1gからは水素は1250mL，亜鉛1gからは350mL発生するので，1250×□＋350×(0.4－□)＝275　□＝0.15gである。

問7　反応後に発生する塩化アルミニウムは0.15×5＝0.75gであり，反応する0.4－0.15＝0.25gの亜鉛から生じた塩化亜鉛は0.25×2＝0.5gである。よって固体の重さは0.75＋0.5＝1.25gである。

3.　(人体一消化器)

基本　問1　食物が細かくなると消化酵素と混ざりやすくなり，効果的に分解がおこなえるようになる。

問2　自分の意思で動かせる筋肉を随意筋といい，意思で動かせない筋肉を不随意筋という。例の中で随意筋は(1)の筋肉のみである。

基本　問3　小腸にある多くのひだをじゅう毛という。ここで栄養分が吸収されている。

問4　小腸の初めの25cmほどの部分を十二指腸という。

問5　この部分を十二指腸という。

問6　胆のう管は肝臓から出る総胆管と合流し総胆管となり，すい臓から出るすい管と総胆管はその後合流するので，答えは図のようになる。

問7　胃を出たかゆ状液が十二指腸で分解されるので，すい液と胆汁は分泌が促される。しかし，胃はその働きを終えたので，胃液の分泌は抑えられる。

4.　(太陽と月一月食・地球の影。太陽からの光)

基本　問1　月食は月の東側(向かって左側)から欠けだす。満月の日に月食が起こり，月の左下側から欠け始める。

問2　(1)　地球影は日の入り直後と日の出直前に観察できる。

(2)　地球の大気中の粒子が太陽の光を反射したり散乱させるため，スクリーンの働きをする。

問3　木星の表面にできる天体の影は，木星の衛星エウロパの影である。

問4　棒の長さと棒の影の最短の長さが同じになるのは，太陽の南中高度が45°の時である。観測点の緯度が北緯36°なので，春分，秋分の日の南中高度は90－36＝54°になる。これより南中高度が低くなるので，秋分の日が過ぎてから冬至までのことである。よって10月中旬と判断できる。

問5　地面の温度が，日なたより影の部分の方が低くなる主な原因は，太陽からの放射が日傘でさえぎられるからである。空気による伝導の熱がさえぎられることは主な原因とはいえない。また，空気は太陽光によって直接温められるのではなく，地球からの赤外線放射や空気の対流で暖められる。

やや難　問6　太陽高度が45°のとき，建物の影は建物の高さと同じ長さになる。9：46と13：49にできる影の長さは140mである。9：46以降は影は徐々に短くなって，12：00には最短の100mになる。その後，影は再び長くなっていく。

問7　間違いはオである。日本標準時では明石より東の青森の影は，西の鹿児島にできる影より東側にかたよった形になる。

★ワンポイントアドバイス★

問題文が長く，読解力と思考力が求められる。また，計算問題には難問も出題される。解ける問題を確実に得点することが大切である。

＜社会解答＞《学校からの正答の発表はありません。》

問1　A　イ　　B　オ　　C　エ　　問2　ア・イ・ウ　　問3　ア　　問4　(例)　当時の日本政府は，幕末に欧米諸国と結んだ不平等条約の改正を目指し，日本の近代化を外国に示そうとしていた。この頃に外国人が東京を訪れようとする場合，開港地の横浜から鉄道で新橋へ行き，そこから各国の公使館や築地の居留地に向かったが，その途中で銀座を必ず目にすることになった。そこで銀座を西洋に似た街並みとして整備することで，日本の近代化を外国人にアピールする狙いがあった。　問5　(例)　競争相手として大型店である百貨店が現れ，多種多様な商品を気軽に手に取って選びながら一度に買い揃えられる便利さで多数の客を引きつける経営を始めた。これに対し，銀座通りの専門店は，高い収入を得ている少数の客を対象に，百貨店には売られていないような高価な輸入品を販売する経営を強化することで生き残りを図った。

問6　エ⇒ア⇒イ⇒ウ　　問7　イ　　問8　(1)　ユニバーサルデザイン　　(2)　待機児童

○推定配点○

問4　25点　　問5　20点　　他　各5点×7(問1・問2・問6各完答)　　計80点

＜社会解説＞

(総合―国土と自然・古代～近代の政治・社会・国民生活など)

基本　問1　古い街並みや風情が残り，京都のような趣を持つ町のこと。はっきりした定義があるわけではないが，日本人のみならず外国人にも人気のある「京都」をアピールして盛り上げようということから全国に数十あるといわれる。Aは坂上田村麻呂が志波城を築いた地で，江戸時代に南部氏の城下町として発展。Bは旧甘木市で現在は合併で朝倉市となっている。筑前は福岡県北西部の旧国名。Cは毛利氏の城下町で明治維新に多くの人材を輩出した地。

問2　東海道は江戸と京都，中山道は江戸から高崎～下諏訪を通り草津で東海道に合流，甲州道中は東海道の裏街道で江戸から甲府を通り下諏訪で中山道に合流する。奥州道中は宇都宮から白河，日光道中は江戸から宇都宮を経て日光に至る。

問3　直接国税15円以上を納める25歳以上の男子(法律は1889年)→納税額を10円に引き下げ(1900年)→納税額を3円に引き下げ(1919年)→納税額による制限を撤廃(1925年)→20歳以上の男女に拡大(1945年)→選挙年齢を18歳に引き下げ(2015年)。

問4　「火事と喧嘩(けんか)は江戸の華」といわれるぐらい江戸は世界一火事が多い都市で，大火と呼ばれるものだけでも約50回，それ以外も加えると1800回も発生したといわれる。原因は何といっても人口と密集した木造建築に尽きる。明治政府最大の外交課題は幕末に結んだ屈辱的な不平等条約の改正である。外交課題とはいったが，単なる外交上のではなく政治も含めた最大の目標であった。明治のスローガン「富国強兵」は欧米諸国と対等に付き合える国づくりであり，とりもなおさずこれによって条約改正を果たすのが目標といっても過言ではない。近代国家の花形である鉄道に対する関心は高く，政府は明治元年に早くも鉄道の開設を決意した。当時の横浜は日本の貿易の約8割を占める国際貿易港であり，開港はされなかった東京(江戸)も東京開市に合わせて築地に外国人居留地が設けられた。商業の盛んな横浜に対し築地には領事館などが置かれ，役人や宣教師，医師など政治・文化的な街として発展していった。

問5　銀座は徳川家康が江戸に入城したのち，駿府(静岡)にあった銀座(銀貨鋳造所)をこの地に移したことに由来する。明治初めに東海道筋に日本初の洋風煉瓦街が完成，鉄道馬車など文明開化を象徴する街となった。関東大震災で煉瓦街は壊滅したが日本を代表する多くの百貨店が進出，同一店舗内で多種類の商品を販売するという大規模店舗経営は人気を博し，消費者を銀座に呼び込む役割を果たした。その一方で古くからの伝統ある店舗は百貨店と競合しないような戦略を立てるなど，ともに銀座発展に協力しながら現在も日本屈指の繁華街を維持している。

重要　問6　1945年3月10日未明，B29による無差別攻撃で10万人以上の市民が焼死→4月，米軍が沖縄に上陸し悲惨な地上戦を展開，民間人を含め県民の4人に1人が死亡→7月，ベルリン郊外のポツダムで米・英・ソの首脳が会談，ヨーロッパの戦後処理と対日戦終結方法を討議し米・英・中3国の名で日本に降伏を勧告→8月日本はこれを受諾，翌日天皇の玉音放送が行われた。

問7　サンゴ礁の島である沖縄では地下水が深く大きな河川もないため昔から水不足に悩まされてきた。そのため今でも屋上にタンクなどを設置して雨水をためている家が多い。また，台風の通り道で風も強いので，屋根を平らで低くし花ブロックといわれる目隠しをしながら風通しを良くするコンクリートブロックを採用する家も多い。

問8　(1)　文化や言語，年齢の違いや障害，能力などを問わず，どんな人でも快適に使えることをめざした商品のデザイン。デザインとあるが商品だけでなく，建物や街づくりなどより広い考え方でもある。高齢者や障害者が特別扱いされることなく普通の生活が送れるような社会—ノーマライゼーションの考え方を発展・具体化したものでもある。同じ概念としてバリアフリーもあるがより広い概念と考えられる。左利き用のはさみといった身近なものから，ノンステップバス，オリンピックでも話題になったピクトグラムなど広く普及している。　(2)　数年前「保育園落ちた日本死ね」という強烈な投稿でも話題になった待機児童だが，政府の子育て安心プランなどの政策もあり徐々に改善はしているようである。ただ，依然として子育て世代の多い都市部では深刻で，人口減少下の人手不足も重なり日本にとっては大きな社会課題となっている。

★ワンポイントアドバイス★

長文の記述に対しては本文を素早く読む力が求められる。資料の要点をまとめ，それらをきちんとした解答になるような構成力を身につけよう。

<国語解答> 《学校からの正答の発表はありません。》

一 問一 エ　問二 イ　問三 エ　問四 ウ　問五 ア　問六 枠組み
問七 イ　問八 ウ　問九 ウ　問十 エ　問十一 ア　問十二 イ
問十三 (例) 関係のない誰かが勝手なイメージを決めつけて言い立ててくることにあらがったり，ありのままの自分でいることを貫いたりすることができる強さを持ちたい

二 問一 a 作用　b 危険　c 不可欠　d 反映　e 元祖　問二 ウ
問三 イ　問四 ウ　問五 ア・エ　問六 イ　問七 ア　問八 (例) 幼くてかわいい容姿をしていて，日本では未熟さやあどけなさに魅力を求めるのに対して，バービー人形は成長していてしっかりした容姿であり，欧米では成熟に魅力を求めていることがわかる　問九 エ　問十 ア

○推定配点○

一 問十三 10点　他 各4点×12　二 問八 10点　他 各4点×13(問五完答)
計120点

<国語解説>

一 (小説一内容理解，心情理解，表現理解，主題)

問一 祇園寺先輩は「むかしから，男勝りって言われて」おり，「名前はウサギなのに，ライオンみたいって，みんなに言われて」きた。これに対し，「ぼく」も「虎なのにハムスターみたいだって言われ」ている。「ぼく」は，自分が祇園時先輩と似た境遇にあるのだと，共感しているのである。

問二 祇園寺先輩が，「自由には見えない」という黒野先輩の言葉を，「そうだね。これはもう，呪いみたいなもの」と認めていることに注目。

問三 直後の「女の子」の言葉をふまえて考える。

問四 あとの「女の子じゃんとか，女の子らしいところもあるんだねとか，言われたくなかった。そういう目で見られるくらいなら，死んだほうがまし」という祇園寺先輩の言葉に注目する。

重要 問五 「いろんな言葉」の具体的な内容が書かれている，直前に注目。「ボーイッシュ女子。スイーツ男子」「虎は虎だから。羽紗は羽紗だから」のように，「ぼく」は自分と祇園寺先輩の言われてきた言葉を重ねて考えている。

問六 「本末転倒」は，根本的な事柄とささいな事柄とを取り違えること。

問七 祇園寺先輩は，「無理なの。私，……ほんとうにいやなんだ」と，自分の現状をはっきりと認識したうえで，改まった気持ちでタルトタタンを食べている。

問八 黒野先輩の，「そうだな。あんまり，今の王子は自由には見えないよな」「人は，枠組みから……わかった気になったり，する」などの発言に注目すると，ウがふさわしい。

問九 「おたがいにそう」ということは，「ぼく」と兄は別の人間でありながら，同じようであるということ。

問十 祇園寺先輩が返事をためらっている理由を，これまでの会話などをふまえて考える。

問十一 「加害者」ということは，「ぼく」の心を傷つけているということ。「勝手に頭をなでてくる」「においますね」など，「ぼく」に対する女子たちの態度に注意する。

問十二 「ぼく」は，祇園寺先輩とのやりとりから勇気を得て，「今までずっと押さえこんできた思い」をぶちまけたのである。

やや難 問十三 「ぼくらは自分のままでいたいだけ。そうあるように，ありたいだけ。それを関係のない

だれかに，勝手なこと，言われたくなかった」「強くなりたい」という「ぼく」の気持ちをふまえ，ここでの「闘う」の意味を考える。

二 (論説文―漢字の書き取り，内容理解，要旨)

基本 問一 a 「作用」は，はたらきを及ぼすこと。 b 「危険」「険悪」の「険」と，「点検」「検査」の「検」を区別しておくこと。 c 「不可欠」は，欠くことのできないこと。 d 「反映」は，影響が他に及んで現れること。 e 「元祖」は，ある物事を初めてしだした人・もの。

問二 二つあとの段落の「『かわいい』は口にする自身の感情に働きかけ，受け取る側の人をいい気持ちにさせる，潤滑油のような働きをする」という筆者の考えに注目する。

問三 「つぶらな瞳をして丸っこくて大きな頭のウーパールーパーやヤモリも，かわいく見える」「小さくてつぶらな瞳のチワワは，……成長してもかわいく見える」などの具体例に沿って考える。

問四 ――線部3を含む段落全体の内容から考える。

問五 直後の段落の内容から，ア・エが正しい。

問六 直後の段落の内容が，イに合致する。

問七 アの「今や世界の標準となっている」という内容は，本文中に書かれていない。

やや難 問八 直後の段落に述べられている「リカちゃん人形」「バービー人形」の特徴をとらえたうえで，その次の段落の「欧米では成熟に魅力を求めるのに対し，日本では『かわいい』に象徴されるように，未熟さやあどけなさに魅力を求める」とあることに注目。

問九 ――線部9を含む段落の最後の二文「つまり，……見られるということです」の内容が，エに合致している。

重要 問十 ――線部10を含む段落は，文章全体の内容をまとめている。この段落をふまえると，アが正しい。

★ワンポイントアドバイス★

文学的文章・説明的文章ともに，細かい読み取りを必要とする選択問題が出題されている。ふだんから小説や随筆，論説文を読むことを心がけよう！ 語句の意味なども，こまめに辞書を調べるなどして，基礎力をつけることが大切！

2023年度

★★★★★★★★★★★★★★★★★★★★★★★

入　試　問　題

2023年度

海城中学校入試問題（一般①）

【算　数】（50分）　＜満点：120点＞

【注意】・分数は最も簡単な帯分数の形で答えなさい。
・必要であれば，円周率は3.14として計算しなさい。

1 次の問いに答えなさい。

(1) $\left\{1\frac{1}{63}\div\left(6\frac{5}{21}-5\frac{6}{7}\right)+2\frac{11}{15}\right\}\times\frac{10}{27}-2.75\times\frac{1}{11}$ を計算しなさい。

(2) 5880 の約数の個数を求めなさい。

(3) K中学１年生320人の通学時間を調べてみたら，片道１時間以上かかる人は，東京都に住んでいる人の15%，東京都以外に住んでいる人の35%で，合わせて60人いました。東京都以外に住んでいる人で片道１時間未満の人数を求めなさい。

(4) ３%の食塩水［ア］ｇと８%の食塩水［イ］ｇを混ぜると，6.2%の食塩水が100ｇできます。［ア］と［イ］にあてはまる数を求めなさい。

(5) 右の図のような位置に三角形ABCがあります。この三角形ABCを直線ADのまわりに１回転させるとき，三角形ABCの面が通過してできる立体の体積を求めなさい。必要であれば，円すいの体積は(底面積)×(高さ)÷３で求められることを使いなさい。

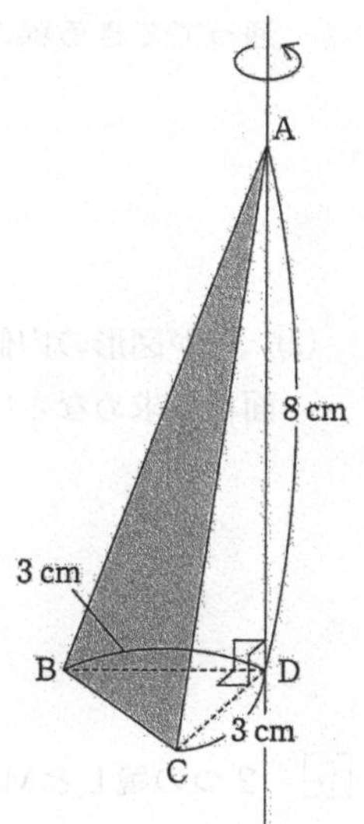

2 100以上200以下の整数について，次の問いに答えなさい。

(1) ６で割り切れない整数は何個ありますか。

(2) ６で割ると４余る整数の和を求めなさい。

(3) ６で割り切れない整数の和を求めなさい。

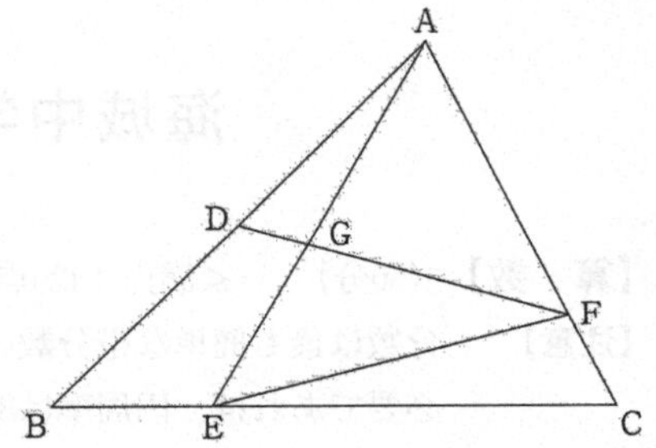

3　右の図のような三角形ABCにおいて，辺ABのまん中の点をD，辺BCを２：５に分ける点をE，辺CAを１：３に分ける点をＦとし，AEとDFの交わった点をGとします。

(1)　三角形AEFと三角形ABCの面積の比を最も簡単な整数の比で求めなさい。

(2)　DG：GFを最も簡単な整数の比で求めなさい。

(3)　AG：GEを最も簡単な整数の比で求めなさい。

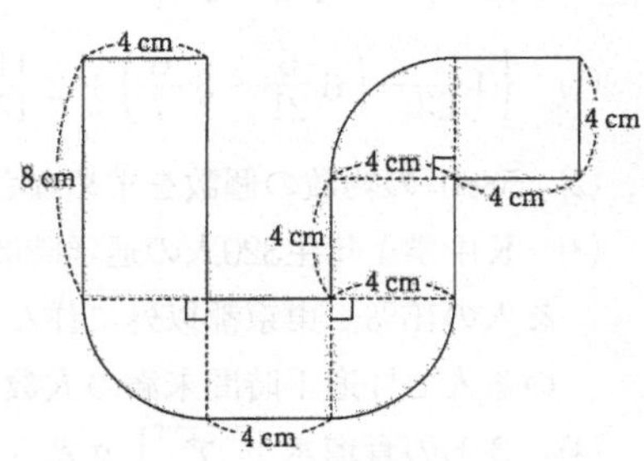

4　右の図のような，長方形と正方形とおうぎ形を使ってかいた図形を考えます。

半径１㎝の円が，この図形の辺や弧（こ）からはなれることなく図形のまわりを１周します。

(1)　円が図形の外側を１周するとき，円の中心の点Ｐが通ってできる線の長さを求めなさい。

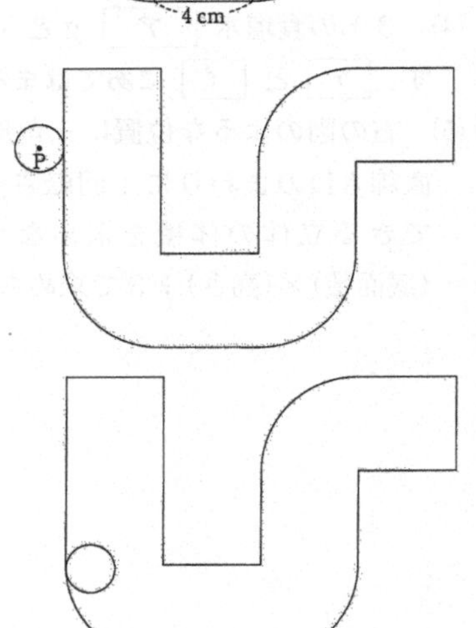

(2)　円が図形の内側を１周するとき，円が通過する部分の面積を求めなさい。

5　２つの鏡ＬとMではさまれた区域があります。ＬとMがつくる角の大きさは x です。図のように，光線はＬと平行に入ってきて，鏡に反射して直進します。ただし，光線が鏡に反射するときには，図のように角アと角イが等しくなります。

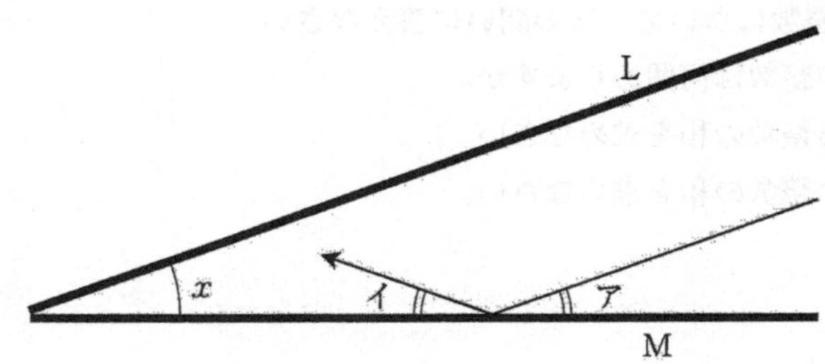

(1) x が30°のとき，光線は鏡に何回か反射して，ＬとＭのどちらかと平行に出ていきます。それは何回で，ＬとＭのどちらと平行ですか。

(2) x が20°のときも，光線は鏡に何回か反射して，ＬとＭのどちらかと平行に出ていきます。それは何回で，ＬとＭのどちらと平行ですか。

(3) 光線が，鏡に何回か反射してＬと平行に出ていくのは，x が次のうちどの角度のときですか。すべて選んで○で囲みなさい。

5°　15°　25°　35°　45°　55°　65°　75°　85°

6 m と n はともに３以上の整数で，m は n より大きいとします。横 m 個，たて n 個の $m \times n$ 個のマスに，左上から時計回りの渦巻（うずまき）状に，１から $m \times n$ までの整数を順に書いていきます。このように作られる表を表［m，n］と表すことにします。

例えば，表［４，３］は右のようになります。

1	2	3	4
10	11	12	5
9	8	7	6

また，表［m，n］の左から a 個目，上から b 個目のマスに書かれた数を（a，b）と表すことにします。

例えば，表［４，３］における（２，３）は８です。

(1) 表［８，７］における（４，３）を求めなさい。

(2) （２，２）が27となる表［m，n］は何通りありますか。

(3) ある表［m，n］における（１，１），（２，２），（３，３），（４，４）は順に，１，31，53，65でした。このとき，m と n の値を求めなさい。

【理 科】(45分) ＜満点：80点＞

1．次の文章を読んで，以下の各問いに答えなさい。

電源装置や電池を用いて電球を点灯させ，その明るさについて考察する実験を行いました。なお，ここで扱(あつか)う電球は，どれも同じ性質をもっており，かかる電圧に対して，そのときに流れる電流は図1のとおりです。また，電球は，かかる電圧と流れる電流の積の値が大きいほど，明るく点灯します。

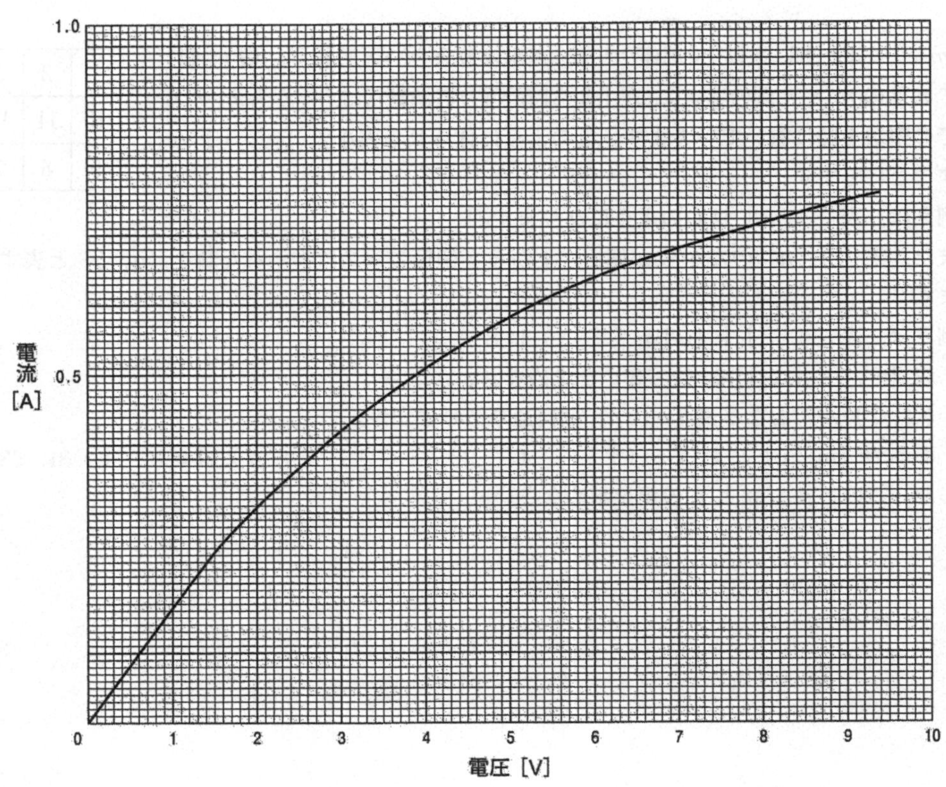

図1

はじめに，電圧9Vの電源装置を用いて図2のような3つの回路の電球を点灯させました。

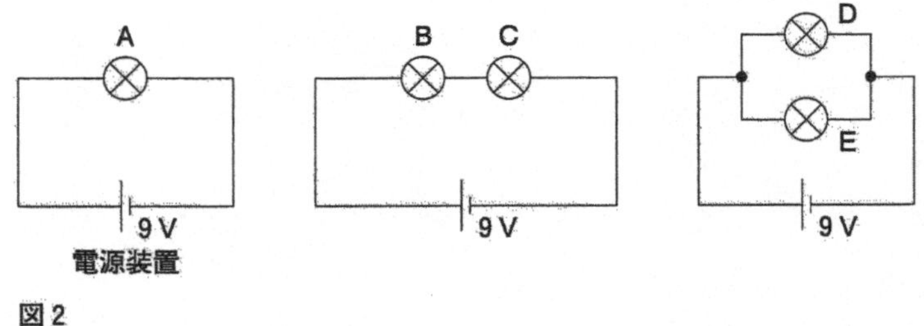

図2

問1 図2の電球A～Eのうちで，最も明るく点灯するものをすべて選び，記号で答えなさい。

問2 図2の電球A，B，Dに流れる電流はそれぞれいくらですか。図1のグラフを読み取り，小数第二位まで答えなさい。

次に，図３のような回路で電球を点灯させました。

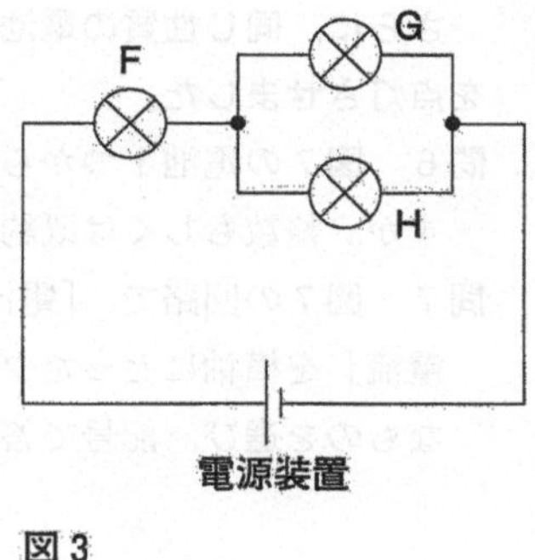

図３

問３　図３の回路図のとおりに組み立てるためには，下の図４のように配置された電源装置と電球Ｆ，Ｇ，Ｈをどのように配線すればよいですか。図４にある○を，導線を表す実線（――）で結びなさい。なお，導線は必ず５本使い，実線どうしが交差しないようにかきなさい。

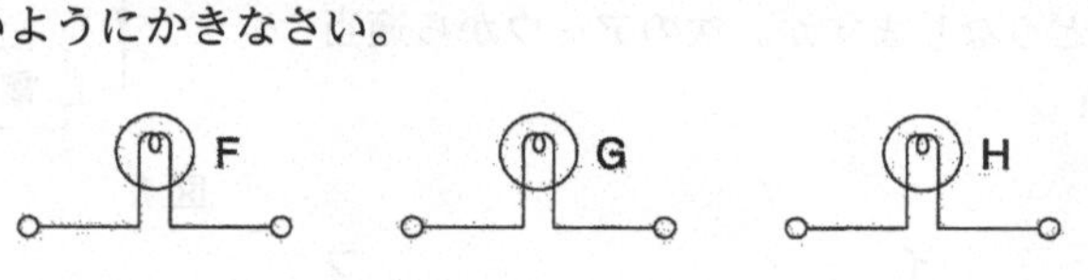

図４

図３の回路では，電球Ｇ，Ｈに同じ大きさの電流が流れ，その合計の電流が電球Ｆから流れてくることがわかっています。

問４　図３の回路で電球Ｇに流れる電流が0.25Ａであったとき，電源装置の電圧はいくらですか。図１のグラフを読み取り，小数第一位まで答えなさい。

次に，図２にある電球Ａを含む回路において，電源装置を同じ「９Ｖ」という電圧表記の電池に交換して図５の回路で電球を点灯させました。すると，電球Ｉは，電源装置を用いたときに比べて暗くなりました。調べてみたところ，電源装置とは異なり，電池は図６のように電池から流れ出す電流が大きくなるほど，電池の両極間の電圧が下がっていくことがわかりました。このことが電球Ｉが電球Ａより暗くなることの原因として考えられます。

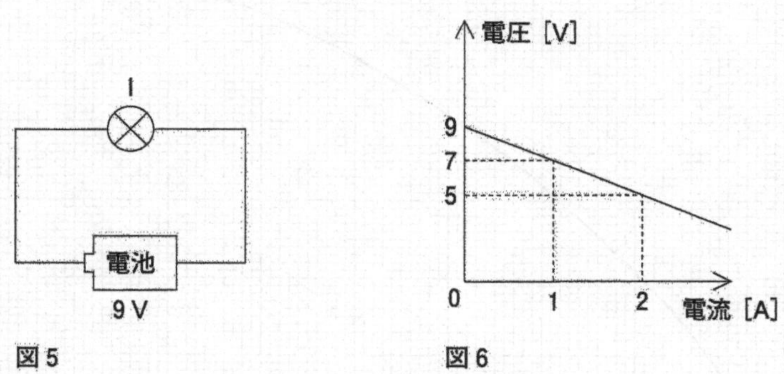

図５　　図６

図５の回路で，電球Ｉに流れる電流を求めるためには，図１の曲線上にあり，かつ図６の直線上にもある，電圧，電流の組み合わせを探すことになります。なお，図１と図６では，縦軸と横軸に表す量が入れかわっているので，気をつけてください。

問５　図５の電球Ｉに流れる電流はいくらですか。図１のグラフを読み取り，小数第二位まで答えなさい。

さらに，同じ性質の電池をもう１つ用いて，図７のような回路で電球を点灯させました。

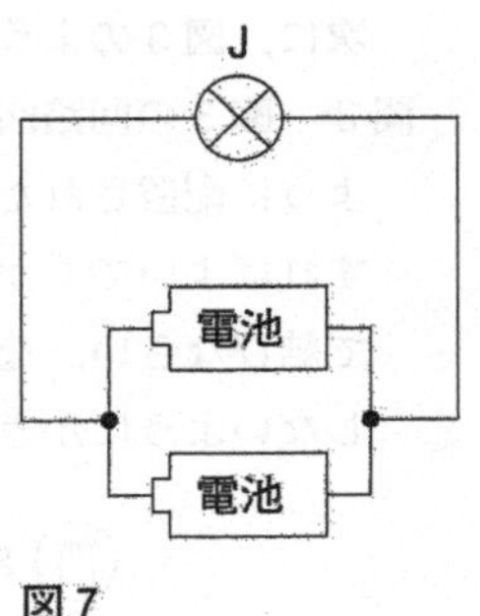

図７

問６　図７の電池１つから流れ出す電流は，電球に流れる電流の何倍ですか。整数もしくは既約分数で答えなさい。

問７　図７の回路で，「電池の両極間の電圧」を縦軸に，「電球に流れる電流」を横軸にとったグラフはどうなりますか。次のア～ウから適当なものを選び，記号で答えなさい。

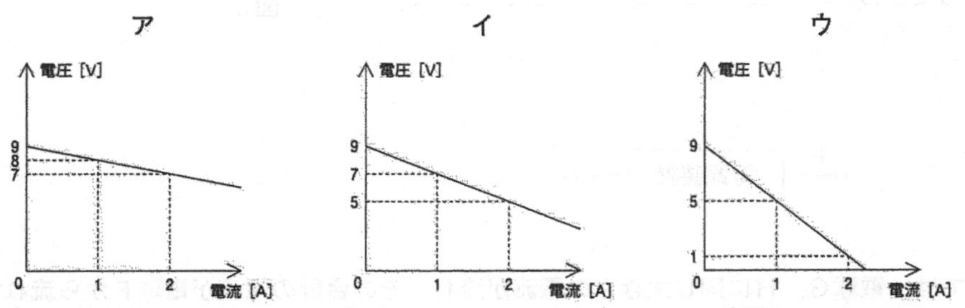

問８　図７の電球Ｊに流れる電流はいくらですか。図１（下に再掲します）のグラフを読み取り，小数第二位まで答えなさい。

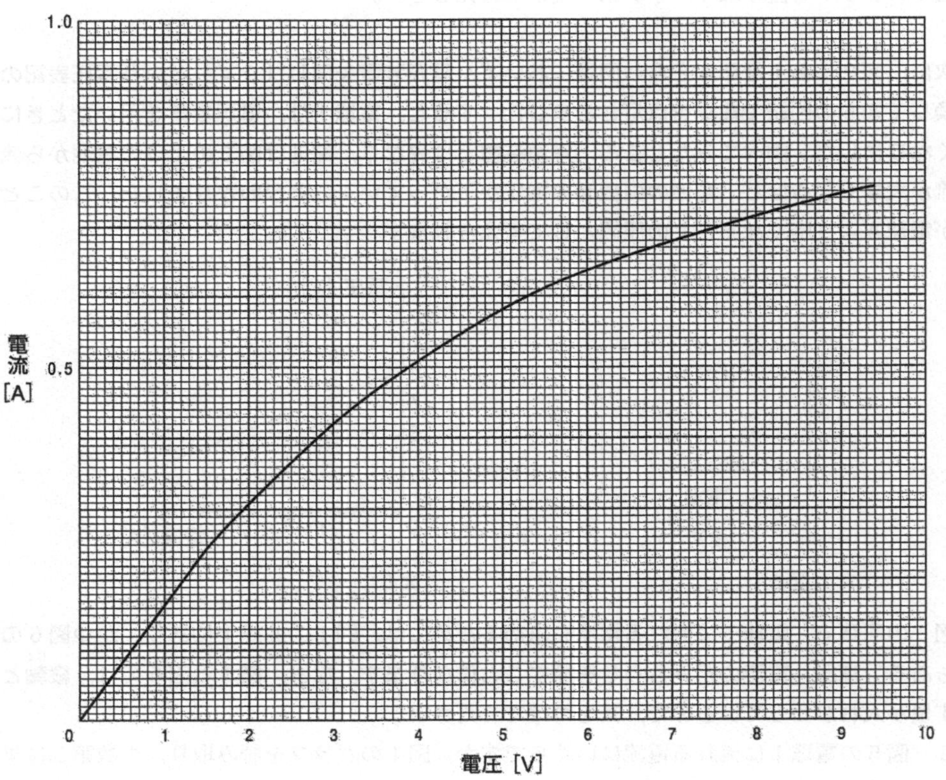

図１

2．次の文章を読んで，以下の各問いに答えなさい。

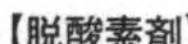
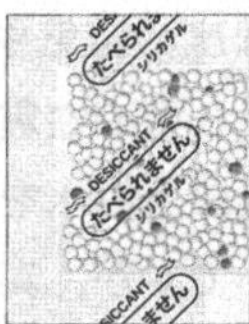

お菓子や海苔など食品の袋の中に「たべられません」と書かれた小さな袋が入っているのを見たことがあると思います。これは，食品の鮮度を保つための乾燥剤や脱酸素剤（右図参照）とよばれているものです。

クッキーや煎餅，海苔などの水分量の少ない食品は，空気中の水分を吸収してしまいます。水分を吸収したこれらの食品は，湿気った状態となり，サクサク・パリパリとした食感が失われてしまいます。食品を湿気らせないために用いられるのが乾燥剤です。

乾燥剤には，石灰乾燥剤やシリカゲルなどが用いられます。石灰乾燥剤に用いられる①生石灰は，水と化学反応して消石灰となります。生石灰は湿気を吸収する力が非常に強く，空気中の湿度に関わらず常に自重の30%まで空気中の水分を吸収し，一度消石灰になると元の生石灰に戻すことは非常に困難です。また，生石灰は強いアルカリ性の物質であり，②水と化学反応すると激しく発熱するため，皮膚に付着したり目や口に入ったりすると大変危険なので，取り扱いには注意する必要があります。

シリカゲルは透明な袋に入ったつぶ状の乾燥剤で，純度の高い二酸化ケイ素からできています。③シリカゲルの表面には目で見えないほどの多数の小さい穴があいていて，この穴に空気中の水分が取り込まれることによって乾燥します。

パウンドケーキやフィナンシェ，マドレーヌなどのしっとりとしたお菓子の袋の中には脱酸素剤が入っています。④脱酸素剤は食品の鮮度を保つために用いられます。脱酸素剤には，⑤鉄粉と⑥食塩と活性炭などの混合物が使われていて，⑦鉄粉が酸素と化学反応することで，食品中の酸素を取り除きます。これは使い捨てカイロと同じしくみです。

また，最近では，切り餅やパックご飯のように包装容器やフィルム自体に酸素を吸収するはたらきをもつものが用いられています。このような乾燥剤や脱酸素剤の発展は，食品の鮮度やおいしさを保つだけではなく，フードロスの削減につながる大切な取り組みといえます。

問１　下線部①について，生石灰，消石灰，石灰石は，それぞれ酸化カルシウム，水酸化カルシウム，炭酸カルシウムのことで，いずれも白色の固体です。また，石灰水は消石灰を水に溶かした水溶液のことです。生石灰，消石灰，石灰石について**誤りを含むもの**を次の**ア～エ**から１つ選び，記号で答えなさい。

ア　それぞれの固体を少量とり，水に入れたとき，溶けないものは２種類である。

イ　それぞれの固体を少量とり，水に入れ，そこにフェノールフタレイン溶液を１滴加えると色が変化するものは，２種類である。

ウ　石灰石にうすい塩酸を加えて発生する気体は，空気よりも重い。

エ　消石灰の粉末に塩化アンモニウムの粉末を混ぜて加熱すると，刺激臭の気体が発生する。

問２　下線部②について，この反応による発熱を利用して，加熱器具がなくても温められる弁当が市販されています。弁当の内容物が240ｇで，弁当の内容物１ｇを１℃温度上昇させるのに必要な熱量が0.9カロリーとすると，20℃の弁当を60℃まで加熱するのに必要な生石灰は何ｇですか。生石灰１ｇあたり270カロリー発熱するものとして計算し，必要であれば四捨五入して整数で答えなさい。ただし，この反応による熱はすべて弁当の内容物に伝わり，その他のものには伝わらないものとします。

問３　下線部③について，次の文章を読んで，下の⑴，⑵に答えなさい。

シリカゲルには水の吸着のしくみの違い（ちがい）からＡ型とＢ型の２種類があります。シリカゲルを十分にその湿度の空気中に放置したとき，乾燥時の重さに対する吸収した水の重さを吸収率といい，Ａ型とＢ型の性質のちがいを表しています。Ａ型は，乾燥時の重さの40％程度の水を吸収すると，それ以上の水を吸収しなくなります。一方，Ｂ型は，低湿度の空気中ではＡ型よりも吸収率が小さいですが，高湿度の空気中ではＡ型よりも吸収率が大きくなります。

⑴　Ａ型シリカゲルの吸収率と湿度の関係を表したグラフとして最も適当なものを下の**ア～エ**から１つ選び，記号で答えなさい。

⑵　Ｂ型シリカゲルの吸収率と湿度の関係を表したグラフとして最も適当なものを下の**オ～コ**から１つ選び，記号で答えなさい。

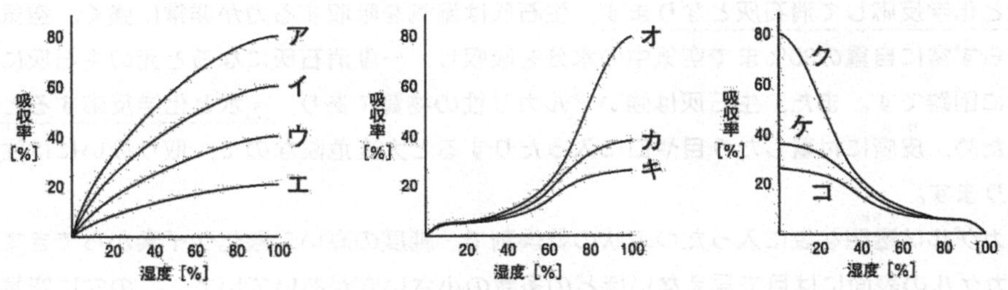

問４　下線部④について，脱酸素剤が食品の鮮度を保てる理由として**誤りを含むもの**を次の**ア～エ**から１つ選び，記号で答えなさい。

ア　食品中に含まれるビタミンや油などの酸化を防ぐ。

イ　食品中に含まれる有害物質を取り除く。

ウ　食品に付着したカビの増殖（ぞうしょく）を抑え（おさえ）る。

エ　食品の風味や色の変化を抑える。

問５　下線部⑤について，鉄の性質として**誤りを含むもの**を次の**ア～オ**から１つ選び，記号で答えなさい。

ア　磁石を近づけると，磁石に引き寄せられる。

イ　血液中に含まれる赤血球の色素であるヘモグロビンの成分である。

ウ　電気や熱をよく通す。

エ　水酸化ナトリウム水溶液に入れると，気体を発生せずに溶ける。

オ　うすい塩酸に入れると，上方置換（ちかん）で集められる気体を発生しながら溶ける。

問６　下線部⑥について，食塩の性質として**誤りを含むもの**を次の**ア～オ**から１つ選び，記号で答えなさい。

ア　食塩水は，砂糖水よりも電気を通しやすい。

イ　塩酸と水酸化ナトリウム水溶液をちょうど中和して，水を蒸発させると食塩が得られる。

ウ　赤色リトマス紙に食塩水をつけると青色に変化する。

エ　氷に食塩を混ぜると温度が下がる。

オ　食塩の溶解度は，ホウ酸の溶解度に比べて，温度を変化させてもあまり変化しない。

問７　下線部⑦について，脱酸素剤が酸素と反応することを確かめるために，次のような実験を行いました。下の(1)，(2)に答えなさい。

操作１　未使用の脱酸素剤を図のようなピストンつき容器に入れて，ピンチコックを閉じた。

操作２　ピストンには触(さわ)らずに，十分に静置した。このとき，容器内の温度は操作１のはじめのときと同じであった。

操作３　ピンチコックを開き，ピストンを押(お)して容器の気体を水上置換で集めた。

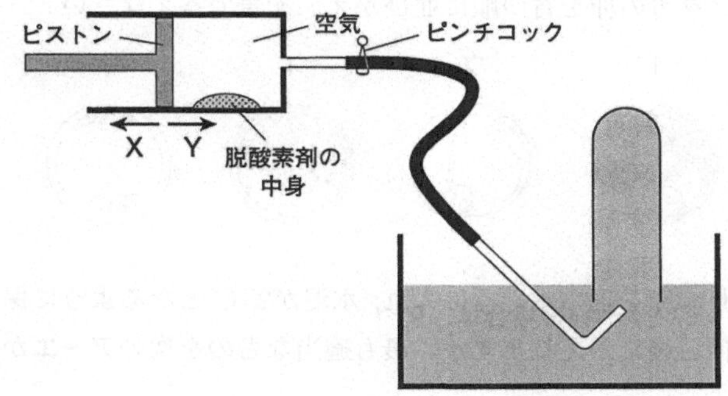

(1)　操作２のときのピストンの位置はどのように変化しますか。最も適当なものを次のア～ウから１つ選び，記号で答えなさい。

ア　Xの方向に動いた。　イ　Yの方向に動いた。　ウ　ピストンは動かなかった。

(2)　操作３で集めた気体について最も適当なものを次のア～オからすべて選び，記号で答えなさい。

ア　この気体を石灰水に通すと，石灰水は白くにごる。

イ　この気体の中に火のついたろうそくを入れると，ろうそくの火は消える。

ウ　この気体の中に火のついた線香を入れると，線香の火は強くなる。

エ　この気体に水素を混ぜて火のついたマッチで点火すると，ポンという音を立てて燃える。

オ　この気体は空気よりもわずかに重い。

3． 次の文章を読んで，以下の各問いに答えなさい。

①メダカに似た魚である北米原産のカダヤシは，カの幼虫であるボウフラの駆除(くじょ)の目的で移入され，日本各地で増殖し，かわりに野生のメダカは②絶滅(ぜつめつ)の危機にひんしています。カダヤシは卵を産むのではなく，直接，子どもを産む卵胎生(らんたいせい)で，１匹のメスから一度に多くて100匹ほど産まれます。また，カダヤシの子どもは，条件がよければ３か月ほどで成熟するので，繁殖力(はんしょくりょく)が大きいのです。カダヤシのように，もともと生息していなかった場所に本来の生息場所からもたらされた生物は③外来生物とよばれます。そのような外来生物は，生態系のバランスを乱すとともに在来生物に様々な影響(えいきょう)を与(あた)えています。生態系，人の生命・身体，農林水産業へ被害(ひがい)をおよぼしたり，または，およぼすおそれがある外来生物の中には「特定外来生物」として法律で指定されているものもあり，原則として輸入，移動などが禁止され，特別な許可がなければ飼育も許されていません。

私たちの身近な外来生物として，北米原産の④アメリカザリガニとアカミミガメ（ミドリガメ）があげられますが，これらも日本の水辺の生態系に深刻なダメージを与えてきたため，特定外来生物に指定される予定になっています。特定外来生物の飼育は禁止ですが，ペットにもなっている両種の場合は，例外的に従来通り飼い続けられるようになるそうです。

問1 **下線部①**について，メダカを池の水を入れた水そうの中で飼育し，成長の様子を観察しました。水そうには，小石や砂をしき，水草も入れ，直射日光の当たらない明るい窓際に置きました。次の**(1)**～**(4)**に答えなさい。

(1) 右の図にひれをすべてかきこみ，メスのメダカの図を完成させなさい。また，卵もかきこみ，卵をつけた様子も示しなさい。

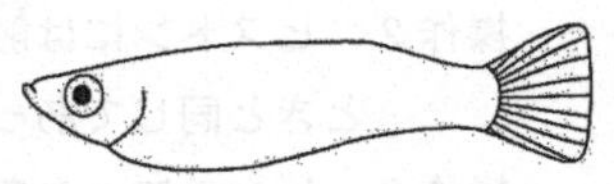

(2) 次の**ア**～**カ**のメダカの卵を育つ順に並びかえ，記号で答えなさい。

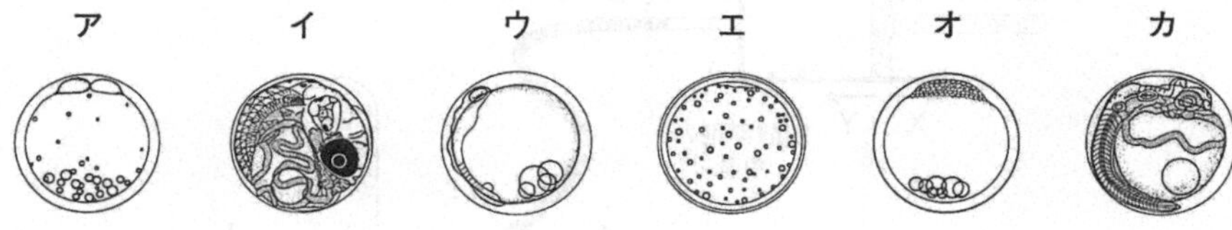

(3) 受精したばかりの卵を別の水そうに入れ，水温が25℃となるように保温しました。メダカの子どもはおよそ何日後にかえりますか。最も適当なものを次の**ア**～**エ**から１つ選び，記号で答えなさい。

ア　３日後　**イ**　６日後　**ウ**　10日後　**エ**　20日後

(4) 卵からかえったばかりのメダカの子どもは，２～３日は何も食べず，その後，えさを食べ始めます。えさを食べない間に栄養としているものは何ですか。

問2 **下線部②**について，生物の絶滅を引き起こす原因として，森林伐採などによる生息地の減少，外来生物などの競争相手の移入，生息地の環境汚染，地球温暖化など人間の活動によるものがあげられます。次の**(1)**，**(2)**に答えなさい。

(1) 上記以外に，生物の個体数の減少につながり生物の絶滅の原因となりうる継続的な人間の活動を１つ答えなさい。

(2) メダカが絶滅の危機にひんしている原因には，生育する場所の減少がありますが，さらに外来生物であるカダヤシの侵入も追い打ちをかけています。本来，メダカは流れが緩やかで水草が生えているような水路や水田で生育しています。しかし，今は，多くの水路がコンクリートでおおわれ，水草が生えないような環境になってきています。そのような環境でも，外来生物のカダヤシは繁殖できています。なぜ，カダヤシはそのような環境でも繁殖できるのか，本文を参考にして，メダカと比較しながら簡潔に答えなさい。

問3 **下線部③**について，日本に外国からもち込まれ問題化している外来生物の例として**誤っているもの**を次の**ア**～**カ**から２つ選び，記号で答えなさい。

ア　セイヨウタンポポ　**イ**　アライグマ　**ウ**　タガメ
エ　ウシガエル　**オ**　セイタカアワダチソウ　**カ**　トキ

問4 **下線部④**について，アメリカザリガニ（以下ザリガニとします）は雑食性で，水生昆虫，動物の死骸や落ち葉など，幅広く様々なものを食べます。水草も食べますが，水草を刈るだけのことも多いので，侵入した池の水草がほとんどなくなることすらあります。そのような池では，水生昆虫や魚も減少し，絶滅したりして生物の多様性が著しく低下します。ザリガニは，捕食による直接的な影響に加えて，生育環境を変化させることによって，同じ生息地にすむ他の生物に大きな影響を与えています。このようにザリガニが水草を刈り取ることで生じる環境の変化が，ザリガニにどのような影響を与えているのか，次のような実験で調べました。下の(1)，(2)に答えなさい。

実験１　ザリガニを入れた大型水そうを用いて実験を行いました。まず，それぞれの水そうに入れるザリガニの数を１，２，４匹と変え，水草を入れた水そうと入れていない水そうに分けました。また，ザリガニのえさとしてヤゴとアカムシを各水そうに同じ量だけ入れました。その結果，ザリガニの数が多くなるほどヤゴやアカムシは減少しましたが，水草があるとその減少が大きく食い止められました。また，水草がない水そうではザリガニが多いほど，ザリガニ１匹あたりの成長量は小さくなる傾向（けいこう）を示したのに対し，水草がある水そうでは，ザリガニが多くなると成長量も大きくなるという反対の傾向を示しました（図１）。

実験２　ザリガニが刈り取ることのできないプラスチック製の人工水草を用いて実験を行いました。水そうに入れるザリガニの数は一定にし，人工水草の量を変えて，ヤゴやアカムシの生存率やザリガニの成長量を調べました。その結果，人工水草の量を増やしていくと，ヤゴやアカムシが多く生き残るようになり，さらにはザリガニの成長量は小さく抑えられることがわかりました（図２）。

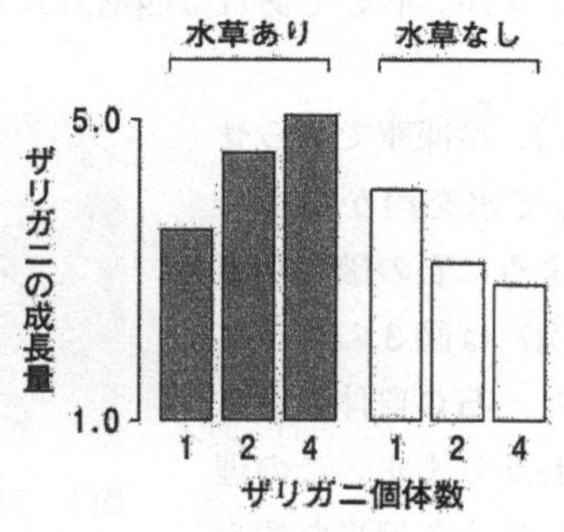

図１　ザリガニの個体数とザリガニ１匹あたりの成長量との関係

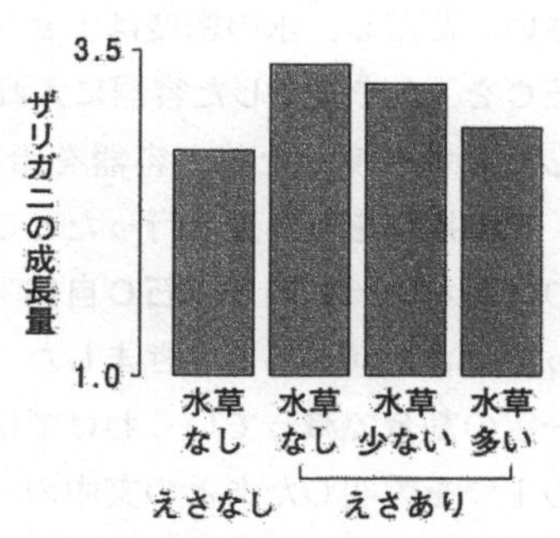

図２　異なる量の人工水草がある場合のザリガニ１匹あたりの成長量

(1)　上記の実験からわかる水草の役割を答えなさい。

(2)　ザリガニが水草を刈り取ることの意義はどのようなことだと考えられますか。

４．　次の文章を読んで，以下の各問いに答えなさい。

みなさんの足もとに無数にある砂つぶはどこからやってくるのでしょうか。砂つぶの多くは，もともと岩石だったものです。かたい岩石がどのように細かいつぶになるのか調べるために様々な実験をしてみました。以下のすべての実験では，同じ岩石から切り出した石Ａ～Ｅを使うこととします。

問１　岩石が細かいつぶになるためには，岩石にたくさんの割れ目が入る必要があります。このような現象を何といいますか。最も適当なものを次のア～エから１つ選び，記号で答えなさい。

ア　風化（ふうか）　　**イ**　氾濫（はんらん）　　**ウ**　運搬（うんぱん）　　**エ**　堆積（たいせき）

問２　河川の流域と河原の石の形，大きさの一般的な関係として，最も適当な組み合わせを次の**ア**～**エ**から１つ選び，記号で答えなさい。

	河原の石の形	**河原の石の大きさ**
ア	上流ほど丸く下流ほど角張っている。	上流ほど大きく下流ほど小さい。
イ	上流ほど丸く下流ほど角張っている。	上流ほど小さく下流ほど大きい。
ウ	上流ほど角張っていて下流ほど丸い。	上流ほど大きく下流ほど小さい。
エ	上流ほど角張っていて下流ほど丸い。	上流ほど小さく下流ほど大きい。

問３　水で満たした容器に**石Ａ**，**Ｂ**，**Ｃ**を沈めてみることにしました。次の⑴～⑶に答えなさい。ただし，**石Ａ**，**Ｂ**は立方体で，大きさなどのあらゆる違いはないものとします。

⑴　**石Ａ**の入った容器の水に絵の具を溶かして色水にしました。十分に時間が経ってから**石Ａ**を取り出して中心を通るように切断し，断面を見たところ，**石Ａ**の中のうち半分の体積にあたる部分にのみ絵の具が染み込んでいました。**石Ａ**の断面のうち，絵の具が染み込んでいたおおよその範囲を，解答欄の図の中に囲み，斜線で示しなさい。

⑵　**石Ｂ**は，重さが29.5ｇで，体積が20.4cm³でした。**石Ａ**と同じ時間だけ水に浸した後，**石Ｂ**の表面の水分をふき取ると，重さは33.7ｇになっていました。この**石Ｂ**の中にもともとあったすき間の体積は，すき間を含めた体積全体の何％ですか。必要であれば四捨五入して整数で答えなさい。ただし，水の密度は１ｇ/cm³とします。

⑶　**石Ｃ**を，水で満たした容器に入れてから（**図１**），冷凍庫で凍らせました。水が凍った後，容器を冷凍庫から出して氷を溶かしました。この操作をくり返し行ったところ，**図２**のように石の破片が容器の底にたまっていき，**石Ｃ**自体（最も大きな塊）は**図３**のようになって重さが減少していきました。**図４**を見ると，**石Ｃ**自体の重さは一定の割合で減っていくわけではないことがわかります。この理由の１つを説明したあとの文中の（**Ｘ**）～（**Ｚ**）に入る適当な語や文をそれぞれ答えなさい。

図１　実験前の石Ｃ

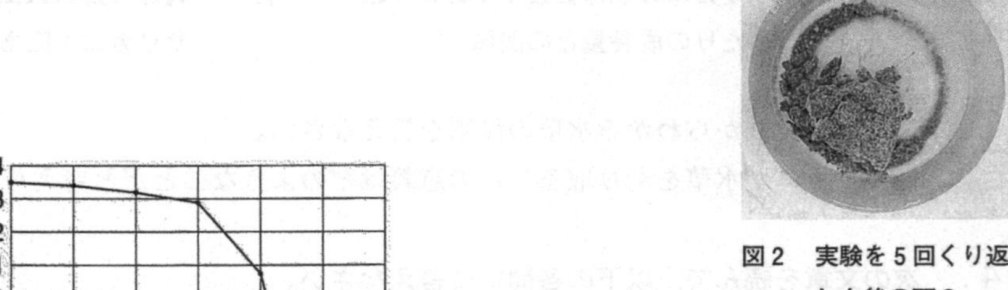

図２　実験を５回くり返した後の石Ｃ

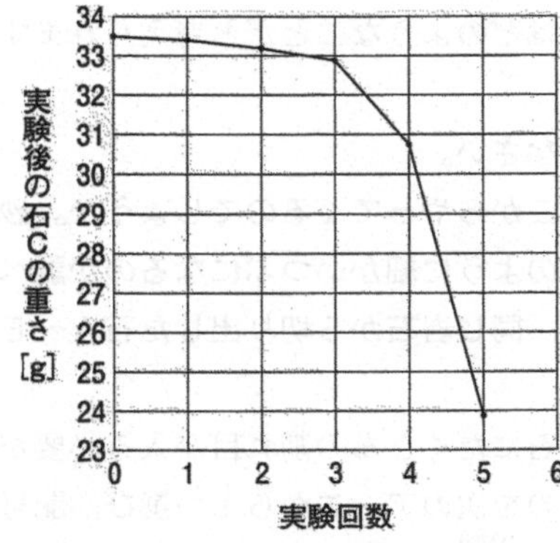

図４　石Ｃ自体の重さ（最も大きな塊の重さ）の変化
１回目の実験で凍らせる直前の重さを０回目の重さとする

図３　実験を５回くり返した後の石Ｃを水から取り出して見た様子

石Cの中にあらかじめあった（　X　）に水が入り込み，（　X　）に入った水が凍ることで（　Y　）して，（　X　）が押し広げられて壊（こわ）れていったと考えられる。それに加えて，実験をくり返すと，凍った水によってすでに押し広げられていた（　X　）のうち，まだ壊れきっていなかった部分に入り込む水は（　　　Z　　　）ようになるため，石Cの壊れる部分が増えていったと考えられる。

問4　ビーカーに常温の水を入れて食塩をできるだけたくさん溶かした後，その中に石Dを沈めてみました。十分に時間が経った後，石Dをビーカーから取り出して常温のままで乾燥させました。この実験をくり返したところ，石が数個の破片に割れました。石が割れた理由に直接関係のある現象として，最も適当なものを次のア～エから１つ選び，記号で答えなさい。

ア　食塩をなめると塩辛（から）く感じる。

イ　食塩水の温度を下げていくと，沈澱（ちんでん）する食塩が増えていく。

ウ　ある量の水に溶けることのできる食塩の量には限界がある。

エ　食塩水が凍り始める温度は水が凍り始める温度よりも低い。

問5　石C，Dの実験は，それぞれどのような環境に対応した実験ですか。最も適当なものを次のア～エからそれぞれ１つずつ選び，記号で答えなさい。

ア　海岸で，切り立った崖（がけ）に波しぶきがかかるような環境

イ　河川が流れており，洪水（こうずい）の際などには上流から大量の土砂が運ばれてくる環境

ウ　湖の底にとても静かに砂つぶが堆積していき，晴天の日が多く暖かい環境

エ　雨や雪が多く降り，気温が０℃前後で変動する寒い環境

問6　岩石が細かいつぶになる現象は宇宙空間でも起こります。図５のような小惑星の表面はレゴリスという細かいつぶでふんわりとおおわれていて，レゴリスは天体衝突や水分がなくてもできると考えられています。宇宙空間で衝突や水なしにレゴリスができることを検証するために，石Eを使ってどのような実験をすればよいですか。家のキッチンでもできるような実験を１つ考え，説明しなさい。ただし，図５の小惑星に関する次のデータを参考にしてかまいません。

【小惑星のデータ】

・太陽からの平均距離：1.7億㎞
・１日の長さ：4.3時間
・１年の長さ：437日
・昼間の最高温度：116℃
・夜間の最低温度：－73℃
・平均直径：492m

図５　小惑星ベンヌ。表面にレゴリスが広がる。
NASA/Goddard/University of Arizona より

【社　会】（45分）　<満点：80点>

問題　次の文章をよく読んで，あとの問いに答えなさい。

伊能忠敬といえば，日本で最初に測量をして日本地図を作成した人物として，小学校の教科書に出てきます。しかし，①1821年に完成した《資料１》『大日本沿海輿地全図』（以下，伊能図）は，幕府が国防のために秘蔵とし，人々の目にふれることはありませんでした。一方，江戸時代の後半にもっとも社会に普及したとされるのは，長久保赤水が作成した《資料２》『改正日本輿地路程全図』（以下，赤水図）です。すでに作成されていた各地の地図を編集し，文献調査や，旅人や知人から得た情報をもとに20年以上かけて1779年に完成させました。伊能図の完成より40年以上も前に完成した赤水図は，最初は約4200の地名を記載し，その後少なくとも５回以上，情報を追加しながら出版されました。

明治時代になると，日本の公式の地図作成は②陸軍がおこなうようになります。ヨーロッパの近代的な測量技術を取り入れ作成した地図の一種で，等高線などの地形や土地利用などが記された地図を地形図と呼び，③大正時代には全国を掲載範囲としました。④戦後は，⑤日本の公的な機関である国土地理院が地形図作成を担い，衛星画像や航空写真，測量の結果をもとに，職員が建物の形をなぞったり，表現方法を工夫したりして地形図を作成し，約５～10年程度で更新しています。

インターネットが普及するようになると，ウェブサイト上の地図（以下，デジタル地図）も充実していきます。国土地理院は「地理院地図」という⑥日本全国の地形図のデジタル版をウェブ上で無料公開しています。また，現在と⑦昔の地形図を並べて表示できる「今昔マップ on the web」というサイトが研究者によって無料公開されています。かつては，大都市の大型書店や国土地理院で入手していた地形図を，いつでもウェブ上で他の情報と重ね合わせてみられるようになりました。

《画像》OSM を編集している画面の一部

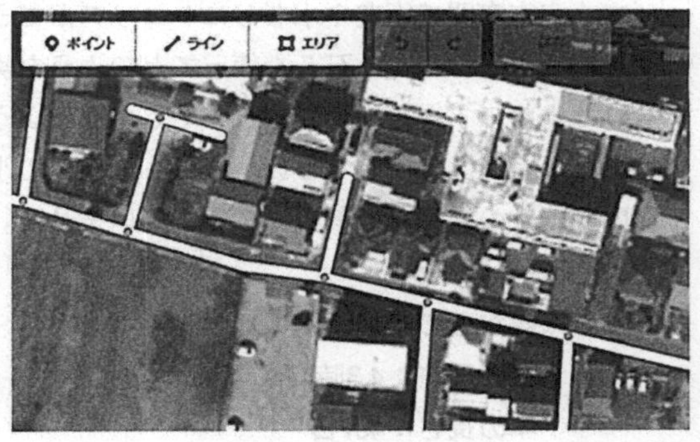

（© GIS Open Educational Resources WG, CC BY-SA 4.0 https://gis-oer.github.io/gitbook/book/materials/26/26.html、Open Street Map より）

デジタル地図は，地図をみることだけでなく，一般の人々が地図の編集や作成，共有することも可能になりました。そうした中，注目されているのが，オープンストリートマップ(Open Street Map．以下，OSM)です。OSMは全世界対象の地図作成・編集プロジェクトで，「地図版のフリー百科事典」ともいわれます。OSMは世界中の誰もがインターネット上で参加することができ，利用費用が無料です（デジタル地図としては，Google 社の「Google Map」などが有名ですが，多くの場合，商業利用には登録や費用が必要となります)。地図データの作成や編集をするアカウント登録数は，2021年５月時点で7500万を超えています。GPSで計測した位置情報や，公開されている衛星画像や航空写真をコンピュータ上でなぞって作成した地図データを⑧世界中の人々が協力して提供，編集しています。確かに，OSMにはフリー百科事典と同様で，誤った情報や特定の立場の主張や差別的な表現が載ってしまうという問題もあります。しかし，長所が評価されて海外では多くの企業がOSMを利用しています。比較的身近な例ではSNSや位置情報ゲームの「ポケモンGO」があげられます。さらに，一般市民が地図作成に参加する⑨デジタル地図の特徴は災害時にも活かされ，クライシスマッピングという災害時に地図作成をおこなうボランティアまで存在します。

このように，近年では，紙の地図に加えてデジタル地図も普及してきました。また，自動車の自動運転やドローンの活用を見据え，人ではなく機械が使うための３Ｄの地図が求められる動きもあります。今後は，紙の地図とデジタル地図のどちらが主流になるか議論になるかもしれませんが，この２つはあくまで地図の表現上の違いであり，そのもととなる地図の作成や利用のされ方にこそ注目すべきなのです。ウェブ上で容易に大量の情報を取得し，それらを共有できるこれからの時代では，常に世界中の市民がもつ大量で多様な情報や知識を地図に表現し，利用しあえる「場」がより重要になっていくのかもしれません。

問１．下線部①に関連して，次の問いに答えなさい。

(1) 次の文章は，伊能図と赤水図を見た生徒と先生の会話です。

生徒：現代の地図とほとんど形が変わらない日本地図を作った伊能忠敬は本当にすごいですね。ぼくが当時の人だったら赤水図よりも伊能図の方を使いたいと思います。

先生：そうですね。ただし赤水図がすべての面で劣っていたわけではないようですよ。もし，当時伊能図が人々に公開されていたとしても，伊能図の方が赤水図よりも普及していたとは断言できません。

《資料１》伊能図の一部

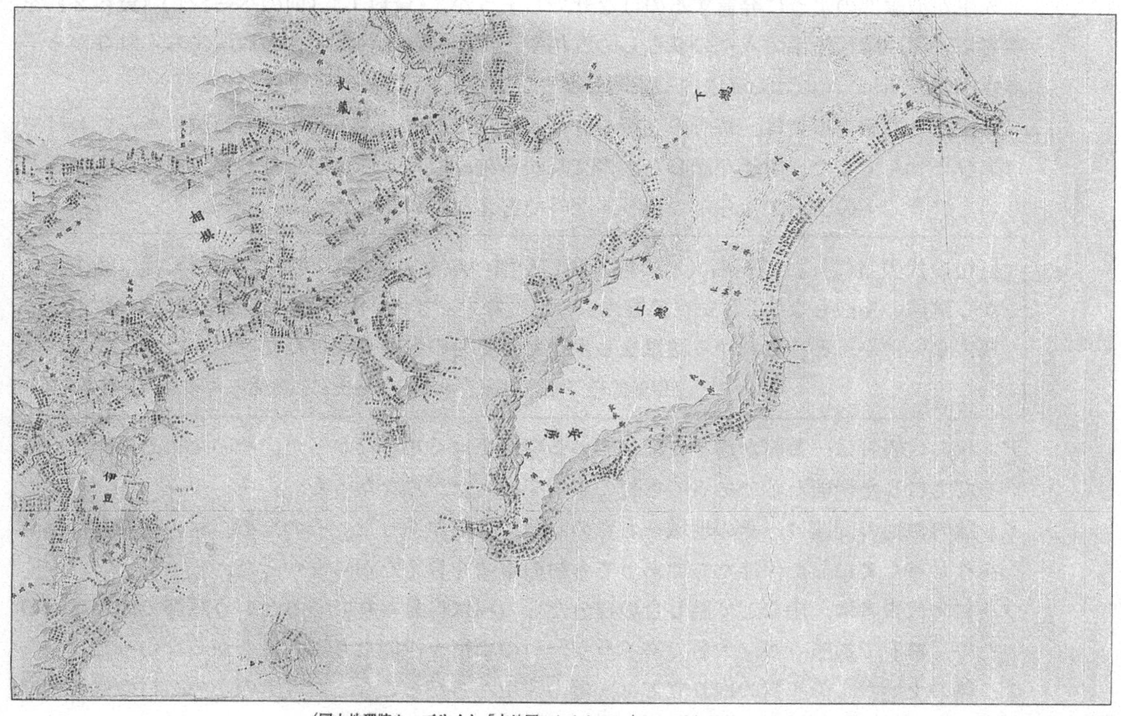

（国土地理院ウェブサイト「古地図コレクション」https://kochizu.gsi.go.jp/items/167?from=category,10,index-table より）

《資料２》赤水図の一部

（高萩市・高萩市教育委員会「改正日本輿地路程全図　第二版　原寸大レプリカ」より）

先生が波線部のように発言するのはなぜでしょうか。**《資料１》**（前のページ）・**《資料２》**を参考に，江戸時代後半の人々の暮らしの変化や，伊能図と比べたときの短所にもふれながら，赤水図の長所について150字以内で説明しなさい。

(2)　伊能たちの測量事業は，幕府の支援や許可があったとはいえ，必ずしも順調に進んだわけではありませんでした。伊能が記した次の文章から読み取れることがらとして，もっともふさわしいものを，下の**ア**～**エ**から１つ選び，記号で答えなさい。

> 「(村の代表者に）村の石高（米の取れ高）や家の数などを問いかけたが，『殿様（領主）からは何の指図もない』といって答えようとしない。また，山や島のことを問いかけたが，答えない。やっと，これから測量をしようとする村の名前を聞けただけだった。」
>
> （伊能忠敬『測量日記』第６巻をもとに，やさしく書き改めました）

ア．村の代表者は，幕府が藩を支配している事実をよく知らなかった。そのため，幕府をうしろだてにした伊能たちであっても村の事情を教えたがらなかった。

イ．藩の領地の問題は，その地域をおさめる藩に権限があった。そのため，村の代表者は幕府をうしろだてにした伊能たちであっても村の事情を教えたがらなかった。

ウ．村の代表者は，座などで話し合い自分たちの村は自分たちで守るという意識でいた。そのため，幕府であろうが，大名であろうが，村の事情を伊能たちに教えたがらなかった。

エ．藩の土地からの年貢の取り立ては，藩の家臣たちがおこなった。そのため，村の代表者は自分たちの住む村の全体像をよく知らず，伊能たちに村の事情を教えられなかった。

問２．下線部②に関連して，次の図版**ア～オ**は，日本の歴史上の戦いに関係するものです。その戦いを古い時代から新しい時代に順番に並べたとき，**２番目**と**４番目**にあたるものをそれぞれ選び，記号で答えなさい。

ア．

イ．

ウ．

エ．

オ．

（ア、オは『小学社会６』（教育出版）、ウ、エは『新しい社会６歴史編』（東京書籍）、イは『小学社会６年』（日本文教出版）より）

問３．下線部③に関連して，《**資料３**》は1912年から1945年までの日本の輸出入額の変化を示すグラフです。このグラフをふまえて，日本の輸出入額の変化について述べた文として，適当なものを次の**ア～エ**から１つ選び，記号で答えなさい。

ア．第一次世界大戦中，日本製品が海外で売れたことで，輸出額が輸入額を上回った。

イ．第一次世界大戦後，日本国内の産業が発展したことで，輸出額が輸入額を上回った。

ウ．満州事変の発生後，満州の工業力を手に入れたことで，日本の輸出額は輸入額を超えて急成長した。

エ．太平洋戦争の開始後，支配地域が拡大したことで，日本の貿易額は輸出・輸入ともに急成長した。

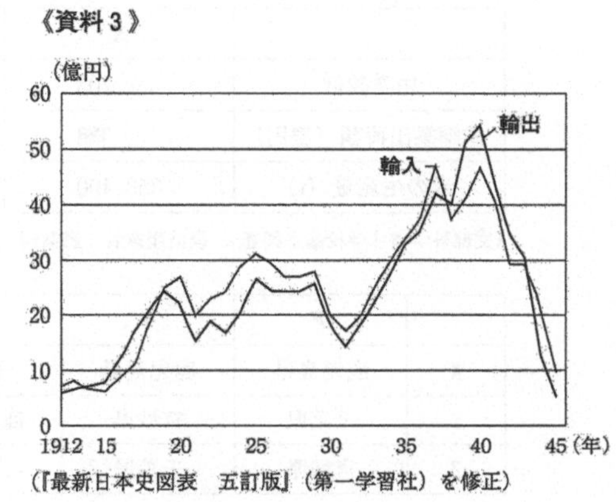

(『最新日本史図表　五訂版』(第一学習社) を修正)

問４．下線部④に関連して，《**資料４**》は，日本における1960年から1980年にかけての，エアコン（クーラー）・カラーテレビ・自転車・自動車・白黒テレビ・電気洗濯(せんたく)機・電気冷蔵庫のそれぞれの普及率の変化を示した図です。図とそれに関する説明を読み，図中の**F**にあてはまるものを下の**ア**～**キ**から１つ選び，記号で答えなさい。

《資料４》

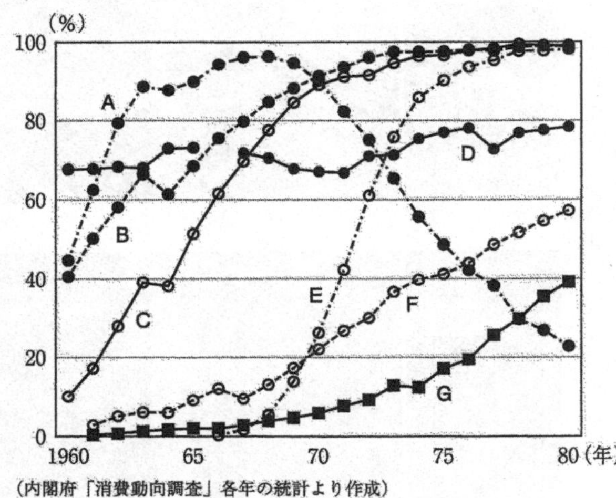

（内閣府「消費動向調査」各年の統計より作成）

・AとBとCは「三種の神器」と呼ばれ、高度経済成長期に普及した。
・FとGの2022年現在の普及率は、Fが80.6%、Gが91.8%である。

※すべて一般家庭を対象とした普及率で、企業などは含(ふく)まない
※1960-1963年の統計は都市部のみ、1964年以降は全国を対象とした普及率
※Dの1966年はデータなし

ア．エアコン(クーラー)　**イ**．カラーテレビ　**ウ**．自転車　**エ**．自動車
オ．白黒テレビ　**カ**．電気洗濯機　**キ**．電気冷蔵庫

問５．下線部⑤に関連して，以下に示す日本国憲法の条文の空欄(くうらん)（Ａ）にあてはまる公的な機関を漢字で答えなさい。

> この憲法の改正は，〔中略(ちゅうりゃく)〕，（　Ａ　）が，これを発議し，国民に提案してその承認を経なければならない。

問６．下線部⑥に関連して，次の表はある三つの県における中学校数(2022年)，鉄鋼業出荷額(しゅっかがく)(2019年)，米の生産量（2021年）を示しており，表中のＸ～Ｚは，鹿児島(かごしま)県，千葉県，宮城県のいずれかです。Ｘ～Ｚにあてはまる県の組み合わせとして正しいものを，下の**ア**～**カ**から１つ選び，記号で答えなさい。

	X	Y	Z
中学校数	203	223	388
鉄鋼業出荷額（億円）	338	69	1,782
米の生産量（t）	353,400	89,100	277,800

（文部科学省「学校基本調査」、経済産業省「産業別統計表」、農林水産省「作物統計調査」より作成）

	ア	イ	ウ	エ	オ	カ
X	鹿児島県	鹿児島県	千葉県	千葉県	宮城県	宮城県
Y	千葉県	宮城県	鹿児島県	宮城県	鹿児島県	千葉県
Z	宮城県	千葉県	宮城県	鹿児島県	千葉県	鹿児島県

問７，下線部⑦に関連して，８世紀に当時の朝廷（ちょうてい）が各地の土地や地形・自然，そこに暮らす人びとの生活に関する情報をまとめさせた書物を答えなさい。

問８．下線部⑧に関連して，日本政府はさまざまな経験や技能をもつ日本人を発展途上国（とじょうこく）などに送り，現地の人びとの生活の改善や発展を手助けする活動をおこなっていますが，このような国際協力を支えている国内の機関としてもっとも適当なものを次のア～エから１つ選び，記号で答えなさい。

ア　JA（ジェイエー）　イ　JAXA（ジャクサ）　ウ　JICA（ジャイカ）　エ　JOC（ジェイオーシー）

問９．下線部⑨に関連して，次の問いに答えなさい。

(1)　2010年１月12日のハイチ大地震（おおじしん）の際にはOSMが避難や救助，復旧などに大きく役立ちました。OSMが役立った理由について，**本文**と**《資料５》**を参考に，OSMの作成過程や特徴にふれながら，70字以内で説明しなさい。

《資料５》2010 年のハイチ中心部における OSM の変化

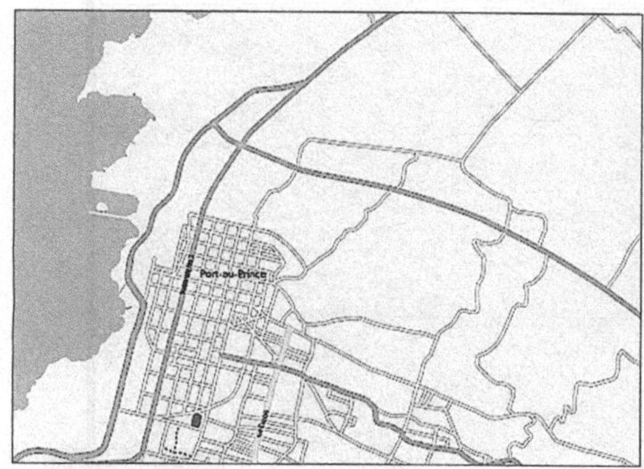

2010 年 1 月 6 日

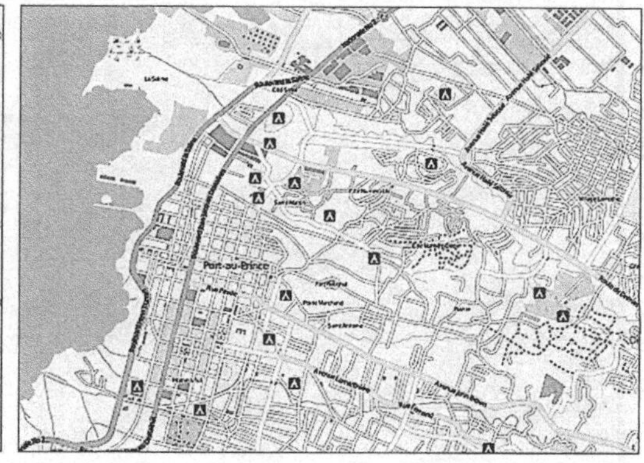

2010 年 1 月 13 日

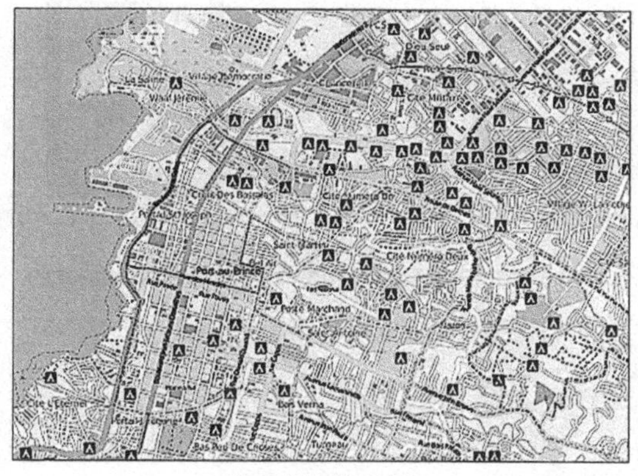

2010 年 1 月 21 日

（Geofabrik ウェブサイト http://labs.geofabrik.de/haiti/old-png-images-documenting-mapping-effort/port-au-prince-animation.gif、Open Street Map より）

(2)　ハザードマップは，ウェブサイト上で閲覧（えつらん）することが増えてきましたが，紙で提供されることにも利点があるといわれています。紙のハザードマップがもつ長所を，**本文**と次のページの**《資料６》**・**《資料７》**・**《資料８》**をふまえて，130字以内で説明しなさい。

《資料６》インターネットの年代別の利用率

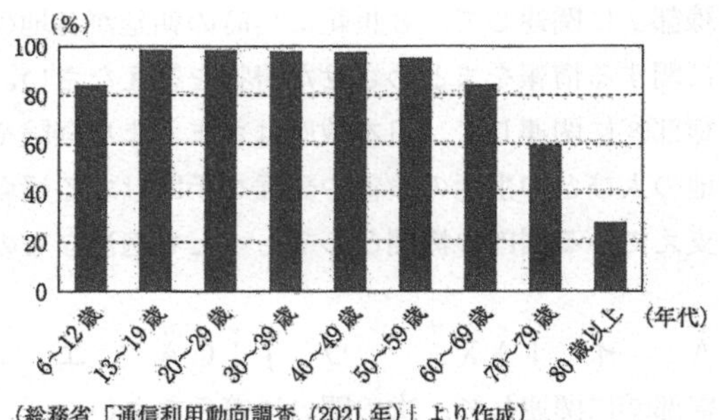

（総務省「通信利用動向調査（2021年）」より作成）

《資料７》新宿区の紙版ハザードマップと、同じ縮尺で表示したスマートフォン上のハザードマップ（右下）

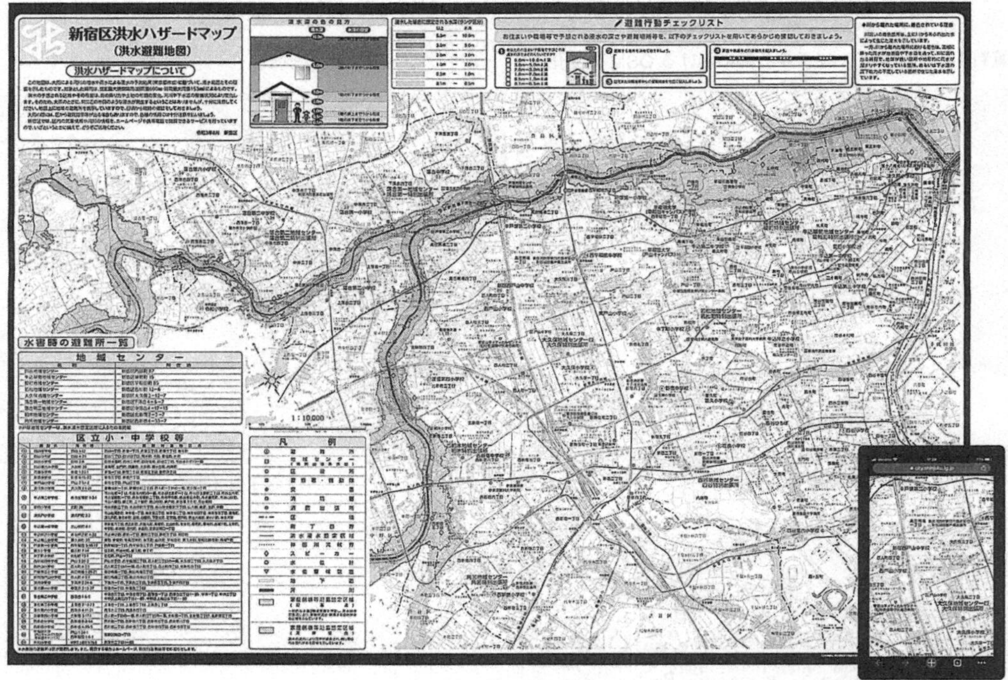

（新宿区ウェブサイト https://www.city.shinjuku.lg.jp/content/000255129.pdf より作成）

△スマートフォンの画面

《資料８》2011年３月11日16時頃の東京駅内の様子（左）と2011年３月25日の宮城県女川町の総合体育館内の様子（右）

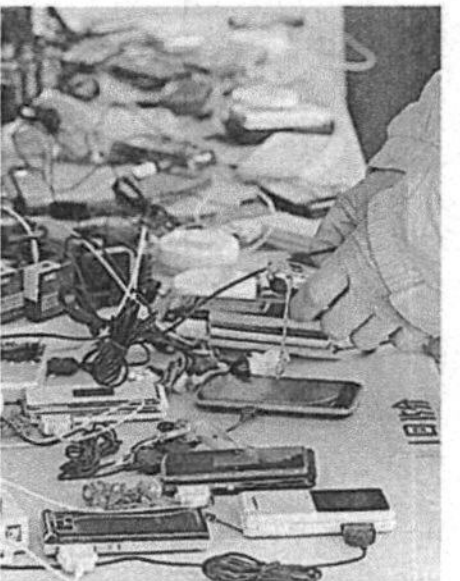

（(左) 毎日新聞「MAINICHI PHOTOGRAPHY」https://mainichi.jp/graphs/20200310/hpj/00m/040/003000g/5 より）

（(右) 時事通信社「時事ドットコムニュース　写真特集」https://www.jiji.com/jc/d4?p=ogt314-jlp10642537&d=d4_quake より）

エ　物語や登場人物のもつ法則に影響を受けて自分の中の法則を修正し、自分が今後どう生きていくかを考え直そうとすること。

問九　――線部8「そこから何らかの『予測』を引き出す」とあるが、この「予測」は読者にどのような影響を及ぼすか。次の中から最も適当なものを選び、記号で答えなさい。

ア　読者の中に「予測」が生まれると、そのあと自分の「予測」を的中させたいという気持ちが生まれ、その気持ちによって読書に向き合う時の真剣さが増していく。

イ　読者の中に「予測」が生まれると、その「予測」が合っているか確認したいという気持ちが生まれ、その気持ちによって本を読み進めたいという意欲が強まっていく。

ウ　読者の中に「予測」が引き出されると、それがすぐ「予想どおりだったらつまらないな」という気持ちに変わり、新しい知見を示してほしいという欲求が高まっていく。

エ　読者の中に「予測」が引き出されると、その「予測」を導いた自分の「法則」の正しさを確かめたいという欲求が生まれ、もっと先を読みたいという気持ちになっていく。

問十　――線部9「このへんは共通しているかもしれない」とあるが、どのような点が「共通」しているのか。次の中から最も適当なものを選び、記号で答えなさい。

ア　ありきたりで古い考え方を捨てることで、従来のものとは異なる誰も予測しなかった新しい発見をしたいと望む点。

イ　話の続きや研究の結果を予測したときに、それが本当に的中すると次の展開を見届ける気を失くしてしまう点。

ウ　常識や型にはまった結果が得られること以上に、自分の予測に意外な事実が付け足されることに面白さを感じる点。

エ　予測した通りになったりありふれた展開になったりすることよりも、何かが新しく分かることに価値を見出す点。

問十一　――線部10「あまり『文学』を感じない」とあるが、筆者にとって「文学」とはどのようなものだと考えられるか。本文全体をふまえ、「発見」という言葉を必ず用いながら、六〇字以上、八〇字以内で答えなさい。

と。

エ　母語は「一般化」→「検証」→「修正」という過程で習得されるということ。

問四　――線部３「科学的に世界を捉えようとする」とあるが、どういうことか。次の中から最も適当なものを選び、記号で答えなさい。

ア　自分の身の回りで起こる出来事の意味を、自然科学の法則にあてはめながら考えようとすること。

イ　過去の経験から見出した法則をまとめ、その法則の集まりを通して世界を理解しようとすること。

ウ　「一般化」→「検証」→「修正」というプロセスを使って、短時間で世界を捉えようとすること。

エ　科学の営みと同じプロセスをたどることで習得した言語を通して、世界を認識しようとすること。

問五　――線部４「すべての人間に備わったもの、と考えて良さそうだ」とあるが、なぜそう言えるのか。次の中から最も適当なものを選び、記号で答えなさい。

ア　母語を習得するプロセスはすべての人間が経験することだから。

イ　すべての人間にとって科学の法則は常に正しいものであるから。

ウ　現代社会において自然科学はすべての人間に関わるものだから。

エ　すべての人間にとって母語習得の過程は科学の営みそのものだから。

問六　――線部５「主語の大きい発言」とあるが、どのような発言をいうのか。次の中からその具体例として最も適当なものを選び、記号で答えなさい。

ア　アメリカの国土は広い。

イ　日本人の平均寿命（じゅみょう）は、男女とも世界一である。

ウ　日本人は勤勉で、まじめによく働く。

エ　人間はみないつか死ぬ。

問七　――線部６「自分の中の『世界の理論』の働き」とあるが、「世界の理論」が働く時、「自分の中」でどのようなことが起こっているのか。次の中から最も適当なものを選び、記号で答えなさい。

ア　自分が世界から見出してきた多くの理論が、目の前にある世界を科学的に捉えることを可能にしている。

イ　これまで自分が読んできた文学作品の示す世界観が、新しく文学作品を読んだ時の気持ちを決定している。

ウ　文学作品の中で語られる出来事や登場人物が経験する感情が、自分に何らかの発見をもたらしている。

エ　過去の経験から導き出した様々な法則が、互（たが）いに関係し合いながら自分の思考や感情に影響を与えている。

問八　――線部７「自分の中にある理論とすりあわせながら読んでいる」とあるが、どういうことか。次の中から最も適当なものを選び、記号で答えなさい。

ア　物語中の出来事、登場人物の動きや心理を自分の中の法則と比べ、この先物語がどう展開するかを考えながら読んでいくこと。

イ　物語世界の法則と自分の中の法則を比べ合わせて、その物語の登場人物の考え方や行動を批判しながら読んでいくこと。

ウ　物語世界から読み取った法則に照らして、その物語がどう展開し、登場人物がどう行動していくかを予測しようとすること。

るdケシキのように感じることがある。

文学作品によって、自分の持つそれとは大きく異なる「世界の理論」に触れることもある。たとえばエイモス・チュツオーラ『やし酒飲み』の中で展開される物語は、一見すると突飛で非現実的だが、何かしら不思議な「まとまり」があり、その奥にある作者の世界の豊かさを感じさせる。単に突飛なだけで「まとまり」を感じさせない文章には、作者の「世界の理論」を担う力はないだろう。そういう力を持っているかどうかというところに、文学作品とそうでないものとの分かれ目があるように思う。

ただし、著者の「世界の理論」を表現する文章がすべて文学的かというと、そうではない気がする。たとえば自己啓発書などにおいては、しばしば「人間とはこういう存在だ」とか「人生はこうだ」といった直接的な言葉で著者の世界観が語られるが、そういったものにはあまり「文学」を感じない。その根底には、「個々の人間の持つ〝世界の理論〟は、言葉ではとうてい語り得ない」という、言葉に対する絶対的な不信感があるように思う。これは、自然科学が「言葉に対する信頼」をeゼンテイとして普遍的な法則を記述しようとするのとは対照的だ。そういった意味で、少なくとも私にとっての「文学」は、本来言葉では語り得ないものをどうにか言葉で表現しようとする、非常に野心的な営みであると言えそうだ。

（川添愛「科学と文学について自分なりに考えてみた」『季刊アンソロジスト 二〇二二年夏季号』）

問一 〰〰線部a～eのカタカナを漢字に直しなさい。

問二 ——線部1「一般化というのは、観察した現象から、より普遍的な法則性を見つけ出すことだ」とあるが、どういうことか。本文にある「イヌ」の例から「一般化」を説明したものとして最も適当なものを、次の中から選び、記号で答えなさい。なお、「普遍的」とは「すべてのものにあてはまる」という意味で使われている。

ア 「これはイヌよ」と教えられたら、その名前は目の前のその一匹だけを指す名前なのだろうと考え、同じ特徴を共通に持つ動物は一般に何と呼ばれるのか探究するのが「一般化」である。

イ 「これはイヌよ」と教えられたらその一匹だけを「イヌ」だと思って済ませるのではなく、それと共通する特徴を持つ動物が他にもいるに違いないと考えてそれを探そうとするのが「一般化」である。

ウ 「これはイヌよ」と教えられたら、その名前が固有のその一匹だけを指し示す言葉なのか、あるいは似た特徴を持つすべての動物を指し示す名前なのかを総合的に考えるのが「一般化」である。

エ 「これはイヌよ」と教えられたら目の前のその一匹だけを「イヌ」と考えるのではなく、共通する特徴を見つけてその特徴を持つすべての動物が「イヌなのだ」と考えるのが「一般化」である。

問三 ——線部2「この『一般化』→『検証』→『修正』というプロセスは、科学の営みそのものだ」とあるが、この一文を通して筆者が読者に気づかせようとしていることは、どのようなことだと考えられるか。次の中から最も適当なものを選び、記号で答えなさい。

ア 言語習得の過程では無意識のうちに仮説が修正されるということ。

イ 科学の営みとは現象を一般化し仮説を立て検証することだということ。

ウ 言語習得のプロセスと科学の営みには共通する点があるというこ

ないのに、「この病院の職員はみんな無愛想なんだな」などと思ったりする。近年よく非難の的になっている「5主語の大きい発言」も、自分の経験からより広い法則性を導こうとする精神の働きの表れだろう。

　私たちの頭の中には、過去の経験から見出した「世の中は／人間は／人生はこういうものだ」という法則がたくさん詰まっている。もちろんそれらは自然科学の法則とは違って多くの矛盾や曖昧さを孕んでいるし、そもそも言葉にすらなっていないものも多いだろう。しかしある程度は科学の理論と同様に「システム」をなしているに違いない。つまり、それぞれの法則がただ別個に存在するのではなく、相互に作用しながら、私たちの判断や意思決定に影響を及ぼしていると思う。そういったものは普通「世界観」や「人生観」などと呼ばれるものだが、ここでは「個人が世界について見出した数多くの法則性から構成された体系」であることを強調するために、あえて「世界の理論」と呼ぶことにする。

　私は文学作品を読むとき、しばしば6自分の中の「世界の理論」の働きを感じる。どうやら私は、作品の中に書かれたことを諾々と受け入れながら読んでいるのではなく、aヨウショヨウショで7自分の中にある理論とすりあわせながら読んでいるようだ。きっと他の人もそうだろう。これは、科学者が科学の論文を批判的に読むのと少し似ているように思う。科学の論文が自然に関する理論や法則、実験結果などを厳密な言葉で記述するのとは異なり、文学作品の中で語られるのは主に、具体的な出来事や、作者や登場人物が経験する感情などだ。だがそれらは、私たちの頭の中にある「世界の理論」に働きかけ、8そこから何らかの「予測」を引き出す。

　かなり単純な例をbアげると、もし小説や物語の中に極悪非道な行いをする人物がいたら、私は「こんなことをする人間は後で罰を受けるに違いない」などと考える。それは、自分の中にもともとあった「悪いことをする人間は罰を受けるものだ」という法則から導かれる予測だ。そういった予測が出てくれば、それを検証するために先を読みたくなる。

　人間の持つ「自分の予測の正しさを確かめたい」という欲求には、並々ならぬものがあると思う。それは小説や物語を読み進める原動力になるし、クイズやなぞなぞ、またテレビ番組の「CMの後、驚きの事実が！」などといった煽りも、そういった欲求を利用していると言える。ただ、私が面白いと思うのは、クイズなどの場合は自分の予測が的中すると得意な気持ちになるのに、文学作品の場合は「もし予想どおりだったらつまらないな」と感じることだ。おそらく文学作品に向き合うときは、自分のありきたりな予測を裏切ってほしい、自分に何か新しいことを発見させてほしいという期待があるのだろう。科学においても、従来の理論に新しい知見を付け加えなければ研究としての価値が認められないので、9このへんは共通しているかもしれない。

　文学作品が与えてくれる「発見」は多様である。今まで自分の知らなかった事実を教えてくれる作品もあれば、自分の中でぼんやりとしか認識していなかった法則性を明確にしてくれる作品もある。また、文学作品を読むことで、自分にはない、他人の「センサー」の働きを疑似体験することもある。科学の営みにたとえれば、観察に使うcキキを変えるのに伴って、自然現象の見え方が変わるような感じだ。寺田寅彦の随筆は、科学者の目を通した「ものの見え方」を鮮やかに教えてくれる作品の好例だろう。私は柴崎友香の小説を読むと、そこに描かれる「見え方」に影響され、読んだ直後には目に入るものすべてが彼女の小説に出てく

のを選び、記号で答えなさい。

ア　戦争が以前より身近に感じられるようになり、大切な人の命を奪う戦争に対する恐怖と、大切な人が急にいなくなってしまうことに対する不安とが重なって意識されるようになってきたから。

イ　佐喜子さんや中条君と話をするうちに、戦時中と現在の状況とが似ていることが分かり、自分や大切な家族が戦争に巻き込まれている光景を容易に思い浮かべられるようになってきたから。

ウ　佐喜子さんの火傷の痕を見たことで、戦争の残した傷痕を現実のものとして感じるようになり、海君の泣き声をサイレンの音だと勘違いするほどに戦争のことを考えるようになってきたから。

エ　未知のウイルスよりも目に見える形で人の命を奪う戦争の方が恐ろしいと感じており、現実に戦争が起きてしまったときに、自分一人だけで家族を守れるのかどうか心配に思うようになってきたから。

問十　――線部11『もっとたくさん、もっとたくさん会いたいんだよう……』／僕は子どもみたいに泣いた」とあるが、この時の「僕」は、いつもの「僕」とどのような点で違っているか。いつもの「僕」がどうであるかということにふれながら、八〇字以上、一〇〇字以内で説明しなさい。

二、次の文章を読んで後の問いに答えなさい。

　言語習得の研究によれば、子供が母語を習得する過程はしばしば、「現象を一般化して仮説を立てる」→「仮説を検証する」→「仮説を修正する」というプロセスをたどるらしい。1一般化というのは、観察した現象から、より普遍的な法則性を見つけ出すことだ。

　たとえば、二歳ぐらいの子供にその子が見たことのない物体の名前を教えると、子供はそれをその物体に固有の名前（つまり固有名詞）ではなく、それと形の似た物体すべてに共通する呼び名（普通名詞）だと思い込むという。つまり犬を見たことのない子供に「これはイヌよ」と教えたら、子供はそこから一般化を行って「この動物に似た動物はみんなイヌなのだ」という「法則（仮説）」を導き出すわけだ。仮に同じ状況で「これはポチよ」と教えても同じことが起こるが、そこで導かれる「この動物に似た動物はみんなポチなのだ」という間違った仮説は、後に修正されていくらしい。

　2この「一般化」→「検証」→「修正」というプロセスは、科学の営みそのものだ。子供は無意識のうちに、自然科学が世界を法則の集まり（＝理論）によってモデル化するのと同じ方法を使って、母語に内在する法則性を発見し、体系化する。『ことばの発達の謎を解く』（ちくまプリマー新書）の著者である今井むつみは、同書の中で「子どもは言語を学習することで、科学に欠かせない思考方法を小さな時から訓練している」と述べている。自覚があろうとなかろうと、3科学的に世界を捉えようとする傾向は、4すべての人間に備わったもの、と考えて良さそうだ。

　実際、大人を見ていても、「人間は法則を見つけるのが好きなんだな」と思うことが多い。私たちは科学者でなくとも、自分の身の回りで観察した出来事を「単なる個別の出来事」として片付けず、たいていはその奥にありそうな法則性を導き出す。たとえば病院なんかで受付の人の態度が無愛想だったとき、もしかしたら無愛想なのはその人だけかもしれ

問六 ——線部6「もしかして僕のために買ってくれたのかな、とも思って、うれしくなった。だって、佐喜子さんは僕がこの部屋に来ることを嫌がっていないんだと思って」とあるが、「僕」が「うれしく」感じるのはなぜか。次の中から最も適当なものを選び、記号で答えなさい。

ア 自分の家では受け入れられていないと感じることも多かったが、佐喜子さんが自分を喜んで迎え入れてくれたことで、自分がいてもよい場所ができたような気がしたから。

イ 一緒に暮らしている渚さんにはうとまれていたが、それをよく思っていない佐喜子さんがとても優しく接してくれたことで、自分にも味方ができたような気がしたから。

ウ 自分の家には居場所と呼べるところがなかったが、佐喜子さんが嫌がらずに自分を招き入れてくれるようになったことで、この部屋なら気がねなく過ごせる気がしたから。

エ 渚さんが愛情を持って接してくれているのは分かっていたが、佐喜子さんが自分を進んで部屋に置いてくれたことで、本当の愛情に触れることができた気がしたから。

問七 ——線部7「なぜだか僕の足も火傷をしたみたいに鈍く痛んだ」とあるが、「僕」がそう感じたのはなぜか。次の中から最も適当なものを選び、記号で答えなさい。

ア 空襲を描いた漫画本をきっかけにして、自分と同じような歳に火傷を負った佐喜子さんのことを思い出した「僕」は、その気持ちを深く理解するために当時の佐喜子さんになりきろうとしていたから。

イ 漫画本によって火の海になった空襲の夜の様子が具体的に目に浮かび、これから起きるかも知れない戦争で、佐喜子さんと同じように足に火傷を負いながら町を逃げまどう自分の姿が想像されたから。

ウ 漫画本の絵から空襲の夜の東京の様子が分かり、佐喜子さんに限らず多くの人が火の海の中で逃げまどい苦しんでいたことを思うと、同じ東京にいる自分も他人事とは思えなくなってきたから。

エ 空襲を描いた漫画本を見て佐喜子さんの体験がなまなましく想像され、今の自分と同じくらいの歳だったこともあって、当時の佐喜子さんと現在の自分とが重なるような感覚におそわれたから。

問八 ——線部8「今だって戦争みたいなもんじゃないか」・9「僕は中条君の言ったことがうまくのみ込めなかった」とあるが、「中条君」と「僕」はそれぞれ「今」と「戦争」についてどう考えているか。次の中から**適当でないもの**を一つ選び、記号で答えなさい。

ア 中条君は「今」人々がコロナから身を守るために使っているマスクは、「戦争」の時の防空頭巾と同じようなものだと考えている。

イ 中条君は「今」も「戦争」も世界中でたくさんの死者が出ているという点で同じようなものだと言っている。

ウ 「僕」はウイルスの姿が目に見えない「今」よりも、B29が人々を焼き殺しにくる「戦争」の方が怖いと感じている。

エ 「僕」は死者がそれほどいない「今」よりも、たくさん人が死ぬ「戦争」の方が明らかに怖いと感じている。

問九 ——線部10「その夜、僕は夢を見てうなされた」とあるが、「僕」はなぜこのような夢を見たと考えられるか。次の中から最も適当なも

問二　——線部2「死んだあとにこんなに残されてもねえ」とあるが、この時の「おばあさん」を説明したものとして最も適当なものを、次の中から選び、記号で答えなさい。

ア　壁を埋めつくし、テーブルの上まであふれる本を、夫がそのままにして死んでしまったことを迷惑に思っている。

イ　自分にとっては何の意味もないが、本好きだった夫が大切にしていた本を処分することもできず持て余している。

ウ　いやでも死んだ夫のことを思い出させる本を、こんなにもたくさん残していったことを、うらめしく思っている。

エ　夫の残したたくさんの古い本を前にして、自分を残して先に死んでいった夫のことをしみじみと思い出している。

問三　——線部3「……しょうい、だん?」とあるが、ここで「焼夷弾」をひらがなで表記することで、どのようなことが表わされていると考えられるか。次の中から最も適当なものを選び、記号で答えなさい。

ア　まだ小学四年生である「僕」には、「しょういだん」の意味は分かっても、それを漢字で書くことはできなかったということ。

イ　「僕」は焼夷弾が「東京の下町」を焼き尽くすほどの爆弾であることに驚きを感じ、頭の中が真っ白になっているということ。

ウ　「しょういだん」という音がどういうものを指すのか「僕」には分からず、頭の中で具体的にイメージできていないということ。

エ　「僕」にとって戦争は「あまりに遠すぎる」できごとだったので、焼夷弾のことについてもあまり興味はわいていないということ。

問四　——線部4「僕は黙ってしまった」とあるが、それはなぜか。次の中から最も適当なものを選び、記号で答えなさい。

ア　「おばあさん」が「火の雨」の夜を体験したのが自分とほぼ同じ歳の頃だったと知り、それに比べてささいなことで悩んでいる自分のことが情けなくなったから。

イ　「おばあさん」が焼夷弾の雨の中を逃げまどう体験をしたのが自分と同じくらいの歳だったと知り、その事実に圧倒されて言葉が出てこなかったから。

ウ　「おばあさん」が空襲の時の傷として見せてくれたものが本当に空襲の時の傷なのか疑問に感じてしまい、そのことが気になって頭がいっぱいになっていたから。

エ　「おばあさん」は恐ろしかった空襲の夜の体験をどうしてわざわざ絵に描き続けるのか聞きたいが、それをどう聞いていいのか分からなかったから。

問五　——線部5「今、描かないとみんな忘れてしまう気がして」とあるが、どういう気持ちを言葉にしたものか。次の中から最も適当なものを選び、記号で答えなさい。

ア　夫が死んで独りになってしまった今、自分がどのような人生を歩んできたのかを、絵に描くことで記録として残したいという気持ち。

イ　戦争を知らない「僕」に空襲の夜のつらい思い出を絵に描き残そうとする気持ちは理解できないと思い、はぐらかそうとする気持ち。

ウ　歳とともに失われつつある記憶の中で、自分の人生に大きな影響を与えた空襲の夜のことだけは記憶にとどめておきたいという思い。

エ　あの空襲の夜の体験を、戦争を知らない「僕」のような世代に伝えていくことが、自分のように歳をとったものの役割だという思い。

が死んでさ」

「……そっか」と言ったものの、9僕は中条君の言ったことがうまくのみ込めなかった。

だってウイルスは目に見えない。僕の近くにコロナで亡くなった人もいない。自分たちを焼き殺しにやってくるB29のほうが怖いじゃないか、と思ったからだ。

10その夜、僕は夢を見てうなされた。

夜空にたくさんのB29が飛んでくる。空襲警報なんて聞いたこともないけれど、火事のときのサイレンのような音が遠くから聞こえる。防空頭巾をかぶった僕は、家族と離れてしまい、一人、たくさんの人の波にもまれていた。火を避けて歩くけれど、すぐ傍で家も人も燃えていて、夢なのにその熱を感じた。父さんも渚さんも海君もいない。たった一人でどうしたらいいんだろう。海君は無事なのだろうか。そのとき、知っている顔が見えた。母さんだった。母さんだけが昔の、じゃなくて、今の服装で、防空頭巾もかぶらないで、まるで仕事に行くみたいに早歩きで歩いている。母さんの上に焼夷弾が落ちる。母さんの体が火につつまれる。

「母さん！　母さん！」

僕は涙をこぼしながら、叫び、そして目を醒ました。

僕の声が大きかったのか、子ども部屋のドアが開かれ、父さんが僕のベッドに近づいた。

「どうした、想……」

父さんが僕のベッドに腰をかける。リビングのほうから海君の泣く声が聞こえる。まるでサイレンみたいな大きな声だった。

「僕、母さんに会いたい」

母さんというのはつまりは渚さんではない。父さんもすぐにそのことに気づいたようだった。父さんが僕の頭を撫でながら言う。

「今度の日曜日には会えるじゃないか……」

11「もっとたくさん、もっとたくさん会いたいんだよう……」

僕は子どもみたいに泣いた。

父さんは困った顔をして僕の顔を見ている。だけど、それが僕の本当の気持ちだった。

（窪美澄「星の随に」）

問一　――線部1「『大人みたいなことを言うんじゃありません！』／怒ったようにそう言うと、おばあさんはそう言ったことを後悔したみたいに唇を軽く噛んだ」とあるが、この時の「おばあさん」の気持ちとして最も適当なものを、次の中から選び、記号で答えなさい。

ア　子どものうちから大人のように周囲に気をつかっているのを心配には思うが、そうせざるを得ないのかもしれない「僕」を強く責めるのもよくないと思った。

イ　子どもなのだから大人の自分をもっと頼ればよいとは思うものの、事情もよく知らないのに「僕」のことを理解しているかのような発言をしたことを反省した。

ウ　大人びたことを言っても結局子ども一人ではどうすることもできないとは思うものの、必要以上に責め立てたことで「僕」を傷つけていないか不安になった。

エ　まだ子どもの「僕」が大人みたいに自分より家族のことを優先して苦しむ必要はないとは思うが、力になれる保証もないのに説教がましく言ったことを悔やんだ。

に、「ただいま」と言うと、やっぱり眠そうな渚さんが「おかえり」と小さな声で言ってくれた。佐喜子さん（帰り際におばあさんて呼ばないでね、と名前を教えてくれた）のことはもちろん渚さんには言わなかった。言ったら、また、この前のときみたいにやっかいなことになる。塾に行く時間になるまで、僕は自分の部屋で過ごした。ベビーベッドで眠っている海君にも近づかなかった。塾に行く時間になると、渚さんがどこかかたい表情をして、お弁当の包みを渡してくれた。

「……ありがとう、ございます」と言うと、渚さんはどこかぎこちない表情で笑ってくれた。

その日から僕は、佐喜子さんの家で時間を潰すようになった。

それでもはじめは学校から帰ると、いったんは自分の家に行って、ドアガードが外れていないか確かめたけれど、やっぱりだめだった。

ふーーーと長いため息をついて、僕は佐喜子さんの部屋に向かった。おやつは湿気ったクッキーから、チョコやキャンディやいろんなお菓子を出してくれるようになった。6もしかして僕のために買ってくれたのかな、とも思って、うれしくなった。だって、佐喜子さんは僕がこの部屋に来ることを嫌がっていないんだと思って。僕は相変わらず、古ぼけたソファの上に座り、図書室で借りてきた本を読み、佐喜子さんは絵を描き続けた。あんまりおしゃべりもしなかった。僕は時々、佐喜子さんの出来上がっていく絵を眺めて、時間になると自分の部屋に帰った。

「ねえ、東京って、昔、戦争で燃えたの？」

僕はいつもの図書室で中条君に尋ねた。

「うん。そうだよ、東京大空襲」

そんなことも知らないの、という顔をしないところが中条君のえらいところだ。

中条君が書架の間を歩き回り、一冊の本を僕に見せてくれた。『東京大空襲』という子ども向けの漫画本だった。ページをめくり、中条君が開いたところを僕に見せる。飛行機、じゃなくて爆撃機。東京にたくさん爆弾を落とした爆撃機はB29と言うらしい。佐喜子さんの絵のとおり、B29のおなかから、バラバラと細長い爆弾が町の上に降り注いでいる。「町は一瞬にして、火の海と化しました」という台詞の場面では、大人も子どもも火の海に包まれて苦しんでいる絵があって僕は怖くなった。そして、佐喜子さんの火傷の痕を思い出した。ここに十歳くらいの佐喜子さんがいたのか……と思ったら、7なぜだか僕の足も火傷をしたみたいに鈍く痛んだ。

「一晩で十万人以上の人が死んだんだ」

「えっ、そんなに!?」

「でも、戦争ってそういうことだから」

平然と中条君は言う。

「怖いなあ」

言いながら、馬鹿みたいな感想だと僕は思った。

「でも、8今だって戦争みたいなもんじゃないか」

「えっ!?」

「防空頭巾の代わりにマスクして」そう言いながら、中条君が本のある場所を指差した。

「僕たち、誰かと闘っているの？」

「コロナっていう未知のウイルスじゃないか。世界中で五百万以上の人

「はい」と答えたものの、ここに僕が読めるような本はないみたいだった。背表紙が黒ずんで本の名前がわからないものもあるし、英語の本も多い。そんな僕を見ておばあさんが言った。

「三四郎の本がほとんどなのよ。2死んだあとにこんなに残されてもねえ」

そう言いながらおばあさんはキッチンに向かう。しばらくすると、おばあさんが銀のお盆を持ってやってきた。ソファに座るようにすすめながら言う。

「まあ、お紅茶でも飲んで待ちなさいな。クッキーもあるわよ」

「いただきます」と僕は言って小さな花がたくさん描かれた紅茶茶碗に口をつけた。

紅茶には砂糖とミルクが最初から入っていて、おいしいな、と僕は思った。小さなドーナツの形をしているクッキーは少し湿気っていたけれど、それでもおいしかった。

おばあさんは僕に構わず、キャンバスの前に座り絵筆を動かしていく。真っ黒、と思ったのは間違いで、絵の下に真っ赤な炎が渦を巻いている。

「あの日の夜空を描いているの」

僕が何も言わないのにおばあさんは言った。

「あの日の夜空？」

「……そうこれは、戦争が終わった年に東京が燃えた夜の絵」

日本で戦争があったことは知っているけれど、僕にはあまりに遠すぎる事実だった。黙ってしまった僕に気づいたのか、おばあさんが僕に顔を近づけて密やかな声で言った。

「焼夷弾が落ちてきてね、東京の下町はみんな焼けたの」

「3……しょうい、だん？」

僕の質問におばあさんは違うキャンバスを見せた。銀色の飛行機、芋虫のおなかみたいなところがぱかっと開いて、小枝みたいなものが空から落ちている絵だった。

「火の雨と同じよ。これが落ちたところはみんな焼けたの」

そう言っておばあさんは、靴下を脱いで僕に見せてくれた。足首に火傷の痕のようなひきつれがあるけれど、それはもうずっと古い傷のように見えた。

「あなたくらいの時かな……これはそのときの」

「……」

4僕は黙ってしまった。それでも尋ねた。

「あの、なんでこういう絵を描くんですか？」

「……」

今度はおばあさんが黙る番だった。僕は間違ったことを聞いてしまった気がして胸が少しどきどきした。

「さあ、どうしてかしらね？5今、描かないとみんな忘れてしまう気がして」

そう言いながら、おばあさんはまたキャンバスに絵筆を走らせる。僕はおばあさんが絵を描くのを邪魔したくなかったので、おばあさんの後ろのソファに座り、図書室で借りた『星座の図鑑』を読んだ。おばあさんももう喋らなかった。僕は時々キャンバスに目をやって、段々と絵が出来上がってくるところを、ただ黙って見ていた。

午後五時になったので僕は家に帰った。

ドアガードは外されている。僕はたった今、学校から帰って来たよう

【国語】〈五〇分〉〈満点：一二〇点〉

【注意】字数指定のある問いは、句読点なども字数にふくめること。

一、次の文章を読み、後の問いに答えなさい。

主人公の「想」は小学四年生。父と「本当の母さん」は二年前に離婚し、今は「新しいお母さん」の「渚さん」と、最近生まれた弟「海君」と父の四人で暮らしている。渚さんは想にもやさしかったが、ある日育児の疲れからか、ドアの内側から扉が開かないようにするドアガードを外し忘れ、想を閉め出してしまった。想はたまたま同じフロアに住む「おばあさん」に救われたが、その後も、毎日午後五時までドアガードは外されなくなってしまった。

「また、あなた！」

　ふり返ると、あのときのおばあさんが立っていた。

「部屋に一緒に行きましょうか？」とおばあさんは言ってくれたけれど、僕は抵抗した。

「赤ちゃんが夜中に泣くから、母さんが寝られないんです。だから、昼間は二人を寝かしてあげたいから。僕、夕方までここにいます」

1「大人みたいなことを言うんじゃありません！」

怒ったようにそう言うと、おばあさんはそう言ったことを後悔したみたいに唇を軽く噛んだ。そうして何か考えるふうに、こめかみに手をあてた。今日は爪に青みがかったピンク色のマニキュアが塗られていた。

「……仕方がない。私の部屋で待つか」

　えっ、えっ、と僕が言っているのに、おばあさんが僕の腕をとる。おばあさんの部屋に行ったら、またやっかいなことになるような気がしたけれど、おばあさんの力は強い。僕は引き摺られるように、おばあさんの部屋の前に連れてこられた。おばあさんが部屋のドアを開ける。ドアのところに吊された鈴のようなものがちりり、と音を立てた。

　おばあさんが僕の背中のランドセルをもぎ取るように下ろす。そして、ランドセルを廊下に置いた。リビングに入ると、なにかのにおいが強くした。でも、変なにおいじゃない。

　おばあさんの部屋の間取りは僕たちが住んでいる部屋よりも狭かった。リビングの真ん中に大きな木のテーブルがあり、その上に古い本が崩れそうに重なっている。壁際は全部本棚で、その前に描きかけの絵がいくつかあった。これは多分、油絵の具で描いた絵。においの正体はこの油絵の具だ。僕は、描きかけの絵（黒が一面に塗られているだけでなんの絵かわからない）を見、本棚を見た。そんな僕におばあさんが言った。

「どの本も自由に読んでいいから。貸してあげることはできないけれど」

「あの、手を洗わせてもらってもいいですか？」

「ああ、そうね。厄介な時代になったもんだ」

　そう言うおばあさんの後について洗面所に行き、二人並んで手を洗った。掌に水をためてうがいをしていると、おばあさんがどこからかゾウの絵のついたプラスチックのコップを持ってきてくれた。コップにはマジックで「三四郎」と書かれている。

「死んだ亭主の」とおばあさんは真顔で言った。亭主、というのはおばあさんの結婚相手だった人、ということは僕にもわかる。僕はまた本棚の前に戻った。

「本が好きなの？」

大切なことはメモしておこうネ！

2023年度

海城中学校入試問題（一般②）

【算　数】（50分）　＜満点：120点＞

【注意】・分数は最も簡単な帯分数の形で答えなさい。
・必要であれば，円周率は3.14として計算しなさい。

1　次の問いに答えなさい。

(1)　$2\frac{2}{7}\times\left(1\frac{7}{8}\div0.25\right)\div\left\{\left(3.75+2\frac{1}{2}\right)\times4.8-3.6\times\left(3\frac{3}{4}-2.5\right)\right\}$ を計算しなさい。

(2)　10時から11時の間で，長針と短針がつくる角度が180°になるのは，10時何分何秒ですか。

(3)　一定の速さで走る電車があります。この電車が1100mの長さの橋を渡り始めてから渡り終わるまで54秒かかりました。また，この電車が3400mの長さのトンネルに完全に入ってから電車の先頭が出るまで２分６秒かかりました。この電車の長さは何mですか。

(4)　１から10までの整数から，異なる３個を選び，それらの積が４の倍数となるような選び方は何通りありますか。

(5)　半径が９cm，中心角が40°のおうぎ形ABCがあります。おうぎ形ABCは，図のような位置から直線の上をすべることなく右方向に回転して，Ａが再び直線上にくるまで進みます。このとき，Ａが動いた道のりは何cmですか。

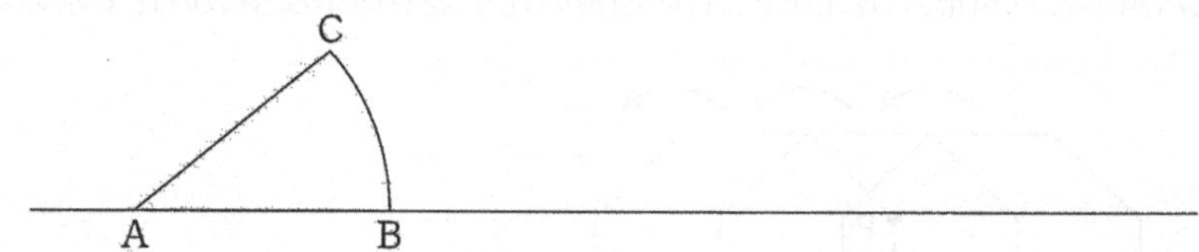

2　太郎君は，出発点Ａから目的地Ｂまでのウォーキングコースを歩きました。最初は予定通りに時速3.6kmの速さで歩いていましたが，枝分かれする地点Ｃでコースを外れてしまいました。途中で気がついて，引き返して地点Ｃにもどるのに，往復で20分かかりました。本来のコースにもどった後は，歩く速さを時速5.04kmに上げたところ，予定通りに２時間30分で目的地Ｂに着きました。

(1)　出発点Ａから目的地Ｂまでのウォーキングコースは何kmですか。

(2)　時速5.04kmで歩いた道のりは何kmですか。

3　Ｋ食品では甘味，旨味，塩味の粉を配合した商品を販売しています。その商品は，Ａ，Ｂ，Ｃの３種類あり，それらの配合比は右の表の通りです。

これら３種類の商品をさらに混ぜ合わせて，独自の調味料を作ります。

	甘味	旨味	塩味
A	4	3	1
B	3	2	3
C	1	5	4

(1)　AとBを50ｇずつ混ぜてできる調味料の甘味，旨味，塩味の配合比を最も簡単な整数の比で求めなさい。

(2)　Aを80ｇ，Bを40ｇ，Cを100ｇずつ混ぜてできる調味料の甘味，旨味，塩味の配合比を最も簡単な整数の比で求めなさい。

(3)　(2)の分量で調味料を作ろうとしたときに，ある一つの商品を多く入れてしまいました。その結果，甘味，旨味，塩味の配合比が４：５：４となりました。まちがえて多く入れた商品はA，B，Cのうちどれですか。また，その入れた量は何ｇですか。

4　次の問いに答えなさい。

(1)　図１は正八角形を４本の線で分けたものです。アの部分とイの部分の面積の比を最も簡単な整数の比で求めなさい。

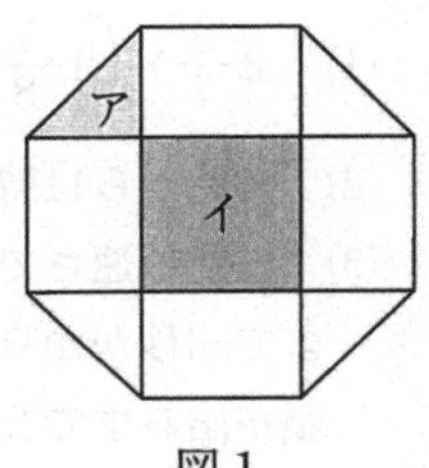

図１

(2)　図２のように正八角形と直線があります。正八角形の１辺が直線上にあるとき，その右側にある頂点を中心に，次の１辺が直線上にくるまで回転させることを「ころがす」ということにします。正八角形の１つの頂点Pを，直線上の点Aからはじめて，１回ころがすごとに，頂点Pが移った先をB，C，D，E，F，G，Hとすると，図３のようになります。

もとの正八角形と八角形ABCDEFGHの面積の比を最も簡単な整数の比で求めなさい。

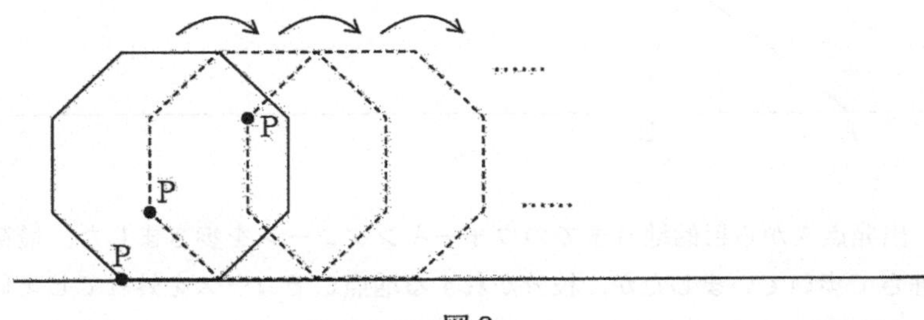

図２

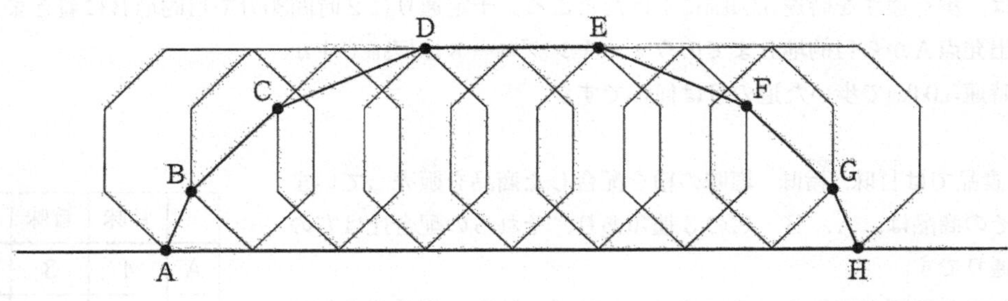

図３

5　すべての辺の長さが等しい正四角すいA－BCDEがあります。辺AC，AEのまん中の点をそれぞれF，Gとします。また，辺AB上にAP：PB＝１：３となる点Pをとり，３点P，F，Gを通る平面によって正四角すいA－BCDEを切り分けます。このとき，平面が辺CDと交わる点をQとします。次の問いに答えなさい。必要であれば，角すいの体積は（底面積）×（高さ）÷３で求められることを使いなさい。

(1)　三角すいA－PFGと三角すいA－BCEの体積の比を最も簡単な整数の比で求めなさい。

(2)　CQ：QD を最も簡単な整数の比で求めなさい。

(3)　切り分けられてできた２つの立体のうち，頂点Aをふくむ方と頂点Bをふくむ方の体積の比を最も簡単な整数の比で求めなさい。

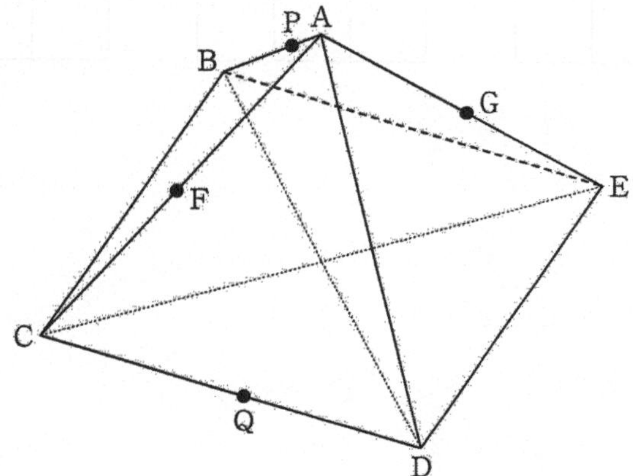

6　同じ大きさの正方形の板が９枚あります。これらの板には３種類の模様がかかれていて，

が４枚，　が４枚，　が１枚あります。

これらを向きを変えずに，たてと横にそれぞれ３枚ずつ並べて模様を作ります。

例えば，下の図１，図２，図３のような模様が考えられます。

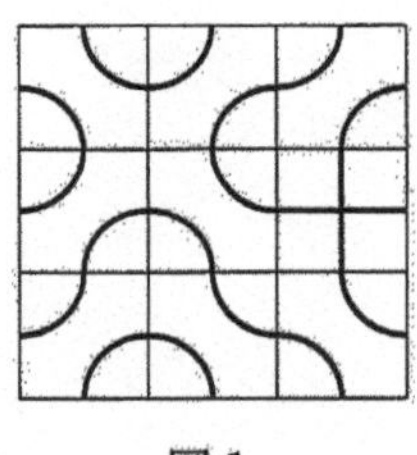
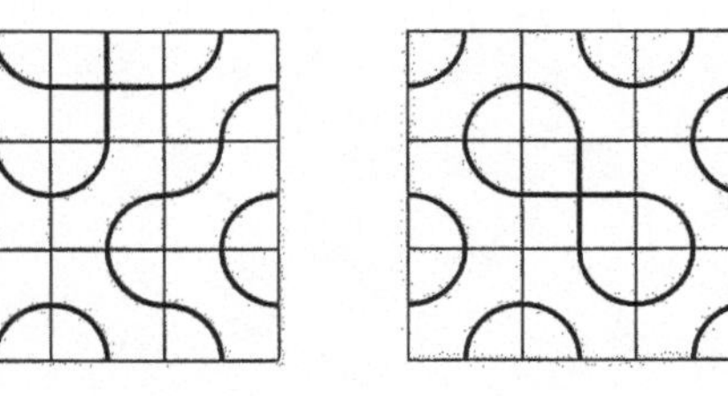

図１　図２　図３

図２の模様は図１の模様を回転したものですが，違う模様とみなします。図３の模様は，点対称であり線対称でもあります。

(1)　点対称であり線対称でもある模様で，図３以外のものを１つかきなさい。

(2)　点対称の模様は何通りできますか。ただし，図３と(1)でかいた模様もふくみます。

(3)　線対称の模様は何通りできますか。ただし，図３と(1)でかいた模様もふくみます。

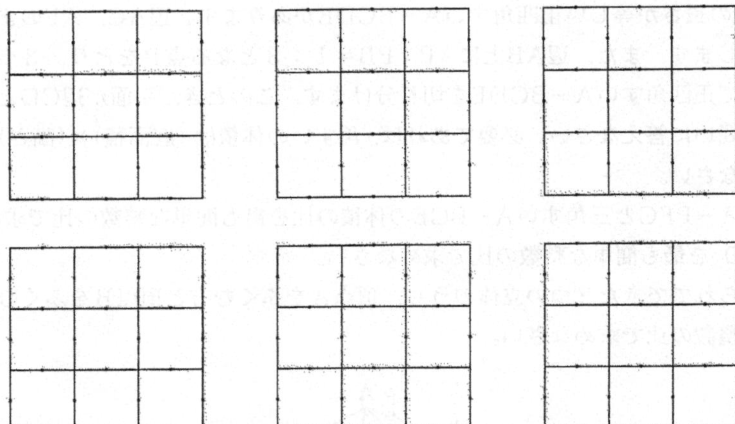

【理　科】（45分）　＜満点：80点＞

1．次の文章を読んで，以下の各問いに答えなさい。数値で答えるものは，必要であれば四捨五入して小数第一位まで求めなさい。ただし，各図の斜線（しゃせん）を入れてある面は水平であるとします。また，各バネと糸は水平面に対して垂直になっており，重さは考えなくてよいことにします。

バネを２つ用意し，一方をバネ１，他方をバネ２とよぶことにしました。伸（の）び縮みしていないときの長さはともに５cmでした。図１のようにバネ１もしくはバネ２の上の端（はし）を固定し，下の端におもりをつり下げてバネの長さを測ったところ，バネの伸びについて図２のような関係が得られました。

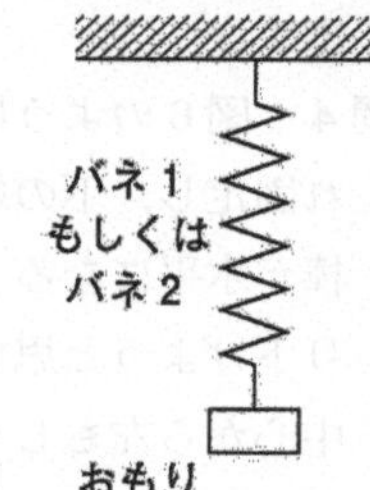

図１

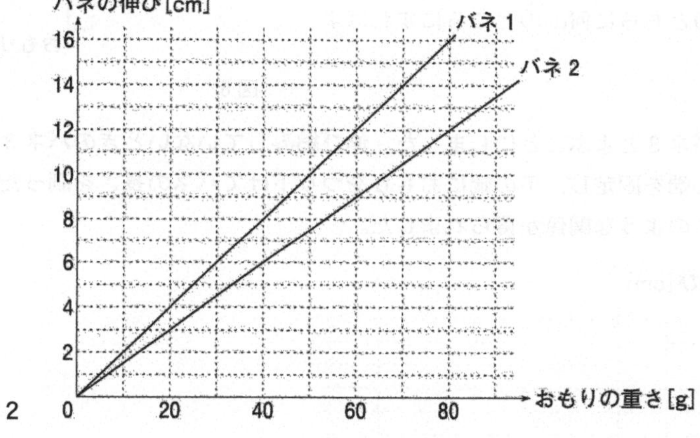

図２

問１　図３のように，バネ１の下の端には20ｇのおもりを取り付け，上の端には糸を取り付けました。さらにその糸を滑車（かっしゃ）に通して20ｇのおもりをつり下げました。このときのバネ１の長さは何cmになっていますか。

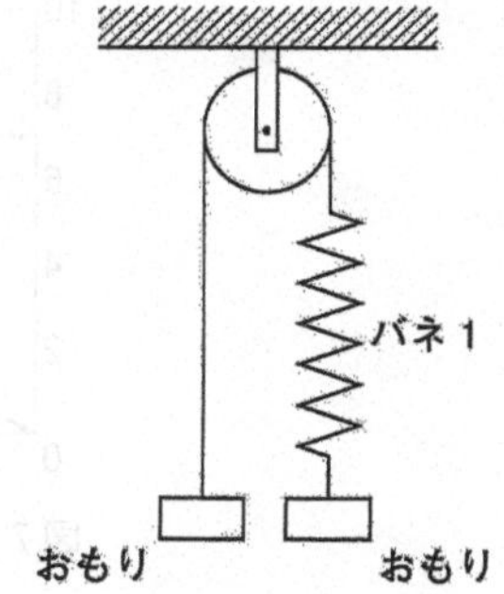

図３

問２　図４のように，バネ１の下の端は固定し，上の端には糸を取り付けました。さらにその糸を滑車に通してバネ２の上の端に取り付け，バネ２の下の端には40ｇのおもりをつり下げました。このときのバネ１およびバネ２の長さはそれぞれ何cmになっていますか。

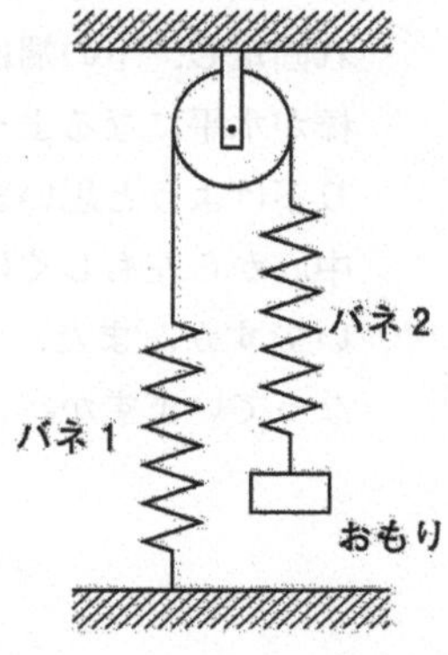

図４

問３　図５のように，バネ１およびバネ２の上の端はそれぞれ固定し，下の端には長さが20㎝で重さが35ｇの棒を取り付けたところ，棒は水平になりました。バネ２の下の端を取り付けた位置は，バネ１を取り付けた位置から何㎝はなれていますか。ただし，棒の太さや重さは一様であるとします。

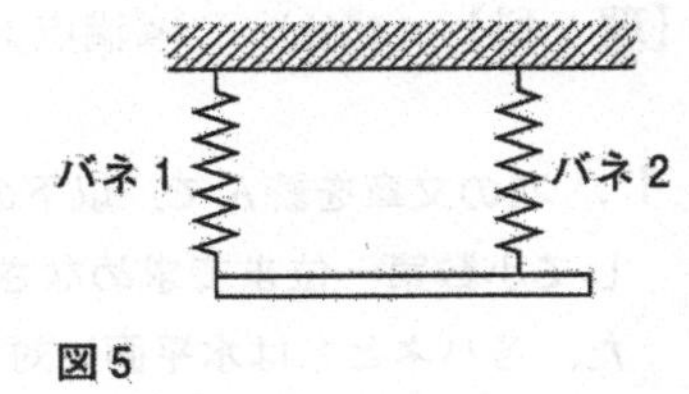

図５

問４　図６のように，バネ１およびバネ２の上の端はそれぞれ固定し，下の端には問３で用いた棒を取り付けました。棒が水平になるように，棒のある位置に70ｇのおもりをつり下げようと思います。おもりをつり下げる位置は，棒の中心から左もしくは右のどちらに何㎝のところにすればよいですか。

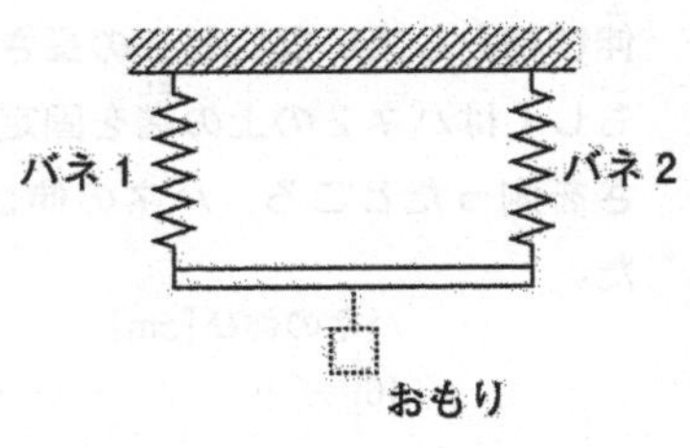

図６

新たにバネを用意し，バネ３とよぶことにしました。伸び縮みしていないときのバネ３の長さは７㎝でした。バネ３の上の端を固定し，下の端におもりをつり下げてバネの長さを測ったところ，バネ３の伸びについて図７のような関係が得られました。

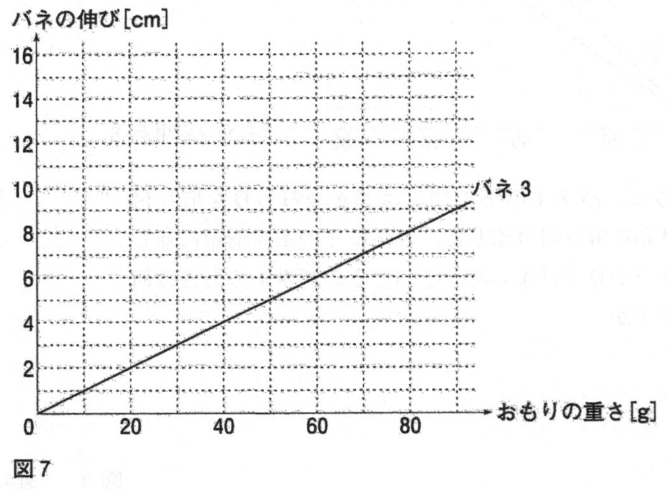

図７

問５　図８のように，バネ１およびバネ３の上の端はそれぞれ固定し，下の端には問３で用いた棒を取り付けました。棒が水平になるように，棒のある位置に80ｇのおもりをつり下げようと思います。おもりをつり下げる位置は，棒の中心から左もしくは右のどちらに何㎝のところにすればよいですか。また，このときの２本のバネの長さは何㎝になっていますか。

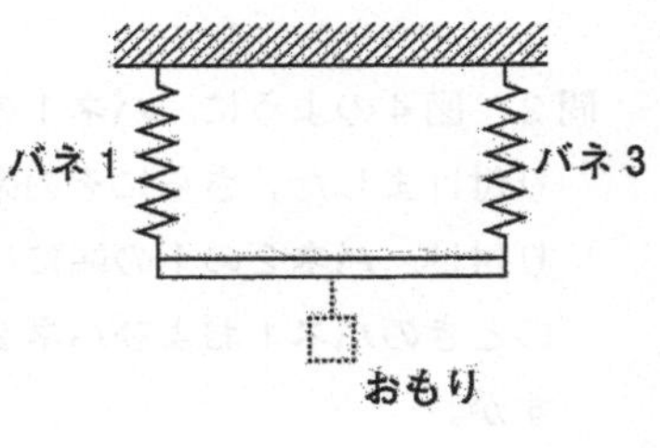

図８

2． 次の文章（Ⅰ，Ⅱ）を読んで，以下の各問いに答えなさい。

Ⅰ　2020年10月，政府は2050年までに温室効果ガスの排出(はいしゅつ)を全体としてゼロにする，カーボンニュートラルを目指すことを宣言しました。

温室効果ガスとは，二酸化炭素やメタン，フロンガスなどを指します。火力発電による化石燃料の燃焼をはじめ，自動車や航空機の利用，家畜(かちく)のゲップに至るまで，私たちは日常生活や経済活動で常に温室効果ガスを排出しています。

カーボンニュートラルとは，地球上の温室効果ガスの排出量と吸収量・除去量を同じにさせることです。二酸化炭素の吸収・除去の方法を考えてみましょう。（　1　）に二酸化炭素を吹(ふ)き込(こ)むと，（　2　）色の沈殿(ちんでん)である（　3　）を生成し，二酸化炭素は固体の中に閉じ込められます。自然界ではサンゴが，体を支えるために（　3　）を生成しています。

化石燃料（炭素の成分が入っている物質）として多く使用されているのは，LPガス，都市ガス，コークスです。LPガスとは，液化石油ガスの略称(りゃくしょう)で，プロパンが主成分であるため，「プロパンガス」ともよばれています。都市ガスとは，天然ガスであるメタンを主成分として利用している液化天然ガスのことです。コークスとは，石炭を蒸し焼きにして炭素部分だけを残した燃料です。

表１は，各燃料の重さ，気体のときの体積，その量を完全燃焼させたときの二酸化炭素排出量，発生するエネルギーをまとめたもので，気体の体積は，大気圧下，27℃での値です。このデータから，それぞれの燃料の特徴(とくちょう)を考え，効率のよい燃料の使用について考えてみましょう。

表１

	重さ[g]	気体の体積[L]	二酸化炭素排出量[L]	発生するエネルギー[kJ]（kJ(キロジュール) はエネルギーの単位）
プロパン	44	25	75	2220
メタン	16	25	25	890
コークス	12	*	25	390

*コークスは固体のため省略

問１　次の⑴，⑵に答えなさい。

⑴　（１）に入る溶液(ようえき)として適当なものを次のア～エから１つ選び，記号で答えなさい。

ア　食塩水　　イ　ホウ酸水　　ウ　塩酸　　エ　石灰水

⑵　（２）に入る色と（３）に入る物質をそれぞれ答えなさい。

問２　表１のデータを使って，次の⑴～⑶に答えなさい。

⑴　メタン８gを完全燃焼させたときに発生するエネルギーと同じ量のエネルギーを得るためには，コークスを何g完全燃焼させればよいですか。必要であれば四捨五入して整数で答えなさい。

⑵　プロパン，メタン，コークスをそれぞれ同じ重さで燃焼させたとき，発生する二酸化炭素が最も少ないものと最も多いものは何ですか。物質名をそれぞれ答えなさい。

⑶　メタン，プロパンを完全燃焼させたときに発生するエネルギーを，発生する二酸化炭素１Lあたりで比べると，メタンはプロパンの何倍ですか。必要であれば四捨五入して小数第一位まで答えなさい。

Ⅱ　コークスを完全燃焼すると二酸化炭素が，不完全燃焼すると一酸化炭素がそれぞれ発生します。また，一酸化炭素は燃焼すると二酸化炭素を発生します。このとき，それぞれ消費する一酸化炭素，消費する酸素，発生する二酸化炭素の体積比は，

一酸化炭素：酸素：二酸化炭素＝２：１：２

になります。

下の表２は，コークス12ｇが完全燃焼したときと不完全燃焼したときにそれぞれ消費する酸素，発生する一酸化炭素，発生する二酸化炭素の体積をまとめたものです。

表２

	消費する	発生する	
	酸素[L]	一酸化炭素[L]	二酸化炭素[L]
完全燃焼	25	0	25
不完全燃焼	12.5	25	0

体積を自由に変えることができ，容器内の圧力が常に大気圧と等しくなる密閉容器内でコークスを燃焼させる実験を行いました。

【実験】

①　ある量のコークスが入った真空の密閉容器に酸素を75Ｌ入れた。

②　コークスを燃焼させたところ，燃焼後の容器内の気体は一酸化炭素と二酸化炭素であり，両者は同じ体積であった。

③　この状態の容器にさらに酸素を加えた。このとき，容器内にコークスが残っていた。

④　再び燃焼させたところ，コークスは完全に無くなった。このとき，消費された酸素は75Ｌであった。

⑤　燃焼後の容器内の気体は酸素と二酸化炭素であり，両者の合計の体積は，②で発生した一酸化炭素と二酸化炭素の合計の体積の２倍であった。

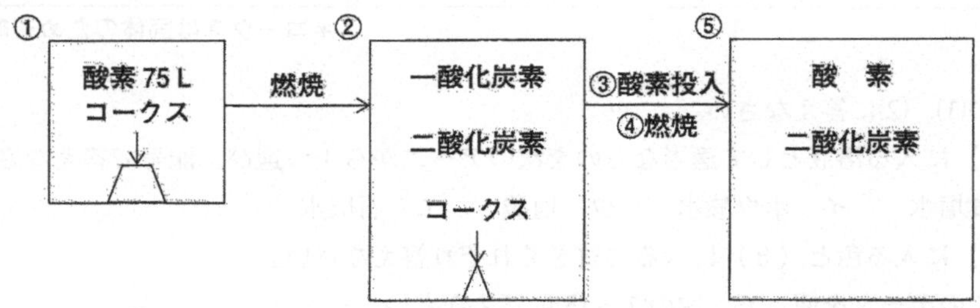

問３　【実験】に関して次の⑴～⑷に答えなさい。数値は，必要であれば四捨五入して整数で答えなさい。

⑴　実験②で発生した一酸化炭素の体積は何Ｌですか。

⑵　実験④で燃焼したコークスは何ｇですか。

⑶　実験①のある量のコークスは何ｇですか。

⑷　実験③で加えた酸素は何Ｌですか。

3． 次の文章（Ⅰ，Ⅱ）を読んで，以下の各問いに答えなさい。

Ⅰ　走るとだんだん呼吸があらくなり心拍数が増加します。

呼吸があらくなることで，よりたくさんの空気が鼻や口から（　1　）を通って肺に入ります。（　1　）が枝分かれした末端にはそれぞれ①（　2　）と呼ばれる非常に小さな球状のつくりがみられ，それを毛細血管が取り囲んでいます。ここで空気中の酸素が（　2　）から毛細血管へ入り，逆に体内で生じた二酸化炭素が毛細血管から（　2　）へ移動します。

②心拍数が増加すると，体内にとりこまれた酸素がより速くからだのすみずみにいきわたり，休息時と比べ最大約５倍もの血液が流れるようになります。心拍数を適切に増加させ，その状態での運動トレーニングを続けることで，長時間の運動を継続できるようになることに加え，③休息時の心拍数が減少するようになることがあります。

問１　（1），（2）に入る最も適当な語をそれぞれ答えなさい。

問２　心臓と肺に関する記述として最も適当なものを次のア～エから１つ選び，記号で答えなさい。

ア　心臓も肺も主に筋肉でできている。

イ　心臓は主に筋肉でできているが，肺は筋肉のつくりをもたない。

ウ　心臓は筋肉のつくりをもたないが，肺は主に筋肉でできている。

エ　心臓も肺も筋肉のつくりをもたない。

問３　CTスキャンとよばれる方法で，肺と心臓をふくむ部分を横断した断面を足側から見た画像を得ました（図１）。その模式図として最も適当なものを右下のア～エから１つ選び，記号で答えなさい。なお，肺は　　，心臓は　　で表されており，それ以外のつくりは省略しているものとします。また，肺，心臓ともにじゅうぶん断面積が大きいところの断面をみることとします。

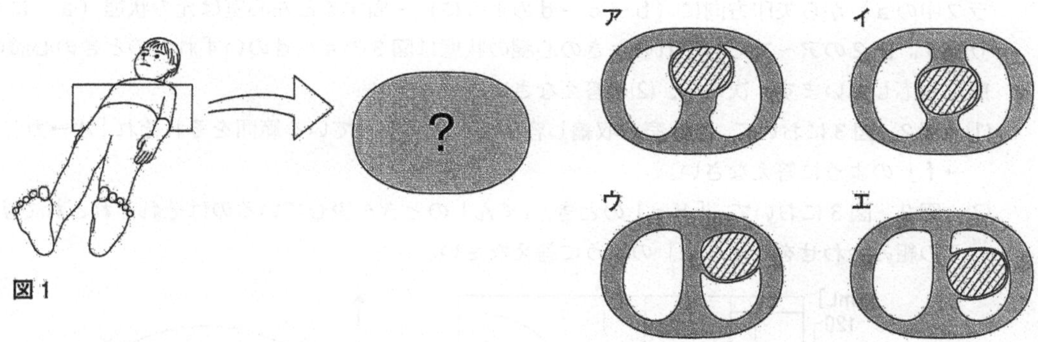

図１

問４　下線部①について，（2）がたくさんあることにはどのような意味があるか，説明しなさい。

問５　下線部②，③について，次の⑴～⑶に答えなさい。なお，休息時に心臓が１回拍動した際におし出される血液の量の平均（平均１回拍出量）を70mL，休息時の心拍数を毎分72回とします。また，必要であれば四捨五入して整数で答えなさい。

⑴　休息時の拍出量は毎分何mLですか。

⑵　はげしい運動により心拍数が毎分180回まで上昇したとします。毎分の拍出量が４倍にまで増加していたとすると，このときの平均１回拍出量は何mLですか。

⑶　定期的な運動トレーニングを行うことによって，休息時の心拍数が毎分60回にまで減少しましたが，毎分の拍出量に変化はありませんでした。心臓のはたらきにどのような変化が起こったと考えられますか。具体的な数値を用いて説明しなさい。

Ⅱ　心臓は「どっくん」と音が鳴りますが，心臓では「どっ」のときと「くん」のときでちがうことが起こっています。心房（しんぼう）から心室に血液が入って心室内の圧力が高くなると心房と心室の間の弁（これを弁１とします）が閉まりますが，このときの閉まる音が「どっ」なのです。また心室から大きな動脈に血液が流れその速度が減少すると，心室と大きな動脈の間の弁（これを弁２とします）が閉まり，このときに「くん」と音が鳴るのです。

弁１が閉まり「どっ」と鳴った瞬間（しゅんかん），弁２はまだ開いておらず，その直後に弁２が開きます。同様に，弁２が閉まり「くん」と鳴った瞬間，弁１はまだ開いておらず，その直後に弁１が開きます。「どっ」と「くん」が同時に鳴らないのは心房と心室が収縮するタイミングがずれているからであり，このずれのおかげで血液は一方向的に全身に送り出されています。

問６　弁１と弁２を右のア～カからそれぞれすべて選び，記号で答えなさい。なお，この図には本来存在しない弁も描（か）かれていることに注意しなさい。

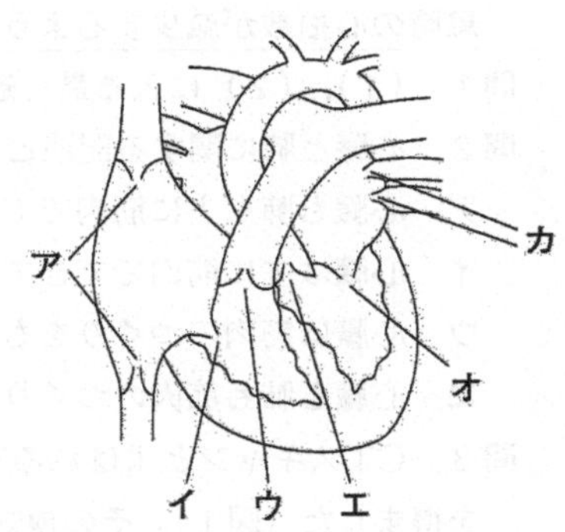

問７　図２は左心室の容積と大動脈への血流量それぞれの時間的変化を表しています。また図３は左心室の容積と左心室の内側にかかる圧力の関係を示したもので，左心室のある状態（例えばグラフ中のａ）から矢印方向に（ｂ→ｃ→ｄのように）一周すると左心室は元の状態（ａ）にもどります。図２のア～エそれぞれのときの心臓の状態は図３のａ～ｄのいずれかのときの心臓の状態に対応しています。次の⑴，⑵に答えなさい。

⑴　図２，図３において，左心室が収縮し容積が小さくなっている範囲（はんい）をそれぞれ「オ→カ」，「ｅ→ｆ」のように答えなさい。

⑵　図２，図３において，「どっ」のとき，「くん」のときを表しているのはそれぞれどれですか。その組み合わせを「オ－ｅ」のように答えなさい。

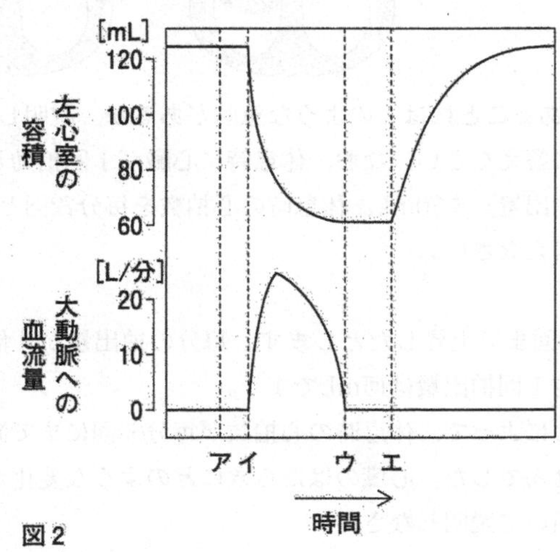

図２

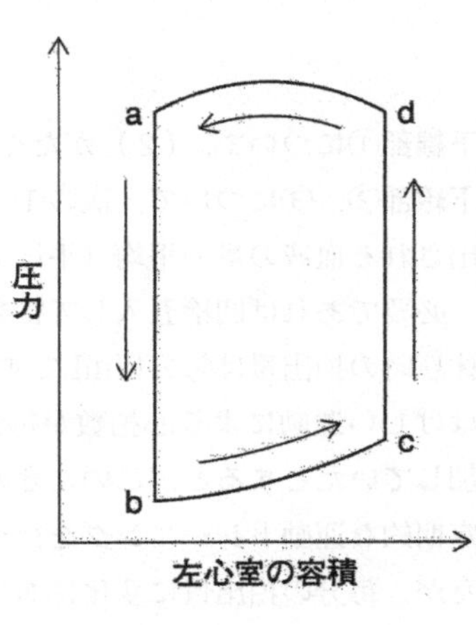

図３

4． 次の文章を読んで，以下の各問いに答えなさい。

日本の温泉の多くは火山性温泉に分類されます。例えば，江戸時代に林羅山(はやしらざん)という儒学者(じゅがくしゃ)が「天下の三名泉」と記した群馬県の草津(くさつ)温泉は，火山性温泉に当てはまります。①草津温泉の近くには白根山や本白根山といった活火山があり，火山から流れ出て冷え固まった溶岩の隙間(すきま)には，地表に降った雨や雪がしみ込んで，水がため込まれています。この②地下水が地下のマグマを熱源として温められた状態でわき出ることで，温泉となっています。③火山性温泉は，ナトリウム，カルシウムなどの岩盤の成分や，塩素などの火山ガスの成分を溶かし込んでいるものがほとんどです。

これに対して，同様に「天下の三名泉」の一つである兵庫県の有馬温泉は，非火山性の温泉です。その成因にはまだはっきりとしていない部分もありますが，④有馬温泉は沈(しず)み込む海洋プレートとともに地下数十㎞の深さに持ち込まれた海水を起源にしており，地下に持ち込まれた海水が地表にわき出すためには地震活動も寄与(きよ)していると考えられています。

近年では，非火山性温泉の一つとして，「大深度掘削(くっさく)泉」もみられるようになってきました。これは，⑤地下深くまで人工的に穴を掘(ほ)って，地下水をくみ上げたものです。

問１　下線部①について，次の図は，草津温泉周辺の地形図上で，岩石の種類を色分けしたものです。下線部①の記述を参考に，地図上の★印周辺に分布する岩石として最も適当なものを下のア～エから１つ選び，記号で答えなさい。

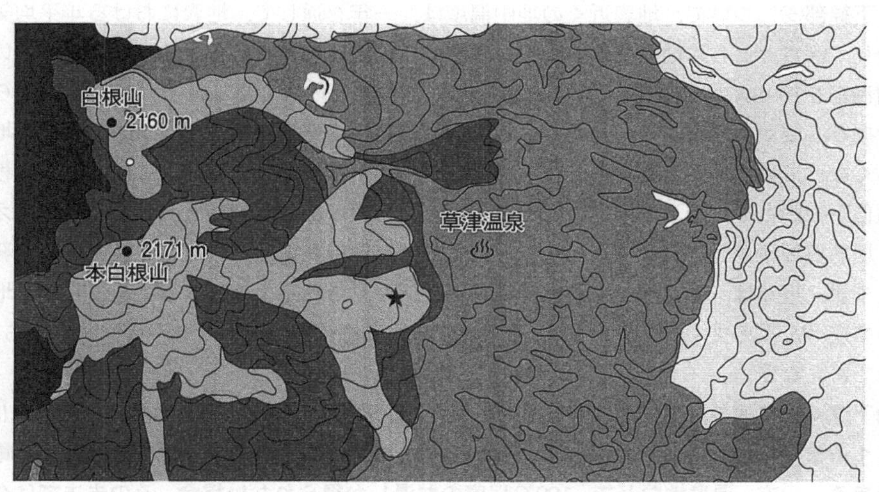

ア　安山岩　　イ　石灰岩　　ウ　砂岩　　エ　大理石

問２　下線部②について，地下水が自然に地表にわき出しやすい場所として，溶岩が流れて固まった層の末端付近や岩盤(がんばん)の割れ目のほか，台地の中の谷や崖(がけ)などがあります。台地に崖をつくる代表的な地形の一つとしては，河岸段丘(だんきゅう)があげられます。平地に河川が流れている状態から，土地の隆起(りゅうき)が２回起こって河岸段丘が形成されるとき，この河岸段丘の断面図を解答欄に模式的に描きなさい。

問３　下線部③について，温泉の水に限らず，水にふくまれる成分のうち特にカルシウムとマグネシウムの量は，硬度(こうど)という尺度で表されます。日本の地下水を採水したミネラルウォーターは外国のものに比べて硬度が低いという特徴がありますが，その理由を述べた次の文について，あとの(1)～(3)に答えなさい。

一般的に，日本は欧米諸国と比較して（　あ　）ことによって，（　い　）なっている。そのため，地下水に（　う　），日本のミネラルウォーターの硬度は外国のものに比べて低くなっている。

(1)（あ）に入る最も適当なものを次のア～エから１つ選び，記号で答えなさい。

ア　土地の勾配（こうばい）が急である　　イ　土地の勾配がゆるやかである

ウ　平均標高が高い　　エ　平均標高が低い

(2)（い）に入る最も適当なものを次のア～エから１つ選び，記号で答えなさい。

ア　地下水の流れがゆるやかに　イ　地下水の流れが急に

ウ　地下水の量が多く　　エ　地下水の量が少なく

(3) (1)，(2)の解答をふまえて，（う）に入る文を答えなさい。

問４　下線部④について，文中における「沈み込む海洋プレート」として最も適当なものを次のア～エから１つ選び，記号で答えなさい。

ア　ユーラシアプレート　　イ　フィリピン海プレート

ウ　北米プレート　　エ　太平洋プレート

問５　下線部④について，温泉のわき出しに対して地震活動はどのように寄与していると考えられますか。簡単に説明しなさい。

問６　下線部⑤について，地表近くの地中温度は，一年を通して，地表における年平均気温くらいになり，深さとともに地中温度が上昇します。この温度上昇の割合を地下増温率といいます。地下増温率を100mにつき3.0℃とするとき，50℃のお湯を地表で得るためには，地表から深さ何mまで掘る必要がありますか。ただし，この場所の年平均気温は14℃とします。また，地中温度と等しくなっている地下水をくみ上げるものとし，地下水が地下から地表に出てくる過程で生じる水温低下の割合を，地下増温率の20％とします。必要であれば四捨五入して整数で答えなさい。

問７　地熱資源量が世界第３位といわれる日本では，地熱発電は大きな可能性を秘めた発電方式といえます。近年は，温泉地でも地熱発電を行う例が見られるようになってきました。地熱発電について述べた次の文中の（あ）～（う）に当てはまる語の組み合わせを下のア～クから１つ選び，記号で答えなさい。

地下深くまで掘り，マグマの熱で温められた300℃程度の熱水を得るとき，この熱水は，地表に出てくるまでに（　あ　）となって体積が増すため，その圧力でタービンを回して発電することができる。一方，温泉地などで，100℃程度のお湯しか得られない場合，そのままではタービンを回すだけの圧力は得られないため，水よりも（　い　）が（　う　）い物質を利用することでタービンを回している。

	あ	い	う		あ	い	う
ア	冷水	沸点（ふってん）	高	イ	冷水	沸点	低
ウ	冷水	融点（ゆうてん）	高	エ	冷水	融点	低
オ	水蒸気	沸点	高	カ	水蒸気	沸点	低
キ	水蒸気	融点	高	ク	水蒸気	融点	低

【社　会】（45分）　＜満点：80点＞

問題　次の文章をよく読んで，あとの問いに答えなさい。

みなさんは２月３日の節分の日といえば，何をイメージしますか。①豆まきを思い出す人もいれば，恵方巻を食べることを思い出す人もいるでしょう。一昔前までは，節分の日といえば，豆まきが中心でしたが，昨今では恵方巻にも大きな注目が集まっています。恵方巻とは，その年の「恵方」の方角を向いて無言で１本食べ終えると縁起がよいとされている太巻きのことです。このようなものは，古くから続いている伝統行事のようにも思えますが，その歴史は浅く，②1990年代にコンビニエンスストアが全国規模でキャンペーンを始めることで広がり根づいてきました。このように，古くから続いているようにみえて，実はそうではない「伝統行事」は他にもあります。恵方巻ほど最近のことではありませんが，例えば，正月の「伝統行事」である初詣もそうした例にあてはまります。初詣を例に，「伝統行事」が生まれ定着していく過程を考えてみましょう。

右の《写真》をみてください。明治神宮での初詣の写真です。たくさんの人でにぎわっていることがわかります。警察庁の記録によれば，2009（平成21）年に初詣に行った人は9,900万人以上とされています。初詣は正月の三が日の行事として，私たちの生活に根づいており，古くから続く伝統行事のように思えますが，「初詣」という言葉が最初に登場したのは③明治時代のことです。1885（明治18）年の『東京日日新聞』の記事のなかで，④神奈川県にある川崎大師へ正月にお参りすることを指す際の言葉として初めて登場したといわれています。それ以来，「初詣」は「正月にどこかの⑤神社や寺にお参りする」という意味の言葉として使われ，東京や大阪などの都市部を中心に，しだいに広がっていきます。

《写真》初詣でにぎわう明治神宮のようす

（小田急電鉄ウェブサイト https://www.odakyu-voice.jp/event/2020_01_01/より）

⑥江戸時代における正月の神社や寺へのお参りとしては，初縁日や恵方詣などがありました。縁日とは神や仏に縁のある日のことで，一年の初めにある縁日のことを初縁日といいました。初縁日はさまざまな神社や寺でありましたので，それにもとづいて多くの人びとが初縁日にあたる日にお参りしました。恵方詣とは，住んでいる場所からみてその年の「恵方」にあたる神社や寺にお参りすることです。「恵方」とは，その年の幸福と富をつかさどる歳徳神がいるとされた方角のことで，毎年変わり，５年で一回り（北北西・東北東・南南東・西南西の方角がそれにあたり，南南東の方角のみ５年間で二度めぐってくる）します。明治時代以降，日曜休日や三が日の休業の慣習がしだいに広がっていく中，そうした休日に神社や寺にお参りする人びとが増え，縁日にこだわらない形での神社や寺へのお参りが増えていきます。一方，⑦恵方詣は，初詣としてのお参りが増加していくにつれて，減少していきました。

こうした中，1920（大正９）年，⑧明治神宮が建てられました。明治天皇とその皇后であった昭憲皇太后を祭神とする神社です。右上の《写真》からもわかるように，明治神宮は現在も代表的な初詣先として知られています。当時の新聞記事によれば，明治神宮が建設された初めての正月である1921（大正10）年の段階で，すでに元日だけで10万人を集めたといわれています。すでに建設当初から代表的な初詣先でした。その後，1923（大正12）年におこった（　X　）によって浅草や日本橋など都心から東部にかけて大きな被害を受けたため，新宿や渋谷などの都心より西部の開発が進みます。郊外で鉄道路線が広がることになり，明治神宮への交通の便は向上することになりました。こうしたことを背景に，初詣で明治神宮にお参りする人の数は増加していきます。1940（昭和15）年には正月７日間で200万人を超える人が訪れました。こうして，初詣は多くの人びとに広まることになり，現在では国民的行事として，⑨さまざまな年齢層の人びとに受け入れられ，「伝統行事」になりました。

恵方巻や初詣にしろ，さほど古くから続いていないということで，それらのもつ行事としての価値が損なわれることはありません。しかし，「伝統行事」がどのように生まれ広がっていったのかを考えてみることは，伝統が「つくられたもの」であるというあたりまえの事実を私たちに気づかせてくれるのではないでしょうか。

問１．下線部①について，豆まきに使われる大豆の消費量・生産量は現在世界的に増加しており，その背景のひとつには，ある国（Ａ国）において肉類の消費量が大幅に増加したことで，家畜のエサとなる大豆の需要も増加したことがあげられます。しかし，それによってある別の国（Ｂ国）では大豆の農地を確保するために，熱帯雨林が伐採されるなどの環境問題が発生しています。問題文中のＡ国とＢ国は以下の地図で塗りつぶされている国のいずれかです。Ａ国とＢ国の国名をそれぞれ答えなさい。

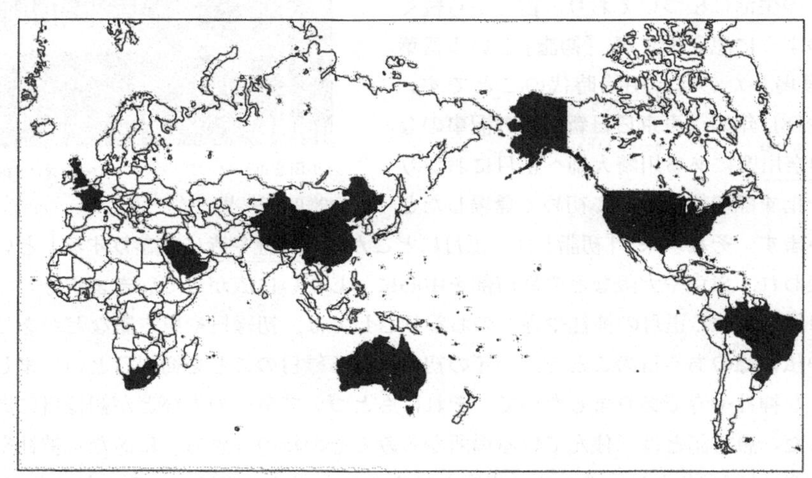

問２．下線部②に関連して，コンビニエンスストアによる恵方巻の大量廃棄が問題となりました。食品ロスを減らすために販売店ができることに関する記述として，**ふさわしくないもの**を次の**ア**～**エ**から１つ選び，記号で答えなさい。

ア．在庫として抱えても販売が困難なことが見込まれる食品は，フードバンクに寄付する。

イ．消費者が求めるだけの分量をはかって売る「量り売り」を導入する。

ウ．包装資材に少しのキズや汚れがあっても，中身に問題がなければそのまま売る。

エ．消費者が来店した際に，品切れで買えないことがないように商品を仕入れておく。

問３．下線部③に関連して，2015年に「明治日本の産業革命遺産」が世界遺産に登録されました。ユネスコによる世界遺産の登録や保護活動が，世界の平和と安全に大きく貢献しているといわれるのはなぜでしょうか。その理由として，もっともふさわしいものを次の**ア**～**エ**から１つ選び，記号で答えなさい。

ア．異なる民族や宗教における優劣の差が，たがいの不信感を生み，戦争の原因となることが多かった。そのため，世界におけるそれぞれの民族や宗教の高い文化性や優秀な側面を強調することで，世界の平和と安全に大きく貢献するといわれているから。

イ．国家間におけるたがいの文化や歴史についての誤った理解が，たがいの不信感を生み，戦争の原因となることが多かった。そのため，たがいの文化や歴史を正しく理解し，尊重するきっかけを生み出すことで，世界の平和と安全に大きく貢献するといわれているから。

ウ．豊かな国と貧しい国の間における経済的格差が，たがいの不信感を生み，戦争の原因となることが多かった。そのため，先進国の高度な文明や技術を発展途上国に宣伝し広めることで，世界の平和と安全に大きく貢献するといわれているから。

エ．世界における国家間の政治的な主導権争いが，たがいの不信感を生み，戦争の原因となることが多かった。そのため，強い権限をもつ主要国の判断により，人類の文化の基準が定まることで，世界の平和と安全に大きく貢献するといわれているから。

問４．下線部④に関連して，神奈川県は海岸線をもたない山梨県と接しています。右図は神奈川県の海岸線のみを示しており，次の**ア**～**エ**は，右図と同じように，それぞれ都道府県の海岸線（島は一部省略）のみが示されています。**ア**～**エ**のうち，海岸線をもたない都道府県と接しているものを１つ選び，記号で答えなさい。なお，図はすべて上が北で，縮尺は同じです。

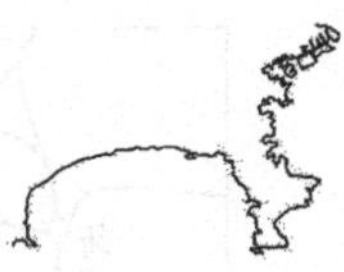

ア.

イ.

ウ.

エ.

問５．下線部⑤に関連して，以下の問いに答えなさい。

⑴　次の**Ａ**～**Ｄ**の寺社について，建設された時期が古いものから順に並べ替えたときに，**２番目**と**４番目**にあたるものをそれぞれ記号で答えなさい。

Ａ．中尊寺　　**Ｂ**．日光東照宮　　**Ｃ**．慈照寺　　**Ｄ**．東大寺

⑵　⑴の寺社とその建設に関わった人物の組み合わせとして，**誤っているもの**を次のページの**ア**～**エ**から**２つ**選び，記号で答えなさい。

ア．中尊寺 ・ 藤原清衡　　イ．日光東照宮 ・ 徳川家康
ウ．慈照寺 ・ 足利義満　　エ．東大寺 ・ 行基

問６．下線部⑥に関連して，江戸幕府の統治について述べた文章として，**ふさわしくないもの**を次のア～エから１つ選び，記号で答えなさい。

ア．武家諸法度に違反した大名などが取りつぶされることがあった。
イ．大名は親藩・譜代・外様に分けられ，領地の配置が工夫された。
ウ．幕府の財政を担当していたのは勘定奉行である。
エ．朝廷と西日本の大名の監視を担当していたのは六波羅探題である。

問７．下線部⑦について，京浜電気鉄道会社による経営上の戦略が，結果的に「恵方詣」よりも「初詣」を広げることにつながりました。「恵方詣」よりも「初詣」が広がっていった理由について，「恵方詣」と「初詣」のそれぞれの特徴をあげた上で，京浜電気鉄道会社がどのような経営上の戦略をとり，なぜそうした経営上の戦略をとったのかにふれながら，**本文と《資料１》・《資料２》・《資料３》**を参考にして，220字以内で説明しなさい。

《資料１》東京・神奈川の鉄道路線図の一部（明治時代後半）

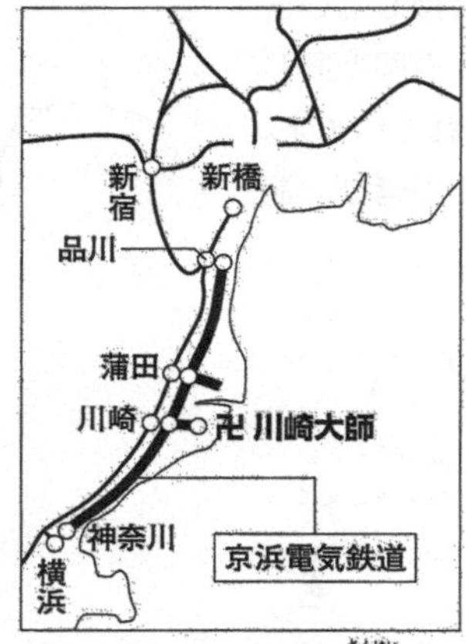

（平山昇『鉄道が変えた社寺参詣』交通新聞社　2012年をもとに加筆・修正）

《資料２》京浜電気鉄道会社による新聞の正月広告

A

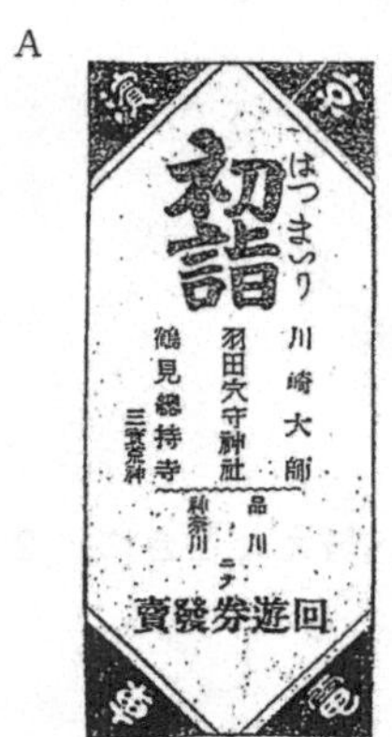

（『東京日日新聞』
明治45年1月1日より）

B

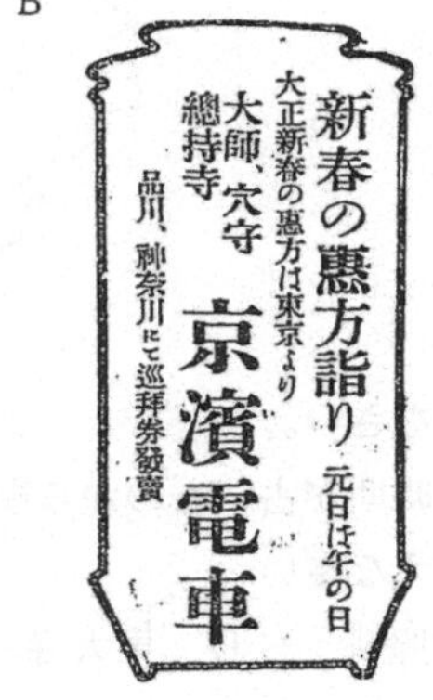

（『東京日日新聞』
大正元年12月31日より）

C

（『東京日日新聞』大正14年12月31日より）

《資料３》主要新聞における京浜電気鉄道会社の正月参詣広告のうち、「恵方詣」・「初詣」の語句が使用された広告の掲載数

年	1912 (明治45)	1913 (大正２)	1914 (大正３)	1915 (大正４)	1916 (大正５)	1917 (大正６)	1918 (大正７)	1919 (大正８)	1920 (大正９)	1921 (大正10)	1922 (大正11)	1923 (大正12)	1924 (大正13)	1925 (大正14)	1926 (大正15)	1927 (昭和２)	1928 (昭和３)	1929 (昭和４)
川崎大師が東京方面からみて恵方にあたる年		恵方			恵方		恵方			恵方		恵方			恵方		恵方	
恵方詣を使用		2			1		3							1				
恵方詣・初詣の両方を使用										1		1			6		5	
初詣を使用	2		1	2		2		3			1		2				1	2
《資料２》の新聞広告	A	B													C			

※東京方面からみて川崎大師が「恵方」となるのは５年間に２回とされた

※1925年は恵方にあたる年ではないが、恵方詣の広告が出された

（平山昇『初詣の社会史』東京大学出版会　2015年をもとに作成）

問８．下線部⑧について，明治神宮の建設地をめぐっては東京以外の各府県においても候補地がありましたが，政府が任命した調査会が「明治天皇の居住地である皇居が東京にあり，明治天皇がそこに住み続けた」という明治天皇と東京との歴史的由来を評価し，東京が選ばれました。しかし，明治神宮の建設地が東京の中でも現在置かれている場所に決定すると，その土地のもつ歴史的由来は，「明治神宮の建設地としてふさわしくない」との反対意見が出されました。現在置かれている場所が明治神宮の建設地としてふさわしくないという意見が出された理由について，次のページの《**資料５**》の空欄（くうらん）（A）にあてはまる語句を用いて，その土地のもつ歴史的由来にふれながら，《**資料４**》・《**資料５**》からいえることを130字以内で説明しなさい。

《資料４》現在の明治神宮周辺のようす（左図）と同じ地域の大名屋敷（やしき）が広がる江戸時代のようす（右図）

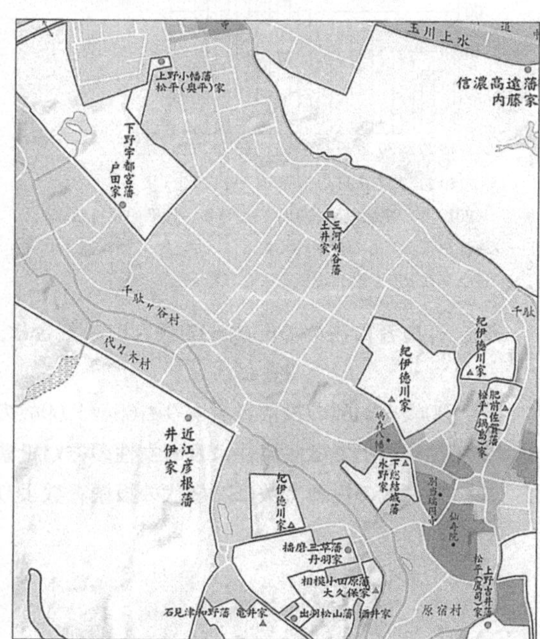

（竹内正浩『重ね地図で読み解く大名屋敷の謎』宝島社　2017年より）

《資料５》アメリカ合衆国との条約をめぐる状況についての年表

1857年11月	アメリカ合衆国が貿易の開始を求めて，（　Ａ　）条約を結ぶことを幕府に要求
1858年２～３月	幕府は朝廷に（　Ａ　）条約を結ぶための許可を求めるも，孝明天皇の反対で失敗におわる
4月	彦根藩主である井伊直弼が幕府の大老に就任
6月	（　Ａ　）条約を結ぶ
8月	（　Ａ　）条約を結んだ幕府を孝明天皇が批判
1860年３月	井伊直弼が暗殺される
1866年12月	孝明天皇が死去
1867年１月	明治天皇が即位

（三谷博『維新史再考』NHK出版　2017年をもとに作成）

問９．本文中の空欄（Ｘ）にあてはまる語句を答えなさい。

問10．下線部⑨に関連して，**《資料６》**を根拠に，2017年の衆議院議員選挙についていえることとして，**ふさわしくないもの**を次の**ア**～**エ**から１つ選び，記号で答えなさい。ただし，「日本の年齢別人口」は2016年と2017年で大きな変化がないものとみなします。

《資料６》年齢別の投票率（左図）と日本の年齢別人口（右図）

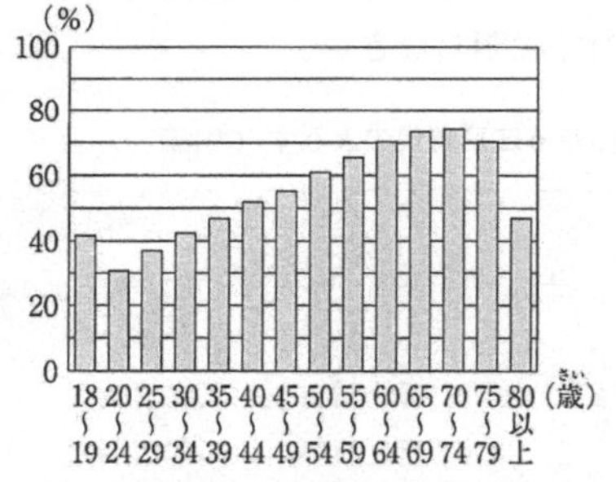

※2017年の衆議院議員選挙における、標準的な投票率の地区を選んだものの平均である
（『小学社会６』教育出版をもとに修正）

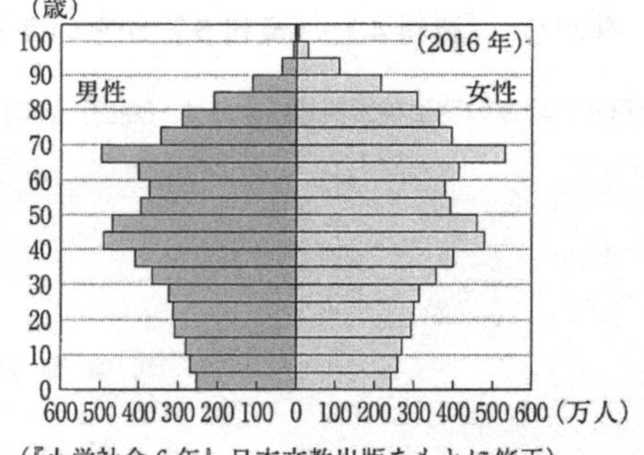

（『小学社会６年』日本文教出版をもとに修正）

ア．有権者に占める65歳～69歳人口の割合は，有権者に占める30歳～34歳人口の割合よりも多い。

イ．30歳～34歳の投票者数よりも65歳～69歳の投票者数の方が多い。

ウ．70歳以上では，男性よりも女性の方が投票率が高い。

エ．10歳代の投票者数は20歳代の投票者数よりも少ない。

イ　できるとウソをついてまで達成の難しい課題に取り組んで失敗すると、その責任を取ることになるが、そのぶん周囲の信用を取り戻そうと腕をみがくため、仕事が上達する。
ウ　周囲に求められる以上に困難な目標を立て、達成すると公言することにより、その約束を果たすために努力する過程で、本来必要とされていた能力が自然と習得される。
エ　自分の力量を実際よりも高く言いふらしていると、周囲から大きな期待を背負うことになるが、そのことが責任感や意欲をもたらし、技量を向上させることにつながる。

問八　――線部7「心から『できそうだ』と思う自己欺瞞が必要だったのである」とあるが、狩猟採集時代において「自己欺瞞が必要」とされたのは何のためか。五〇字以上、七〇字以内で説明しなさい。ただし、次の言葉を必ず用いて答えること。

協力集団

問九　――線部8「『居場所がない』という状況」とあるが、現代社会においてそのような「状況」が生じるのはなぜか。次の中から最も適当なものを選び、記号で答えなさい。

ア　狩猟採集時代とは違い人間的なつながりが希薄になったために、集団の中で常に目立った成果をあげていなければ仕事を得られず、承認欲求を満たすことも難しくなったから。
イ　周囲の人間との競争関係に勝ってお金を稼ぐという個人的な営みが何よりも重要となったために、かつて人々の承認欲求を満たしていた協力集団が、今は失われてしまったから。
ウ　集団で働かなくなったことで、他者から仕事の成果を認めてもらえる機会が減ってしまい、自分で自分を肯定する以外に、承認欲求を満たし続けるための手段がなくなったから。
エ　生活を営むうえで集団で密な協力をする必要性が薄れたために、仕事を成しとげることで集団の一員として認められるという形では、承認欲求を満たす機会が少なくなったから。

イ　手に入らなかったものが欲しがるほどのものではなかったと思える理由を頭の中で無理に作り上げることによって、自分が傷ついてしまうことを避けているということ。

ウ　手に入らなかったものは価値がなかったと思える理由を思いつくままに並べ立てて強がることによって、本心を表に出さず他人に弱みを見せないようにしているということ。

エ　手に入らなかったものは大したものではなかったと思える理由を想像して作り上げることで、これまでに築かれた自己肯定感が損なわれるのを意図的に防いでいるということ。

問五　――線部４「『甘いレモン』現象が、具体的な問題を起こすことも多い」とあるが、「『甘いレモン』現象」が「問題を起こす」とはどういうことか。次の中から最も適当なものを選び、記号で答えなさい。

ア　自己肯定感を高く維持しようとして自分の能力を過大評価することが、いつまでも失敗を認められず、取り返しのつかない結果を招いてしまうこと。

イ　自分が得たものを良いと思いこんで都合の悪い情報を見ないようにする傾向が、他者にいいように利用されてしまい、損失をこうむることになること。

ウ　不都合な現実と向き合わず、現状を維持するだけで何もしないことを続けていると、無自覚のうちに主体的に行動することができなくなるということ。

エ　手に入れたものの価値を高く見積もることで自己を正当化しようとする心理が現実から目を背(そむ)けさせ、自分に不利益となるような行動をとらせること。

問六　――線部５「この一連の過程に〝フェイク〟が侵入してくる」とあるが、それはどういうことか。次の中から最も適当なものを選び、記号で答えなさい。

ア　集団の中で承認されて生き残るために、若いうちから自分の得意なことを見極(みきわ)め、それを人より早くこなせるとアピールしていく中で、他者を出し抜こうというずるがしこい考えが芽生える可能性があるということ。

イ　集団への仲間入りを果たしたいと思って仕事を積極的に買って出るという行動の中に、必要とされる能力があるわけでもないのに、背伸びをして実力以上の仕事ができるふりをするようなことが生じてくるということ。

ウ　集団の中で一目置かれたいという自分の欲求を満たすために、周囲の人々をあざむいて勝手な仕事をするうちに、これまでにはない新たな方法で仕事を進められるようになるという効果を生むかもしれないということ。

エ　集団に生まれ育った子どもを早く役に立つ存在にしようとして、大人たちがその子の能力に関係なく担当の仕事を割り振る行為の中に、子どもができないことまでできると過信してしまう危険性がひそんでいるということ。

問七　――線部６「予言の自己成就」とあるが、その説明として最も適当なものを次の中から選び、記号で答えなさい。

ア　達成の見込みがそれほどなくても、周囲に対してあたかも自信があるかのようにふるまうことで、訓練を重ねざるをえない状況が作り出され、十分な実力を身につける。

こうしてみると、文明社会では狩猟採集時代のような密な協力集団が希薄になっていることに思い e イタる。基本的な生活を支える協力集団が周囲になければ、狩猟採集時代のような形では私たちの承認欲求は満たされない。よく言う 8「居場所がない」という状況はその承認欲求不全のひとつの現れだろう。そこで現代では、お金を稼ぐことで基本的な生活を支え、何らかの人間的なつながりを築くことで別途承認欲求を満たしているようだ。

ところが、お金を稼ぐことが個人的な営みになっている文明社会では、周囲の人々との競争関係が生じやすい。すると、「自己肯定感を高めてアピールし、周囲の承認を得る」という一連の活動が、旧来は協力集団の一員になるための成人への過程であったものが、現代では、一生を通じての仕事上の活動原理となりがちなのだ。

（石川幹人『だからフェイクにだまされる――進化心理学から読み解く』）

㊟ 防衛機制…自分を守ろうとする心の働き。
鼓舞…励まし勢いづけること。

問一 〰〰線部a～eのカタカナを漢字に直しなさい。

問二 ――線部1「ある種の〝恐ろしい寓話〟とも言えるのだ」とあるが、それはなぜか。次の中から最も適当なものを選び、記号で答えなさい。

ア 寓話ではキツネが自分のことを正当化しているが、改めて考えると想像力や社会性に乏しいキツネがそのような思考などできないことに気づかされるから。

イ 浅はかなことを考える動物はキツネだけだと思っているが、人間も自己肯定のために自分の弱点を隠そうと考えがちであることを改めて認識させられるから。

ウ ウソの想像で現実逃避しようとするキツネの滑稽なふるまいが、そのまま自分たち人間に当てはまるという事実を不意に突きつけられることになるから。

エ 自分の過ちを認められないキツネの恥ずべき行動が、実は人間の姿を風刺したものであるという物語の結末に、人間の愚かさがはっきりと示されているから。

問三 ――線部2「情報を拡大解釈して、無理やり自己肯定につなげる」とあるが、それはどういうことか。次の中から最も適当なものを選び、記号で答えなさい。

ア 自己肯定の材料になりそうな情報ならなんでも、積極的に取り込んで都合の良い意味にとらえようとすること。

イ 自己肯定の材料になりそうな情報だと思えば、たとえウソだとわかっていても信じこんでいるふりをすること。

ウ 自己肯定につながりそうな情報は、自分からあえて周囲に拡散することで自己肯定感を高めるのに利用すること。

エ 自己肯定につながらない情報は排除し、自己肯定感を高める情報だけを過度に重視して自信を保とうとすること。

問四 ――線部3「想像力を駆使した〝理由づけ〟によって心の安定を維持する」とあるが、それはどういうことか。次の中から最も適当なものを選び、記号で答えなさい。

ア 手に入らなかったものが重要ではなかったと思える理由を自分に都合よく作り出すことで、他人に対して失敗ではなかったと合理的に主張できるようにしているということ。

人々からの承認を求めようとする欲求である。任された仕事をうまくこなすことができれば、最後に達成感と満足感が得られるわけだ。協力集団に属することが生き残るうえで不可欠だった時代ならではの事情が、私たちの行動を方向づけたのである。

5この一連の過程に〝フェイク〟が侵入してくる。「仕事を担当できる力はいまひとつだな」と自分でうすうす思っていても、「担当できる」と意欲的にアピールしてしまうのだ。すると、周りの人々も「そんなに言うのなら」と、〝フェイク〟にだまされたつもりになって任せてみる。その結果、いくぶん失敗を重ねるかもしれないがcカッコウの練習になり、一人前になるまでに仕事が上達するのである。

こうして、〝フェイク〟が本当になっていく。これは「6予言の自己成就」と呼ばれ、私たちがときどき達成の難しい目標に挑み続けるときに使うテクニックである。

たとえば、難しい課題に挑戦するときに「一カ月で跳び箱一〇段跳んで見せる！」などと、周囲の皆に公言することがそれにあたる。いったんアピールした事柄は、達成する社会的な責任を伴う。達成できなければ、「口先だけの奴だから、信用するのはやめておこう」と思われてしまう。その責任感から、なんとしても達成しなければという意欲が湧き、つらい練習も続けられるのだ。

よく考えると、この課題挑戦を始めるには、「自分には、跳び箱一〇段跳べる素質がある」と信じる必要がある。素質がある根拠が何もない状態でも、それを漠然と信じなければ始まらないのである。これが自己欺瞞の必要な理由である。

協力集団にはいろいろな仕事があり、それぞれの仕事をこなす人を誰かに割り当てなければならない。普通に考えれば、やったこともない仕事には自信が持てず、やりたくないと思うのが当然である。しかしそれでは協力集団は成り立たない。

私たちは、集団の長老の「君なら大丈夫。絶対できるから、自分を信じるんだ」という言葉に共感して、自信を持てるようになり、協力集団形成に成功してきた。さらに私たちは、自分自身を㊟鼓舞して、未知の仕事でも率先して挑戦できるほど、自己肯定感を高く維持できるように進化した。その背景では、自己欺瞞が一役買っているわけだ。本心では「できそうにもないな」と思っていては意気込みに欠けてしまうし、大人たちから本心を見透かされてしまう。7心から「できそうだ」と思う自己欺瞞が必要だったのである。

（中略）

現代社会の生活は狩猟採集時代とは大きく様変わりしている。それでも私たちが自己欺瞞のdシュウカンを維持しているのは、どのような理由からだろうか。

前節に述べたように、狩猟採集時代に自己欺瞞が必要であった理由は、協力集団の一員として受け入れられる承認欲求からであった。考えてみると、かりに協力集団の一員として受け入れられれば、自己欺瞞の必要性はそれほど高くない。抜きん出た成果をあげるとアピールしなくとも、自分の実力は周りの人に知られているし、そもそも協力集団内ではある程度の食べ物は分配されるので、抜きん出た成果は必要ないのである。また、年をとれば、若者に仕事を譲っていくものであるから、見栄を張る必要もない。

「甘いレモン」の現象がよく見られるのは、高額な買い物をしたときである。買ったものは〝いいもの〟でなければならない。金額に見合わない悪いものをつかまされたとなれば、悔しさが膨らんでしまう。

その心理がよく現れるのが、広告の閲覧行動である。たとえば、高価な車を買った人は、買わなかった車よりも、買った車の広告をよく見ることが知られている。広告には、いかに〝いい車〟であるかが重ねて記載されているので、自分が買った車の広告を見れば、「いい車を買ってよかった」と自己肯定が進む。その一方、他の車の広告を見てしまえば、買った車にない性能の良さや、値段の安さがあらわになってしまいかねない。なるべく見ないようにするのが、平穏な心を保つのによいのだ。

同様の4「甘いレモン」現象が、具体的な問題を起こすことも多い。たとえば、株式bトウシで値上がりを見込んで買った株が、意に反して値下がりをした場合だ。失敗を認めたくないトウシの初心者は、値下がりしてもなお「いつかは上がる〝いい株〟に違いない」と思いこんで、持ち続けてしまう。

また就職活動にたいへんな努力をして入った会社は「〝いい会社〟に違いない」と思いこむ傾向もある。やめてしまえば〝たいへんな努力〟が水の泡になってしまい心の安定を損なうので、自己欺瞞の意義もある。しかし、会社が社員の離職を避けるために就活のハードルを上げているのであれば、「つらい就活もいい勉強になった」と合理化を働かせ、思い切って転職することも選択肢のひとつである。

このように、自己欺瞞は心の安定を図る大きな利点がある一方、現実を見失う欠点もある。（中略）

右に述べてきたように、人間には自己肯定感を高めようとする気持ちがあり、それが自己欺瞞の原因となっている。ここではその気持ちの由来を探っていく。

恐怖や愛情が、動物の時代に由来する感情であるのに対して、自己肯定感やそれを維持したいと思う気持ちは、主に狩猟採集時代に形成されたと考えられる。（中略）狩猟採集時代は五〇人から一〇〇人くらいの固定的な協力集団で一生を過ごしていた。ある集団に生まれれば原則一生その集団で生きたのであるから、当然、集団の一員として認められることが必要不可欠だったのである。

狩猟採集時代の集団では、密な協力が特徴となっていた。小グループに分かれて狩猟に出かけ、とれた獲物は皆で分けて食べる。木の実が熟す時機になれば大勢で採集に出かけ、集めた木の実もまた分配するという生活だったようだ。仕事を効率的に進めるために、集団のメンバーには役割分担があったにちがいない。たとえば、腕力が強い者は狩猟のときのやり投げ担当、目が利く者は捕食動物が襲ってこないかを監視する採集時の見張り役、といった具合である。

こうした集団では、そこに生まれ育つ子どもが「何が得意で、何の仕事をうまくこなしてくれるか」をいち早く見きわめて、その仕事を担当させるのがよい。逆に、子どもの側からすると、自分が得意であることを認識して、担当できる仕事を申し出るのがよい。うまく仕事ができて大人たちから認められれば、早々と大人の仲間入りなのだ。

この協力集団の環境が、私たちに特有の感情や欲求を進化させたのである。「自分には集団に欠くことができない仕事を担当できる力がある」と思う自己肯定感、そうした仕事を担当できるとアピールして、周りの

始めてくれたように、亮二がまた新しい漫画を発表することを信じて、料亭の漫画の登場人物のように懸命に働きながら待っているということ。

問十二　――線部12「なかなかかっこいい仕事だったんじゃないか」とあるが、この言葉から、料亭の漫画に対する亮二の思いはどのように変化してきたと読み取れるか。次に示す言葉の後に続くように、七〇字以上、九〇字以内で説明しなさい。

料亭の漫画は（　　　　　　　　　　）

二、次の文章を読み、後の問いに答えなさい。

イソップの寓話に「キツネとブドウ」というお話がある。一匹のキツネがたわわに実るブドウの房を木の枝に見つけ、なんとかとってやろうとジャンプする。何回か挑戦してみるが、とても届かない。あきらめたキツネは、「あのブドウは酸っぱいに違いないや」と言い捨てて、毅然とした態度で去って行くという物語である。

このキツネは、自分のジャンプ力が弱いために「甘いと思われるブドウ」を取ることができないという現実を受け入れずに、「酸っぱいに違いない」と無理やり思いこもうとしている。物語は、ウソの想像によって悔しさを紛らしたり、他者に弱みを見せない行動をとったりする滑稽さを指摘している。

もちろん、実際のキツネはこのような行動をとらない。想像力が低いので、「酸っぱいに違いない」と無理やり思いこむことはできないし、他者が自分をどう見ているかを考える社会性もそれほど発達していない。だから、お話を読んだ人間が「キツネなんだからしょうがないよね！」とひとしきり笑った後で、「実はこのキツネは人間を象徴しているんだよ」と気づかされると、その嘲笑が自らへと返ってきてしまい、ギクッとさせられる。その意味で「キツネとブドウ」は、1ある種の〝恐ろしい寓話〟とも言えるのだ。

人間には、自分の弱みを隠し、自己肯定感を高めようとする本性がある。他人に弱みを見せないようにするだけでなく、自ら弱みを自覚しないように意識から遠ざける傾向までもがある。そうして築かれた自己肯定感によって自信が生まれ、奮起できるのであるから、この傾向はあながち軽んじられない。

しかし、その結果、人間は自己肯定につながる情報に対して敏感になりやすい。その事実には注意が必要だ。たとえフェイクニュースであっても、せっせと情報収集して自己肯定に利用してしまう。ときには、2情報を拡大解釈して、無理やり自己肯定につなげることさえある。

こうした自己肯定感を無理やり高める行為を「自己欺瞞」という。いわゆる「自分だまし」であるが、人間が生活していくうえで、欠くことができない心理過程になっている。これが本章のテーマである。

「キツネとブドウ」のお話にちなんで、自分が得ることができないものを過小評価する心理機構を、心理学では「酸っぱいブドウ」と呼ぶ。3想像力を駆使した〝理由づけ〟によって心の安定を維持する仕組みで、心理的な㊟防衛機制のうちの「合理化」のひとつとされている。

反対に、自分が得ることができたものを過大評価する心理機構もあり、「酸っぱいブドウ」に対して、ときに「甘いレモン」とも呼ばれる。酸っぱいはずのレモンでさえも甘く感じるという強烈な表現で、私たちの「合理化」の強さや根深さをaテキカクに指摘している。

ウ　漫画家をやめると決めてからは書店に入りたくもなかったが、老紳士の言葉を思い出してまだ諦めなくてもよいのかもしれないと思い、希望を持ち直している。

エ　自分の描きたい漫画が売れなかった事実を突きつける書店という存在を見て、また心が傷つきそうになったが、かつての失敗のことは忘れようと決意している。

問九　――線部９「嬉しいよりも申し訳ない気がした」とあるが、亮二がこのように感じたのはなぜか。次の中から最も適当なものを選び、記号で答えなさい。

ア　料亭の漫画がたくさんの読者に応援され人気を得ていたことを知らず、書店の人が自分の作品を大切に売り、支えてくれていたことに感謝をしないどころか、足を運ぼうともしてこなかったから。

イ　少年漫画誌で打ち切りになった過去を引きずり、漫画家の仕事に対して後ろ向きになって、自分の描く作品がこんなにも熱意をこめて売られていたことをずっと気にもとめてこなかったから。

ウ　望み通りの漫画を描けていないからといって、漫画家としての自分を応援してくれている人たちの言葉には見向きもせず、自分の漫画家人生は失敗に終わったと決めつけてしまっていたから。

エ　描いている自分自身が好きかどうかもわからなくなってしまっていた料亭の漫画に添えられている、これまで見る機会のなかった賞賛や応援の言葉の数々が、大げさでもったいなく思われたから。

問十　――線部10「深く息をして、うつむいた」とあるが、この時の書店員の様子を説明したものとして、最も適当なものを次の中から選び、記号で答えなさい。

ア　大好きな亮二の漫画が終わってしまうことが残念でならず、そのわけを本人にたずねる前に気持ちを整理している。

イ　応援していた亮二の漫画が連載終了になるという事実を思い出し、悲しくて泣き出しそうなのを必死に我慢している。

ウ　連載が終わるのは自分たちの応援が足りなくて本が売れなかったからかもしれず、亮二に申し訳なさを感じている。

エ　漫画の連載をやめないでほしいという思いをきちんと伝えるために、あこがれの亮二に出会えた興奮を抑えている。

問十一　――線部11「大丈夫、この作品が始まる日までも待ったんですから」とあるが、この書店員はどのようなことを亮二に伝えようとしているのか。次の中から最も適当なものを選び、記号で答えなさい。

ア　少年誌の連載が終わった後、気長に待っていると料亭の漫画と巡り合えたように、亮二がまたおもしろい漫画をいつか発表してくれることを楽しみにして、多くの読者はのんびり待ち続けているということ。

イ　漫画の連載が終わった後、漫画家として成長をとげて料亭の漫画の連載を始めてくれたように、亮二が新たに力をつけてよりおもしろい漫画を描いてくれると確信し、それまで諦めずに応援しているということ。

ウ　少年誌に掲載された漫画が打ち切りになった後も、長い時間待ち望んでいたら料亭の漫画に出会うことができたように、亮二が新しい漫画を描いてくれる日が来ることを信じてずっと待っているということ。

エ　漫画の連載が何度打ち切られても、懸命に努力して新しく連載を

る今の亮二が過去の自分に重なり、同じ過ちを犯さぬよう漫画のたとえでおどけながらも真面目に忠告している。

ウ　おそらく本心では納得がいっていないのに、様々な理由をつけて好きな漫画を描くのをやめてしまおうとする亮二のことを、漫画のたとえで冗談めかしつつも真剣に諭している。

エ　本当は夢を諦める気などないのに、自分の心に素直にならずいじけた態度を取る亮二のことがもどかしく、漫画のたとえで明るく励まし、懸命にその背中を押そうとしている。

問六　――線部6「ああ、いやすまない、すみませんでした」とあるが、老紳士がこのように言ったのはなぜか。次の中から最も適当なものを選び、記号で答えなさい。

ア　亮二が客であることを思い出し、私生活に踏みこんだ意見を言ってしまったことを後ろめたく思ったから。

イ　亮二が夢を諦めて落ちこんでいるのに、もう一度それを思い出させて傷つけたことを申し訳なく思ったから。

ウ　亮二の決断は今さら何を言っても変わらないことを悟り、自分の余計なお節介を恥ずかしく思ったから。

エ　亮二にこれからも漫画を描き続けてほしいと思うあまり、必要以上に言い過ぎたことを心苦しく思ったから。

問七　――線部7「空は永遠に続き、旅立つひとびとを待っていてくれる。空から舞い降りる翼を、空港は待っていてくれるのだ」とあるが、この表現から読み取れる亮二の心情の変化を説明したものとして、最も適当なものを次の中から選び、記号で答えなさい。

ア　老紳士の助言を得たことで苦しい状況の乗り越え方を学べたように思い、飛行機が翼のライトを点滅させながら飛ぶ様子を見て、今は漫画家として行きづまったとしか思えなくても、見方を変えれば希望の灯りを見出せるのだと思えるようになった。

イ　老紳士から漫画家を続ける手がかりを与えられたことで自分の将来への自信が芽生え、夜空に向かって飛び立つ飛行機の姿を見て、漫画家としての才能が現時点では世間に認められていなくても、諦めることなく漫画を描き続けたいと思えるようになった。

ウ　老紳士の言葉に励まされたことで自分の夢に対する前向きな思いを抱けるようになり、飛行機が次から次へと離着陸を繰り返す様子を見て、漫画家として一度は挫折したとしても、諦めずに好機を待って何度でも挑戦すればいいのだと思えるようになった。

エ　老紳士が自分の漫画をほめてくれたことで重苦しかった気持ちが軽くなり、良い風が吹くのを待って飛び立っていく飛行機の姿を見て、今は自分の作品に人気が出ていなくても、いつかは作品が評価される機会に巡り合えるはずだと思えるようになった。

問八　――線部8「顔を上げ、歩み寄る」とあるが、この時の亮二の心情を説明したものとして、最も適当なものを次の中から選び、記号で答えなさい。

ア　少年誌で連載をしなくなって以来書店という場所を目にすることも辛かったが、あえて書店に足を踏み入れることで、これまでの苦手意識を克服しようとしている。

イ　かつての少年漫画での挫折を思い出させる書店という存在を目にして反射的に胸が苦しくなったが、気を取り直して、再び漫画というものに向き合おうとしている。

いので話を合わせようと思ったから。

イ　すべて投げ出して打ちこまねばならない漫画の世界には戻りたくないと思う中で、似顔絵なら老紳士のように楽しく描いていけるかもしれないと気づかされたから。

ウ　漫画家としての将来には希望が持てなくなっており、老紳士のように人の笑顔を生きがいとして似顔絵を描いて暮らす幸せもあるのかもしれないとふと思ったから。

エ　故郷に帰ったらもう絵を描く仕事はできなくなると思っていたが、漫画家をやめても似顔絵描きとして絵を描き続けるという選択をした老紳士に深く共感したから。

問三　――線部３「亮二は口ごもった」とあるが、この時の亮二の様子を説明したものとして、最も適当なものを次の中から選び、記号で答えなさい。

ア　運も才能もない自分のような人間にとって、中途半端に漫画家の夢を追い続けることは危ない賭けでしかなく、老紳士の言葉はきれいごとに過ぎないと思われたが、その思いをはっきり伝えることにはためらいを感じている。

イ　老紳士の言うことも分かるが、好きな漫画を描いても人気は出そうにないし、運に恵まれず才能も及ばなかった自分が夢を追い続けることは難しいという思いを、老紳士にどう伝えればよいのかうまく言葉を見つけられずにいる。

ウ　漫画家としてはうまくいかなかったが、似顔絵を描いて何とか暮らしを立てていこうと思っていた矢先、老紳士に自分のペースでよいから漫画を描いていくべきだと言われ、今後の生活をどうするか迷って言葉につまっている。

エ　漫画家として大成するという夢を悲痛な思いで諦めて、すべてを捨てて実家に戻る決心をしたのに、老紳士がどこでも自分のペースで漫画を描けばよいと言い放ったことに反感を抱き、どう言い返そうかと考えこんでいる。

問四　――線部４「茶化すように笑った」とあるが、この時の亮二の様子を説明したものとして、最も適当なものを次の中から選び、記号で答えなさい。

ア　思いがけず核心にせまってきた老紳士の言葉に正面から真剣な答えを返すことができず、笑ってその場をやりすごそうとしている。

イ　老紳士に冗談を言われたかのように軽く受け流して、夢を諦めたという自分自身の辛い選択からあえて目をそらそうとしている。

ウ　自分の漫画家人生が失敗に終わったことを老紳士にふざけ半分で伝えることで、過去の挫折を明るく笑い飛ばそうとしている。

エ　自分を何とか励まそうとする老紳士の言葉が迷惑で、わざと失礼な態度を取ってこれ以上説得されることを防ごうとしている。

問五　――線部５「人生に失敗とかバッドエンドとかってあるんですかねえ。～そう勝手に打ち切らなくても」とあるが、この時の老紳士についての説明として、最も適当なものを次の中から選び、記号で答えなさい。

ア　漫画で人に夢を与えるのが仕事であるはずの亮二が、いとも簡単に夢を捨てようとしていることにいきどおりを感じ、漫画のたとえに皮肉をこめてその姿勢を厳しく批判している。

イ　実力があるのに運やツキに恵まれず、漫画家をやめようとしてい

帰ってくるぜ』って書いてあったから、ずっと待ってたんですよ。料亭の漫画で再会できて嬉しかった。わたしもうおとなになってたし、本屋さんで働いてますから、よし応援するぞ、って思いました。——料亭のみんなは、先生の昔の漫画みたいに、変身したりどこかの王国の騎士さまだったり、超能力で悪と戦ったりしないけど、でも、優しくてかっこよくて、いろんなことに挑戦して、いろんなものと戦ってて。新しい号を読むたびに癒やされ、励まされてました。世界のどこかに、夢を持ち、誰かを愛し、懸命に仕事をしているヒーローが、仲間たちがいるような気がして」

巨大な空港の、広く大きな窓ガラス越しの空は夜になっていた。きっと星たちは輝いているのだろうけれど、明るいここからは見えない。けれどその代わりのように、照明がガラスを輝かせ、行き交う旅人たちの姿を映し出していた。窓の外には、星空へと飛び立つ飛行機の姿がある。飛び立つ時を待って、並んでいる翼たちの姿も。

亮二は輸入ワインの店で飲み物を楽しみ、作りたてのサンドイッチにたまに手を伸ばしながら、いま見た書店のことを担当編集者にメールした。売り場の写真の添付も忘れない。

送信ボタンを押してから、ふと顔を上げた。

「ヒーローか、そうか……」

自分にも、ヒーローの物語が描けたんだな、と思った。もちろん、優れた原作あってのことだけれど、日々大切なものを守り、戦うひとびとの物語を描けていたんだな、と思った。

気づいていなかったけれど、それって、12なかなかかっこいい仕事だったんじゃないか、と思った。

（村山早紀『風の港』）

㊟ POP…ここでは本を紹介するために掲示するカード。ポップ広告。

飯テロ…美味しそうな食べ物を提示して、見る人の食欲を強く刺激すること。

版元…その本を出版しているところ。

問一 ——線部1「この思い」とあるが、それはどのような思いか。次の中から最も適当なものを選び、記号で答えなさい。

ア 亮二の少年漫画は絵もストーリーも良かったうえに、人間や世界への愛に満ちていた点がすばらしかったが、その良さを伸ばせず打ち切りになったことが惜しまれるという思い。

イ 打ち切りになった亮二の少年漫画は絵が上手だったし、人間や世界への愛に満ちたストーリーも良く、読んですぐに筆名を覚えてしまうほどすばらしいと感じていたという思い。

ウ 少年漫画の連載は打ち切られたが、絵がうまいだけでなく、人間や世界への愛に満ちた良い作品が描ける亮二には優れた素質があり、漫画をやめるのはもったいないという思い。

エ 打ち切りになったのが本当に残念に思われるほど、亮二の描いた少年漫画は絵にもストーリーにも魅力があったし、人間や世界への愛に満ちていて、自分は好きだったという思い。

問二 ——線部2「俺も、故郷に帰ったら、似顔絵に挑戦してみようかな」とあるが、亮二がこのように言ったのはなぜか。次の中から最も適当なものを選び、記号で答えなさい。

ア 漫画家の道をまだ諦めたくないが、かと言って漫画家をやめて似顔絵描きとしての幸せを得た老紳士の人生を否定するのは申し訳な

かっていたので――料亭の漫画が安定した人気があると知ってはいても、こんな風に大切に売られているところを見る機会はなかった。

もしかしたら自分の知らない場所で、こんなふうに平積みにされ、POPを飾られて売られていた本たちがたくさんあったのか、と思うと、9嬉しいよりも申し訳ない気がした。

「あの――」

亮二はつい、その書店員に声をかけていた。深く頭を下げて、お礼をいった。

「その漫画の作画を担当している者です。ありがとうございます」

きょとんとしている彼女に、この住所からはもう引っ越すのですが、と断りつつ、名刺を差し出す。POPの写真を撮って担当編集者に送ろうと考えていると、書店員は、名刺を穴が開くほど眺め、握りしめると、この書店のコミック担当の者です、と自分の名刺を震える手で差し出した。亮二に会えたことが嬉しい、夢のようだ、と頬を染め、早口でいった。

「あの、もともとわたし、食いしん坊なので、料亭まつもと屋さんのお料理の数々にうっとりしましたし、ライバル店の料理や料理コンテストに出てくるメニューにもよだれがたれそうでした。あと、まかない飯がまた。レシピが載ってて作れるようになってるじゃないですか？　みんな作りました。美味しかった」

両手を握りしめ、きらきらしたまなざしをして、深くうなずく。漫画から出てきたみたいな感情表現をする女の子だな、と微笑ましかった。

「それと、わたし、接客業なので、料亭まつもと屋さんのみなさんが、お客様のことを思う姿や、いろんなエピソードが大好きでした。ここは空港の中の小さな本屋で、高級料亭じゃないですけど、こんな気持ちでお客様をお迎えしたいなって、いつも思ってました」

そして彼女は、10深く息をして、うつむいた。

「――あの、でも、もうすぐ連載終了なんですよね。打ち切りじゃないって㊟版元さんにはうかがいましたけど。なんでまた。――わたしたちの応援がたりませんでしたか？」

悲しげに目が潤む。

「あ、いや、そんなことは。――ええと、俺の、家庭の事情です。ちょっと故郷に帰らなくちゃいけなくなって。ごめんなさい」

「じゃあ、漫画が嫌になったとか、この作品が嫌いになったとか、そういうのじゃないんですか？」

「それはないです。断じてないです」

きっぱりと、いいきった。

すると彼女は花が咲いたような笑顔になり、明るい声でいった。

「じゃあ待ってます。いつか、このお話の続きが読める日が来ることを。先生の新作とまた巡り合える日が来ることを。――11大丈夫、この作品が始まる日までも待ったんですから。先生、ちゃんと帰ってきてくれた」

「？」

「十代の頃、先生が少年誌に描いてらっしゃった漫画の大ファンでした。単行本はいまも本棚に並べてますし、単行本に入らなかった読み切りは雑誌から切り取って持ってます」

宝物です、と彼女は笑った。

「連載の最終回に、雑誌の巻末の先生からの一言のコーナーに、『また

「はい」

老紳士は微笑んだ。どこか仙人のような、予言者のような、そんなまなざしをした。

そして、ふっと笑って付け加えた。

「すみませんね。あなたの漫画があまりに良かったものだから、つい夢をみてしまったのかも知れません。自分が行かなかった道のその先を目指してもらえるかも知れないと。もっと遠くまで、あなたなら行けるかも知れないと。――そうしたら、わたしの心の片隅にまだ生きていた、漫画が好きだという思いが報われて、成仏してくれそうな気がしたのかも」

亮二は老紳士にお礼をいって、ふらふらと歩き出した。飛行機の搭乗時間がどうなったのか、もう諦めて明日の便にでも変えてもらった方がいいのでは、と脳の片隅の冷静な部分が気にしていたけれど、それよりも老紳士から聞いた言葉が、じんと沁みていた。

（そうか、諦めなくてもいいのか）

（夢の卵を抱えていても、いいのか）

（風を待つ――）

空港のあちこちに飾られた桜の花の造花が、美しく見えた。

花たちに招かれるように、ゆらゆらと、上りのエスカレーターに乗り、手すりに寄りかかるようにして、上を、空の方を目指していた。

夜が近づいた空が、大きなガラス越しに見えてきた。紫色の宝石のような光をたたえた空が、滑走路を滑る飛行機が見えた。

いくつもの翼が、空を目指し、陸へと降りてきていた。翼に灯りを灯して。

「そっか、何度飛び立ってもいいんだな」

一度地上に降りても、また空を目指してもいいのだ。何度だって。生きている限り。

7空は永遠に続き、旅立つひとびとを待っていてくれる。空から舞い降りる翼を、空港は待っていてくれるのだ。

（到着地の天候不良のため、長崎便は最終便を除いて全て欠航となっていた。亮二は翌朝の第一便で帰ることにし、家族へのお土産をあれこれと選んだ。）

よし、完璧だ、とまた歩き出した第1ターミナルで、小さな書店が目に入った。

少しだけ心が切なく痛み、同時に、いやいや自分は諦めないことにしたんだ、と首を横に振る。8顔を上げ、歩み寄る。

エプロン姿の若い書店員の女性が、ワゴンに本を積み上げていた。入り口の前の、本がめだつ、とてもいい場所にワゴンを置いて、亮二が作画している、あの料亭の漫画の単行本を全巻揃えて積み上げている。そしてそのそばに、愛らしい手書きの㊟ＰＯＰがまさに飾られようとしているところだったのだ。

『惜しまれて間もなく完結』

『世紀の名作を読んでみませんか』

『感動の人間ドラマと㊟飯テロの嵐』

ありがたくて、胸が熱くなった。

少年漫画誌で連載をしなくなって以来、辛くて書店からも足が遠ざ

て、笑顔を写し取り、描き残してゆく。笑顔でお礼をいわれ、笑顔を描いて得たお金に感謝し、笑顔に囲まれて暮らしてゆける。人生の旅の果て、なんて幸せな日々を得たのだろうと思いました」

なるほど、と亮二はうなずいた。

「わかるような気がします。――2俺も、故郷に帰ったら、似顔絵に挑戦してみようかな」

半ば思いつき、半ば本気でそう口にしたとき、

「あなたは、似顔絵じゃなく、漫画を描けばいいですのに」

静かな、けれど強い声で老紳士がいった。

「え、でも、俺はもう田舎に帰るんですし……」

「ご自分でさっきおっしゃってたじゃないですか。いまはどこにいても漫画が描ける、都会から遠くにいても、出版社とやりとりはできるし描き続けられるって担当さんに説得されたって。そして、担当さんたちはあなたの復帰を待っていてくれてるって。おうちのお手伝いをしながら、自分のペースで少しずつ描くこともできるんじゃないですか？」

「それは――そうなんですが、でも……」

3亮二は口ごもった。「俺は、そこまであの料亭の漫画が好きかどうかわからないですし、俺が本当に描きたい、ヒーローが活躍するような少年漫画は、人気が出なくて描けないですし。いや、自分ではそこそこうまいと思ってましたよ。自分の漫画、大好きでしたよ。でも、運も才能も、あと一歩、たりてなかったっていうか……夢を見続けるのは、無理だったというか……」

「夢、諦めなきゃいけないですかね？」

老紳士はいまは目を上げ、ひた、と亮二を見据えるようにしていた。

「夢の卵を抱えて、いつか孵る日を待つ人生というのも良いかと思いますよ。夢見ることを諦めるのは、いつでもできますのでね」

亮二は返答に迷い、4茶化すように笑った。

「いやでも、俺の漫画家としての人生は、失敗に終わったと、その、思ってまして」

「5人生に失敗とかバッドエンドとかってあるんですかねえ。生きている内は続いている連載漫画みたいなものなんじゃないかと思うんですが。そう勝手に打ち切らなくても」

老紳士は楽しげに笑う。笑っていない目で。「人生という漫画の読み手は自分。描くのも自分。読者の気が済むまでは夢の卵を抱えていてもいいんじゃないですか？」

「……」

「6ああ、いやすまない、すみませんでした」

ふと我に返ったように老紳士は笑い、手を打つと、柔和な表情で亮二に頭を下げた。

「ついね。もったいないと思ってしまって。いやね、業界に長かったでしょう？　運やツキに恵まれなくて、消えていった漫画家をたくさん見てきたんですよ。すごくいいものを描いてた奴もたくさんいた。でもみんないなくなっちゃってね。いや、消えた漫画家といえば、自分自身がまさにそのひとりなんですが、ははは。――あのね、覚えていて欲しいんです。人間どんなに実力があっても、良い風に恵まれなくて、にっちもさっちもいかなくなるときがある。そんなときは風を待っていてもいいんですよ、きっと。静かに、諦めずに。良い風が吹くその日まで」

「風を、待つ――？」

【国　語】〈五〇分〉〈満点：一二〇点〉

【注意】字数指定のある問いは、句読点なども字数にふくめること。

一、次の文章を読み、後の問いに答えなさい。

亮二は若い頃から漫画家として認められてきたが、だんだんと人気がなくなり、少年誌でのヒーローものの連載漫画も打ち切りとなってしまった。漫画家としての行きづまりを感じながらも、青年誌で料亭を舞台にした漫画の作画を担当してきたが、長崎の実家で兄が倒れたことをきっかけに、漫画家をやめて家業を継ぐことを決意する。東京の空港で長崎行きの飛行機を待っている時、旅行客の似顔絵を描いている老紳士に出会い、そこで似顔絵を描いてもらいながら、自分の身の上話を語っている。

実は亮二の漫画を知っているのだと老紳士はいった。

最後に打ち切りになった、少年漫画誌での連載漫画のことのようだった。

静かな笑みを浮かべ、画材を片付けながら、老紳士はいった。

「描線が美しく繊細で、けれど元気と勢いがある、いい絵だと思いました。ストーリーもやや古風でシンプルではありましたが、少年漫画の王道という感じで、わたしは好きでしたよ。何より、人間や世界への愛に満ちているところが、良いと思った。正直、なんでこれが終わらなくてはいけないんだろうと首をかしげました。あんまり心残りだったので、筆名を覚えてたんです」

ほんとうに惜しかった、と老紳士は繰り返し、そして1この思いを直接告げられて良かった、と、微笑んだ。

「ああ、ありがとうございます」

色紙の代金を支払い、椅子から立ち上がりながら、亮二もまた、微笑みを浮かべた。

嬉しかった。心から。

「そういっていただけると、打ち切りになったあの漫画も、成仏できそうな気がします。漫画、お好きなんですね」

老紳士は軽く肩をすくめた。

「昔、描いてましたから」

「え？」

「たぶん、名前を聞けば、あなたの記憶の片隅にあるような、そんな遠い昔の、そこそこメジャーな描き手でしたよ。漫画一筋、長く長く描いてきました。ひととしての暮らしは何もかも捨てて、漫画を描くために生きているような日々でした。漫画というものが大好きだったから、それでもいいと思っていた。――ただ、贅沢な話なんですが、あまりに売れっ子過ぎてね。抱えた仕事がたくさん過ぎて、手に負えなくなっちゃって。自分が本当にこの仕事を好きなのかどうかわからなくなって。ある日、失踪したんです。仕事を全部放り出して」

「……」

「過去も名前も捨てて、それから各所を流れ流れまして。縁やらつてやら巡り合わせとかありまして、気がつくと、ここで似顔絵を描くようになりまして。

そしたら――」

ふうっと老紳士はため息をつき、笑った。「楽しかったんです。ああこれが自分の天職だったのか、と思いました。毎日毎日笑顔を見つめ

一般①

2023年度

解　答　と　解　説

《2023年度の配点は解答欄に掲載してあります。》

＜算数解答＞

1 (1) 1.75　(2) 48個　(3) 39人　(4) ア 36　イ 64　(5) 37.68cm^3

2 (1) 84個　(2) 2516　(3) 12600

3 (1) 15：28　(2) 4：15　(3) 21：17

4 (1) 71.83cm　(2) 116.82cm^2

5 (1) 5回・Lと平行　(2) 8回・Mと平行　(3) 5°・15°・45°

6 (1) 46　(2) 5通り　(3) m 11　n 6

○推定配点○

各6点×20(5，6(3)各完答)　計120点

＜算数解説＞

1 (四則計算，数の性質，割合と比，消去算，濃度，平面図形，図形や点の移動，立体図形)

(1) $\left(\frac{8}{3}+2\frac{11}{15}\right)\times\frac{10}{27}-0.25=\frac{81}{15}\times\frac{10}{27}-0.25=1.75$

重要 (2) 5880＝2×2×2×3×5×7×7

2×2×2…約数は4個　7×7…約数は3個　したがって，約数は4×2×2×3＝48(個)

(3) 都内在住の生徒を△，それ以外の生徒を□で表す。

△＋□＝320より，△×0.15＋□×0.15＝320×0.15＝48…ア　△×0.15＋□×0.35＝60…イ

イ－アより，□×0.2＝60－48＝12　□＝12÷0.2＝60

したがって，求める人数は60×(1－0.35)＝39(人)

(4) 右図より，色がついた部分の面積は等しく

ア：イ＝(8－6.2)：(6.2－3)＝18：32＝9：16

したがって，求める重さはア100÷(9＋16)×9＝36(g)，イ100－36＝64(g)

やや難 (5) 「三角形ABC」が直線の周囲に1回転してできる

立体の底面積…右図より，半径×半径＝3×3÷2＝4.5(cm^2)

したがって，求める立体の体積は(3×3－4.5)×3.14×8÷3＝12×3.14＝37.68(cm^3)

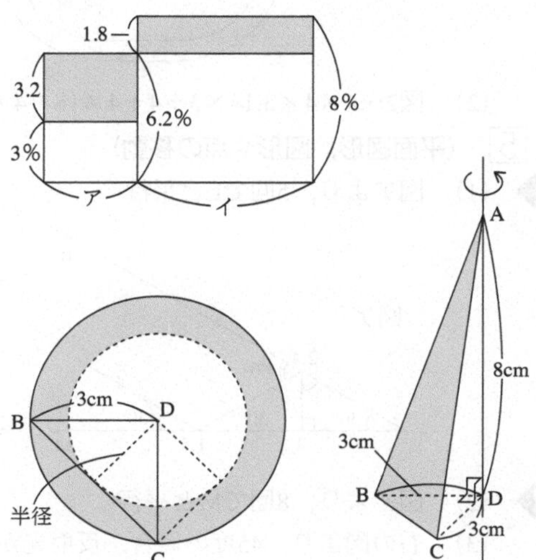

重要 2 (数の性質，規則性)

(1) 100以上200以下の整数…200－99＝101(個)

6の倍数の個数…200÷6の商33，99÷6の商16より，33－16＝17(個)

したがって，6で割りきれない整数は101－17＝84(個)

(2)　(6×16＋4)＋(6×17＋4)＋～＋(6×32＋4)＝{6×(16＋32)÷2＋4}×(32－15)＝148×17＝2516

(3)　6で割り切れる整数の和…6×17＋～＋6×33＝6×(17＋33)×(33－16)÷2＝2550
100以上200以下の整数の和…(100＋200)×(200－99)÷2＝15150
したがって，求める整数の和は15150－2550＝12600

重要 3 (平面図形，相似，割合と比)

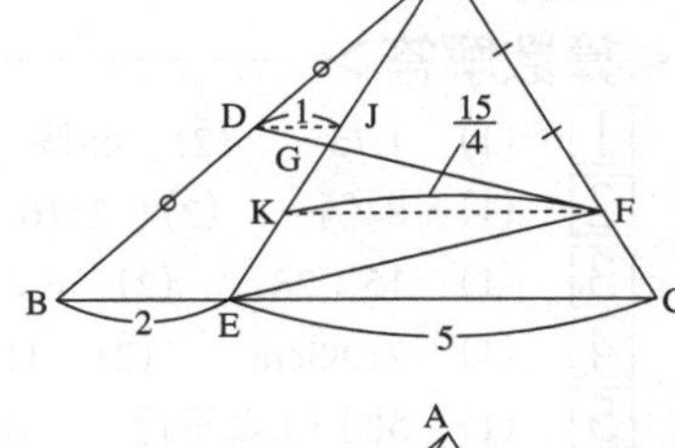

(1)　三角形AEFとABCの底辺の比…3：4
三角形AEFとABCの高さの比…5：7
したがって，これらの面積比は(3×5)：(4×7)＝15：28

(2)　三角形ADJとABE…相似比が1：2であり，DJの長さは1
三角形AKFとAEC…相似比が3：4であり，KFの長さは

$$5\div4\times3=\frac{15}{4}$$

したがって，DG：GFは$1:\frac{15}{4}$＝4：15

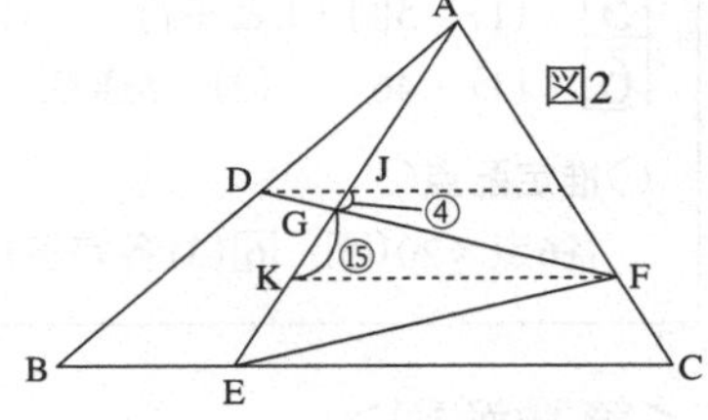

(3)　図2…(2)より，JKが⑲ならAGは⑲×2＋④＝㊷
GEは⑮＋⑲＝㉞
したがって，AG：GEは42：34＝21：17

重要 4 (平面図形，図形や点の移動)

(1)　図1…3×3＋2＋7＋8＋4×4＋(2＋10×3÷4)×3.14＝42＋29.83＝71.83(cm)

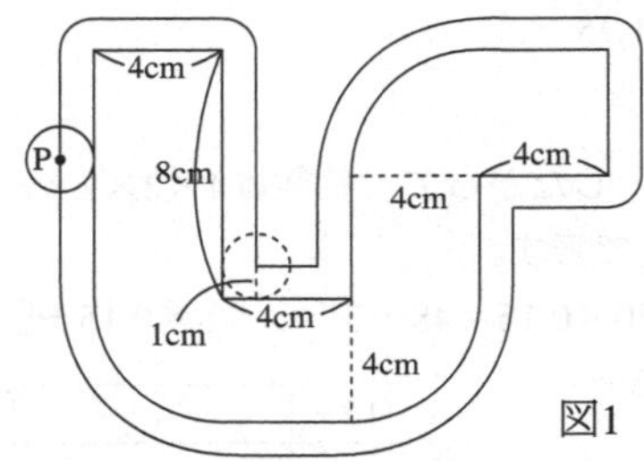

図1

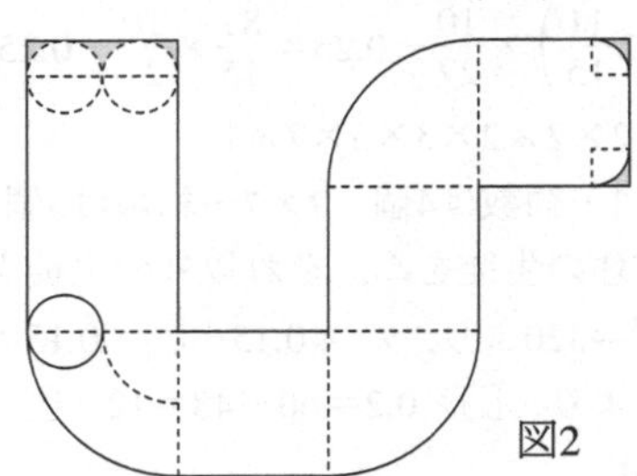
図2

(2)　図2…4×4×3.14×3÷4＋4×(8＋4×3)－(2×2－3.14)＝13×3.14＋76＝116.82(cm²)

5 (平面図形，図形や点の移動)

重要 (1)　図アより，5回でLと平行

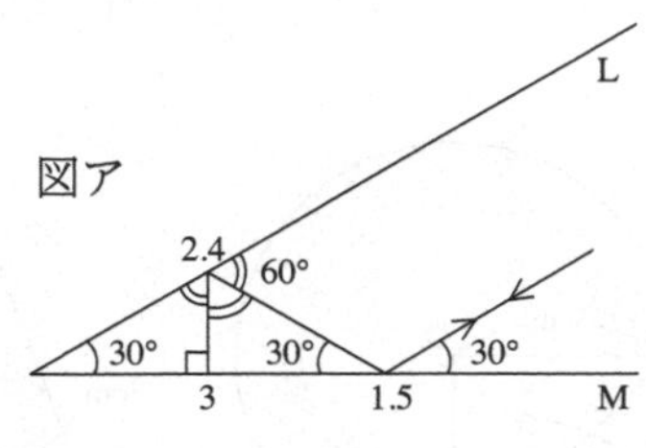

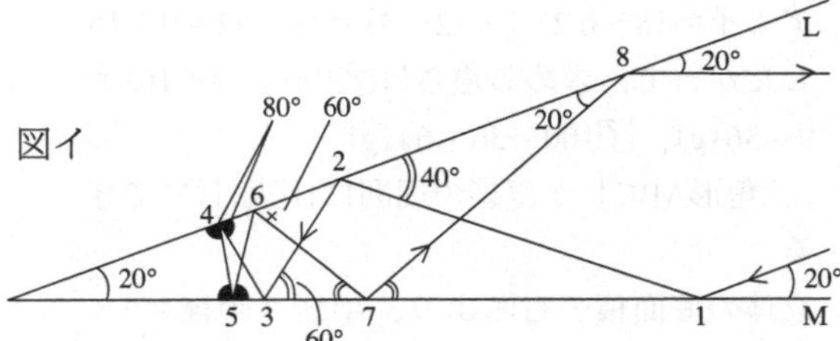

やや難 (2)　図イより，8回でMと平行

(3)　右の図より，45度の場合，反射光がLと平行になり，45度の約数である5度・15度の場合にも同様になる。

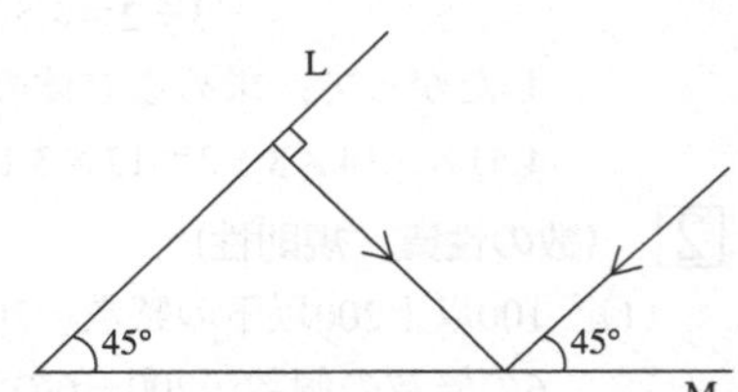

6 **(数の性質，場合の数)**

表…4列以上・3段以上

基本 (1) 表アより，4列3段目の数は46

重要 (2) 1列2段目の数…26

3段の場合…列は(26−3×2)÷2＋2＝12

4段の場合…列は(26−4×2)÷2＋2＝11

5段の場合…列は(26−5×2)÷2＋2＝10

6段の場合…列は(26−6×2)÷2＋2＝9

7段の場合…列は(26−7×2)÷2＋2＝8

したがって，求める表は5通り

(3) 表イより，計算する。

7段の場合…列は(30−7×2)÷2＋2＝10

表ウより，不適

6段の場合…列は(30−6×2)÷2＋2＝11

表エより，条件に適合する。

1	2	3	4	5	6	7	8
26						32	
	44	45	46				
	41					36	
21							14

表ア

①				
30	㉛			
	52	㊳		
			㊅	

表イ

①									10
30	㉛							38	
	52	㊳					58		
		㊅					60		
	49							42	
25									16

表ウ

①										11
30	㉛								39	
	52	㊳						59		
			㊅					60		
	50								42	
26										16

表エ

★ワンポイントアドバイス★

1 (5)「三角形の回転」の問題は，図をよく見ること。立体自体が回転するのではないことにも，気づかなければいけない。3「平面図形・相似」，4「図形の移動」はよく出る問題であり，差がつきやすい。これらで正解しよう。

<理科解答>

1. 問1 A，D，E　問2 電球A 0.75A　電球B 0.55A　電球D 0.75A

問3 F　G　H　＋ 電源装置 −　問4 5.4V　問5 0.70A　問6 $\frac{1}{2}$倍

問7 ア　問8 0.72A

2. 問1 ア　問2 32g　問3 (1) ウ　(2) オ　問4 イ　問5 エ　問6 ウ

問7 (1) イ　(2) イ

3. 問1 (1)　(2) エ→ア→オ→ウ→カ→イ　(3) ウ

(4) 卵黄　問2 (1) 乱かくなど

(2) メダカは卵生で産んだ卵を水草に付着させるが，カダヤシは直接，子を産むので水草を必要としないから。 問3 ウ，カ 問4 (1) エサとなる水性昆虫のかくれ場所となっている。 (2) エサをとる際，じゃまになる水草を刈り取ることによってエサを見つけやすくなり，捕かく効率を高めている。

4. 問1 ア 問2 ウ 問3 (1) 右図 (2) 41%

(3) X すき間 Y 体積が増加 Z 量が増え，すき間をより大きく押し広げる。 問4 ウ 問5 石C エ 石D ア

問6 岩石をトングで持って，コンロやバーナーの火にあてたあと，火から離して放置して冷やす，という操作をくり返す。

○推定配点○

1. 各2点×10(問1完答) 2. 問2 4点 他 各2点×8 3. 各2点×10
4. 問3(3)X，Y 各1点×2 他 各2点×9 計80点

＜理科解説＞

1. (電流と回路―電流と電圧)

重要 問1 図2では，電球A，D，Eに流れる電流とそれにかかる電圧が等しい。電球BとCでは電流がそれらより小さくなる。よって，最も明るく点灯するのは，A，D，Eである。

重要 問2 電球Aにかかる電圧は9Vなので，流れる電流の大きさはグラフより約0.75Aである。電球Bにかかる電圧は4.5Vなので，電流の大きさは約0.55Aである。電球Dにかかる電圧は並列回路なので9Vであり，電流の大きさはAと同じ約0.75Aである。

基本 問3 電球GとHが並列に，これと電球Fが直列につながるように配線する。

問4 電球Fには0.50A，GとHには0.25Aの電流が流れる。Fにかかる電圧はグラフより3.9Vであり，GとHにかかる電圧は約1.5Vなので，電源装置の電圧は3.9＋1.5＝5.4(V)である。

問5 図1のグラフに図6の電流と電圧の関係の直線を書き込み，その交点より電流の大きさを求めると0.70Aになる。

問6 電池を並列につなぐので，回路にかかる電圧は同じであり，電流の大きさも電池が1個のときと同じになる，それで並列回路の1個の電池から流れ出す電流の大きさは，電池が1個のときの半分になる。

問7 電池から流れ出す電流が小さくなったので，電池の電圧の降下は小さくなる。それでこの関係を表すグラフは，アのグラフになる。

問8 図1のグラフに問7のアの電流と電圧の関係の直線を書き込み，その交点より電流の大きさを求めると0.72Aになる。

2. (気体の性質―気体の吸収・発熱)

重要 問1 3つの固体のうち，水に溶けないものは石灰石(炭酸カルシウム)のみである。生石灰は水と反応して消石灰になる。消石灰の水溶液は石灰水と呼ばれ，アルカリ性を示す。石灰石は塩酸と反応すると二酸化炭素を発生する。消石灰に塩化アンモニウムを混ぜて加熱するとアンモニアが発生する。

重要 問2 240gの弁当を40℃温度上昇させるのに必要な熱量は，240×40×0.9＝8640(カロリー)である。必要な生石灰の質量は8640÷270＝32(g)である。

問3 (1) A型のシリカゲルは，吸収率が40%に達するとそれ以上水を吸収しないので，グラフはウとわかる。 (2) B型のシリカゲルは低湿度の空気中ではA型より吸収率が小さいが，高湿度

では吸収率がAの40%より大きくなるので，オのグラフである。

問4　酸素を吸収することで，食品中のビタミンや油の酸化を防ぐことができ，食品の風味や色の変化を抑えることができる。また，酸素がないのでカビの繁殖も抑えられる。

基本 問5　鉄は酸の水溶液には溶けるが，アルカリの水溶液には溶けない。

基本 問6　食塩水はイオンを含むので電気を通す。水溶液は中性なので赤色のリトマス紙を変色させることはない。氷に食塩を混ぜると，水の凝固点が下がるので温度が下がる。

問7　(1)　空気中の酸素が鉄と反応するためピストン内の圧力が下がり，ピストンはYの方向に移動する。　(2)　操作3で集めた気体は，空気中に含まれていた窒素であり，窒素中ではろうそくの火は燃え続けることができず消える。窒素は空気よりわずかに軽い気体である。

3. (昆虫・動物―メダカ・ザリガニ)

問1　(1)　メダカには，背びれ，尾びれ，むなびれ，腹びれ，尻びれがあり，卵は腹びれと尻びれの間の生殖口から出てくる。　(2)　受精卵は分裂をくり返し細胞の数が増える(エ→ア)。次に一方の側で胚ができてきて，徐々に体の各部ができてくる(オ→ウ→カ→イ)。　(3)　メダカは

重要 水温が25℃程度なら，約10日でふ化する。　(4)　エサを食べるようになるまでは，体内の卵黄を栄養にしている。

問2　(1)　例以外には，乱かくなども原因である。　(2)　メダカは卵を水草に産みつけるので，水路がコンクリートでおおわれ水草が生えない環境では繁殖ができないが，カダヤシは卵胎生で卵を水草に産み付ける必要がないので，そのような環境でも繁殖することができる。

問3　タガメ，トキは，昔から日本にいる在来生物である。

問4　(1)　水草があるとヤゴやアカムシの減少が食い止められるので，水草がこれらの生物のかくれ場所になって保護していると思われる。　(2)　水草があるとき，ザリガニの個体数が多いほど1匹あたりの成長量が大きい。これはザリガニが多いほど水草が刈り取られることを示す。人工の水草では刈り取ることができないのでエサが取りにくくなり，成長量が下がったと思われる。それで，ザリガニが水草を刈り取るのは，エサを見つけやすくして効率よくエサをとれるようにするためと思われる。

4. (地層と岩石―岩石の特長)

基本 問1　岩石が細かい粒に割れていく現象を風化という。

基本 問2　河川の上流ほど岩石は削られておらず角ばった形をしている。また，上流ほど石の大きさは大きい。河川で運ばれる途中で削られて，丸く小さくなっていく。

問3　(1)　石の半分の体積にあたる部分まで絵の具を含む水がしみ込んだ。外側の方が狭い範囲でも体積は大きいので，しみ込んだ部分の幅は，中心までの長さの半分より小さくなることに注意する。　(2)　重さが増えた分は，しみ込んだ水の重さによる。しみ込んだ水の体積は石Bのすき間の体積に相当し，水の密度が1.0g/cm³より33.7－29.5＝4.2(g)つまり4.2cm³になる。これがすき間の半分の体積なので，すき間の体積の割合は{(2×4.2)÷20.4}×100＝41.1≒41(%)になる。

(3)　石Cにあったすき間(X)に入り込んだ水が凍って体積が増加(膨張)(Y)し，実験を繰り返すと徐々にすき間が大きくなっていき，水の入り込む量が増えすき間をより大きく押し広げる(Z)ためついにその部分も割れる。

やや難 問4　塩分を含む水に石を沈めて，その後常温で乾燥させると石が割れた。これは水分が蒸発することで水に溶けきれなくなった塩が結晶となるとき，岩石に力が加わるためである。よって，ウの「水に溶けることのできる食塩の量には限界がある」が答になる。

問5　石Cの実験は水が凍ることによる体積の膨張が原因であり，石Dの実験は水に溶けた塩分が結晶に変わるときの変化が原因である。

問6　昼間の最高温度と夜間の最低温度の差が非常に大きいので，熱による膨張や収縮が原因で風化が起こると考えられる。家のキッチンではコンロを使って石を加熱し，これを取り出して冷やすという操作を繰り返すことで実験することができる。

★ワンポイントアドバイス★

実験や観察をもとにした問題で問題文が長く，読解力を要する。できる問題を確実に得点に結び付けたい。

＜社会解答＞

問1　(1)　精度の高い伊能図と比べて赤水図は，海岸線の形などが実際と大きく異なっている。一方で，伊能図が街道と沿岸部の場所と地名のみを掲載しているのに対し，赤水図は情報を掲載しない地域が少ない。江戸時代後半には，町人や農民による旅行や商人による物流が全国的に活発になり，これらの点が当時の人々に有用であった。　(2)　イ　問2　2番目　イ　4番目　ウ　問3　ア　問4　エ　問5　国会　問6　オ　問7　風土記　問8　ウ

問9　(1)　多くの人が同時に地図の作成や編集を行ったことで，いち早く災害地の地図を作成できた上，常に地図に掲載する情報を新しくすることができたため。　(2)　紙の地図は，同じ縮尺で携帯端末の画面よりも広い範囲を示すことができる。そのため緊急時に，すばやく一目で多くの情報を得られる長所がある。また，ウェブサイト上の地図よりも幅広い世代の人が利用でき，電池切れや通信障害によって地図を利用できなくなる心配がない。

○推定配点○

問1　(1)　20点　問2　5点(完答)　問9　(1)　12点　(2)　15点　他　各4点×7　計80点

＜社会解説＞

(総合―産業・古代～近代の政治・経済・憲法など)

問1　(1)　伊能忠敬は家業を息子に譲り隠居した後，江戸に出て天文学や測量術を学んだ。その後17年にわたって自分の足で全国を測量，ついに「大日本沿海輿地全図」を完成したということは映画などで紹介されているように多くの人に知られている。地図の正確さについては明治に来日したヨーロッパ人をも驚かせたそうで，その誤差は1000分の1ともいわれる。一方，赤水図は水戸藩の儒学者・長久保赤水が作成したもので，資料2でもわかるようにその正確さとなると伊能図とは比べるまでもない。伊能図が幕府により極秘とされたこともあるが，たとえそうでなくてもただ形が正確な地図よりも生活に密接した情報，街道や宿場など詳細に記された赤水図の方が庶民にとってはより便利であったというのは容易に納得できることである。　(2)　江戸時代前期，下総(千葉県)で起こった佐倉惣五郎に率いられた一揆では，領主の重税政策に対し将軍に直訴するといった行動がとられた。このことからも当時農民層でも幕藩体制についての理解は十分なされていたと思われる。しかし，自分たちを直接支配していたのはあくまで藩であり，それを飛び越えた形での指示について協力を求めることはそんなに簡単なことではなかったと思われる。座とは中世における同業者組合，江戸時代の年貢は村単位で納められ村の代表者(名主など)が各戸に割り振っていた。

やや難 問2　争いの多かった弥生時代の甕棺(かめかん)に葬られた首のない被葬者(ア)→平清盛による平氏政権を誕生させた平治の乱(イ)→大量の鉄砲で新しい戦争の形を生んだ織田信長による長篠の戦い(オ)→長州藩の攘夷実行に対する四国艦隊下関砲撃事件(ウ)→西郷隆盛による西南戦争(エ)の順。

問3　第一次世界大戦では交戦国からの需要が拡大しヨーロッパへの輸出が急増，輸出が途絶えたヨーロッパ諸国に変わり中国をはじめとするアジアへの輸出が拡大し日本は空前の好景気を迎えた。一方，大戦が終了するとヨーロッパ諸国が復興し日本は深刻な戦後恐慌に襲われた。

問4　1950年代後半の高度経済成長の初期には白黒テレビ・電気洗濯機・電気冷蔵庫が「三種の神器」と呼ばれ，60年代末の後半期にはカラーテレビ・クーラー・自動車が「新三種の神器」として3Cと呼ばれた。Aはオ，Bはカ，Cはキ，Dはウ，Eはイ，Fはエ。

基本 問5　憲法96条の規定。「各議院の総議員の3分の2以上の賛成で国会がこれを発議」とあり，通常の法案の出席議員の過半数の賛成という規定に比べると極めて厳格な改正手続きが定められている。国民投票法は2007年にようやく成立したが今まで一度も実施されたことはない。

問6　中学校の数は人口によって大きく左右される。千葉県の人口は日本第7位で600万人を超えて200万人前後の宮城県や鹿児島県を大きく上回っている。鉄鋼業の出荷額は愛知県・兵庫県・千葉県の順，米の生産量は新潟県・北海道・秋田県の順で宮城県も第5位の生産量を誇る。

基本 問7　713年，元明天皇の命で国別に編纂された書物。国内の産物や地名の由来，昔から伝わる地方独自の神話や伝説，昔話などを記したもの。現在「出雲風土記」が完全な形で残っているほか，日立・播磨・豊後・肥前の風土記が部分的に残されている。

問8　独立行政法人・国際協力機構(Japan International Cooperation Agency)の略。日本の政府開発援助を一元的に行う実施機関として開発途上国へのさまざまな国際協力を行っている。現在世界には150か国の国が開発途上といわれており地球上に住む人の8割近くが生活している。これらの地域は飢餓や教育，医療，インフラの不足などさまざまな課題を抱えており，それらを手助けするための活動である。テレビ映像などでよく知られている「青年海外協力隊」もJICAが実施する海外ボランティア派遣制度である。JAは農業協同組合，JAXAは宇宙航空研究開発機構，JOCは日本オリンピック委員会の略。

問9　(1)　災害に関する地図というとハザードマップが思い浮かぶが，これはあくまで災害予想図であり，発生した後の救援活動に直接役に立つというものではない。災害救援で何よりも重要なのは災害地の現状をいかに早く確認できるかということである。状況は刻一刻変化していくため，それをオンタイムで把握することが大切である。多くの人がいつでも自由に参加できるOSMの優れた部分である。ただ，それだけに不正確な情報が拡散するなどの問題点もあることは指摘しておかなければならない。　(2)　多くの人に利用されているインターネットだがやはりそこにはデジタルデバイドーいわゆる情報格差—という問題が存在する。便利なツールには違いないがこれを利用できる能力やこれにアクセスできる機会を持っていない人の存在は否定できない。資料6からも災害時に救援する必要性がより高い幼児や高齢者のネット利用率は低く，とくに超高齢社会に踏み込んでいる日本では今後大きな問題点となりそうである。資料7も同様である。特に高齢者になると細かな文字は判断しにくくなる。一刻を争うといったときに一瞬の判断ミス，遅れは命取りになりかねない。さらに，スマホの最大のネックでもある電波が入らない問題や充電切れは致命的ともいえる。資料8にみられる忘れられた公衆電話に並ぶ人々，鈴なりになったスマホの山は10年ほど前に多くの日本人が見た光景であり，改めてアナログのしぶとさを認識した人も多いのではないだろうか。一つの手段に頼るのではなく，それぞれの利点を生かした多様な方法を残しておくということが大切なのであろう。

★ワンポイントアドバイス★

資料を用いての記述には注意が必要である。字数だけでなく指定された資料や問題点などに触れなければ減点の対象となることに注意しよう。

＜国語解答＞

一　問一　ア　問二　エ　問三　ウ　問四　イ　問五　ウ　問六　ア　問七　エ
問八　エ　問九　ア　問十　(例)　いつもは大人みたいに周りに気を遣って，本当の母さんにもっと会いたいという気持ちを口に出すのを我慢していたが，この時は周囲の気持ちなど考えず子どもみたいに自分の本当の気持ちを父にぶつけている点。

二　問一　a　要所　b　挙　c　機器　d　景色　e　前提　問二　エ　問三　ウ
問四　イ　問五　ア　問六　ウ　問七　エ　問八　ア　問九　イ　問十　エ
問十一　(例)　本来言葉では語り得ない個々の人間が持つ「世界の理論」が「まとまり」を持つものとして表現され，ありきたりな予測を裏切るような多様な新しい発見を読者にもたらすもの。

○推定配点○
一　問十　10点　他　各5点×9　二　問一　各2点×5　問十　10点　他　各5点×9
計120点

＜国語解説＞

一　(小説―心情理解，内容理解，主題)

問一　「後悔したみたいに」とあることから，「おばあさん」は怒ってはみたものの，「僕」にも事情があるのかもしれないと反省したということが想像される。

問二　「おばあさん」は，夫がたくさんの本を残して死んでしまったことを，改めて心にかみしめている。

問三　「しょうい，だん」という音だけが頭にあり，この単語がどのような意味を表すのかがわからないのである。

問四　「おばあさん」が，戦争の「火の雨」の中，「火傷」を負うという恐ろしい経験を，「あなたくらいの時」(＝「僕」と同じ年齢の頃)にしているという事実を知って，「僕」は圧倒されている。

問五　戦争の体験を「忘れてしま」わないように，「おばあさん」は絵を描いていると考えられる。

重要　問六　「お菓子」は，「おばあさん」が「僕」を好意的に受け入れてくれていることの表れだと，「僕」は考えたのである。

問七　「僕」は，「おばあさん」の戦争体験を，自分の身に起きたことのように想像している。

問八　エの「死者がそれほどいない『今』」という内容は，「僕」が考えてはいないことである。

重要　問九　戦争を遠いものではなく，自分の身近に起きたこととして「夢」に見たのである。

やや難　問十　「僕」はふだん，父親にも「渚さん」にも本音を言わずにいる。しかしこのときは，「子どもみたいに」本音をぶちまけて，大声で泣いているのである。

二　(論説文―漢字の書き取り，内容理解，要旨)

基本　問一　a　「要所」は，重要な箇所，という意味。　b　同訓異字「あ(げる)」は「具体例を挙げる」

「腕前を上げる」「たこを揚げる」のように使い分ける。　c 「機器」は，器具・器械・機械の総称。　d 特別な読み方をする語である。　e 「前提」は，ある物事をなす土台となるもの。

問二 「普遍的」とは，全てのものに共通する様子，という意味。エの文のように，個々の「現象」の中に共通するものを見いだすことである。

問三 「この『一般化』→『検証』→『修正』というプロセス」とは，文章の冒頭にあるように，「子供が母語を習得する過程」であることに注意する。

問四 前に「自然科学が世界を法則の集まり(＝理論)によってモデル化する」とあることに注目。

問五 「母語」は「自覚があろうとなかろうと」，全ての人が経験することである。

問六 ウの文は，一人一人の日本人でなく，「日本人」一般について普遍的な観点から述べている内容である。

問七 「自分の中の『世界の理論』」とは，自分が世界に見いだしている普遍的な法則のことである。

重要 問八 「文学作品」には出来事や登場人物が描かれる。私たちは，この出来事や登場人物と「自分の中の『世界の理論』」を照らし合わせ，展開を考えながら，「文学作品」を読むということ。

問九 直後の段落の内容が，イに合致している。

問十 直前の二つの文から，「文学作品」と「科学」の共通点をとらえる。

やや難 問十一 文章の最後の一文に，筆者が「文学」をどうとらえているかがまとめられている。ただ，この部分には，設問の条件である「発見」という言葉が含まれていないので，三つ前の段落の「文学作品に向き合うときは，自分のありきたりな予測を裏切ってほしい，自分に何か新しいことを発見させてほしいという期待がある」という内容を含めて解答をまとめるとよい。

★ワンポイントアドバイス★

文学的文章・説明的文章ともに，細かい読み取りを必要とする選択問題が出題されている。ふだんから小説や随筆，論説文を読むことを心がけよう！　語句の意味なども，こまめに辞書を調べるなどして，基礎力をつけることが大切！

一般②

2023年度

解答と解説

《2023年度の配点は解答欄に掲載してあります。》

<算数解答>

[1] (1) $\frac{4}{21}$ (2) 21分$49\frac{1}{11}$秒 (3) 250m (4) 80通り (5) 34.54cm

[2] (1) 9km (2) 4.2km [3] (1) 7：5：4 (2) 13：18：13 (3) Bを80g

[4] (1) 1：4 (2) 1：3 [5] (1) 1：16 (2) 1：1 (3) 9：23

[6] (1) 解説参照 (2) 6通り (3) 34通り

○推定配点○

[3], [5] 各6点×6 他 各7点×12 計120点

<算数解説>

[1] (四則計算，速さの三公式と比，時計算，通過算，単位の換算，割合と比，消去算，場合の数，数の性質，平面図形，図形や点の移動)

(1) $\frac{16}{7}\times\frac{17}{8}\div(25\times1.2-4.5)=\frac{34}{7}\times\frac{2}{51}=\frac{4}{21}$

基本 (2) 10時…両針の間の角度は30×2＝60(度)

したがって，求める時刻は(180－60)÷(6－0.5)＝$21\frac{9}{11}$(分) つまり21分$\frac{540}{11}$秒

重要 (3) 電車の長さを□で表す。

1100＋□…54秒で走る 3400－□…126秒で走る

1100＋□＋3400－□＝4500…54＋126＝180(秒)で走る

電車の秒速…4500÷180＝450÷18＝25(m)

したがって，□は25×54－1100＝250(m)

やや難 (4) 10個の整数から3個を選ぶ組み合わせ…10×9×8÷(3×2×1)＝120(通り)

3個の整数の積が奇数になる組み合わせ…1，3，5，7，9から3個を選ぶ場合は5×4÷2＝10(通り)

3個の整数の積が4の倍数ではない偶数になる組み合わせ

…2または6または10と奇数2個を選ぶ場合は3×10＝30(個)

したがって，3個の整数の積が4の倍数になる組み合わせは120－(10＋30)＝80(通り)

重要 (5) 右図より，求める長さは

9×2×3.14÷2＋9×2×3.14÷360×40＝18×3.14×$\left(\frac{1}{2}+\frac{1}{9}\right)$＝11×3.14＝34.54(cm)

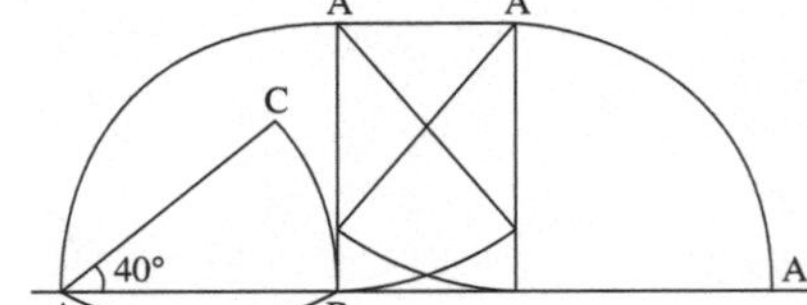

[2] (速さの三公式と比，割合と比，鶴亀算，単位の換算)

基本 (1) 3.6×2.5＝9(km)

重要 (2) 時速5.04kmで歩いた時間…$\left(9-3.6\times2\frac{1}{6}\right)\div(5.04-3.6)=\frac{5}{6}$(時間)

したがって，求める道のりは$5.04\times\frac{5}{6}=4.2$(km)

3 (統計と表，割合と比)

重要 (1) (4+3)：(3+2)：(1+3)＝7：5：4

(2) それぞれの重さの比…80：40：100＝4：2：5＝32：16：40

調味料の甘味…32÷8×4＋16÷8×3＋40÷10×1＝16＋6＋4＝26

調味料の旨味…32÷8×3＋16÷8×2＋40÷10×5＝12＋4＋20＝36

調味料の塩味…32÷8×1＋16÷8×3＋40÷10×4＝4＋6＋16＝26

したがって，配合比は26：36：26＝13：18：13

	甘み	旨味	塩味
A	4	3	1
B	3	2	3
C	1	5	4

やや難 (3) (2)の配合比13：18：13＝52：72：52より，4：5：4＝52：65：52は旨味の割合が減っているので，量を入れ過ぎた商品は旨味の割合が最小のB

Bの量を2倍して(2)の配合比を計算してみると，(16＋12＋4)：(12＋8＋20)：(4＋12＋16)＝32：40：32＝4：5：4となる。

したがって，Bの量は40×2＝80(g)

4 (平面図形，図形や点の移動，割合と比)

重要 (1) 図1より，ア：イは1：4

やや難 (2) 下図において，二等辺三角形ONDの面積を1とすると，

正八角形DQRLMPKNの面積が8，長方形DLMNの面積は4

二等辺三角形LDCとMNQ，五角形BJKPCと等脚台形RLMQ，二等辺三角形JBAとDQNの面積がそれぞれ等しく，五角形ALDCBの面積は8

したがって，正八角形と八角形ABCDEFGHの面積比は8：{(4＋8)×2}＝1：3

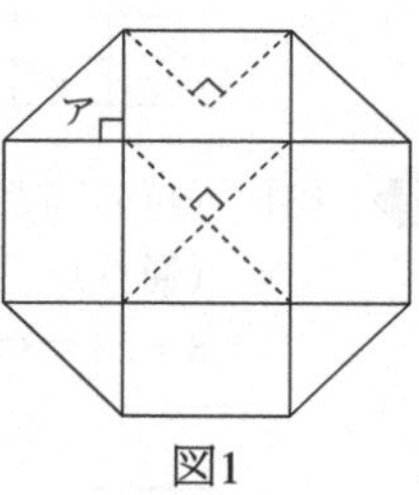

図1

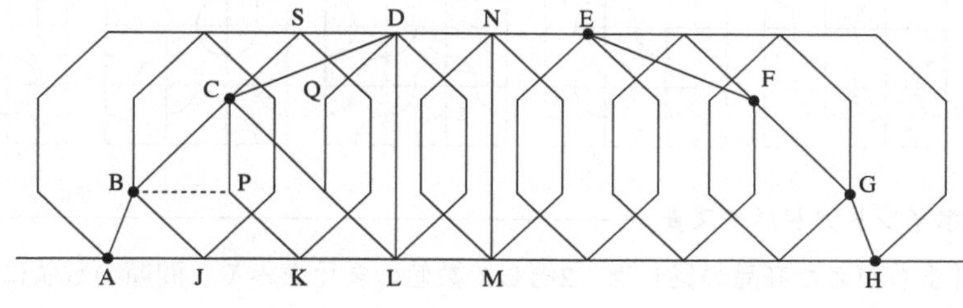

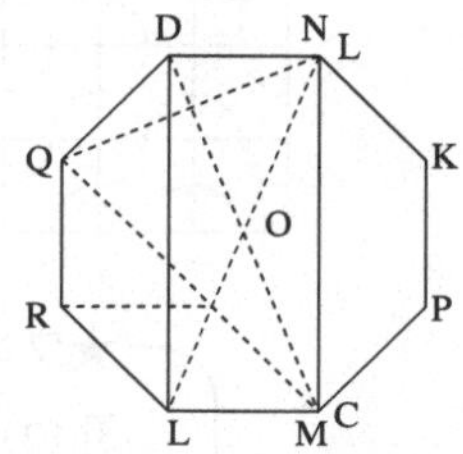

5 (立体図形，平面図形，割合と比)

重要 (1) 三角形APFとABC

…図アより，面積比は(1×1)：(4×2)＝1：8

したがって，三角錐A－PFGとA－BCEの体積比は1：(8×2)＝1：16

図ア

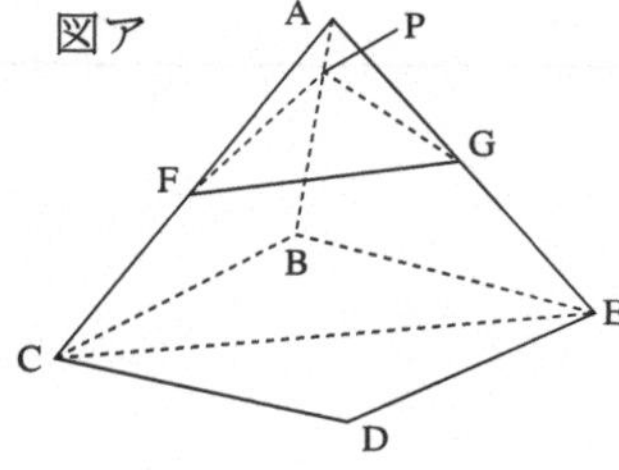

図イ

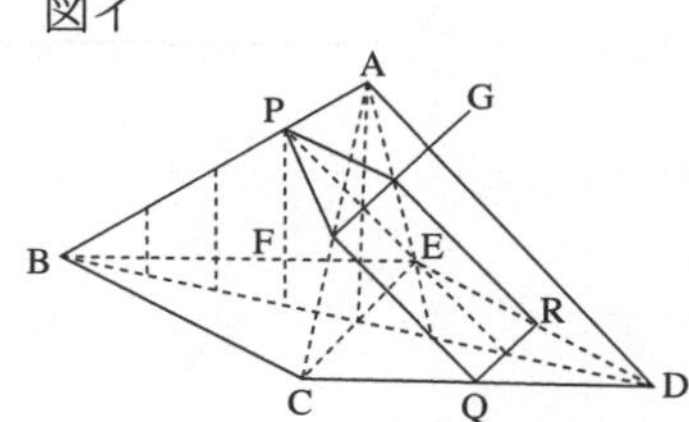

やや難 (2) CQ：QD

…図イより，求める比は1：1

(3)　三角錐A－CDE
…(1)より，体積を16とする。
面FQRG
…図ウ・エより，三角錐A－CDE
が2等分される。
したがって，求める体積比は
(1＋16÷2)：(16－1＋16÷2)＝
9：23

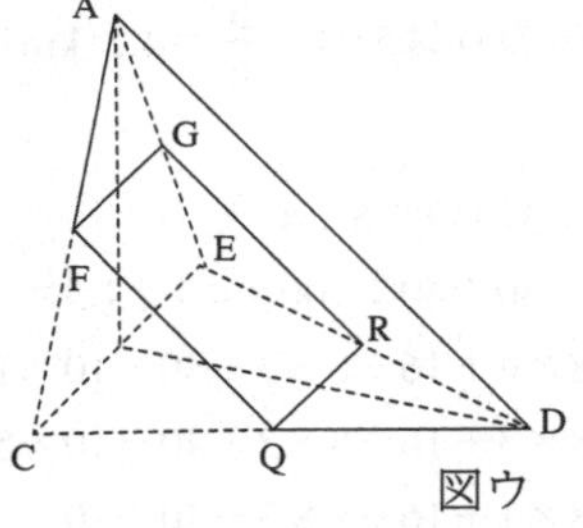

図ウ

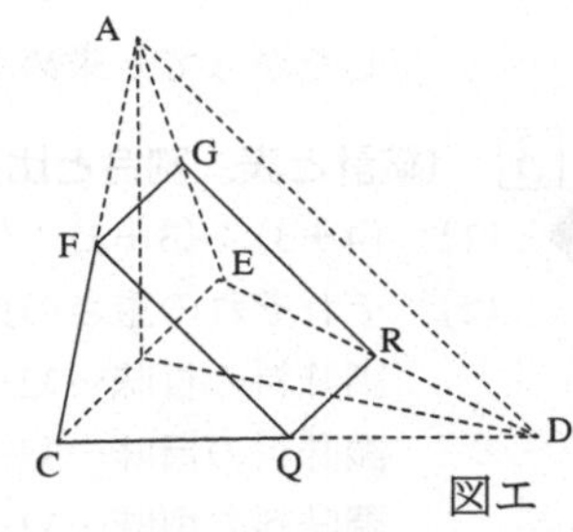

図エ

6 (平面図形，図形や点の移動，場合の数)

4枚ずつの板の配置に注意する。

基本 (1)　点対称でもあり，線対称でもある図形の例は，右図のようになる。

重要 (2)　下図と，問題の図3と右図をふくめると6通り

  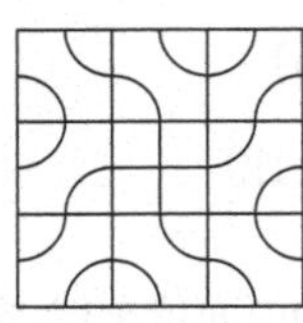 

やや難 (3)　(1)の図と図3の2通りのほかに，右図について2×4＝8(通り)，下図について6×4＝24(通り)があり，合計2＋8＋24＝34(通り)

 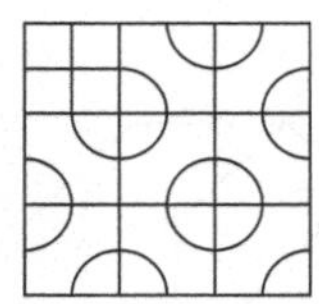 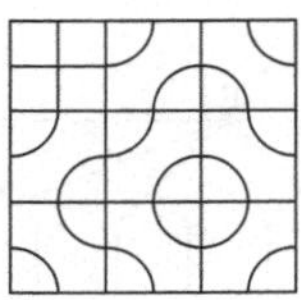 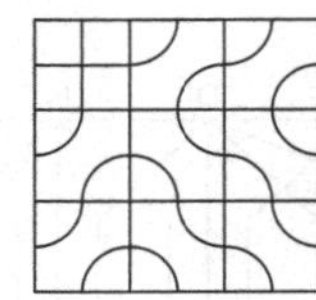 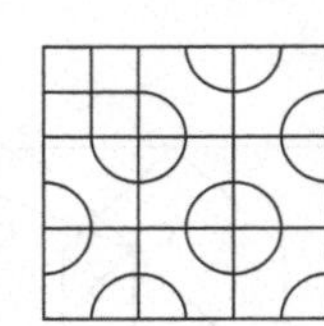 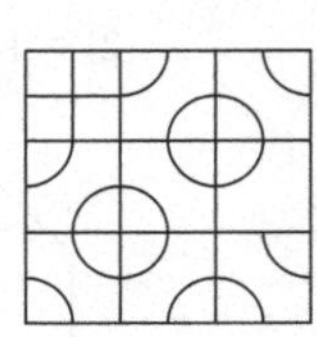

★ワンポイントアドバイス★

3 (2)「まちがえた商品の量」は，2倍して数値の変化をみると問題の数値に一致していることがわかる。4 (2)「正八角形と面積比」は難しく，5 (2)・(3)の「長さの比」，「体積比」も容易ではなく，6 (3)「線対称」も難しい。

＜理科解答＞

1. 問1　9cm　問2　バネ1　13cm　バネ2　11cm　問3　17.5cm　問4　右に2.1cm
問5　右に3.1cm　長さ　14cm

2. 問1　(1)　エ　(2)　2　白　(3)　炭酸カルシウム　問2　(1)　14g
(2)　少　メタン　多　コークス　(3)　1.2倍　問3　(1)　50L　(2)　24g
(3)　72g　(4)　125L

3. 問1　1　気管　2　肺ほう　問2　イ　問3　ア　問4　表面積を大きくし，効率的にガス交換を行う。　問5　(1)　5040mL　(2)　112mL　(3)　休息時の平均1回拍出量が70mLから84mLに増えた。　問6　弁1　イ，オ　弁2　ウ，エ
問7　(1)　図2　イ→ウ　図3　d→a　(2)　どっ　ア－c　くん　ウ－a

4. 問1　ア　問2　　問3　(1)　ア　(2)　イ
(3)　岩石の成分を溶け込ませる時間が短く　問4　イ　(5)　地震の原因である断層運動によって，温泉水の通り道がつくられる。　問6　1500m　問7　カ

○推定配点○
1.　問3，問4，問5つり下げる位置　各4点×3　他　各2点×4　2.　問1(2)　各1点×2
他　各2点×9　3.　問1～問3，問7　各1点×8　他　各2点×6
4.　問3(3)，問5　各3点×2　他　各2点×7　計80点

＜理科解説＞

1. (力のはたらき―ばね)

基本　問1　バネ1は20gのおもりで4cm伸びるので，9cmの長さになる。

重要　問2　それぞれのバネに40gの重さがかかるので，バネ1は8cm，バネ2は6cm伸び，バネの長さはバネ1が13cm，バネ2が11cmになる。

問3　両方のばねに合わせて35gの重さがかかる。バネ1にかかる重さを□gとすると，バネ1は1gのおもりで$\frac{4}{20}$cm伸びるので，伸びは$\frac{4}{20}$×□cmになる。バネ2にかかる重さは(35－□)gで，1gあたり$\frac{3}{20}$cm伸びるので，伸びは$\frac{3}{20}$×(35－□)cmになる。棒が水平になるので$\frac{4}{20}$×□＝$\frac{3}{20}$×(35－□)となり，これを解くと□＝15gになる。バネ1には15g，バネ2には20gの重さがかかる。棒の重心(支点)は中心にあり，中心から□cmのところにバネ2を取り付けたとすると，支点からの距離と重さの関係で，15×10＝20×□　□＝7.5cm　これより，バネ2を取り付けた位置は，バネ1を取り付けた位置から17.5cmのところになる。

やや難　問4　両方のバネには，棒の重さとおもりの重さの合計105gがかかる。伸びが等しいことより，バネ1にかかる重さを□gとして，$\frac{4}{20}$×□＝$\frac{3}{20}$×(105－□)となり，これを解くと□＝45gになり，バネ1には45g，バネ2には60gの重さがかかる。このとき支点の位置は棒の左端より60：45＝4：3の位置になり，20×$\frac{4}{7}$＝$\frac{80}{7}$cmの位置にくる。下向きにかかる力は，棒の重さとおもりの重さの合計であり，支点から棒の中心までの距離と70gのおもりをつるした位置までの距離の比は70：35＝2：1になる。支点から棒の中心までの距離が$\frac{80}{7}$－10＝$\frac{10}{7}$(cm)より，棒の中心からおもりをつる

した位置までの距離は$\frac{10}{7}\times\frac{3}{2}=\frac{15}{7}=2.14\fallingdotseq2.1$(cm)右にくる。(右図参照)

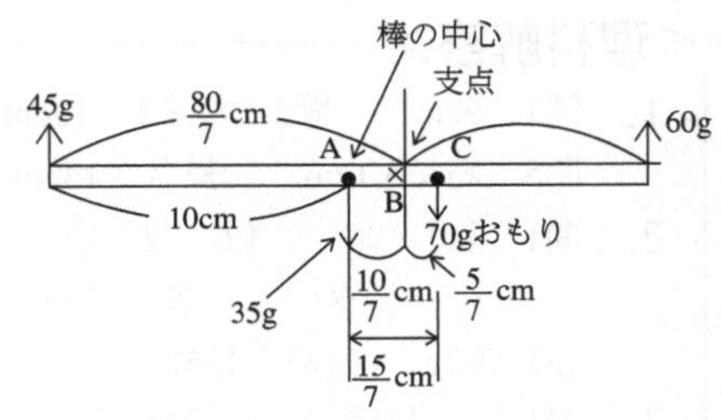

やや難 問5 バネ3は7cmの長さで，1gあたり$\frac{1}{10}$cm伸びる。棒の両端に35＋80＝115(g)の重さがかかり，そのときバネ1に□gの重さがかかるとすると，バネ1の長さは$5+\frac{4}{20}\times$□cmであり，バネ3の長さは$7+\frac{1}{10}(115-$□$)$cmである。棒が水平になるので2つのばねの長さが等しくなり，$5+\frac{4}{20}\times$□$=7+\frac{1}{10}(115-$□$)$より，□＝45gになる。バネ1には45g，バネ3には70gの重さがかかる。このとき支点の位置は棒の左端から$20\times\frac{70}{115}=20\times\frac{14}{23}$(cm)になり，棒の中心より$20\times\frac{14}{23}-10=\frac{50}{23}$(cm)右になる。支点から棒の中心までの距離：支点からおもりをつり下げた位置までの距離＝80：35＝16：7なので，80gのおもりをつり下げた位置は棒の中心から$\frac{50}{23}\times\frac{23}{16}=3.12\fallingdotseq3.1$(cm)右になる。このときバネの長さは$5+\frac{4}{20}\times45=14$(cm)になる。(右図参照)

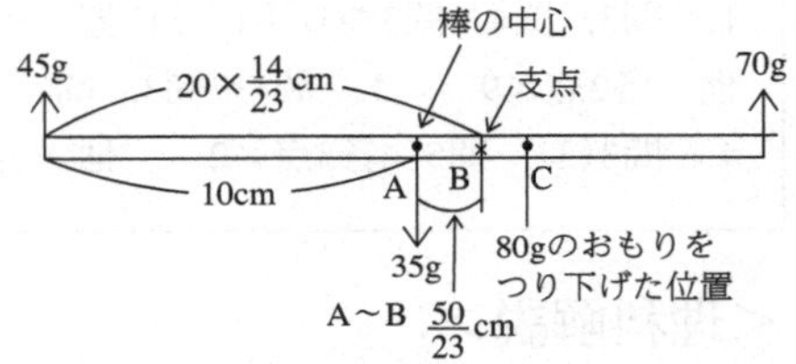

2. (燃焼—燃焼熱)

基本 Ⅰ 問1 (1) 石灰水は二酸化炭素と反応する。 (2) 石灰水は二酸化炭素と反応して，水に溶けない白色の炭酸カルシウムを生成する。

問2 (1) メタン8gの燃焼で発生する熱量は890÷2＝445(kJ)であり，コークス1gの燃焼で生じる熱量は$\frac{390}{12}$kJなので，$445\div\frac{390}{12}=13.6\fallingdotseq14$(g)のコークスが必要である。

(2) それぞれの1gあたりの二酸化炭素発生量は，プロパンは$\frac{75}{44}\fallingdotseq1.70$L，メタンが$\frac{25}{16}\fallingdotseq1.56$L，コークスが$\frac{25}{12}\fallingdotseq2.08$Lなので，最も二酸化炭素が少ないのはメタンであり，多いのはコークスである。

(3) 二酸化炭素1L当たりの発熱量は，メタンでは$\frac{890}{25}$kJ，プロパンでは$\frac{2220}{75}$kJなので，メタンはプロパンの$\frac{890}{25}\div\frac{2220}{75}=1.20\fallingdotseq1.2$(倍)になる。

Ⅱ 問3 (1) 表2より，12gのコークスから二酸化炭素は25L，一酸化炭素は25L発生することがわかる。このとき消費される酸素は二酸化炭素発生時では25L，一酸化炭素では12.5Lである。実験①では75Lの酸素が全て使われて同体積の二酸化炭素と一酸化炭素が発生したので，それぞれ50Lずつ発生した。 (2) 実験③で酸素を投入して50Lの一酸化炭素をすべて二酸化炭素にかえると，50Lの二酸化炭素が発生する。このとき一酸化炭素と反応する酸素は25Lであり，実験④より消費された酸素の全量が75Lであったことから，残りの50Lの酸素はコークスと反応して50Lの二酸化炭素が新たに発生した。このとき燃焼したコークスは12×2＝24(g)である。よって生じる二酸化炭素は150Lになる。　(3)　実験②で燃焼したコークスが48gであり，実験④では24g燃焼したので，初めに入れていたコークスは72gである。　(4)　実験⑤より，燃焼後の酸素と二酸化炭素の合計の体積が，②のとき(100L)の2倍であったので200Lになる。これより，⑤の反応後の未反応の酸素が200－150＝50(L)になることがわかる。よって③で投入された酸素は75＋50＝125(L)であった。

3. (人体―心臓のつくりとはたらき)

基本　Ⅰ　問1　空気は鼻や口から取り入れられて気管を通って肺に達し，肺胞と呼ばれる小さなふくろで毛細血管とガスの交換をする。

問2　心臓は心筋という筋肉でできているが，肺は筋肉のつくりを持たず横隔膜の上下運動で気体の出し入れを行う。

問3　心臓は体の中心より少し左寄りにあり，脊髄の前側にあるのでアのような映像に映る。

問4　肺胞は表面積を大きくして，効率的にガスの交換を行うのに都合がよい。

問5　(1)　1回の拍動で70mLの血液が送り出され，1分間に72回拍動するので，70×72＝5040(mL)の拍出量となる。　(2)　毎分の拍出量が4倍になるので5040×4(mL)の血液が1分間に送り出される。このとき1分間に180回の拍動をするので，平均1回拍出量は5040×4÷180＝112(mL)である。　(3)　毎分の拍出量に変化がなかったので，心拍数が毎分60回になった時の1回拍出量は5040÷60＝84(mL)であり，この値が運動前に比べて増加した。

重要　Ⅱ　問6　弁1は心房と心室の間の弁なので，図ではイとオである。弁2は心室と大動脈の間の弁なので，ウとエである。

問7　(1)　左心室が収縮し容積が小さくなっているときは，血液が大動脈から押し出されているときなので，図2ではイ→ウの範囲である。図3では容積が減少する範囲はd→aである。

(2)「どっ」のとき，弁1が閉まる。そのとき左心室には血液が流れ込んでいて体積は大きくなっている。その後，血液が大動脈に流れ出し体積は減少する。それで図2のアの時が「どっ」のときである。これは図3のcに相当する。また，「くん」のとき弁2が閉まる。左心室から血液が大動脈に押し出された後なので，ウのときでありaに相当する。

4. (地層と岩石―岩石の特長)

基本　問1　★印周辺は本白根山の噴火で流れ出たマグマによる岩石なので，火山岩の安山岩と思われる。

基本　問2　河岸段丘は侵食と隆起が繰り返されてできる。隆起が2回起こったので段丘面が2つ見られる地形になる。

問3　(1)　日本の地形は川の長さが短く，上流から下流までの勾配が急である。　(2)　そのため，地下水の流れが急になる。　(3)　地下水の流れが急なので，カルシウムやマグネシウムなどが溶け込みにくい。

問4　西日本では，ユーラシアプレートの下にフィリピン海プレートが沈み込む。

問5　断層などの割れ目を通って地下の温泉水が流れることがある。

問6　地表の平均気温が14℃で，100m掘るごとに3.0℃温度が上がる。しかし，くみ上げるときの水温低下により実際には3.0×0.8＝2.4(℃)の上昇になる。50℃のお湯を地表で得るには，{(50－14)÷2.4}×100＝1500(m)まで掘る必要がある。

問7　地下の熱水は高圧なので100℃以上でも液体でいられるが，地表付近では圧力が低下するので100℃を越えると水蒸気になる。100℃以下のお湯では，地表にくみ出しても水蒸気にならないので，水よりも沸点の低い物質をお湯で温めて気体とし，これでタービンを回して発電をする。

★ワンポイントアドバイス★

問題文が長く，読解力と思考力が求められる。また，計算問題には難問も出題される。解ける問題を確実に得点することが大切である。

＜社会解答＞

問1　A国　中国　　B国　ブラジル　　問2　エ　　問3　イ　　問4　エ

問5　(1)　2番目　A　　4番目　B　　(2)　イ・ウ　　問6　エ　　問7　恵方詣ではその年の恵方にあたる寺や神社へ正月にお参りすることになるので，特定の方角に住んでいる人がそれらにお参りすることになるが，初詣は毎年どこに住んでいても正月に自分で選んだ寺や神社にお参りすることができる。そこで，京浜電気鉄道会社にとって，都市部から川崎大師へ正月にお参りする人を増やすことは鉄道の利用客を増やすことにつながったため，恵方詣よりも毎年どこからでも人をよべる初詣として川崎大師へのお参りを宣伝し，そのことが初詣を広めた。

問8　幕末の大老である井伊直弼は明治天皇の先代である孝明天皇の考えを無視して，日米修好通商条約を結ぶことを決定した。それは天皇を軽んじた行為であり，現在明治神宮がおかれている場所は，そうした行為をした井伊直弼が当主である彦根藩の大名屋敷があった場所であるため。

問9　関東大震災　　問10　ウ

○推定配点○

問7　20点　　問8　16点　　他　各4点×11(問5(2)完答)　　計80点

＜社会解説＞

(総合―国土と自然・世界地理・古代～近代の政治・文化・政治のしくみなど)

問1　A国　14億の人口を抱える中国は1979年の改革開放政策の導入で急速に経済成長を実現，2010年に日本を抜いて世界2位に躍り出たGDPはわずか10年余りで日本の3.6倍，断トツのアメリカの約8割の水準になろうとしている。かつて日本でも起こったことだが，中国でも食の西洋化が進展，その経済力に任せて大量の肉を世界中からかき集めており，最近では肉だけでなくそれまであまり食べなかったマグロなどの魚介類にまでその爆食の手を伸ばしている。　B国　大豆の生産はブラジルとアメリカがトップを争い両国で世界の約3分の2を占める。中国の旺盛な需要にこたえるようにブラジルでは積極的に農地を拡大し輸出拡大に動いている。

問2　日本では年間600万トンといわれるフードロスが発生，これを解消するためスーパーなどでは「てまえどり」など消費者の意識を変えようという取り組みも行われている。また，子ども食堂への積極的な支援やフードバンクへの寄付を増やす企業など新しい動きも各地でみられる。

問3　明治日本の産業革命遺産は8県にわたって分布する明治期の日本の工業発展などを示す遺跡群。さまざまな国や地域間においてその文化や歴史に優劣の関係などはなく，多様な価値観を互いに認め合うことでお互いを理解することこそが世界の平和や安全に貢献することができる。

問4　海のない都道府県は栃木・群馬・埼玉・山梨・長野・岐阜・滋賀・奈良の8県のみ。エの和歌山県は奈良県・三重県・大阪府に接する。アは広島県，イは大分県，ウは兵庫県。

問5　(1)　東大寺(奈良時代)→中尊寺(平安時代)→慈照寺(室町時代)→日光東照宮(江戸時代)の順。　(2)　15世紀末に足利義政の創建した山荘・東山殿を義政の没後に禅寺にしたもの。山荘に建てた2層の楼閣が銀閣と呼ばれる。藤原清衡は奥州藤原氏の初代。

基本 問6　六波羅探題は承久の乱後に幕府が朝廷の監視と西国の御家人統括のために京の六波羅に設けた役所。代々北条一門が就任した重職。江戸幕府は老中に次ぐ要職として京都所司代を設け，朝廷や西国大名の監視のほか畿内幕府領の訴訟などに当たらせた。

問7　恵方とは安倍晴明で知られる陰陽道(おんみょうどう)においてその年の福徳をつかさどる神がいる方向とされる。陰陽道は平安時代に盛んに行われた災いを避け福を招く考え方であるが，この方向は干支(えと)で毎年変化する。京浜急行は川崎の駅から2kmほど離れた川崎大師にお参りする人を運ぶことを目的に建設された関東で初の電車である。その参拝客を集めるために当時のコピーライターが考え出したのが初詣というキャッチコピーである。安定しない恵方詣の参拝客より，毎年確実に行われる初詣による参拝客の方が鉄道会社にはありがたいのは当然である。都心と千葉を結ぶ京成電鉄も東京と成田山新勝寺を結ぶことから京成と名づけられたように鉄道と寺社の関係は深いようである。

問8　明治天皇の父である孝明天皇はそれまでの天皇とは異なり比較的政治的関心が強かった天皇といわれる。日米和親条約についてはこれを認めたものの，日米修好通商条約は拒否し攘夷の立場をとった。結果，大老井伊直弼は朝廷の勅許をえず独断で条約を結び反対派を弾圧，これにより桜田門外で暗殺されることになる。1863年，天皇は「国土が焦土になっても開港・交易は認めない」とする攘夷の勅命を発表，これを受けた長州藩は関門海峡を通行する外国船を砲撃するいわゆる「下関戦争」を引き起こすことになる。妹・和宮を14代将軍・徳川家茂に嫁がせ公武合体を進めるものの1866年に急死，討幕派による毒殺説も出たほどである。真偽のほどはわからないが，天皇と因縁のある井伊家に由来する地に皇太子であった明治天皇を祀(まつ)る神社を建設ことに反対する声が上がるのも致し方ないことであろう。

基本 問9　相模湾を震源とするマグニチュード7.9の大地震。焼失戸数21万戸，死者・行方不明者10万人以上の大災害となった。朝鮮人が暴動を起こしたといったデマが流れ6000名以上が虐殺されるなど社会不安が高まる中，政府は戒厳令を発令したものの混乱が鎮まる気配は一向になかった。日本の中枢を襲った巨大災害により日本経済が受けた打撃は計り知れないものであったことは容易に想像できる。

重要 問10　70歳以上の年齢別投票率はわかるが男女別の投票率の判断はできない。男女とも65～69歳の人口の方が30～34歳の人口より多い。人口，投票率ともに65～69歳の方が上回っている。10代の有権者は18歳以上なので投票率が若干高くても投票数は圧倒的に少ない。

★ワンポイントアドバイス★

200字前後という長文の記述問題をスムースに書くにはなんといっても慣れることに尽きる。過去問などに十分触れその書き方を練習しよう。

＜国語解答＞

一　問一　エ　問二　ウ　問三　イ　問四　ア　問五　ウ　問六　エ　問七　ウ
問八　イ　問九　イ　問十　ア　問十一　ウ　問十二　(例)　自分が描きたい漫画ではないと思っていたが，夢を持ち，誰かを愛し，懸命に仕事をする人たちを描くことで読者に勇気を与えていたことを知り，自分の描いた漫画に誇りを持てるようになった。

二　問一　a　的確[適確]　b　投資　c　格好[恰好]　d　習慣　e　至[到]
問二　ウ　問三　ア　問四　イ　問五　エ　問六　イ　問七　ア
問八　(例)　協力集団の一員として認められたいという欲求を満たすために，自分には素質があると信じ込んで，未知の仕事でも率先して挑戦できるようにするため。
問九　エ

○推定配点○
一　問十二　10点　他　各5点×11　二　問一　各2点×5　問八　10点　他　各5点×7
計120点

＜国語解説＞

一　(小説―心情理解，内容理解，表現理解，主題)

問一　直前の老紳士の言葉「描線が美しく繊細で，……筆名を覚えていたんです」の内容に，エが合致している。

問二　傍線部は，元漫画家である老紳士が，今は似顔絵を描いているという話を聞いての，亮二の発言であることに注意する。

重要　問三「口ごもる」は，言葉がつかえてうまく言えない，ということ。亮二は自分の事情を老紳士にうまく話せないと感じている。

問四「茶化す」は，冗談のようにして，はぐらかすこと。

問五　直後の「老紳士は楽しげに笑う。笑っていない目で」から，老紳士が表面は冗談めかした態度でありながら，内面は真剣であることがわかる。

問六　老紳士は，自分が亮二に対して強く話しすぎたことを反省している。

問七「風を待っていてもいいんですよ，きっと。静かに，諦めずに。良い風が吹くその日まで」という老紳士の言葉に，亮二は励まされ，考え方が変わったのである。

問八　直前の「少しだけ心が切なく痛み，同時に，いやいや自分は諦めないことにしたんだ，と首を横に振る」という様子から，イのような心情が読み取れる。

問九　傍線部を含む文と，その直前の文の内容から，イのような心情が読み取れる。

問十　書店員は直後で，亮二が漫画を終わらせる理由を問うている。この言葉を言う前に，書店員は自分の気持ちを整理しているのである。

問十一「この作品が始まる日までも待ってた」のと同じく，今回も，次に亮二の漫画が始まる日まで自分は待っている，ということを書店員は告げているのである。

やや難　問十二　直前の「自分にもヒーローの物語が描けたんだな，……戦うひとびとの物語を描けていたんだな」が，このときの亮二の心情である。ここでの「ヒーロー」とは，書店員が言っている「夢を持ち，誰かを愛し，懸命に生きているヒーロー」のことである。

二　(論説文―漢字の書き取り，内容理解，要旨)

基本　問一　a「的確」は，的を外れず確かなこと。　b「投資」は，利益を得る目的で事業に資金を投下すること。　c「格好」は，適当であること。　d「習慣」の「慣」と「貫通」の「貫」を区別しておくこと。 e 「思い至る」は，考え及ぶ，という意味。

問二　傍線部の直前に「その意味で……」とあるので，「その意味」が指している内容を，前からとらえる。

問三　直前の二つの文の内容に注目。人間は情報を都合よく解釈して，「自己肯定に利用してしまう」のである。

問四　文章の初めにある「キツネのブドウ」の解釈や，傍線部直前の「自分が得ることができないものを過小評価する心理機構」という内容から，イが正答である。

問五　直後で述べられている「株」や「就職活動」の具体例が表している内容が，エに結びつく。

問六　直後の「『仕事を担当できる能力はいまひとつだな』と自分でうすうす思っていても，『担当できる』と意欲的にアピールしてしまうのだ。すると，……」という状況に合うものを選ぶ。

重要　問七　直前の段落の内容や，直後の段落の具体例で示されている内容に合うものを選ぶ。

やや難　問八　二つ前の段落に，「課題挑戦」を始めるためには「素質がある根拠が何もない状態でも，それを漠然と信じなければ始まらないのである，これが自己欺瞞の必要な理由である」とあることに注目する。

問九　直前の二つの文で述べられている内容が，エに合致している。

★ワンポイントアドバイス★

読解問題では，文章が長いうえに細かい読み取りが必要となる。文章が比較的長めなので，早く的確に読み取る力が求められる。読解力を養うには，ふだんから新聞を読んだり，いろいろな小説や随筆，論説文に触れたりすることが大切！

大切なことはメモしておこうネ！

2022年度

★★★★★★★★★★★★★★★★★★★★★★★

入 試 問 題

2022年度

海城中学校入試問題（一般①）

【算　数】（50分）　＜満点：120点＞

【注意】・分数は最も簡単な帯分数の形で答えなさい。
　・必要であれば，円周率は3.14として計算しなさい。

1　次の問いに答えなさい。

(1)　次の計算をしなさい。

$$\left(13.5\times\frac{2}{3}\div 4\frac{2}{7}-0.6\right)\div 0.125$$

(2)　ある規則にしたがって，整数が次のように並んでいます。

1，1，2，1，2，3，1，2，3，4，1，……

左から数えて100番目の整数を求めなさい。

(3)　8％の食塩水と13％の食塩水を混ぜて，10.9％の食塩水100ｇを作ります。8％の食塩水は何ｇ必要ですか。

(4)　ある店に，午後6時に何人かの客がいました。この店には，一定の割合で客が来店します。3分間に8人の割合で客が店を出ていくと，午後7時51分に客がいなくなります。また，2分間に5人の割合で客が店を出ていくと，午後8時28分に客がいなくなります。午後6時に店にいた客は何人ですか。

(5)　下の図において，三角形DBEは三角形ABCを点Bを中心に時計回りに34°回転したものです。点Dが辺BC上にあり，辺ACと辺BEが平行であるとき，図の角アの大きさを求めなさい。

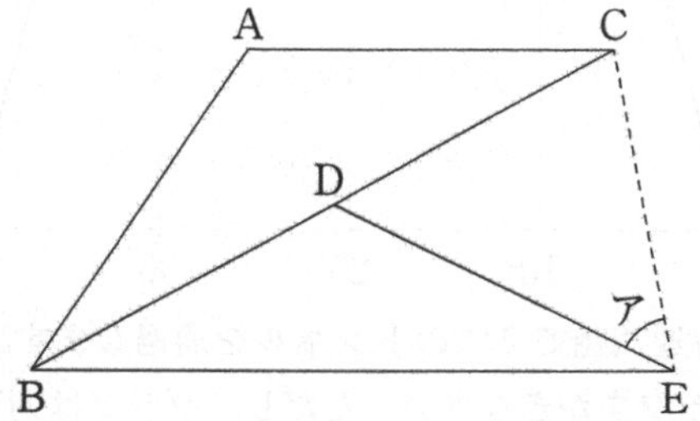

2　次のページの図のように，平行四辺形ABCDの辺ABを1：2に分ける点をE，辺CDを1：2に分ける点をFとし，辺BCと辺DAの真ん中の点をそれぞれG，Hとします。また，BHとCEが交わる点をI，CEとDGが交わる点をJ，DGとAFが交わる点をK，AFとBHが交わる点をLとします。次の問いに答えなさい。

(1)　BI：IL：LHを最も簡単な整数の比で答えなさい。

(2)　平行四辺形ABCDと四角形IJKLの面積の比を最も簡単な整数の比で答えなさい。

(3)　平行四辺形ABCDと四角形AEILの面積の比を最も簡単な整数の比で答えなさい。

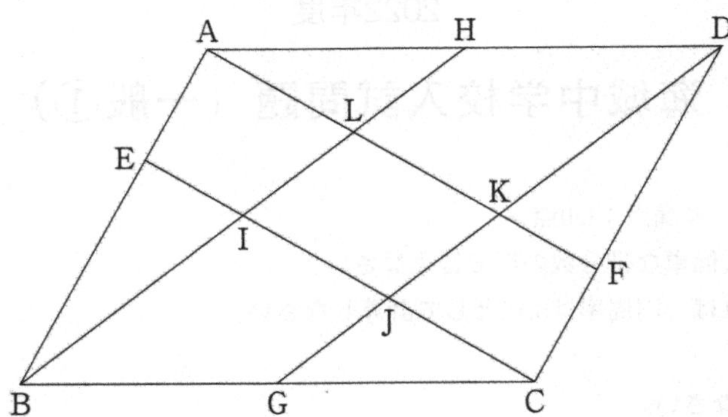

3　K鉄道のある区間には２つのトンネルA，Bがあり，A，Bの順に列車が一定の速さで通過します。次の問いに答えなさい。

⑴　長さが160mの列車が２つのトンネルを通過します。グラフは列車の先頭がトンネルAに入る時を０秒として，時間とトンネルの中にある列車の長さの関係を表しています。トンネルBの長さは何mですか。

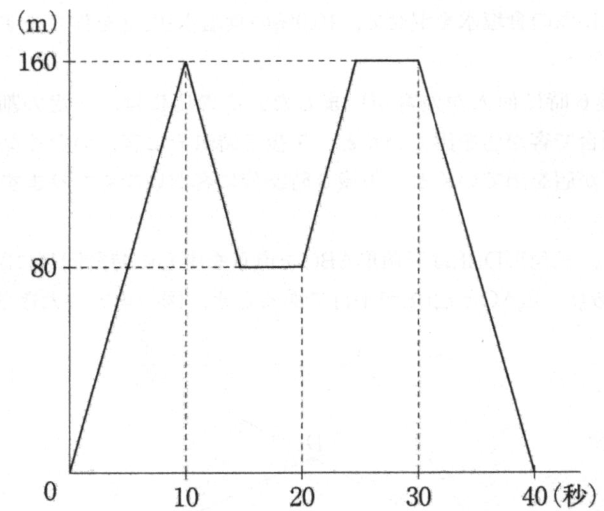

⑵　長さが200mの列車が時速72㎞で２つのトンネルを通過します。時間とトンネルの中にある列車の長さの関係を表すグラフをかきなさい。ただし，グラフは列車の先頭がトンネルAに入る時を０秒として，最後尾がトンネルBを出る時までとします。

4　次のページの図のように，正五角形ABCDEがあり，点F，G，H，I，Jは対角線が交わる点で，線は道を表しています。点Aを出発し，一度通った道および点は通らずに，点Cまで行く道順を考えます。次の問いに答えなさい。

⑴　A→G→D→Cのように，２回だけ曲がって行く道順は全部で何通りありますか。

⑵　曲がる回数が最も多い道順の１つをかきなさい。

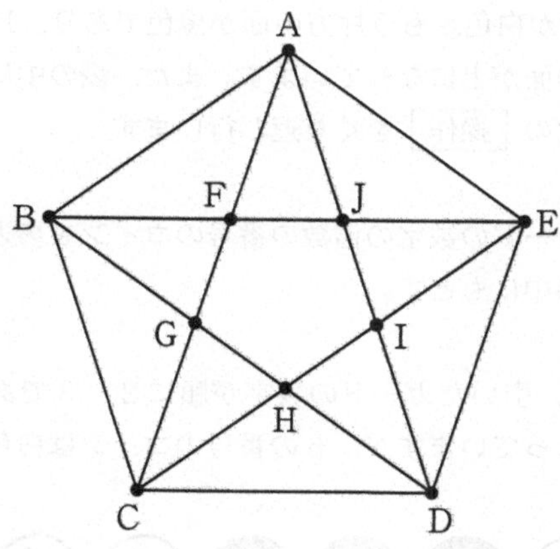

［⑵の下書き用の図］

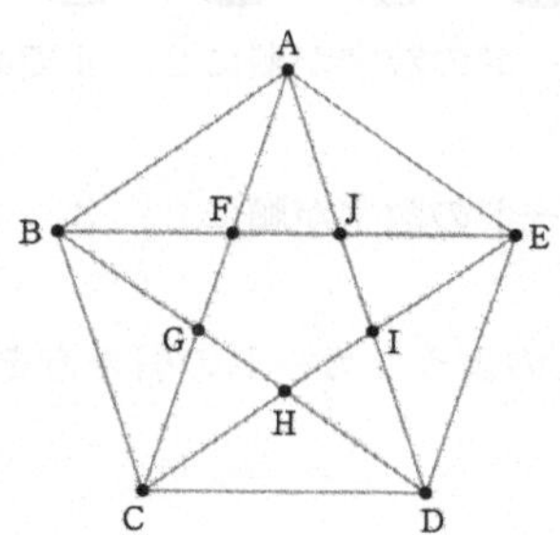

5　下の図のように，１辺が12㎝の立方体ABCD－EFGHがあり，点Ｐは辺BF上，点Ｑは辺DH上の点で，BP＝10㎝，DQ＝６㎝です。３点Ａ，Ｐ，Ｑを通る平面でこの立方体を切断します。この切断面と辺FG，辺GHが交わる点をそれぞれＲ，Ｓとします。次の問いに答えなさい。ただし，角すいの体積は（底面積）×（高さ）÷３で求められるものとします。

⑴　FR，SHの長さを求めなさい。

⑵　切断してできた立体のうち，点Ｅをふくむ方の体積を求めなさい。

⑶　切断面と直線CEが交わる点をＮとするとき，CN：NEを最も簡単な整数の比で答えなさい。

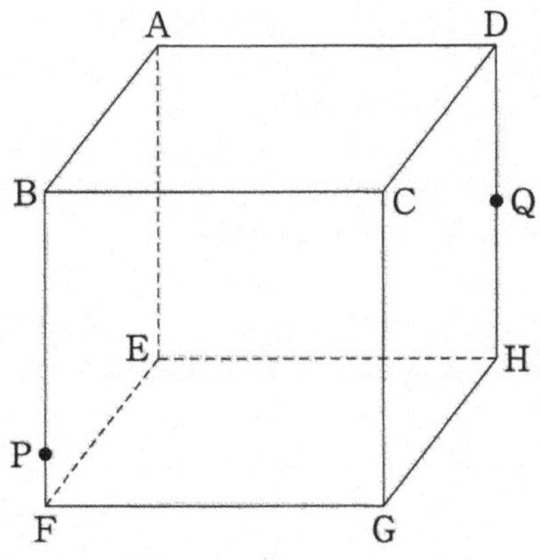

6 777枚のコインは片方の面が白色，もう片方の面が黒色であり，1～777の番号がついています。はじめ，コインは全て白色の面が上になっています。また，袋（ふくろ）の中に１～５の数字が書かれたカードが１枚ずつ計５枚あり，次の 操作 をくり返し行います。

操作

カードを１枚引き，引いたカードの数字の倍数の番号のコインを裏返す。
その後，引いたカードを袋の中にもどす。

例えば，操作 を２回行い，引いたカードの数字が順に２，３であったとき，２，３，４の番号のコインは黒色の面が上になっていますが，６の番号のコインは白色の面が上になっています。次の問いに答えなさい。

⑴ 操作 を２回行い，引いたカードの数字が順に２，４であったとき，黒色の面が上になっているコインは何枚ですか。

⑵ 操作 を３回行い，引いたカードの数字が順に２，３，１であったとき，黒色の面が上になっているコインは何枚ですか。

⑶ 操作 を11回行ったとき，どのようなカードの引き方をしても必ず黒色の面が上になっているコインは何枚ですか。

【理　科】（45分）＜満点：80点＞

１．次の文章を読み，各問いに答えなさい。

　レンズは，光の進む向きを変えて，光を集めたり広げたりする性質があります。図１のような，中央がまわりより厚くなる断面をもつレンズを，凸(とつ)レンズといいます。図１の破線は凸レンズの軸(じく)を表しており，軸はレンズの中心Ｏを通りレンズの面に垂直な線です。この軸に平行で凸レンズの左側から進んできた光線は全て，レンズの右側の軸上の点Ｆを通ります。この点を（　１　）といい，レンズの中心Ｏから点Ｆまでの距離(きょり)ＯＦを（　１　）距離といいます。また，レンズの中心Ｏを通る光線は，そのまま直進します。

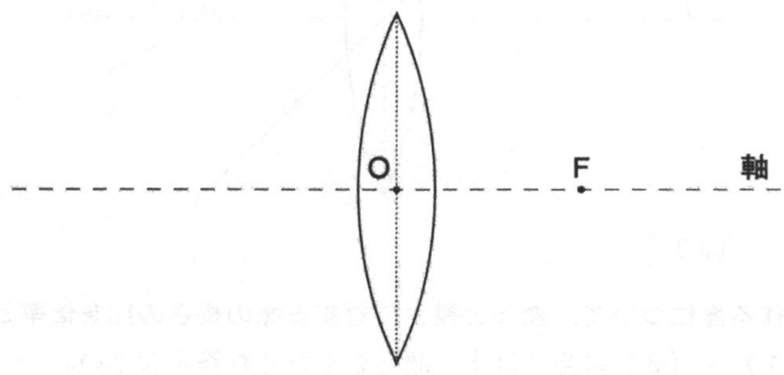

図１

　物体から出た光が凸レンズによって集まると，そこには物体の像が作られます。図２は，物体が距離ＯＦ（図２に点Ｏと点Ｆは書き入れていません）より遠くにある場合の光線を表しています。実際はレンズの左右の面それぞれで光線は進む向きを変えますが，各図では簡略化してレンズ内の点線上で進む向きを変えるものとしています。物体の先端(せんたん)Ｐからは四方八方に光線が出ていますが，その光線のうち軸に平行な光線１と，凸レンズの中心Ｏを通る光線２の，２つのみ描(か)いてあります。

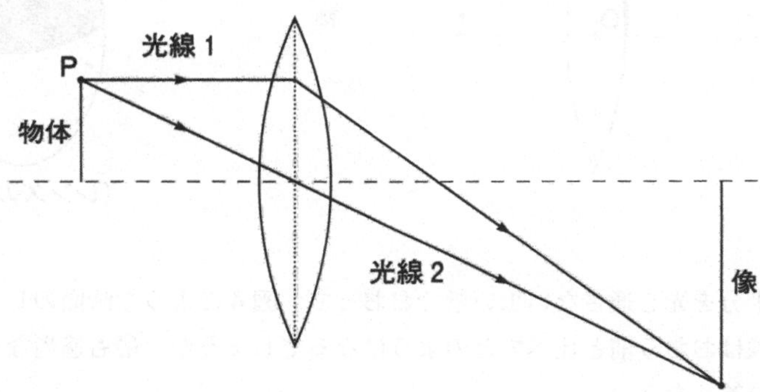

図２

レンズの右側には光線が集まってできた物体の像があります。この像の位置に紙などのスクリーンを置くと，像を映すことができます。このように実際に映すことができる像を（　２　）像といいます。

　一方，次のページの図３のように物体が距離ＯＦ（図３に点Ｏと点Ｆは書き入れていません）より近くにあると，図２のような実際の光線が集まってできる像は作られず，物体と同じ側に（　３　）像が作られます。ものを拡大して見るときに使う虫眼鏡では，この（　３　）像を見ることになります。

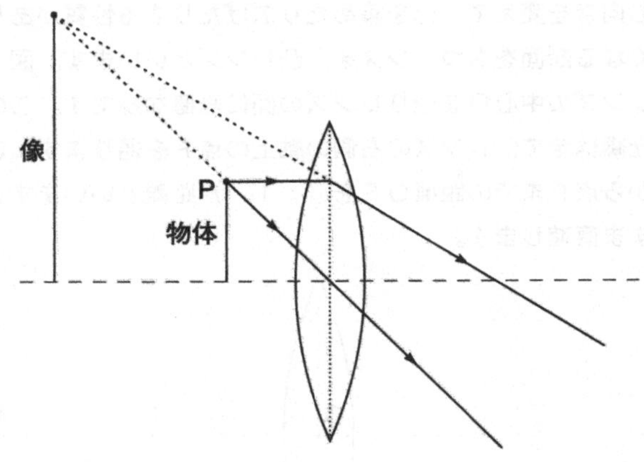

図３

なお，レンズが作る像について，物体の長さに対する像の長さの比を倍率といいます。

問１　文章中の（１）～（３）に当てはまる語句をそれぞれ答えなさい。

問２　解答欄にある図には，物体の先端から出た光線のうち３つが途中（とちゅう）まで描かれています。これら３つの光線が進む様子を，図中のマス目を参考にしながら解答欄におさまる範囲（はんい）でていねいに描き入れなさい。

問３　図４のように，一端がＰ，他端がＱの物体の像を考えることにします。

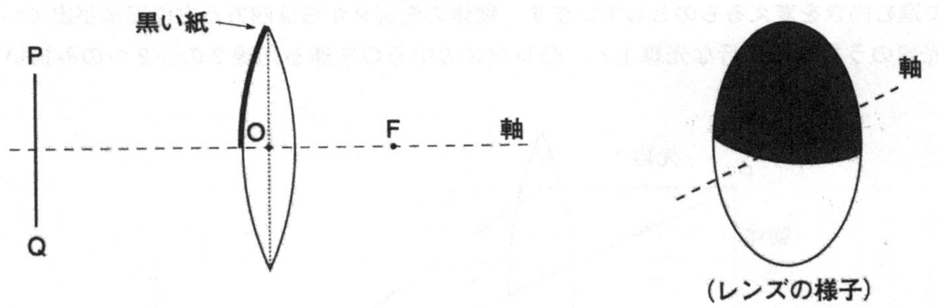

図４

凸レンズの上半分を光を通さない黒い紙でおおって，図４のような断面のレンズにすると，スクリーンに映る像はおおう前と比べてどのようになるでしょうか。最も適当なものを次のア～カから選び，記号で答えなさい。

ア　Ｐ側の半分が映らなくなる。

イ　Ｑ側の半分が映らなくなる。

ウ　Ｐ側の半分が暗くなる。

エ　Ｑ側の半分が暗くなる。

オ　全体が暗くなる。

カ　何も変わらない。

問４　図５のように，一端がＰ，他端がＱの物体の像を考えることにします。

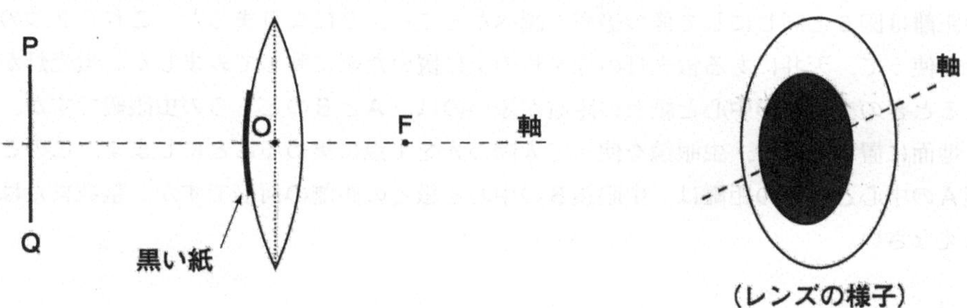

図５

凸レンズの一部を光を通さない黒い紙でおおって，図５のような断面のレンズにすると，スクリーンに映る像はおおう前と比べてどのようになるでしょうか。最も適当なものを次のア～カから選び，記号で答えなさい。

ア　外側（ＰとＱ側）が欠ける。　　イ　中央側が欠ける。
ウ　外側（ＰとＱ側）が暗くなる。　エ　中央側が暗くなる。
オ　全体が暗くなる。　　　　　　　カ　何も変わらない。

問５　虫眼鏡による物体の像が図６のようになり，倍率が３になっていました。このとき，物体から凸レンズの中心Ｏまでの距離ＯＱは，距離ＯＦの何倍ですか。整数または既約（きやく）分数で答えなさい。ただし，図６には点Ｆは記入してありません。

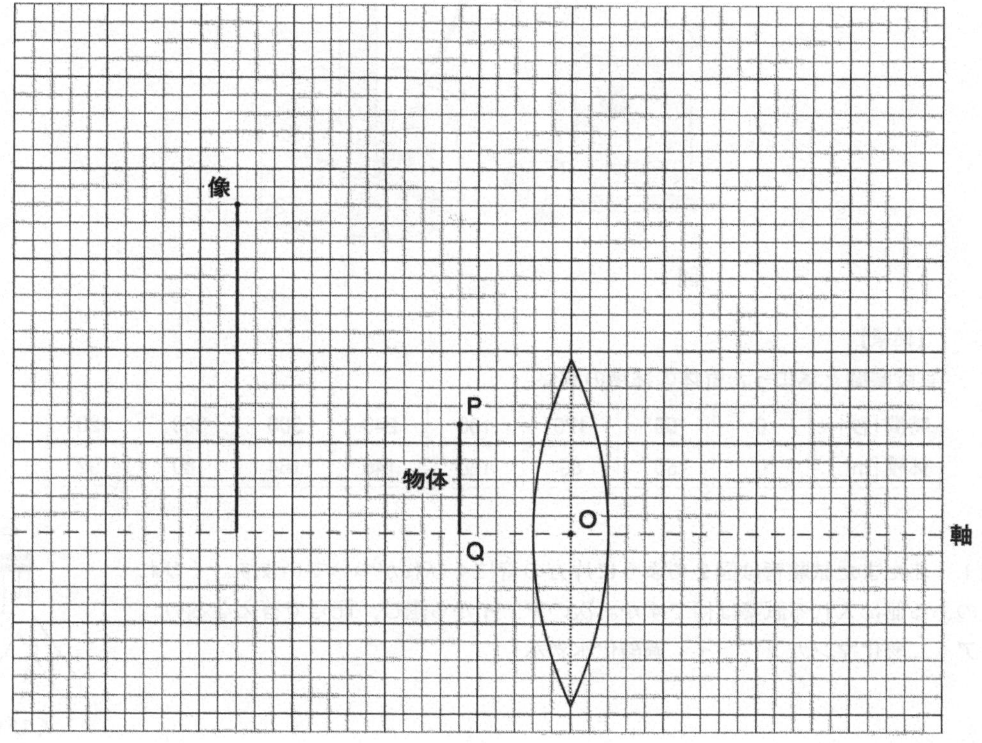

図６

問６　問５で用いた虫眼鏡をＡとし，これとは別の虫眼鏡Ｂを用意しました。物体からＢの中心までの距離は図６と同じにして像の倍率を調べたところ，２になりました。これら２つの虫眼鏡ＡとＢを使って，天井（てんじょう）にある蛍光灯（けいこうとう）の像を机の上に置いた紙に映してみました。蛍光灯がはっきり見えるときの虫眼鏡の中心と紙との距離が短いのは，ＡとＢのどちらの虫眼鏡ですか。

問７　地面に置いた紙に，虫眼鏡を使って太陽の光を１点に集めることにします。このときの，虫眼鏡Ａの中心と紙との距離は，虫眼鏡Ｂの中心と紙との距離の何倍ですか。整数または既約分数で答えなさい。

２．次の文章を読み，各問いに答えなさい。

過酸化水素水に二酸化マンガンを加えると，ゆっくりと気体が発生します。そのときの気体が発生する速さを調べるために，以下の実験を行いました。

【実験】

ふたまた試験管の片方の管に４％の過酸化水素水を20mL，もう片方の管に少量の二酸化マンガンを入れた。その後，気体導入管を取り付けて，水上置換（ちかん）の準備をした。最後に，ふたまた試験管を傾（かたむ）けて，過酸化水素水と二酸化マンガンを接触（せっしょく）させた（図１）。この瞬間（しゅんかん）を０秒として，60秒ごとに発生した気体の体積を測定した。また，この実験中にビーカー内の水の温度は変化しなかった。

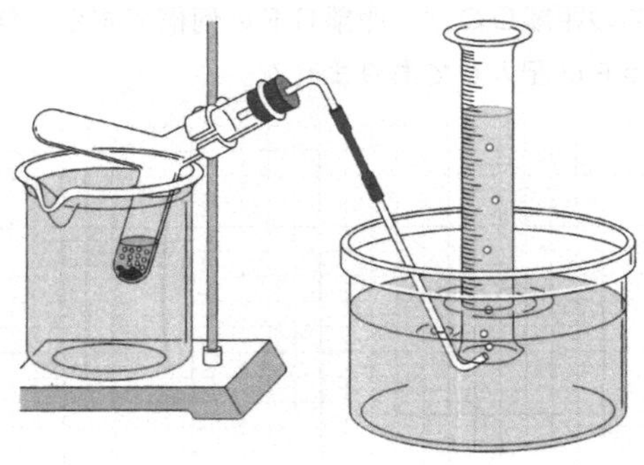

図１

【結果】

実験時間と集まった気体の体積の関係

時間[秒]	0	60	120	180	240	300	360	420
体積[mL]	0	50	89	120	145	164	180	192

問１　ふたまた試験管は図２のように片方の管にくびれがついています。くびれのある側に入れる試薬は何ですか。次のア，イから選び，記号で答えなさい。

ア　二酸化マンガン　　イ　過酸化水素水

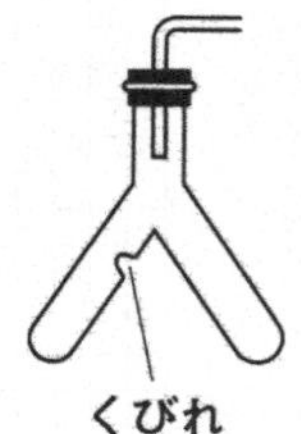

図２

問２　このとき発生した気体は何ですか。気体の名称(めいしょう)を答えなさい。また，この気体がもつ性質として最も適当なものを次のア～ウから選び，記号で答えなさい。

ア　可燃性　　イ　助燃性　　ウ　引火性

問３　この実験において二酸化マンガンは，自分自身は変化しませんが，反応を速くするはたらきがあります。このような物質のことを何といいますか。

問４　この実験において気体が発生する速さは，時間とともにどのように変化しますか。最も適当なものを次のア～ウから選び，記号で答えなさい。

ア　気体が発生する速さは，実験が進むにつれて遅(おそ)くなる。
イ　気体が発生する速さは，実験が進むにつれて速くなる。
ウ　気体が発生する速さは，実験が進んでも変わらない。

この実験では，気体が60mL発生すると，過酸化水素水の濃度(のうど)が１％減少することがわかっています。

問５　実験開始から60秒後，過酸化水素水の濃度は何％になっていますか。必要であれば四捨五入して小数第１位まで求めなさい。

問６　過酸化水素水の濃度が，実験開始時の濃度（４％）の半分（２％）になるのは実験開始から何秒後ですか。必要であれば四捨五入して整数で答えなさい。

問６で求めた時間（実験開始の濃度から半分の濃度になるまでの時間）を半減期といいます。過酸化水素水の場合は，濃度が何％のときから測定しても，そこから半分の濃度になるまでの時間は半減期と同じであることがわかっています。

問７　過酸化水素水の濃度が0.5％になるのは実験開始から何秒後ですか。必要であれば四捨五入して整数で答えなさい。

次に同じ温度で，８％の過酸化水素水20mLに少量の二酸化マンガンを入れて，同様の実験を行いました。

問８　過酸化水素水の濃度が１％になるまでの時間は，4％の過酸化水素水を用いて実験を行った場合と比べて，どのような違(ちが)いがあると考えられますか。最も適当なものを次のア～ウから選び，記号で答えなさい。

ア　２倍より短い　　イ　２倍より長い　　ウ　ちょうど２倍

３． 次の文章を読み，各問いに答えなさい。

最近，マグロの数は増加傾向にあるものの，マグロの漁獲量(ぎょかくりょう)のピーク時に比べると①マグロの数が減少しているというニュースをＫさんは耳にしました。Ｋさんは今後も大好きなマグロを食べ続けたいと思い，そのためにはどうしたら良いか調べました。

②クロマグロを今後も食べ続けるには

日本で捕獲(ほかく)されるマグロは７種類あり，本マグロとよばれているのは，クロマグロである。今回はクロマグロについて調べた。

生息場所・特徴

大西洋や太平洋に分布する。日本付近に生息するのは太平洋のクロマグロである。日本近海で産卵すると考えられており，その後太平洋を回遊しながら成長する。マグロのなかまは泳ぐのをやめることはなく，泳ぎ続けると言われている。

食性

イワシ，アジ，イカなどを食べる肉食魚で，下図のように食物連鎖(れんさ)の上位に位置する消費者である。図中の矢印は「食べられるもの」から「食べるもの」へと引いてある。

マグロを飼育下で成長させる場合，１kgの体重を増やすのに13kgの餌(えさ)が必要と言われている。

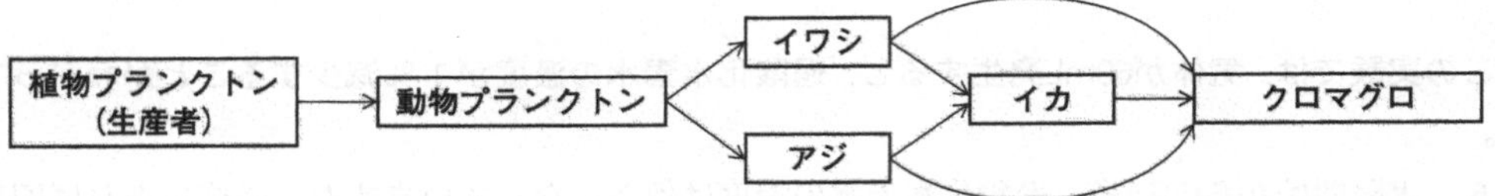

マグロの減少理由

マグロの減少理由は様々あり，下記のことが考えられている。

・マグロの捕獲数が多すぎること。
・海洋環境(かんきょう)が悪化していること。
・マグロの餌となる生物が減少していること。

マグロの減少を防ぐには

③適正な捕獲数を設定して，その捕獲数の中でマグロを消費していくことが大切であると考える。そのためには私たちが，水産資源のことをよく知って，無理のない範囲で消費について見直す必要があると考えられる。

問１　下線部①について，マグロ以外でも様々な生物が減少しています。日本国内に生息し，近年，数を減らしており，絶滅(ぜつめつ)が心配されている生物として最も適当なものを次のア～カから選び，記号で答えなさい。

ア　ブラックバス
イ　メダカ
ウ　コイ
エ　アメリカザリガニ
オ　ブルーギル
カ　ニジマス

問２　下線部②について，次のア～オからクロマグロを選び，記号で答えなさい。

ア
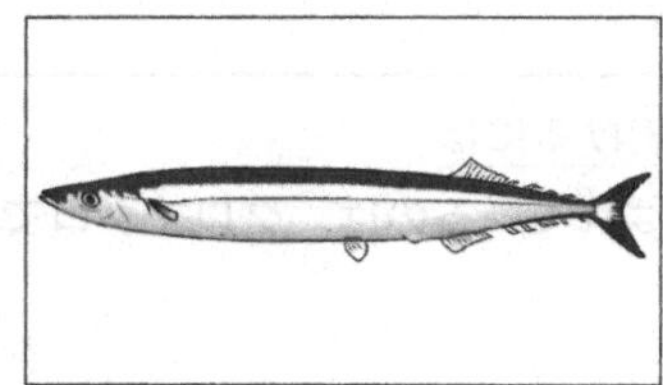

イ

ウ 

エ 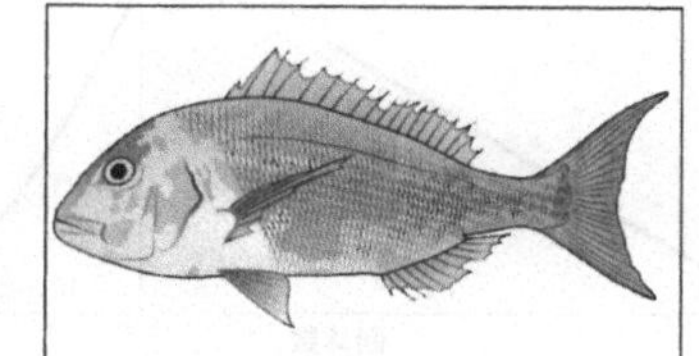

オ 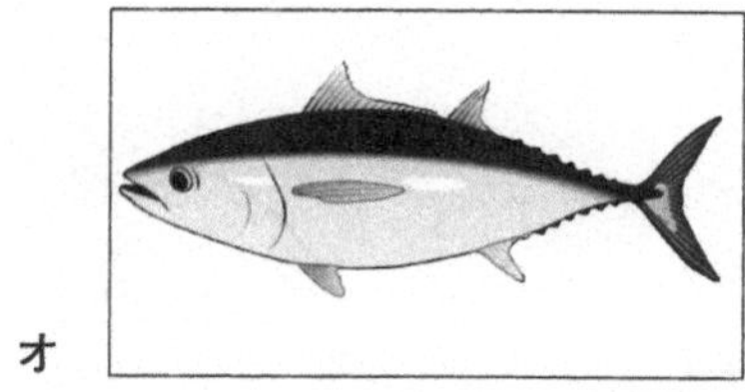

問３　マグロの心臓，えら，体の組織の間の血液の流れについて，その流れを表す　→　を解答用紙の図に加えなさい。なお矢印は，交差しないように描くこと。

問４　タイなどの一般的（いっぱんてき）な魚はえらを動かし，水流を作ることで，えらから酸素を吸収しています。しかし，マグロにはえらを動かす筋肉がありません。どのようにして，えらから酸素を吸収しているのかを説明した次の文の［X］に当てはまる語句を入れなさい。

常に［　X　］ことで口から水を取り込（こ）みえらに送っている。

問５　Kさんが調べた内容を発表していたら，先生から「食性の記述の食物連鎖を考えれば，同じ重さのマグロとイワシの肉を食べる場合，適正な範囲の漁獲（ぎょかく）であれば，マグロよりもイワシを獲（と）って食べる方が，生態系に与（あた）える影響（えいきょう）は少なくて済みそうだね」と言われました。これはどうしてか，「食物連鎖」という語を用いて説明しなさい。

問６　下線部③について，適正な捕獲数を設定するには，生物がどのように数を増やしていくかを知る必要があります。図１は生物の個体数が時間とともにどのようにして増えていくかを表したものです。次の⑴～⑶に答えなさい。

⑴　図１に示す a ～ e の時間帯で，個体数の増加速度（一定時間あたりに増える個体数）が一番小さいものはどの時間帯ですか。最も適当なものを選び，アルファベットで答えなさい。

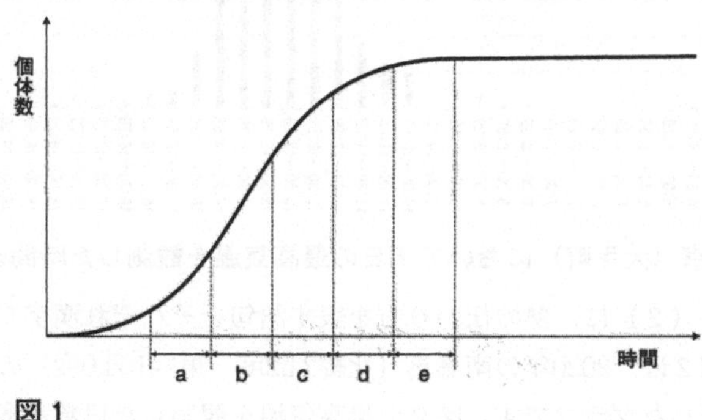

図１

⑵　図１の曲線から，個体数と個体数の増加速度の関係を表したものとして最も適当なものを次のページのア～オから選び，記号で答えなさい。

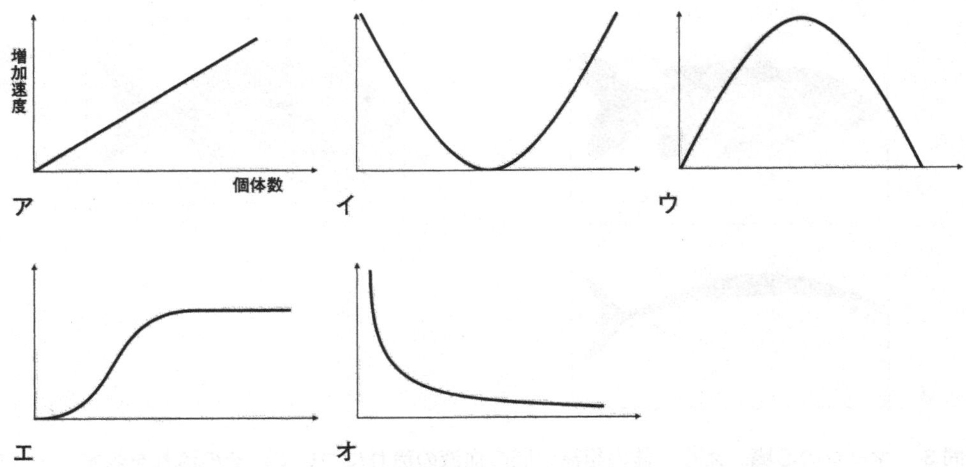

(3) クロマグロの捕獲数を持続的により多く確保するには，どのような個体数を保つようにすれば良いと考えますか。「増加速度」という語を用いて説明しなさい。

4．次の文章を読み，各問いに答えなさい。

（文１）

空気は太陽からの（　１　）で直接あたためられるのではなく，太陽からの（　１　）であたためられた地面からの（　２　）によってあたためられています。そのため，太陽の高度が最も高くなる時刻と，１日の気温が最も高くなる時刻には，ずれがあります。図１は，2020年の東京（大手町：北緯35.7度，東経139.8度）において，24時間を30分ごとに区分けして，その時間帯に最高気温が観測された日数をグラフにしています。

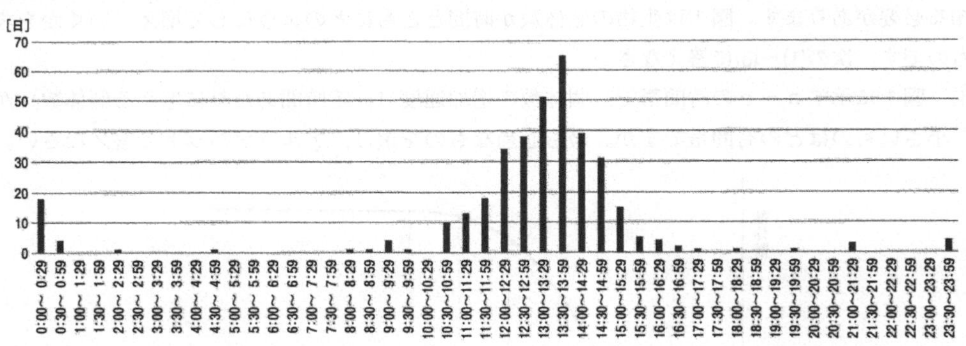

図１　2020年の東京（大手町）において１日の最高気温を観測した時間帯ごとの日数

問１　文章中の（１），（２）に，熱の伝わり方を表す語句をそれぞれ漢字二字で答えなさい。

問２　次のページの図２は，2020年の南鳥島（北緯24.2度，東経154.0度）の最高気温データを用いて図１と同様に作成したグラフです。図２で最高気温を観測した日数が多くなる時刻は，図１に比べて早くなっています。この理由について述べた文として最も適当なものを，次のア～エから選び，記号で答えなさい。

ア　南鳥島は大手町に比べて，一年間で平均した昼間の時間が短いため。

イ　南鳥島は大手町に比べて，一年間で平均した昼間の時間が長いため。

ウ　南鳥島は大手町に比べて，太陽が南中する時刻が早いため。

エ　南鳥島は大手町に比べて，太陽が南中する時刻が遅いため。

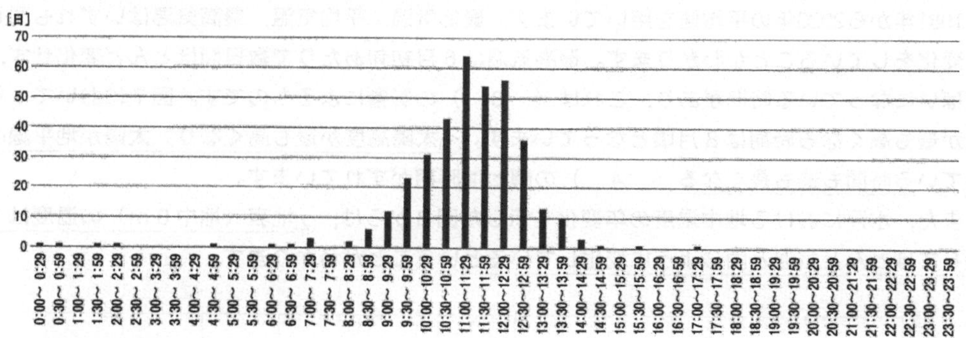

図２　南鳥島

問３　図３は大島，三宅島，八丈島の位置を示しています。図４～図６は2020年のこれらの島における最高気温データを用いて図１と同様に作成したグラフです。図５の三宅島では図１，図２に比べて，時間帯によるばらつきが大きくなっていることがわかります。最高気温が観測される時刻は太陽から直接地表に届く熱の量だけで決まるわけではなく，例えば，空気や海水の流れによって運ばれてくる熱などによっても左右されます。これについて，下の(1)，(2)に答えなさい。

図３

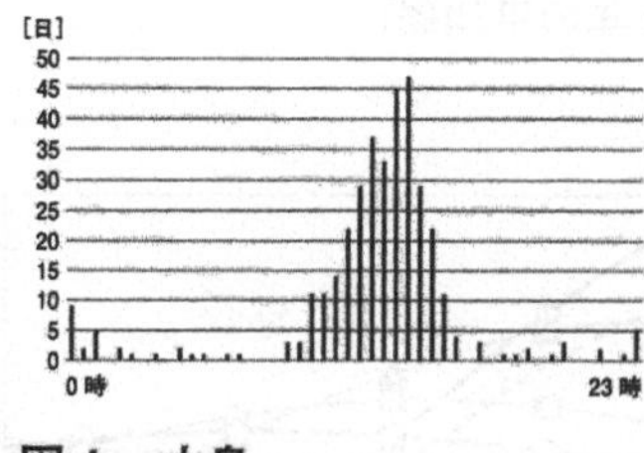

図４　大島

図５　三宅島

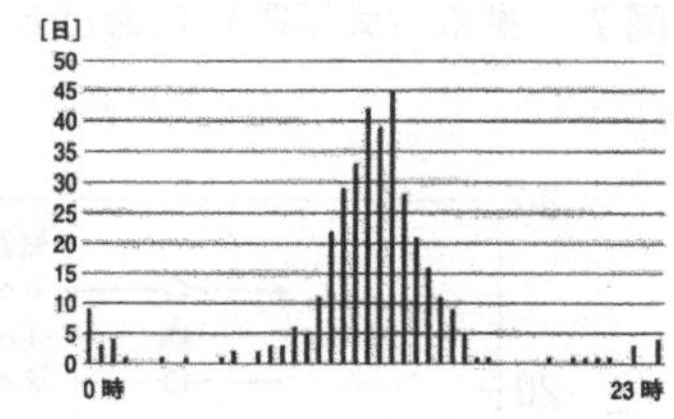

図６　八丈島

(1)　2020年の三宅島において０時台または23時台に最高気温を観測した日の月別の日数は，２月が最多で，10日間ありました。２月23日から28日には６日続けて０時台か23時台に最高気温を観測しています。２月23日から28日の三宅島の気象状況について述べた文として**誤っているもの**を，次のア～ウから１つ選び，記号で答えなさい。

ア　高気圧におおわれたことで，ほとんどの時間帯において快晴だった。

イ　最高気温と最低気温の差が比較的小さい日が多かった。

ウ　夜中に風向が南寄りに変化することで，気温が上昇することがあった。

(2)　大島，八丈島では，最高気温が観測された時刻に三宅島ほど大きなばらつきはありません。島という似た環境であるにもかかわらず，より顕著なばらつきが三宅島でみられる理由の一つとして，他の地点に比べて海水からより多くの熱がもたらされていることが考えられます。三宅島では，このときどうして他の地点より多くの熱が海水からもたらされているのか説明しなさい。

（文２）

図７は，東京（大手町）における１年の気温変化をグラフにしたものです。データは気象庁による1981年から2020年の平均値を用いています。最低気温，平均気温，最高気温はいずれも同じような変化をしていることがわかります。最高気温は６月初旬（しょじゅん）あたりで数日間ほとんど変化せず，ほぼ横ばいになっている時期があり，これは（　３　）の影響によるものです。図７において１年の気温が最も高くなる時期は８月頃（ころ）となっています。①太陽高度が最も高くなり，太陽が地平線の上に出ている時間も最も長くなる（　４　）の頃とは時期がずれています。

また，水戸における地中温度の年変化を示した図８からは，②地表（地中０ｍ）の温度は１年を通してほとんど気温と同じように変化しているということがわかります。

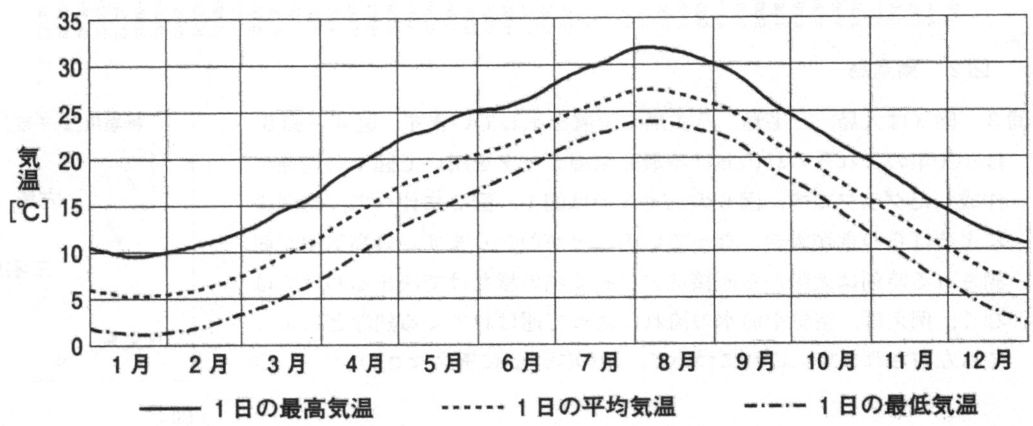

図７　東京（大手町）における１年の気温変化（1981年から2020年の平均値）

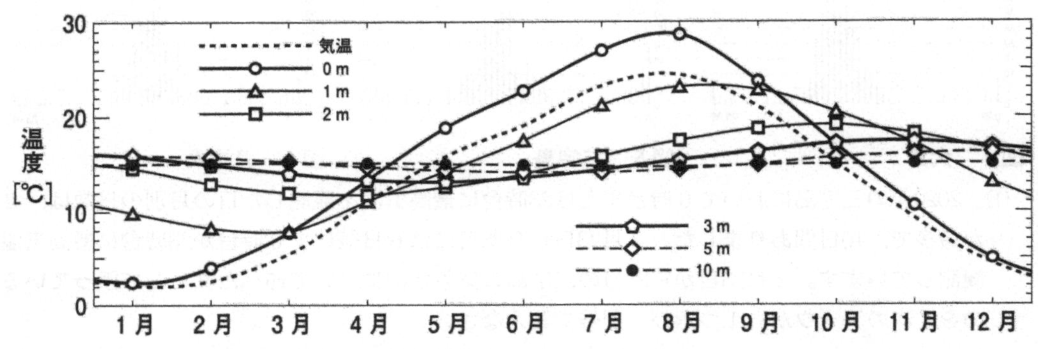

図８　水戸における地中温度（各月の平均値）の年変化

問４　文章中の（３），（４）に当てはまる語句をそれぞれ漢字二字で答えなさい。

問５　下線部①について，時期によって太陽高度や昼夜の長さに違いが出ることの原因として，最も適当なものを次のア～エから選び，記号で答えなさい。

ア　地球は太陽の周りを公転していて，１周するのにおよそ365日かかるから。

イ　地球は自転していて，360°回転するのにおよそ24時間かかるから。

ウ　地球には月という衛星があり，月の重力の影響が地球にもおよぶから。

エ　地球の自転軸は，公転面に対して垂直ではないから。

問６　図８から読み取れることについて述べた文として，**誤っているもの**を次の**ア**～**オ**から１つ選び，記号で答えなさい。

ア　１年を通して，気温より地表温度の方が高くなっている。

イ　計測する場所が深いほど，１年を通した地中温度の変化の幅（はば）は小さくなっている。

ウ　深さ３ｍの地中温度が最高になるのは11月頃である。

エ　計測する場所が深くなっていくほど，地中温度が一番高くなる時期はだんだん遅くなっていく。

オ　計測する場所が深くなっていくほど，地中温度が一番低くなる時期はだんだん早くなっていく。

問７　下線部②のように，一年を通して地表の温度は気温と同様の変化をしているので，地温変化を考えることは気温変化を考えることにもつながります。図７を参考にして，１日あたり地面が太陽からもらう熱の量（＝**A**）と，１日あたり地面から逃（に）げていく熱の量（＝**B**）の一年間の変化をグラフにするとどうなりますか。解答欄には**A**の曲線がすでに描かれています。**B**を示す曲線を，大小変化や**A**と交わる時期を意識して描き入れなさい。ただし，地面から逃げていく熱は，地面の温度が高いほど多くなります。また，グラフは横軸を日付（左端を１月１日，右端を12月31日），縦軸を熱の量としています。

【社　会】（45分）　＜満点：80点＞

問題　次の文章をよく読んで，あとの問いに答えなさい。

右の《写真１》をみてください。神社の神職が湯釜の前で，笹の葉をもっていることがわかります。これは，①奈良県明日香村豊浦にある甘樫坐神社でひらかれている盟神探湯とよばれる儀式の場面です。この儀式の参加者は，笹の葉を釜の湯にひたし，健やかに暮らせるように祈った後，それをお守りとして持ち帰ります。現代の盟神探湯はこのようにおこなわれていますが，もともとは判断が難しい場合に用いられた古代の裁判でした。人々の争いごとを神々に問うという形で，煮えたぎった湯釜に手を入れて判断し，熱さで手がただれた方が嘘をついているということになり，罰せられました。このような熱湯を用いた裁判の結果は，神々に問うているため，争いの内容について検討されたことが十分に反映されるものではありませんでした。そうしたこともあり，結果を受け入れる人がいる一方，真実を明らかにする手段として疑わしく思っている人もいました。ただし，こうした盟神探湯のような神判（神々に判断を任せることでおこなわれる裁判）は形を変えながらも実施されつづけます。

《写真１》甘樫坐神社での盟神探湯のようす

（毎日新聞 奈良県版 2017 年 3 月 9 日より）

領主の判断による裁判がおこなわれる一方で，室町時代からは湯起請が，戦国時代からは鉄火起請もおこなわれるようになりました。湯起請は盟神探湯と同じような熱湯を用いた裁判ですが，湯起請の場合は，熱湯に手を入れる前に起請文を書くという点で，盟神探湯と異なっています。起請文とは，取り決めた約束を守ることを神々に誓った書類のことです。一方，鉄火起請とは，焼けた鉄の棒を握って，そのやけどがひどい方を負けとする裁判のことです。湯起請や鉄火起請は，いずれも犯罪の犯人探しだけでなく，②村同士の紛争解決にも多く用いられました。村同士の紛争の多くは山や川・海などの③資源の使用権をめぐっておこるもので，室町時代ごろから各地でみられるようになります。

戦国時代になると，戦国大名の中には分国法を制定する者が現れます。分国法とは，戦国大名が④領土を支配するために制定した法令のことです。駿河（静岡県）の今川氏や土佐（⑤高知県）の長宗我部氏などが分国法を制定しました。その分国法の裁判についての条文をみてみると，今川氏の分国法の中には⑥喧嘩両成敗法が記されています。戦国大名は分国法を制定することで，領土内での武力による争いを禁止しようとしました。しかし，そうした戦国大名の意図にもかかわらず，領土内での武力による争いはなくなりませんでした。江戸幕府や藩のもとで裁判制度の整備が進んでいくなか，⑦江戸時代初期になってようやく日本社会から神判が消えました。

江戸幕府が裁判制度の整備を進めていくなかで，江戸の裁判を担ったのが，江戸の町奉行です。その町奉行の一人に，⑧遠山景元がいました。彼は，鮮やかな裁判ぶりを12代将軍徳川家慶から「奉行の模範」として評価され，また，江戸の町人らの暮らしを良くすることを重視した町奉行であったと言われています。その人物をモデルにした時代劇がかつて流行りました。その時代劇では，遠山景元が江戸の町奉行として，「お白洲（法廷）」で名裁きを繰り広げます。あとの

《写真２》は，「お白洲」の裁きで，遠山景元が片肌を脱いで「桜吹雪の入れ墨」をみせ，しらを切る悪党をやりこめる場面です。

明治時代以降，西洋からさまざまな制度が取り入れられ，裁判の舞台は裁判所になり，⑨裁判のあり方も大きく変わりました。被告人（罪を犯したと疑われ検察官に訴えられた人）に対して，被告人の有罪を主張する検察官，被告人の利益を守る弁護士がそれぞれの立場から主張を繰り広げ，裁判官は公正中立な立場で両者の主張を聴き，正しい判決をくだすようにしています。2009年からは，裁判に国民の考えをいかすために，（　X　）制度が始まりました。長い年月を経て，裁判のあり方は，多くの人々がより納得できるものへと変化してきました。もちろん，いまだ不十分な点もあります。みなさんも当事者の一人として，今後の裁判制度の変化に注目してみましょう。

《写真２》遠山景元が入れ墨をみせた場面

（時代劇専門チャンネルのウェブサイトより）
https://www.jidaigeki.com/program/detail/jd00000144_0014.html

問１．下線部①について，大化の改新の後，奈良盆地南部の飛鳥に中国の都をまねた日本初の本格的な都がつくられました。この都の名前を答えなさい。また，その都の位置として正しいものを，奈良県とその周辺をえがいた右の地図中のア～エから１つ選び，記号で答えなさい。

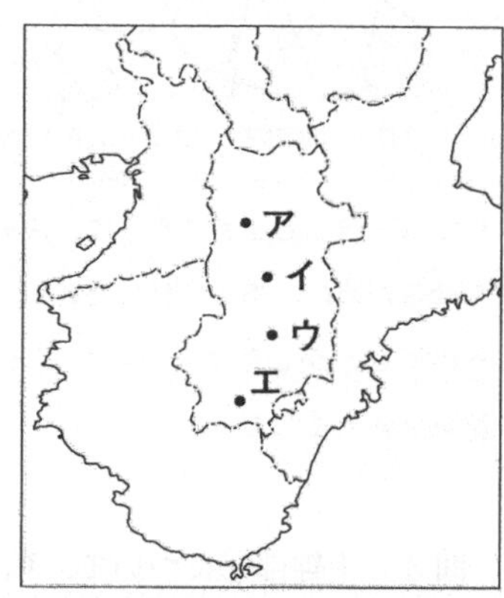

（地理院地図をもとに作成）

問２．下線部②について，村同士の争いの際に，室町時代では湯起請が争いの解決方法として選ばれることがありました。《資料１》は，滋賀県にある菅浦と大浦という二つの村が日指・諸河という田んぼの所属をめぐって繰り広げた紛争の経過の一部です。二つの村は同じ領主に年貢を納めており，土地争いは鎌倉時代後半からつづいていました。《資料１》の事例において，なぜ領主が湯起請を解決方法として選んだのかについて，本文と《資料１》・《資料２》・《資料３》を参考にして，130字以内で説明しなさい。その際に，《資料２》・《資料３》から読みとれる，村の人々が神々についてもっていた考えにふれること。

（《資料１》，《資料２》，《資料３》は次のページにあります。）

《資料１》紛争の経過（1445〜61 年）

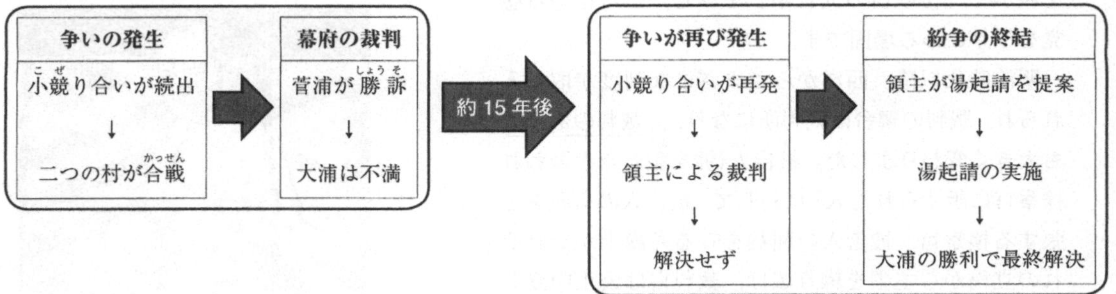

《資料２》一味神水のようす

（『日本の歴史７』KADOKAWA 2015 年より）

村では一揆などをおこなう際、決めたことを守らせるために、神々に誓った起請文を燃やし、その灰をとかした水をいれた器を回して飲み、結束を強めました。

《資料３》起請文の例

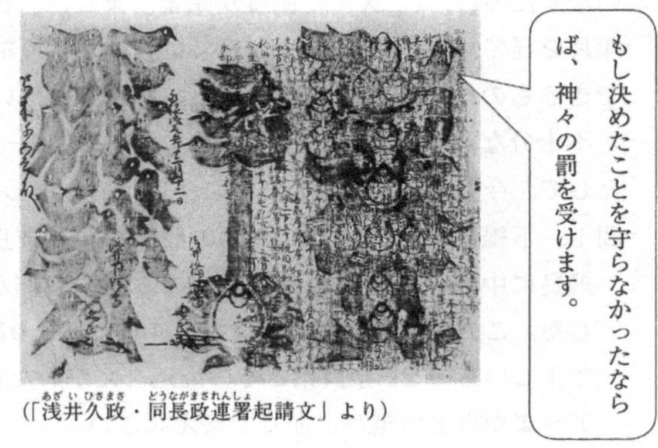

（「浅井久政・同長政連署起請文」より）

もし決めたことを守らなかったならば、神々の罰を受けます。

問３．下線部③について，私たちの身近な資源の一つとして石油があります。さまざまな石油製品は原油を加工して精油所でつくられています。石油製品のうち，プラスチックや合成ゴム，洗剤や塗料などさまざまな工業製品の原料になるものの名前を答えなさい。

問４．下線部④について，次の**ア〜オ**は沖ノ鳥島，尖閣諸島，与那国島，竹島，南鳥島いずれかの写真です。また，次のページの**カ〜コ**はそれらの島々の説明文です。南鳥島の写真（**ア〜オ**）と説明文（**カ〜コ**）を**それぞれ１つ**選び，記号で答えなさい。

ア

イ

ウ

エ

オ

（ア～エは『小学社会５年』日本文教出版、オは『小学社会５』教育出版より）

カ．日本の領土のうち，最も東にある島。
キ．日本の領土だが，韓国が領有を主張している島。
ク．日本の領土のうち，最も西にある島。
ケ．日本の領土だが，中国が領有を主張している島。
コ．日本の領土のうち，最も南にある島。

問５．下線部⑤について，次のア～キの防災対策のうち，高知県の取り組みとして，**ふさわしくないものを２つ選び**，記号で答えなさい。
ア．台風や大雨による洪水などの風水害に対する備えをよびかける。
イ．高潮や高波に対する防災計画を立て定期的に県民に知らせる。
ウ．巨大地震にともなう津波に対する防災訓練を定期的におこなう。
エ．地すべりや崖崩れに備える防災訓練を県民と協力しておこなう。
オ．火山噴火にともなう火砕流に備えてハザードマップを作成し公開する。
カ．高速道路での事故に対する防災を警察・消防・道路会社などと協力しておこなう。
キ．標高3000メートル級の高山での遭難に備えて山岳救助用のヘリコプターを備える。

問６．下線部⑥の喧嘩両成敗法は，戦国大名が領土内のあいつぐ紛争を禁止するために制定した法です。かつては，《資料４》の①「喧嘩をした両方の側に対して理由を問わずに死罪とする」という規定が強調され，戦国大名が新たにつくり出した暴力的な法であると評価されてきました。《資料４》の②の規定と《資料５》を参考にしたとき，そうした評価はどのように考えなおすことができますか。90字以内で説明しなさい。

《資料４》喧嘩両成敗法

①喧嘩をした者は，喧嘩の理由にかかわらず，原則として喧嘩をした両方をともに死罪とする。
②ただし，相手からの攻撃に対してやり返して戦うことなく我慢した場合，我慢した側に喧嘩の原因があったとしても，今川氏の法廷に訴え出れば，その場でやり返して戦わなかったことを考慮して，今川氏に訴えた側を勝訴とする。

（今川氏の分国法（1526年）をもとに，やさしく書き改めました）

《資料５》室町時代における紛争解決策のようすの例

但馬（兵庫県）のある寺の規定（1406年）
喧嘩した者は、喧嘩の理由にかかわらず、寺から追放される。

（「大同寺文書」２−１号をもとに、やさしく書き改めました）

五島列島（長崎県）の武士たちが取り決めた約束（1414年）
喧嘩をした場合、喧嘩した両方の側から二人ずつを死罪にする。

（「青方文書」393号をもとに、やさしく書き改めました）

問７．下線部⑦について，江戸時代には各地域を旅行する人々が多くなりました。そのなかに，訪ねた土地の人々の生活のようすや祭りのさま，年中行事などを，日記や絵に残した菅江真澄という人物がいます。とくに秋田の地には，佐竹義和という秋田藩の藩主に仕事を頼まれたこともあって長くとどまりました。菅江真澄が残した作品を資料として用いる場合の向き合い方として，**ふさわしくないと考えられるもの**を次のア～エから１つ選び，記号で答えなさい。

ア．秋田の藩主にもその能力を見こまれた有名な学者が自分で見たり聞いたりしたことを書き残した作品なので，その内容は正確で信用できるものとしてあつかう。

イ．どの時期にどんな花が咲き，どんな災害があったのかを知ることができるので，その土地の気候変化や災害においてどのようなことに気をつけるべきかを考える資料としてあつかう。

ウ．菅江真澄が個人として見聞きしたことで，間違いや自分の意見などが入っている絵や記述もあるので，ほかの人が書いたものなどと照らし合わせながらあつかう。

エ．菅江真澄が秋田に長くとどまったことで，数多くの彼の作品が残ることになったので，それらの作品はこれからも保存していくべき大切な資料としてあつかう。

問８．下線部⑧について，**《資料６》**は時代劇『名奉行　遠山の金さん』のあらすじです。実際には自分で捜査し証拠をつかんでくるような町奉行はいませんでしたし，ヒーローのような人物とも限りませんでした。そのようなことを除いたとしても，現在の裁判のやり方からみると，町奉行である遠山景元（「金さん」とよばれる）が裁判をおこなうことには問題があります。その問題はどのようなことかを述べた上で，それによって裁判の被告人にどのような影響があるのか，**本文**と**《資料６》**・**《資料７》**・**《資料８》**を参考にして，130字以内で述べなさい。

（**《資料７》**，**《資料８》**は次のページにあります。）

《資料６》時代劇『名奉行　遠山の金さん』の典型的なあらすじ

事件の発生

遠山景元の指揮のもとで町奉行所が捜査に乗り出す

↓

遠山景元が「金さん」に変装して独自の潜入捜査をおこなう

➡

潜入捜査から犯人逮捕へ

事件現場に、金さんが現れ、「桜吹雪の入れ墨」をみせつつ、犯罪グループを倒す

↓

その後、町奉行所の役人が現れると、金さんは立ち去り、犯罪グループが逮捕される

➡

「お白洲」での裁判

遠山景元が問い詰めるも、犯罪グループは罪を認めない

↓

遠山景元が「桜吹雪の入れ墨」をみせ、遠山景元と金さんが同一人物であることを示す

↓

犯罪グループが言い逃れできなくなり、処罰され、一件落着となる

《資料７》現在の刑事裁判のようす

犯罪や事件を調べ、罰した方がよいと判断したら裁判所に訴え、裁判官が判断するための材料として被告人の有罪を主張する仕事

（最高裁判所のウェブサイトより）
https://www.courts.go.jp/saiban/zinbutu/keizi/index.html

《資料８》江戸時代の刑事裁判のようす

（『28の用語でわかる！裁判なるほど解説』フレーベル館 2009年をもとに作成）

問９．下線部⑨について，現在の日本の裁判制度に関する文として正しいものを次の**ア～エ**から１つ選び，記号で答えなさい。

ア．最高裁判所の裁判官は，国民による選挙で選ばれる。

イ．裁判所は，法律が憲法に違反していないかを判断することができる。

ウ．犯罪ではない単なるもめごとは，裁判では取りあつかわない。

エ．関係者のプライバシーを守るため，裁判は原則として非公開でおこなわれる。

問10．本文中の（Ｘ）にあてはまる語句を答えなさい。

イ　現実の世界で接触し顔を合わせ、相手の弱点を受け入れあうことで作り上げられる関係。

ウ　相手のにおいを嗅ぐことで不安が消え、安心感を得られるくらい強く結ばれている関係。

エ　遠隔のやりとりからは生まれないような、狭い場所で共に過ごすからこそ築かれる関係。

問十　この文章を読み終えた三人の生徒が話をしている。［1］に入る適切な内容を本文中から二五字以内で抜き出しなさい。また［2］に入る適切な内容を、「コロナ禍」「距離」という言葉を必ず用いながら六〇字以上、八〇字以内で答えなさい。

A　筆者は、新型コロナの感染を防ぐことができるし、自分の「におい」を嗅がれる心配もないから、遠隔でやりとりする方が良いと考えているんだね。

B　そうかなあ。遠隔だと「抜け落ちてしまうものもある」とはっきり言っているから、直接顔を合わせてやりとりする方が良いと考えているんじゃないかな。

C　いや。「［　　1　　］」とあるから、どっちが良いって言っているわけじゃないんだよ。

A　……あっ、そう書いてあるね。

C　うん。この文章で筆者は、［　　2　　］ことが問題だと言っているんだよ。

B　なるほど。

A　そうか。たしかにそうだね。

エ　においの問題は繊細なので自分の発するにおいには注意すべきだということ。

問六　――線部5「遠隔でのやりとり」の特徴を説明したものとして、最も適当なものを次の中から一つ選び、記号で答えなさい。

ア　直接顔を合わせることなくやりとりができ、自分の弱点を隠しておくことができるが、自分が無意識のうちに発する、言葉よりも多くのことを伝えるような情報の共有は難しい。

イ　相手と接触することはないので感染の心配はなく、自分の弱い部分を晒し続けることからも逃れられるが、自分が伝えたいと願う情報を相手に正確に届けることはできない。

ウ　他人との直接的な接触を避けることができ、感染の心配から逃れることができるが、においをはじめとした、自分でコントロールできない情報を隠しておくことは難しい。

エ　直接のやりとりよりも人と近づくことができ、他人に見せたくないものを見せないままでいられるが、自分が制御することのできないような情報を相手に伝えることはできない。

問七　――線部6「今よりもう少し息がしやすくなる子もいるはずだ」とあるが、「息がしやすくなる」とはどういうことか。次の中から最も適当なものを一つ選び、記号で答えなさい。

ア　人が限られた空間の中に密集する教室や電車などでは呼吸が苦しくなってしまう子が、快適な空間で身体に負担を覚えることなく勉強できるということ。

イ　教室や電車内で自分や他人の体臭が気になって登校できない子が、嫌な体臭を気にしなくてもいい環境で授業を受けることができるようになるということ。

ウ　人との直接的なやりとりや通学に不安を覚える子が、登校しなくても別の形で生徒の一員として学習を続けることができるようになるということ。

エ　人と顔を合わせることが苦痛で登校できない子が、遠隔授業を使って人と顔を合わせることに慣れていくことで学校に通いやすくなるということ。

問八　――線部7「この遠隔での関わり合いでは抜け落ちてしまうものもあるだろう」とあるが、「抜け落ちてしまう」ことでどうなってしまうのか。次の中から最も適当なものを一つ選び、記号で答えなさい。

ア　相手の視線がどこをとらえているのかがつかみづらく、相手が自分のことをどう見ているのか分からなくて不安になってしまう。

イ　相手の言葉は伝わっても、話している雰囲気までは伝わらないので、その言葉に込められた相手の真意が分かりにくくなってしまう。

ウ　見たくないものは見ないですみ、見せたくないものは隠すことができるので、おたがいに相手のいいところばかりを見てしまう。

エ　相手を理解するために重要なその人の雰囲気などは、一緒にいなければ感じとれないので、おたがいの理解が浅くなってしまう。

問九　――線部8「『におい』を含んだ繋がり」とあるが、どのようなものか。次の中から最も適当なものを一つ選び、記号で答えなさい。

ア　同じ家で暮らす者同士の距離が近づいた結果生まれた、心を蝕まれることとさえある関係。

るはずである。8「におい」を含んだ繋がりの強さ、確かさは、やはりある。

「におい」のある現実で人と接触すること、誰からも距離をとること、「におい」のない世界で誰かと関わりを持つこと。私はどれも良い悪いと切り分けることはできない。本来ならば、その人が自分で選んでいけばいいだけのことだ。しかし、その選択ができなくなってしまった。これまでは、一人になりたかったら、高校生の頃の私のようにカラオケ屋に駆け込めばよかった。ひとりだけで電車に乗り、旅に出ることもできた。逆に人恋しいと思えば、誰かと会うこともできた。いま、選択肢が失われつつある。だからこそ昨今の状況は苦しいのだと思う。

（朝日新聞二〇二一年一月九日付朝刊　宇佐見りんの寄稿による）

問一　〰〰線部a～eのカタカナを漢字に直しなさい。

問二　——線部1「駅前のカラオケ屋が閉業した」とあるが、この「カラオケ屋」は筆者にとってどのような場所だったか。そのことが端的に述べられている一文を探し、最初の五字を抜き出しなさい。

問三　——線部2「そう考えるようになった理由のひとつに『におい』があった」とあるが、「におい」という語にかぎかっこがつけられているのは、この言葉に「鼻で感じられる異臭」以外の意味も持たせようとする意図があったからだと考えられる。それはどのような意味か。次の中から最も適当なものを一つ選び、記号で答えなさい。

ア　それ自体必ずしも悪いものとは思っていないが、できれば隠したい自分の特徴。

イ　いつも注意深く隠して人には決して明かさないままにしている自分の密かな弱点。

ウ　いくらかき消そうとしても、すぐ心にわきあがってきてしまう自分の不安な気持ち。

エ　自分の意志では隠しきれないが、できれば人には晒したくない自分の嫌な部分。

問四　——線部3「この不安が頭から離れなくなった」とあるが、「『自分が異臭を発しているのではないか』という不安」が「頭から離れなくなった」のはなぜか。その理由として、最も適当なものを次の中から一つ選び、記号で答えなさい。

ア　自分の異臭の元が何であるかが分からないために、異臭を消すにはどうしたらよいのかまったく分からなかったから。

イ　教室で一人になる機会がだんだん増えてきたことで、それが自分が異臭を発しているという確信につながったから。

ウ　自分が実際に異臭を発しているのか、気のせいなのか確かめる方法がなく、不安を解消することができなかったから。

エ　異臭への不安が、自分の人格否定や容姿コンプレックスから発した精神的なもので、容易に解消できなかったから。

問五　——線部4「それ」とはどういうことを指しているか。次の中から最も適当なものを一つ選び、記号で答えなさい。

ア　嫌なにおいを出す人や物を遠くに追いやる権利は当然誰にでもあるということ。

イ　においを理由に相手から遠ざかる行為を責めることはできないということ。

ウ　自分はにおっていると刷り込まれるつらさは人に分かってもらえないということ。

のから、人は距離を取る。攻撃するのでなければ、それ自体は当然の権利としてある。誰もが4それをわかっているからこそ、自分自身が「臭い」「きたない」と理不尽に思わされてしまうと、人と離れている状態を常に受け入れるほかなくなってしまう。文字通り、居場所をなくしてしまうのである。

現在、人と物理的に距離をとることが求められる。ソーシャルディスタンスとは、コロナウイルスの感染拡大防止のために叫ばれるようになった、人と人との距離を確保しようとする動きのことだ。しかし、単に人と遠ざかるのではなく、接触なしに距離を近づけるのが、ソーシャルディスタンスの時代の特徴である。

感染拡大に伴い、現実での接触を避けるために推奨されるようになったのが、5遠隔でのやりとりだ。ビデオ通話を用いて、会議や授業を行う。２０１９年に小説家としてデビューしてから、大学の授業を受けつつ小説を書く生活をしているが、今年度に入ってからは授業も取材も遠隔で行われることが増えた。ＳＮＳやＺＯＯＭといった直接的でないやりとりの特徴は、接触を伴わず人と近づけることだ。万が一自分が感染者でも、相手にうつす心配はない。その場にいた誰かからうつされる心配もない。

現実的な接触がないということは、「におい」が漏れ出ないということだ。この場合の「におい」は、自分の弱点、相手に働きかけたくない点、と言い換えてもいい。遠隔でのやりとりは、それを相手に嗅ぎ取られる心配なく関わることを可能にする。

私自身、遠隔でのやりとりに助けられている面もある。多くの人と直接顔を合わせる機会が減り、毎朝満員電車で自分の弱点を晒し続けることから逃れられる。現在、大学生以外は多くの生徒が通学しているようだが、小学生から高校生の遠隔授業は悪いことばかりではないように思う。遠隔での授業は、教室での忍び笑いや目配せを不可能にする。通学できない生徒に、欠席以外の選択肢を与えることができる。現在は、遠隔での教育体制が追い付いていないのもあって難しいかもしれないが、そういった選択肢が増えることで6今よりもう少し息がしやすくなる子もいるはずだ。

当然、7この遠隔での関わり合いでは抜け落ちてしまうものもあるだろう。「におい」をはじめとした、自分でコントロールできない情報は、遠隔では共有されづらい。良くも悪くも、見たくないものは見ることなく、見せたくないものは引っ込めたままになる。物事に対するとっさの反応、醸し出す雰囲気、相槌などは、言葉よりもずっと正確にその人を映し出すこともあるが、遠隔ではそれらがなかなか見えてこない。

現実世界で接触すること、一緒にいることは、人の体臭を嗅ぎ続けることだ。不満や諍いが生まれることもある。たとえば、妻が夫に向かって、「あんた、靴、くさいわよ」と鼻をつまみ、からかってみせる。「おれは働いて帰ってきてるんだぞ。一発目に言うことがそれか」と夫が腹を立てる。そのまま喧嘩に発展、なんていう光景はさして珍しくもないだろう。コロナ禍は、人と人との距離を強制的にeチヂめることとなった。四六時中、狭い場所で一緒に過ごすことで、心を蝕まれる人も多い。けれど「におい」を嗅ぎ続け、互いにそれを受け入れあうことの安心感というのもまた存在す

祖母の好きだった不動の滝を描いたこの絵を蹴ったりなどしたら、亡くなった祖母がどんなに嘆き悲しむだろうと思い直し、祖母に対して申し訳ないという気持ち。

二、次の文章を読み、後の問いに答えなさい。

1駅前のカラオケ屋が閉業した。ネオンが消え、aウラ通りに面して打ち付けられていた看板が撤去されている。言うまでもなく、コロナ禍の影響だ。看板がなくなってしまうと、bガイカンは単なる小さなマンションである。看板に覆われていた部分が、風雨に晒されずにいたために生白い。

個人経営のお店で、高校生の頃、よくここのソファに横になって眠った。試験勉強をして、小説を書いた。当時cショゾクしていた合唱部の歌を練習することもあった。

合唱部に入っていたとはいえ、歌は全くうまくない。歌うことが好きでたまらなかったかと言われれば、そうではないかもしれない。練習に出ない日も多く、部員にも顧問の先生にも数えきれないほど迷惑をかけた。けれども、響きのなかに立ち、歌の世界を感じる時間は本当に幸福だった。好きな曲は演奏会が終わっても聴き続けた。小説を書くときのお供にしている音源も多い。カラオケ屋で曲を入れることはなく、そういう、部活で出会った好きな曲を、伴奏もないまま歌った。周囲の眼は一切気にならない、自分がいることで誰にも迷惑のかからない、希少な場所だった。

人と関わりたくなかったと言ってしまうと、なんだか人嫌いのように聞こえるが、そうではない。人を苦手になるよりさきに、自分をよく思っていなかったので、一人でいなくてはならない、人に近づいてはいけないと感じることが多かった。

2そう考えるようになった理由のひとつに「におい」があった。「自分が異臭を発しているのではないか」という不安。一時期、3この不安が頭から離れなくなったことがある。ふとした瞬間に、自分がにおうのだ。入浴直後であっても、頭皮を触ると指がにおう。歯を磨いても、ものを食べるとすぐ口臭がしているのではないかと気になり、食事中水を何度も口に含み、ひそかにゆすぐ。その時期は、自分が汚物であるとの認識がかなり強くあった。それが、自分への人格否定や容姿コンプレックスとあいまった精神的なものであったのか、部屋が荒れ放題で食生活も偏っていたために、実際にひどい体臭を放っていたのか、定かでない。鼻はかなり利くが、自分の体臭は自分では気づけないというし、友人に「私、くさいかな」と聞くわけにもいかないので、不安は増すばかりだった。人と話していても「臭いと思われているかもしれない」「いまは普通に話してくれているけれど、不快にさせて、我慢させているのかもしれない」との考えがよぎってしまう。教室でひとりになる瞬間があると「においのせいでは」と思う。話すのも気が重く、人と距離をとらないと安心できなかった。

この「自分がにおうのではないか」という不安は、この原稿を書き始めるまで誰にも打ち明けたことはなかった。それくらい、においやdセイケツ感にまつわる問題は繊細なものだ。いじめで「菌」「くさい」「きもい」といった言葉がたびたび用いられるのも、そのせいだろう。これらの言葉の非常に悪質なところは、相手を貶めるにとどまらず、「お前は他者を不快にさせる存在だ」と相手に刷り込むところだ。呼吸を阻むも

いて人目をひこうとする姿勢に不快感を覚えたから。

ウ　震災からの復興というテーマをがれきの下に芽吹く双葉によって分かりやすく提示しているモチーフは良いが、それを描く技術がテーマの立派さに全く追いついていなかったから。

エ　がれきに双葉のモチーフで復興への願いを強調したり、作為的に絵を下手に描いたりすることで、全体としてけなげな普通の高校生を演じて大人受けを狙っているような気がしたから。

問十　――線部10「右足が自然に浮いて～間抜けな音がした」とあるが、この部分の表現の特徴とその効果に関する説明として、最も適当なものを次の中から一つ選び、記号で答えなさい。

ア　小さな動きを繊細にとらえた足の動きの描写と、その音があることでかえって周囲の静けさが強調される靴音の描写とによって、静かな空間で伊智花の心が悲しみのために小さくしぼんでゆく様子が表現されている。

イ　伊智花自身も気づかないままずっと継続している不可解な足の動きの描写と、その不可解さを強調するような靴音の描写とによって、伊智花がずっと続けている行動が無自覚で不可解なものである様子が表現されている。

ウ　しっかりと利き足から動かし始めた足の描写と、その動きが規則的に継続されていることが分かる靴音の描写とによって、伊智花が自分の滝の絵を蹴って破壊するためにじっくり準備運動をしている様子が表現されている。

エ　無意識に動き出した足の描写と、それにともなってたんたんと鳴り続ける靴音の描写とによって、初めは伊智花自身も気づかなかった怒りがしだいに自覚され、ゆっくりと確実に激しさを増していく様子が表現されている。

問十一　――線部11「だから私の滝の絵は賞を獲れなかったってことね」とあるが、この時、伊智花は自分の絵が受賞した絵より劣っていたからではなく、違う理由から賞を獲ることができなかったのだと理解した。伊智花は自分の絵が賞を獲れなかったのはなぜだと理解したか。「連想」という言葉を必ず用いながら六〇字以上、八〇字以内で答えなさい。

問十二　――線部12「夕方の美術室にひとりきり、私は私の滝を抱きしめていた」とあるが、この時の「私」の気持ちはどのようなものか。次の中から最も適当なものを一つ選び、記号で答えなさい。

ア　作為的で、写実的とは言いにくいモチーフの絵が最優秀賞で、それより格段にリアリティのあるこの滝の絵が賞を獲れなかったことが悔しくてならないが、自分の描く絵の力を信じ、これからも描き続けていこうという気持ち。

イ　滝の絵が絵から離れたところでしか評価されないことに激しい怒りを感じたが、亡くなった祖母への思いを込め、高校三年間の集大成として全力を傾けて描いたこの絵のことをやはりいい絵だと思い、いとおしく思う気持ち。

ウ　賞を獲れなかっただけでなく、絵のことなどろくに分かりもしない榊に、この滝の絵の欠点を言い当てられたことに対する悔しさといきどおりを感じる一方で、懸命に描いたこの絵のことがかわいそうでならないという気持ち。

エ　賞を獲れなかった腹いせに自分の絵を蹴ろうとしてしまったが、

さむまいと思ったから。

イ　被災地に向けたメッセージがほしいだけの記者に対する伊智花の怒りを感じて、この絵を描くことを頼んだ自分にその怒りが向けられるのを恐れたから。

ウ　自分は伊智花の絵のすばらしさを評価しているので、記者がどういう質問をしようが、それを伊智花がどう受け止めようがどうでもいいと思っていたから。

エ　記者の質問に伊智花が傷つき、嫌な思いをしていることが分かり、それはこの絵を描かせた自分のせいだと思うと気まずくて目を合わせられなかったから。

問六　――線部6「悔しいよりも、うれしいが来た」とあるが、この時の伊智花の気持ちはどのようなものか。次の中から最も適当なものを一つ選び、記号で答えなさい。

ア　絵自体よりもタイトルのことばかり取り上げられたことに納得がいかず、やりきれない思いを抱えていたが、必死に取り組む姿勢を認めてくれるみかちゃんの優しさにふれて胸が熱くなっている。

イ　絵を描くことで被災地に届けようとしたメッセージが記者に伝わらず、描かなければよかったと不満に思っていたが、みかちゃんだけは絵の良さを正しく理解してくれたのでありがたく感じている。

ウ　タイトルやメッセージのことばかり聞かれて絵自体をよく見てもらえず、描いたことを後悔しかけていたが、みかちゃんが絵の細部を具体的に褒めてくれたことによって救われたような思いでいる。

エ　ニセアカシアの絵を見た記者は感動しているようには見えず、画力が足りないのだと情けなく感じたが、みかちゃんは伊智花の絵の力強さに元気をもらったと言ってくれたため自信を取り戻している。

問七　――線部7「この心につかえる黒い靄」とあるが、この表現は伊智花のどのような気持ちを表しているか。次の中から最も適当なものを一つ選び、記号で答えなさい。

ア　同級生や親戚が新聞記事のことでわざわざ連絡してくるわずらわしさに対するいらだち。

イ　伊智花の言葉など聞く耳をもたず、ただ自分の書きたいことを記事にした記者への不満。

ウ　ニセアカシアの絵が「絆のメッセージ」としてしか評価されなかったことに対する怒り。

エ　被災者の気持ちなど分かりもしないのに、被災者を応援する絵を描いたことへの自己嫌悪。

問八　――線部8「双葉が朝露を湛えて芽吹く絵だった」とあるが、「芽吹く」「双葉」を対象とするような絵を、伊智花は以前どのように思っていたか。七字で抜き出しなさい。

問九　――線部9「これが最優秀賞。そんなの可笑しいだろうと思った」とあるが、伊智花がそう思ったのはなぜか。その理由として、最も適当なものを次の中から一つ選び、記号で答えなさい。

ア　がれきに双葉というモチーフには震災からの復興というテーマがあまりに前面に出すぎていて、とってつけたようなわざとらしさが感じられ、かつ肝心な技術も劣っているように思えたから。

イ　復興をテーマにしているとはいえ実際にがれきの下から双葉が芽吹くはずはなく、そんな非現実的な光景を技量もないのにあえて描

問二 ――線部２「絆って、なんなんですかね。テレビもそればっかりじゃないですか」とあるが、この発言には伊智花のどのような思いが表われているか。次の中から最も適当なものを一つ選び、記号で答えなさい。

ア 被災した人たちのつらさや悲しみなど実際にはよく分かるはずもないのに、世間の人々が「絆」というきれいな言葉を軽々しく用いて被災者に寄りそった気になっていることに不満を持っている。

イ 自分と同じようにそれほど被害を受けていない人々でも、被災者の悲しみをしっかり理解して被災地を応援しているのに、自分は被災者との間に「絆」を感じることができずにあせりを感じている。

ウ テレビやマスコミが現在「絆」という言葉をひんぱんに用いて何かを訴えているが、正直今まで余り使ってこなかった「絆」という単語が言葉としてどういう意味を持つのか分からず困惑している。

エ 被災地の人たちが実際何に困っていて何を必要としているのか分かっていない世間の人々が、「絆」という言葉を用いて、まとはずれな支援をしてかえって迷惑をかけていることに怒りを覚えている。

問三 ――線部３「結局締切ぎりぎりになって」とあるが、伊智花が順調に絵を描き進められなかったのはなぜか。その理由として、最も適当なものを次の中から一つ選び、記号で答えなさい。

ア 絵を届けることが被災地の人々の気持ちを励ますことになるとは思えず、絵の力を信じられない自分に良い絵を描くことなどできないと諦めていたから。

イ 被災地に届けるにはどのような絵が良いのか見当がつかなかったうえに、何を題材にして描いたとしても不謹慎だと言われそうな気がして不安だったから。

ウ 絵を描きたくても描けない状況にある人もいるのに、被災地へのメッセージなどといって絵を描くように言ってくる無神経な大人たちが許せなかったから。

エ 被災地に送る絵として何を描くべきか分からなかったし、ほとんど被害のない自分が被災者のために絵を描くことが後ろめたくて気が乗らなかったから。

問四 ――線部４「しばらくペンを親指の腹と人差し指の腹でくにくに触り」とあるが、この時の記者の思いはどのようなものだと考えられるか。次の中から最も適当なものを一つ選び、記号で答えなさい。

ア 伊智花が平凡でつまらない答えを返してきたので、うまく伊智花の考えを引き出せなかったことを悔やんでいる。

イ 伊智花の答えは求めていたものとは違っていたので、この先どのように取材を進めていくのがよいか迷っている。

ウ 伊智花が真剣に答えているようには見えなかったので、この調子では良い取材ができないと考えていらだっている。

エ 伊智花はいろいろなことに気をつかって答えているようなので、本心を語らせるにはどう切り出すべきか悩んでいる。

問五 ――線部５「そばにいたみかちゃんは手元のファイルに目線を落として、私のほうを見ようとしなかった」とあるが、なぜか。その理由として、最も適当なものを次の中から一つ選び、記号で答えなさい。

ア 記者の質問に伊智花がいらついているのは分かったが、絵を描いたのは伊智花なので自分の思う通りに話すしかなく、余計な口をは

「立派な絵だよな。ちょっと、今このご時世で水がドーンっと押し寄せてきて、おまけにタイトルが『怒濤』ってのは、ちょっときつすぎるけど、俺は意外とこういう絵がすきなんだよ」

榊はキャンバスの下につけていたキャプションの紙の「怒濤」という文字を、人差し指でちろちろちろと弄んでから、イオッシ！　早く帰れよな、と言って、次の見回りへ行った。

榊が出て行ったあと、私はしばらくこの絵に近づくことができなかった。五歩くらい離れた場所から絵を睨んでは、さっき榊が言っていた言葉を何度も頭の中で繰り返した。10右足が自然に浮いて、地面について、それを繰り返す。大きな貧乏ゆすりをしている自分がいた。何度も足をあげ、おろす、あげ、おろす。指定靴のスニーカーの底の白いゴムが床につくたびに、きょ、きょ、きょ、と間抜けな音がした。なるほどね。だから、11だから私の滝の絵は賞を獲れなかったってことね。私から私か剥がれていく感覚がした。あーあ、そういうことだった。だった。でした。はい。なるほどね。なるほど、なの？　黙ってニセアカシアの絵を描けばよかったんだろうか。心が安らぐような、夢を抱けるような、希望や絆があって前向きなもの。鳥や、花や、空を、描けば。

「この絵を見て元気が湧いたり、明るい気持ちになって、頑張ろうって思ってもらえたらうれしいです」

と、小さく声に出して言う。言って、左足を下げて、助走をつけて絵に向かって走る。迫力のある滝のしぶきに私が近づいていく。蹴とばそう、と思った。こんなもの、こんなものこんなもの！　私は思い切り右足を後ろに振り上げて、その反動を使って勢いよく蹴った。いや、蹴ろうとした。「んら！」と、声が出た。しかし私は絵を蹴ることができなかった。咄嗟に的をずらし、イーゼルを蹴った。蹴り上げられたイーゼルの左の脚が動いてバランスが崩れ、キャンバスの滝がぐらり、と大きく揺れた。私は倒れ込もうとする滝へ駆け寄った。両手でキャンバスの両端を支えて持ち上げると、イーゼルだけが鋭い音を響かせて床へ倒れた。

吹奏楽部の金管楽器が、ぱほおー、と、さっきから同じ音ばかりを出している。それがそういう練習だと知っていても、間抜けなものだった。12夕方の美術室にひとりきり、私は私の滝を抱きしめていた。

（くどうれいん『氷柱の声』）

問一　――線部1「懇願のような謝罪のような何とも複雑な表情」とあるが、どのような気持ちが表れたものか。次の中から最も適当なものを一つ選び、記号で答えなさい。

ア　連盟からの依頼なので引き受けてほしいと思いながらも、震災のことを忘れようとしている伊智花につらい思いをさせることになるので申し訳なく思う気持ち。

イ　伊智花が嫌がることは分かっており、無理強いするのは申し訳ないと思いながら、連盟からの依頼で断るのが難しく何とか引き受けてもらいたいという気持ち。

ウ　被災地の人たちに向けて絵を描くことは難しく、伊智花を苦しめることになると思いながらも、だからこそ伊智花以外にはできないし、頼めないという気持ち。

エ　伊智花の気持ちを思うと頼みにくいが、連盟からの話でもあり、伊智花がより広い視野で絵に取り組めるようになるためにもぜひ引き受けてほしいという気持ち。

絵はすごいよ。すごい」
と、みかちゃんはしみじみ言った。
「そう、なんですよ。がんばりました」
と答えて、それが涙声になっているのが分かって、お手洗いへ駆け込んで泣いた。6悔しいよりも、うれしいが来た。私はこの絵を見た人に、そう言われたかったのだ。

それからの一ヵ月間、私は不動の滝の絵を力いっぱい描いた。同級生や親戚から「新聞見たよ」と連絡が来て、そのたびに私は滝の絵に没頭した。

〈この絵を見て元気が湧いたり、明るい気持ちになって、頑張ろうって思ってもらえたらうれしいです。と、加藤伊智花（いちか）さん（盛岡大鵬高等学校三年）は笑顔を見せた。〉

と、その記事には書かれていた。ニセアカシアの絵のことを考えるとからだも頭も重くなるから、私は滝の絵に没頭した。光をはらんだ水しぶきに筆を重ねるごとに、それはほとばしる怒りであるような心地がした。流れろ。流れろ。流れろ。念じるように水の動きを描き加える。

7この心につかえる黒い靄をすべて押し流すように、真っ白な光を、水を、描き足した。亡くなった祖母のことや賞のことは、もはや頭になかった。私は気持ちを真っ白に塗りなおすように、絵の前に向かった。

描き終えて、キャンバスの前に仁王立ちする。深緑の森を真っ二つに割るように、強く美しい不動の滝が、目の前に現れていた。滝だった。私が今までに描いたすべての絵の中でいちばん力強い絵だった。「怒濤」と名付けて、出展した。

高校生活最後のコンクールは昨年の優秀賞よりもワンランク下がって、優良賞だった。私よりもどう見ても画力のある他校の一年生の描いた校舎の窓の絵や、着実に技術を伸ばした同学年の猫の絵が、上位に食い込んでいた。最優秀賞は、私と同じ岩手県の沿岸、大船渡市の女子生徒のものだった。ごみごみとしてどす黒いがれきの下で、8双葉が朝露を湛えて芽吹く絵だった。あまりにも作為的で、写実的とは言いにくいモチーフだった。色使いも、陰影と角材の黒の塗り分けが曖昧で、朝露の水滴の光り方もかなり不自然。9これが最優秀賞。そんなの可笑しいだろうと思った。

（中略）

無冠の絵となってしまったものの、私は滝の絵をとても気に入っていた。返却された絵を改めて美術室に運び入れ、イーゼルの上にのせる。水面に向かって茂っている深緑色の木々。その闇を分かつような白い滝。目を閉じれば音が聞こえてくるような水しぶき。その絵の上流から下流まで目で三度なぞり、二歩下がってもう一度眺めた。いい絵だ、と思った。どうしてこれがあの絵に負けてしまったのか、本当はまだ納得がいかなかった。

お手洗いから戻ると、下校確認の巡回をしていた世界史の、たしか榊という名の教師がノックもせずに美術室に入ってきて、私の絵を見た。

「CGみてえな絵だな、これ。リアリティがよ。部員が描いたのか？」

私は自分の絵だというのが気恥ずかしくて「そうみたいです」と答えた。

「鳥とか、空とか、花とか、心が安らぐような、夢を抱けるような、希望や絆があって前向きなもの、って、連盟の人は言ってた」

「……描いた方がいいですか」

「描いた方が、いろいろと、いいと思う、かな」

それから私は不動の滝の絵を描きながら、〈心が安らぐような、夢を抱けるような、希望や絆があって前向きなもの〉のことを考えた。虹や、双葉が芽吹くようなものは、いくらなんでも「希望っぽすぎる」と思ってやめた。そもそも、内陸でほとんど被害を受けていない私が何を描くのもとても失礼な気がした。考えて、考えて、3結局締切ぎりぎりになって、通学の道中にあるニセアカシアの白い花が降る絵を描いた。その大樹のニセアカシアは、毎年本当に雪のように降る。あまりの花の多さに、花が降るたびに顔をあげてしまう。顔をあげるから前向きな絵、と思ったが、花が散るのは不謹慎だろうか、と描きながら思って、まぶしい光の線を描き足し、タイトルを「顔をあげて」とした。みかちゃんは「これは、すごいわ」と言ってその絵を出展した。私の絵は集められた絵画の作品集の表紙になった。その作品集が被災地に届けられ、県民会館で作品展が開かれるとなったら新聞社が学校まで取材に来た。

「〈顔をあげて〉このタイトルに込めた思いはなんですか?」

と、若い女性の記者はまぶしい笑顔で言う。あ。絵じゃないんだ。と思った。枝葉のディテールや、影の描き方や、見上げるような構図のことじゃないんだ。時間がない中で、結構頑張って描いたのにな。取材に緊張してこわばるからだから、力がすいっと抜けていく感覚がした。この人たちは、絵ではなくて、被災地に向けてメッセージを届けようとする高校生によろこんでいるんだ。そう思ったら胃の底がぐっと低くなって、からだにずっしりとした重力がかかっているような気がしてきた。記者はいますぐ走り書きができるようにペンを構えて、期待を湛えてこちらを見ている。

「申し訳ない、というきもちです。わたしはすこしライフラインが止まったくらいで、たくさんのものを失った人に対して、絆なんて、がんばろうなんて、言えないです」

記者は「ンなるほど、」と言ってから、4しばらくペンを親指の腹と人差し指の腹でくにくに触り、それから表紙の絵を掲げるようにして見て、言った。

「うーん。でも、この絵を見ると元気が湧いてきて、明るい気持ちになって、頑張ろうって思えると思うんですよ。この絵を見た人にどんな思いを届けたいですか?」

「そういうふうに、思ってもらえたら、うれしいですけど」

私は、早く終わってほしい、と、そればかり考えていた。描かなければよかったと、そう思った。そのあと、沿岸での思い出はあるか、将来は画家になりたいのかどうかなど聞かれて、私はそのほとんどを「いえ、とくに」と答えた。5そばにいたみかちゃんは手元のファイルに目線を落として、私のほうを見ようとしなかった。記者が来週までには掲載されますので、と言いながら帰って行って、私は、みかちゃんとふたりになった。深く息を吐き、吸い、「描かなければよかったです」と、まさに言おうとしたそのとき、

「このさ、見上げるような構図。木のてっぺんから地面まで平等に、花が降っているところがすごい迫力なんだよね。光の線も、やりすぎじゃないのにちゃんと光として見える、控えめなのに力強くてさ。伊智花の

【国語】〈五〇分〉〈満点：一二〇点〉

【注意】・字数指定のある問いは、句読点なども字数にふくめること。

一、次の文章を読み、後の問いに答えなさい。

二〇一一年四月、盛岡の県立高校に通う伊智花は三年生に進級した。津波による大きな被害をもたらした東日本大震災からひと月が過ぎていた。美術部員の伊智花は、この半年間、昨年他界した祖母が愛した「不動の滝」をモデルにした絵の制作に没頭している。伊智花は大好きだった祖母に捧げるような気持ちで滝の絵を描き、コンクールでの最優秀賞獲得を目指している。

四月末、新学期がようやく始まった。制服の学年章を三年生のものに付け替えて、新しい教室に足を踏み入れた。新しいクラスのうち、ふたりが欠席していた。実家が沿岸で、片付けなどの手伝いをしていると担任は言った。私は美術室に通う毎日を再開した。美術部は幽霊部員がほとんどで、コンクール四ヵ月前の部室でキャンバスに向かう部員は私だけだ。木の匂いと、すこしだけニスの匂いがする美術室にいると、気持ちが研ぎ澄まされていくのがわかった。使い古されたイーゼルを立たせて、両腕をいっぱい伸ばしてキャンバスを置く。私は改めて、集大成の滝を描こうと思った。不動の滝の写真を携帯に表示して、じっと眺めて、閉じる。大きく息を吸って、アタリの線を描き始める。自分のからだのなかに一本の太い滝を流すような、絵のなかの音を描きだすような、豪快で、繊細な不動の滝で、必ず賞を獲りたい。獲る。描きたすほどに、今までの中でいちばん立体的な滝になっていく。

七月のある日、顧問のみかちゃんが一枚のプリントを持ってきた。

「やる気、ある？」

みかちゃんは、1懇願のような謝罪のような何とも複雑な表情をしていた。そのプリントには〈♧絵画で被災地に届けよう、絆のメッセージ♧～がんばろう岩手～〉と書いてある。

「これは」

「教育委員会がらみの連盟のほうでそういう取り組みがあるみたいで、高校生や中学生の油絵描く子たちに声かけてるんだって。伊智花、中学の時に賞獲ってるでしょう。その時審査員だった連盟の人が、伊智花に名指しでぜひ描かないかって学校に連絡があって」

「はあ」

「県民会館で飾って貰えるらしいし、画集にして被災地にも送るんだって」

「被災地に、絵を？」

「そう」

「2絆って、なんなんですかね。テレビもそればっかりじゃないですか」

「支え合うってこと、っていうか」

「本当に大変な思いをした人に、ちょっと電気が止まったくらいのわたしが『応援』なんて、なにをすればいいのかわかんないですよ」

「そうだね、むずかしい。でも絵を描ける伊智花だからこそ、絵の力を信じている伊智花だからこそできることでもあるんじゃないか、って、わたしは思ったりもするのよ」

「じゃあ、何を描けば」

大切なことはメモしておこうネ！

2022年度

海城中学校入試問題（一般②）

【算　数】（50分）　＜満点：120点＞

【注意】　・分数は最も簡単な帯分数の形で答えなさい。
　　　　　・必要であれば，円周率は3.14として計算しなさい。

1　次の問いに答えなさい。

⑴　次の計算をしなさい。

$$0.75\times\left(1\frac{2}{3}\div\frac{3}{13}-1\right)-0.32\times0.32\div\left(\frac{8}{45}\div4\frac{17}{27}\right)$$

⑵　兄と弟の持っている金額の比は７：３でしたが，兄は670円，弟は330円使ったところ，残金の比は３：１になりました。はじめに兄が持っていた金額を求めなさい。

⑶　生理食塩水の濃度（のうど）は0.9％です。500ｇの水に何ｇの食塩を溶（と）かせば，生理食塩水になりますか。小数第３位を四捨五入して，小数第２位まで求めなさい。

⑷　２つの蛇口（じゃぐち）ＡとＢを使って，ある水そうに水を入れていきます。ＡとＢの両方を開けて水を入れると18分でいっぱいになります。また，ＡとＢの両方を開けて水を入れ，６分後にＢだけを閉じると，Ｂを閉じてから16分でいっぱいになります。Ａだけを開けて水を入れると何分でいっぱいになりますか。

⑸　下の図は，ある立体の展開図です。長さの等しい辺には同じ印がついています。この立体の体積を求めなさい。

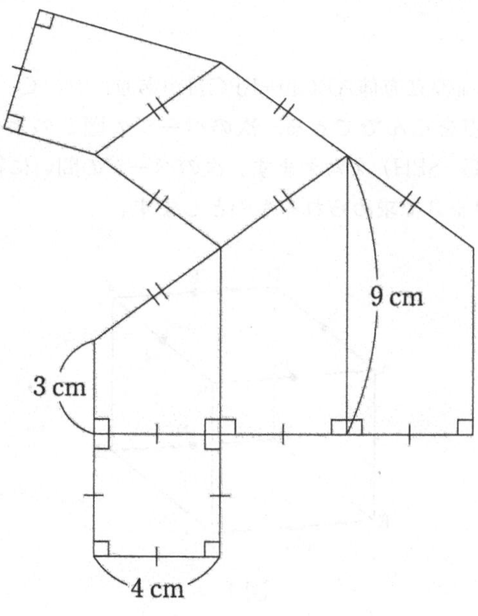

2 太郎君は自宅からＳ駅へ分速75mで向かい，その途中，自宅から750m離れた所にある本屋で５分間買い物をしてから，最初と同じ速さでＳ駅へ向かいました。太郎君が自宅を出発してから２分後に，弟の次郎君も一定の速さで太郎君と同じ自宅からＳ駅へ向かったところ，自宅から900m離れた地点で太郎君に追い抜かれ，太郎君がＳ駅に着いた１分後にＳ駅に着きました。次の問いに答えなさい。

(1) 次郎君の速さを求めなさい。

(2) 自宅からＳ駅までの距離を求めなさい。

3 整数ＡをＢ個かけ合わせた数をＡ^Ｂで表すことにします。例えば，７^２＝７×７＝49，７^４＝７×７×７×７＝2401です。次の問いに答えなさい。

(1) ７^８の千の位，百の位，十の位，一の位の数をそれぞれ求めなさい。

(2) ７^20の千の位，百の位，十の位，一の位の数をそれぞれ求めなさい。

(3) ７^100の千の位，百の位，十の位，一の位の数をそれぞれ求めなさい。

4 右の図のように，半径４cmの円があり，その周上に８つの点Ａ，Ｂ，Ｃ，Ｄ，Ｅ，Ｆ，Ｇ，Ｈが時計回りに等間隔に並んでいます。次の問いに答えなさい。

(1) 三角形DEGの面積を求めなさい。

(2) 三角形BDGと三角形ABCの面積の差を求めなさい。

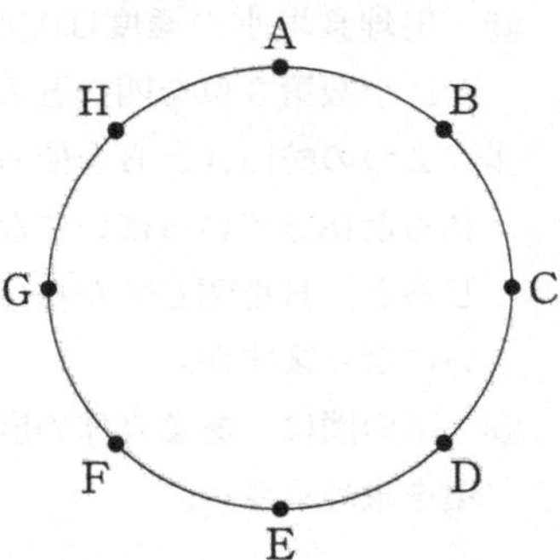

5 図１のような１辺が６cmの立方体ABCD−EFGHがあり，Ｐ，Ｑ，Ｒ，Ｓ，Ｍ，Ｎは辺の真ん中の点です。いくつかの点を結んでできる，次のページの図２のような三角柱ア(PEF−RHG)，イ(MBA−NCD)，ウ(QFG−SEH)を考えます。次のページの問いに答えなさい。ただし，角すいの体積は(底面積)×(高さ)÷３で求められるものとします。

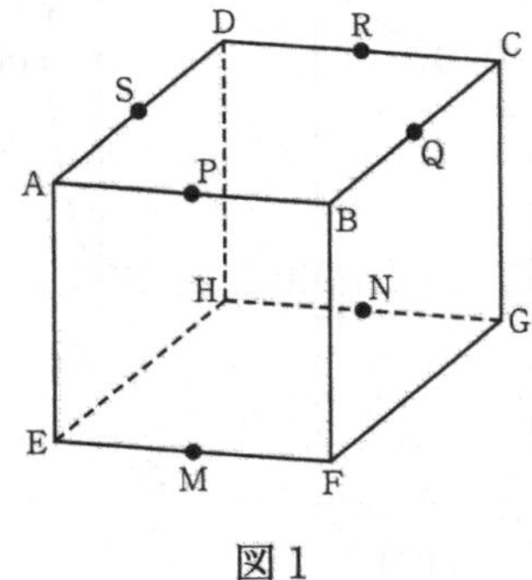

図１

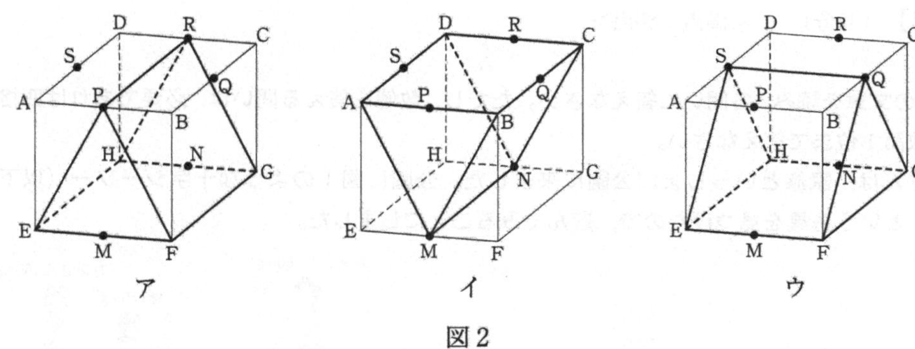

図2

⑴ アとイの共通部分（どちらの三角柱にもふくまれている部分）の体積を求めなさい。

⑵ アとウの共通部分（どちらの三角柱にもふくまれている部分）の体積を求めなさい。

⑶ イとウの共通部分（どちらの三角柱にもふくまれている部分）の体積を求めなさい。

6 K中学校の冬期講習は，1日6時間で，国語，数学，英語，各2時間の授業があります。次の問いに答えなさい。

⑴ 時間割の作り方は全部で何通りありますか。

	1時間目	2時間目	3時間目	4時間目	5時間目	6時間目
科目						

⑵ 同じ科目の授業は2時間連続しないことにすると，時間割の作り方は全部で何通りありますか。

	1時間目	2時間目	3時間目	4時間目	5時間目	6時間目
科目						

⑶ 講習の希望者が多くなり，クラスをA組とB組の2つに分けて授業を行うことになりました。A組とB組で同じ時間に同じ科目の授業は行われません。このとき，時間割の作り方は全部で何通りありますか。ただし，同じ科目の授業が2時間連続してもよいことにします。

	1時間目	2時間目	3時間目	4時間目	5時間目	6時間目
A組						
B組						

【理　科】（45分）　＜満点：80点＞

1．次の文章を読み，各問いに答えなさい。ただし，数値を答える問いは，必要であれば四捨五入して小数第1位まで答えなさい。

Kさんは，家族といっしょに公園に来ました。公園に図1のような十字シーソー（以下，シーソー）という遊具を見つけたので，遊んでみることにしました。

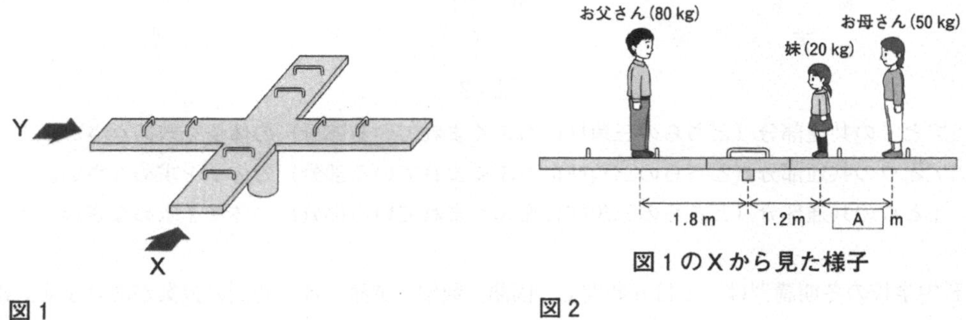

図1　　図2

問1　図2のように，お父さん（80kg）とお母さん（50kg）と妹（20kg）がシーソーにのったところ，シーソーは水平につりあいました。図2の A に当てはまる数値を答えなさい。

問1で3人は同じ位置にのったまま，さらにKさん（40kg）と重い荷物を持った弟（荷物と合わせて30kg）がシーソーのもう一方向の板にのってみました。すると，図3の各方向から見たときに，それぞれの方向で，てこがつりあう条件が満たされると，シーソー全体が水平につりあうことがわかりました。

今，シーソー全体は水平につりあっています。

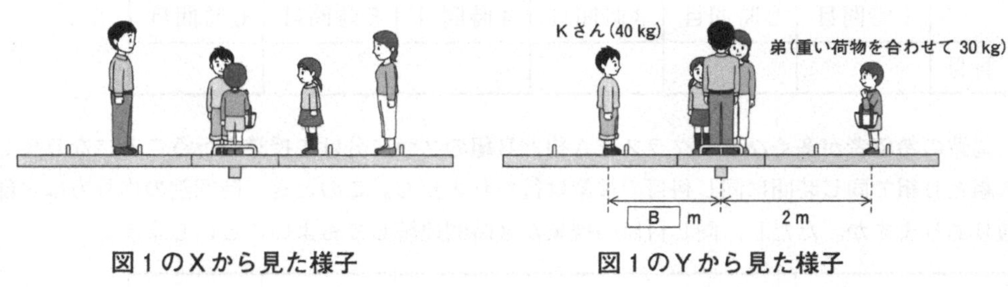

図1のXから見た様子　　図1のYから見た様子

図3

問2　図3の B に当てはまる数値を答えなさい。

重い荷物を持った弟が毎秒0.4mの速さでKさんの方に向かってそっと歩き始めました。それを見たKさんは，シーソーを水平に保つように弟と同時にそっと歩き始めました。

問3　このとき，Kさんの歩く速さは毎秒何mですか。

弟が毎秒0.4mの速さで歩き始めて2秒後，持っていた荷物をシーソー上の足元に置き，そのまま毎秒0.4mの速さでKさんの方へ向かって歩き続けました。

問４　このとき，シーソーを水平に保つためには，Ｋさんはどのように歩けばよいでしょうか。Ｋさんがシーソー上を歩いた距離を縦軸，Ｋさんが歩き始めてからの時間を横軸にとったときのグラフの形として最も適当なものを次のア～オから選び，記号で答えなさい。

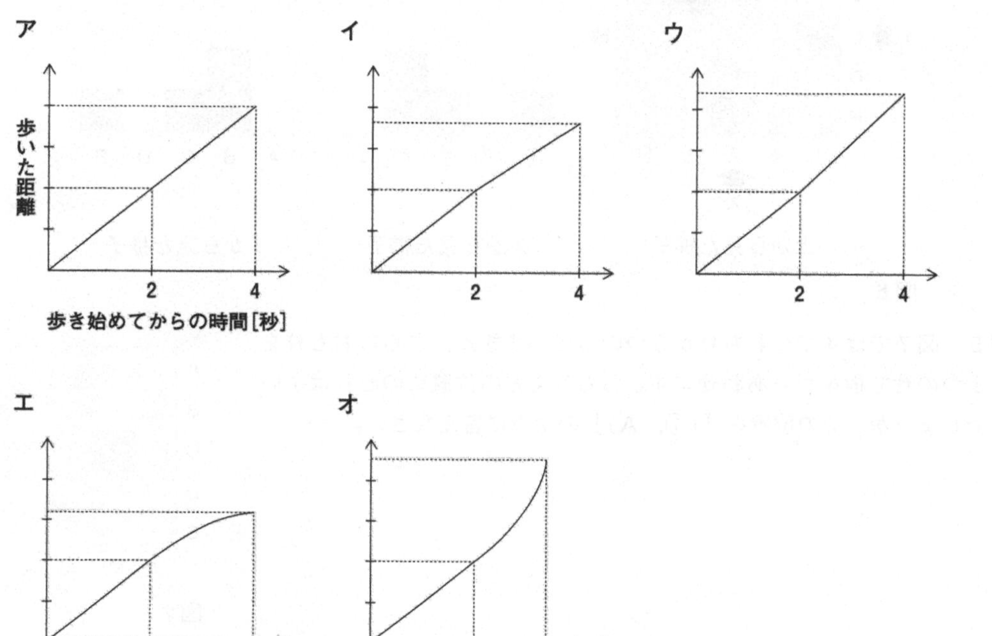

Ｋさんは，シーソーの板が十字型でなく，図５のように正方形型である場合にはどのようになるのかを考え，模型を作ってみました。正方形型の板の中央の真下に支点をつけて板を置いたところ，板は水平のままつりあって静止しました。

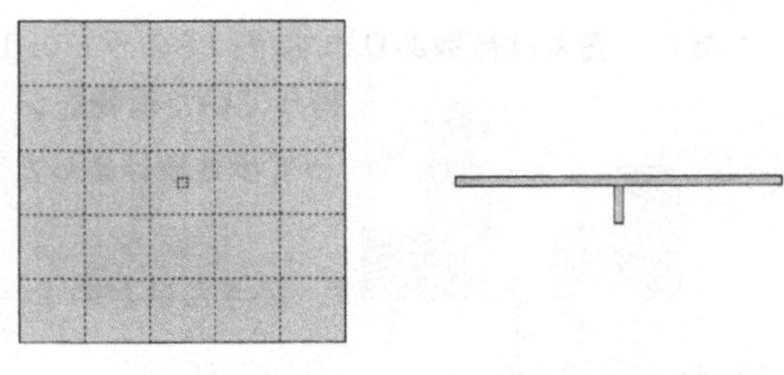

図５

この正方形型の板の上に１つあたり100ｇの立方体のおもりをいくつかのせてみたところ，正方形型の板の場合にも，縦方向と横方向それぞれについて，てこがつりあう条件を満たすことで板全体がつりあうことがわかりました。

例えば，次のページの図６のように４つのおもりをのせたとします。ただし，上から見た様子の図中の数字は，そのマスに重ねてのせたおもりの個数を示しています。

この例では，Ｘから見て，①列に100ｇ，③列に100ｇ，④列に200ｇのおもりが置かれており，てこがつりあう条件より，横方向には板が傾かないことがわかります。

このように縦方向にも横方向にもてこがつりあう条件を満たすとき，板は水平のままつりあって静止します。

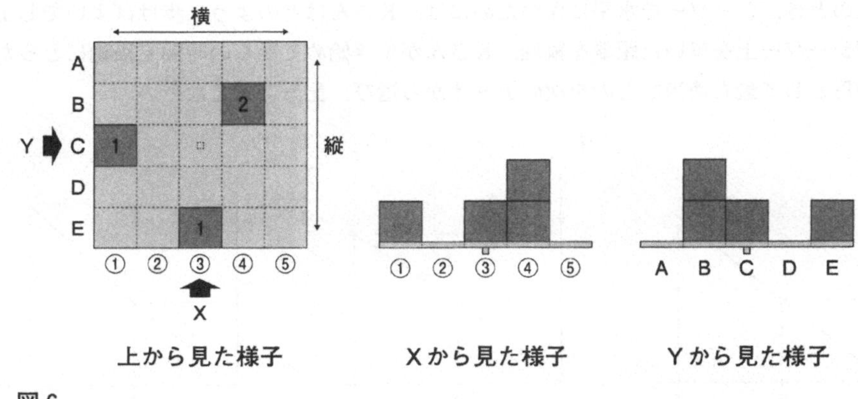

図6

問5　図7ではすでにおもりが3つのっていますが，さらにおもりを1つのせて板をつりあわせます。おもりをどの位置にのせればよいでしょうか。その位置を「(①，A)」のように答えなさい。

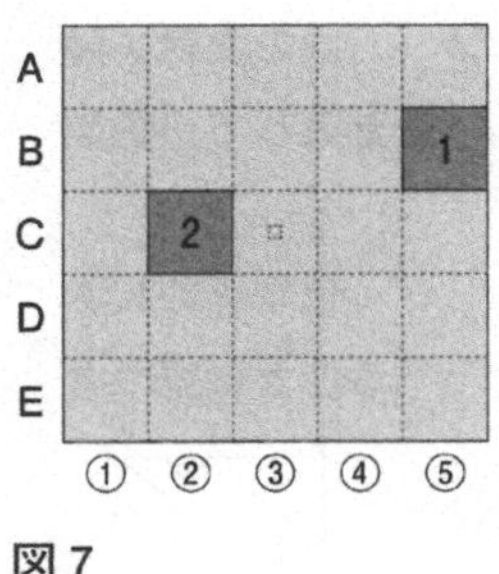

図7

問6　図8は，おもりを9つのせてつりあっている板を，横から見た様子です。この板にはどのようにおもりがのっているでしょうか。おもりがのっているマスにその個数を書き入れなさい。ただし，答えは複数ありますが，そのうちの1つを答えなさい。

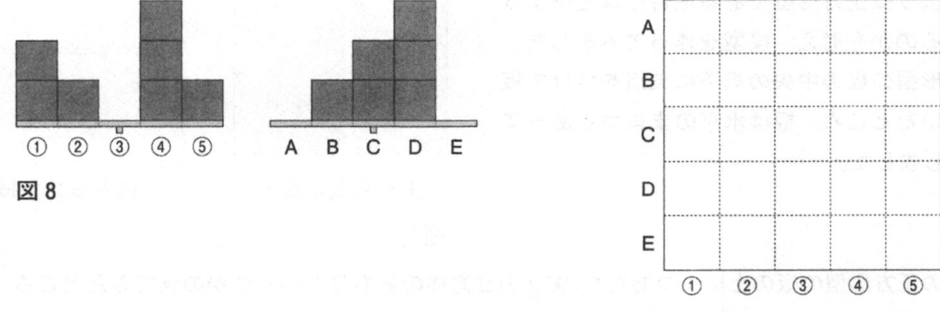

図8

下書き用

2．次の文章を読み，各問いに答えなさい。ただし，数値を答える問いは，必要であれば四捨五入して小数第1位まで答えなさい。

化学部のKさんは，塩酸と水酸化ナトリウム水溶液（すいようえき）を混ぜたときに溶液が温かくなっていることに気づきました。このことについて調べたところ，一般的（いっぱんてき）に中和すると熱が生じることを知りました。

Kさんはこれについてさらに調べるために，ある濃（こ）さの塩酸Aと，ある濃さの水酸化ナトリウム水溶液Bを用意し，実験を行いました。ただし，この塩酸Aと水酸化ナトリウム水溶液Bをそれぞれ10mLずつとって混ぜるとちょうど中和し，うすい食塩水ができることがわかっています。

＜実験１＞

20°Cの塩酸Ａ 10mLを20°Cのうすい食塩水10mLに加えて水溶液の温度を測定した。結果は20°Cで変化は見られなかった。同様に20°Cの水酸化ナトリウム水溶液Ｂ 10mLを20°Cのうすい食塩水10mLに加えて水溶液の温度を測定しても同じ結果が得られた。

＜実験２＞

20°Cの塩酸Ａ 10mLを20°Cの水酸化ナトリウム水溶液Ｂ 10mLに加えて水溶液の温度を測定した。結果は24°Cになった。

問１　塩酸は水に何という物質がとけた水溶液ですか。

問２　水酸化ナトリウム水溶液にアルミニウムを入れたときに発生する気体は何ですか。

問３　塩酸Ａと水酸化ナトリウム水溶液Ｂを10mLずつ混ぜた水溶液にBTB溶液を加えると何色になりますか。

問４　Ｋさんが**実験２**の前に**実験１**を行った理由は何ですか。次の文中の空欄を補い，文を完成させなさい。

「**実験１**で混ぜ合わせた２つの水溶液が［　　　　　　　　］ことを確認し，**実験２**の温度変化が中和によるものであることを確認するため」

問５　20℃の塩酸Ａ 20mLを20℃の水酸化ナトリウム水溶液Ｂ 20mLに加えてできる水溶液の温度は何℃になると考えられますか。

Ｋさんは中和による温度変化について調べるために，塩酸Ａを冷やして10°Cに保ち，実験を行いました。このとき，温度を下げても塩酸Ａの濃さは変わらず，中和は20°Cのときと同じように起こるものとします。

＜実験３＞

10°Cの塩酸Ａ 10mLを20°Cのうすい食塩水10mLに加えて水溶液の温度を測定した。結果は15°Cになった。

＜実験４＞

10°Cの塩酸Ａ 10mLを20°Cの水酸化ナトリウム水溶液Ｂ 10mLに加えて水溶液の温度を測定した。結果は19°Cになった。

問６　実験結果から考えて，塩酸Ａ 10mLと水酸化ナトリウム水溶液Ｂ 10mLが中和して生じる熱は，水溶液の温度によってどのように変化すると考えられますか。最も適当なものを次のア～ウから選び，記号で答えなさい。

ア　生じる熱は，水溶液の温度が低くなると大きくなる。

イ　生じる熱は，水溶液の温度が低くなると小さくなる。

ウ　生じる熱は，水溶液の温度によって変化しない。

問７　10℃の塩酸Ａ 30mLを20℃の水酸化ナトリウム水溶液Ｂ 10mLに加えてできる水溶液の温度は何℃になると考えられますか。

問８　実際には，今回の実験から中和によって生じた熱を正確に測定することは難しいです。理由として「中和により生じた熱の一部が水溶液の温度変化以外に使われる」ことが挙げられます。この温度変化以外に使われた熱により，**実験２**や**実験４**では水溶液を混ぜた直後に水溶液の上に白い煙（けむり）のようなものが観察できました。この白い煙の正体は何という物質だと考えられますか。

3．次の文章を読み，各問いに答えなさい。

（文１）

①アリは昆虫のなかまで，ダンゴムシやクモなどとともに，（　X　）動物というグループに属しています。

メキシコやブラジルなどでみられるアカシアアリという種類のアリは，アリアカシア（以下，アカシア）というマメ科の樹木をすみかにしています（右図）。アカシアは３㎝もあるとげに空洞（くうどう）をもっており，この空洞にアカシアアリの女王がやってきて，女王はコロニー（集団）をつくります。アカシアは葉やくきにある花外蜜腺（みつせん）から蜜を出し，アカシアアリはそれをえさにしています。②アカシアアリを駆除（くじょ）すると，アカシアアリは成長できず，ほとんどが１年以内に死滅（しめつ）してしまいます。

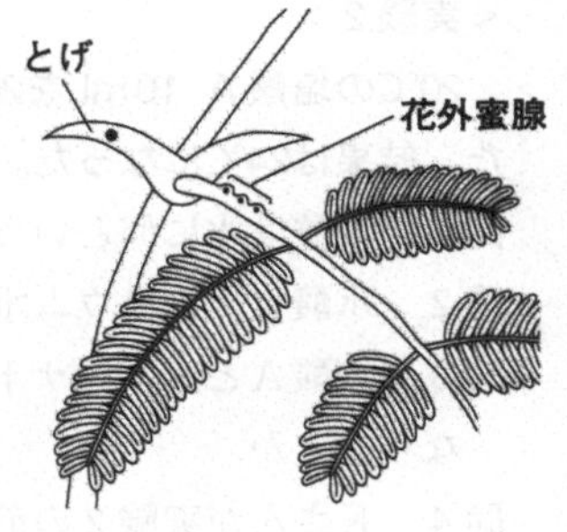

図　アリアカシア

問１　下線部①について，次の⑴～⑶に答えなさい。

⑴　**（X）**に入る最も適当な語を答えなさい。

⑵　アリが行うのは完全変態，不完全変態のいずれか答えなさい。

⑶　ダンゴムシ，クモがそれぞれ脱皮（だっぴ）するかどうかに関する正しい組み合わせを右の**ア**～**エ**から選び，記号で答えなさい。

	ダンゴムシ	クモ
ア	脱皮する	脱皮する
イ	脱皮する	脱皮しない
ウ	脱皮しない	脱皮する
エ	脱皮しない	脱皮しない

問２　下線部②について，アカシアが死滅することから，通常アカシアアリはアカシアの上で何をしていると考えられますか。そのうちの１つについて説明しなさい。

（文２）

一般に，アリの成虫がえさとする植物の蜜にはショ糖（砂糖の主成分）が多くふくまれています。アリに限らず，動物はショ糖をそのまま腸から吸収することはできません。ショ糖を栄養源として吸収するためには，ショ糖をブドウ糖と果糖に消化することが必要で，腸内ではたらく③消化酵素（こうそ）（この消化酵素をAとします）がそれを担っています。

興味深いことに，他の植物とは異なりアカシアの蜜には自身のAがふくまれ作用していることが明らかとなりました。さらに，アカシアの蜜には，本来腸内で分泌（ぶんぴつ）されてはたらくべきアカシアアリのAのはたらきをさまたげる成分（この成分をBとします）もふくまれていることがわかったのです。

アカシアアリの幼虫は働きアリから蜜ではなく固形物のえさをもらって成長します。アカシアアリが成虫となり，それまでなめてこなかったアカシアの蜜をはじめてなめてBを取りこむことで，それまでアカシアアリの腸内ではたらいていたAはその後一生はたらかなくなると考えられています。

問３　下線部③について，ヒトのからだの小腸以外ではたらく消化酵素を１つ答えなさい。また，それがからだのどの部分ではたらくか答えなさい。

問４　アカシアの蜜に関する記述として最も適当なものを次の**ア**～**ウ**から選び，記号で答えなさい。

ア　ショ糖を多くふくむがブドウ糖をほとんどふくまない。

イ　ショ糖をほとんどふくまないがブドウ糖を多くふくむ。

ウ　ショ糖もブドウ糖もほとんどふくまない。

問５　ショ糖を消化できないと考えられる生物を次のア～オからすべて選び，記号で答えなさい。

ア　アカシアアリの幼虫　　イ　アカシアアリの羽化直後の成虫

ウ　アカシアアリの老齢（ろうれい）の成虫　　エ　日本でふつうにみられるアリの老齢の成虫

オ　12歳（さい）のヒト

問６　アカシアの蜜にＡとＢがふくまれていることは，アカシアアリの成虫の行動にどのような影（えい）響（きょう）を与えていると考えられますか。「アカシア以外の植物」という語を用い，理由とともに答えなさい。

４．次の文章を読み，各問いに答えなさい。

図１は，兵庫県明石市（東経135°）において，カメラを固定して毎日12：00ちょうどに太陽の写真を撮（と）り続け，その像を１年分重ね合わせたものです。なぜこのような軌跡（きせき）になるか考えてみましょう。以下では，地球の自転と公転の速さはそれぞれ一定とし，地球は円を描（えが）くように公転しているものとします。

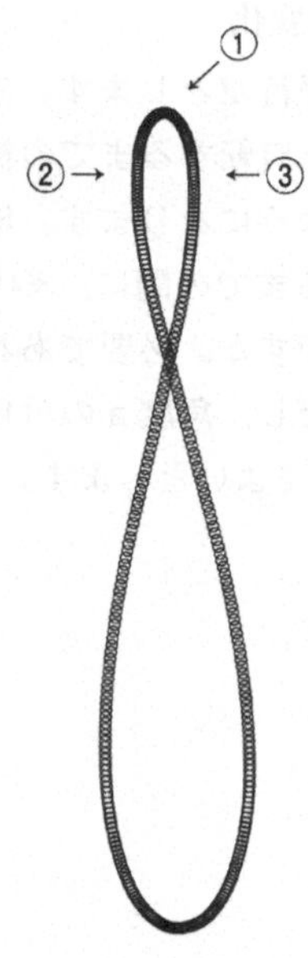

図１　12:00 の太陽の１年間の軌跡

問１　**図２**は，兵庫県明石市における太陽の南中高度の年変化を示したグラフです。前のページの**図１**において①の位置に見えるのは何月中なのか，整数で答えなさい。

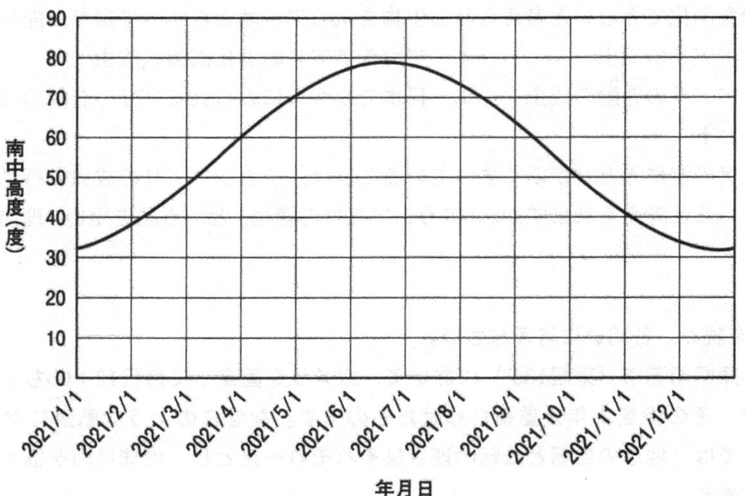

図２　太陽の南中高度の年変化

問２　いま，地球の自転軸が公転軸と平行だとします。赤道上の**地点Ａ**で太陽が南中してから360°自転するまでの様子を，自転軸の真上から見ると**図３**のようになります。**地点Ａ**で太陽が南中してから再び南中するまでの間に，360°に加えて余分に自転する**角度ａ**は何度ですか。必要であれば四捨五入して整数で答えなさい。ただし，**角度ａ**の分自転する回の公転はわずかであり考えなくてよいとします。

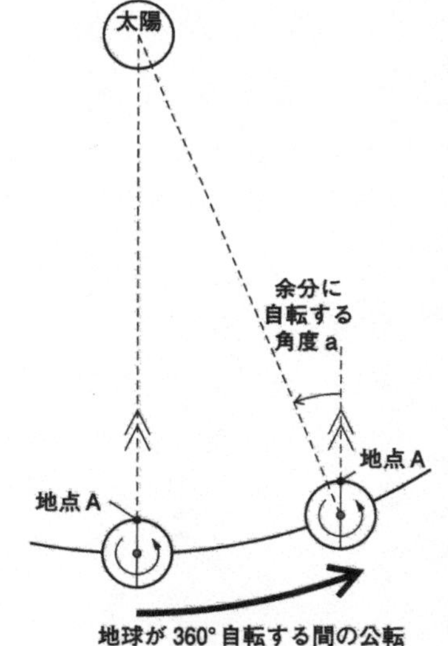

図３　地球の自転軸が傾いていない場合の公転を、自転軸の真上から見たときの様子。地点Ａは赤道上の地点。

問３　実際の地球の自転軸は**図４**のように23.4°傾いています。この場合，太陽が南中してから次の日に再び南中するまでの時間は一定とは限りません。その理由を考えるために，**問２**と同じように自転軸の真上から見ることにします(**図４**の太い矢印)。その様子を表したものが**図５**，**６**です。**図４**の円を描くような公転の道すじは，自転軸の真上から見ると見かけ上，だ円に見えます(**図６**)。**図６**で見えている公転の道すじは，**図４**の実際の長さに比べて短く，どのくらい短く見えるかは時期によって異なっています。46ページの(1)～(5)に答えなさい。

（図４，５，６は次のページにあります。）

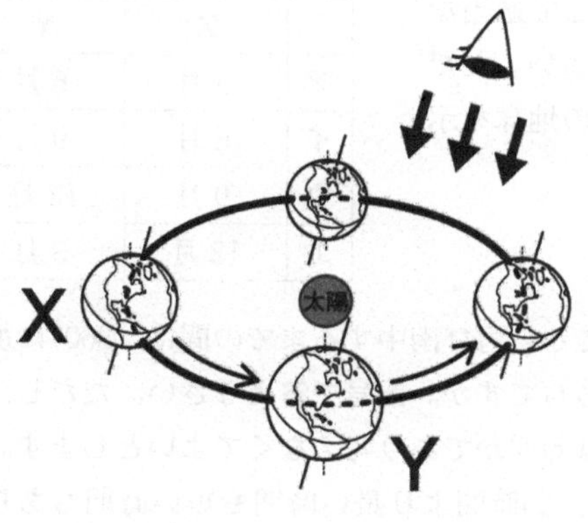

図４　自転軸が傾いた地球が公転する様子。
自転軸に平行な太い矢印の向きを上下方向にしたときの様子を簡単にしたものが図５。
自転軸に平行な太い矢印の向きから見たときの様子が図６。

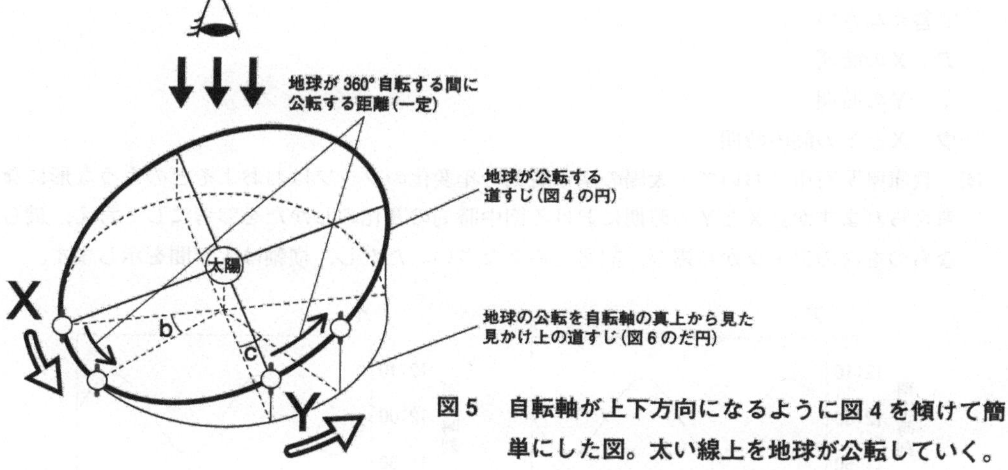

図５　自転軸が上下方向になるように図４を傾けて簡単にした図。太い線上を地球が公転していく。

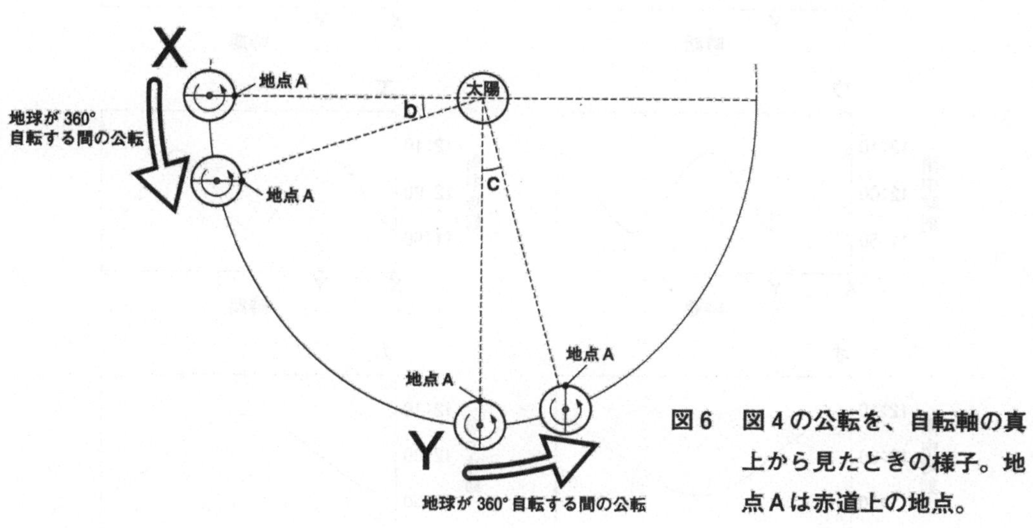

図６　図４の公転を、自転軸の真上から見たときの様子。地点Ａは赤道上の地点。

⑴　前のページの**図４，５，６**中の**X**と**Y**の時期として適当な組み合わせを次の**ア～エ**から選び，記号で答えなさい。ただし，**図４，５，６**中の**X**と**Y**はそれぞれ同じ位置の地球を示しています。

	X	Y
ア	3月	6月
イ	6月	9月
ウ	9月	12月
エ	12月	3月

⑵　**図６**において，赤道上の**地点A**で太陽が南中してから再び南中するまでの間に，360°に加えて余分に自転する角度が大きい時期は**X**と**Y**のどちらですか。記号で答えなさい。ただし，**図５，６**中の**角度b**または**c**の分自転する間の公転はわずかであり考えなくてよいとします。

⑶　太陽が南中してから再び南中するまでの時間は，24時間より長い時期も短い時期もあります。この時間がちょうど24時間になる時期として最も適当なものを次の**ア～ウ**から選び，記号で答えなさい。

ア　Xの時期

イ　Yの時期

ウ　XとYの間の時期

⑷　兵庫県明石市において，太陽の南中時刻の年変化のグラフはおおよそどのような形になると考えられますか。**X**と**Y**の時期における南中時刻の変化のしかたを参考にして考え，最も適当なものを次の**ア～ク**から選び，記号で答えなさい。ただし，横軸は１年間を示します。

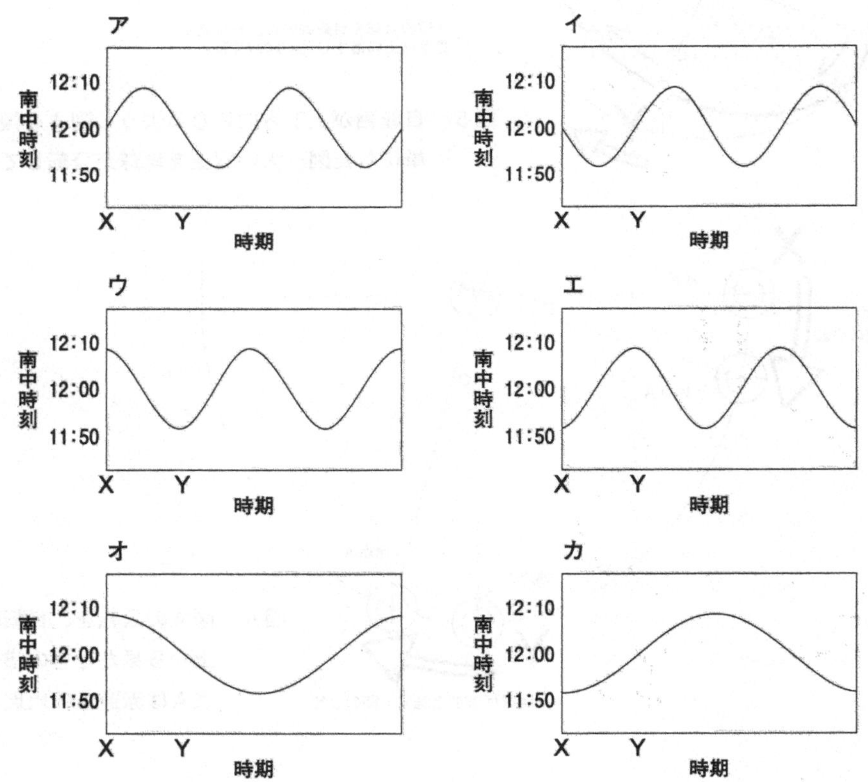

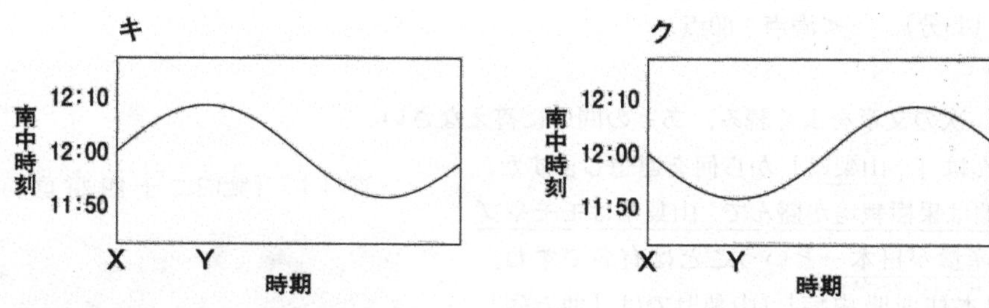

(5)　43ページの図１の①の位置に見えていた太陽に対して，翌日の12：00ちょうどに見える太陽は図１の②と③どちら側にずれた位置に見えますか。番号で答えなさい。

【社　会】（45分）　＜満点：80点＞

問題　次の文章をよく読み，あとの問いに答えなさい。

みなさんは「①山梨県」から何を連想しますか。②甲府盆地は果樹栽培が盛んで，山梨県はモモやブドウの生産量が日本一ということは有名ですね。では，「日本住血吸虫症」（山梨県では「地方病」ともいう）を知っているでしょうか。かつて山梨県にあった病気で，水田で仕事をしたり川で水遊びをしたりすると発病し，肝臓や脾臓が侵され，腹部に水がたまってふくれ，死に至る恐ろしい病気です。山梨県といえば武田信玄も有名ですね。その家臣の小幡昌盛（「武田二十四将図」にえがかれた家臣の一人ともいわれる）が日本住血吸虫症と思われる病気にかかって死ぬ直前，武田勝頼に暇乞いを願い出る様子が軍学書③『甲陽軍鑑』に書かれています。このように，日本住血吸虫症は古くから知られた病気でしたが，原因は長い間不明のままでした。

《資料１》「武田二十四将図」

（武田神社『図説 武田信玄公 一族興亡の軌跡』1994年より）

1904年，多くの研究者たちの努力が実り，日本住血吸虫という寄生虫が原因であることが解明され，日本住血吸虫症と名付けられました。この寄生虫は，発病者の便と一緒に排出された卵がかえり，幼虫（セルカリアという）が水中を泳いで，水に入った哺乳動物の皮膚を貫通して体内に侵入し，成虫となって血管を通り，肝門脈や腸管などに寄生し産卵するというものです。しかし，孵化したばかりの仔虫（ミラシジウムという）は哺乳動物の皮膚に侵入する能力がないことが実験で明らかになり，ミラシジウムからセルカリアになるまでの生態は依然として不明でした。

1913年，九州帝国大学の宮入慶之助教授は，用水路で長さ７㎜ほどの巻貝を見つけ，実験の結果，ミラシジウムがこの巻貝の体内に侵入し，セルカリアとなって水中に出てくることを発見しました。この巻貝は，宮入教授にちなんでミヤイリガイと呼ばれるようになりました。この発見により，日本住血吸虫症の全体像がようやく明らかになったのです。

これ以降，④患者に対する治療と予防対策が行われていきました。スチブナールという⑤薬が開発され，臨床試験を経て1923年に実用化されましたが，約１か月にわたって20数回もの静脈注射をする必要があるうえ，つらい副作用もあって，患者の負担は小さくありませんでした。一方，ミヤイリガイの生息地域が⑥日本住血吸虫症の流行地域と一致することから，1925年に山梨地方病撲滅期成組合が結成され，予防対策としてミヤイリガイの駆除が進められました。さまざまな駆除の方法が検討され，戦前・戦後を通して，生息域への石灰散布や火炎放射，殺貝剤の散布，主な生息域である用水路のコンクリート化などが行われていったのです。

高度経済成長期には，殺貝剤散布や用水路のコンクリート化が進んだほか，農作業用の牛など家畜の感染が減少したり，合成洗剤の排水がセルカリアを殺傷したりといったことから，日本住血吸虫の保卵者数は急激に減少しました。地方病撲滅協力会や地方病撲滅対策促進委員会が，水田から果樹園への転換を推奨したことも影響しています。

甲府盆地では，1978年に日本住血吸虫症の患者が出たのを最後に，これ以後の新たな感染者は確認されていません。ミヤイリガイの生息は続いているものの，セルカリアに感染したミヤイリガイは発見されなくなっています。甲府盆地の小・中・高校生を対象に1990年から３年間行われた集団検診でも，感染を示す陽性反応が１人も出ませんでした。これらの結果を受けて，⑦1996年，ついに山梨県知事によって地方病終息宣言が行われたのです。日本住血吸虫症の特効薬であるプラジカンテルが1975年に開発されましたが，結果的に日本では特効薬の開発前にほぼ撲滅に成功していたのでした。

日本住血吸虫症は山梨県のほか広島県，⑧福岡県，佐賀県などにも存在していましたが，いずれも終息し，日本は日本住血吸虫症の撲滅に成功した国となりました。しかし，フィリピンや中国など世界では依然として大勢の患者が出ており，⑨国連により⑩「顧みられない熱帯病（NTDs）」の１つとされています。日本住血吸虫症を撲滅した日本の経験が海外での取り組みに役立つと良いですね。実は，「顧みられない熱帯病」の１つであるオンコセルカ病の特効薬イベルメクチンの開発に貢献し，2015年にノーベル生理学・医学賞を受賞した大村智氏は，山梨県韮崎市の出身なのです。

問１．下線部①について，山梨県が県境を**接していない**都県を，次の**ア**～**カ**から**すべて**選び，記号で答えなさい。

ア．神奈川県　**イ**．群馬県　**ウ**．埼玉県　**エ**．静岡県　**オ**．東京都　**カ**．長野県

問２．下線部②について，甲府盆地は日照時間が長く，一日の寒暖差が大きいなどの自然条件が果樹栽培に適しているといわれますが，果物の生産が増加した背景には社会的な条件も影響しています。1960年代から1970年代にかけて甲府盆地で果物の生産量が増加した理由として考えられることを，高度経済成長が人々の生活に与えた影響や甲府盆地の位置的な特徴から70字以内で説明しなさい。

問３．下線部③と**《資料１》**に関連して，「武田二十四将図」を見ると，武田信玄やその家来たちは実際にこのような姿かたちをしていたと私たちは考えがちです。けれども，次のページの**《資料２》**によると，考え直さなければならないことがわかります。これを読んで，次の問い⑴・⑵に答えなさい。

⑴ **《資料２》**からわかるように，江戸時代には，不動明王のような絶対的な主君と，それにつきしたがう家来の関係を「理想の武士のありかた」としてとらえるようになりました。こうした「理想の武士のありかた」をかかげ，幕府や藩によって重んじられた学問を何といいますか。その学問の名前を答えなさい。

⑵ **《資料２》**を通じて，私たちが「歴史上の人物」をえがいた絵を見るときに，気をつけなければならないこととして適当なものを，次の**ア**～**オ**から**すべて**選び，記号で答えなさい。

ア．画面にえがかれた人物が大切なのであり，絵師は誰なのかには注意をはらわなくてよい。
イ．画面にえがかれた人物と同じ人物をえがいた図がほかにもないか探してみる。
ウ．画面にえがかれた人物どうしの配置や背景，たがいの関係について考えてみる。
エ．画面にえがかれた人物が生きていた時代や社会に限って深く研究する。
オ．画面にえがかれた人物の表情や顔の向きなどには注意をはらわなくてよい。

《資料２》「武田二十四将図」のえがかれ方の説明

「武田二十四将図」は，1582年に武田氏が滅ぼされて，およそ100年あまりたったころからえがかれはじめ，江戸時代を通じてさまざまな種類のものがあります。下の図を見比べると，武田信玄の顔は「不動明王」といって怒りをあらわにした表情で人々をおそれさせる仏の表情でえがかれているのがわかります。また，信玄は床机という椅子にすわっているのに対して，家来たちはみな地面にすわってえがかれており，主従関係がはっきり見えるようにえがかれています。その家来たちも，必ずしも同じ人物がえがかれているわけではなく，『甲陽軍鑑』に登場するさまざまな人物を絵師が入れ替えてえがいているのです。

「武田二十四将図」にえがかれている武田信玄の表情（左）と、不動明王の表情（右）

（上記の〈説明文〉は，加藤秀幸「武家肖像画の真の像主確定への諸問題（上）・（下）」（東京文化財研究所『美術研究』345・346　1989年・1990年）および守屋正彦『近世武家肖像画の研究』（勉誠出版2002年）をもとに作成。〈武田信玄の表情〉の出典は《資料１》に同じ。〈不動明王の表情〉は守屋正彦　前掲書より）

問４．下線部④に関連して，国と地方自治体が行う医療や健康に関わる仕事の説明として**誤っているもの**を，次の**ア**～**エ**から１つ選び，記号で答えなさい。

ア．厚生労働省は医薬品のインターネット販売を規制していたが，最高裁判所の判決を受けて規制を緩和している。

イ．保健所は新型コロナウイルスのPCR検査対応，食品を扱う店への検査や心の健康相談などを行っている。

ウ．厚生労働省は安全で健康に働ける職場づくりの指導や，育児・高齢者介護の支援を行っている。

エ．文部科学省は医学部のある大学を管理・監督するとともに，新しい薬の有効性・安全性の審査も行っている。

問５．下線部⑤に関連して，８世紀半ばに中国から招かれて正式な仏教の制度を整え，薬草の知識も広めた僧侶は誰ですか。その人物の名前を答えなさい。

問６．下線部⑥について，日本住血吸虫症の発症には甲府盆地の中でも地域差が見られました。次のページの**《資料３》**・**《資料４》**・**《資料５》**は，日本住血吸虫症を撲滅していく過程で見られた甲府盆地の東部・西部の地域差を示したものです。**《資料３》**から東部と西部の陽性率の違いについて説明しなさい。その際，**《資料３》**の空欄に入る数値を計算し，参考にしなさい（ただし，計算して得られた数値を解答文中に書く必要はありません）。また，**《資料４》**・**《資料５》**から東部と西部の陽性率の違いが生じた理由や背景を説明しなさい。以上のことを合わせて120字以内で説明すること。

《資料 3》甲府盆地における農業従事者に対する日本住血吸虫卵の検査結果

	西部			東部		
	検査数	陽性数	陽性率	検査数	陽性数	陽性率
1957 年	2051 人	186 人	9.1%	1392 人	154 人	11.1%
1968 年	11445 人	269 人	(　　)%	1595 人	6 人	(　　)%
1971 年	7197 人	45 人	0.6%	3050 人	0 人	0.0%

《資料 4》甲府盆地における用途別土地面積の変化

	西部		東部	
	農地	宅地	農地	宅地
1960 年	10451 ha	870 ha	10836 ha	1038 ha
1970 年	11883 ha	1269 ha	11346 ha	2213 ha
変化率	113.7%	145.9%	104.7%	213.2%

「農地」は田と畑の合計。

「変化率」は 1960 年を 100 としたときの 1970 年の割合。

《資料 5》甲府盆地における農作物作付面積の変化

	西部		東部	
	水稲	果樹	水稲	果樹
1956 年	5108 ha	494 ha	4529 ha	1589 ha
1969 年	4834 ha	1382 ha	2444 ha	4496 ha
変化率	94.6%	279.8%	54.0%	282.9%

「果樹」はブドウ、モモ、ウメの合計。

「変化率」は 1956 年を 100 としたときの 1969 年の割合。

（《資料 3》・《資料 4》・《資料 5》は、久津見晴彦・薬袋勝・梶原徳昭・三木れい子・中山茂「山梨県における日本住血吸虫症の疫学的研究(3)県東部と県西部における本症流行状況と土地利用との関係」（『山梨県立衛生研究所年報』16-12 1972 年）をもとに作成）

問 7．下線部⑦の年に「アイヌ対策のあり方に関する有識者懇談会」の提言を受けて，翌1997年に「アイヌ文化の振興並びにアイヌの伝統等に関する知識の普及及び啓発に関する法律（アイヌ文化振興法)」が制定されました。この法律に関連する文章として**適当でないものを**，次の**ア**～**エ**から 1 つ選び，記号で答えなさい。

ア．アイヌの人々への差別や偏見をなくし，彼らの誇りが尊重される社会の実現を目指した。

イ．アイヌ文化の復興や情報発信の施設として，2020年 7 月に国立アイヌ民族博物館が開館した。

ウ．過去のアイヌ政策を反省し，アイヌの人々の土地や漁業権などの権利回復が図られた。

エ．2019年４月に，新たに「アイヌの人々の誇りが尊重される社会を実現するための施策の推進に関する法律（アイヌ新法）」が制定され，アイヌの人々を先住民族として認めた。

問８．下線部⑧について，福岡県と佐賀県の県境を流れる筑後(ちくご)川の流域でも，かつて日本住血吸虫症の発症がみられました。筑後川が流れこんでいる海域の名前を答えなさい。

問９．下線部⑨について，国際平和を守り，国どうしの争いなどを解決することを目的とし，加盟国を拘束(こうそく)する決定をすることができる唯一(ゆいいつ)の機関の名前を答えなさい。

問10．下線部⑩の「顧みられない熱帯病（NTDs）」とは，熱帯・亜熱帯(あねったい)地域を中心に149か国で10億人以上の人々に影響を与えている病気のことで，世界保健機関（WHO）により現在20の病気が指定されています。NTDsの１つであるオンコセルカ病は，大村智氏や製薬会社の意向で，WHOを通じた特効薬イベルメクチンの無償供与(むしょうきょうよ)プログラム（1987年～）が実現し，多くの人々を救うことができました。近年では他のNTDsについても無償供与の取り組みが行われるようになってきましたが，依然としてNTDsの治療薬の開発や普及は十分とはいえません。なぜ，長い間NTDsの治療薬の開発が進まなかったのでしょうか。また，どのような取り組みがNTDsの対策に有効と考えられるでしょうか。以上のことを《資料６》・《資料７》・次のページの《資料８》を参考に，合わせて160字以内で説明しなさい。

《資料６》各国の１人当たり国民総所得（2018年）

アメリカ	63200ドル
イギリス	41730ドル
ドイツ	47150ドル
日本	41150ドル

「顧みられない熱帯病」が多く存在する国

タンザニア	1020ドル
中央アフリカ	490ドル
ブラジル	9080ドル
モザンビーク	460ドル

（二宮書店『データブック オブ・ザ・ワールド』2021年版をもとに作成）

《資料７》新薬開発の実状

製薬会社にとって新薬開発は容易なことではありません。例えば、１つの薬を開発するのに、10年以上、数百億円以上の投資が必要といわれます。近年では新薬開発に要する費用は年々増加しています。創薬自体、成功確率が低いことで知られており、莫大(ばくだい)な投資と長期間に及ぶ開発などさまざまなリスクを伴(ともな)います。

（公益社団法人グローバルヘルス技術振興基金ウェブサイトの文章を書き改めました）

https://www.ghitfund.org/motivation/whyglobalhealthrd/jp

《資料８》「顧みられない熱帯病（NTDs）」にふくまれる病気の例とそれらの特徴

ギニア虫感染症　ギニア虫という寄生虫が人体に寄生して発症します。ギニア虫の幼虫が体内にいるケンミジンコを飲み水と一緒に飲むことで感染するので，飲み水を布やパイプでろ過したり，殺虫剤を水にまくなどの対策が必要です。

デング熱　デングウイルスに感染すると高熱や出血などの症状が現れます。蚊（か）（主にネッタイシマカやヒトスジシマカ）に刺（さ）されることでデングウイルスに感染するので，水たまりなど蚊が産卵する場所を無くすなどの対策が必要です。

嚢虫症（のうちゅうしょう）　豚（ぶた）に寄生する嚢虫が人体に寄生して発症します。豚肉の内部にいる幼虫や感染者の便にふくまれる卵により感染するので，豚肉を調理する際よく加熱したり，トイレの後やおむつを替えた後，食品にさわる前に石けんをつけてお湯で手を洗ったりするなどの対策が必要です。

（エーザイ株式会社「Eisai ATM Navigator」の一部をわかりやすく書き改めました）http://atm.eisai.co.jp/ntd/

の意図が表れている。

ウ 「小説の書き方」という数年間の授業をふりかえった上で、書き終えた小説を読み返す際の手順という、自らが考案した具体的かつ有効な方法が明示されており、筆者がこの授業をおこなった一番の成果が軽妙（けいみょう）に語られている。

エ 「小説の書き方」という授業で、結局は作品を書き直す時の心得しか伝えられなかったと打ち明けている点に、授業での失敗を自分へのいましめとして、謙虚（けんきょ）に小説を書いていこうという筆者の決意がほのめかされている。

考えられるか。その理由の説明として、最も適当なものを次の中から一つ選び、記号で答えなさい。

ア　他人の目を気にしているがゆえに、表面上はふてぶてしい態度をとっていた生徒が、小説の中ではふだんの様子とは違い、実に生き生きと自分の好きなものを表現できていたから。

イ　これまでまったくやる気を示さなかった生徒が、小説を書くという課題にだけはまじめに取り組み、完成した作品からも、小説で表現することにかける強い思いが伝わってきたから。

ウ　授業態度がよくない生徒が、雑な字で分量も短く書くことで、いかにも嫌々取り組んだように見せかけながらも、好きなミュージシャンへの愛情が伝わる小説を提出してきたから。

エ　これまで自分の好きなものを明かさなかった生徒が、小説を書くように指示したとたん、好きなミュージシャンについての、まさしく小説ともいうべき作品を書いてきたから。

問八　――線部7「いや、これが小説だ！」とあるが、筆者がこのように思ったのはなぜだと考えられるか。その理由を説明した次の文の空らんにあてはまる言葉を六〇字以上、八〇字以内で答えなさい。

彼女の文章は、ただの作文ではなく、（　　　）という点で、小説の本質的なあり方を表したものだと思ったから。

問九　――線部8「僕は――先生なのに――自分が一番教えを授かった者の顔をしていた」とあるが、この表現の説明として、最も適当なものを次の中から一つ選び、記号で答えなさい。

ア　小説とはなにかを生徒につかみ取らせようとしていた自分こそが、小説のことをまったくわかっていなかったことに気がついた様子をあえて他人事（ひとごと）のように描写（びょうしゃ）することで、その切なさを際立たせようとしている。

イ　小説を教えることなどできないと考えていただけに、生徒がいとも簡単に小説を書いてきたことに混乱し、動揺が隠しきれない様子をあえて突き放すように描写することで、その情けなさを際立たせようとしている。

ウ　生徒から小説を教える立場にあったのに、ただ感心してしまった様子をあえて客観的に描写することで、そのこっけいさを際立たせようとしている。

エ　小説という言語手段の効用を、生徒から提出された小説を読んだおかげでようやく理解することができて、興奮がおさえきれない様子をあえて淡々と描写することで、その面白さを際立たせようとしている。

問十　――線部9「余談だが」とあるが、本文の「余談」にあたる部分についての説明として、最も適当なものを次の中から一つ選び、記号で答えなさい。

ア　「小説の書き方」という授業における唯一の「誇れるアドバイス」として、小説の書き方の本筋（ほんすじ）から外れた内容が示されており、小説の書き方など教えられないという筆者の考えが、おかしみを交えながら強調されている。

イ　「小説の書き方」という授業自体はうまくいかなかったが、その中でも生徒たちに「誇れるアドバイス」を伝えられたと自画自賛している点に、心の中に残るわだかまりを何とか解消しようという筆者

ア　小説を書くための材料は、確かな形で存在しているものではなく、小説を書きたい人自身もよくわかっていないものであるため、教える側と共有するには、教わる側自身がまず自分の材料を理解する必要があるということ。

イ　小説を書くための材料は、他の材料と簡単に取りかえられるものではなく、本来小説を書きたい人が工夫をこらして用意しているものであるため、教える側のすすめる材料を教わる側が受け入れるのは難しいということ。

ウ　小説を書くための材料は、目や耳で実際に確認できるものではなく、小説を書きたい人の頭の中に存在する、その人特有のものであるため、教える側と教わる側で材料を共有することは簡単にはいかないということ。

エ　小説を書くための材料は、他者が無遠慮に確認できるものではなく、小説を書きたい人の強い思い入れが感じられるものであるため、教わる側のもつ材料を教える側が確認するときには配慮が必要になるということ。

問五　――線部４「一学期の最初の授業では必ず、生徒たちにアンケートをとった」とあるが、このようなことをしたのはなぜか。その理由の説明として、最も適当なものを次の中から一つ選び、記号で答えなさい。

ア　好きな小説や漫画、音楽を尋ね、それぞれの趣味や考え方が多様であることを示すことで、小説の書き方も一通りではないことを生徒に学んでもらうため。

イ　自分にとって思い入れのある漫画や、自分が面白いと思った事柄であっても、それを言葉だけで説明することは難しいということを生徒に知ってもらうため。

ウ　好きな小説や漫画について教えてもらい、内容を言葉で再現させることで、その小説や漫画の面白さや書き方の工夫などを生徒に認識してもらうため。

エ　自分が面白いと思った夢や漫画でも、好みが違う人たちにその面白さを言葉で説明するのは、かなり難しいということを生徒に理解してもらうため。

問六　――線部５「小説は高尚な、文学的ななにかである以前にまず『文章』だ」とあるが、どういうことか。次の中から最も適当なのを一つ選び、記号で答えなさい。

ア　小説は、気高く立派ななにかを読者に伝えるという目的を達成するためにこそ、目の前にある文章の細部をないがしろにせず、しっかりと工夫をし続ける姿勢が求められるものだということ。

イ　小説は、その内容の立派さを読者に納得してもらうためには、文章を一つ一つ工夫することで、読者を少しずつ作品の世界に引き込んでいく地道な努力が何よりも大切になるということ。

ウ　小説は、立派で大それたなにかを読者に伝えようとすることにそれほど意味はなく、誰もが知らず知らずのうちにしている文章の工夫を、より意識的におこなうことにつきるものだということ。

エ　小説は、意義深く立派ななにかを読者に伝えようとすることよりも先に、読者に向けて文章を一つ一つ工夫することが大事であり、それを積み重ねることで出来上がっていくものだということ。

問七　――線部６「驚いた」とあるが、筆者が「驚いた」のはなぜだと

加筆できるところがないか、原稿用紙か、印刷した紙を読み直すだろう。それで、直すべきところに赤ペンで記入して、それをもとにまた、書き直す。それを何度か繰り返して、練り上げていくだろう。
その際、印刷した小説を最初から読み直して、書き直したら、二度目に印刷したときは決して、最初から読み直してはいけない。10枚なら5枚目、100枚なら50枚目から読み直しなさい。
そうでないと、最初のほうばかりよくなって、途中からが雑な直しになる。人は疲れるし、飽きる生き物だから。僕が生徒たちに「してよかったな」「あれはいい指導だった」と誇れるアドバイスは、それだけだ。

（長嶋有「小説の、書き方」）

(注) ゼロ年代…二〇〇〇年から二〇〇九年までの十年間を指す区分。
ゆとり世代…二〇〇二年から二〇一一年の間に、授業の時間数や内容を少なくすることで、ゆとりを持った教育を受けた世代を指す。

問一 〰〰線部a～eのカタカナを漢字に直しなさい。

問二 ——線部1「小説家は小説を、学問を授けるように教えられるわけではない」とあるが、どういうことか。次の中から最も適当なものを一つ選び、記号で答えなさい。

ア 算術や歴史はある程度定まった手順があり、教える内容も決まってくるが、小説には誰にでも当てはまる教え方はなく、教える内容も明確には決まらないということ。
イ 算術や歴史は専門家であれば豊富な知識があるので教えることができるが、小説家は小説についての知識が豊富だとは限らず、教えられないこともあるということ。
ウ 算術や歴史は誰が教えても一定の水準を保ったものになるが、小説は小説家ごとに教え方に個性が強く出て、教える内容の質にどうしても差が出てしまうということ。
エ 算術や歴史は知識をもつ側が知識をもたない側に教え込む形を取るが、小説は知識をもたない側が積極的に知識を得ようとしなければ何も得られないということ。

問三 ——線部2「いっそ冷蔵庫の中をみせてくれ、と言いたくなる」とあるが、筆者がこのように思ったのはなぜだと考えられるか。その理由の説明として、最も適当なものを次の中から一つ選び、記号で答えなさい。

ア 生徒が恥ずかしがらずに頭の中のアイデアを伝え、わからないところを聞いてくれれば、その度に指導することで小説を練り上げていけると思っているから。
イ 生徒の心の中をのぞいて、書きたい場面や設定の一部だけでもわかれば、小説を書く技術を一から教えて良い小説を書かせることはできると思っているから。
ウ 生徒の頭の中にある、小説になりそうな要素やイメージを知ることができれば、小説の書き方についてまだ教えようがあるかもしれないと思っているから。
エ 生徒が心の中で書きたいと思っている小説のジャンルを教えてくれれば、そのジャンルのよくある書き方なら教えられるかもしれないと思っているから。

問四 ——線部3「小説の『具』は、にんじんや豚肉のようではない」とあるが、どういうことか。次の中から最も適当なものを一つ選び、記号で答えなさい。

で、言葉というものの得意・不得意を実感してもらったのだ。

　また、漫画を文字で伝達する際、誰もが知らずに「工夫」をする。そもそも「一コマ目。二コマ目」と文字で「書く」時点で、伝えるための工夫の始まりだ。5小説は高尚な、文学的ななにかである以前にまず「文章」だ。文章の工夫の集積なんだよ、というようなことを述べて、一年間の授業の始まりとしたのだった。

　何年目だったか、とてもやる気のない子がいた。親のbイコウで仕方なく登校しており、授業中でも断りなくプイ、と外に出てしまうし、朗読をあてたら泣いて抗議された。

　そんな子だから最初のアンケートも、少しもまじめに答えなかった。単に生徒の趣味嗜好を知りたくて設問している「好きな映画」も「音楽」も「なし」。面白い4コマ漫画も回答はなかった。安直に決めつけたくはなかったものの、ついつい「これがいわゆる『(注)ゆとり世代』か」と陰で嘆息の漏れる、手をcヤく生徒だった。

　そんな彼女だが小説は提出した。後期の授業で、必ず小説を発表するルールだった。授業は嫌だし興味もないが、落第だけはどうしても避けたかったのらしい。僕は彼女の規定ギリギリに短い小説を読んで、6驚いた。

　いかにも覇気のない、汚い字で原稿用紙に手書きされたそれは、作者自身と思しき女の子がXJAPANのHIDE（というミュージシャン）のことを好きで好きでたまらない！　という（だけの）小説だった。HIDEはすでに故人だったが、これこれのきっかけで好きになった。追悼コンサートにもいったし、とにかくかっこよくて好きだ、と。そういったことが書かれていた。

　そんなの小説じゃない、作文だと断じる人もいるだろう。僕は、7いや、これが小説だ！　と（心で）叫んだ。

　思い出してほしい。この作者は最初の「アンケート」で「好きな音楽」を訊かれたとき、なにも言葉を出さなかったということを（気持ちは分かる。彼女以外にも、空欄の子はいた。よく知らない初対面のおじさんなんかに、ごくごくパーソナルな趣味嗜好を開陳したくないという、若者特有の自意識が働くのだろう）。

　それがどうだろう。「小説」を書けといったら、いとも簡単に、頭の中をむき出しにして、大事な「具」を、言葉をボロンと出した。

　小説も、アンケートも同じ「言葉」なのに。

　小説のときだけ、語る相手が誰とか、自分がどう思われるとか、そういうことがまるで無効になる。そうだよ、と僕は（すでにたくさん小説をdカンコウしていたのに）強く得心した。それが小説という言語手段の効用だ。8僕は――先生なのに――自分が一番教えを授かった者の顔をしていた。

　彼女は自分の小説が俎上にあがった授業の際も、僕のeゲキショウの言葉の途中で席を立って出て行ってしまったが、無事に単位を取得した（僕が「可」としたからだが）。僕は今では、小説の書き方を教えるのはほぼ諦めている。

　とはいえ（9余談だが）このときの数年間の授業で唯一、生徒たちに放った、具体的かつ有効な「小説の書き方」を最後に一つ、伝授しよう。

　小説をとりあえず最後まで書いたら読み返すだろう。欠点がないか、

思ったから。

問十二　――線部12「カチッと音を立てて何かが噛み合った」とあるが、どういうことか。次の中から最も適当なものを一つ選び、記号で答えなさい。

ア　つらい状況を変えたいという幹の先生へのことばに強く共感し、はなれていた幹と自分の気持ちが再び一緒になったということ。

イ　幹のことばが先生に届いたことで、つらい立場にあった幹の今の状況が変わりはじめる確かな手ごたえがあったということ。

ウ　幹の先生へのことばから、できるところから現状を変えていきたいという幹の強い意思がはっきりと伝わってきたということ。

エ　気迫のこもった幹のことばが、冷たかった先生の心に届いて、先生の態度を幹に寄りそうものに見事に改めさせたということ。

二、次の文章を読み、後の問いに答えなさい。

小説の書き方を教えるのは難しい。数学者は算術を、歴史学者は歴史を教えられるが1小説家は小説を、学問を授けるように教えられるわけではない。

その小説の書き方なら、教えられるかもしれない。料理の作り方を教えてくれといわれても困るが、カレーの作り方なら教えられるのと同様に。

2いっそ冷蔵庫の中をみせてくれ、と言いたくなる。にんじんに豚肉、なるほど、カレーだな、肉じゃがだな、それならば……といった具合に「教え」が始まる。

でもやはり難しい。無遠慮に冷蔵庫を開けるように人の頭をのぞき込んでみても、3小説の「具」は、にんじんや豚肉のようではない。その「具」は「記憶」かもしれないし「印象」かもしれない。「考え」や「哲学」かもしれないが、とにかく小説を書きたい人、一人一人の、それぞれの頭の中にある「具」はほかの誰のものとも違う、どこまでも固有のものだ。もしかしたら、それが具になると認識さえしていない景色や言葉の印象や違和感などは、にんじんや豚肉のように確固たる存在として共有できない。千差万別の「具」の料理法をどう「教えれば」いいんだ。

(注)ゼロ年代半ばごろ、当時お茶の水にあった専門学校の創作aコウザで小説を教えた。

授業名はなんでもいいといわれたが、開き直って「小説の書き方」と銘打った。小説を教えることの不可能性を示すことで、逆説的に小説とはなにかをつかみ取ってほしいと思ったのだ。

4一学期の最初の授業では必ず、生徒たちにアンケートをとった。「好きな小説や漫画」「好きな音楽」などを尋ねるのだが、最後に二問「あなたの好きな4コマ漫画を（4コマの内容を）教えてください」「あなたが寝ていてみた、面白い夢を教えてください」とした。

最後の二問だけ、誰もが苦心する。「一コマ目、カツオがつまみ食いする。二コマ目、追いかけるサザエさん……」といった具合に漫画の中身を文字にするのだが、そうするとどうだろう。漫画の「面白さ」が抜け落ちる。文字では、漫画の「出来事」しか伝達できない。面白かった夢も、説明したらつまらなくなることは大勢に経験があるだろう。

夢を書き言葉で表現することで、また、漫画を言語に置き換えること

ウ　自ら笹屋のメンバーであることを告げた上で、必死にクラス分けの話をする幹に、クラス分けも大事であることはわかるが、今すべき話ではないと感じたから。

エ　笹屋のメンバーであることを告白したことをきっかけに、幹がクラス分けに関して要望を出しはじめたが、それは生徒として行き過ぎた行いであると感じたから。

問九　――線部9「そこで声が大きくゆらいだ」とあるが、それはなぜか。その理由の説明として、最も適当なものを次の中から一つ選び、記号で答えなさい。

ア　自分がからかわれていたことを話すうちに、これまで味わってきたつらい体験がよみがえってきて、もうこれ以上はたえられないという気持ちが込み上げ、それを先生に打ち明けようとして感情が高ぶっているから。

イ　からかわれないように目立つことは避けているという話をするうちに、自分の思いを押し殺して生きていくのはもう嫌だという気持ちになったが、その一方で先生に訴えたら今後どうなるのか不安がつのってきたから。

ウ　先生に必死に話をしているうちに、からかわれないようにバンドの仲間と距離をおかなければならなかった苦しさが思い出され、大切な仲間を裏切ることは二度としたくないという気持ちが湧き上がってきたから。

エ　クラスでからかわれているという話をするうちに、そのつらさにもうたえられないという気持ちが込み上げ、クラスメイトの反感を買ったとしても、先生に今こそ伝えるしかないと思い、気持ちが高ぶっているから。

問十　――線部10「むしろ幹に対して失礼なんじゃないかと思えてきた」とあるが、「俺」がこのように思ったのはなぜか。その理由を五〇字以上、七〇字以内で答えなさい。なお、説明する際には「決めつける」という言葉を必ず用いること。（「決めつける」は活用（後に続く語にあわせて形を変えること）させてもよい。

問十一　――線部11「戦うべき相手はこのひとだったんだって」とあるが、「俺」がこのように思ったのはなぜか。その理由の説明として、最も適当なものを次の中から一つ選び、記号で答えなさい。

ア　幹が今のクラスでつらい思いをしていることに気づかないばかりか、幹の希望を聞き入れるつもりはないと言い切った先生のことが許せず、この先生のせいで幹がつらい目にあっているに違いないと思ったから。

イ　幹が意を決して今のクラスへの思いを打ち明けたのに、先生が幹の希望通りになるとは約束できないと冷淡（れいたん）に告げたことにいきどおり、幹のつらい状況を変えるには先生に考えを改めさせるしかないと思ったから。

ウ　幹が勇気を出して今のクラスでのつらい立場について相談したのに、先生が事の重大さを認識してくれないため、幹の立場を好転させるためには、自分が幹の代わりに先生を説きふせるしかないと思ったから。

エ　幹が自分からクラスでのいじめを告発したことを喜ばしく思う一方で、それを知っても対応しないのは、いじめを隠そうとするのと同じだと考え、そんな先生のひきょうな態度は受け入れられないと

記号で答えなさい。

ア　周囲に気をつかう必要がなく、自分の意思で活動ができる場所。

イ　好きなものを共有する仲間と競い合って、自分を高められる場所。

ウ　学校生活でつらいことがあった時に、いつでも逃げ込める場所。

エ　仲間とただ一緒に過ごすこと自体に、心地よさを感じられる場所。

問六　――線部６「この声の持ち主を、長いあいだ探し続けていた気がした」とあるが、この時の「俺」について説明したものとして、最も適当なものを次の中から一つ選び、記号で答えなさい。

ア　この二週間は幹と疎遠になっていたため、つらい思いをしてきたが、幹が自分からバンドを続けられるかもしれないという希望が湧いた。

イ　久しぶりに会っても声をかけられず、もう友だちにはもどれないのではないかと思っていたが、幹の声を聞いたことで、幹と以前のような関係にもどりたいと願い続けていた自分の気持ちに気づいた。

ウ　久しぶりに幹の少しかすれた声を聞いたことで、バンドで音楽を演奏していた時のことがありありと思い出され、やはり笹屋には幹の歌声こそが必要だったのだと今になってようやく実感した。

エ　幹が自分のことを嫌っているのではないかと思い、ずっと声をかけられなかったが、幹は自分のことを助けるために勇気を出して名乗り出てくれたのだと気づき、うれしさで胸がいっぱいになった。

問七　――線部７「白い両手をぎゅっとにぎりしめて」とあるが、この時の幹について説明したものとして、最も適当なものを次の中から一つ選び、記号で答えなさい。

ア　クラスメイトにからかわれ続けていることがとてもつらいので、たとえ友人である「俺」の前で弱みを見せることになったとしても、今の自分の気持ちを先生に訴えるしかないと思いつめている。

イ　学校で目立つことを避けてきたが、自分をかばうために返答に困っている「俺」に、これ以上迷惑をかけられないと思い、不本意ではあるが隠してきたことを先生に話すしかないと覚悟を固めている。

ウ　自分が「俺」と同じバンドのメンバーであることを、バンドの仲間以外には絶対に知られたくないと思ってきたが、その気持ちを乗りこえて、先生に本当のことを伝えようと改めて決意している。

エ　「俺」と同じバンドの一員であることがわかってしまうと、またからかわれることになるが、それでもバンドへの思いを示したいと思い、先生に思い切って本当のことを打ち明けようと決心している。

問八　――線部８「突拍子もない」とあるが、「俺」がこのように受け止めたのはなぜか。その理由の説明として、最も適当なものを次の中から一つ選び、記号で答えなさい。

ア　今話題になっているのは笹屋のメンバーであるかどうかであって、幹が持ち出したクラス分けの話はそれとはまったく無関係の話題であるように思えたから。

イ　笹屋のメンバーであることを認めながら、幹はクラス分けの話を持ち出して話題を変えようとしているが、それはいかにも無理があるように思えたから。

ア　自分たちが動画を投稿したことまでも先生に知られていることに驚き、先生がどこまで知っていて、何を問いただそうとしているのかがわからず、恐ろしさを感じている。

イ　提出物を見てバンドのことを知っているだけだと思ったが、情報を小出しにしてこちらの反応をさぐりながら話を進める先生の意図がわからず、ひどくうろたえている。

ウ　主任の先生がわざわざ自分にバンドのことを聞いてきたことから、動画を投稿したことが学校の中で大きな問題になっていることを確信し、おじけづいている。

エ　先生が動画投稿のことをあっさり伝えてきたことから、バンド活動のすべてを知られているのではないかと思い、落ち着き払った先生の様子に不気味さを感じている。

問三　――線部３「喉を締めつけられたような声が出た」とあるが、それはなぜか。その理由の説明として、最も適当なものを次の中から一つ選び、記号で答えなさい。

ア　笹屋の活動を具体的に先生に問われ、下手にごまかそうとしたところで、結局はすべてを白状するまで先生に許してもらえないと思い、重圧を感じているから。

イ　まさか知られていないと思っていた笹屋の活動について先生に問われ、何とか取りつくろおうと思いながらも、簡単にごまかせる気がせず、追いつめられているから。

ウ　先生たちは笹屋の活動を知りつつ見て見ぬふりをしていたのだとわかり、その驚きで頭が真っ白になってしまって、どう対応していいかわからず、追い込まれているから。

エ　先生が笹屋の活動について知っていることがわかり、メンバーの中に幹がいることだけは何とかごまかさなければならないと焦ってしまい、気が動転しているから。

問四　――線部４「後ろを見るな。……今、そっちを見ちゃだめだ」とあるが、「俺」がこのように思ったのはなぜか。その理由の説明として、最も適当なものを次の中から一つ選び、記号で答えなさい。

ア　笹屋の残りのメンバーを先生がさぐっている状況でも、うまくやれば必ずごまかしきれるはずだが、幹を見てしまえば先生にヒントをあたえてしまうことになるので、そのようなふるまいは避けるべきだと考えているから。

イ　笹屋の残りのメンバーは幹であるのだが、幹はそのことを知られたくなくて自分たちと関わりを持たないようにしており、そんな幹にこの絶体絶命の状況下にあるとはいえ、意地でも頼りたくないと考えているから。

ウ　笹屋の残りのメンバーについて、それが幹であることを先生はわかった上で聞いているのは明らかで、ふり返って幹を見てしまえば、先生の仕組んだ誘いに乗って自ら認めてしまうことになると考えているから。

エ　笹屋の残りのメンバーを先生に聞かれている状況で、本当のことを言えるはずもないが、今ふり返ってしまえば、自分の視線によって、先生に幹がそのメンバーであることを教えてしまうことになると考えているから。

問五　――線部５「せっかく見つけた場所」とあるが、それは「俺」にとってどのような「場所」か。次の中から最も適当なものを一つ選び、

俺はなんて声をかけたらいいか思いつかなくて、とりあえず落ちていた幹のカバンを拾った。ばふばふたたいてほこりを払(はら)いながら、本当はほっとして、一緒に泣きたいくらいだった。

12カチッと音を立てて何かが噛(か)み合ったのを感じた。

嫌になるくらい大きなもののたった一部分かもしれないけど、でも、ずっと重たくきしんでいたそれを幹が動かした。自分自身のことばで、声で。

やっぱり幹はすごいよ。知ってたけど、あらためて思う。

すると赤い目をした幹が、きょとんとした顔で俺を見つめてきた。

「典くん、髪(かみ)に……？」

つまみ上げてくれたのは、真っ黄色の葉っぱのかけら。

それで俺は、自分が左手に靴を持っていることと、どこへ向かう途中だったかを思い出して「ああっ」と叫(さけ)んだ。

「事務室！」

「じむしつ？」

「落ち葉入れる袋(ふくろ)もらうんだ。幹も部活じゃない？」

「あっ。うん、今日実験の日で……！」

つまりお互(たが)い先輩(せんぱい)たちを待たせちゃってる。

とにかくカバンを受け渡して、あわあわしながら別方向へ駆(か)け出そうとして、はっと気づいてふたりして先生に会釈(えしゃく)した。先生はわかったってふうに軽く手をあげた。

その別れ際「それにしても行動力あるな」と言ったんだ。

廊下のあっちとこっちでふり向いた俺と幹に向かって、まったく表情を変えずに、ひょうひょうと。

「動画は観(み)てないが、グループ研究の曲は聴(き)いたよ。来年は文化祭に出たらどうだ？」

（眞島めいり『夏のカルテット』）

問一　——線部1「心臓がばくばく暴れ回ってうるさい」とあるが、この時の「俺」の心情の説明として、最も適当なものを次の中から一つ選び、記号で答えなさい。

ア　幹の名を呼ぶことさえできず落ち込んでいた時に、苦手な先生が背後からせまってきていたことにひどく取り乱し、その上その先生が怒ったようにこちらを見続けているため、ますます冷静さを失っている。

イ　幹のことを心配し、渡り廊下にぼんやりと立っていたところに、苦手にしている先生が突然現れたため、先生に叱られる心当たりはまったくないものの、何かとがめられるのではないかと平静さを失っている。

ウ　気軽に声をかけることさえできなくなった幹のことを考えて周りが見えていなかったため、苦手にしている先生から急に声をかけられたことに大きく動揺してしまい、落ち着きを取りもどせずにいる。

エ　幹にかけることばが見つからず困っていた際に、厳しい先生に突然呼び止められたことに驚き、反射的にいい加減なあいさつをしたことで先生を余計に怒らせたように感じ、動揺をおさえきれずにいる。

問二　——線部2「背筋がすうっとつめたくなった」とあるが、この時の「俺」の心情の説明として、最も適当なものを次の中から一つ選び、記号で答えなさい。

かった。四人で同じ空間にいるだけで楽しかった。そのときもこれからも、なんでもない話をして、歌って、笑い合いたかった。

　俺は渡り廊下をふり返り、「幹」と友だちの名前を呼ぶ。

　幹はそこに立っている。カバンを足もとに落として、少し青ざめた顔で、7白い両手をぎゅっとにぎりしめて。

　どこにも行かずに、そこにいる。

「ピアノを弾いてたのは僕です。僕も笹屋のメンバーなんです」

（中略）

　自らメンバーだと名乗り出た幹は、不意を突かれて押し黙っている先生に向かって、訊いたんだ。

「来年のクラス分けを決めるのは、先生ですか？」

　8突拍子もない質問に俺はびっくりしたし、いつも厳しい顔つきの先生もめずらしく眉を上げて、まちがいなく驚いていたと思う。

「僕、今のクラスがつらいです」

　幹は言った。気圧されるくらい必死に。

「からかわれるのが嫌だから、毎日、できるだけ目立たないように過ごしてます。からかってくるひとのことはどうしようもないから、自分が変わればいいんだと思ってました。でも、……」

　9そこで声が大きくゆらいだ。

　俺はいてもたってもいられなくて駆け寄った。本気で訴えている友だちを支えたくて。味方だよと伝えたくて。

　だけどいざ近づいてみたら、こういう行動が、10むしろ幹に対して失礼なんじゃないかと思えてきた。背中をぽんとたたいたり、そもそもふれたりすることが。だから中途半端にあげた手の行き場がなくて、ただおろおろして隣にいるだけだった。

　支えなくたって、幹はちゃんと立っていた。

　自分の足で。意思をもって。

「でもこれ以上は、無理です。……来年からは、はなれたい。嫌いなひとは嫌いだし、自分の好きなものを好きでいたいです」

　まつ毛にたまった涙が落ちる。

　静かにすうっと、片方の頬に線が光った。

「今言っておかないと、後悔しそうだから、言いました」

「……クラス分けは会議で決まるんだ。必ず瀬尾の希望通りにするって、約束するのは難しい」

　先生は答える。いつもの授業みたいに硬く、よそよそしい口調で。

　俺は先生を見すえる。どうして聞き入れてくれないのかって、怒りがぶわっと湧き上がる。悔しくて、身体が燃えるように熱かった。敵だとさえ思った。11戦うべき相手はこのひとだったんだって。

　先生は、そんな気持ちを見透かしているみたいに、ちらりと俺のことを見た。

　そしてふたたび幹に向かい合った。

「でも、その会議で意見は出せる。出すって約束する。……気づけなくて悪かった。いつでもいい、瀬尾の話を聞かせてくれないか」

　幹がまばたきした。

　その弾みでまたぽろぽろ涙がこぼれて、それをうっとうしそうに、制服の袖でぐいっとぬぐった。

ちゃんと通り道をつくったのに、なぜか先生は歩き出そうとせず、俺の足もとに視線を落とした。

念入りにチェックされてるのを感じる。

……ああよかった、靴脱いどいて。ほら、さっきの判断は正解。こんなことでいちいち叱られちゃたまんない。

そうやって数十秒前の自分に拍手を送りそうになったとき、

「バンドを組んだんだってな」

完全に不意打ちを食らって、俺はまじまじと先生を見つめ返した。その単語がここで出てくるとは思わなくて、なんらかの難しい意味をもつ、未知のものに一瞬思えた。

なんでこの先生が知ってるんだろう？

誰が教えた？

どこまで噂が、……あ、そっか、夏休みのグループ研究！　あの提出物を先生も見たのなら、バンドのことは知ってたって当然だ。

「動画を投稿してると聞いた」

あっさり言われて、2背筋がすうっとつめたくなった。

やばい。笹屋の活動を具体的に知られてる。これまで担任からもほかの先生からも訊かれたことなんかなかったのに。

見て見ぬふりされてただけなのか？　実はとっくに問題視されてた？

どうしよう。どうしたらいいんだろう。こんなの尋問だ。下手なごまかしが通用する相手じゃない。とりあえず「はい」とだけ答えると、3喉を締めつけられたような声が出た。

「あ、でも。もう非公開にしたので……」

視線をうろつかせながら言いわけしたら、先生は太い眉を寄せた。

次に核心を突く質問が来ると、どうしてか予想できた。当たってほしくなかったのに、それは当たった。

「霜村、三組の鯨井、四組の寺。あと、もうひとりいるって？」

あと、もうひとり。

4後ろを見るな。……今、そっちを見ちゃだめだ。

焦ってぐちゃぐちゃに混乱する中で、それだけはわかった。どんなに近くにいるとしても。どんなに隣に立っていてほしくても。

違います。もうひとりなんていません。

否定しようとして、唇がうまく動かなかった。声が出ない。

言い逃れできる可能性がどれだけあるんだろう。いったい何を守ろうとしてるんだろう。けど、わずかな可能性に賭けるためならどんな下手くそな嘘だってつく。

邪魔しないでください。

どうか放っておいて。

始まったばっかで終わるのは嫌だ。

5せっかく見つけた場所なんだ。お願いだから。

お願いだから、もう少しだけ。

「……僕です」

そのかすれた声は、すごく近くから、ほとんど自分の中から聞こえたみたいだった。

ほんの二週間くらい耳にしてなかっただけなのに、6この声の持ち主を、長いあいだ探し続けていた気がした。

図書室で初めて出会ったときから、俺はこの声が好きだった。もっとしゃべってほしかったし、しゃべりたくないなら黙っていてくれてよ

【国語】（五〇分）〈満点：一二〇点〉

【注意】・字数指定のある問いは、句読点なども字数にふくめること。

一、次の文章を読み、後の問いに答えなさい。

中学一年の夏休み、図書委員の当番でたまたま一緒になった「俺」（霜村典）、瀬尾幹、寺佐々矢、鯨井夏野の四人は、夏休みの自由課題として笹屋というバンドを組み、録音した音声を提出することにした。しかし直前になり、高い声をクラスメイトにからかわれていた幹からの申し出があり、書類から幹の名前を消して提出することとなる。四人は課題提出後も、顔が映らないように動画を作り、投稿サイトに公開するが、しばらくして学校で幹以外の三人の名前が知られてしまう。残りの一人が誰か話題になる中、幹はバンド仲間からの連絡にも応答しなくなる。

視界の隅で、旧校舎側の扉から誰かが出てくる。

ぱっと認識したのは男子の制服で、先生じゃないってことにひと安心する。しかも上履きの色は同じ一年生。

いちおう来るのが知り合いか確かめておきたくて、靴下で渡り廊下に上がりながら、そっちの方向に目をやった。ちらっと見るだけのつもりだったのに、視線をはがせなくなった。

幹だった。

ぱちっと目が合って、幹も俺に気づいた。何メートルかはなれた地点で止まって、それ以上は近づいてこない。肩に通学用のカバンを提げていて、中身のつまった重そうなそれの持ち手が、だらりと腕にかかっている。見開かれた目は俺をとらえて動かない。

……なんか久しぶりだね、会うの。

あ、理科室に行くとこ？　たしか科学部も活動日だよね。俺も部活あるんだけど、落ち葉掃除が終わんなくて。

ことばは瞬時にあふれ出てくるのに、どれも声にするのを迷った。

俺と話しているところを、幹は誰かに見られたくないんじゃないか。どんなささいなことだって、笹屋のメンバーだという特定につながる可能性はある。そんなの絶対に嫌だろうから。

気軽に名前を呼ぶのさえまずいのかもしれない。やめとこう。そのほうがいい。

何気なく目をそらしちゃえば済むことだ、けど。

こんな目の前にいて、幹、というそのたったひとことも発せない自分は、もう友だちでもなんでもないんじゃないかって、ひどく悲しくなった。

「霜村」

真後ろから大人の声がして、俺は飛び上がりかけた。

ぐるんとふり向くと、至近距離に深緑色のセーターがせまってきていた。視線を上げる。こわもての社会の先生が俺のことをじっと見下ろしている。

うわ出た、学年主任！

反射的に「こんにちは」と返したけど、1心臓がばくばく暴れ回ってうるさい。この先生は無愛想で、いつも私語や生活態度に厳しくて、圧を感じるから苦手だ。

俺は先生からはなれるようにして、一歩脇へよけた。邪魔なところにぼうっと立って通路をふさぐなと注意されたんだと思ったからだ。

一般①

2022年度

解　答　と　解　説

《2022年度の配点は解答欄に掲載してあります。》

＜算数解答＞

1　(1)　12　　(2)　9　　(3)　42g　　(4)　74人　　(5)　39度

2　(1)　2：1：1　　(2)　8：1　　(3)　48：5

3　(1)　240m　　(2)　解説参照

4　(1)　19通り　　(2)　解説参照

5　(1)　FR　4cm　　SH　7.2cm　　(2)　601.6cm^3　　(3)　4：3

6　(1)　194枚　　(2)　388枚　　(3)　12枚

○推定配点○

4,5　各7点×6　　他　各6点×13　　計120点

＜算数解説＞

1　**(四則計算，数の性質，消去算，平面図形)**

(1)　$\left(9\times\frac{7}{30}-0.6\right)\times8=1.5\times8=12$

基本　(2)　1から14までの数の和は(1＋14)×14÷2＝105より，右表の数列において100番目の数は14段目の数のうち最後から5番目の数である。
したがって，14－5＝9

1
1 2
1 2 3
1 2 3 4

基本　(3)　右図より，色がついた部分の面積が等しく(10.9－8)：(13－10.9)＝29：21　したがって，□は100÷(29＋21)×21＝42(g)

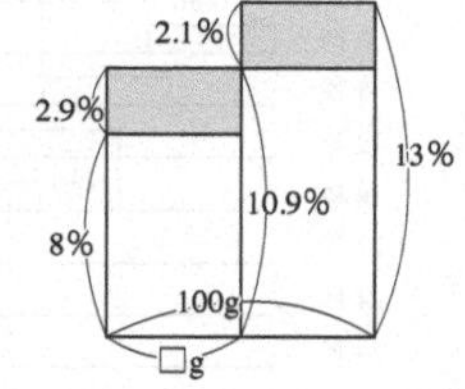

重要　(4)　6時から7時51分までに出ていった客…8×(60＋51)÷3＝296(人)
6時から8時28分までに出ていった客…5×(120＋28)÷2＝370(人)
7時51分から8時28分までに1分で来店した客…(370－296)÷(60＋28－51)＝74÷37＝2(人)
したがって，6時までに来店した客は296－2×(60＋51)＝74(人)
【別解】370－2×(120＋28)＝74(人)

重要　(5)　右図より，三角形ABC，BECはそれぞれ二等辺三角形
角BEC…(180－34)÷2＝73(度)
したがって，角アは180－(73＋34×2)＝39(度)

A　C　34°　D　68°　34°　34°　34°　ア　B　E

重要　2　**(平面図形，相似)**

(1)　右図より，三角形NEAとCEBの相似比は1：2
三角形NIHとCIBの相似比は(1＋1)：2＝1：1
三角形AFDとMFCの相似比は2：1
三角形ALHとMLBの相似比は1：(2＋1)＝1：3
BHの長さを1＋3＝4にすると，BIは4÷2＝2，
ILは3－2＝1，LHは1

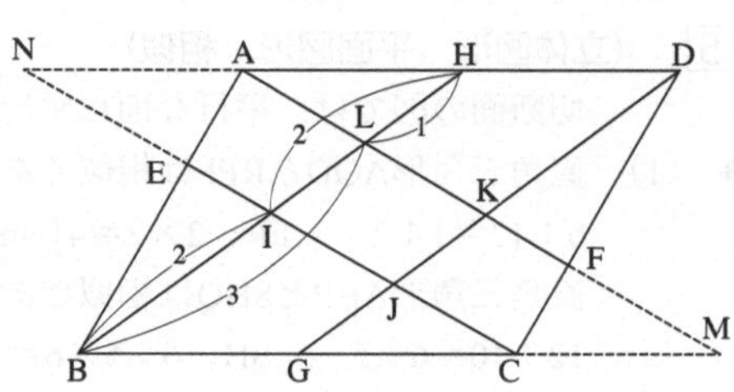

したがって，求める比は2：1：1

(2)　平行四辺形ABCD：平行四辺形HBGDは2：1
　(1)より，IL：BHは1：4であり，
　平行四辺形HBGD：平行四辺形LIJKは4：1
　したがって，平行四辺形ABCD：平行四辺形LIJKは(2×4)：1＝8：1

(3)　右図より，平行四辺形ABCD：三角形ABH
　＝4：1
　三角形EBIは三角形ABHの$\frac{2}{3}\times\frac{1}{2}=\frac{1}{3}$
　三角形ALHは三角形ABHの$\frac{1}{4}$
　四角形AEILは$1-\left(\frac{1}{3}+\frac{1}{4}\right)=\frac{5}{12}$
　したがって，平行四辺形ABCD：四辺形AEIL
　は4：$\frac{5}{12}$＝48：5

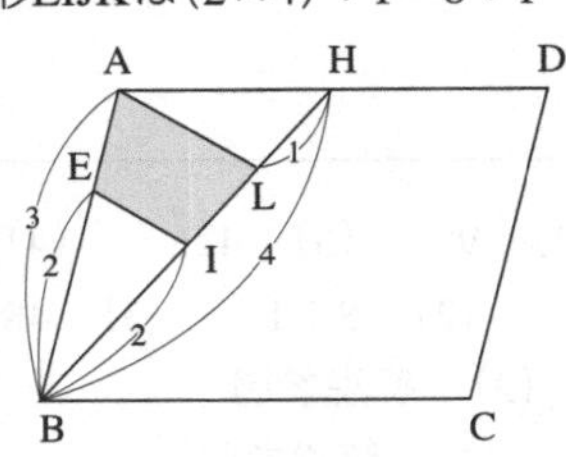

やや難　3　(速さの三公式と比，グラフ，割合と比，単位の換算)

グラフより，トンネルAの長さは160m，AB間は80m

(1)　列車は10秒で160m進み，列車がトンネルBに入り始めた
　時刻は10＋80÷(160÷10)＝15(秒後)
　列車はトンネルBに入り始めて出始めるまでに30－15＝15
　(秒)かかる。
　したがって，トンネルBの長さは160×(15÷10)＝240(m)

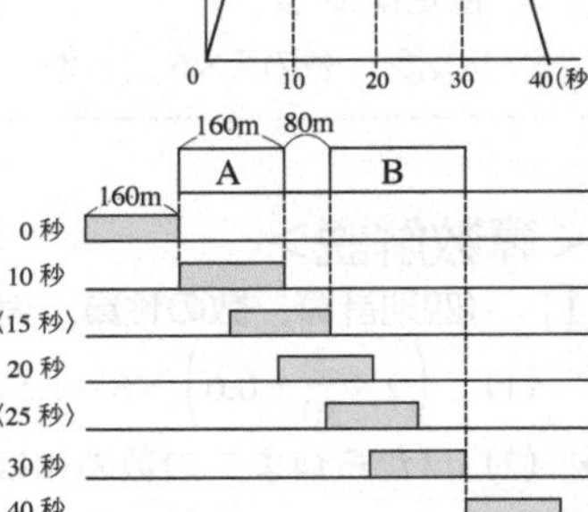

(2)　長さ200mの列車の秒速…72000÷3600＝20(m)
　下図より，グラフは右のように描ける。

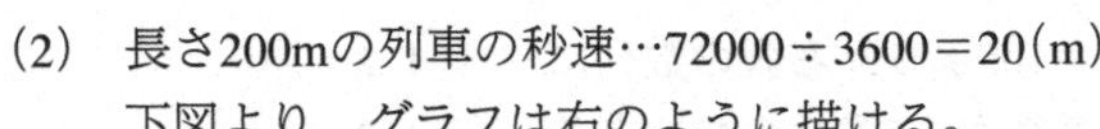

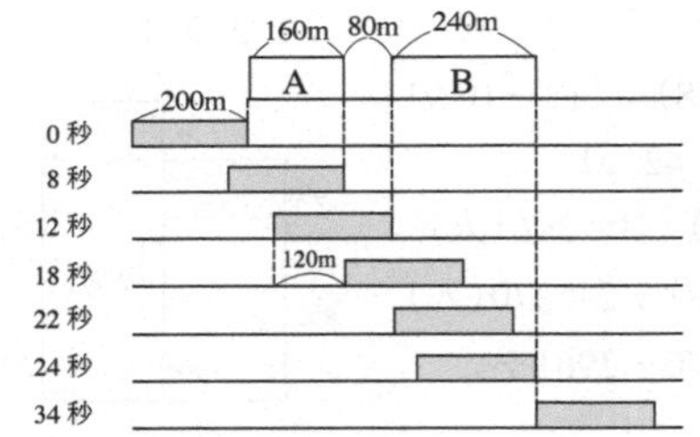

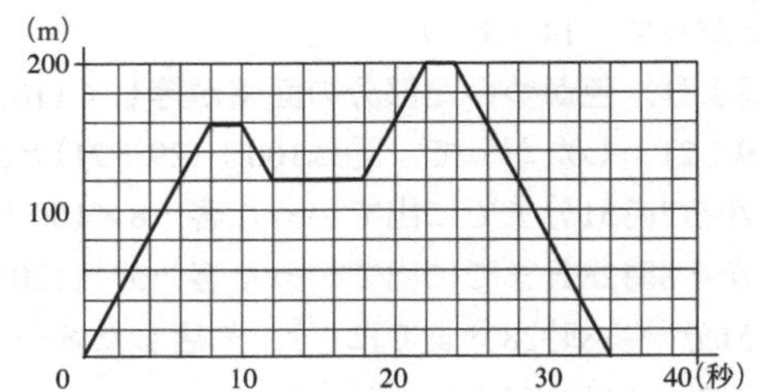

重要　4　(平面図形，場合の数)

(1)　2回曲がってAからCに進む道順は以下の19通りがある。
　ABFC　ABEC　ABGC　ABHC　ABDC　AFBC　AFEC
　AJEC　AJBC　AJFC　AEBC　AEFC　AEDC
　AGBC　AGHC　AGDC　ADBC　ADGC　ADHC

(2)　右図のような例がある。

5　(立体図形，平面図形，相似)

切断面の図では，平行な面に平行な線が現れる。

重要　(1)　直角三角形AQDとRPFは相似であり，直角をはさむ2辺の比は
　6：12＝1：2　　FR…2×2＝4(cm)
　直角三角形ABPとSHQは相似であり，直角をはさむ2辺の比は
　12：10＝6：5　　SH…6÷5×6＝7.2(cm)

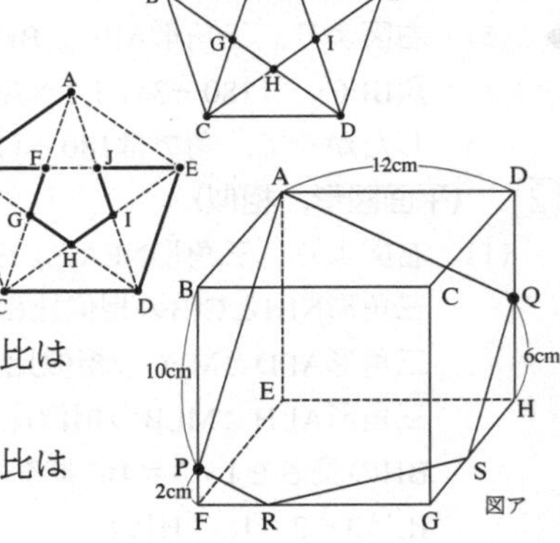

図ア

やや難 (2) 図イより，直角三角形JFPとJEAの
相似比は2：12＝1：6
JF…12÷(6－1)＝2.4(cm)
直角三角形AEKとQHKの相似比は
12：6＝2：1
HK…12cm

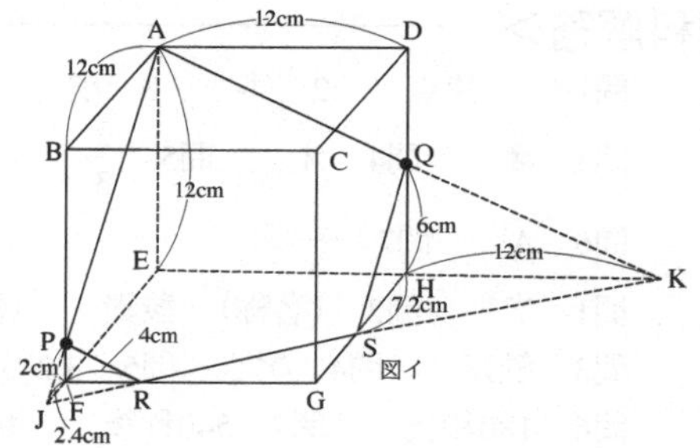

三角錐A－EJKの体積…14.4×24÷2×12÷3＝691.2(cm^3)
三角錐P－FJRの体積…2.4×4÷2×2÷3＝3.2(cm^3)
三角錐Q－HSKの体積…7.2×12÷2×6÷3＝86.4(cm^3)
したがって，求める立体の体積は691.2－(3.2＋86.4)
＝601.6(cm^3)

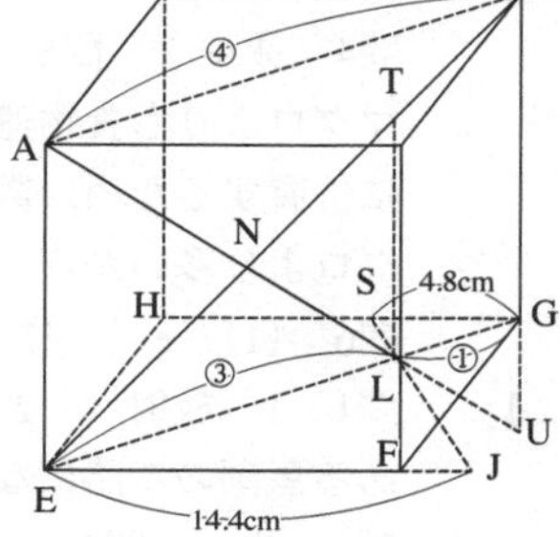

(3) (1)・(2)より，右図における三角形EJLとGSLの
相似比…14.4：4.8＝3：1
直角三角形ELTとEGCの相似比…3：(3＋1)
＝3：4
直角三角形AUCとLUGの相似比…4：1
したがって，CN：NEは三角形CNUとENAの相似比に等しく4：(4－1)＝4：3

6 (数の性質，規則性)

基本 (1) 2の倍数…黒776÷2＝388(枚)　4の倍数…白776÷4＝194(枚)
したがって，黒のコインは388－194＝194(枚)

重要 (2) (1)より，2の倍数…黒776÷2＝388(枚)　3の倍数…白777÷3＝259(枚)
したがって，もう1度裏返しにすると黒のコインは388枚

やや難 (3) カードの数字は1，2，3，4，5であり，これらの最小公倍数は60
操作を11回行うと，60の倍数は奇数回裏返しになって黒が上になる。
したがって，必ず黒になるコインは777÷60＝12…57より，12枚

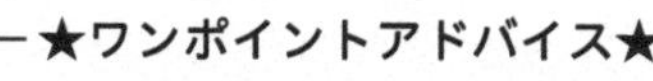

1(4)「ニュートン算」が解けるかどうか。2「平面図形・相似」はよく出る問題であり，差がつきやすい。4「正五角形・場合の数」はミスなく数え上げられるかがポイントであり，6(3)「必ず黒になるコイン」は難しくはない。

<理科解答>

1. 問1 1 焦点 2 実 3 虚 問2

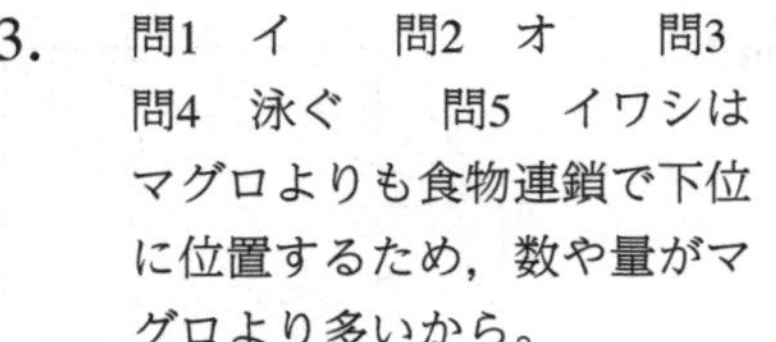

問3 オ 問4 オ 問5 $\frac{2}{3}$

問6 A 問7 $\frac{3}{4}$

2. 問1 ア 問2 (名称) 酸素 (記号) イ

問3 触媒 問4 ア 問5 3.2%

問6 180秒後 問7 540秒後 問8 ア

3. 問1 イ 問2 オ 問3 右図

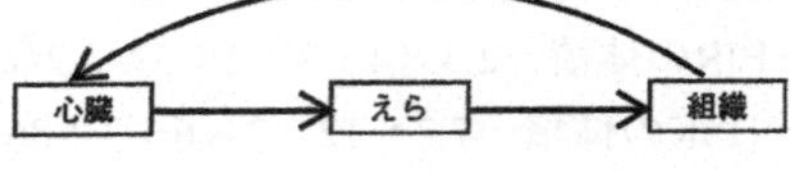

問4 泳ぐ 問5 イワシはマグロよりも食物連鎖で下位に位置するため，数や量がマグロより多いから。

問6 (1) e (2) ウ (3) 個体数の増加速度が最大になる個体数を保つ。

4. 問1 1 放射 2 伝導 問2 ウ 問3 (1) ア (2) 三宅島付近が暖流である黒潮の流路になっていたため。 問4 3 梅雨 4 夏至 問5 エ

問6 オ 問7

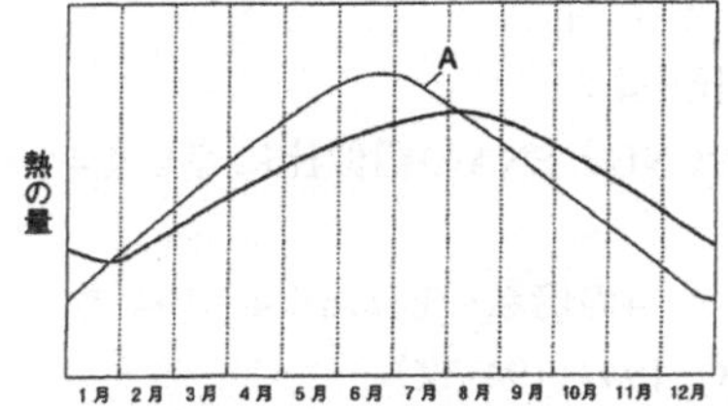

○推定配点○

1. 問5，問7 各3点×2 他 各2点×7
2. 問2，問5，問7 各3点×4(問2は完答) 他 各2点×4
3. 問5，問6(3) 各4点×2 他 各2点×6 4. 各2点×10 計80点

<理科解説>

1. (光や音の性質―レンズ)

基本 問1 点Fを焦点という。凸レンズでは，焦点距離より遠くにある物体がつくる像を実像，近くにある物体がつくる像を虚像という。

問2 P点から出る軸に平行な光線と，レンズの中心を通る直線の交点が，P点に対応する像の位置になる。この点にP点から出た他の光線が集まるように作図する。

基本 問3 黒い紙で覆われた部分は光が通過できないが，覆われていない部分を通った光で像ができる。このとき，レンズを通る光の量が少なくなるので，像の明るさは暗くなる。

問4 問3と同様に，覆われていない部分を通る光で像はできるが，光の量が少なくなるので全体に暗くなる。

問5 物体上のP点とレンズの中心Oを結ぶ直線をレンズと反対側に延長すると，物体の3倍の大きさの虚像の先端と重なる。また，P点から軸と平行に進む光がレンズで屈折するとレンズの右側の焦点を通過する。この直線をレンズの左側に延長すると，虚像の先端に重なる。(図3参照)それで，作図により焦点距離を求めることができる。(右図参照)これより，OFの長さは9となり，

OQの長さが6なので，OQはOFの$\frac{2}{3}$倍になる。

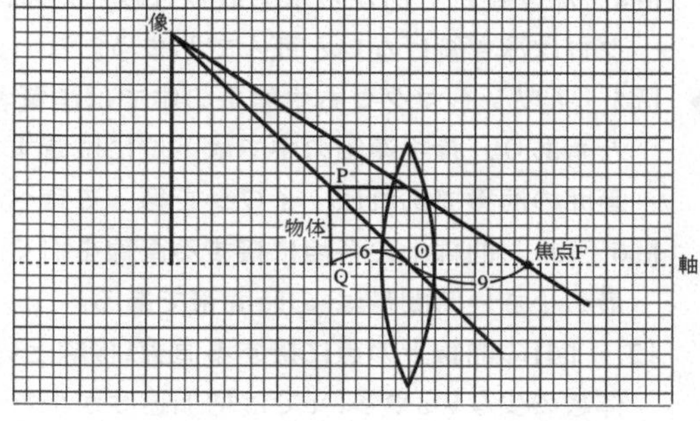

問6　同様にOPをレンズと反対側に延長して，物体の2倍の大きさの虚像ができる位置を求める。この先端から，物体の先端のP点からの平行な光がレンズの軸と交わる点を通る直線を引き，軸まで延長すると，レンズの焦点がわかる。この作図から虫眼鏡Bの焦点距離は12とわかる。虫眼鏡A，Bで実像のできる位置までの距離は，焦点距離の短いAの方が短くなる。

問7　太陽からの光は焦点上で1点に集まるので，虫眼鏡Aの中心から紙の距離は虫眼鏡Bのそれの$\frac{9}{12}=\frac{3}{4}$倍になる。

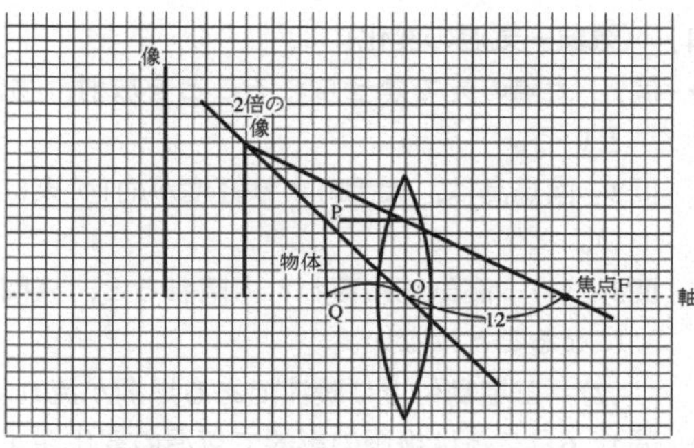

2.（気体の性質―酸素の発生・反応速度）

基本　問1　ふたまた試験管では，くびれのある方に固体を，反対側に液体を入れる。混合したものから，固体と液体を分離するとき，ふたまた試験管を傾けて液体を取りだす。そのとき，くびれの部分に固体が引っかかってスムーズに分離できる。

基本　問2　二酸化マンガンと過酸化水素水を混合すると，酸素が発生する。酸素はそれ自体は燃えないが，他の物質が燃えるのを助ける助燃性がある。

基本　問3　それ自身は変化しないが，反応の速度を速める働きをする物質を触媒という。ここでは，二酸化マンガンは触媒としてはたらく。

重要　問4　0～60秒間で発生する酸素の量と，60～120秒間で発生する酸素の量は，後の方が少なくなっている。酸素が発生する速さは，実験が進むにつれて遅くなっている。

問5　60秒間に酸素は50mL発生する。酸素が60mL発生すると過酸化水素水の濃度が1%減少するので，50mLでは$50\div60=\frac{5}{6}$%減少する。60秒後の過酸化水素水の濃度は，$4-\frac{5}{6}=3.16\fallingdotseq3.2$%になる。

問6　酸素が120mL発生するとき，過酸化水素水の濃度は2%になる。結果より，180秒後に酸素が120mL発生し，過酸化水素水の濃度は2%になる。

問7　4%から2%になるのに半減期を1回経過する。さらに，2%が1%になるにも半減期を1回経過する。さらに1%が0.5%になるにも半減期が1回である。0.5%になるまでに半減期を3回経過するので，その時間の長さは3×180＝540秒後である。

問8　8%から1%になるには，8%→4%→2%→1%というように半減期を3回経る。4%からでは，4%→2%→1%と2回の半減期を経る。つまり，8%の場合，4%のときの$\frac{3}{2}$倍になる。よって2倍より短い。

3.（昆虫・動物―さかな）

基本　問1 メダカは土地の開発などで環境が破壊され，生息数が激減した。1999年に絶滅危惧種に指定された。

基本　問2　クロマグロの図はオである。

問3　血液の流れは，心臓からえらに流れ，酸素を受け取った血液が体の組織に運ばれ，その後再び心臓に戻る。

問4　泳ぎ続けて口から水を取り込み，えらに送って酸素を体内に取り込んでいる。そのため，マグロは泳ぎ続けないと死んでしまう。

重要　問5　イワシもマグロも生態系の中では消費者にあたるが，イワシはさらに大きな魚に食われることもあり，食物連鎖の中では下位に位置する。そのため，数や量がマグロより多いので，適正な範囲の漁獲であれば，イワシを獲って食べる方が生態系に与える影響が少ない。

問6　(1)　曲線上の各点に接する直線を引くと，その傾きが個体数の増加速度になる。この傾きが最も小さい時間帯はeの時間帯である。

(2)　図1の曲線上の点に接する直線(接線という)の傾きが大きいものほど，増加速度も大きい。個体数の少ないaや多いeでは増加速度が小さく，bやcで増加速度が大きくなるので，ウのグラフが適する。

(3)　個体数の増加速度が最大になる個体数を保つようにすると，種全体の個体数の減少を防げる。

4．(気象—気温の変化)

基本　問1　太陽の光で熱せられることを放射，物体が接するとき，その表面から熱が伝わる現象を伝導という。

問2　南鳥島は，大手町より経度が約14°東にあり，太陽の南中が速いので最高気温になる時刻も速い。

問3　(1)　高気圧に覆われて晴れると，昼間は太陽からの光が多く気温が高くなり夜中に最高気温になることはない。

(2)　三宅島付近に暖流である黒潮が流れていたので，多くの熱が海水によってもたらされた。

基本　問4　6月ころは梅雨の影響で気温の変化がすくない。夏至の日が，太陽の南中高度が最も高くなる日である。

基本　問5　地球の自転軸は，公転軸に対して23.4°傾いており，そのために太陽高度や昼夜の長さに違いがでる。

問6　計測する場所の深さが3mのとき，地中温度が最も低くなるのは5月である。深さが5mのときと10mのときは，ともに8月が最も低い。それで，オの記述が間違いである。

問7　地面が太陽からもらう熱は，太陽の高度が高く，昼間の時間の長い6月ごろに最大になり，12月ころに最小になる。地面から逃げる熱の量は，地面の温度が最も高い8月ごろに最大になり，1月ごろに最小になる。Aの熱量がBより多くなると，熱が余り気温が高くなる。逆にAの熱量がBより少なくなると気温が下がる。そのため，1月から8月あたりまではAの曲線が上側になり，それ以後はBが上側になる。

★ワンポイントアドバイス★

実験や観察をもとにした問題で問題文が長く，読解力を要する。できる問題を確実に得点に結び付けたい。

＜社会解答＞

問1　(名前)　藤原京　　(位置)　ア　　問2　幕府や領主は，自らの判決で村々を納得させて争いを解決できなかった。そこで，領主は神々の判断が示される湯起請を利用し，村々を納得させようとした。それは，村の人々が神々を村内の結束に利用するなど，背くことが許されない存在として考えていたからであった。　問3　ナフサ　　問4　(写真)　エ　　(説明文)　カ
問5　オ・キ　　問6　喧嘩両成敗法は新しい法ではなく，以前からあった考えを取り入れた法である。さらに，暴力的な処罰が目的ではなく，裁判による解決を広めることが目的だったと評価できる。　問7　ア　　問8　遠山景元は検察官として被告人の有罪を主張しながら，裁判官として判決を言いわたしている。これでは，捜査のやり方や内容が適切であるか検討されないで判決がくだされるおそれがあり，被告人を弁護する人もいないため，被告人が不利な立場におかれる。　問9　イ　　問10　裁判員

○推定配点○

問1・問3～問5・問7・問9・問10　各4点×8(問4，問5各完答)　　問2　16点　　問6　12点
問8　20点　　計80点

＜社会解説＞

(総合―国土と自然・工業・中世～近世の政治・司法制度など)

問1　持統天皇によって694年に建設された本格的な都で，710年の平常遷都まで持統・文武・元明の3代の天皇にわたって存続した。畝傍(うねび)・耳成・天香具山の大和三山に囲まれた中国の都城制をまねた都で，発掘調査によると平城京や平安京をしのぐ規模があり日本書紀では「新益都(しんやくのみやこ)という表現で登場している。奈良盆地は南北に延びる奈良県の北部に位置，平城京は京都府との県境に近く，南朝といわれる南部の吉野も県中央部より北に位置している。

問2　主に中世に行われた宣誓を伴う一種の裁判形式。どちらの主張が正しいか判断が困難な場合などに神仏にその判断をゆだねるもので，それぞれの主張を起請文(神仏に誓いを立てた文章)にし，偽りのないことを神仏に誓ってから行われた。古代から様々な方法で行われていたが，中世になり農業生産力の拡大に伴って農民同士や村落間における様々な争いが増加，一方これに対し人々の争いを公平に裁く法体系が未整備な時代にしばしば用いられた方法と考えられる。

問3　原油を精製プラントで異なる温度や圧力で蒸留・分離してできる石油製品。揮発性が高くガソリンとほぼ同じ成分であることから粗製ガソリンとも呼ばれる。これに多量の熱を加えて分解すると様々な石油化学製品が生成されるため，ナフサを分解してエチレンを製造する工場は石油化学コンビナートの中心となっている。

やや難　問4　ア　日本の最南端に位置する沖ノ鳥島。周囲約11kmのコメ粒型のサンゴ礁の島だが，満潮時には2つの岩礁がわずかに海面から顔を出すだけであるので周囲をコンクリートで補強して水没を防いでいる。　イ　日本海にある急峻(きゅうしゅん)な2つの島と周辺の岩礁からなる竹島。1905年に島根県に編入されたが戦後は一貫して韓国が実効支配を続けている。　ウ　沖縄の石垣島北方にある尖閣諸島。2012年に一部を国有化したが中国などと領有権争いが続いている。　エ　三角形の平坦な島で日本の最東端の南鳥島。　オ　台湾までわずか110kmという国境の島。晴れた日には台湾の山々を望むこともできるという日本の最西端の与那国島。

問5　四国には活火山は存在しないし，最高峰は愛媛県の石鎚山(いしづちさん)の1982mである。台風の通り道に当たる高知は直撃を受けやすいし，近い将来南海トラフで予想される巨大地震では10mを越す津波の発生が危惧されている。また，県内には高知自動車道が開通している。

問6　つねに周辺との緊張関係にさらされていた戦国大名は，戦いに勝ち抜くために領国の富を増やし強い軍隊の養成に頭を悩ませていた。そのためには家臣団を厳しく統制することが不可欠である。それまで武士の社会で当たり前とされていた自力救済や紛争を解決するために慣習的に認められていた方法などは禁止され，すべての紛争を大名の意思の下にゆだねさせるといった強硬策をとる必要があった。これにより領国の支配を一元化し強固にすることで生き残りを図ったのである。制定年代や地域などによって内容は異なるが，多くは領国内の秩序を厳格に維持するための厳しい罰則規定，とくに喧嘩両成敗や大幅な連座制などに特色がある。また，嫡子の単独相続を進め女子の相続権を否定するなど，土地の細分化を防ぐ考え方もみられる。

問7　菅江真澄は江戸後期の国学者で本草学(ほんぞうがく)(中国に由来する薬物に関する学問)などを修めた著名人である。しかし，その作品を資料として用いる時，これを無条件で正しいとすることは学ぶ姿勢としては大いに問題があるということに異論を唱える人はいないであろう。

問8　現在，世界各国で三権分立の制度が導入されているのは，これが国民の権利を守るよりベターなシステムであるという歴史的な帰結である証拠といえよう。「法の精神」で三権分立を主張したモンテスキューは「…権力を持つ者はすべてそれを濫用する傾向があることは永遠の体験である。人が権力を濫用しない様にするためには…権力が権力を阻止する必要がある。」と指摘した。自分で法律を作り，自分で逮捕し，自分で裁く遠山の金さんはスーパーマンであるかもしれない。しかし，人に頼るシステムの危険性についてはまさにモンテスキューのいう通りである。被告人の権利を守るためには法律を熟知した弁護人の存在，多くの目による公開の監視，そして法律の厳正な適用などが必要不可欠のものとなる。その意味では遠山の金さんの爽快な裁判シーンはテレビの中だけの世界であってほしいものである。

問9　すべての裁判所は法令審査権(違憲立法審査権)を持っている。ただ，ドイツなどにみられる法律そのものの是非をストレートに判断する憲法裁判所はわが国では認められていない。日本では具体的な裁判を通じて判決の基礎となる法令が憲法に適合するか否かを審査する。すべての裁判所がこの権限を持つが，三審制の下では最高裁判所が終審となるため最高裁判所が「憲法の番人」と呼ばれるゆえんである。最高裁判所の長官は内閣が指名し天皇が任命する。そして，下級裁判所を含めその他の裁判官は内閣が任命する。民事裁判はいわば「もめごと」を裁く裁判，プライバシー保護のため非公開とすることもあるがあくまで原則は公開である。

重要　問10　国民が参加して有罪・無罪を判断，有罪の場合は刑罰も決める制度。一般市民の感情を裁判に導入するため2009年より開始，重大な刑事裁判の第一審に採用されている。

★ワンポイントアドバイス★

資料を用いての記述には注意が必要である。字数や内容だけでなく，指定された資料に触れた内容でなければ減点の対象となることを意識しよう。

＜国語解答＞

一　問一　イ　問二　ア　問三　エ　問四　イ　問五　エ　問六　ウ　問七　ウ
問八　希望っぽすぎる　問九　ア　問十　エ
問十一　(例)　地震による津波で多くの被害者を出してしまったばかりなので，勢いよく水が流れ落ちる滝の絵が，津波を連想させる点で，不謹慎な絵だと受け止められてしまったから。(77字)　問十二　イ

二　問一　a　裏　b　外観　c　所属　d　清潔　e　縮
問二　周囲の眼は　問三　エ　問四　ウ　問五　イ　問六　ア　問七　ウ
問八　エ　問九　イ　問十　1　私はどれも良い悪いと切り分けることはできない(22字)　2　(例)　コロナ禍の状況で人と物理的距離を取ることが求められるために，遠隔でやりとりをするか，直接顔をあわせてやりとりするか，自分で選択することができなくなっている(77字)

○推定配点○
一　各5点×11　二　問一　各4点×5　問八　10点　他　各5点×7　計120点

＜国語解説＞

一　**(小説―心情理解，内容理解，表現理解，主題)**

問一　「『応援』なんて，なにをすればいいのかわかんないですよ」と言う伊智花に対して「みかちゃん」は,「そうだね, むずかしい」と理解を示したうえで,「描いた方が, いろいろと, いいと思う, かな」と言っている。「みかちゃん」は，伊智花が嫌がることは分かっていたが，連盟からの依頼を断るのが難しいと考えている。

問二　「なんなんですかね」「ばっかりじゃないですか」という表現に込められた伊智花の不満を読み取る。

問三　直前の三つの文の内容に，エが合致している。

問四　――線部4のあとに記者がもう一度伊智花に質問をしていることから，記者が伊智花の答えに納得していないことがわかる。

問五　「みかちゃん」は伊智花に絵を描かせた立場である。伊智花が記者からの取材に困っているのがわかり，「みかちゃん」は気まずい思いをしている。

重要　問六　記者から不本意な取材を受けたあとに,「みかちゃん」が絵のよさを言ってくれたという状況をおさえる。「私はこの絵を見た人に, そう言われたかったのだ」という伊智花思いをとらえる。

問七　ニセアカシアの絵を絆のメッセージとしてとらえた記事を見て，伊智花は「ニセアカシアの絵のことを考えるとからだも頭も重くなる」と感じている。

問八　「虹や，双葉が芽吹くようなものは，いくらなんでも『希望っぽすぎる』と思ってやめた」とあることに注目。

問九　問八と関連させて考える。絵のモチーフが「あまりにも作為的」なうえ,「色使い」などの技術も低く「不自然」だと，伊智花は感じているのである。

問十　無意識に始まった動作を，伊智花が客観的に音として把握する，という流れに注目する。

やや難　問十一　直前の「榊という教師」の言葉に注目。地震による津波で多くの被害者が出たという「今のこのご時世」に，勢いよく水が流れ落ちる滝の絵と「怒濤」というタイトルは「ちょっときつすぎる」と言っている。これを聞いた伊智花は，滝の絵が不謹慎だから受賞できなかったと考えたのである。

重要 問十二 「絵を蹴ることができなかった」,そして絵を「抱きしめ」た伊智花の思いをとらえる。「私の滝」という表現からは,亡き祖母への思いを込めて高校三年間の集大成として描いた伊智花の,絵に対する強い思いが読み取れる。

二 (論説文—漢字の書き取り,内容理解,指示語,要旨)

基本 問一 a 「表」「裏」の字形の違いを確認しておくこと。 b 「外観」は,外部から見た様子。 c 「所属」は,団体などに加わっていること。 d 「潔」の右上は「刀」である。 e 「縮小」の「縮」である。

問二 直後の段落から,筆者とカラオケ屋の関係を述べたあと,「周囲の眼は一切気にならない,……希少な場所だった」とまとめている。

問三 あとの「ソーシャルディスタンス」の話題の中で,「この場合の『におい』は,自分の弱点。相手に働きかけたくない点,と言い換えてもいい」「『におい』をはじめとした,自分でコントロールできない情報」と述べられていることに注目。

問四 ——線部3を含む段落の後半「それが,……精神的なものであったのか,……定かではない。……人と距離をとらないと安心できなかった」という部分の内容に,ウが合致している。

問五 直前の二文の意味する内容が,イに合致している。

重要 問六 「遠隔でのやりとり」について筆者は,「遠隔でのやりとりは,それ(=自分の弱点など)を相手に嗅ぎ取られる心配なく関わることを可能にする」と長所を述べたあと,「物事に対するとっさの反応,醸し出す雰囲気,相槌などは,言葉よりもずっと正確にその人を映し出すこともあるが,遠隔ではそれらがなかなか見えてこない」と短所を述べている。

問七 「遠隔での授業」は,「教室での忍び笑いや目配せ」に不安を覚えるような「通学できない生徒」に対して,「欠席以外の選択肢を与えることができる」と,筆者は考えている。

問八 「物事に対するとっさの反応,醸し出す雰囲気,相槌などは,言葉よりもずっと正確にその人を映し出すこともあるが,遠隔ではそれらがなかなか見えてこない」ため,お互いの理解が浅くなってしまうのである。

問九 直前の「『におい』を嗅ぎ続け,互いにそれを受け入れあうことの安心感」という内容に,イが合致している。

やや難 問十 1 「遠隔でのやりとり」を肯定も否定もしない内容が入る。 2 最後の段落に注目。遠隔にするか,直接顔を合わせるかなど,人との距離の取り方について,「選択肢が失われつつある。だからこそ昨今の状況は苦しい」と筆者は考えている。

★ワンポイントアドバイス★

文学的文章・説明的文章ともに,細かい読み取りを必要とする選択問題が出題されている。ふだんから小説や随筆,論説文を読むことを心がけよう! 語句の意味なども,こまめに辞書を調べるなどして,基礎力をつけることが大切!

一般②

2022年度

解　答　と　解　説

《2022年度の配点は解答欄に掲載してあります。》

<算数解答>

1　(1)　2　　(2)　1120円　　(3)　4.54g　　(4)　24分　　(5)　96cm^3

2　(1)　分速60m　　(2)　1200m

3　(1)　千の位4　百の位8　十の位0　一の位1

　　(2)　千の位2　百の位0　十の位0　一の位1

　　(3)　千の位0　百の位0　十の位0　一の位1

4　(1)　8cm^2　　(2)　16cm^2

5　(1)　54cm^3　　(2)　72cm^3　　(3)　36cm^3

6　(1)　90通り　　(2)　30通り　　(3)　900通り

○推定配点○

3,5　各6点×6(3各完答)　　他　各7点×12　　計120点

<算数解説>

1　(四則計算，割合と比，消去算，濃度，概数，平面図形，立体図形)

(1)　$\frac{3}{4}\times\left(\frac{5}{3}\times\frac{13}{3}-1\right)-\frac{8}{25}\times\frac{8}{25}\div\left(\frac{8}{45}\times\frac{27}{125}\right)=\frac{14}{3}-\frac{8}{3}=2$

重要　(2)　⑦－670と③－330の比が3：1であり，③－330の3倍である⑨－990が⑦－670に等しく，⑨－⑦＝②が990－670＝320(円)に相当する。

したがって，最初の兄の金額は320÷2×7＝1120(円)

重要　(3)　500gは全体の1－0.009＝0.991(倍)に相当するので，食塩の重さは500÷0.991－500≒4.540

すなわち，4.54g

(4)　A，Bそれぞれの毎分の給水量をA，Bで表す。

満水の量はA×18＋B×18であり，これがA×(6＋16)＋B×6＝A×22＋B×6に等しく，A×(22－18)＝A×4がB×(18－6)＝B×12に等しいのでA：Bは3：1

したがって，求める時間は(3＋1)×18÷3＝24(分)

重要　(5)　右図より，求める体積は4×4×(9＋3)÷2＝96(cm^3)

重要　2　(速さの三公式と比，割合と比，差集め算)

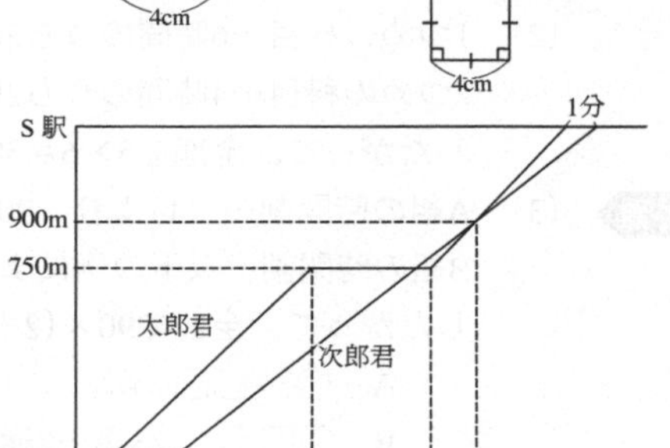

(1)　太郎君が900m進んだ時刻…5＋900÷75＝17(分)

次郎君の分速…900÷(17－2)＝60(m)

(2)　(1)より，75mと60mの最小公倍数300mをそれぞれの分速で進むと時間差が300÷60－300÷75＝1(分)

したがって，自宅からS駅までは900＋300＝1200(m)

3　(演算記号，数の性質)

基本　(1)　7×7×7×7＝2401より，2401×2401について2401×1＝2401，01×400＝0400，1×2000＝2000

したがって，2401＋400＋2000＝4801

(2)　7^20＝(7^8)×(7^8)×(7^4)を利用する。

(1)より，4801×4801について4801×1＝4801，01×800＝0800，1×4000＝4000

4801＋800＋4000＝9601　　2401×9601について2401×1＝2401，01×600＝0600，1×9000＝9000

したがって，2401＋600＋9000＝12001より，2001

(3)　(2)より，7^40＝(7^20)×(7^20)，2001×2001について

2001×1＝2001，01×000＝0，1×2000＝2000　　2001＋2000＝4001

7^80＝(7^40)×(7^40)　…4001×4001について

2001×1＝4001，01×000＝0，1×4000＝4000

4001＋4000＝8001

7^100＝(7^80)×(7^20)　…8001×2001について

8001×1＝8001，01×000＝0，1×2000＝2000

8001＋2000より0001

重要　4　(平面図形，消去算)

(1)　図1より，GEとHDは平行であり，三角形EDGは直角二等辺三角形OGEの面積に等しい。

したがって，$4\times4\div2=8(\text{cm}^2)$

(2)　図2・図3と(1)より，正八角形の面積について

ア＋イ×3＋8×2＝ア＋イ×3＋16とイ×4＋4×4×2＝イ×4＋32が等しい。

したがって，ア－イ＋16＝$32(\text{cm}^2)$，ア－イ＝$16(\text{cm}^2)$

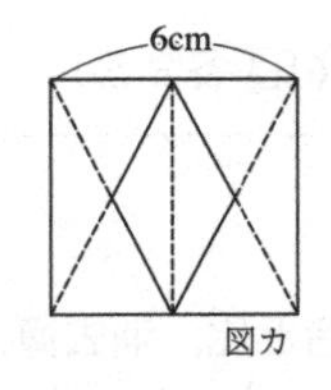

図カ

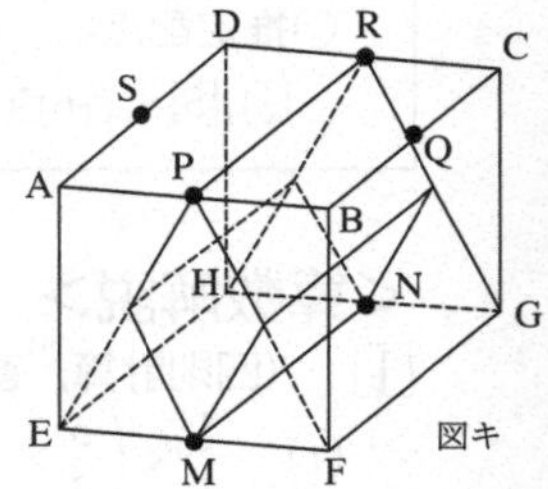

図キ

重要　5　(立体図形，平面図形)

(1)　図カより，ひし形の面積は$6\times6\div4=9(\text{cm}^2)$

したがって，四角柱の体積は$9\times6=54(\text{cm}^3)$

(2)　図クより，三角錐の体積は$6\times6\times6\div3=72(\text{cm}^3)$

(3)　図ケより，四面体の体積は$6\times6\div2\times6\div3=36(\text{cm}^3)$

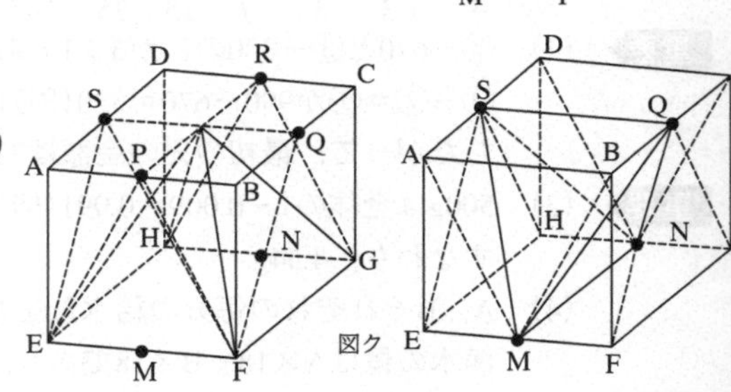

図ク　図ケ

6　(場合の数)

重要　(1)　1つめの科目…6時間のうち2時間を選ぶ

組み合わせは6×5÷2＝15(通り)

2つめの科目…4時間のうち2時間を選ぶ

組み合わせは4×3÷2＝6(通り)

したがって，全部で15×6＝90(通り)

(2)　1つめの科目…6時間のうち2時間連続する場合は5通り

2つめの科目…4時間のうち2時間を選ぶ組み合わせは6通り

したがって，全部で5×6＝30(通り)

	1時間目	2時間目	3時間目	4時間目	5時間目	6時間目
科目						

やや難　(3)　A組の時間割…(1)より，90通り

B組の時間割…以下の例により，10通り

したがって，全部で90×(2＋8)＝900(通り)

	1時間目	2時間目	3時間目	4時間目	5時間目	6時間目
A組						
B組						

A　○○□□△△

B　□□○○△△…2通り

□△○△○□…2×2×2＝8(通り)

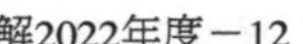

★ワンポイントアドバイス★

①小問群，②「速さの三公式と比」，③(1)「7^8」，ここまでで確実に得点する。④「正八角形」では，直角二等辺三角形，正方形の利用に気づくことがポイントであり，⑤「立体図形」，⑥「場合の数」も一見難しそうであるが，解ける。

<理科解答>

1. 問1　1.2m　問2　1.5m　問3　毎秒0.3m　問4　イ　問5　(③, D)

問6

	①	②	③	④	⑤
A					
B		1		1	1
C	2	1			
D				3	
E					

2. 問1　塩化水素　問2　水素　問3　緑色　問4　中和しない場合には，温度変化が無視できるほど小さい　問5　24℃　問6　ウ　問7　14.5℃　問8　水

3. 問1　(1)　節足　(2)　完全変態　(3)　ア　問2　アカシアの葉を食べてしまう昆虫を追い払う。　問3　(名称)　ペプシン　(部分)　胃　など　問4　イ　問5　ウ　問6　アカシア以外の植物のみつに含まれるショ糖を消化できなくなるため，アカシアに依存し，利益を与えるようになる。

4. 問1　6月中　問2　1度　問3　(1)　イ　(2)　X　(3)　ウ　(4)　ア　(5)　②

○推定配点○

1. 問5, 問6　各4点×2　他　各3点×4
2. 問4　4点　問5, 問7　各3点×2　他　各2点×5
3. 問2, 問3　各3点×2(問3完答)　問6　4点　他　各2点×5
4. 問1　2点　他　各3点×6　計80点

<理科解説>

1. (力のはたらき―てんびん)

基本　問1　支点の両側で，(おもりの重さ)×(支点からの距離)の値がつりあうとき，てんびんは水平になる。80×1.8＝20×1.2＋50×(1.2＋A)　A＝1.2mになる。

問2　同様に，40×B＝30×2　B＝1.5m

問3　1秒後の弟の位置は支点から1.6mの場所になる。この時Kさんの支点からの距離を□mとすると，40×□＝30×1.6　□＝1.2m　Kさんは1秒間に0.3m移動するので，秒速0.3mの速さであった。

やや難　問4　弟が歩き始めて2秒までは，(おもりの重さ)×(支点からの距離)の値が1秒ごとに30×0.4＝12ずつ減少する。2秒後に荷物を置いて，弟だけが移動するとこの値は12より小さくなる。それでKさんの速さも2秒からあとはそれまでよりも遅くなる。Kさんの重さは一定なので，速さも一定になる。グラフにおいて，直線の傾きはKさんの速さを示すので，グラフはイの形になる。

問5　横方向はすでにつり合っているので，おもりは③の位置になる。縦方向では，おもりをDの位置に置くとつりあう。それで，(③, D)におもりをのせる。

やや難 問6　横から見た図では，その列に最大で何個のおもりがのっているかがわかる。ただし，それより数の少ないおもりが隠れていることも考える必要がある。図8より，④とDの列におもりが3個みられるので，(④，D)におもりが3個あるのは確実である。また，①とC，Dの列におもりが2個もしくは3個あるので，(①，C)もしくは(①，D)におもりが2個のっている。そこで，(①，C)に2個のおもりがあるとすると，残り4個のおもりを1個ずつのせて全体がつり合うには，Bの列に3個のおもりをのせて上下のつり合いをとる。このとき，(②，B)，(④，B)，(⑤，B)にのせると，残りの1個を(②，C)に置けば左右のつり合いもとれる。または，(①，B)，(②，B)，(⑤，B)にのせると，残りの1個を(⑤，C)に置けば左右のつり合いもとれる。ちなみに，③およびEの列にはおもりはない。(①，D)や(④，C)に2個のおもりをのせると，残り4つで上下，左右のつり合いをとることはできない。

2.　(水溶液の性質―中和熱)

基本 問1　塩酸は，塩化水素の水溶液である。

基本 問2　アルミニウムは水酸化ナトリウム水溶液と反応して，水素を発生する。。

基本 問3　塩酸と水酸化ナトリウム水溶液がちょうど中和したので，水溶液は中性になりBTB溶液は緑色になる。

問4　中和反応が起きないときには，水溶液を混合しても温度が上がらないことを確認し，実験2の温度変化が中和反応の熱によることを確認した。

重要 問5　塩酸と水酸化ナトリウム水溶液の量がともに2倍なので，発生する中和熱も2倍になる。しかし，水溶液の重さも2倍になるので，温度の上昇は10mLどうしを混合したときと同じ4℃であり，混合後の温度は24℃になる。

問6　実験3での温度上昇が5℃であり，中和反応が起きた実験4では9℃であった。つまり，中和反応による温度上昇は4℃であり，水溶液の温度が違っても中和によって生じる熱の量は変わらない。

やや難 問7　全体の体積が40mLであり，温度差による温度上昇分は20mLのときの半分になる。実験3より20mLのとき5℃上昇するので，5÷2＝2.5℃上昇する。これに加えて中和反応で生じる熱は，水酸化ナトリウム水溶液10mLがすべて中和反応に使われるので，実験4のときと同じ発熱量になる。しかし，全体の体積が2倍なので温度上昇は半分の2℃になる。これを合わせると，4.5℃の上昇になる。10℃の塩酸から4.5℃温度上昇するので，14.5℃になる。

問8　水溶液の上に見られた白い煙のようなものは，表面から蒸発した水蒸気が空気中で冷やされて水滴になったものである。

3.　(植物・動物―生物の助け合い)

基本 問1　(1)　昆虫類，クモ類，多足類，甲殻類をまとめて節足動物という。　(2)　アリやチョウ，カブトムシなどは，さなぎの時期を経て成虫になる。これを完全変態という。　(3)　節足動物は，体の外側が硬い骨格で覆われているので，成長するには脱皮する必要がある。

問2　アカシアを害虫から守っている。アリはアカシアの葉を食べてしまう昆虫を追い払う役割をしている。

問3　胃液にはタンパク質の分解酵素であるペプシンが含まれる。だ液には，デンプンの分解酵素であるアミラーゼが含まれる。

問4　説明文より，アカシアの蜜には分解酵素が含まれているので，ショ糖がブドウ糖に分解されている。

問5　アカシアの蜜には，アカシアアリのショ糖分解酵素が働かなくなる成分Bが含まれるので，アカシアの蜜を食べ続けたアカシアアリは，他のショ糖を分解できなくなってしまう。アカシアアリが幼虫や羽化直後の成虫では，まだこの成分Bが体内にないので，ショ糖の分解ができる。また，普通のアリは，アカシアの蜜を多く吸うことはないので，成分Bがなく，ショ糖を分解できる。

重要 問6 アカシアの蜜をなめ続けることで，アカシア以外の植物の蜜に含まれるショ糖を分解できなくなり，アカシアアリはアカシアの木だけで生活するようになる。それにより，アカシアの木もアリのはたらきで他の昆虫から守られるという利益がある。

4.（太陽と月―地球の公転）

基本 問1 図1の①は，太陽の南中高度が最も高い。これは図2より，6月の後半であることがわかる。

基本 問2 地球は365日で太陽の周りをほぼ一周するので，1日あたりの移動する角度は，360÷365＝0.986≒1°である。

基本 問3 (1) Xの位置で，北半球では地軸が太陽の方に傾き，太陽の高度が高くなる。これが夏至の頃 の地球の位置である。Yは秋分の頃の地球の位置である。 (2) 図6より，地点Aで太陽が南中してから再び南中するまでの間に，360°に加えて余分にXではb°，Yではc°回転する。地球が1日のうちに太陽の回りを移動する距離は等しいが，だ円上を移動するので，地球と太陽の距

やや難 離が短いXのときの方が角度が大きくなる。 (3) Xで余分に回転する角度が最大になり，Yで最小になる。よって，XとYの間の時期に24時間になる。 (4) Xの前後では，南中時刻が前日より長くなる。Yの前後では短くなる。この変化が増加から減少に転じるのが，XとYの間の時期である。同様の変化がX，Yの反対側でも生じるので，グラフの山と谷の部分が2つずつ現れる。以上より，アのグラフが南中時刻の変化を示すグラフである。 (5) ①の南中時刻より翌日の南中時刻は遅くなるので，翌日の12：00の太陽は真南より東側にある。よって②側にずれる。

★ワンポイントアドバイス★

問題文が長く，読解力と思考力が求められる。そのためにも各分野のしっかりとした理解や知識と応用力が必要である。

＜社会解答＞

問1 イ 問2 高度経済成長で人々の所得が増えて果物の消費量が増大したうえ，甲府盆地は大消費地の東京に近く出荷に有利なため果物の生産量が増加した。 問3 (1) 儒学 (2) イ，ウ 問4 エ 問5 鑑真 問6 1957年から1968年にかけて，西部に比べ東部では陽性率の低下が著しい。この時期，西部に比べ東部では果樹園が増加し，都市化による宅地開発が進み，水田が減少したことから，ミヤイリガイの生息場所の減少が東部でより著しかったと考えられる。 問7 ウ 問8 有明海 問9 安全保障理事会 問10 新薬開発には多額の費用がかかるが，NTDsの患者の多くは所得が低く，製薬会社は十分な利益が見込めないため，治療薬の開発に消極的だった。NTDsの対策には，予防薬や治療薬を開発し広めるほか，感染源となっている生物を駆除するなど，地域全体の生活環境や衛生状態を改善して感染防止に取り組むことも有効と考えられる。

○推定配点○

問1・問3～問5・問7～問9 各4点×8(問3(2)完答) 問2 12点 問6 16点
問10 20点 計80点

＜社会解説＞

(総合―国土と自然・農業・近世の社会・国際社会と平和など)

問1　隣接する都府県が多いのは内陸にあり面積の大きなところで，1位の長野は8つも存在する。山梨も北から埼玉・東京・神奈川・静岡・長野の5都県で全国でも7番目に多い。日本最長の信濃川(千曲川)の源流は山梨・埼玉・長野の県境に位置する甲武信ヶ岳。

問2　四方を山に囲まれた山梨は日照時間が日本1で，水はけのよい扇状地で果物の栽培が盛んに行われている。野菜などと違い嗜好品とらえられる果物は日本の高度経済成長とともに消費量が増加，近年は海外から輸入された珍しいトロピカルフルーツも店頭にあふれている。また，山梨は首都圏に分類されるように都心からも近く高速道を利用して新鮮な果物を消費者に届けられるという地の利も持っていることから生産量が増加している。

重要　問3　(1)　紀元前6～5世紀，春秋時代の思想家・孔子の教えを体系化したもの。日本にも古くから伝わり十七条の憲法にもその影響があるといわれる。特に，江戸幕府は南宋の朱熹が大成した儒学の一派である朱子学―君臣や父子の上下関係の秩序を重んじる―を幕府の学問として保護，封建的な身分制度を守り幕府体制の維持に利用していった。　(2)　絵が描かれた背景を考える上でも絵師と描かれた人物との関係，人物が生きていた前後の時代や社会の様子，表情など絵の描かれ方といった多方面から考察を行うことが望まれる。

問4　医薬品は病気を治すことが本来の目的であるから効能は当然のこととして，副作用など安全性についても慎重に検討する必要がある。こうしたことに関する細かなデータを提出し厚生労働省から承認を得て初めて製造や販売が許可される。人の健康にダイレクトに影響する薬だけに慎重のうえにも慎重に期することは避けられない。

問5　唐の律宗の高僧。仏教では僧尼の守るべき一定の規範である戒律を授からなければ正式な僧になれない。この戒律を授ける僧を探していた聖武天皇の強い要請を受けて日本への渡航を決意，失敗を重ねながら6度目の渡航でようやく来日に成功，東大寺に戒壇を設けて聖武上皇や光明皇太后らに授戒した人物。晩年は唐招提寺を創建し薬草の知識などを広めるだけでなく，悲田院を作り貧民救済などの社会事業にも貢献した。

問6　住血吸虫の検査結果では1957年には西部，東部ともに10％程度と大きな差はないが，1971年には西部の45人に対し東部では0人と東部の減少が際立っている。また，土地利用の変化をみると西部では宅地が1.5倍に拡大しているが東部では2.1倍とさらに伸びている。作付け面積の変化では西部，東部とも果樹は3倍近くに拡大している一方，水田は西部ではやや減少しているのに対し東部ではほぼ半減し水田と果樹園の割合は完全に逆転している。これらを見ると東部は宅地開発が進み，土地利用でも水田から果樹へと転換が行われ住血吸虫の生息場所が急速に減少したことが東西の陽性率の変化に結びついたものと思われる。

問7　2019年に成立したアイヌ新法では法律として始めてアイヌ民族を日本の「先住民族」と明記した点は画期的だが，先住民族としての権利は何ら記載されていない。そもそも，2008年に先住民族と認めるよう促す国会決議が採択されていたにもかかわらず10年もの間放置していたことが問題である。さらに，2007年の国連総会で「先住民族の権利に関する国際連合宣言」が決議され，日本も賛成票を投じている。同宣言には先住民族に対する差別を禁止し，彼らの権利を明確に保持し，彼ら自身が目指す経済・社会的開発の継続を促進するとある。世界各地で先住民族問題は発生している。欧米諸国では彼らの奪われた土地や漁業権の権利回復などが盛り込まれている。そのためか「近代化の過程で多くのアイヌの人々が苦難を受けたという歴史的事実を厳粛に受け止める」という付帯決議もつけられた。

問8　阿蘇山や九重連山を水源に九州北部を流れる九州第1の大河。古くから筑紫次郎(筑紫にある日本第2の大河の意味)と称されて人々に愛されてきた。流れ込む有明海は福岡・佐賀・長崎・熊本の4県に囲まれた九州最大の湾で，日本の湾の中でも干満の差が最も大きく最大潮差は6mにもおよぶ。潮が引いた後の広大な干潟でムツゴロウやカニなどがうごめいている映像は目にしたこともあるだろう。日本全体の4割を占めるノリをはじめ多くの魚介類がとれるが，近年は諫早湾(いさはやわん)の干拓で裁判にもなった堤防の締め切りなどもあり水質の悪化が進んでいる。

重要 問9　国際連合の最高機関で全加盟国が参加する総会はすべての問題を討議できるが，その決議には加盟国に対する勧告の形をとり，拘束力や強制力は持たない。これに対し国際平和と安全の維持に主要な責任を持つ安全保障理事会は実質的には総会より上位にあるといえる。核保有国である米・露・中・英・仏の常任理事国と地理的配分を考慮した任期2年の10非常任理事会から構成されるが，5大国には拒否権が認められることもあり効果的な対応ができていないのが実情である。

問10　NTDsの患者の多くは貧しい国に集中している。新薬の開発には莫大な費用と長期間の研究開発が要求されるため，こうした国にそれを求めることは難しい。現在世界中でまん延しているコロナウィルスによる感染症も，アフリカなど貧しい国ではワクチン接種が進んでいないのに日本を含め先進国では3回目・4回目の接種に入りつつある。WHOなどでも医療インフラを充実させることはもちろんなのだが，教育などを通じた衛生意識の改善や安全な水のための井戸など多方面から努力している。感染症は人類最大のテーマの一つである。国や企業に任せるのではなく，国際的な組織による研究開発していくことが必要であろう。

★ワンポイントアドバイス★

記述問題をスムースに書くにはキーワードに注意することである。何が解答のポイントとなるかを判断，最後に主述の関係や字数などの調整をしよう。

<国語解答>

一　問一　ウ　　問二　ア　　問三　イ　　問四　エ　　問五　エ　　問六　イ　　問七　ウ
問八　ア　　問九　ア　　問十　(例)　幹はすでに自分の足でしっかりと立ち，意思を持って先生に本気で訴えているのに，支えを必要としていると勝手に決めつけていたことに気づいたから。(69字)　　問十一　イ　　問十二　イ

二　問一　a　講座　　b　意向　　c　焼　　d　刊行　　e　激賞
問二　ア　　問三　ウ　　問四　ウ　　問五　イ　　問六　エ　　問七　エ
問八　(例)　誰に対して表現するのか，表現したことでどう思われるのかということにとらわれずに，自分にしかない思いや考え，想像をありのままに表現したものだ(69字)
問九　ウ　　問十　ア

○推定配点○

一　問十　12点　　他　各4点×11

二　問一　各4点×5　　問八　12点　　他　各4点×8　　計120点

<国語解説>

一 (小説—心情理解, 内容理解, 表現理解, 主題)

問一 幹との関係を考えて「ひどく悲しくなっ」ていたところに不意に,「俺」が「苦手」とする「こわもての社会の先生」が現れたので, 落ち着くことができないでいる。

問二 思いがけず「動画」のことを言われて, 先生がどこまで知っているのか, 先生から何を聞かれるのかと恐れている。

問三 「どうしよう。……下手なごまかしが通用する相手じゃない」という表現から,「俺」の動揺する気持ちを読み取る。

問四 「俺」の後ろには, 幹がいるという状況をふまえて考える。

問五 「せっかく見つけた場所」とはバンド「笹屋」のことである。「せっかく見つけた」という言葉から,「俺」がバンドを,自分にとって大切なものだと考えていることがわかる。

重要 問六 久しぶりに幹の声を聞いて, 幹との関係を取り戻したいという自分の思いに,「俺」は気づいたのである。

問七 「両手をぎゅっとにぎりしめ」る様子からは, 幹の強い決意がうかがえる。このあと「ピアノを弾いてたのは僕です。僕も笹屋のメンバーなんです」と告白していることから, 幹は自分が笹屋のメンバーであることを隠さない決意をしたとわかる。

問八 先生との会話の話題は, 笹屋のメンバーであるかどうかだったのに, 幹が「クラス分け」の話を始めたので「俺」は驚いたのである。

問九 「からかってくるひとのことはどうしようもないから, 自分が変わればいいんだと思ってました。でも, ……」のあとで, 幹を何を思ったかを想像する。幹は,「からかってくるひと」にまつわるつらい場面を思い出したのだと考えられる。

やや難 問十 幹を「支え」ようとする行動は,幹に対して「失礼」なのではないかと「俺」は感じている。幹は「自分の足で, 意思をもって」「ちゃんと立ってい」るのに, 支えが必要だと勝手に決めつけるのは「失礼」だということである。

問十一 「クラス分け」について必死で訴えた幹に対して,先生が「硬く,よそよそしい口調」で「約束するのは難しい」と言い放ったことに,「俺」は怒りを覚えている。

問十二 「でも, その会議で意見は出せる。出すって約束する。……気づけなくて悪かった。いつでもいい, ……」という先生の言葉に注目。幹の訴えが先生を動かしたのである。幹のこれからの状況が変わるだろうことを,「俺」は感じたのである。

二 (論説文—漢字の書き取り, 内容理解, 要旨)

問一 a 「講座」の「講」,「構造」の「構」を区別しておくこと。 b 「意向」は, 思わくや考えのこと。 c 「手を焼く」は, 取扱いに困る, という意味。 d 「刊行」は, 書籍などを印刷して世に出すこと。 e 「激賞」は, 非常にほめること。

基本 問二 「学問」は教える内容が決まっているのに対して,小説はそうではない。「小説を書きたい人,一人一人の, それぞれの頭の中にある『具』はほかの誰のものとも違う, どこまでも固有のものだ」「千差万別の『具』の料理法をどう『教えれば』いいんだ」という筆者の考えをとらえる。

問三 「冷蔵庫の中」(≒人の頭の中)を知ることができれば,「それならば……といった具合に『教え』がはじまる」のではないかと, 筆者は考えたのである。

問四 「小説を書きたい人,一人一人の,それぞれの頭の中にある『具』はほかの誰のものとも違う,どこまでも固有のものだ。……確固たる存在として共有できない」という部分に, ウが合致している。

問五 「最後の二問だけ, 誰もが苦心する」とある。筆者は——線部4の課題を与えることで,「言葉というものの得意・不得意を実感してもらった」のである。

問六　「小説」とは「文章の工夫の集積」である，と筆者は考えている。

問七　「最初の『アンケート』で『好きな音楽』を訊かれたとき，なにも言葉を出さなかった」人が，好きなミュージシャンについての小説を書いたことに，筆者は驚いている。

やや難　問八　筆者が――線部7のように感じたのは，その文章が，「語る相手が誰とか，自分がどう思われるかとか，そういうことがまるで無効にな」ったうえで書かれた文章だったからである。

問九　自分のことについて，「……者の顔をしていた」と第三者のように客観的に表現することで，先生と生徒の立場が逆転してしまった事実をこっけいに表現している。

重要　問十　――線部9以降の内容は，「小説の書き方」の本筋からは外れた内容であるが，これを書くことで逆に，「小説の書き方」を教えることなどできないという事実を，ユーモアをもって伝えているのである。

★ワンポイントアドバイス★

読解問題では，文章が長いうえに細かい読み取りが必要となる。文章が比較的長めなので，早く的確に読み取る力が求められる。読解力を養うには，ふだんから新聞を読んだり，いろいろな小説や随筆，論説文に触れたりすることが大切！

大切なことはメモしておこうネ！

2021年度

★★★★★★★★★★★★★★★★★★★★★★★★

入　試　問　題

2021年度

海城中学校入試問題（一般①）

【算　数】（50分）　＜満点：120点＞

【注意】・分数は最も簡単な帯分数の形で答えなさい。
・必要であれば，円周率は3.14として計算しなさい。

1　次の問いに答えなさい。

(1)　次の計算をしなさい。

$$5 \div 3 \div \left\{ 2\frac{1}{4} \div \left(\frac{1}{5} \div 0.5 \right) \right\}$$

(2)　大きさの異なる3つのさいころを投げるとき，出た目の和が7になる場合は何通りありますか。

(3)　3で割ると2余り，5で割ると4余り，7で割ると1余る整数のうち，500に最も近いものを求めなさい。

(4)　下の図で，角アの大きさは何度ですか。ただし，同じ印のついた角の大きさは等しいものとします。

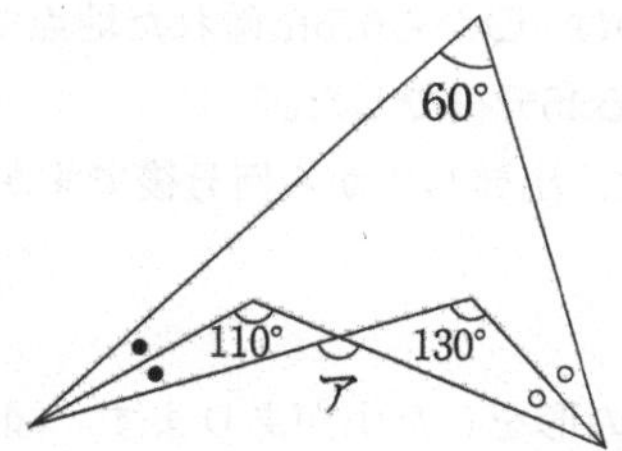

(5)　下の図は，半径が12cmの円の円周を12等分したものです。斜線（しゃせん）部分の面積を求めなさい。

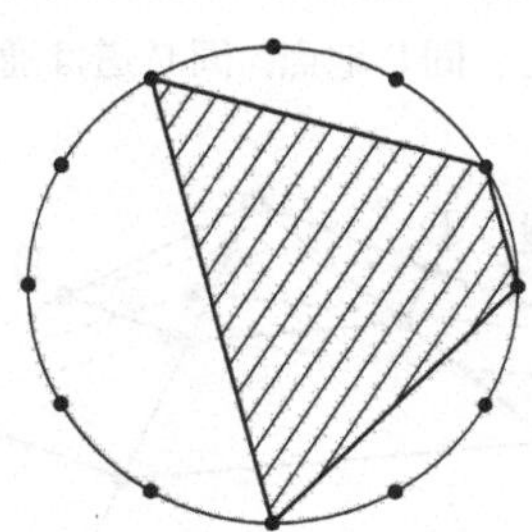

2　x%の食塩水100gに水を20g加えた後の食塩水の濃度（のうど）を〈x〉%と表します。

(1)　〈10〉を求めなさい。

(2)　〈〈10〉〉を求めなさい。

(3)　〈〈〈　　〉〉〉＝$10\frac{5}{12}$となるとき，□にあてはまる数を求めなさい。

3　図のような三角形ABCにおいて，辺ABを３等分する点をＡに近い方からそれぞれD，Ｅとします。また，辺ACを４等分する点のうち，Ａに最も近い点をＦ，Ｃに最も近い点をＧとします。さらに，DGとEFが交わる点をＨとします。

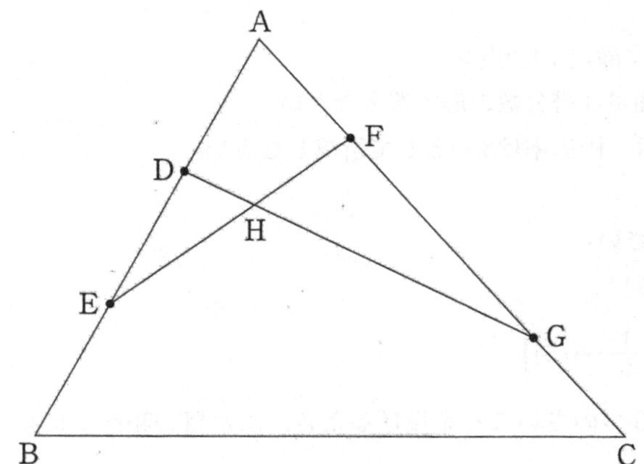

(1)　DH：HGを最も簡単な整数の比で求めなさい。

(2)　三角形ABCと五角形BCGHEの面積の比を最も簡単な整数の比で求めなさい。

4　地点Ｐと地点Ｑの間を，Ａ君はＰを，Ｂ君はＱを同時に出発してそれぞれ一定の速さで１往復します。２人が初めてすれ違ったのは，Ｑから675m離れた地点でした。次にすれ違ったのは，Ｐから225m離れた地点で，出発してから45分後でした。

(1)　２人が初めてすれ違ったのは，出発してから何分後ですか。

(2)　PQ間の距離は何mですか。

5　Ｔ地点を頂上とする五角すいの形をした山があります。図のように，五角すいの辺はすべて道になっていて，山の高さの３分の１，３分の２の高さにも五角形の道があります。Ａ地点とＢ地点の間には展望台が，Ｃ地点とＤ地点の間には茶屋があります。Ｓ地点から出発していずれかの道を通ってＴ地点まで行きます。ただし，同じ地点，同じ道は通らず，上から下には進まないものとします。

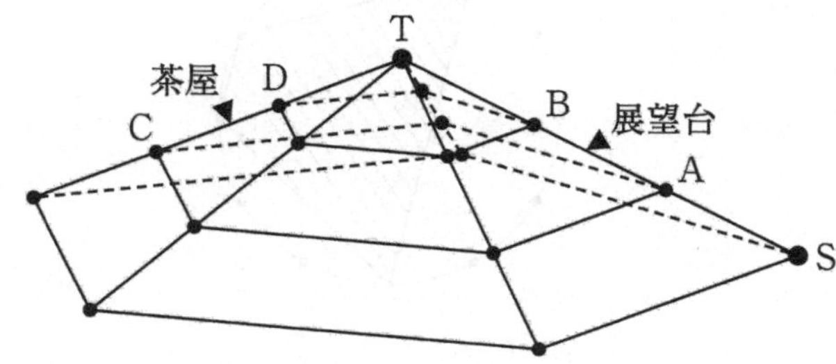

［　　］にあてはまる数を求めなさい。ただし，同じ記号の欄には同じ数が入ります。

(1)　AB間の展望台を必ず通ることにすると，

Ｓからａまでの行き方は［ア］通り，

ＢからＴまでの行き方は［イ］通りなので，

ＳからＴまで展望台を通って行く行き方は［ア］×［イ］通りあります。

(2) CD間の茶屋を必ず通ることにすると，
SからCまでの行き方は [ウ] 通り，
DからTまでの行き方は [イ] 通りなので，
SからTまで茶屋を通って行く行き方は [ウ] × [イ] 通りあります。
(3) SからTまでの行き方は [エ] 通りあります。

[6] すべての面が白色の立方体と，すべての面が黒色の立方体がたくさんあり，いずれも1辺が1㎝です。これらを使って下の図のように立体を作ります。ただし，同じ段には同じ色の立方体が使われているものとします。例えば，3番目にできる立体は，上から1段目が1個の白色の立方体，上から2段目が3個の黒色の立方体，上から3段目が6個の白色の立方体でできています。

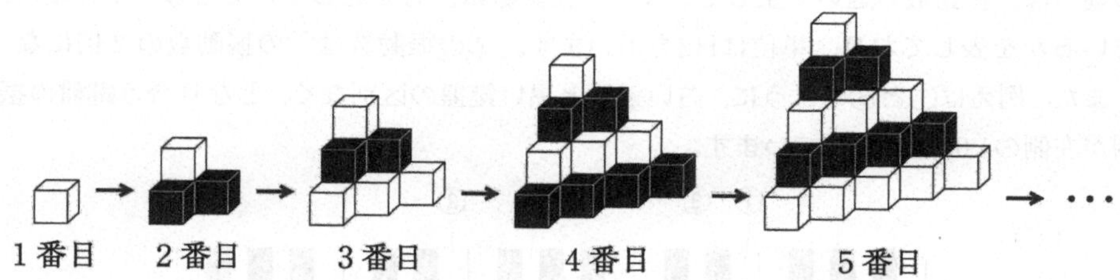

(1) 6番目にできる立体の表面のうち，黒い部分の面積を求めなさい。
(2) 6番目にできる立体の表面のうち，白い部分の面積を求めなさい。
(3) [　　] 番目にできる立体の表面のうち白い部分をすべて黒色に塗(ぬ)った後，この立体をばらばらにしました。このとき白く残った部分の面積の合計は720㎠でした。[　　] にあてはまる数を求めなさい。

【理　科】（45分）　＜満点：80点＞

1．次の文を読み，以下の各問いに答えなさい。数値で答えるものは，必要であれば四捨五入して整数で答えなさい。

物が振動すると，まわりの空気が振動します。その振動が空気中を伝わり，私たちの耳の鼓膜を振動させると，私たちはそれを音として感じることができます。私たちのまわりには様々な音がありますが，音の違いは，音の三要素とよばれるもので区別できます。

問１　音の三要素とは何ですか。それぞれ答えなさい。

図１は，鍵盤の一部です。①の鍵盤と②の鍵盤は，どちらも弾くと「ド」の音が出ますが，②は①より１オクターブ高い「ド」，逆に言うと，①は②より１オクターブ低い「ド」になります。この違いは，振動数の違いで生じています。振動数は，音を発しているものが１秒間に何回振動しているかを表しており，単位はHzを用います。②の振動数は①の振動数の２倍になっています。また，例えば①と③のように，白い鍵盤と黒い鍵盤の区別なく，となり合う鍵盤の振動数は，右側が左側の1.06倍になっています。

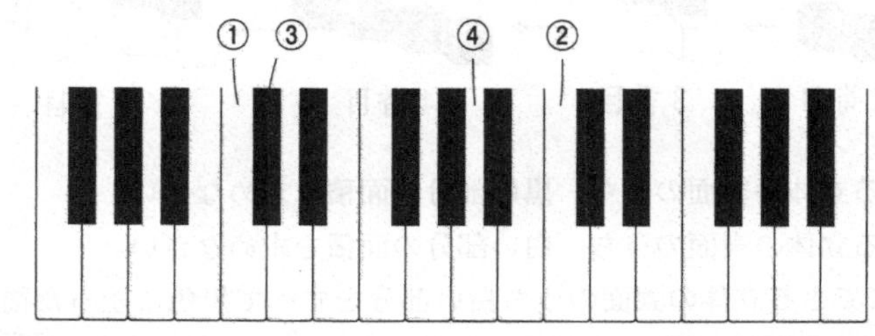

図１

問２　④の鍵盤を弾くと振動数が440Hz の「ラ」の音が出ます。②の鍵盤を弾いたときに出る音の振動数は何Hzですか。必要であれば，

$$1.06 \times 1.06 = 1.12$$
$$1.06 \times 1.06 \times 1.06 = 1.19$$
$$1.06 \times 1.06 \times 1.06 \times 1.06 = 1.26$$
$$1.06 \times 1.06 \times 1.06 \times 1.06 \times 1.06 = 1.34$$
$$1.06 \times 1.06 \times 1.06 \times 1.06 \times 1.06 \times 1.06 = 1.42$$

として計算しなさい。

問３　①の鍵盤を弾いたときに出る音の振動数は何Hzですか。

図２のようなモノコードとよばれる装置は，弦を張る強さを変えたり振動させる弦の長さを変えたりはじき方を変えたりすることで，出る音を変えることができます。

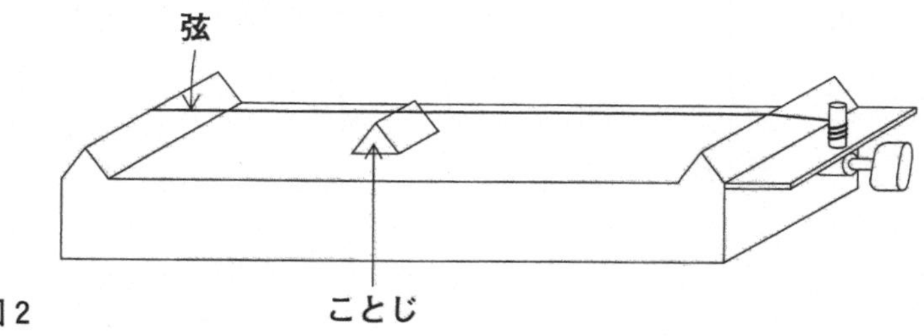

図２

問4　モノコードでの音の出し方を，次の(1)～(3)のように変えてみます。そのときの音は，変える前の音と比べて，それぞれどのように変わりますか。下の**ア**～**ク**から適当な組み合わせを１つ選び，記号で答えなさい。

(1)　弦を強く張る。

(2)　ことじを動かして弦の振動する部分の長さを短くする。

(3)　弦を強くはじく。

	(1)	(2)	(3)
ア	高くなる	高くなる	高くなる
イ	高くなる	高くなる	大きくなる
ウ	高くなる	低くなる	高くなる
エ	高くなる	低くなる	大きくなる
オ	低くなる	高くなる	高くなる
カ	低くなる	高くなる	大きくなる
キ	低くなる	低くなる	高くなる
ク	低くなる	低くなる	大きくなる

問5　弦を別のものに張りかえても，音を変えることができます。張りかえる弦は同じ材質のものを使うことにします。弦の張る強さと振動する長さは同じままで，高い音を出すには，どのような弦に張りかえればよいですか。

ギターは，太さの異なる６本の弦を張った楽器（**図３**の右側が第１弦，左側が第６弦）で，弦を押さえる場所（フレット）を変えながら，弦を弾いて音を出します。ギターのような弦楽器は，演奏に用いる前にチューニングという作業をします。ギターでは，まず第５弦をどこのフレットも押さえずに弾いたときに出る音の振動数が440Hzになるように，弦を張る強さを調整します。次に，第５弦を張る強さは変えないで，第６弦を５フレットを押さえて弾いたときと，第５弦をどこも押さえないで弾いたときの音の振動数が同じになるように，第６弦を張る強さを調整します。同じようにして，以下の

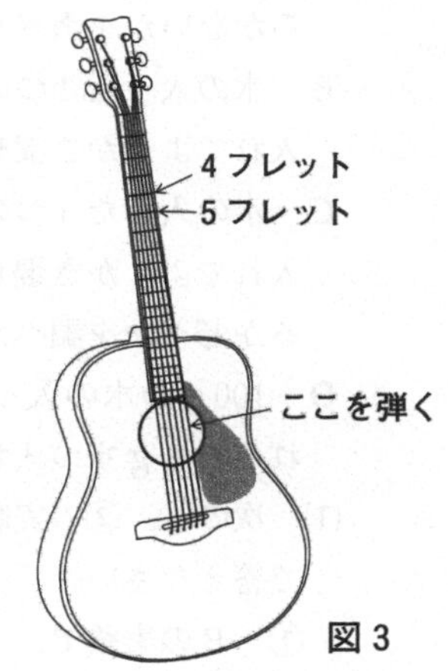

図３

第５弦を５フレットを押さえたときと，第４弦をどこも押さえないとき
第４弦を５フレットを押さえたときと，第３弦をどこも押さえないとき
第３弦を４フレットを押さえたときと，第２弦をどこも押さえないとき
第２弦を５フレットを押さえたときと，第１弦をどこも押さえないとき

の４組の音がそれぞれ同じ振動数になるように，第４弦～第１弦を張る強さを調整していきます。

問6　チューニングを終えたギターは，第１弦をどこも押さえないで弾いたときに出る音と第６弦をどこも押さえないで弾いたときに出る音はどちらも「ミ」の音になりますが，２オクターブ異なります。高い「ミ」の音が出るのはどちらの弦ですか。

問7　**問6**の「ミ」の音で，一方の音の振動数は1319Hzです。他方の音の振動数は何Hzですか。

2. 以下の各問いに答えなさい。

Ⅰ　炭酸水素ナトリウム，水酸化カルシウム，塩化ナトリウム，砂糖の4つの物質の性質や特徴について調べてみました。

問1　4つの物質の中の1つ，水酸化カルシウムを水に入れてよくかき混ぜました。この溶液を何といいますか。

問2　4つの物質の中の1つを**図1**のような実験装置で5分間加熱すると，二酸化炭素が発生しました。この加熱した物質は何ですか。次の**ア**～**エ**から1つ選び，記号で答えなさい。

ア　炭酸水素ナトリウム
イ　水酸化カルシウム
ウ　塩化ナトリウム
エ　砂糖

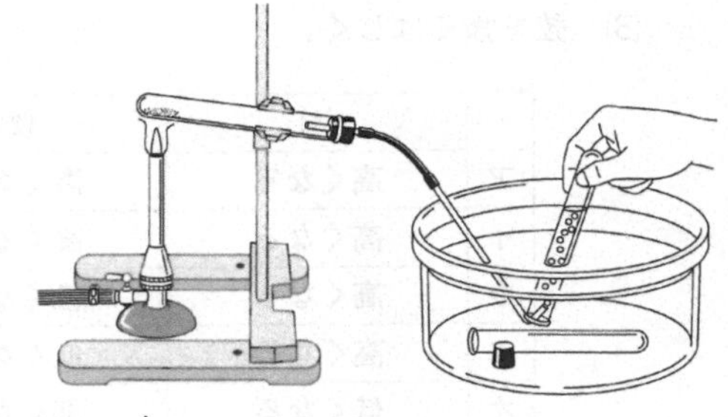

図1

問3　4つの物質がそれぞれ入った容器があります。実験で容器のラベルがぬれてはがれてしまい，どの容器にどの物質が入っているか分からなくなってしまいました。それらの物質を特定するために，次の**A**～**D**の実験を行いました。下の**(1)**～**(3)**に答えなさい。

A　試験管4本に，それぞれの固体を2gずつ入れ，少量のうすい塩酸を加えたときに，気体の発生があるかないかを調べた。

B　水の入った4つのビーカーに，それぞれの固体を入れてよくかき混ぜ，フェノールフタレインを加えた。

C　水の入った4つのビーカーに，それぞれの固体を入れてよくかき混ぜ，**図2**の実験装置で電流が流れるかどうかを調べた。

D　100gの水の入った4つのビーカーに，固体をそれぞれ5gずつ入れてよくかき混ぜた。

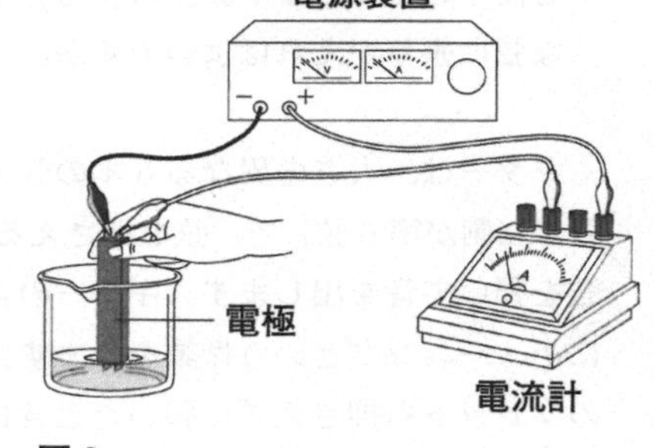

図2

(1)　次の①，②の実験結果にあてはまる物質を，**問2**の**ア**～**エ**からそれぞれ1つずつ選び，記号で答えなさい。

①　**B**の実験で，うすく赤色になる。
②　**D**の実験で，ほとんど溶けないでにごる。

(2)　**A**→**B**→**C**→**D**の順番で実験を行うと，4つの物質はどの段階の実験ですべて特定できますか。**A**～**D**の記号で答えなさい。

(3)　**A**～**D**の実験を全部行わなくても，4つの物質は特定できます。実験回数の一番少なくてすむ実験の組み合わせを例にしたがって答えなさい。例：**E**と**G**と**H**

Ⅱ　物質**X**の中に別の物質**Y**が不純物として入っている混合粉末が60gあります。この中から，純粋な**X**を取り出すために再結晶を行いました。この混合粉末のすべてを90℃の水に溶かしたらすべて溶けました。この溶液をゆっくり冷やしたところ，80℃でほんの少し**X**の結晶が出はじめました。さらに25℃まで冷やしたところ，Xの純粋な結晶が45g出ました。

問4　表はX，Yが水100gにそれぞれの温度で最大何g溶けるのかを表しています。下の(1)，(2)に答えなさい。必要であれば四捨五入して整数で答えなさい。

(1)　混合粉末を溶かした水は何gですか。

(2)　混合粉末中のXの割合は何％ですか。

表

	X	Y
25℃	4	8
80℃	34	15

3. 次の文を読み，以下の各問いに答えなさい。

Kさんは親と海にアジを釣（つ）りに行きました。アジだけでなくカワハギも釣ることができました。家に帰り，アジをじっくり観察してみました（図1）。小学校で飼育しているメダカより大きいので，①ひれのつき方がよく分かりました。

親と相談し，アジを開いて干物をつくってみることにしました。うろこをとり，水できれいに洗い流した後，図1のようにからだの右側を下にして置きました。肛門（こうもん）（図1のA）に包丁の刃先（はさき）を入れ，酸素をとり入れるためのつくりである（　1　）の近く（図1のB）まで腹側を切り，はらわた（内臓）を取り出しました。

よく洗った後，図2のようにからだの左側を下にして置き，包丁が背骨の上を沿うように，刃先が背中側のからだの表面を貫通（かんつう）しないように気を付けて切りました（図2のX→Y）。その後，頭と尾（お）の部分は切り落としました（図2の太線）。水で洗い，開かれたアジの両面に②全体がうっすら白くなるくらい塩をまぶし，1時間後にあらためてさっと水洗いし，キッチンペーパーで水をよくふき取り，ベランダに干しました。

カワハギは親にさばいてもらいました。きれいな白身の魚で，赤身のマグロとは対照的でした。Kさんが「赤身と白身は何が違うの？」と親に聞くと，「違いの一つは，赤身の魚は筋肉の中にミオグロビンとよばれる物質を多く含（ふく）むこと。ミオグロビンは，血液成分の中の（　2　）に含まれるヘモグロビンと同じように酸素とくっつくことができる物質で，ヘモグロビンが運んできた酸素を筋肉内にたくわえるはたらきがあるんだよ。筋肉が縮むためには酸素が重要な役割を果たすんだけれど，ミオグロビンがたくさんあると筋肉内の酸素の濃度（のうど）を維持（いじ）することができるんだ。ミオグロビンがたくさんあるからといって筋肉の縮む力が強くなるわけではないけれどね。」と教えてくれました。

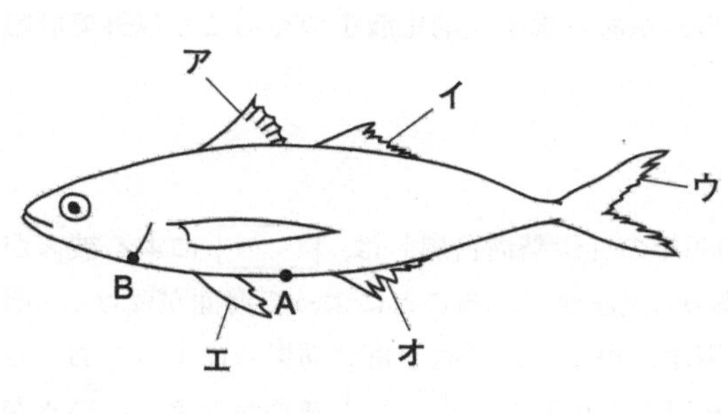

図1

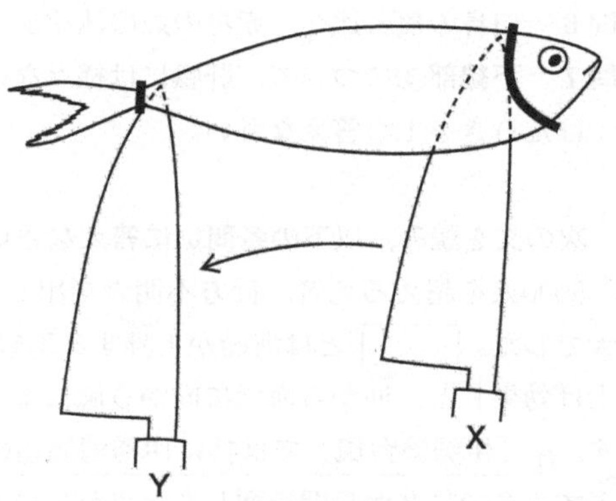

図2　（ほとんどのひれは省略しています）

さらにカワハギの③肝臓(かんぞう)は非常に大きいことが分かりました。肝臓といっしょに緑色をした（　3　）も取れました。親はKさんに「（　3　）は苦玉(にがだま)とも言って，肝臓でつくられた消化液がたくわえられているよ。これをつぶしてしまうと，すごく苦い液がもれて，食べるところについたら大変だから気を付けて！」と言いました。

問1　文中の（1）～（3）に入る最も適当な語句をそれぞれ答えなさい。

問2　下線部①について，アジにおいて胸びれ以外に対になっているひれを**図1**の**ア**～**オ**からすべて選び，記号で答えなさい。ない場合は「なし」と答えなさい。

問3　次の**図3**は，ベランダに干したアジを，開いた側から見たときの輪郭(りんかく)を表したものです。解答欄の図中に，「背骨がある部位」と「はらわたがあったおおよその部位」をそれぞれ記入方法にしたがい，描(か)き入れなさい。

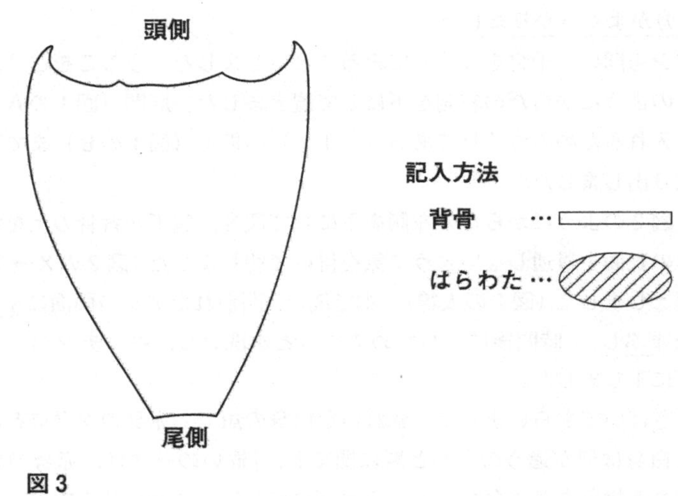

図3

問4　下線部②について，次の⑴，⑵に答えなさい。

⑴　塩をまぶすとどのような現象がおこると考えられますか。

⑵　⑴と同様の現象を利用した他の例を１つ答えなさい。

問5　筋肉では，ヘモグロビンとミオグロビンのどちらが酸素とくっつきやすいと考えられますか。文を参考にして答えなさい。

問6　白身の魚と比べ，赤身の魚の泳ぐ能力にはどのような特徴があると考えられますか。

問7　下線部③について，肝臓には様々なはたらきがあります。消化液をつくること以外で肝臓のはたらきを１つ答えなさい。

4.　**次の文を読み，以下の各問いに答えなさい。**

5000人を超(こ)える死者，行方不明者を出した1959年の「伊勢湾(いせわん)台風」は，［　　　］による被害(ひがい)が甚大(じんだい)でした。［　　　］とは海面が上昇(じょうしょう)する現象であり，気圧が下がることによって海面が受ける「吸い上げ効果」と，沖(おき)から海岸に向かう風によって海水が集中する「吹(ふ)き寄せ効果」によっておこります。①「伊勢湾台風」では特に伊勢湾周辺の愛知県と三重県での［　　　］被害が大きく，排水(はいすい)が完了(かんりょう)するまでに３か月間を要したとされています。

河川でも，大雨によって増水し氾濫(はんらん)すると大規模な浸水(しんすい)がおこります。②2017年の台風21号は，超大型で強い勢力を保った状態で本州に上陸し，この台風によって，大阪府の大和川や和歌山県の貴志川が氾濫しました。図１は台風が上陸した10月23日３時の天気図です。東京を流れる③多摩川でも水位が大幅に上昇し，場所によっては氾濫がいつおこってもおかしくない状況になりました。

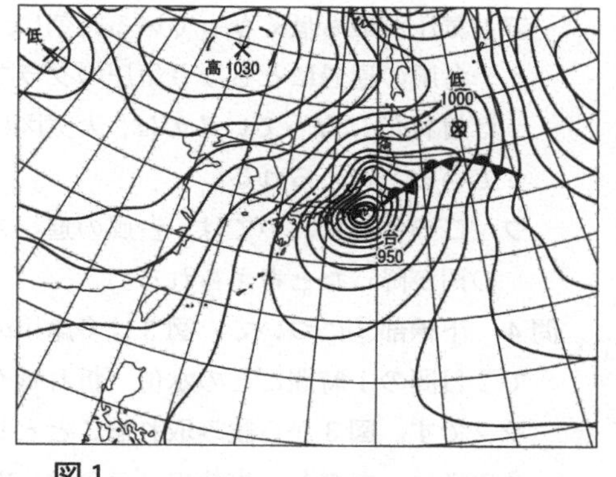

図１

これらの水害を防ぐために，海岸や河川の堤防のかさ上げや新設設置をしたり，護岸工事を行ったり，ダム，水門，遊水池などを作って水の流れをコントロールしたりします。また，工事による対策だけではなく，住民一人一人が日ごろから居住地域のハザードマップを確認し，どこでどのような災害がおこりえるかを認識しておくことも大事なことです。

問１　文中の □ にあてはまる語句として最も適当なものを，次の**ア**～**エ**から１つ選び，記号で答えなさい。

ア　土石流　　**イ**　液状化現象　　**ウ**　津波　　**エ**　高潮

問２　下線部①について，伊勢湾台風の経路（台風の中心が通過したところ）を示した矢印として最も適当なものを，右の**ア**～**エ**から１つ選び，記号で答えなさい。ただし，伊勢湾内に外海から海水が流れ込み，「吹き寄せ効果」が非常に大きくはたらいたことに注目すること。

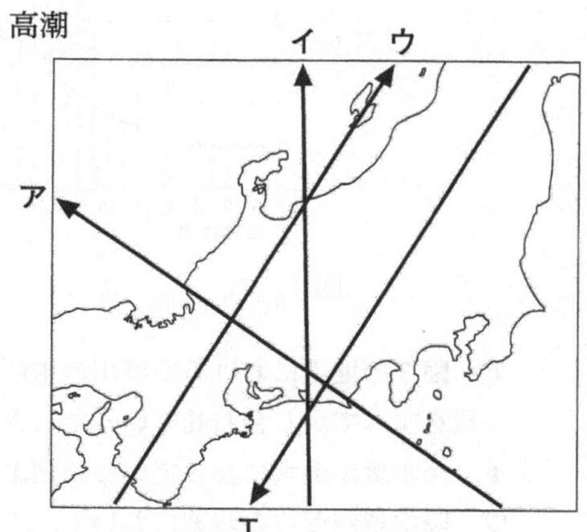

問３　下線部②について，**図２**は東京（大手町）における，2017年10月22日０時から24日０時までの２日間の１時間ごとの気圧（折れ線グラフ，左軸）と降水量（棒グラフ，右軸）を表したグラフです。**図１**も参考にしながら，**図２**から考えられることとして**適当でないもの**を次のページの**ア**～**ウ**から１つ選び，記号で答えなさい。

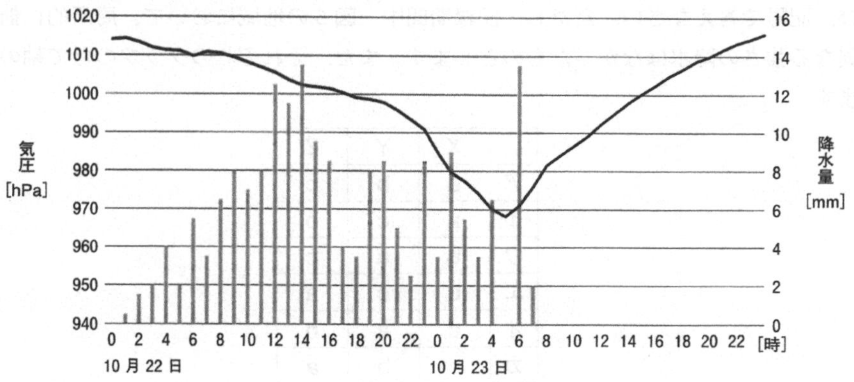

図２

ア　気圧が最も低くなっている時刻に，台風の中心が東京（大手町）に最接近したと考えられる。

イ　台風の通過にともなう気圧のグラフのようすが，気圧が最も低くなっている時刻の前後でほぼ対称(たいしょう)的になっているのは，天気図における等圧線がほぼ同心円状になっていることに対応していると考えられる。

ウ　この台風においては，台風の進行方向の前方ではあまり雨が降らず，進行方向の後方で多くの雨が降ったと考えられる。

問４　下線部③について，**図３**は多摩川のある地点における，2017年10月22日０時から24日０時まで２日間の１時間ごとの水位（折れ線グラフ，左軸）と，降水量（棒グラフ，右軸）を表したグラフです。**図３**から読み取れることとして**適当でないもの**を下の**ア**～**エ**から１つ選び，記号で答えなさい。ただし，水位のグラフは，22日０時の時点での水位を０ｍとしてあります。

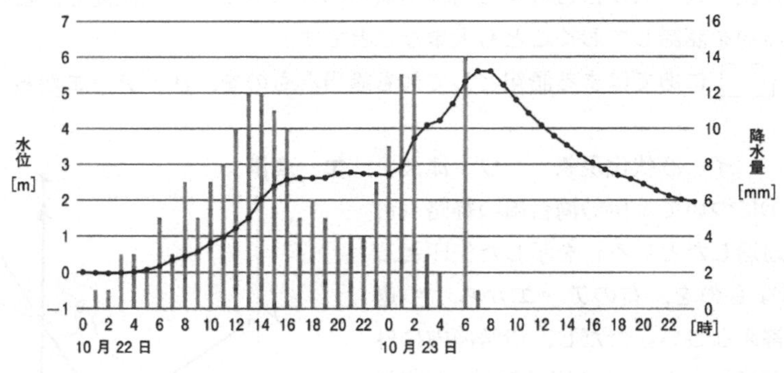

図３

ア　**図３**の地点における多摩川の水位は最大で５ｍ以上上昇しているが，この値は期間中の降水量をすべて足し合わせていったときの高さ（深さ）に等しい。

イ　降水量が最大になっている時刻よりも多摩川の水位が最高になっている時刻のほうが遅(おそ)い。

ウ　降水量がゼロの時刻において，水位が低下する速さは一定ではない。

エ　最も急激に水位が上昇したときには，1時間で50㎝以上水位が上昇した。

問５　下線部③について，次のページの**図４**の**ａ**～**ｃ**のグラフは，**図３**の折れ線グラフと同様の多摩川の水位を表しており，次のページの**図５**の**Ｘ**～**Ｚ**のいずれかの地点における記録です。**ａ**～**ｃ**のグラフはそれぞれ**Ｘ**～**Ｚ**のどの地点の記録ですか。適当な組み合わせを，次の**ア**～**カ**から１つ選び，記号で答えなさい。ただし，記録期間中，**図５**の地域において，局所的に他の場所と著しく異なる強さの降水はなかったものとします。また，それぞれのグラフのたて軸の目盛りは異なります。

	X	Y	Z
ア	a	b	c
イ	a	c	b
ウ	b	a	c
エ	b	c	a
オ	c	a	b
カ	c	b	a

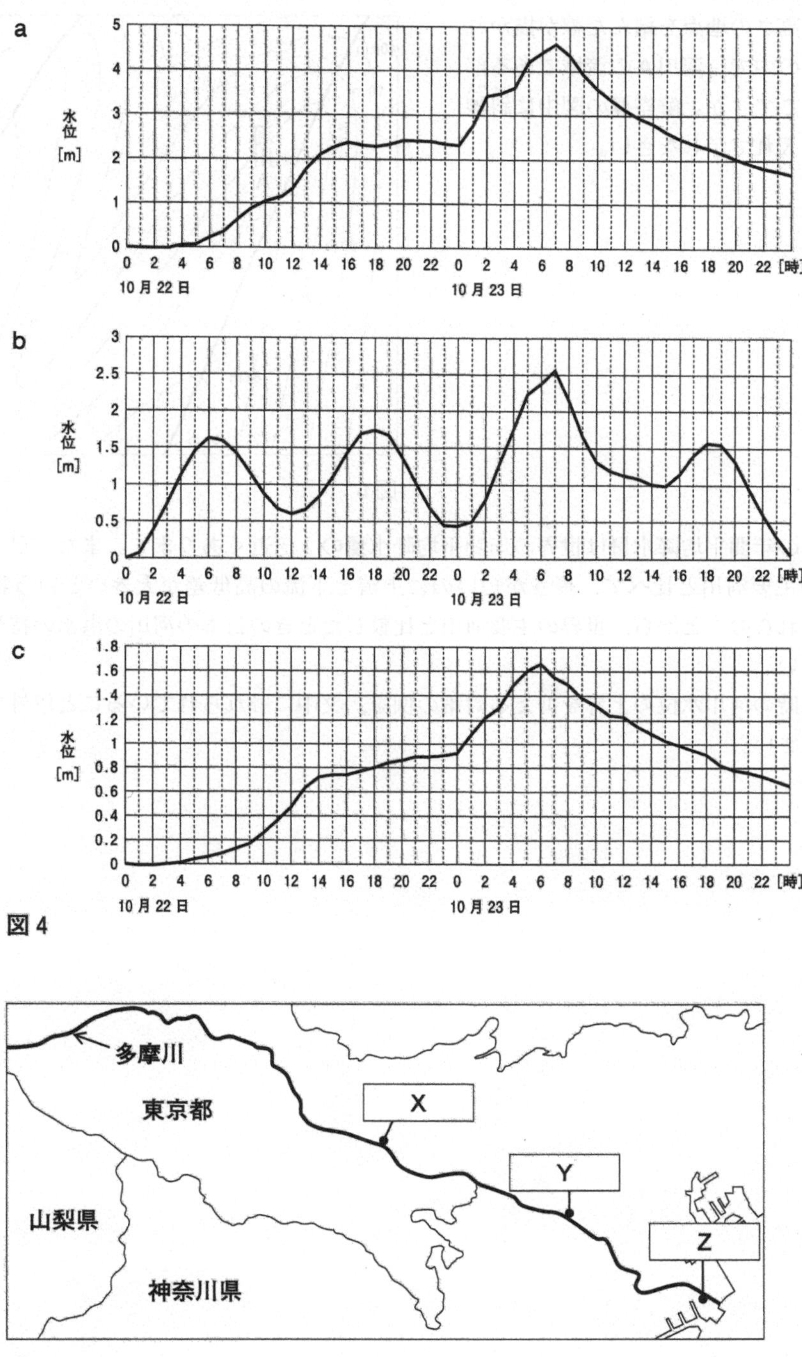

図4

図5

問6　ある土地に降った雨が最終的に河川Aに集まるとき，その土地は河川Aの「流域」だということになります。河川を流れる水の量は，この「流域」における降水の量によって左右されます。これについて，次のページの(1)，(2)に答えなさい。

(1) 同じ高さの地点を結んだ線が描かれた図6の中で，河川Aの流域である部分はどこですか。解答欄の図中に斜線(しゃせん)を描き入れて示しなさい。

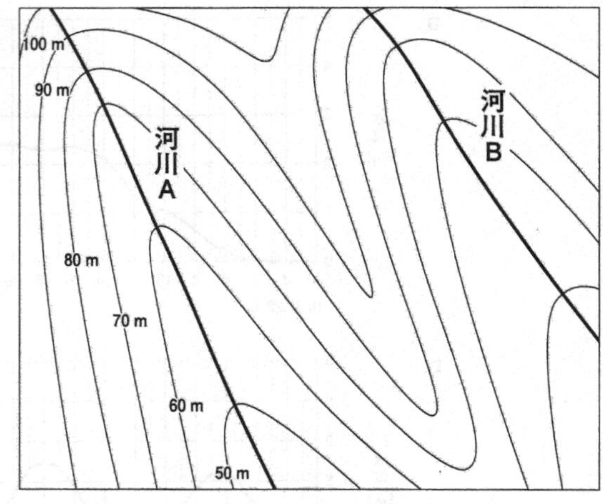

図6

(2) 日本の年間平均降水量は世界の年間平均降水量の2倍近くあります。また，日本の河川は，世界の主要河川と比べて，長さが短いのに上流と下流の高低差が大きいという特徴があります。これらのことから，世界の主要河川と比較(ひかく)したときの日本の河川の洪水(こうずい)の特徴を簡単に答えなさい。

問7 増水時の河川水位の上昇を抑(おさ)える対策の例を，文中に触(ふ)れられていること以外で具体的に1つ答えなさい。

【社　会】（45分）　＜満点：80点＞

問題　次の文章をよく読み，あとの問いに答えなさい。

《資料１》九州パンケーキミックスと調理例

（「九州パンケーキ Kitchen」ウェブサイトより）
https://shop.kyushu-pancake.jp/

みなさんは九州に行ったことはありますか。①九州は温暖な気候で，農業がさかんなことで知られています。福岡県や佐賀県をふくむ筑紫平野では②米作りがさかんです。③宮崎県や④鹿児島県では畜産がさかんであり，熊本県は全国でも指折りの野菜の産地として知られるなど，九州は多種多様な食材に恵まれています。九州は日本の国土面積の１割程度ですが，農業生産額は全国の２割を占め，日本人の食を支える大切な役割を果たしているのです。

その一方で，九州の農家は，大きな悩みを抱えています。外国から安い農作物が輸入されてくることで，今後の農作物の売れ行きに不安を感じているのです。九州の農家の多くは，多品種の農作物をそれぞれ少量生産しているため，大量生産によって価格を下げることができません。そこで，農家は商品に高い価値を付け加える道を探ってきました。そのなかの一つに，６次産業化というものがあります。

６次産業化とは，農業（１次産業）と工業（２次産業）と商業（３次産業）をかけあわせた考え方のもとでの経営方法で，農家が農作物を作るだけではなく，それを使った商品を製造し，販売することで商品の価値を高めることを目指します。たとえば，農家が自分たちの作った小麦を使ってクッキーを焼き，それをパッケージに入れて販売するところまでおこなえば，ただ農作物を売るよりも高い価格で売ることが可能になります。政府は農家に対し，こうした経営方法を取り入れることをすすめ，６次産業化を試みる農家には補助金を出して支援してきました。しかし，この方法には課題も多くあります。多くの小規模な農家には，食品を加工するための人手や，作った商品を宣伝し販売するための技術や経験が不足しているのです。そのため，一部の成功例を除くと，利益を出せずに６次産業化の取り組みをやめる農家も多くみられました。

⑤こうしたなか，「九州の農家を元気にする」ことをうたった商品開発に成功し，注目されている企業があります。それは宮崎県に本社を置く一平グループです。宮崎市内の寿司屋から始まったこの会社は，2012年に「九州パンケーキ」という名のパンケーキミックス（パンケーキの材料）を開発したことで有名になりました。一平グループ会長の村岡浩司さんは，宮崎県の商店街のイベントを主導するなど，地元を元気にする活動に熱心に取り組んできた実業家です。

村岡さんが「九州パンケーキ」を開発するきっかけになったのは，2010年に宮崎県で，牛や豚などの家畜がかかる病気である口蹄疫が発生したことでした。宮崎県は，⑥感染した家畜から口蹄疫のウイルスが広がるのを防ぐため，感染が疑われる家畜を殺処分することで対応しようとしました。しかしその動きは遅れ，宮崎県全域の農場に口蹄疫が広がってしまいました。宮崎県はそれ以上の感染拡大を防ぐため，人の移動や外出を控えることを呼びかける非常事態宣言を出しました。このため畜産以外の部門も大きな影響を受け，県内の景気が急激に悪くなってしまいました。村岡さんは，自身の会社経営が傾くなか，宮崎県を救うためにも事業を九州全域に広げなくてはいけないと考えました。

経営を立て直すための新しい商品開発を検討していた村岡さんは，良質だと評価される⑦九州の素材だけを使って，当時流行していたパンケーキを開発すれば，魅力ある商品になるのではないかと思い立ちました。また，そのことによって，九州の農家を応援することもできると考えたのです。さっそく村岡さんは，九州各県の穀物農家を地道に回り，厳選した原料を揃えました。試行錯誤を重ねて完成した「九州パンケーキ」はその食感や味が評判を呼び，徐々に人気になりました。そして各種のコンテストで入賞し「日本一の地産プロダクト（製品)」の称号を得るなど，高く評価されるにいたったのです。そして，「九州パンケーキ」は全国の約3000店のスーパーマーケット等で販売されています。また，一平グループと契約し「九州パンケーキ」を使用した料理を提供する喫茶店も全国で100店舗ほどに増えました。そして，一平グループは「九州パンケーキ」を提供する店を台湾で３店舗，シンガポールで１店舗開き，⑧東アジア・東南アジアでも売り上げが勢いを増しています。その結果，「九州パンケーキ」に原料を提供している農家にも良い影響が出てきています。

村岡さんの取り組みが注目されている理由は，商品が売れていることだけではありません。⑨自治体をこえた「九州」という広い範囲で地域をとらえ，その考え方をもとにした商品を⑩世界に向けて売り出すことで地域の活性化をはかる発想を持っていることに大きな価値があるのです。こうした取り組みがおこなわれることで，地域の経済や農業が活性化していく希望が見えてくるのではないでしょうか。

問１．下線部①に関連して，**《資料２》**は，九州北部で13世紀に起きた出来事をえがいたものです。この絵と，その出来事に関して述べた文として**誤っているもの**を，次の**ア～エ**から１つ選び，記号で答えなさい。

《資料２》

（『小学社会６上』教育出版より）

ア．この絵は『蒙古襲来絵詞』といい，元の侵攻や，それと戦う武士の様子をえがいている。

イ．この絵の右側にえがかれている人物は，肥後（現在の熊本県）の武士であった竹崎季長である。

ウ．この絵で左側にえがかれた人々は，集団戦法を得意とし，「てつはう」と呼ばれる兵器をもちいた。

エ．この絵にえがかれた出来事の結果，ご恩と奉公で結びつく鎌倉幕府と武士の関係が，より強固なものになった。

問2．下線部②について，政府が米の値段や量を管理していくなかで，在庫量を減らすために1970年ごろからおこなった取り組みを何といいますか。漢字4文字で答えなさい。

問3．下線部③に関連して，宮崎県出身の小村寿太郎は明治時代に活躍した外交官でした。明治の日本の外交について述べた次の4つの出来事を古い順に並べ替えなさい。

ア．日本と朝鮮とのあいだに，日朝修好条規が結ばれた。

イ．日本と清のあいだで対立が深まり，日清戦争が発生した。

ウ．日本とアメリカとの間の条約が改正され，関税自主権を回復した。

エ．岩倉使節団が，欧米諸国を視察する旅に出発した。

問4．下線部④に関連して，以下の問い(1)・(2)に答えなさい。

(1) 鹿児島県には江戸時代に薩摩藩が置かれていました。17世紀はじめに，薩摩藩によって支配されるようになり，年貢を取り立てられるようになった国の名前を答えなさい。

(2) 鹿児島県にある屋久島は，世界遺産に登録されています。屋久島とは異なる種類で登録されている世界遺産がある場所として正しいものを，次のア～エから1つ選び，記号で答えなさい。

ア．富士山　　イ．白神山地　　ウ．知床半島　　エ．小笠原諸島

問5．下線部⑤に関連して，「九州パンケーキ」を流通させるための一平グループの取り組みは，結果的に商品が売れたこともあり，九州の小規模農家に多くのメリットをもたらしたといわれています。**本文と《資料3》・《資料4》**を参考にしながら，そのメリット2つを190字以内で説明しなさい。その際，一平グループの取り組みの内容にふれながら説明すること。

《資料3》〈6次産業化した場合の流通モデル〉と〈「九州パンケーキ」の流通モデル〉

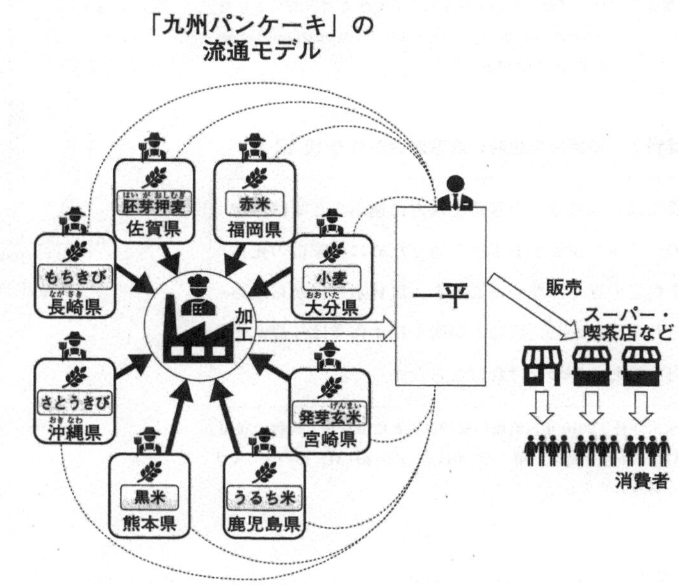

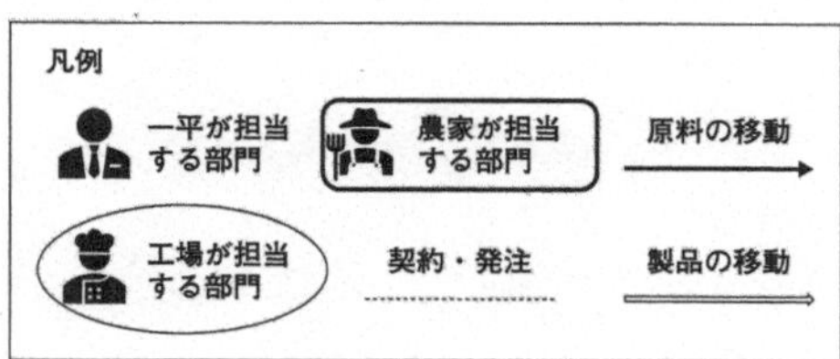

原料について

小麦…パンなどの原料になる穀物。
発芽玄米…芽を出した玄米。やわらかく栄養価が高い。
うるち米…ごはんとして食べるための白米。
黒米…古代米とも呼ばれる稲の原種。玄米の色が黒色。
赤米…古代米とも呼ばれる稲の原種。玄米の色が赤色。
さとうきび…茎の汁から砂糖の原料がとれる。
もちきび…高い栄養価ともちもちとした食感をもつ雑穀。
胚芽押麦…胚芽を残した大麦を加熱し加工したもの。

《資料４》長崎県のもちきび農家の話

もちきびは作るのに技術が必要なわりに，使われる場面が減って買う人も少なくなっているから，作るのをやめる農家も多いんだ。うちももう作るのをやめようと思っていたけれど，一平グループからうちのもちきびをパンケーキの原料に使いたいと声がかかって驚(おどろ)いたよ。しかも，一平グループはうちに利益が出ることもしっかり考えた価格で買い取ってくれているんだ。

（《資料３》・《資料４》は，一平グループへの取材と，村岡浩司『九州バカ　世界とつながる地元創生起業論』（文屋2018年）をもとに作成）

問６．下線部⑥に関連して，口蹄疫への感染が疑われる家畜の殺処分が遅れてしまった原因として，人手不足や，殺処分に対する畜産農家の反発などがあったとされていますが，それ以外にも殺処分が遅れた原因があったと考えられます。それはどのような原因か，**《資料５》**・**《資料６》**・**《資料７》**・**《資料８》**を参考に，160字以内で説明しなさい。

《資料５》口蹄疫対策特別措置(そち)法の内容

都道府県知事は農家に対し、口蹄疫に感染するおそれのある農場の家畜を、健康なものもふくめてすべて殺処分するよう求めることができる。

（衆議院のウェブサイトの文章をわかりやすく書き改めました）
www.shugiin.go.jp/internet/itdb_housei.nsf/html/housei/17420100604044.htm

《資料６》宮崎県の肉牛生産農家の数と飼っている牛の数

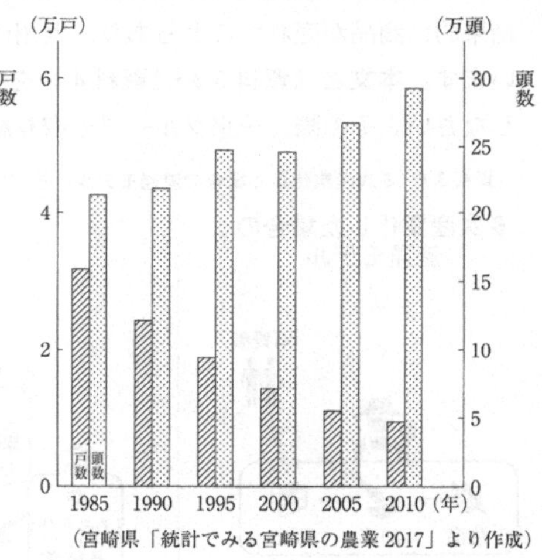

（宮崎県「統計でみる宮崎県の農業 2017」より作成）

《資料７》口蹄疫発生時に農家がおかれた状況(じょうきょう)

農家は、殺処分した家畜を遠方に運ぶことで口蹄疫のウイルスが広がる事態を防ぐために、家畜の死体を農場の近くに埋(う)めることを、農林水産省から求められた。しかし、埋める場所を探す作業は、農家が自力でおこなわなければならなかった。

（永松伸吾「2010年宮崎県口蹄疫災害と危機管理・復興の課題」（『社会安全学研究』第１巻 2011年 179-204頁）をわかりやすく書き改めました）

《資料８》殺処分した家畜を埋める作業の様子

（宮崎県「宮崎県口蹄疫復興メモリアルサイト」より）
https://www.pref.miyazaki.lg.jp/shinsei-kachikuboeki/shigoto/chikusangyo/h22fmd/kioku.html

問７．下線部⑦に関連して，宮崎県ではピーマンの栽培（さいばい）がさかんです。**《資料９》**は2019年の東京卸（おろし）売（うり）市場における，ピーマンの月別取引量を産地別に示したものです。**《資料９》**の**い〜は**はそれぞれ２月，5月，8月のいずれかを指し，Ａ〜Ｃはそれぞれ宮崎県，茨城（いばらき）県，岩手（いわて）県のいずれかです。８月にあたるものを，**い〜は**から選び，Ａ〜Ｃにあてはまる産地の組み合わせとして正しいものを，次の**ア〜カ**から１つ選び，記号で答えなさい。

《資料９》2019 年の東京卸売市場におけるピーマンの月別取引量

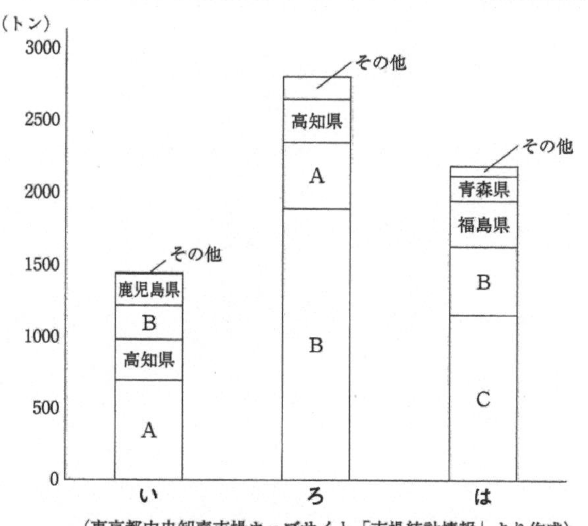

（東京都中央卸売市場ウェブサイト「市場統計情報」より作成）
http://www.shijou-tokei.metro.tokyo.jp/

	A	B	C
ア	茨城県	岩手県	宮崎県
イ	茨城県	宮崎県	岩手県
ウ	岩手県	茨城県	宮崎県
エ	岩手県	宮崎県	茨城県
オ	宮崎県	茨城県	岩手県
カ	宮崎県	岩手県	茨城県

問８．下線部⑧に関連して，韓国（かんこく）について述べた文として**誤っているもの**を，次の**ア〜エ**から１つ選び，記号で答えなさい。

ア．韓国のソウル市から九州の福岡市までの直線距離（きょり）は，東京都新宿区から福岡市までの直線距離よりも短い。

イ．韓国では自動車や半導体などの産業が発展し，過去20年近くのあいだ日本の主要な貿易相手国であり続けている。

ウ．韓国の文字には15世紀半ばに作られたハングルがあるが，現在では漢字の方が多く使われている。

エ．韓国の伝統的な住宅には，オンドルと呼ばれる床暖房が備わっていることが多い。

問９．下線部⑨に関連して，地方自治体（地方公共団体）について述べた文として正しいものを，次の**ア**～**エ**から１つ選び，記号で答えなさい。

ア．都道府県知事や市町村長には，その地位にふさわしいかどうか住民の意見をきく国民審査（しんさ）の制度がある。

イ．都道府県や市には選挙で選ばれる議員からなる議会があるが，町や村には議会は置かれていない。

ウ．都道府県知事や市町村長は，行政のために必要な条例を制定する権限をもっている。

エ．都道府県や市町村は，国から独立して，予算を決めることができる。

問10．下線部⑩に関連して，政府から独立して世界的な問題に対して取り組む民間団体をNGOと呼びます。次のなかでNGOにあたるものを，次の**ア**～**エ**から１つ選び，記号で答えなさい。

ア．ユニセフ　**イ**．国境なき医師団　**ウ**．青年海外協力隊　**エ**．世界食糧（しょくりょう）計画

きた、その最たるもの、それが「弱さ」だ。（中略）

二年前、大学の教員になった。学生と対話するなかで強く感じたのは、世にいう自己責任論の強さだった。それは無意識のレベルにまで浸透（しんとう）している。いかに「強く」あるかは分かっていても、自己と他者の「弱さ」の認識が難しいのである。

たとえば、科学は世の中にどう貢献（こうけん）できるか、というテーマで論議が始まる。話し合いは活発に行われるのだが、その視座はほとんど「助ける」側にあって、「助けられる」側にはなかなかいかない。

もちろん、学生を責めることはできない。学生たちが進んでそうしたのではない。いつも誰かと競争し、他者に抜きに出ろ（注）という社会の求めに応じた結果なのである。

「弱い」立場に立ってみなければ「弱い人」は見えてこない。さらにいえば「弱い人」の多くは、人の目の届かないところにいる。

（朝日新聞二〇二〇年四月三〇日付朝刊　若松英輔の寄稿による）

（注）抜きに出ろ…ここでは「抜きん出ろ」のこと。

【条件】

① 二文に分けて書き、一文目は「筆者は、～と考えている。」という形で、二文目は、「それに対し、学生たちは～。」という形で書くこと。

② 一文目では、筆者が「自分を知る」とはどのようなことだと考えているかを説明すること。

③ 二文目は、［資料］より、筆者が考える「自分を知る」ことに対する「学生」たちの現状はどのようなものかを読み取って説明すること。

なったということ。

ウ　コロナ禍によって、リーダーにふさわしい人は、解決困難な問題を前にして強がる態度を貫く人ではなく、問題解決の難しさを正直に訴えて国民と全ての情報をありのままに共有しようとする人になったということ。

エ　コロナ禍によって、リーダーにふさわしい人は、単に自分の強さを演出して国民をまとめようとする人ではなく、国民に連帯することを命じながらも人々の弱さに対する共感を大切にする人になったということ。

問六　――線部**4**「『つながり』と『交わり』がどのように違うのか」とあるが、筆者は「つながり」と「交わり」についてどのような違いがあると考えているか。次の中から適当なものを一つ選び、記号で答えなさい。

ア　「つながり」は、自分たちの弱さを見せ合って他者を理解することで、力強いリーダーシップを生むものである一方、「交わり」は力強いのは言葉だけで、危機に直面する世界を新たに作り変えることはできないものであるという違い。

イ　「つながり」は、自分たちの弱さを認め合うことで、他者との目に見えない深い結びつきを生む関わり方である一方、「交わり」は自分の弱さをさらすことができず、互いに強くあることを求める表面的な関わり方であるという違い。

ウ　「つながり」は、弱さを許容することで安心をもたらし、弱い立場の人を守るという社会的な結びつきである一方、「交わり」は強い存在になろうと互いに努力し励まし合うという、人間同士のきずなを深める結びつきであるという違い。

エ　「つながり」は弱さをさらけ出すことで弱者同士が連帯し、助け合ってより強い力を生み出そうとする関係性である一方、「交わり」は自分が他者よりも優位に立って生き延びようとする、強みを持つ者同士の関係性であるという違い。

問七　――線部**5**「人は、弱くあることによって強く『つながる』」とあるが、こうした「つながり」がその「つながり」の中にいる人にもたらすのはどのような経験か。そのことを説明した次の文の（　）内に入る適当な語句を――線部**5**から本文の末尾までの間で、二五字以上、三〇字以内で抜き出し、始めと終わりの五字を答えなさい。

（　　　　　）ような経験。

問八　――線部**6**「自分を知る」について、次の【資料】を読んだうえで、次のページにある【条件】に従って、八〇字以上、一〇〇字以内で説明しなさい。

【資料】

今、世界は、未知なるウイルスの蔓延を契機とした、複合的な危機の渦中にいる。

それは健康の回復という領域をはるかに超えたものにふくれあがっている。仮に明日、感染症に劇的に効くワクチンが開発されても、パンデミックが問題を生んだ、と考えているうちは、本質的な解決には至るまい。

むしろ、危機は、これまで社会が、見て見ぬふりをしてきたものに起因する。見過ごしてきたもの、さらにいえば、ひた隠しにして

ながが必要な場合は、送りがなも含めて書くこと。

問二 〰〰線部①「『メッキ』がはがれる」・②「いたずらに」の意味として適当なものを次の中から一つ選び、記号で答えなさい。ただし、「メッキ」とは表面を金属の薄い膜でおおうことを意味している。

①「『メッキ』がはがれる」

ア これまで目立ってきた人物が注目されなくなる。
イ いままで隠されていた本性が明らかになる。
ウ これまで言ってきたことが全て嘘だと分かる。
エ いままで外部から守っていたものがなくなる。

②「いたずらに」

ア むやみに。　イ 悪ふざけで。
ウ 無理矢理に。　エ 表面的に。

問三 ――線部1「ある意味で意外なことを語ります」とあるが、なぜ「意外」なのか。次の中から適当なものを一つ選び、記号で答えなさい。

ア 自分も不安をかかえていると隠さず表明して国民に救いを求めたから。
イ 現在混乱を極めている自国の危機的な状況についてありのままに伝えたから。
ウ 自分が現在感じている不安をそのまま正直に国民の前で表明したから。
エ 教育や経済の問題より人々のつながりが断絶する方が心配だと指摘したから。

問四 ――線部2「この言葉を聞いた人たちには深い安堵が広がったと思うのです」とあるが、それはなぜか。次の中から適当なものを一つ選び、記号で答えなさい。

ア 国民はリーダーのメルケルが強がらず弱い存在のままでいると分かり、その様子から自分の強さを誇らないメルケルこそが新しい時代のリーダーとして優れているとはっきり認識できたから。
イ 国民はメルケルが協力し合うことを求めていると理解し、それによって自分たち一人一人は弱い存在のままでも、力を合わせればこの困難を乗り越えることができると前向きになれたから。
ウ 国民はリーダーのメルケルが自分たちの不安を理解してくれていると分かり、だから今はまだ自分たちは弱いままでいてもよく、きっとメルケルが自分たちの不安を解消してくれると思えたから。
エ 国民はリーダーのメルケルでさえ自分たちと同じ弱い存在なのだと理解し、それを知ることで自分たちも弱い存在のままでいてもよく、強い気持ちで困難に立ち向かわなくてもよいと思えたから。

問五 ――線部3「コロナ禍は、リーダーのあるべき姿を根本から変えたように思います」とあるが、それはどういうことか。次の中から適当なものを一つ選び、記号で答えなさい。

ア コロナ禍によって、リーダーにふさわしい人は、自分の強さを誇示して人々を一方的に引っ張る人ではなく、自分の心の中にある弱さを進んで見せることで社会の中に連帯を実現しようとする人になったということ。
イ コロナ禍によって、リーダーにふさわしい人は、頑張れという言葉を繰り返して人々から共感を得ようとする人ではなく、個人の不安に寄り添って社会全体に思いやりの気持ちを広めようとする人に

葉になるかもしれません。彼女はそれを直接語る、というよりも[d]タイゲンしようとします。

また、ここでメルケルが語っている「いのち」は、身体的な「生命」と深い関係がありながらも同じものではありません。「いのち」と「生命」は、どういう関係にあるのでしょうか。「生命」がなくなれば、「いのち」も消滅するのでしょうか。

私たちの身体はしばしば目に見え、手でふれあえる、「交わり」を求めます。しかし目に見えない「つながり」を実現するのは、「生命」よりも「いのち」です。「いのち」と「いのち」がふれあったとき、私たちは「つながった」と感じるのではないでしょうか。

また、日常生活で「交わり」のなかにいるとき、私たちはなるべく「弱さ」を隠そうとします。「強がる」ことが多いようにも思います。

そのいっぽうで、信頼できる人と「つながり」を感じるときは、安心して「弱く」あれるのではないでしょうか。それだけでなく、弱いところを見せながらも、互いに助け合うということも起こる。[5]人は、弱くあることによって強く「つながる」ことが少なくないのです。

今――そしてかつても――この国ではどこかから「頑張ろう」という耳には聞こえない「声」が響いてくるように私には感じられます。みんなでもっと「強く」あろうと励まし合っているように思うこともあります。

励まし合うのはよいことなのかもしれません。しかし、それよりも弱さを互いに受け入れることが最初ではないでしょうか。

弱さと弱さが重なっても、より弱くなるだけなのではないか、という声もどこかから聞こえてきそうです。「あたま」で考えるとそうなります。しかし、先にもふれたように私たちが、互いに内なる弱い人の姿で誰かに会う。そこには、信頼や友愛、ときには慰めがあり、あるときは孤立から救い出された心地もするかもしれません。

不思議なことなのですが、弱さによって実現した「つながり」は、私たちをより弱くするとは限らないのです。その人に眠っている可能性や生きるちからを呼び覚ますこともあるのです。

メルケルの話を聞いていると、彼女はこの「弱さの理法」というべきものを[e]ジュクチしているように思われてきたのです。メルケルはもともと物理学者でした。彼女は優れた合理的精神の持ち主です。その一方で、プロテスタントのキリスト者でもあります。彼女には『わたしの信仰』（新教出版社）という講演録があります。その一節を読んでみたいと思います。

　人間はそもそも自分を愛し、自分を信じ、自分自身を理解していなければ他者を愛することもできません。

とても素朴な言葉ですが、たいへん重要な指摘なのではないでしょうか。他者を愛するために、最初に試みるべきは、自分を愛し、自分を信じ、自分を知ることだというのです。

[6]自分を知るとは、やはり、自分の中にある弱さを否むのではなく、愛しむことなのではないでしょうか。私たちは、自分の弱さを抱きしめられたときに、他の人の弱さもまた、拒むのではなく、抱きしめるに値するものであることに気がつくのだと思うのです。

（若松英輔『弱さのちから』）

問一　＝＝＝線部ａ～ｅのカタカナを漢字に直しなさい。ただし、送りが

うな状況では、今後どうなるのかと疑問や不安で頭がいっぱいになります。

一見何気ない言葉のように見えるかもしれません。しかし、あの日、先の見えない状況のなかで、2この言葉を聞いた人たちには深い安堵が広がったと思うのです。彼女は国民を直接的にはげますのではなく、「不安」を共有しようとします。「誰もが」と前置きし、「疑問や不安で頭がいっぱい」だ、とメルケルがいうとき、もちろん、そこには彼女自身も含まれています。彼女は自分が抱えている不安を隠すことなく開示したのです。

この言葉はほどなく、日本語になって、インターネット上にも流れました。それを読んだときの感動を今も忘れることができません。メルケルが、決して口にしなかったのは「頑張れ」という言葉です。「皆さん、頑張りましょう」「私たちはどうにかなります。頑張りましょう」と彼女はいわない。彼女は「強さ」を誇るような態度を取りません。むしろ、「弱い」「私たちは弱い存在なのだ」ということを最初に語るのです。

彼女は、自分の「弱さ」を明らかにすることで、本当の意味で、連帯というものが生まれてくることを経験的に知っているのだと思います。それは見方を変えれば、彼女自身がそうした弱さを正直に語る人をリーダーとして選んできたということもあるのだろうと思います。

3コロナ禍は、リーダーのあるべき姿を根本から変えたように思います。世界のさまざまなところで、いわゆる①「メッキ」がはがれるような現象が起こっています。これまでは「強い」リーダーが発言力を高めていました。

しかし、これからは、②いたずらに「強がる」リーダーではなく、真の意味で「弱さ」を受け入れることのできる「弱い」リーダーこそが、人々と深いところでつながるのではないかと思うのです。

今日、メルケルの言葉にふれながら、bアラタメテ考えてみたいのは、「つながり」という言葉です。この「つながる」という言葉は今、世界のさまざまな所で語られ始めています。（中略）

似た言葉で「交わり」という言葉もあります。4「つながり」と「交わり」がどのように違うのか、そして、この言葉の差異を繊細に感じ分けつつ、世界をどのようにつくり変えていかなければならないのか、ということを考えてみたいのです。

さて、メルケルは、先の言葉のあとに、多くの人が病に感染し、そして亡くなっていくなかで、人の「いのち」をめぐって語ります。

これは、単なる抽象的なcトウケイ数値で済む話ではありません。ある人の父親であったり、祖父、母親、祖母、あるいはパートナーであったりする、実際の人間が関わってくる話なのです。そして、私たちの社会は、一つひとつの命、一人ひとりの人間が重みを持つ共同体なのです。

どの国でも感染者数は日々公表され、それを見た人々はさまざまな思いを胸に宿します。しかし、その一方で、人間の「いのち」は、けっして数量化されない何かでもあることも知っています。そして、「いのち」の次元では誰もが、尊厳を持った平等な存在であることもどこかで感じながら生きています。メルケルはそれに深い敬意を表するのです。

「敬意」は、リーダーとしてのメルケルを考えるとき、とても重要な言

繍が好きだということをこの機会に思い切って宮多に伝えようとして気持ちが高ぶっているから。

イ　宮多との関係が気まずくなって学校で孤立することになったとしても、刺繍が好きだという本当の思いを打ち明けようとして、不安や緊張を抱いているから。

ウ　ゲームに興味がないことを打ち明けたら、今後は楽しいふりをせずにすむが、優しくしてくれた宮多を裏切ることになり、怒らせてしまうことを恐れているから。

エ　刺繍が好きな気持ちをごまかすことはできないので、趣味の合わない宮多たちと決別しようとしているが、これから宮多たちの態度がどう変わるか分からず、不安だから。

問九　――線部9「靴紐をきつく締め直して、歩く速度をはやめる」とあるが、この時の「僕」の心情はどのようなものか。次の中から適当なものを一つ選び、記号で答えなさい。

ア　たとえ恥ずかしくても、自分が嫌いだったゲームについて宮多に教えてもらい、あらためて仲間に入れてもらおうと決意するとともに、もしそれが自分の好みでなければ、好きなふりをせず本心を伝えようと自分を奮い立たせている。

イ　刺繍を趣味とすることで友達がいなくなるとしても、それを恐れることなく、一人で生きていこうと決意するとともに、宮多たちを心のせまい人間だと決めつけていたことを恥じ、他者への理解も必要であることを実感している。

ウ　多くの人には理解されなくても、刺繍が趣味であることを隠さず、好きなことを追い求めていこうと決意するとともに、自分も宮多たちとのかかわり方をあらためることで関係性を深めていくことができそうだという期待を抱いている。

エ　すぐには分かってもらえなくても、うまく縫えるよう努力を重ね、友達に刺繍のすばらしさを伝えようと決意するとともに、自分も宮多たちが好きなゲームを楽しむことで、明るい学校生活を送りたいという希望を持っている。

問十　＝＝線部「え、めっちゃうまいやん。松岡くんすごいな」とあるが、宮多のこの返信をきっかけにして、「僕」は自分のこれまでの生き方・姿勢についてこの後どのようなことに気づいていったのか。「僕」が得た気づきについて二つの内容にふれながら説明しなさい。なお、次の（　）内に五〇字以上、七〇字以内の語句を補う形で書くこと。

「僕」は、（　　　　　　　）ことに気づいていった。

二、次の文章を読み、後の問いに答えなさい。

最初に味わってみたいと思うのはメルケル首相が、今年三月十八日に行ったテレビ演説の言葉です。これからご紹介する一文は、皆さんもドイツ大使館のホームページで読むことができます。この[a]ダンワのはじめに彼女は、次のような、[1]ある意味で意外なことを語ります。

何百万人もの方々が職場に行けず、お子さんたちは学校や保育園に通えず、劇場、映画館、店舗は閉まっています。なかでも最もつらいのはおそらく、これまで当たり前だった人と人の付き合いができなくなっていることでしょう。もちろん私たちの誰もが、このよ

たんに排除されてしまうような場所。

イ　学校の皆の価値観に合った個性ならばもてはやされもするが、その価値観に合っていない個性を持っていると、たとえそれが学校をより多様で豊かにするものだとしても、とたんに変人として扱われてしまうような場所。

ウ　学校の皆が理解できる個性ならば受け入れられもするが、理解できないような個性だと、たとえそれが社会に出たあと才能として開花する可能性を持ったものだとしても、とたんに周りからその個性がつぶされてしまうような場所。

エ　学校の中で明らかに優秀だと認められる個性ならば尊敬されもするが、その能力が中途半端だと、たとえそれが一般社会においては当たり前に尊重されるべきものだとしても、とたんに否定的に扱われてしまうような場所。

問六　――線部6「ずんずんと～ように見えた」とあるが、――線部6より前の部分で描かれた高杉くるみは、「僕」の目からどんな人物に見えていると考えられるか。次の中から**適当でないものを二つ**選び、記号で答えなさい。

ア　独特な感受性を持っていて、自分が興味を持っていることにのめりこむところのある人物。

イ　想像力があまりに豊かなため、日々の生活においても自分の空想の世界の中だけで生きている人物。

ウ　自分の世界をしっかりと持っていて、時にそばにいる相手よりも興味の対象に心を奪われてしまうこともある人物。

エ　自分を受け入れようとしない人たちに対して、どう対応すればよいかをこれまでの経験から分かっている人物。

オ　自分自身のことはよく分かっているが、他人の気持ちを想像したり、気遣ったりすることはできない人物。

カ　一人でいることを恐れず、人に気に入られようとして周りの目を気にすることのない人物。

問七　――線部7「いつも、ひとりだった」とあるが、「僕」がこの時そう感じたのはなぜか。次の中から適当なものを一つ選び、記号で答えなさい。

ア　たとえ友達のグループに入れても、会話についていくことができず、いつの間にか友達が自分から離れていったので、自分はいつも一人だったと気づいたから。

イ　誰かと一緒に過ごしていた時も、あえて自分をいつわってまで友達を作ろうとしてこなかったので、自分はむしろ孤独でいることを選んできたのだと気づいたから。

ウ　たとえ友達と一緒にいても、楽しいふりをしていなければならないとずっと意識しながら生きてきたので、結局は一人でいるのと同じだったという思いがわいたから。

エ　誰かと一緒にいた時も、今になって気づいてみたら本当の気持ちを押し隠していることが多かったので、結局はいつも心の中は孤独だったという思いがわいたから。

問八　――線部8「文字を入力する指がひどく震える」とあるが、「文字を入力する」「僕」の「指がひどく震え」ていたのはなぜか。次の中から適当なものを一つ選び、記号で答えなさい。

ア　宮多のグループにいられなくなってもよいと心に決め、本当は刺

間、孤立を恐れる今の自分を情けなく思う気持ちが急に高まり、気づいたら会話の輪から抜けることを四人にわびる言葉を発していた。

ウ　自分に正直であることをつらぬいて一人でいる高杉の姿を見た瞬間、心をいつわり周りにうまく合わせている自分が急にずるい人間に思えてきて、その罪悪感から高杉にわびる言葉が思わず口をついて出た。

エ　孤立を気にせず自分の趣味に没頭している高杉の姿が目に入った瞬間、そういう生き方こそが自分にはふさわしいと思う気持ちが急にわき、四人にわびて会話の輪から抜ける言葉を感情のままに発していた。

問三　――線部3「でももう、あとには引けない」とあるが、この時「僕」はどのようなことを思ったのか。次の中から適当なものを一つ選び、記号で答えなさい。

ア　自分をあざ笑うような様子を見せた四人のグループに対して、怒りをあらわにし、注目を集めてしまった以上、もう二度とクラスのどのグループにも入れなくなるだろうと思った。

イ　自分にとって大切な刺繍を馬鹿にするような様子を見せた四人のグループに対して、反抗的な態度で応じてしまった以上、今後も刺繍についてからかわれることが続くだろうと思った。

ウ　自分を見下すような様子を見せた四人のグループに対して、自分も相手を見下すような態度で応じた以上、お互いに相手を軽蔑し、にくしみ合うことになるだろうと思った。

エ　自分をからかうような様子を見せた四人のグループに対して、強い口調で反応し、クラスでも注目されてしまった以上、もはやおだやかにこの場を収めることはできないだろうと思った。

問四　――線部4「べつに。なあ。うん。彼らはもごもごと言い合い、視線を逸らす」とあるが、この時の「彼ら」の行動や気持ちの説明として適当なものを次の中から一つ選び、記号で答えなさい。

ア　意外な反応にまごつきながらも強く言い返したところ、「僕」が食ってかかってきたため、そのことに動揺しつつもそれをごまかし、「僕」にこれ以上かかわることを避けている。

イ　本を読みながら手を動かす様子をからかっていたところ、「僕」が突然怒りだしたため、そのことにおどろきつつも違和感を覚え、「僕」をさらに冷やかしてやろうとたくらんでいる。

ウ　どうせ言い返せないと決めつけていたところ、「僕」が思わぬ形で反撃してきたため、そのことに腹を立てつつも恐ろしく思い、「僕」の気迫にすっかり打ちのめされている。

エ　自分たちへの挑発に対して応戦したところ、「僕」が急にむきになりだしたため、そのことをおもしろがりつつもとまどいを感じ、「僕」とどう付き合っていけばよいのか迷っている。

問五　――線部5「個性は大事、というようなことを～たぶんない」とあるが、そう思っている「僕」は、この時学校という「場所」をどういう「場所」だと思っているか。次の中から適当なものを一つ選び、記号で答えなさい。

ア　学校の中で受け入れられる程度の個性ならば皆に愛されもするが、その範囲を越える個性を持っていると、たとえそれが世の中を見渡せば同様の個性の持ち主が多くいるようなものだとしても、と

わかってもらえるわけがない。どうして勝手にそう思いこんでいたのだろう。

今まで出会ってきた人間が、みんなそうだったから。だとしても、宮多は彼らではないのに。

いつのまにか、また靴紐がほどけていた。しゃがんだ瞬間、川で魚がぱしゃんと跳ねた。波紋が幾重にも広がる。太陽の光を受けた川の水面が風で波打つ。まぶしさに目の奥が痛くなって、じんわりと涙が滲む。

きらめくもの。揺らめくもの。目に見えていても、かたちのないものには触れられない。すくいとって保管することはできない。太陽が翳ればたちまち消え失せる。だからこそ美しいのだとわかっていても、願う。布の上で、あれを再現できたらいい。そうすれば指で触れてたしかめられる。身にまとうことだって。㊟そういうドレスをつくりたい。着てほしい。すべてのものを「無理」と遠ざける姉にこそ。きらめくもの。揺らめくもの。どうせ触れられないのだから、なんてあきらめる必要などない。無理なんかじゃないから、ぜったい。

どんな布を、どんなかたちに裁断して、どんな装飾をほどこせばいいのか。それを考えはじめたら、いてもたってもいられなくなる。

それから、明日。明日、学校に行ったら、宮多に例のにゃんこなんとかというゲームのことを、教えてもらおう。好きじゃないものを好きなふりをする必要はない。でも僕はまだ宮多たちのことをよく知らない。知ろうともしていなかった。

9 靴紐をきつく締め直して、歩く速度をはやめる。

（寺地はるな『水を縫う』）

㊟ ナポリタン・マスティフ。あるいはポメラニアン…犬の種類の名前。
そういうドレス…「僕」が手作りすると約束した、姉が結婚式で着るドレス。

問一 ――線部1「もう、相槌すら打てなくなってきた」とあるが、この時の「僕」の気持ちの説明として適当なものを次の中から一つ選び、記号で答えなさい。

ア 宮多たちは楽しそうに話しているのに、自分だけ会話についていくことができず、これ以上楽しいふりをすることに後ろめたさを感じている。

イ 友だちを作りたいと強く望んでいるのに、宮多たちの話を聞いているだけで積極的に話しかけようとしない自分を情けなく思い、気持ちが沈んでいる。

ウ 友だちを作らなければならないと思っているのに、宮多たちの会話に入れないまま自分だけが取り残されていき、気持ちがくじけそうになっている。

エ 宮多たちの会話に入れてもらえず、落ちこんでいたが、いつも自分をはげましてくれる祖母のことを思い出し、なんとか自分を奮い立たせようとしている。

問二 ――線部2「その顔を見た瞬間『ごめん』と口走っていた」とあるが、この時の「僕」の行動や気持ちの説明として適当なものを次の中から一つ選び、記号で答えなさい。

ア 一人でいても全くさびしそうにしていない高杉の姿を見た瞬間、一人でいる人間はさびしいと決めつけていた自分の浅はかさに気づき、グループ内の会話から抜けて高杉にわびる言葉がふとこぼれ出た。

イ 孤立していても堂々と落ち着いている高杉の姿が目に入った瞬

「やすりで磨くの。つるつるのぴかぴかになるまで」

放課後の時間はすべて石の研磨にあてているという。ほんまにきれいになんねんで、と言う頬がかすかに上気している。

ポケットから取り出して見せられた石は三角のおにぎりのような形状だった。たしかによく磨かれている。触ってもええよ、と言われて、手を伸ばした。指先で、しばらくすべすべとした感触を楽しむ。

「さっき拾った石も磨くの？」

くるみはすこし考えて、これはたぶん磨かへん、と答えた。

「磨かれたくない石もあるから。つるつるのぴかぴかになりたくないってこの石が言うてる」

石には石の意思がある。駄洒落のようなことを真顔で言うが、意味がわからない。

「石の意思、わかんの？」

「わかりたい、といつも思ってる。それに、ぴかぴかしてないときれいやないってわけでもないやんか。ごつごつのざらざらの石のきれいさってあるから。そこは尊重してやらんとな」

じゃあね。その挨拶があまりに唐突でそっけなかったので、怒ったのかと一瞬焦った。

「キヨくん、まっすぐやろ。私、こっちやから」

川沿いの道を一歩踏み出してから振り返った。6ずんずんと前進していくるみの後ろ姿は、巨大なリュックが移動しているように見えた。

石を磨くのが楽しいという話も、石の意思という話も、よくわからなかった。わからなくて、おもしろい。わからないことに触れるということ。似たもの同士で「わかるわかる」と言い合うより、そのほうが楽しい。

ポケットの中でスマートフォンが鳴って、宮多からのメッセージが表示された。

「昼、なんか怒ってた？　もしや俺あかんこと言うた？」

違う。声に出して言いそうになる。宮多はなにも悪いことをしていない。ただ僕があの時、気づいてしまっただけだ。自分が楽しいふりをしていることに。

7いつも、ひとりだった。

教科書を忘れた時に気軽に借りる相手がいないのは、心もとない。ひとりでぽつんと弁当を食べるのは、わびしい。でもさびしさをごまかすために、自分の好きなことを好きではないふりをするのは、好きではないことを好きなふりをするのは、もっともっとさびしい。

好きなものを追い求めることは、楽しいと同時にとても苦しい。その苦しさに耐える覚悟が、僕にはあるのか。

8文字を入力する指がひどく震える。

「ちゃうねん。ほんまに本読みたかっただけ。刺繍の本」

ポケットからハンカチを取り出した。祖母に褒められた猫の刺繍を撮影して送った。すぐに既読の通知がつく。

「こうやって刺繍するのが趣味で、ゲームとかほんまはぜんぜん興味なくて、自分の席に戻りたかった。ごめん」

ポケットにスマートフォンをつっこんだ。数歩歩いたところで、またスマートフォンが鳴った。

「え、めっちゃうまいやん。松岡くんすごいな」

そのメッセージを、何度も繰り返し読んだ。

したように目を見開く。その隣の男子が「は？　なんなん」と頬をひきつらせた。

「いや、なんなん？　そっちこそ」

4 べつに。なあ。うん。彼らはもごもご言い合い、視線を逸らす。教室に、ざわめきが戻る。遠くで交わされるひそやかなささやきや笑い声が、耳たぶをちりっと掠めた。

校門を出たところでキヨくん、と呼ばれた。振り返ったその瞬間に、強い風が吹く。

キヨくん。小学校低学年の頃のままに、高杉くるみは僕の名を呼ぶ。当時は僕も彼女を「くるみちゃん」と親しげな感じで呼んでいたのだが、学年が上がるにつれて会話の機会が減り、今ではもうどう呼べばいいのかわからない。

「高杉さん。くるみさん。どっちで呼んだらええかな？」

「どっちでも」

名字が高杉というだけで塾の子らに「晋作」と呼ばれていた時期があって嫌だった、なので晋作でなければ、なんと呼ばれても構わないらしい。

「高杉晋作、嫌いなん？」

「嫌いじゃないけど、もうちょい長生きしたいやん」

「なるほど。じゃあ……くるみさん、かな」

歩いていると、グラウンドの野球部やサッカー部の声がどんどん遠くなっていく。今日は世界がうっすらと黄色くて、遠くの山がぼやけて見えた。春はいつもそうだ。すべての輪郭があいまいになる。

「あんまり気にせんほうがええよ。山田くんたちのことは」

「山田って誰？」

僕の手つきを真似て笑っていたのが山田某らしい。

「私らと同じ中学やったで」

「覚えてない」

5 個性は大事、というようなことを人はよく言うが、学校以上に「個性を尊重すること」「伸ばすこと」に向いていない場所は、たぶんない。柴犬の群れに交じった(注)ナポリタン・マスティフ。あるいはポメラニアン。犬集団の中でもてはやされる個性なんて、せいぜいその程度のものだ。犬の集団にアヒルが入ってきたら、あつかいに困る。

アヒルはアヒルの群れに交じれば見分けがつかなくなる。その程度のめずらしさであっても、学校ではもてあまされる。浮く。くすくす笑いながら仕草を真似される。

「だいじょうぶ。慣れてるし」

けど、お気遣いありがとう。そう言って隣を見たら、くるみはいなかった。数メートル後方でしゃがんでいる。灰色の石をつまみあげて、しげしげと観察しはじめた。

「なにしてんの？」

「うん、石」

うん、石。ぜんぜん答えになってない。入学式の日に「石が好き」だと言っていたことはもちろんちゃんと覚えていたが、まさか道端の石を拾っているとは思わなかった。

「いつも石拾ってんの？　帰る時に」

「いつもではないよ。だいたい土日にさがしにいく。河原とか、山に」

「土日に？　わざわざ？」

【国　語】（五〇分）〈満点：一二〇点〉

【注意】・字数指定のある問いは、句読点なども字数にふくめること。

一、次の文章を読み、後の問いに答えなさい。

「僕」（松岡清澄）は、祖母の影響で手芸や刺繍を趣味にしていた。中学時代にその趣味をからかわれたことがきっかけで同級生から浮いてしまい、友だちを作ることができず、家族から心配されていた。高校入学後は、すぐ後ろの席だった宮多に話しかけられるようになり、彼のグループに入ることができた。そのことを祖母は喜んでいた。

昼休みの教室には、机をくっつけたいくつもの島ができていた。大陸と呼びたいような大所帯もある。中学の給食の時間とは違う。めいめい仲の良い相手と昼食をともにすることができる。

入学式から半月以上過ぎた。僕は教卓の近くの、机みっつ分の島にいる。宮多を中心とする、五人組のグループだ。

宮多たちは、にゃんこなんとかという僕の知らないスマホゲームの話で盛り上がっている。猫のキャラクターがたくさん出てきて戦うのだという。ゲームをする習慣がないから、意味がよくわからない。さっきからぜんぜん会話に入れない。課金とかログインボーナスという単語が飛び交っている。1もう、相槌すら打てなくなってきた。

祖母の顔を思い出して、懸命に話についていこうとした。だって友だちがいないのは、よくないことなのだ。家族に心配されるようなことなのだから。

「なあ、松岡くんは」

宮多の話す声が、途中で聞こえなくなった。ふいに高杉くるみが視界に入ったから。

世界地図なら、砂粒ほどのサイズで描かれる孤島。そこに彼女はいた。箸でつまんだたまごやきを口に運んでいる。唇の両端がきゅっと持ち上がった。虚勢を張るわけでもなく、おどおどするでもなく、たまごやきを味わっている。2その顔を見た瞬間「ごめん」と口走っていた。

「え」

「ごめん。俺、見たい本あるから席に戻るわ」

ぽかんと口を開ける宮多たちに、背を向ける。

図書室で借りた、世界各国の民族衣装に施された刺繍を集めた本を開く。宮多たちがこの本に興味を示すとは到底思えない。わかってもらえるわけがない。ほんとうは『明治の刺繍絵画名品集』というぶあつい図録がよかった。残念ながらそちらは貸出禁止になっていたのだ。どのように糸を重ねてあるか、食い入るように眺める。ここはこうなって、こうなってて。勝手に指が動く。

ふと顔を上げると、近くにいた数名がこっちを見ていた。男女混合の四人グループのうちのひとりが僕の手つきを真似て、くすくす笑っている。

「なに？」

自分で思っていたより、大きな声が出た。他の島の生徒たちが気づいて、こちらに注目しているのがわかった。宮多たちも。3でももう、あとには引けない。

「なあ、なんか用？」

まさか話しかけられるとは思っていなかったのか、ひとりがぎょっと

2021年度

海城中学校入試問題(一般②)

【算　数】（50分）　＜満点：120点＞

【注意】・分数は最も簡単な帯分数の形で答えなさい。
・必要であれば，円周率は3.14として計算しなさい。

1　次の問いに答えなさい。

(1)　次の計算をしなさい。

0.2021×27＋2.021×26.3＋20.21×17.1＋202.1×2.4＋2021×1.56

(2)　おはじきが5袋(ふくろ)と$\frac{3}{4}$袋あります。友だちに965個あげたところ，3袋と80個残りました。1袋あたり何個のおはじきが入っていますか。

(3)　$\frac{4}{7}$に一番近い分数で，分母が23，分子が整数のものを求めなさい。

(4)　1以上1000以下の整数について，すべての7の倍数の和を求めなさい。

(5)　図のような正方形ABCDがあり，点Pは辺ADを2：1に，点Qは辺BCを2：3に分ける点です。正方形ABCDと斜線(しゃせん)部分の面積の比を，最も簡単な整数の比で求めなさい。

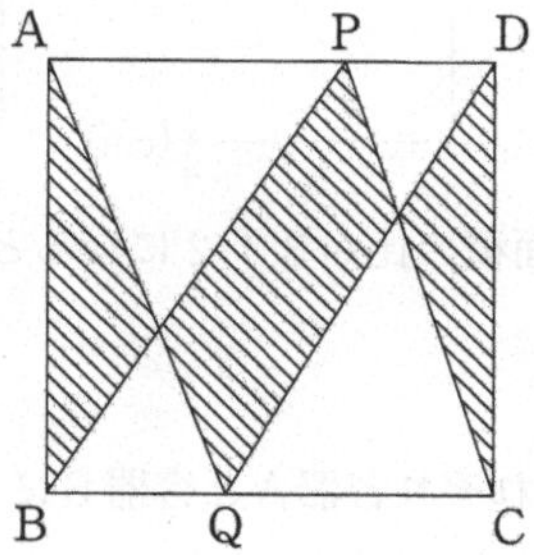

2　図のような正方形ABCDがあり，E，F，G，Hは辺の真ん中の点です。FGの長さは4cmで，IはFG上の点です。

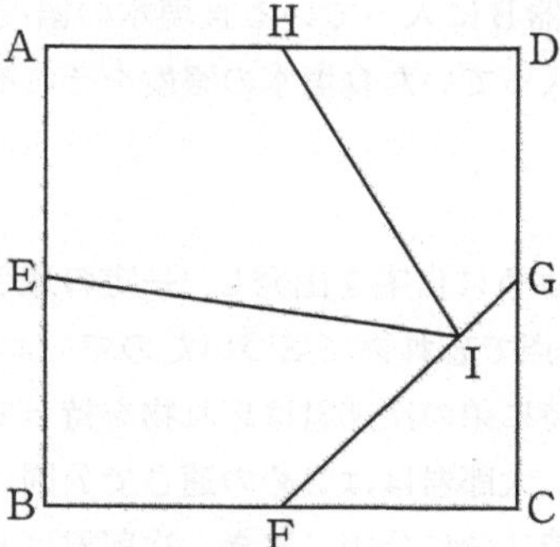

(1)　FIの長さと四角形AEIHの面積の関係を表すグラフとして適するものを次のページのア～キから選びなさい。

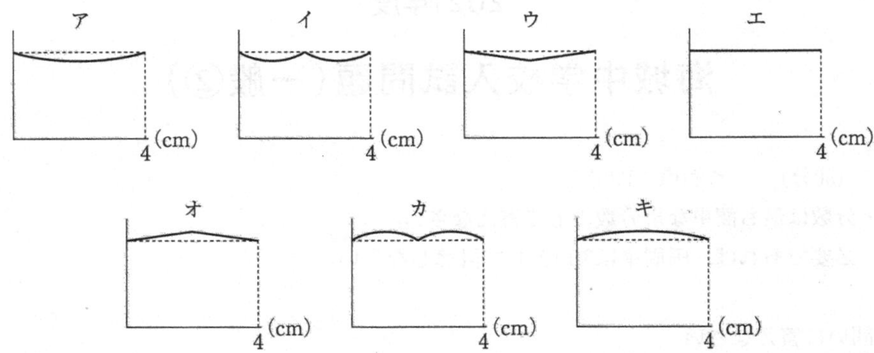

(2) FIの長さと四角形BFIE（ただし，ＩがＦと重なるときは三角形BFE）の面積の関係を表すグラフとして適するものを次のク～セから選びなさい。

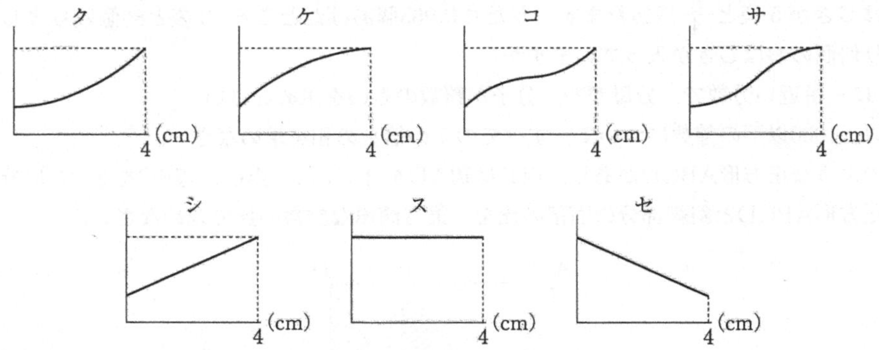

(3) 四角形BFIEと四角形DHIGの面積の比が３：２になるときのFIの長さを求めなさい。

3 濃度(のうど)の異なる食塩水100ｇが，それぞれ容器Ａと容器Ｂに入っており，次のような操作を行います。

容器Ａから50ｇの食塩水を容器Ｂに移し，その後に容器Ｂから50ｇの食塩水を容器Ａに移す。

(1) 容器Ａと容器Ｂに最初に入っている食塩水の濃度がそれぞれ６％と３％であるとき，1回の操作後に容器Ａと容器Ｂに入っている食塩水の濃度をそれぞれ求めなさい。

(2) ２回の操作後に容器Ａと容器Ｂに入っている食塩水の濃度がそれぞれ13％と14％であったとき，容器Ａと容器Ｂに最初に入っていた食塩水の濃度をそれぞれ求めなさい。

4 太郎君は，10時に公園に着くように自宅を出発し，一定の速さで歩いていきました。自宅から公園までの距離(きょり)の$\frac{9}{22}$だけ進んだ地点で忘れ物に気づいたので，はじめの速さの1.5倍で自宅に向かい，太郎君が自宅に向かったのと同時に弟の次郎君は忘れ物を持って分速60mで自宅から公園に向かいました。忘れ物を受け取った後，太郎君ははじめの速さで公園に向かい，次郎君は分速60mで自宅に向かったところ，太郎君は10時15分に公園に着き，次郎君は９時52分30秒に自宅に着きました。

(1) 自宅から，太郎君が次郎君から忘れ物を受け取った地点までの距離を求めなさい。

(2) 自宅から公園までの距離を求めなさい。

5 図のような１辺が２㎝の正方形ABCDがあり，E，F，G，Hは辺の真ん中の点です。また，EGとFHの交わる点をＩとします。Ａ以外の８点から２点を選び，Ａと結んで三角形を作ります。例えば，Ｆ，Ｃの２点を選ぶと三角形は図の太線部のようになります。

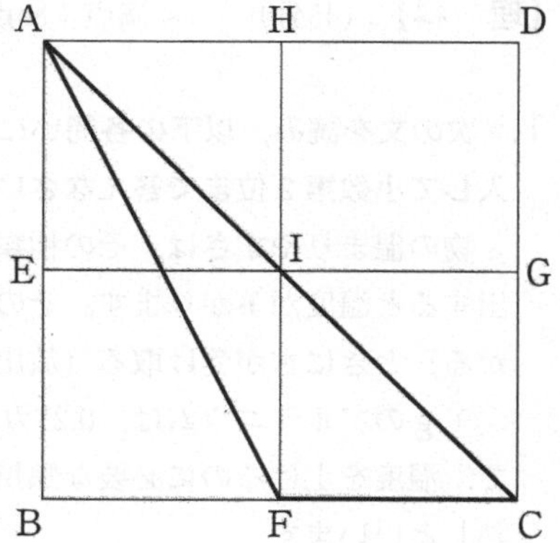

(1) 三角形は全部で何通りできますか。

(2) 面積が１㎠の三角形は全部で何通りできますか。

(3) 正方形AEIHと重なる部分の面積が$\frac{1}{2}$㎠となるような三角形は全部で何通りできますか。

6 図１のように１辺が６㎝の立方体が３個あります。

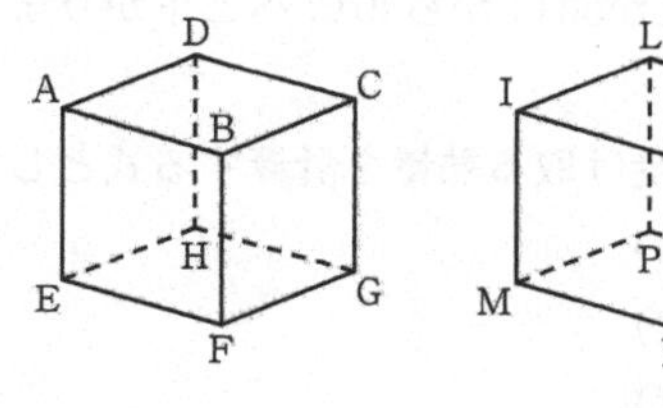

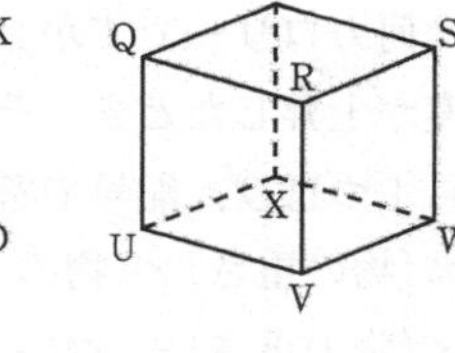

図１

これらの立方体を重ね合わせて図２のような立体を作りました。図３はこの立体を真正面，真横，真上から見た図です。

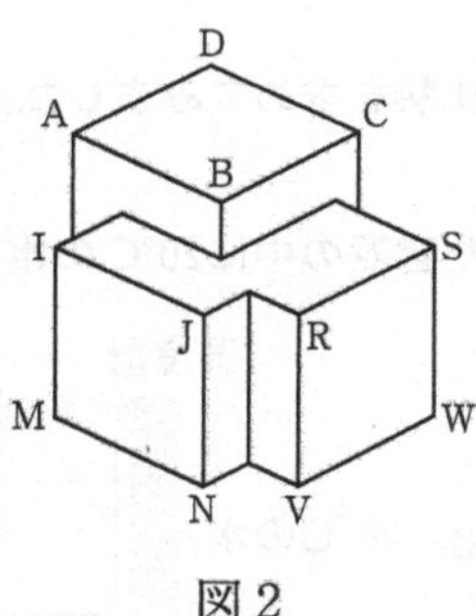

図２

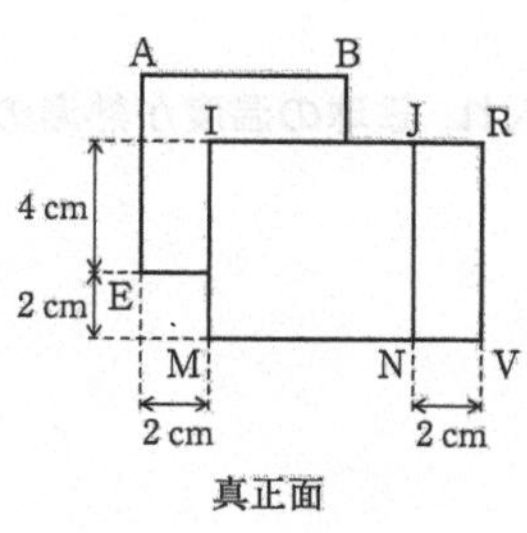

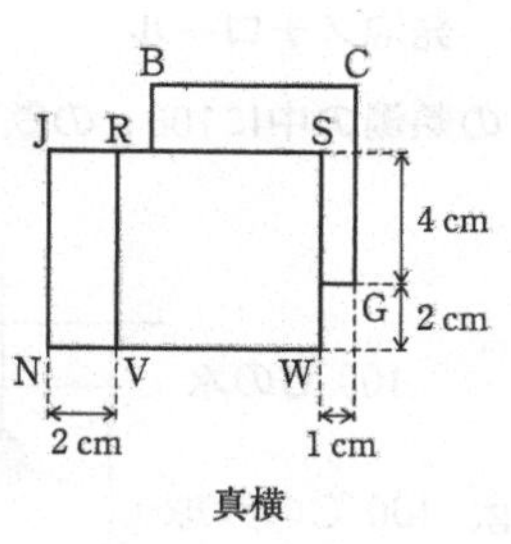

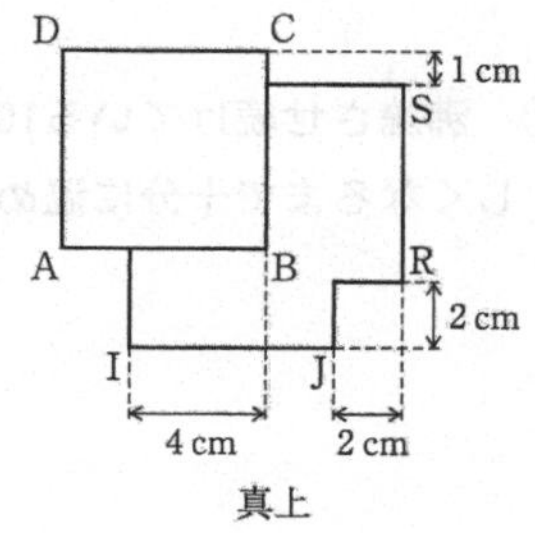

図３

(1) 図２の立体の表面積を求めなさい。

(2) 図２の立体の体積を求めなさい。

【理　科】（45分）　＜満点：80点＞

1．次の文を読み，以下の各問いに答えなさい。ただし，数値で答えるものは，必要であれば四捨五入して小数第２位まで答えなさい。

物の温まりやすさは，その種類によって異なります。物は熱を受け取ると温度が上がり，熱を放出すると温度が下がります。その熱の量のことを熱量といい，１ｇの水の温度が１℃だけ上がる（下がる）ときに水が受け取る（放出する）熱量を１カロリーといいます。

１ｇのアルミニウムは，0.21カロリーだけ熱を受け取ることで温度が１℃上がるので，水に比べて，温度を上げるのに必要な熱量は0.21倍です。このとき，「0.21」という値をアルミニウムの「比熱」といいます。

問１　200ｇの水が熱を受け取り，温度が20℃から30℃へと上がりました。水が受け取った熱量は何カロリーですか。

問２　300ｇのアルミニウムが熱を放出し，温度が50℃から40℃へと下がりました。アルミニウムが放出した熱量は何カロリーですか。

問３　ある物の温度が上昇（じょうしょう）したとき，その物が受け取る熱量を計算する式として，最も適当なものを次のア～エから１つ選び，記号で答えなさい。

ア　(物の比熱)×(物の重さ)×(物の上昇温度)
イ　(物の比熱)×(物の重さ)÷(物の上昇温度)
ウ　(物の比熱)×(物の上昇温度)÷(物の重さ)
エ　(物の比熱)÷(物の上昇温度)÷(物の重さ)

Ｋさんは，次の実験を行って，鉄の比熱を求めてみました。

【実験】

手順①　発泡（はっぽう）スチロールでくるまれた容器の中に20℃の水を190ｇ入れた。

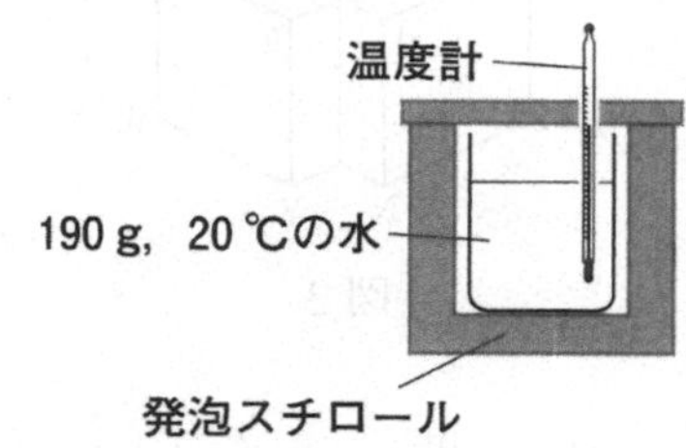

手順②　沸騰（ふっとう）させ続けている100℃の熱湯の中に100ｇの鉄球を入れ，鉄球の温度が熱湯の温度と等しくなるまで十分に温めた。

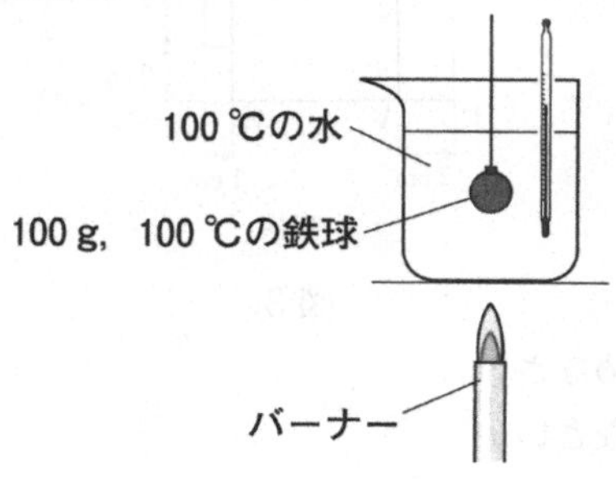

手順③　熱湯内から容器内の水へと鉄球をすばやく移し，水と鉄球の温度が等しくなるまでしばらく待ってから温度を測った。

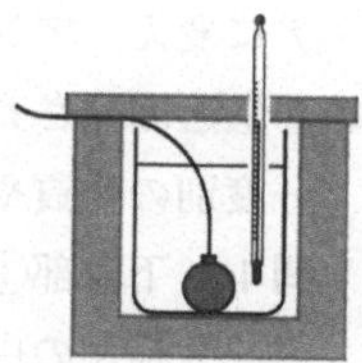

【結果】

水と鉄球の温度は24℃ になった。

問 4　手順③で容器内の水が受け取った熱量は何カロリーですか。

問 5　鉄の比熱はいくらですか。ただし，手順③で熱のやりとりは水と鉄球の間だけで行われ，鉄球が放出した熱量と水が受け取った熱量は等しいものとします。

Kさんは，手順③で鉄球を容器へ移す際に，鉄球の表面に100℃ の水が少しついていたことを思い出しました。この水が，問 5 で求めた鉄の比熱にどう影響（えいきょう）したかを考えてみましょう。

問 6　仮に100℃ の水 1 gが鉄球の表面についていて，それもいっしょに容器内へと移してしまっていたとすると，鉄の比熱の値はいくらになりますか。ただし，熱のやりとりは20℃ の水と100℃ の水と鉄球の間だけで行われ，100℃ の水と鉄球が放出した熱量の合計と20℃ の水が受け取った熱量は等しいものとします。

問 7　**問 6** の結果から，手順③で鉄球の表面に100℃ の水が少しついていたとすると，その影響を考えずに**問 5** で求めた比熱は本来の値より大きかったことになります。

これとは逆に，**問 5** で求めた鉄の比熱が本来の値より小さくなってしまう原因として考えられるものを次の**ア**～**エ**から 2 つ選び，記号で答えなさい。

ア　手順③で熱湯内から容器へと鉄球を移すまでの間に鉄球がその周りの空気を温めていること。

イ　手順③で水の温度が上がり，その水が容器を温めていること。

ウ　手順③で容器の近くにバーナーがあり，バーナーの火が容器やその中の水や鉄球を温めていること。

エ　手順③で鉄球についた糸が水を温めていること。

2. **次の文を読み，以下の各問いに答えなさい。**

アンモニアは，化学肥料，医薬品，合成繊維（せんい），染料などの原料となる人類にとって最も重要な物質のひとつで，世界での生産量は年間1.8億トンにのぼります。アンモニアを大規模に製造する方法は①実験室で行うときとは異なり，②ハーバー・ボッシュ法が用いられています。ハーバー・ボッシュ法は，水素と窒素（ちっそ）からアンモニアを合成する方法です。

現在，製造されたアンモニアのうち 8 割が化学肥料に使われています。さらに今後は，アンモニアを水素エネルギーの輸送，貯蔵に利用することが期待されています。水素エネルギーとは，水素を燃料として発電されたエネルギーのことです。水素を燃料とすることで，石油とは異なり二酸化炭素を排出（はいしゅつ）しない方法で発電することができるため，温室効果ガスの排出削減（さくげん）に大きく貢献（こうけん）できると考えられています。しかし，水素を燃料として発電するときに，水素を発電する装置の近くに輸送して貯蔵する必要がありますが，気体である水素を効率よく輸送したり貯蔵したりすることは難しいのです。一方，③アンモニアは水素よりも輸送，貯蔵が簡単であるため，水素を一度アンモニアに変え，アンモニアとして輸送，貯蔵し，燃料として使うときになったら水素に戻(もど)すという方法が最近開発されつつあります。このように，輸送したり貯蔵したりするために，燃料となる物質を一度別の物質や状態に変えたものをエネルギーキャリアといいます。

問1　下線部①について，次の文を読み，下の(1)～(4)に答えなさい。

2種類の白色粉末をよく混ぜ試験管に入れ，**図1**のように加熱をした。試験管で発生したアンモニアを乾(かわ)いた丸底フラスコに集め，**図2**のようにして，アンモニアの噴水(ふんすい)の実験をした。

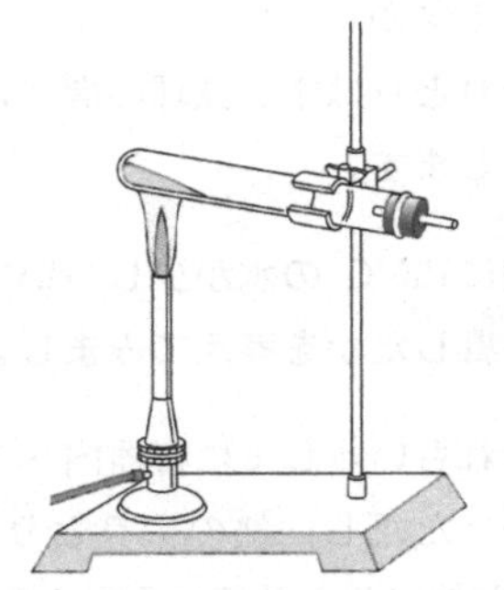

図1　アンモニアの発生

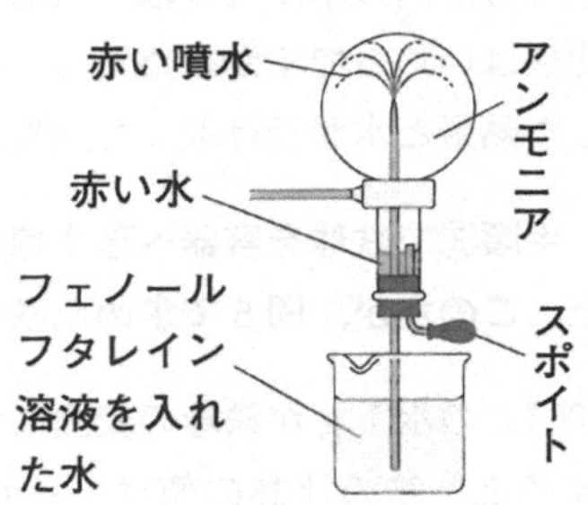

図2　アンモニアの噴水

(1)　アンモニアの性質として正しいものを次の**ア**～**カ**から1つ選び，記号で答えなさい。

ア　無臭(むしゅう)で，水によく溶(と)けて，水溶液(すいようえき)は酸性を示す。
イ　無臭で，水によく溶けて，水溶液は中性を示す。
ウ　無臭で，水によく溶けて，水溶液はアルカリ性を示す。
エ　刺激臭(しげきしゅう)があり，水によく溶けて，水溶液は酸性を示す。
オ　刺激臭があり，水によく溶けて，水溶液は中性を示す。
カ　刺激臭があり，水によく溶けて，水溶液はアルカリ性を示す。

(2)　アンモニアの発生に用いた2種類の白色粉末を次の**ア**～**カ**から2つ選び，それぞれ記号で答えなさい。

ア　炭酸カルシウム　　**イ**　塩化アンモニウム　　**ウ**　水酸化カルシウム
エ　硝酸(しょうさん)カリウム　　**オ**　塩化ナトリウム　　**カ**　砂糖

(3)　アンモニアを乾いた丸底フラスコに集めるときの方法として最も適当な方法を何といいますか。

(4)　アンモニアの噴水の実験でおこる次の現象**a**～**d**を，正しい順序で表しているものを下の**ア**～**カ**から1つ選び，記号で答えなさい。

a　フェノールフタレイン溶液を入れた水がガラス管に吸い上げられる。
b　フラスコ内の圧力が下がる。
c　スポイトから入れた水にアンモニアが溶ける。
d　フェノールフタレイン溶液を入れた水がフラスコ内に噴(ふ)き出す。

ア　a→b→c→d　　**イ**　a→c→b→d　　**ウ**　b→a→c→d
エ　b→c→a→d　　**オ**　c→a→b→d　　**カ**　c→b→a→d

問2　下線部②について，次の文を読み，下の(1)，(2)に答えなさい。

ハーバー・ボッシュ法では原料である水素と窒素を高温（400～650℃），高圧（200～400気圧）

の条件で酸化鉄を触媒（しょくばい）として反応させ，アンモニアを製造します。このとき，すべての水素と窒素が一度に反応することはありません。すべての水素と窒素が反応した場合を100%として，実際に生じたアンモニアの割合をアンモニアの生成率といいます。アンモニアの生成率は，温度と圧力の条件によって，**図3**のように変化します。また，ある圧力で比較（ひかく）した場合に，アンモニアの生成率の上限までに達する時間は**図4**のようになります。

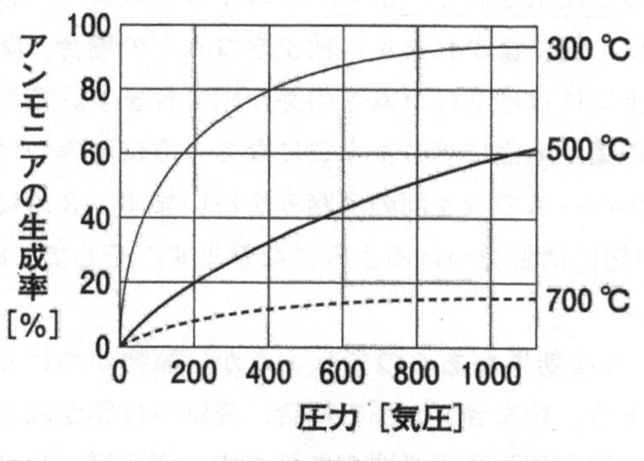

図3　アンモニアの生成率と圧力の関係

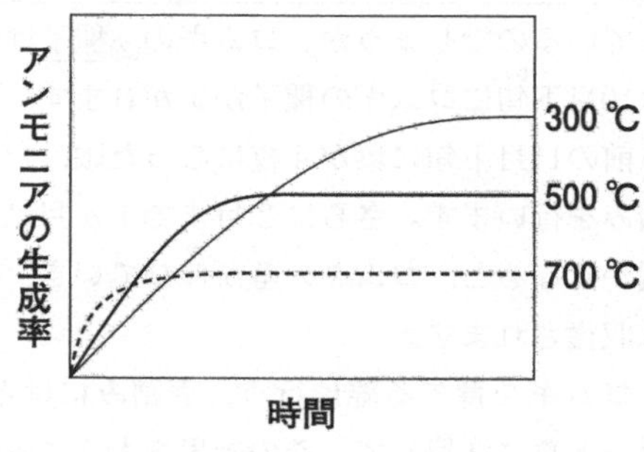

図4　アンモニアの生成率と時間の関係

(1)　次の**ア～ウ**から**誤りを含（ふく）むもの**を１つ選び，記号で答えなさい。

ア　圧力を大きくすると，アンモニアの生成率は増加する。

イ　温度を高くすると，アンモニアの生成率は増加する。

ウ　温度を高くすると，アンモニアの生成率の上限までに達する時間が短くなる。

(2)　触媒として作用している物質を次の**ア～ウ**から１つ選び，記号で答えなさい。

ア　炭酸カルシウムに塩酸を加えて二酸化炭素を発生させるときの炭酸カルシウム

イ　過酸化水素水に二酸化マンガンを加えて酸素を発生させるときの二酸化マンガン

ウ　塩酸にアルミニウムを加えて水素を発生させるときのアルミニウム

問３　下線部③について，水素エネルギーのエネルギーキャリアとして研究対象となっている液体水素とアンモニアの２つを比較すると**表１**のようになります。**表１**からわかることとして，下の**ア～ウ**から**誤りを含むもの**を１つ選び，記号で答えなさい。

表１　エネルギーキャリアの種類と特徴（とくちょう）

	液体水素	アンモニア
エネルギーキャリア 1 kg から取り出せる水素の重さ	1.000 kg	0.178 kg
エネルギーキャリア 1 m^3 から取り出せる水素の重さ	70.8 kg	121 kg
沸点（ふってん）	−253 ℃	−33.4 ℃
融点（ゆうてん）	−259 ℃	−78 ℃

ア　アンモニアは水素よりも高い温度で気体から液体になる。

イ　同じ重さのエネルギーキャリアから水素を取り出すときに，アンモニアよりも液体水素の方が多くの水素を取り出すことができる。

ウ　同じ重さの水素を取り出すために，輸送するエネルギーキャリアの体積はアンモニアよりも液体水素の方が小さい。

3.　次の文を読み，以下の各問いに答えなさい。

①コムギは，麺やパンの原料など様々なところで使用されています。コムギはどのように栽培されているのでしょうか。コムギの②種子は春や秋に畑にまかれます。秋まきコムギの場合，関東では10月下旬にコムギの種子がまかれます。11月上旬には地面にコムギの芽が出てきます。霜が降りる前の11月下旬に葉が４枚になった頃，コムギの葉が地面にぺちゃんこになるように踏みつける麦踏みを行います。さらに２月まで１ヶ月に１度のペースで計４回の麦踏みを行います。３月になり暖かくなると，コムギの茎が伸びていき，4月中旬には穂をつけるようになります。そして，6月には収穫されます。

コムギを育てる際に行う，麦踏みにはどのような効果があるのでしょうか。植物がつける③ロゼット葉に注目して，その効果を考えてみましょう。秋まきコムギの場合，麦踏みは霜が降りる冬期に行われます。秋に芽生えた植物は冬の厳しい寒さに耐える必要があります。例えば，ヒメムカシヨモギなどは冬期に茎を上に伸ばして葉を広げるのではなく，地面をはうように葉を広げます。このような葉をロゼット葉といいます（図１）。寒い冬場は光合成が上手く行えないことがありますが，ロゼット葉を広げていると冬場でも太陽の光を浴びて葉の温度が上がり，光合成をすることができ，栄養分をためることができると考えられています。

図１　ヒメムカシヨモギのロゼット葉

問１　下線部①のコムギについて，次の(1)，(2)に答えなさい。

(1)　コムギで作る麺やパンに最も多く含まれる主要な栄養素を次の**ア**～**オ**から１つ選び，記号で答えなさい。

ア　炭水化物　　**イ**　タンパク質　　**ウ**　脂質　　**エ**　ビタミンC　　**オ**　アミノ酸

(2)　コムギの葉脈はどのような特徴をしているか説明しなさい。

問２　下線部②について，次の⑴～⑶に答えなさい。

⑴　コムギの種子を次の**ア**～**オ**から１つ選び，記号で答えなさい。

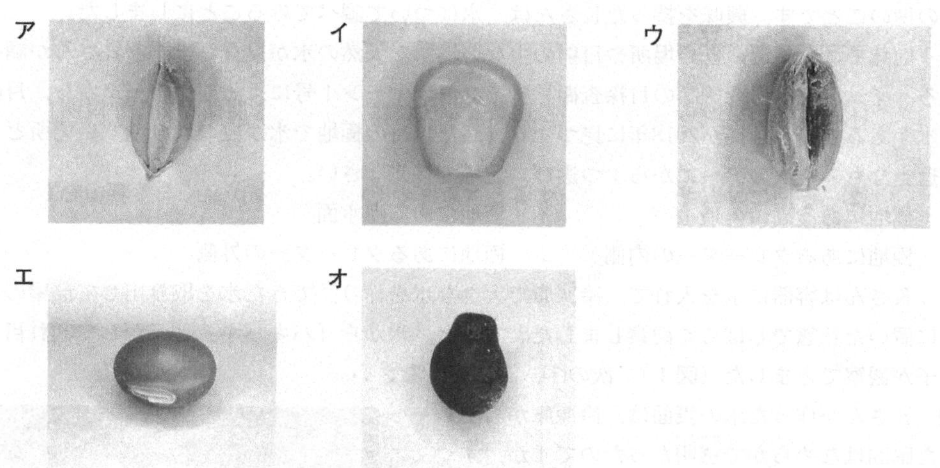

⑵　コムギは発芽する際に使う栄養分を種子のどこにためていますか。その種子の部位を答えなさい。

⑶　栄養分をためる部位がコムギと同じ種子を⑴の**ア**～**オ**からすべて選び，記号で答えなさい。なお，⑴で答えた記号は記入しないこと。

問３　下線部③について，ロゼット葉をもつ植物を次の**ア**～**オ**からすべて選び，記号で答えなさい。

ア　ダイズ　**イ**　ハルジオン　**ウ**　アサガオ　**エ**　トマト　**オ**　セイヨウタンポポ

問４　次の**実験**と**結果**から麦踏みの効果について，下の⑴，⑵に答えなさい。

【実験】

６月に平均草丈（くさたけ）（草の高さ）が５㎝のオオバコの葉が生えている場所で，踏まない区画と１日あたり20回，50回，100回踏む区画の計４区画を作り，8月の平均草丈を測定した。踏み付けは毎日，8月まで行った。

【結果】

踏んだ回数（１日あたり）	8月の平均草丈
踏まない	16 cm
20 回	11 cm
50 回	9 cm
100 回	8 cm

⑴　この結果から，植物を踏む回数と草丈にはどのような関係があるか説明しなさい。

⑵　冬期にコムギの麦踏みをするとコムギのその後の成長が良くなる理由を**実験**と**結果**や**問題文**を参考にして考え，説明しなさい。なお，**実験**でのオオバコの性質はコムギにも当てはまるものとします。

4. 次の文を読み，以下の各問いに答えなさい。

Ｋさんは，旅行で山岳(さんがく)地域の氷河を見学しました。氷河とは，山の斜面(しゃめん)などに広がっている巨大(きょだい)な氷の塊(かたまり)のことです。興味を持ったＫさんは，氷について調べてみることにしました。

問１　地球では，気温の低い場所や日射の少ない場所で天然の氷が見られます。Ｋさんが調べたところ，インド宇宙研究機関の月探査衛星チャンドラヤーン１号による観測データから，月の両極に氷があるという証拠(しょうこ)が2018年に見つかりました。月の極地で氷が見つかりやすい場所として最も適当なものを次の**ア～エ**から１つ選び，記号で答えなさい。

ア　極地にある高山の頂上　　　　**イ**　極地にある海水面

ウ　極地にあるクレーターの内側　　**エ**　極地にあるクレーターの外側

問２　Ｋさんは容器に水を入れて，冷凍庫(れいとうこ)で大きな氷を作り，できた氷を取り出して部屋のテーブルに置いた状態でしばらく観察しました。すると，氷から「パキパキ」と音がして割れ目が入る様子が観察できました（**図１**）。次の**(1)**，**(2)**に答えなさい。

(1)　Ｋさんが作った氷の表面は，冷凍庫から出した瞬間(しゅんかん)はなめらかで透明(とうめい)だったのですが，すぐにザラザラして白くなっていきました。これはなぜですか。理由を説明しなさい。

図１　割れ目が入った氷の様子

(2)　氷が割れるときに音がしたということは，割れるときに振動(しんどう)が発生したということになります。これは，現実の氷河地域で，氷震(ひょうしん)とよばれる地震(じしん)が起こることに対応しています。一年中気温が０℃を下回る山岳地域で，谷をうめているような氷河が地震を起こすのはどのような場合だと考えられますか。Ｋさんの氷に割れ目が入った原因と，氷１㎤あたりの重さと温度の関係（**図２**）にもとづいて答えなさい。

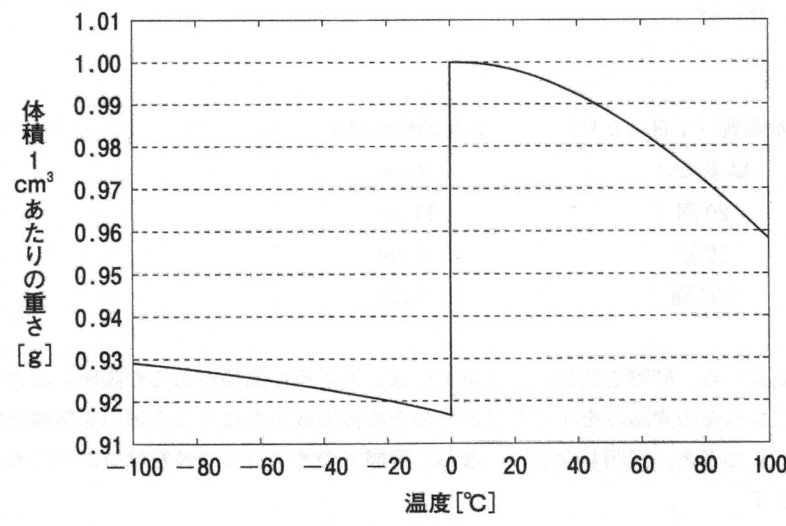

図２　水，氷１cm³あたりの重さと温度の関係

問3　Kさんは，海に浮かんでいる流氷がとけると海水面がどうなるのかを調べるため，**図3**のように，コップに入った０℃の水に１辺５cmの立方体の氷を浮かべて，あふれる寸前の状態にしました。**図3**の氷が水にひたっている分の体積と，氷がすべてとけてできる０℃の水の分の体積をそれぞれ求めなさい。ただし，**図3**において，氷は水面から0.4cmだけ出た状態で水平に浮かんでいました。また，**図2での０℃の氷１cm³あたりの重さは0.92gとして計算し，必要であれば四捨五入して整数で答えなさい。**

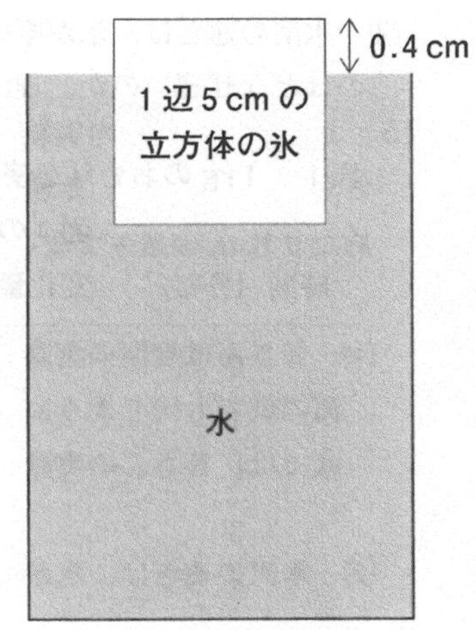

図3　0℃の氷水の様子

Kさんは０℃くらいの直方体の氷を部屋のテーブルの上に置き，次のような実験をしてみました。**図4**のように，この氷の上面におもりを置き，おもりの上面までの高さ（**図4のa**）と氷の上面までの高さ（**図4のb**）を同時に１分ごと測りました。おもりの形・大きさは一定で，重さが１kgのときと３kgのときの結果がそれぞれ，次のページの**表1**，**表2**のようになりました。

２回の実験はどちらも，新しく用意した氷の表面で割れ目のない部分におもりを置き，この実験の間おもりの周りに割れ目が入ることはありませんでした。また，実験が行われている間，おもりはかたむかず真下に沈んでいきました。ここで，Kさんは，実験を単純に考えるために，おもりの温度は氷と等しく場所によらず一定で，空気との熱のやりとりはないとすることにしました。

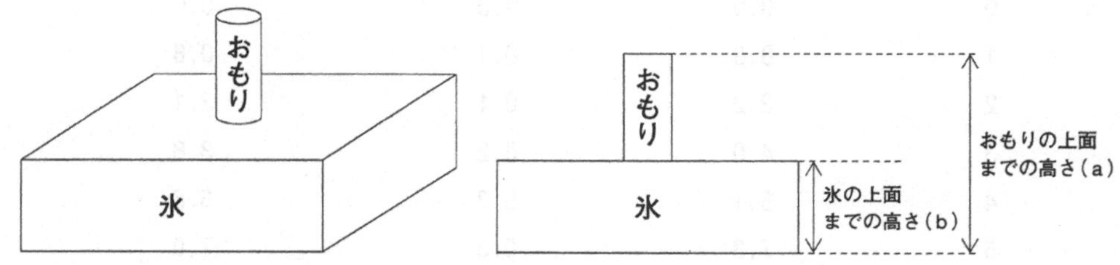

図4　実験の様子（右図は真横から見た様子）

問4　**表1**，**表2**のデータを使って，１kgと３kgのおもりが各時間でどれだけ氷内部に沈んでいるかを，それぞれ解答欄に折れ線グラフで示しなさい。ただし，２つのグラフを区別できるように，それぞれのグラフに「１kg」または「３kg」と書き込むこと。

問5　Kさんは，今回の実験と同じようなことが，現実の氷河でも起こっているのではないかと考えつきました。氷河とは，河川の水が海まで流れていくように，固体である氷が１日あたり数mの速さでゆっくりと動いているものです。次の(1)，(2)に答えなさい。

(1)　Kさんは今回の実験で，おもりが氷内部に沈むのは氷がとけていくからで，現実の氷河の底でも同じように氷がとけるはずだと考えました。そうだとすると，現実の氷河の底では，Kさんの実験で使ったおもりに代わるものは何だと考えられますか。

(2) 氷河の速さは，氷が厚い地域ほど速い傾向(けいこう)があります。固体である氷河がなぜ動き，厚いものほどなぜ速いのか，理由を説明しなさい。

表1　1kgのおもりを使った実験の結果

時間（分後）	図4のaの変化量（mm）	図4のbの変化量（mm）	図4のaの変化量とbの変化量の差（mm）
0	0.0	0.0	0.0
1	0.2	0.1	0.1
2	0.5	0.1	0.4
3	1.2	0.2	1.0
4	1.7	0.2	1.5
5	2.2	0.3	1.9
6	2.6	0.4	2.2
7	2.9	0.4	2.5
8	3.3	0.5	2.8
9	3.6	0.5	3.1
10	3.9	0.6	3.3

表2　3kgのおもりを使った実験の結果

時間（分後）	図4のaの変化量（mm）	図4のbの変化量（mm）	図4のaの変化量とbの変化量の差（mm）
0	0.0	0.0	0.0
1	0.9	0.1	0.8
2	2.2	0.1	2.1
3	4.0	0.2	3.8
4	6.1	0.3	5.8
5	7.3	0.3	7.0
6	8.2	0.4	7.8
7	8.9	0.5	8.4
8	9.4	0.5	8.9
9	10.0	0.6	9.4
10	10.5	0.7	9.8

【社　会】（45分）　＜満点：80点＞

問題　次の文章をよく読み，あとの問いに答えなさい。

2020年３月，社会が新型コロナウイルスで混乱するなか，①政府は種苗法改正案を国会に提出しました。政府は，日本で開発された種子や苗を不正に国外に持ち出すことを禁止するため，と提案理由を説明しました。しかし，権利をもつ種子企業の許可なく，農家が自家採種する（自分で栽培した農作物から種子を取る）ことを禁止する内容もふくまれていました。そのため，多くの農家や消費者が反対しました。種子企業が権利を主張したら，これまで農家が栽培してきた種子だとしても，農家が損害賠償を請求される可能性が生じたのです。俳優の柴咲コウさんが「このままでは日本の農家さんが窮地に立たされてしまいます」とツイートしたことで，社会的な論議を呼び起こしました。

《資料１》「第143回秋田県種苗交換会」（2020年度）のチラシ

（第143回秋田県種苗交換会ウェブサイトより）
https://shubyo-yokote.com/wp-content/uploads/2020/09/flier200907.pdf

農家は，農作物の種子を土地にまいて発芽させ，苗を育て，農作物を収穫してきました。現代の日本では，１粒の稲の種子（稲種）を栽培することで籾を500粒も収穫できます。農家は，自分が収穫した籾の中から，翌年以降の栽培に用いる稲種を自家採種し，その残りを販売用や加工用，自家用に利用してきました。

さて，現代の稲種は，②弥生時代の日本に③中国大陸から伝わってきた稲種と同じ稲種ではありません。日本の農民は，④自然災害の多い日本の風土，気候や地勢などに適した，少しでも優れた稲種を探し求めてきました。水田では，まれに突然変異（収穫した種子（子）が，種まきした種子（親）とわずかに違う遺伝子や新しい性質をもつこと）した種子が見つかります。その種子がより優れた種子である可能性もあるのです。特に，江戸・明治時代になると，農民は自家採種した稲種を用いて栽培技術を改良する一方で，⑤新しい稲種を得るための活動に取り組みました。

⑥明治時代の秋田県では，県庁に勤めていた石川理紀之助が中心になり，県内の農民が稲種などを交換するという，日本でも例のない「種子交換会」が1878年に開催されました。65点の稲種をふくむ132点の種子が出品され，自分の種子との交換を希望する農民が564人もいました。「種子交換会」は，その後「種苗交換会」と改称され，形式を変えつつ現在まで毎年開催されています（《資料１》を参照）。石川理紀之助は，1877年に秋田県庁に招かれた中村直三と出会いました。中村直三は有名な老農（農業技術に優れた農村指導者）で，地元の⑦奈良県内で集めた稲種を試作栽培して，優秀な稲種を無償で農民に配布した人物でした。中村直三に刺激された石川理紀之助は，秋田県内から300以上の稲種を取り寄せ，県の植物園や自分の水田で長期間の栽培試験をくり返しました。その試験結果をもとに1901年に『稲種得失弁』を著し，秋田県で栽培される103の稲種のくわしい特徴（《資料２》・《資料３》を参照）をまとめたのです。

一方，日本の水田稲作では，戦前・戦後を通じて，化学肥料や農薬が広く使用されました。しかし，化学肥料や農薬で⑧環境破壊や食品汚染をひき起こす可能性のある近代化農業が見直され，農家と消費者，研究者が連携（れんけい）して日本有機農業研究会が1971年に結成されました。その中で，環境を破壊することなく地力（ちりょく）を維持（いじ）し，健康的で味の良い食物を生産する農法として，江戸時代から続く在来農業が再評価されました。日本有機農業研究会では，1983年から毎年「関東地区種苗交換会」を開催し，有機農業による自家採種をしている農家に種子や苗を交換する機会を提供しています。

このように，秋田県や日本有機農業研究会による種苗交換会の取り組みは，農家がより優れた種子を自家採種する努力を長く支えてきました。しかし，自家採種を禁止する種苗法改正案は，その努力を否定するものともいえるのです（※2020年12月には，自家採種の禁止が緩和された改正種苗法が成立しています）。種苗法改正案は，突然打ち出されたものではありませんでした。というのも，2017年には⑨主要農作物種子法（種子法）が廃止（はいし）されていたからです。政府が提出した廃止法案は，わずか11時間の国会審議（しんぎ）で成立しました。種子法とは，⑩サンフランシスコ平和条約の発効の３日後に制定され，地域ごとの環境に応じた米や麦などの優良な種子を生産・普及するように国が都道府県に義務づけ，その費用を国が受け持つことにした法律でした。種子法に基づいて，各都道府県の農業試験場では地域に適した稲種を開発し続けてきました。政府は，農業試験場の開発活動が種子企業の開発意欲を妨（さまた）げていると，種子法廃止の提案理由を説明しました。また，政府が同時に提出した農業競争力強化支援法案は，各都道府県の農業試験場が長い年月をかけて作り上げた種子開発の技術を，政府が種子企業に提供することを認めたもので，これも短時間の国会審議で成立したのです。

みなさんも中学生になったら，自分たちの食生活を支える農業問題にも関心をもって調べてみましょう。

問１．下線部①に関連して，政府の各機関や地方自治体のそれぞれの関係についての説明として適当なものを，次のア～エから１つ選び，記号で答えなさい。

ア．国会は，地方自治体の条例の内容が法律に違反すると判断した場合，その条例を取り消すことができる。

イ．内閣は，衆議院で不信任の決議案が可決された場合でなくても，自らの判断で衆議院の解散を決定できる。

ウ．最高裁判所は，憲法に違反するとの判決を下した法律が改正または廃止されない場合，自ら国会に法律案を提出できる。

エ．地方自治体は，都道府県・市町村議会議員に立候補できる人の年齢を，条例によって独自に定めることができる。

問２．下線部②について，邪馬台国（やまたいこく）の女王卑弥呼（ひみこ）が呪術（じゅじゅつ）によって人々をまとめていたことは，中国の歴史書『三国志（さんごくし）』に記録されています。呪術とは，神や精霊（せいれい）などの超（ちょう）自然的な力に働きかけて，人々の願いをかなえようとする呪（まじな）いのことです。当時の人々が卑弥呼の呪いを求めたのは，どのような社会的な事情があったからと考えられますか。適当なものを，次の**ア**～**エ**から１つ選び，記号で答えなさい。

ア．邪馬台国とその周辺のクニでは長いあいだ互（たが）いに攻撃（こうげき）しあっており，戦いに疲（つか）れた人々は平和な世の中を望んだ。

イ．邪馬台国では狩りや漁，採集が経済活動の中心で，人々は森や川，海の精霊から安定した恵みを得たいと望んだ。

ウ．邪馬台国の人々は，大和(やまと)地方を拠点に東の55のクニ，西の66のクニを平定する国土の統一を望んだ。

エ．邪馬台国の人々は，中国の魏(ぎ)から先進的な技術や制度，仏教がもたらされることを望んだ。

問３．下線部③に関連して，中国では，旧暦(きゅうれき)の１月１日には，人々は提灯(ちょうちん)をつるし，五色の布を飾り，爆竹(ばくちく)を鳴らし，花火を打ち上げたりして旧正月を祝います。中国では，旧正月を何といいますか。その名前を漢字で答えなさい。

問４．下線部④に関連して，現代の日本では巨大なコンクリートの堤防や免振(めんしん)装置など，高度な技術で自然災害の直接的な被害を防ぐ施設や設備がつくられています。一方で，自然災害に対する伝統的な工夫では，自然災害を直接的に防ぐのではなく，あらかじめ一定規模の被災を想定し，より大きな被災を防ぐ施設や設備もあります。これについて，以下の問い(1)・(2)に答えなさい。

《写真》

（農林水産省ウェブサイトより）
https://www.maff.go.jp/j/nousin/sekkei/museum/m_kakuti/index.html

(1) 右の**《写真》**のように，石垣(いしがき)や盛(も)り土の上にある建物は河川の中・下流部に多く見られます。この建物は，洪水(こうずい)の際に避難(ひなん)したり，避難用の舟(ふね)や食糧を置いておくための施設です。こうした建物は一般に何と呼ばれますか。その名前を漢字で答えなさい。

《模式図》

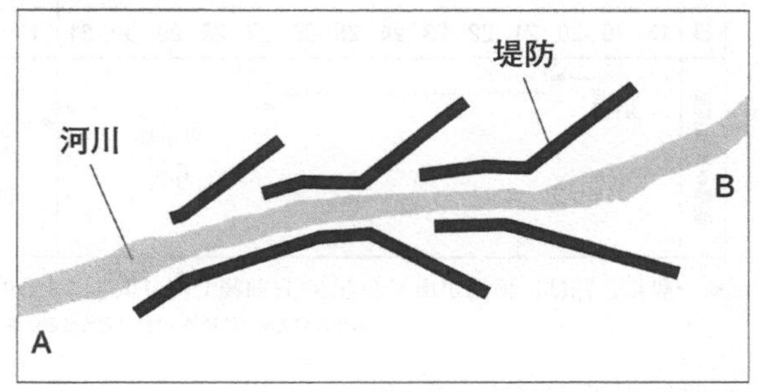

（国土交通省「霞堤の機能について」より作成）
http://www.hrr.milt.go.jp/toyama/common/old/k004siryo/kasumikouka.pdf

(2) 現代の河川の堤防は，長い距離(きょり)にわたって連続することで，洪水を防いでいます。しかし，伝統的な堤防では，右の**《模式図》**のように，あえて堤防をつなげない工夫がなされました。これは，河川が増水した際に大規模な決壊(けっかい)が起こることを防ぐために，水の勢いをそぎながら，部分的に川から水をあふれさせたり，あふれた水を早く河川にもどしたりするためだといわれています。それでは，**《模式図》**の河川の上流は**A**・**B**のどちらと考えられますか。記号で答えなさい。

問５．下線部⑤について，江戸・明治時代の秋田の農民は，どのような特徴を持つ稲種を求めていたのでしょうか。また，そうした稲種を新たに手に入れるために，どのような行動をとっていたのでしょうか。次のページの**《資料２》**から読み取れることを用いて，90字以内で説明しなさい。

《資料２》石川理紀之助『稲種得失弁』に見られる稲種名とその由来・特徴

稲種名	由来・特徴
一の山	斎藤太郎作が富士山の周辺の水田でもらったもので、*親穂から 170〜180 粒の良質の籾を収穫できる稲種。
文六	落合文六が自分の水田で見つけた１本の突然変異した稲穂から採種したもので、親穂から 200 粒の籾を収穫できる稲種。
西白	石成村の人が上方（現在の京都や大阪）でもらったもので、ふつうは秋田には適さないが、秋晴れが長い年だと親穂から 300 粒の籾を収穫できる稲種。
彦平	斎藤彦平が自分の水田を囲む盛り土で見つけた１本の突然変異した稲穂から採種したもので、用水が冷たくても栽培でき、親穂から 240〜250 粒の籾を収穫できる稲種。
浜平	難破船から漂着した籾が繁殖していた浜で見つけた稲穂から採種したもので、用水が冷たくても栽培でき、親穂から 160〜170 粒の籾を収穫できる稲種。

*親穂　１つの苗から成長する中心的な茎にできる穂を親穂という。現代の農業でも、親穂から 100〜200 粒の籾が収穫できれば良いとされている。

（『明治農書全集　第２巻』（農山漁村文化協会　1985 年）所収。記述をわかりやすい形式と表現に改めました）

問６．下線部⑥について，明治時代の秋田県の農家は，《資料３》に記されたような異なる稲種を一つ一つの水田ごとに選び，それらを組み合わせて耕地の経営を行っていました。それはなぜでしょうか。《資料３》・《資料４》・《資料５》を参考に，当時の農家の農作業の様子にふれながら，120字以内で説明しなさい。

《資料３》稲穂が出る時期による稲種の分類と主な稲種の名前

稲穂が出る時期	稲種
7月18日〜20日	黒稲
7月21日〜26日	
7月27日〜31日	鬼早稲、与吉
8月1日〜4日	五郎兵衛、借金無し
8月5日〜7日	浜平、会津
8月8日〜10日	一の山、彦平
8月11日	文六、大黒
8月12日〜14日	阿仁文吾、日本一
8月15日〜16日	西白、土手越

※一般に、稲は、稲穂が出てから 50 日前後で刈り取ることができる。

（石川理紀之助『稲種得失弁』『明治農書全集　第２巻』（農山漁村文化協会 1985 年）所収をわかりやすい形式に改めました）

《資料４》1908 年における東北・中国地方の農家１戸当たりの耕地面積

県	１戸当たりの耕地面積	（うち水田面積）
秋田	163 a	120 a
山形	150 a	99 a
鳥取	90 a	65 a
島根	81 a	49 a

（玉真之介「戦前期日本（1908〜40）における農家数変動の地域性」（『農業経済研究』第 86 巻第１号　2014 年）をもとに作成）

《資料５》1908 年における秋田県雄勝郡三輪村の自作農の事例

１戸当たりの水田面積	290 a
１戸当たりの家族人数	９人

（清水洋二「東北水稲単作地帯における地主・小作関係の展開」（『土地制度史学』第 74 号　1977 年）をもとに作成）

問７．下線部⑦に関連して，次のページのア〜エは，奈良県，岐阜県，長野県，埼玉県のそれぞれ県庁所在地を通る東西方向の断面図です。このうち，奈良県にあたるものを，次のア〜エから１つ選び，記号で答えなさい。

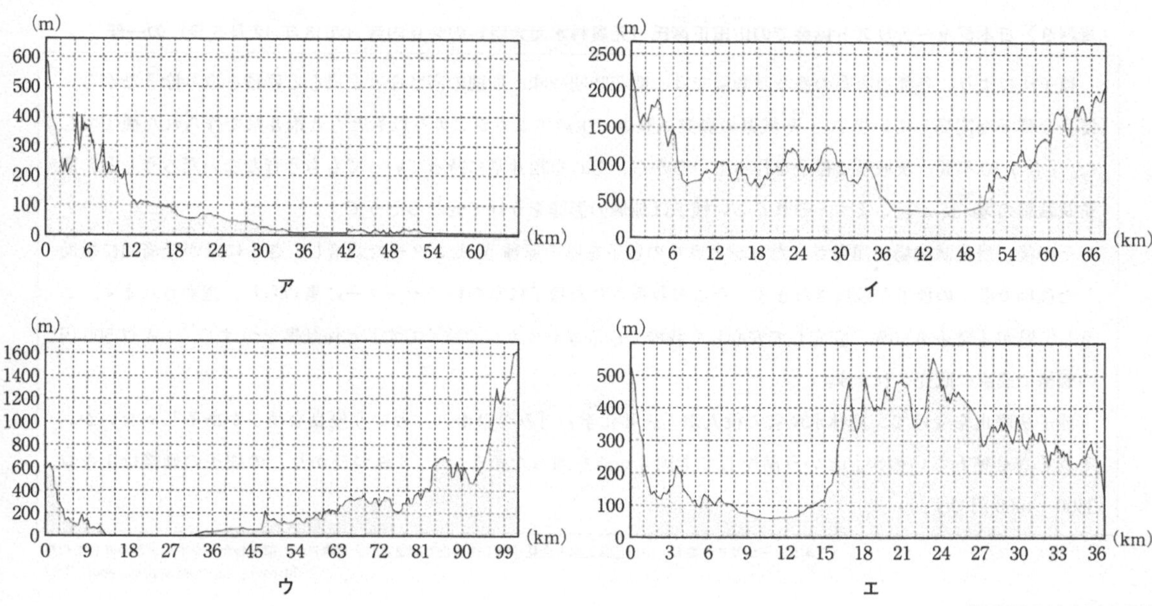

（「地理院タイル」をもとに作成）
http://maps.gsi.go.jp

問８．下線部⑧に関連して，いわゆる「新しい人権」として提唱されている「環境権」は，日本国憲法の条文で明確には定められていません。では，同じように日本国憲法に**明文では定められていない権利**を，次のア～エから１つ選び，記号で答えなさい。

ア．学問の自由　　　　　　　　　　イ．教育を受ける権利

ウ．私生活をみだりに公開されない権利　エ．居住や移転，職業を選ぶ自由

問９．下線部⑨について，1952年に制定された種子法はどのような社会的な背景から，どのような目的で立法されたのでしょうか。**本文と《資料６》・《資料７》・《資料８》・《資料９》**からわかることを，140字以内で説明しなさい。

《資料６》日本の水稲総収穫量の変化

期間	年間平均水稲総収穫量
1931～1940 年	916.7 万トン
1947～1951 年	921.6 万トン

（政府の統計窓口「作物統計調査 作況調査（水陸稲、麦類、豆類、かんしょ、飼料作物、工芸農作物）確報 平成 17 年産作物統計（普通作物・飼料作物・工芸農作物）」をもとに作成）
https://www.e-stat.go.jp/dbview?sid=0003318220

《資料８》日本の出生数の変化

期間	年間平均出生数
1931～1940 年	2,086,973 人
1947～1951 年	2,506,450 人

（厚生労働省「平成 17 年度出生に関する統計の概況」をもとに作成）
https://www.mhlw.go.jp/toukei/saikin/hw/jinkou/tokusyu/syussyo05/syussyo6.html

《資料７》海外からの引揚げ者数

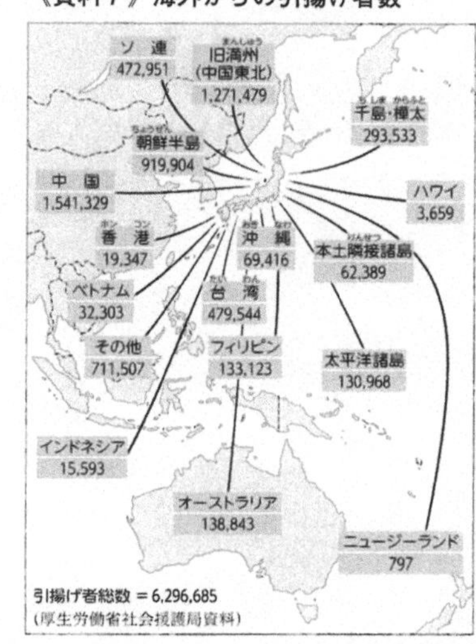

※引揚げ者の大半は、終戦後の数年間で帰国しました。

（第一学習社『最新日本史図表　二訂版』より）

《資料９》日本ジャーナリスト協会での山田正彦氏（元農林水産大臣）の会見内容（2018年12月5日）の一部

種子法により、各都道府県の農業試験場では、開花時期や味、稲穂の高さなどが異なる雑種を取り除きながら、優良な種子を開発しています。茨城県の農業試験場で生産するコシヒカリはもともと福井県で作られた種子でした。「もう30年間、茨城県で種子を作っているから、それを福井県に持っていってももう育たないだろう」と、農業試験場の場長が言います。それくらい種子は地域の影響をうけて変わるそうです。

その後、農業試験場で開発されたコシヒカリの種子を県の原種苗センターで栽培し、さらに県が経済的に援助した農場で多くの種子が栽培されます。そこで収穫された種子は県の種子センターに集められ、選別されます。こうして県が「発芽率90%、安定して安心して栽培できるコシヒカリの種子です」と保証書をつけて、1キロ500円の価格で農家に販売されます。

種子法廃止を受けて、農林水産省の役人が「三井化学の『みつひかり』という優良な種子があるじゃないか。それをなぜ使わないのか」という話をして全国8か所を回ったそうです。「みつひかり」の種子の価格は1キロ3500～4000円です。

（日本ジャーナリスト協会　山田正彦氏記者会見「種子法廃止の問題点」会見報告の一部をわかりやすくまとめ直しました）
https://j-aj.jp/topics/pressreport/8252/

問10．下線部⑩について，サンフランシスコ平和条約を締結した年の国際情勢に関して述べた文として適当なものを，次のア～エから１つ選び，記号で答えなさい。

ア．日本は，中華人民共和国と国交を回復した。
イ．日本は，国際連合への加盟を認められた。
ウ．韓国と北朝鮮による朝鮮戦争が続いていた。
エ．アメリカの水爆実験により，日本の漁船が被ばくした。

いなかったから。

イ　近代以前の社会は、生まれついた家、階級によって役割が固定化され、一人ひとりの自由平等が保障されない社会だとするほうが、「職業の自由」によって成り立っている近代社会の側から見て都合がよかったから。

ウ　近代以前の社会では、職業ごとにやるべき仕事が決まっていて、人々は職場のしきたりやマニュアルにしたがって仕事をしていくしかなく、仕事上で自分なりの工夫をする余地のない不自由な社会と思われたから。

エ　近代以前の社会では、たとえば武士、農民、商人、職人といった職業や、年齢、性別などによってそれぞれの役割が明確化されていて、その組み合わせで社会が動いており、個性を生かすチャンスなどなかったから。

問八　――線部８「『らしさ』の世界のなかで生きていました」とあるが、それはどういうことか。次の中から適当なものを一つ選び、記号で答えなさい。

ア　それぞれの仕事に応じて、ふさわしいふるまいを追い求めて「らしさ」を貫いていくことで、自らの生を充実させられるのだと誰もが考えて生きていたということ。

イ　それぞれの身分に応じて、定められた枠をはみ出さず目立たないようにして「らしさ」を守ることで、平穏に生きていけるのだと誰もが考えて生きていたということ。

ウ　それぞれの階級に応じて、果たすべき役割を積極的に受け持って「らしさ」を表し、その階級の一員として人に認めてもらおうと誰もが考えて生きていたということ。

エ　それぞれの役割に応じて、他の人の助けになることを常に心がけて「らしさ」に徹し、周囲との調和のとれた関係性を誰もが第一に考えて生きていたということ。

問九　――線部９「そういう生き方のことを武士道というのです」とあるが、「武士道」とはどのような「生き方」か。次の中から適当なものを一つ選び、記号で答えなさい。

ア　武士の生き方こそが人間にとって真実の正しい生き方であると信じ、立派な武士としてのふるまいを、自分の人生で可能な限り貫こうと心がける生き方。

イ　自分に最も向いている生き方として武士を選び、立派な武士のふるまいをいま生きている自分の手本にすることで、できる限りそれに近づこうとする生き方。

ウ　自分が武士であることを誇りとしながら、いま生きている自分の個性を最大限に発揮して、理想的な新しい武士のあり方を追い求めていこうとする生き方。

エ　自らの武士という役割の中に自分のあるべき姿を見出し、理想の武士像にいまの自分を限りなく近づけることで、目指すべき自分になろうと努める生き方。

れており、祭礼などといった伝統を現在にいたるまで大事に受け継いできた社会。

エ　階級や性別、また年齢による区別がしっかりと守られ、なおかつその区別さえ守れば誰もが好きなことをやる自由があり、バランスのとれていた社会。

問四　――線部4「世の中の人々の『ものの考え方』を変えたのです」とあるが、どのように変えたのか。次の中から適当なものを一つ選び、記号で答えなさい。

ア　昔ながらの仕事にこだわるよりも、自由な発想で新しい産業を立ち上げるほうがよいという考え方に変えた。

イ　親と同じ仕事についたほうが安全でよいという考え方を、新たに工場で働くことを推奨（すいしょう）する考え方に変えた。

ウ　職業とは決められた家業を引き継ぐものではなく、誰もが自由に選ぶことのできるものだという考え方に変えた。

エ　誰もが工場で働いていいという産業側の都合にそった考え方を、個人の自由平等を尊重する考え方に変えた。

問五　――線部5「実のところは、その人の個性をまったく重視していない」とあるが、それはなぜか。その理由として適当なものを次の中から一つ選び、記号で答えなさい。

ア　「誰でも、何にでもなれる」とは言っても、結局は家系や年齢、性別によって役割はある程度固定化されており、その中で個性を生かして生きていくことは難しいから。

イ　近代産業社会においては、どの職場でも一定の計算力や理解力などが求められ、自分の持ち味を発揮する以前にそれらの高いハードルを乗り越えなければならないから。

ウ　近代産業社会で求められるものは、仕事や製品の質の高さよりも、いかに効率よく利益を産み出すかであり、個性より力をあわせて一つの仕事をすることが重要だから。

エ　「誰でも、何にでもなれる」ということは、ある人の仕事の代わりを別の人ができ、同じ仕事を別の所でもできることで、一人ひとりの持ち味は期待されていないから。

問六　――線部6「近代の普通教育」とあるが、それはどのような教育であったか。次の中から適当なものを一つ選び、記号で答えなさい。

ア　産業労働の現場で個性が十分発揮できるように、個々の能力を育てることを何よりも優先してきた教育。

イ　企業が個々人の能力の差を把握（はあく）しやすいよう、成果を数字で評価することに特に重きを置いてきた教育。

ウ　企業の現場で働く際に土台となる一定の能力を、全員に等しく持たせることに特に力を注いできた教育。

エ　個性を企業の現場が求める協調性を損（そこ）なうものとしてとらえ、あえて評価の対象から外してきた教育。

問七　――線部7「『個性が抑圧された社会だった』と教えられがちな近代以前の社会」とあるが、「近代以前の社会」がそのように「教えられがち」だったのはなぜか。その理由として適当なものを次の中から一つ選び、記号で答えなさい。

ア　近代以前の社会においては、「誰でも、何にでもなれる」というのは実現不可能な幻想でしかないと考えられており、近代社会のように個人主義、自由平等などという思想が人々の共通認識になって

おそらく、こうではないかと思います。もし、「本当の自分は、こう生きるべきだ」という理想の姿があったとして、その「理想の自分」と「いま現にある自分」とがイコールになれば、真実の生き方が実現したということになるのではないか。

もちろん、一〇〇％「A＝A」とまではいかないかもしれません。しかし、かなりイコールに近づけることはできるはずです。「自分らしさを一〇〇％に近く発揮できている理想の自分」と「いま生きている自分」とを、なるべくイコールであるようにすることができたとすれば、真実の生き方に限りなく近づくといえるだろうと思うのです。

実は、「理想の自分」と「いま生きている自分」をイコールにしようとする、そういう生き方を、昔の人は「道」と呼んでいたのです。

たとえば「武士道」とは、「自分＝武士」であろうとする生き方のことです。「自分らしさは、武士であることによって発揮できるのだ」と思った人が、自分を武士とイコールにしようとした。9そういう生き方のことを武士道というのです。

もちろん、繰り返し述べてきたように、「自分は立派な商人でありたい」と思い、自分と立派な商人とをイコールにするべく生きれば、それは商人道という道になります。

「理想の自分」と「いま生きている自分」とを「A＝A」の関係に近づける。それこそ「道」の思想なのです。

（菅野覚明『本当の武士道とは何か　日本人の理想と倫理』）

問一　――線部1「近代の産業社会では『誰でも、何にでもなれる』という考えが、社会に広く共有されています」とあるが、「誰でも、何にでもなれる」という考えが、「近代の産業社会」で「広く共有」される必要があったのはなぜか。「近代の産業社会」とはどのような社会であるのかを明らかにした上で、その理由を六〇字以上、八〇字以内で説明しなさい。ただし、次の言葉を必ず用いて答えること。

職業間の流動性

問二　――線部2「実際には、まったく逆です」とあるが、それはどういうことか。次の中から適当なものを一つ選び、記号で答えなさい。

ア　近代の産業社会では誰もが何にでもなれるというのは幻想にすぎず、実際には実現不可能な絵空事であるということ。

イ　機械による仕事が標準的な近代の産業社会において人間の仕事は少なく、何にでもなれる自由などないということ。

ウ　近代の産業社会に浸透しているのは、仕事の標準化によって個性を大事にする考え方とは正反対の考えだということ。

エ　誰が何をしてもいいとする近代の産業社会のあり方は、個性の違いに価値を置かず、むしろ軽んじているということ。

問三　――線部3「区別があって、しかも全体として調和がとれた社会」とあるが、それはどのような社会であったか。次の中から適当なものを一つ選び、記号で答えなさい。

ア　階級間の例外的な移動をのぞき、大多数の人が階級や性別、また年齢の固定された役割を、気は進まないながらも果たすことで安定していた社会。

イ　階級や性別、また年齢による分け方がしっかり定まっており、その違いにしたがって誰もが自分のやるべきことをこなし、うまく動いていた社会。

ウ　階級や性別、また年齢に応じて役割の分担が無理のない形でなさ

て、一人ひとりの持ち味はほとんど関係ありません。

たしかに、学生が就職活動をするようなときには、「個性が必要」などといわれますし、「面接のときには自分を表現しなさい」などということもいわれるでしょう。また、現代のような情報化社会になれば、職種によっては「個性」が求められることもあるかもしれません。

しかし、多くの企業の現場では、会社が求めているのは結局、一定の計算能力や理解力、あるいは職場の仲間たちと力をあわせてやっていける協調性などといった能力です。端的にいって、個性はまったく重視されません。

6近代の普通教育は、もともと産業労働者を育てるために作りあげられた教育ですから、一定の計算能力、一定の言語能力だけが育てばいい。全員が同じ計算能力を持ち、全員が同様な国語の理解力を持っていて、全員が同じような教養の基盤を持っていれば、大勢の社員を雇ったときに会社の仕事がうまく回る。だから、学生たちにそのような能力を身につけさせて卒業させるのが、近代の教育なのです。

近代教育の成果は、通知表やテストの偏差値などの数字で評価されます。しかし、考えてみればわかりますが、数字で個性を評価できるわけはありません。つまり、近代の教育では、個性はそもそも評価の対象になっていないということです。

一方、近年の学校教育では「7個性が抑圧された社会だった」と教えられがちな近代以前の社会には、むしろ逆に、「『らしさ』を一〇〇％発揮するにはどうしたらいいか」というものの考え方がありました。

その考え方を象徴する概念こそ「道」なのです。武士道にかぎらず、昔は農民にせよ、商人にせよ、職人にせよ、皆、8「らしさ」の世界のなかで生きていました。

武士は武士の道、農民は農民の道、商人は商人の道、職人は職人の道、というように、それぞれの仕事には、それぞれの「道」がありました。さらに仕事だけではなく、男は男の道、女は女の道というふうに、なんでも「道」というものが生き方の基本的な形式になっていました。

ここで考えるべきは、「真実の生き方とは何か」ということです。誰であっても、「自分はどのように生きるべきか」と考えるとき、「一〇〇％真実の生き方を貫きたい」と思うのではないでしょうか。でたらめな、嘘の生き方をしたいと思う人は、本来、稀であるはずです。

では、「真実の生き方」とは何でしょうか。具体的に答えるのはとても難しいですが、しかし、式に表わすことは簡単にできます。

ヨーロッパの哲学でいえば、絶対の真理というものは、「Ａ＝Ａ」という形をしていればいいということになります。

しかし、たとえば「これは紙コップだ」というとき、その命題は常に「Ａ＝Ａ」にはなりません。なぜなら、「これ（＝紙コップ）」は、必ずしも「紙コップ」としてのみ認識されるわけではないからです。

何かを飲もうとしている人からすると、目前の「これ」は、まごうことなき「紙コップ」でしょう。しかし、キャンプ場などでゴミ拾いをしている人からすれば、「これはゴミだ」ということになるかもしれない。またあるいは、二つの紙コップの底に長い糸をつけ、その糸をピンと張って離れた相手と話したら、「これは糸電話だ」ともいえるでしょう。

必ず「Ａ＝Ａ」になるとはかぎらないものは、真理とはいえません。だとすれば、「真実の生き方」とは、どのようなものだといえるのでしょうか。

事のやり方を標準化するような考え方と、表裏一体のものになっているのです。

もちろん、「誰でも、何にでもなれる」というのは、実際には実現不可能な「幻想」でしかありません。にもかかわらず、それが多くの人の共通認識になっているのは、社会の多くの部分が「誰にでもできる」ことを前提に組み立てられているからでもあるのです。

いまの社会は、誰が何をしてもいい、つまり人間が区別なく同じになっている社会です。しかし、昔はそうではなかった。[3]区別があって、しかも全体として調和がとれた社会でした。

日本の場合、江戸時代の社会は、武士なら武士、農民なら農民、商人なら商人と、各々が果たすべき役割は明確化していました。もちろん、階級間の流動性がまったくなかったわけではなく、農民や商人の子が武士になるようなケースもずいぶんありましたが、社会の組み立てとしては明確に区分されていました。

また、大人の男性だけができる役割、大人の女性だけができる役割、高齢者だけができる役割、子供だけができる役割など、年齢や性別によって、人それぞれの役割があって、それを組み合わせることで社会は動いていました。いまでも伝統的な祭礼などでは、そのような役割分担がきちんと残っています。

ところが産業革命が起こり、工場で物を大量に生産するあり方が経済を支配し、人間の生活を支配するようになります。そのときに問題になったのが、「工場に働きにくる人がいなければ、新しい産業はできない」ということでした。近代産業化する以前の社会では、やるべき仕事は全部決まっていて、職業間の流動性は高くありませんでした。農家の子供は農家を継ぎ、職人の子供は職人を継ぎ、羊飼いの子供は羊飼いを継ぐのが当たり前の社会です。しかし、その価値観のままでは、新しい工場をつくって新しい産業を立ち上げても、働く人のなり手がありません。

そこで、どうしたか。[4]世の中の人々の「ものの考え方」を変えたのです。

近代の個人主義、自由と平等などという思想は、それで生まれてきた考え方でした。「平等」という思想の背景には、「誰でも工場で働けます」という考え方があった。「自由」の背景には、「あなたは羊飼いではなくて、他のものにもなっていい。何にでもなれます」という考え方があった。

「誰でも、何にでもなれる」ということは、別の言い方をすれば「職業の自由」ですが、これがないと近代産業社会が維持できません。いまも実際にそのような考え方を基盤として、産業社会は維持されているのです。

ところで、「誰でも、何にでもなれる」という思想は、一見、個人をとても大切にしていて、一人ひとりの自由と平等を保障しているように思えます。しかし、実際はどうでしょうか。[5]実のところは、その人の個性をまったく重視していないのではないでしょうか。

先ほど、近代社会は「多くの部分が『誰にでもできる』ことを前提に組み立てられている」と述べました。「誰にでもできる」ことが前提だということは、取り換えが可能だということです。ある人が辞めたら、別の人を入れればいい。ある会社を辞めても、別の会社で同じ仕事ができる。現実に社会で見られるのは、そういう意味での「自由平等」であっ

ウ　一志に甲子園の土を運んだのはたしかに自分であり、そのことを言い当てられた動揺を押し殺して開き直ってみせたものの、同じピッチャーとしてあの時の一志に感じた強い共感が急によみがえってきたから。

エ　一志に甲子園の土を運んだのが自分であったと気づかれ、そっけなく話をそらそうとしながらも、自分のひそかな気づかいを一志が忘れがたいこととして覚えているらしいことに、心をゆさぶられたから。

問十一　――線部10「自分の心のなかをのぞきみる余裕もなかった」とあるが、このときの雨宮の気持ちとして適当なものを次の中から一つ選び、記号で答えなさい。

ア　再起を決意した一志の力強い言葉に心をゆさぶられ、これからプロのグラウンドキーパーとして生きていきたいという思いがあふれだし、その思いにせき立てられている。

イ　再起に向けて動き出す一志に取り残されてしまったような気がして、今のままでは一人前のグラウンドキーパーになどなれないと、重圧に押しつぶされそうになっている。

ウ　再起を決意した一志と同じように、自分にも気持ちをふるい立たせる言葉を投げかけてほしいと思っていることを長谷に何とか気づいてもらおうと、必死になっている。

エ　再起を決意した一志の言葉に刺激を受け、これからは誰に遠慮することもなく、プロのグラウンドキーパーとして生きていくという覚悟を固め、気持ちを高ぶらせている。

問十二　――線部11「上下の唇を一度湿らせて」とあるが、「空気が乾燥している」以外に理由があるとすれば、長谷はなぜそのような動作をしたのだと考えられるか。次の中から適当なものを一つ選び、記号で答えなさい。

ア　雨宮がグラウンドキーパーとしての覚悟をはっきりと口にしたことで、自分の後を継ごうとする人間が現れたと喜びながらも、一方でその厳しさと難しさを今伝えておかなければならないと考え、気合をこめたから。

イ　雨宮がグラウンドキーパーとしての大事な部分をいまだにわかっていないことを知り、後を託す存在として言葉にせずともそれを伝えてきたつもりだっただけに悔しさがこみあげ、その思いをぶつけようとしたから。

ウ　雨宮がグラウンドキーパーへの強い思いをぶつけてきたことがわかり、あきれた様子をよそおいつつも、今後を任せられる存在と見こんで、雨宮に正面から向き合って自分の思いを伝えようと気を引き締めたから。

エ　雨宮が自分に対して初めて信頼を寄せてきたことで、ぶっきらぼうで乱暴な言い方をしつつも、これならグラウンドキーパーとして雨宮に後を任せられるという思いがわき上がってきて、満足感を噛みしめたから。

二、次の文章を読み、後の問いに答えなさい。

[1]近代の産業社会では「誰でも、何にでもなれる」という考えが、社会に広く共有されています。一見、これは個々人の「持ち味」を大切にしているように見えますが、[2]実際には、まったく逆です。このことは、仕

ア　長谷自身のように、自分の力を認めさせることがすべてと考えて周囲に働きかけつづけ、いきなりは無理でも味方を少しずつ増やしていくべきだということ。

イ　長谷自身がそうであったように、周囲の反応やふるまいを気にせずに自分か中心なんだという強い思いで、ひたすら努力をつづけていけばよいということ。

ウ　自分の努力が認めてもらえないなら、それは理解のない周囲が悪いのだから、長谷自身がそうしたように、きっぱりとあきらめてしまえばよいということ。

エ　自分が起点になってすべてははじまるのだから、長谷自身と同じく、とにかく実力で黙らせ、理解者がいなくても問題のない状況を作るべきだということ。

問八　――線部7「球の重み以上に、長谷さんの投げかける言葉には、鋼鉄みたいな強度があった。まともにぶつかったら、怪我をしかねない重さだ」とあるが、雨宮が長谷の言葉をそのように思ったのはなぜか。その理由として適当なものを次の中から一つ選び、記号で答えなさい。

ア　心を傷つけられて野球をあきらめかけていた一志の心をふたたびふるい立たせるだけの強い情熱が感じられるが、その迷いのない激しさが一志をいっそう追いつめてしまう危うさも同時に感じられるから。

イ　同じピッチャーの自分だからこそ一志が立ち直るために必要なことを伝えられるはずだという強い自信が感じられるが、一志の気持ちをまったく考えようとしていない危うさも同時に感じられるから。

ウ　自分と同じピッチャーである一志ならば、立ち直るために今すべきことを必ずわかってくれるはずだという強い期待が感じられるが、それが一志の重荷となってしまう危うさも同時に感じられるから。

エ　ピッチャーにしかわからない気持ちを思い出しさえすれば、必ず一志は立ち直れるという主張に強い信念が感じられるが、その断定のしかたが一志の反感を買ってしまう危うさも同時に感じられるから。

問九　――線部8「俺も目が覚めた」とあるが、ここでいう「目が覚めた」とは、雨宮のどのような心の動きを言い表したものか。何がきっかけとなって「目が覚めた」のかがわかるように、八〇字以上、一〇〇字以内で説明しなさい。

問十　――線部9「乱暴な口調とは裏腹に、その声は湿り気を帯びて、震えていた」とあるが、それはなぜか。その理由として適当なものを次の中から一つ選び、記号で答えなさい。

ア　一志に甲子園の土を運んだのは自分に問違いなく、強い言葉で突き放して話をうやむやにしようとしながらも、あの時かえって一志に悪いことをしてしまったのではないかと、急に不安にとらわれたから。

イ　一志に甲子園の土を運んだグラウンドキーパーは自分であったと見やぶられたことにおどろき、それでもとっさにごまかそうとしたものの、どうにもごまかしきれなくなって、うろたえてしまっているから。

問四　——線部3「雨宮のため息がうるさくてしかたがない〜ウザくて、ホンマにかなわん」とあるが、長谷はどういう気持ちでこう言っているのか。次の中から適当なものを一つ選び、記号で答えなさい。

ア　雨宮が、一志のために何かしてやりたいと思いながらも行動に移せず、うじうじと悩んでばかりいて煮え切らない態度であるのにいらだちを覚え、情けないやつだと思っている。

イ　雨宮が、一志のためにどうしたらよいかを考えあぐね、関係ない自分のことを頼って泣きついてくるのがうっとうしくてしかたないので自分が何とかしてやるしかないと思っている。

ウ　雨宮が、一志のことを心から心配するあまりにため息ばかりついて仕事に集中できないでいることを、グラウンドキーパーとしてのプロ意識に欠けるだめなやつだと思っている。

エ　雨宮が、一志のことを心配してその傷ついた心をどうしたら癒やせるのかと、ただ思案にくれて悩んでいるだけなのをはがゆく思いながら、どうにかしてやりたいと思っている。

問五　——線部4「俺たちは、カウンセラーやない。グラウンドキーパーなんや」とあるが、それはどういうことか。次の中から適当なものを一つ選び、記号で答えなさい。

ア　親友ならカウンセラーや精神科医のように人の心を探るのではなく、グラウンドの土と闘うようにケンカするぐらいのつもりで真正面から対決すべきだということ。

イ　カウンセラーや精神科医とは違って、自分たちには人の心など見えるはずもないのだから、グラウンドキーパーとして土と向き合うことに専念すべきだということ。

ウ　自分たちにはカウンセラーのように人の心の中は見えなくて当然なので、相手の心の傷にふれることを恐れずに自分が言うべきだと思うことを言うしかないということ。

エ　土の中も心の中も目に見えないことでは同じなのだから、グラウンドの土を掘り起こすように、しっかりと相手の心深くまで届く言葉をかけるしかないということ。

問六　——線部5「俺も、一志のように『ははっ』と、なかばあきれて笑った」とあるが、このときの雨宮の気持ちとして適当なものを次の中から一つ選び、記号で答えなさい。

ア　長谷らしい強引さにおどろかされながらも、自分がしたくてもできないことをたやすく長谷が実行していることに対してとてもかなわないと思っている。

イ　一志を放っておけないと気づかってくれるやさしさがありながら、その思いをぶっきらぼうで乱暴にしか表現できない長谷の不器用さを残念に思っている。

ウ　長谷に指摘されたとおり、一志の親友としてふがいなさは感じているが、ピッチャーではない自分に長谷と同じことができるわけがないと開き直っている。

エ　長谷の強引なやり方は一歩間違えれば逆に一志を深く傷つけてしまうことになりかねないので、今の所たまたまうまくいっていることにほっとしている。

問七　——線部6「ピッチャーの気持ちは、ピッチャーにしかわからへん」とあるが、ここで長谷は一志にどのようなことを伝えようとしているのか。次の中から適当なものを一つ選び、記号で答えなさい。

けた。

「同じように、グラウンドキーパーの気持ちも、仕事の醍醐味も、グラウンドキーパーにしかわからへん」

長谷さんは言った。

「選手の笑顔によりそうんや」

長谷さんは、俺にもボールを投げかけようとしている。

「選手の涙によりそうんや」

俺はそのボールをそらすまいと、長谷さんの目を真っ直ぐ見すえた。

「冷静に周囲を見渡せ。風や雨や太陽を日々、感じるんや。土や芝によりそうんや。それが、グラウンドキーパーの醍醐味や。ほかの仕事にはない、やりがいや。もうすぐ一年なんやから、雨宮にはわかると思ってたんやけどな」

荒々しく突き放すような口調のわりに、長谷さんはどこかさみしげでもあった。何か大事なものを手渡され、託されたように感じた俺は、相手の目を見つめたまま大きくうなずいた。　（朝倉宏景『あめつちのうた』）

㊟ 甲子園ボウル…全日本大学アメリカンフットボール選手権大会の決勝戦。
オーバーフロー…容器などから液体があふれ出ること。
トンボ…地ならしをするT字型の道具。

問一 〜〜〜線部a〜eのカタカナを漢字に直しなさい。

問二 ——線部1「目が覚めた」とあるが、それはどういうことか。次の中から適当なものを一つ選び、記号で答えなさい。

ア 野球をやめると決めていたが、長谷の投げる圧倒的な球に挑発され、同じピッチャーとして長谷には絶対に負けられないと闘志に火がついたということ。

イ 長谷の投げる勢いのある球を受けたことで、これまで気づかないふりをしていた長谷と自分のピッチャーとしての能力の差を強く思い知ったということ。

ウ 長谷が投げる勢いのある球を受けたことで、思うように野球ができない中で失いかけていた、野球をする喜びそのものをひさびさに実感したということ。

エ 球威のある球を受けたことで長谷の回復ぶりを直に感じ、ピッチャーとして再起を目指す自分にとって、大きな希望を手にしたように思えたということ。

問三 ——線部2「少し恥ずかしそうに目深にかぶり直した」とあるが、長谷はなぜ「恥ずかしそう」なのか。その理由として適当なものを次の中から一つ選び、記号で答えなさい。

ア 手術をして肘が治ったことの喜びで、怪我に苦しんでいたことを思わず言ってしまい、自分の弱さを見せてしまったという思いがわいたから。

イ 自分の肘が手術で治り、また投げられることを喜んでいるのだが、その喜びを柄にもなく表に出し、大げさな言葉で言ってしまったと思ったから。

ウ 肘の手術によりまた投げられるようになってうれしいが、球威がまだ戻っていない自覚があり、大したことないなとあなどられた気がしたから。

エ 肘の手術がうまくいき、また投げられることがうれしくて、実際の回復度合に合わない、あまりに楽観的な言葉を使ってしまったと感じたから。

「それって、長谷さんですよね？」

長谷さんは、拾い上げたリュックサックにグローブをしまいながら、無表情で答えた。

「アホか。俺、ちゃうわ」

「僕は、あのときも、土を持ってきてくれたグラウンドキーパーをこうして見上げていたんです。グラウンドにしゃがみこんだ格好で、逆光で、まぶしくて、顔は全然見えなくて、相手は帽子をかぶってて……」

一志はすがりつくような視線を長谷さんに向けた。

「そして、今も、僕はあなたを見上げています。夕陽を背負った長谷さんを見上げています。ぴたりと重なるんです、イメージが。あのときの、シルエットが」

長谷さんは、依然として無表情で一志を見下ろしている。

「長谷さんなんですよね？　そうなんですよね？」

「だったら、なんや？」

9 乱暴な口調とは裏腹に、その声は湿り気を帯びて、震えていた。

「俺やったら、なんやっていうんや？」

「ありがとうございます」立ち上がった一志が、ゆっくりと頭を下げた。

「二度も助けてくれました。あのときは、絶対にプロになって、甲子園に帰ってきたいと思いました。もちろん、今も……」

「ナイト……」と、両手を口にあてた真夏さんがつぶやいた。

「邪魔やっただけや。整備の邪魔やったんや」

「ただ、それだけや」

「それでも……、いろいろなことをあきらめなくてよかったと、心の底から思います。東京に帰るのは、やめます。両親は関係ない。ほかの部員も関係ない。俺はピッチャーだ。ピッチャーが投げなきゃはじまらない。俺は……、俺は、もっとわがままに振る舞ってもいいんだ」

一志の目が光っていた。

「なんとしてもここに踏みとどまります。ありがとうございました」

俺は寒さに震えていた。10 自分の心のなかをのぞきみる余裕もなかった。

嫉妬なんか、いらない。感謝を求めるのでもない。

そんな足手まといの、負の感情はいい加減、脱ぎ捨てたい。俺も自由になりたい。独力で高く飛び立ちたい。

純粋に、土と、芝と向きあいたかった。プロのグラウンドキーパーになりたかった。一人前のグラウンドキーパーになりたかった。

長谷さんが、無言で寮へと引きあげていく。その背中に、あわてて呼びかけた。

「長谷さん！」

「何や……？」

長谷さんが振り返った。

「僕もプロになりたいんです！」

必死で訴えた。

「プロ野球選手みたいに、お医者さんや看護師さんみたいに、ビルや家を建てる人みたいに、電車やバスやトラックを運転する人みたいに、僕もグラウンドキーパーのプロになりたいです」

長谷さんは、あきれかえったと言わんばかりに、宙を見上げた。

「ピッチャーの気持ちは、ピッチャーにしかわからへん」

空気が乾燥しているのか、11 上下の唇を一度湿らせて長谷さんがつづ

俺は傑が生まれたときから、ずっと嫉妬していたんだと、否応なく気づかされる。

父さんと傑のキャッチボールを、うらやましく眺めていた。雨の日、バッティングセンターで傑を褒める父さんを、俺のほうにも振り向かせたくてしかたがなかった。

傑に――父さんに大事にされる傑に――どうしようもなく嫉妬していた。

兄として、弟をかわいがっているふりをして、その感情に目をつむっていた。お年玉をあげるような、頼りがいのある兄を演じていた。けれど、違った。8俺も目が覚めた。

傑がねたましい。

どうしようもなく、くるおしいほど、うらやましい。なんであいつには、生まれた瞬間からすべてが与えられているんだ？　なんで、俺にはなんにもないんだ？

真夏さんへの恋愛感情がかわいく思えてしまうほど、その嫉妬の炎は小さいころから俺の内側でずっと燃え上がっていた。それに見て見ぬふりをしてきた。

俺の心のなかの水分は、その炎ですっかりdジョウハツし、土壌は干からび、ひびわれ、まるで水分をとおさなくなっていた。雨はしみこまず、あふれだし、㊟オーバーフローした。

今さら、気がついた。俺の心のなかにこそ、不透水層は広がっていたのだ。そのことに、ずっと目をそむけつづけてきた。

一志と長谷さんのキャッチボールを目の当たりにして、その深い傷がむき出しにされ、あばかれた。

本当は野球なんか憎くてしかたがないのに、その憎しみや嫉妬のどろどろした感情を認めたくなくて――父さんにどうしても俺の姿を見てほしくて、俺は徳志館高校のマネージャーになった。

そして、甲子園のグラウンドキーパーになった。

本当は、感謝なんか、求めていなかった。ただただ、振り向いてほしかっただけだ。家族の一員になりたかっただけだ。心の土を耕し、掘り起こし、締め固めなければならなかったのは、本当は俺のほうだったのだ……。

「あっ！」と、一志の声が響いて、我に返った。

球を捕りそこねたらしい。一志の前に、ボールが転がっていく。

「もう、見えへんな。やめよう」長谷さんも一志に歩みよっていった。

ボールを拾った一志が、長谷さんを見上げる。

その瞬間だった。一志が顔をしかめる。夕陽を背にした長谷さんを、まぶしそうに見上げている。

しかし、どうも様子が変だった。

「もしかして……、いや……、間違ってたら、ごめんなさい」

一志が何度も前置きをして言葉をつづけた。

「一昨年の夏の甲子園でした。僕が――徳志館が一回戦で負けたあと、土を拾おうとして、でも、なかなか集められなくて……」

その先を聞きたいような、聞きたくないような、eフクザツな感情が、俺のなかでせめぎあっていた。

「そのとき、㊟トンボで土を運んできてくれたグラウンドキーパーがいました。この前、大地が話したとおり」

俺はぎゅっと目をつむった。

（中略）

もう、真夏さんと長谷さんの深い絆に、嫉妬心はわかなかった。ここまでしてくれた長谷さんも、どうか幸せになってほしい。でっかい空に、でっかい体で、ふたたび飛び立ってほしい。

「嫉妬か……」部屋着のままあわてて出てきたせいで、しだいに体の芯から冷えてきた。腕を組むような格好で、両手を両脇の下にはさみこんで震えていた。

どちらかというと、俺は一志と長谷さんの二人のほうに、強い嫉妬を感じているようだった。

たいして仲良くもなかったのに、こうしてボールをやりとりするだけで、男同士、もうわかりあえてしまう。あれだけ覇気の失われていた一志の目に――表情に生気が戻っていた。

俺が何年もかかってcキズき上げた一志との関係を、野球をする者同士なら、一瞬で飛び越えることができてしまう。互いの力量を認めあい、尊重しあうことができる。

6「ピッチャーの気持ちは、ピッチャーにしかわからへん」長谷さんが、ボールを投げながら言った。

一志が受ける。無言で投げ返す。

「ピッチャーが投げなかったら、試合ははじまらへん。すべては、お前が投げるところから、はじまる。お前が起点や」

しだいに、あたりが薄暗くなってきた。でも、二人はやめない。

「キャッチャーが、なんぼのもんじゃ。俺らピッチャーが主役や。花形や。お前らは、黙って俺らの球を受けとけ――そういう気概でいかな、簡単に打たれるで」

グローブと硬球がぶつかる音が、絶え間なく、リズミカルに響く。

「一度折れたら、簡単には戻ってこれへんぞ。だから、踏みとどまれ。最初は、ネットにでも、壁にでも、投げこんだらええ。ひたすら投げこめ。クソみたいなバカは相手にするな」

7球の重み以上に、長谷さんの投げかける言葉には、鋼鉄みたいな強度があった。まともにぶつかったら、怪我をしかねない重さだ。

それでも、一志は真正面から、その言葉を受けとめる。

「あいつの球を、受けてみたい。とてつもないボールや。そうキャッチャーに思わせたら、勝ちや。あいつの球を打ってみたいって、バッターに思わせたら勝ちや。絶対にお前の味方になってくれるキャッチャー、チームメートが出てくる。お前の努力を認めるヤツは必ずおる」

長谷さんがつづけた。

「それでも、あかんかったら、そんな腐った部はやめろ。独立リーグでも、なんでも行ったらええ」

俺は唇を噛みしめた。

ピッチャーの気持ちはピッチャーにしかわからない。

プレーヤーの気持ちはプレーヤーにしかわからない。

たしかに、かつて島さんが言ってくれたとおり、選手の気持ちを想像してみることはできる。けれど、その想像にだって、限界はあるんだ。どう頑張ったって、野球を介した傑と父さんの仲に割って入ることはできない。一志と長谷さんのように、ボールを交わしただけで、一足飛びに体の底から魂の部分でぶつかりあえる――そんな男同士の友情をはぐくむことは、到底俺にはできない。

真夏さんは、手術の件を知っていたらしく、にやりと微笑んでうなずいた。

長谷さんが、ふたたび振りかぶる。ゆっくりと左腿を上げ、大きく両腕を開いた。全身が弓のように緊張して張りつめたその刹那、ためこんだ力を一気に解放した。

来る！

一志がグローブに右手をそえて、身構えた。

糸を引くように、ボールが俺の目の前を横切る。

ズドンと、サンドバッグを殴ったような鈍い音がした。一志がやはり、痛みをこらえるように、唇を引き結んでいる。

しかし、長谷さんは首を軽くひねった。

「まあ、まだ四割ってところやな」

「これで……、四割？」唖然とした。化け物だ。

一志の絶好調時のピッチングだって、威力がないわけじゃない。けれど、長谷さんの球はまるでバズーカだ。

一志が、「ははっ」と、笑う。ただただ、圧倒的な力を見せつけられて、自然と心の奥底から感嘆がもれたようだった。

俺の横に、真夏さんが立った。

「いちおう、一志君と最後になるかもしれへんし、ナイトにも今日の送別会のことつたえたんやけど……」

コートのポケットに両手をつっこんだ真夏さんは、軽く背伸びをしたり、踵を下ろしたり、寒そうに体を上下させていた。背負っているギターのケースも、その動きにあわせて揺れる。

「ここから先は、まるっきりナイトの言葉やで。ウチが言うたんやないで」と、前置きをして、真夏さんが語りはじめた。

3 雨宮のため息がうるさくてしかたがない。一志の心も、グラウンドの土と同じように、目に見えて掘り返せたらいいのに……。そう言って、仕事にも集中せぇへん。

「アホか。俺ら、カウンセラーでも精神科医でもないんや。心が見えないのは当たり前やろって、ナイトがもう朝っぱらからうるさいねん」

長谷さんの口調を真似ているらしく、低い声で真夏さんがつづけた。

4 「俺たちは、カウンセラーやない。グラウンドキーパーなんや。土やろうが、心やろうが、思いっきり掘り起こしてしまえばええんや。それが、グラウンドキーパーの流儀や。心に傷がついたんなら、天と地を丸ごとひっくり返して、転圧して、固めてしまえばええんやって。なんで、親友の雨宮がそれをできんねん、何をためらってるんやって。真夏、今日、乗りこむぞって、まるでケンカしに行くみたいに言うて」

5 俺も、一志のように「ははっ」と、なかばあきれて笑った。そんなパワープレーが許されるのは、長谷さんだけだ。

（中略）

「でも、ナイトはぶっきらぼうで乱暴に見えて、やさしいねん。むかしっからそうやった」

「ですね」

「このまま、野球をあきらめかねない一志君を放っておけなかったんやろ。それに心を痛めてる大地君を見かねたんやろな」

長谷さん自身が、翼をもがれるような挫折を味わった。自由に飛べなくなった。だからこそ、同じく墜落寸前だった一志の苦境に黙っていられなかったのだろう。

【国　語】（五〇分）〈満点：一二〇点〉

【注意】・字数指定のある問いは、句読点なども字数にふくめること。

一、次の文章を読み、後の問いに答えなさい。

運動のまったくできない雨宮大地（俺）は、自分がマネージャーを務める野球部が甲子園に出場し、そこで目にしたグラウンドキーパーにあこがれてグラウンド整備会社に就職した。一方、同じ野球部のエースピッチャーだった一志は、卒業後も関西の大学で野球をつづけていたが、ある誤解がもとでほかの部員に無視されるようになり、野球をやめて東京に帰る決心をする。二人は送別会をすることになったが、そこへ大地の職場の先輩長谷騎士が真夏とともに現れ、一志をキャッチボールに誘う。長谷は、一昨年夏の甲子園優勝投手だったが、肘を壊してプロを断念し、整備会社に入社していた……。

激しい捕球音が周囲のフェンスに反響する。

おそるおそる一志を見た。

胸の前に構えたグローブのなかに、白球がおさまっていた。一志の、ど真ん中だ。

一志は痛そうに顔をしかめていた。一月の外気で手がかじかんでいるところに、あの球威だ。しかも、[a]アツいミットではなく、ふつうのグローブだから、ものすごい衝撃が走ったのだろう。

あわてて一志に駆けよった。

「マジで……、大丈夫？」一志の様子しだいでは、すぐにやめさせるつもりだった。母校のセンバツ出場のニュースですら、拒否反応を示したのだ。

けれど、一志は笑った。わざとらしいつくり笑いではない。ひさしぶりに、歯を見せて、大きく笑ったのだ。

「いや、いい。こんな痺れる感触、ずっと味わってなかったよ。[1]目が覚めた」

長谷さんに球を投げ返した一志が叫んだ。

「長谷さん！　投げても大丈夫なんですか？」

俺はハッとした。

すっかり忘れていたけれど、長谷さんの肘は故障したままだと思っていた。ところが、長谷さんも一志と同様に、小学生のような笑みを浮かべて答えた。

「肘の再建手術したんや。一ヵ月半くらい前」

俺は「えぇ！」と、大声をあげてしまった。まったく気がつかなかったのは、季節が冬で長谷さんがずっと長袖を着ていたからかもしれない。着替えのときも、わざわざ長谷さんの裸なんか見たいと思わないし……。

けれど、手術をしたということは、その肘に痛々しい痕があるはずだ。

「遊離した軟骨を[b]ジョキョした。俺を苦しめてたもんは、もうない。俺は自由や」長谷さんは、キャップのつばに手をかけ、[2]少し恥ずかしそうに目深にかぶり直した。

その言葉に、何を感じたのか、一志が天をあおぐ。

「まだ万全やないけどな。ちょっとずつ、こうして投げられるようになってきたわ」

もしかして、㊟甲子園ボウルのときに休みがちだったのは、手術やリハビリをしていたからだろうか。時期的には、ちょうど合致する。俺は真夏さんを見た。

一般①

2021年度

解　答　と　解　説

《2021年度の配点は解答欄に掲載してあります。》

＜算数解答＞

1	(1) $\frac{8}{27}$	(2) 15通り	(3) 449	(4) 140度	(5) 216cm^2
2	(1) $8\frac{1}{3}$	(2) $6\frac{17}{18}$	(3) 18		
3	(1) 1：4	(2) 10：7			
4	(1) 15分後	(2) 1800m			
5	(1) ア 17 イ 9	(2) ウ 16	(3) エ 729		
6	(1) 81cm^2	(2) 45cm^2	(3) 11		

○推定配点○

1～5 各6点×16　6 各8点×3　計120点

＜算数解説＞

1 (四則計算，数の性質，消去算，平面図形)

(1) $\frac{5}{3}\div\left(\frac{9}{4}\div\frac{2}{5}\right)=\frac{5}{3}\div\frac{45}{8}=\frac{8}{27}$

基本 (2) 1＋1＋5…3通り，1＋2＋4…3×2×1＝6(通り)，1＋3＋3…3通り，2＋2＋3…3通り
したがって，全部で3×3＋6＝15(通り)

重要 (3) 3，5の最小公倍数15の倍数－1のうち，7の倍数＋1になる最小の数は29である。
したがって，15と7の最小公倍数105の4倍＋29は449

重要 (4) 右図において，60度＋○○●＝110度，○○●＝110－60＝50(度)
60度＋○●●＝130度，○●●＝130－60＝70(度)
○○●○●●＝50＋70＝120(度)，○●＝120÷3＝40(度)
したがって，ア＝●＋110度，ア＝○＋130度より，
アは○●＋110＋130＝(40＋110＋130)÷2＝140(度)

重要 (5) 右図より，12×6＋12×12＝12×18=216(cm^2)

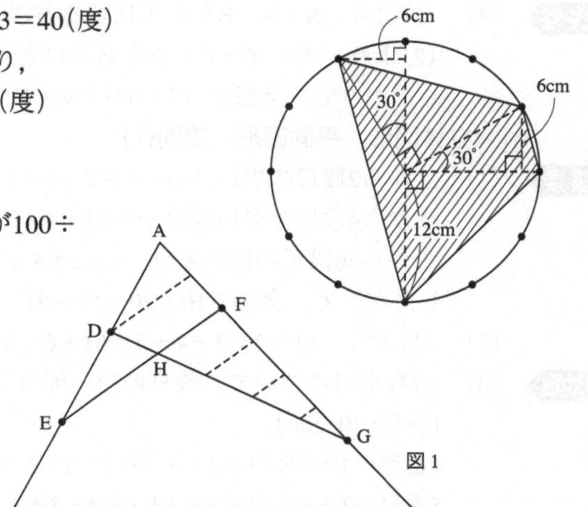

図1

重要 2 (割合と比，濃度，演算記号)

(1) 10%の食塩水100gに水を20g加えると，濃度が100÷(100＋20)＝$\frac{5}{6}$(倍)，10×$\frac{5}{6}$＝$\frac{25}{3}$(%)になる。

(2) (1)より，$\frac{25}{3}\times\frac{5}{6}=\frac{125}{18}$(%)

(3) (1)より，□×$\frac{5}{6}\times\frac{5}{6}\times\frac{5}{6}=\frac{125}{12}$(%)
したがって，□は$\frac{125}{12}\times\frac{216}{125}$＝18(%)

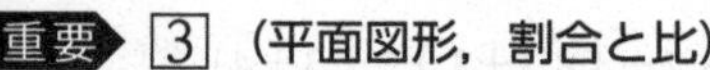

重要 3 (平面図形，割合と比)

(1) 図1より，DH：HGは1：4

(2)　図2において，三角形ＡＢＣの面積を3×4＝12とする。
三角形AEF…2×1＝2
三角形ADG…1×3＝3
三角形FHG…(1)より，$3\times\frac{4}{5}\times\frac{2}{3}=1.6$
したがって，四角形AEHGは2＋1.6＝3.6
三角形ABCと五角形の面積比は12：(12－3.6)＝10：7

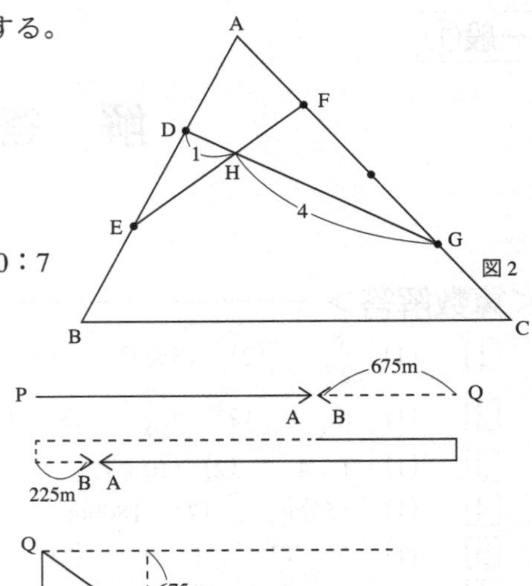

重要　4　(速さの三公式と比，旅人算，割合と比)

(1)　右図より，初めてすれ違うまでの時間と2回目にすれ違うまでの時間の比は1：3である。したがって，初めてすれ違ったのは45÷3＝15(分後)

(2)　(1)と右のグラフより，B君は675(m)を15分で進み，Pからの225(m)を15÷3＝5(分)で進む。したがって，PQの距離は225÷5×(45－5)＝1800(m)

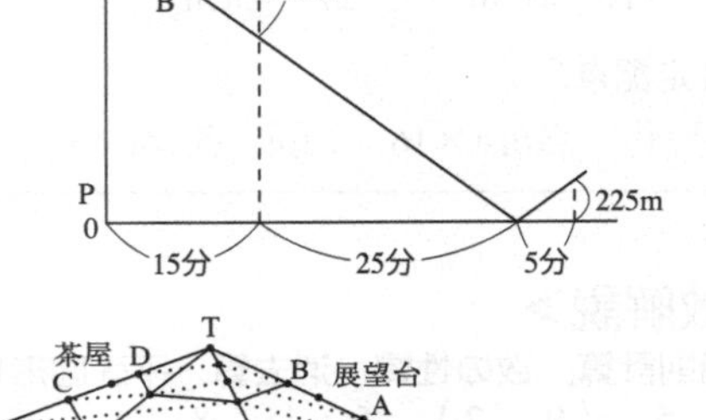

5　(立体図形，平面図形，場合の数)

重要　(1)　SからAまで…SからそのままAまで行く。
Sからア～エのどこかまで左回りか右回りで行って1段上に登り，さらに，左回りか右回りでAまで行く。
したがって，全部で1＋2×2×4＝17(通り)
BからTまで…1＋2×4＝9(通り)

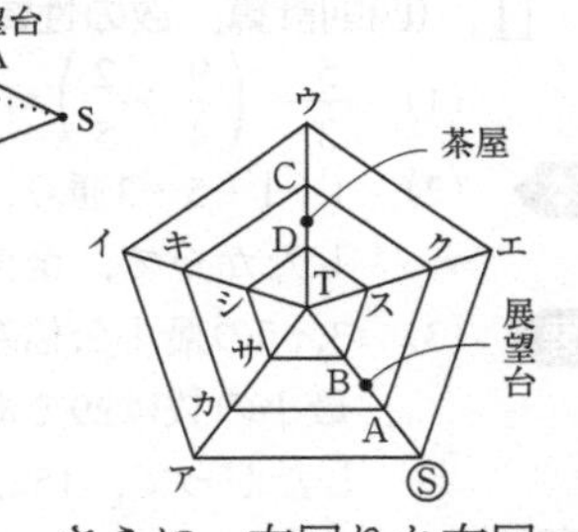

(2)　<SからCまで>
SからAに登って左回りか右回りでCまで行く…2通り
Sからウまで左回りか右回りで行ってCまで登る…2通り
Sからア・イ・エのどこかまで左回りか右回りで行って1段上に登り，さらに，左回りか右回りでCまで行く…2×2×3＝12(通り)したがって，全部で2×2＋12＝16(通り)

やや難　(3)　(1)より，S－A－BからTに登る方法は17×9(通り)
(2)より，カ・キ・C・クからTに登る方法は16×9×4(通り)
したがって，全部で(17＋64)×9＝729(通り)

6　(立体図形，平面図形，規則性)

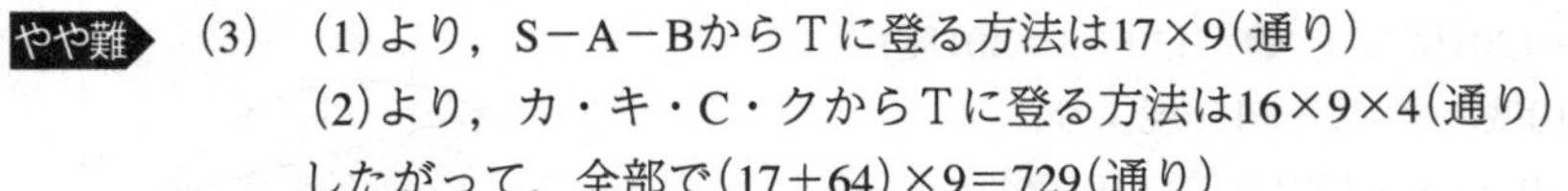

重要　(1)　上から2段目の黒い部分…1×2＋4×2＝10(cm^3)
上から4段目の黒い部分…3×2＋4×2＋3×2＝20(cm^3)
上から46段目の黒い部分…5×2＋4×2＋3×4＋1＋2＋3＋4＋5＋6＝51(cm^2)
したがって，全部で10＋20＋51＝81(cm^2)

(2)　(1)より，(1＋2＋3＋4＋5＋6)×6－81＝45(cm^2)

やや難　(3)　奇数番目について，残りの白い部分を調べていくと，11番目に720cm^2になる。
1番目…0(cm^2)
3番目…1＋6×(1＋2＋3)－(2×2＋5×2＋4×1＋1＋2)＝16(cm^2)
5番目…1＋6×(1＋2＋3＋1＋2＋3＋4＋5)－(2×2＋4×2＋3×1＋5×2＋4×3＋1＋2＋3＋4)
＝80(cm^2)

11番目…1＋6×(1＋2＋3＋1＋2＋3＋4＋5＋1＋2＋3＋4＋5＋6＋7＋1＋2＋3＋4＋5＋6＋7＋8＋9＋1＋2＋3＋4＋5＋6＋7＋8＋9＋10＋11)－(2×2＋4×2＋3×1＋4×2＋4×2＋3×3＋6×2＋4×2＋3×5＋8×2＋4×2＋3×7＋10×2＋5×2＋4×9＋1＋2＋3＋4＋5＋6＋7＋8＋9＋10)＝1＋6×(6＋15＋28＋45＋66)－(186＋55)＝961－241＝720(cm^2)

★ワンポイントアドバイス★

1(4)「角度の消去算」が容易ではなく，4「1回目のすれ違い」と「2回目の往復のすれ違い」の時間の関係を忘れると，時間を浪費する。5(3)「Tまでの行き方」が迷いやすく，6(3)「白い部分の面積」が難しい。

＜理科解答＞

1. 問1 音の高さ，音の大きさ，音色　問2 524Hz　問3 262Hz　問4 イ
　問5 (例) 細い弦にする　問6 第1弦　問7 330Hz

2. 問1 石灰水　問2 ア　問3 (1) ① ア ② イ　(2) C　(3) BとC
　問4 (1) 150g　(2) 85%

3. 問1 1 えら　2 赤血球　3 たんのう　問2 エ　問3
　問4 (1) 水が出てくる。 (2) つけものをつくる。など
　問5 ミオグロビン　問6 持続的に泳ぐことができる。
　問7 解毒作用など

4. 問1 エ　問2 ウ　問3 ウ　問4 ア　問5 オ
　問6 (1)

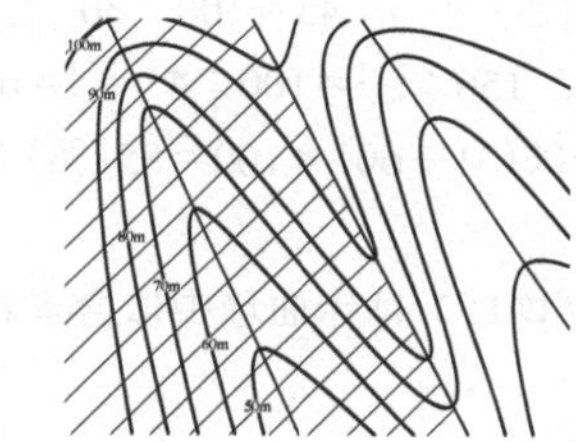

　(2) 平常時と洪水時との下線流量の変動が大きく，流量は短時間で増加したのち，短時間で元に戻るという特徴。
　問7 河道を拡張する。など

○推定配点○

1. 問1 各1点×3　問4 2点　他 各3点×5
2. 問1～問3(1) 各2点×4　他 各3点×4
3. 問1 各1点×3　問3～問5 各2点×4　他 各3点×3
4. 問6(1)・問7 各3点×2　問6(2) 4点　他 各2点×5　計80点

＜理科解説＞

1. (光や音の性質―音の性質・振動数)

基本 問1 音の三要素とは，音の大きさ，高さ，音色をさす。

問2 ②の鍵盤は④の鍵盤から3つ右側であり，となり合う鍵盤の振動数は，右側が左側の1.06倍になるので，440×1.06×1.06×1.06＝440×1.19＝523.6≒524(Hz)である。

問3 ①の音と②の音は1オクターブ違うので，①の振動数は524÷2＝262(Hz)になる。

重要 問4 弦を強く張ると音の高さは高くなる。また，弦の振動する部分の長さを短くすると音の高さは高くなる。弦を強くはじくと音の大きさが大きくなる。

重要 問5　弦の太さが細いほど高い音になり，太いほど低い音になる。

問6　ギターの弦は，向かって左側から右側にかけて徐々に細くなっている。弦が細いほど高い音が出るので第1弦である。

問7　第1弦の「ミ」の音の振動数が1319Hzで，第6弦の「ミ」は2オクターブ低いので，1319÷2÷2＝329.7≒330(Hz)である。

2. (水溶液の性質・ものの溶け方─水溶液の区別・溶解度)

基本 Ⅰ問1　水酸化カルシウムの水溶液を石灰水という。

重要 問2　4つの物質のうち，加熱すると分解して気体が発生するものは炭酸水素ナトリウムである。二酸化炭素が発生する。

重要 問3　(1)　①　フェノールフタレインが赤色に変化するものは，アルカリ性の水溶液である。ここではアルカリ性を示すものは，炭酸水素ナトリウムと水酸化カルシウムの水溶液である。1つだけ選択するので，フェノールフタレインがうすく赤色になったことからアルカリ性の弱い炭酸水素ナトリウムを選ぶ。　②　水酸化カルシウムは水に溶けにくい。25℃で水100gに対して0.17g程度溶ける。

(2)　Aでは，炭酸水素ナトリウムだけが気体を発生する。Bの色の濃さで，濃い赤色では水酸化カルシウム，薄い赤色ならば炭酸水素ナトリウムと区別でき，Cで残りの2つのうち電流が流れれば塩化ナトリウム，流れない方が砂糖と区別できる。

(3)　Bで炭酸水素ナトリウムと水酸化カルシウムが区別でき，Cで塩化ナトリウムと砂糖が区別できる。B，C2回の実験で4つが区別できる。

Ⅱ問4　(1)　80℃でXが飽和に達し，これを25℃まで冷やすと45gのXは析出した。表より，80℃でXを水100gに溶かして，これを25℃まで冷やすと34－4＝30(g)のXが析出するので，求めたい水の量を□gとすると，(水の量)：(析出したXの重さ)＝□：45＝100：30　□＝150(g)になる。

(2)　25℃で水150g中に溶けているXの重さは，150：□＝100：4　□＝6(g)　はじめ混合物中にXは45＋6＝51(g)含まれていたので，Xの割合は(51÷60)×100＝85(%)である。

3. (昆虫・動物─魚のからだ)

基本 問1　魚はえら呼吸で酸素を取り入れる。ヘモグロビンは赤血球中に含まれる。肝臓で作られた胆汁をためておく臓器は胆のうである。

問2　エの腹ビラが対になっている。

問3　中央部分が背中の部分で，背骨に沿って包丁を入れるので向かって右側に背骨が残り，おなかの部分にはらわたがあった。

問4　①　塩をまぶすと魚の体内から水分がでてくる。これは浸透現象と呼ばれる。

②　漬物に塩をまぶすと，野菜内部の水分が出てくる。ナメクジに塩をかけるのも同様である。

問5　ミオグロビンは，ヘモグロビンが運んできた酸素を筋肉内にたくわえる働きをする。ミオグロビンの方が酸素と結びつきやすく，効率的に酸素を蓄えられるためである。

問6　赤身の魚の筋肉には多くのミオグロビンが含まれるので，酸素の量が多く長い時間泳ぐことができる。

重要 問7　肝臓の働きには，タンパク質の合成，栄養分の貯蔵，有害な物質の解毒，胆汁の合成などがある。

4. (気象─雨の降り方)

基本 問1　強風や気圧の低下によって海水面が異常に高まり，高い波が打ち寄せる現象を高潮という。

問2　台風では，進行方向の右側で強い風が吹き寄せる。伊勢湾付近で「吹き寄せ効果」が発生したので，台風はウの進路を通ったことがわかる。

問3　台風が東京に最接近した時刻が23日の午前5時ごろで，台風の接近前から強い雨が降っており，台風の進行方向の前方で多くの雨が降り，通過後は午前6時ごろに強い雨になったがその後は雨が止んだことがわかる。

問4　ア　折れ線グラフの表す水位は各時間帯における水位で，川の水は下流に流れていくので降水量をすべて足し合わせた高さではない。

問5　上流のX地点の水位はYよりも低くなる。グラフaとcで，cの方が水位が低くX地点を示す。aのグラフがY地点。bのグラフは水位の高くなるピークがいくつもある。これはZ地点が海岸に近く，潮の満ち引きの影響を受けるためである。

問6 (1)　山の斜面を高いところから低いところに向かって雨水が流れ下り，図の斜線部分が河川Aの流域になる。　(2)　山に降った雨が短時間で川の水位を上昇させ，短時間で元に戻る。

問7　川幅を広げる。川の中州に生える木を伐採する。水位が上昇したときに一時的に水をためておける遊水地などを整備する。

★ワンポイントアドバイス★

問題文が長く，よく読んで内容を理解し推論する能力が求められる。そのためにも各分野のしっかりとした理解や知識と応用力が必要である。

＜社会解答＞

問1　エ　　問2　生産調整[減反政策]　　問3　エ→ア→イ→ウ　　問4 (1)　琉球[王国]　(2)　ア　　問5　一平グループが「九州パンケーキ」の原料となる農作物を農家から買い取り，契約した工場で製造して各地の小売店に販売することで，人手や技術が十分でなく6次産業化が難しい小規模農家は農作物の生産に専念することができる。また，一平グループが農家の利益を考えた価格で農作物を買い取ることで，消費が減って生産量が少なくなってきた農作物を作る農家もこれまで通り生産し続けることができる。　問6　畜産農家は，口蹄疫に感染するおそれのある家畜を，健康なものもふくめてすべて殺処分しなければならなかった。しかし宮崎県の畜産農家は一戸あたりの牛の数が増えており，多数の家畜の死体を埋めるための広い土地が必要となり，その土地は農家が自力で農場の近くに確保しなければならなかったため，土地の確保が困難となったから。　問7 (8月)　は　(産地)　オ　問8　ウ　問9　エ　問10　イ

○推定配点○

問5　20点　　問6　15点　　他　各5点×9(問7完答)　　計80点

＜社会解説＞

(総合―国土と自然・農業・元寇・明治の外交・地方自治体・民間団体など)

基本　問1　気象条件などの幸運もあり襲来した元軍の撃退に成功したとはいえ，幕府は領土や金銭といった利益は一切なかった。財政的に余裕がなかった幕府は命を懸けて戦った御家人へ恩賞を与えることはできず，その結果，奉公に対してご恩を与えるという封建社会の大原則は揺らいでいった。再度の侵攻に備えて高まる幕府の要求に対し御家人の不満はいやがうえにも高まり幕府崩壊を早める結果となっていった。「蒙古襲来絵詞」は竹崎季長が自身の戦功を幕府に訴えるために描かせたものといわれる。

問2　戦後食生活の欧米化によりコメの消費は激減，一方農業技術の向上で生産量は増大したため

政府の在庫米が急増して財政を圧迫する原因ともなった。これに対し政府は奨励金を出して休耕や転作といった減反政策を導入して対応。その後，海外からの自由化圧力などもあり減反政策は2018年には廃止されることになった。

問3　ア　日朝修好条規は日本の大陸進出の第一歩となった条約。1875年，日本の挑発によって江華島事件が発生，翌年日本の領事裁判権などを認める条約を締結。　イ　1894年，甲午農民戦争に対し日清両国が軍を派遣，政府の改革要求が清に拒否されると日本は宣戦を布告。　ウ　1911年，日清・日露戦争後の日本の国際的地位の向上を背景にアメリカとの間で関税自主権の回復に成功，これを契機に諸外国との不平等条約の改正が達成された。　エ　1871年，不平等条約改正の予備交渉を目的に派遣。政府の中枢を占める人々が1年半にわたり欧米を視察，その後の政策に大きな影響を与えた。

問4　(1)　1609年，薩摩藩に征服されて以降は中国(明～清)と日本の両国に服属。政府は廃藩置県後に沖縄県を置いて日本に併合(琉球処分)，琉球王国は解体された。　(2)　ユネスコの世界遺産は歴史的な建築物や遺跡などの文化遺産，貴重な自然が残る自然遺産，両者の複合遺産とから構成されている。富士山は観光客や登山者が捨てるゴミや周辺の開発から自然遺産への登録を断念，信仰など別な面からの世界遺産登録を目指すこととなった。

問5　現在日本の第1次産業である農林水産業に従事する人は約140万人でその70％を65歳以上の高齢者が占めている。世界でも突出して高齢者の割合が増えている日本だが，他の産業に比べても高齢化は著しく進んでいる。そこで農業活性化として取られた政策が「6次産業化」である。単に農産物を生産するのではなく，その加工や販売など1次産業だけでなく2次・3次産業まで展開することでより付加価値をつけ魅力のある産業とすることを目指したものである。政府も6次産業化法を制定するなど積極的に推進してはいるが，多額の初期投資だけでなく加工・流通・販売といったことに関する知識も必要であるため，せっかく商品が完成しても在庫の山に埋もれているといった例は全国各地で見受けられる。

問6　新型コロナウイルス問題で大揺れの2020年であったが，歴史上感染症の大流行が社会を揺り動かしたという事例は日本においても過去何度も起きている。奈良時代には天然痘の大流行で当時の政治中枢を占めていた藤原4兄弟が相次いで命を奪われ政治が大混乱したということはとくに有名である。聖武天皇が大仏建立にすがった理由にもなったといわれる。こうした感染症は人類にとって最大の脅威であり，家畜が感染する口蹄疫も同様である。このウイルスは感染力が極めて強く，感染した家畜を迅速に処分する以外に有効な対策はないとされる。ワクチンは開発されてはいるが感染を完全には防げず，感染しても発症しないためかえって感染を広げるといったデメリットも指摘されている。稀には人への感染もあるとされるためその対策は万全を期す必要がある。

やや難　問7　夏野菜の代表であるピーマンの旬は6月～9月ごろであるが，ハウス栽培などもあり現在では1年中出荷されている。生産量1位の茨城では通年，生産量2位・3位の宮崎や高知ではハウス栽培のため12月から5月ごろを中心に出荷される。

問8　李氏朝鮮4代世宗大王が公布した朝鮮の国字(訓民正音)がハングルである。第二次世界大戦後漢字を廃止しハングルに統一する動きが加速，戸籍や駅名など漢字表記は残っているが漢字が読めないという世代も増加している。　ア　福岡～ソウル間は約600km，東京～福岡間は約1000km。　イ　過去20年間の日本の主要な貿易相手国はほぼ中国・アメリカ・韓国が上位を占めている。　エ　オンドルは床下に煙道を設けて室内を温める朝鮮伝統の暖房装置。

重要　問9　予算は地方議会の権限。　ア　国民審査は最高裁判所の裁判官を国民が直接審査する制度。　イ　議会に代わる町村総会の規定はあるがほとんどの自治体に議会は存在。　ウ　条例の制定改廃請求は直接請求権として住民に認められているが，それを決定するのはあくまで地方議会である。

問10　1971年，フランスで結成された団体。あらゆる災害に苦しむ人に対し，政治や宗教・人種などの別なく迅速に医療を提供することを目指している。　ア・エ　ユニセフや世界食糧計画は国際連合に属する機関。ウ　青年海外協力隊は日本の海外ボランティア活動の一つ。

★ワンポイントアドバイス★

100字以上の長い記述に関してはまず条件ごとのポイントを箇条書きに整理してみよう。はじめ字数は考えずあとから調整すれば大丈夫である。

＜国語解答＞

一　問一　ウ　問二　イ　問三　エ　問四　ア　問五　ア　問六　イ・オ
問七　エ　問八　イ　問九　ウ　問十　(例)　自分の好きなことについては理解されるわけがないと思い込む一方で，誰かの好きなことで自分の知らないことについては理解しようとしてこなかった(68字)

二　問一　a　談話　b　改めて　c　統計　d　体現　e　熟知
問二　①　イ　②　ア　問三　ウ　問四　エ　問五　ア　問六　イ
問七　その人に眠(～)呼び覚ます　問八　(例)　筆者は，自分の中にある弱さを認めることで，他人の弱さも受け入れることができると考えている。それに対し，学生たちは，自己と他者の弱さへの認識が薄く，弱い立場に立って考えることができない。

○推定配点○

一　各5点×11　二　問一　各4点×５　問八　10点　他　各5点×7　計120点

＜国語解説＞

一　(小説―心情理解，内容理解，主題)

問一　「懸命に話についていこうとした。だって友だちがいないのは，よくないことなのだ」とあり，「僕」は友だちを作りたいと思っていることがわかる。しかし，「ゲームをする習慣がないから，意味がよくわから」ず，宮多たちの会話に入れないのである。

問二　直後に「ごめん。俺，見たい本あるから席に戻るわ」とあることから，――線部2の「ごめん」は，会話から抜けることを四人にわびる言葉であることがわかる。「ごめん」を言ったきっかけは，孤立しても落ち着いている高杉くるみが視界に入ったことである。

問三　「自分で思っていたより，大きな声が出」てしまい，他の生徒も「僕」を注目してしまったので，もうこの場を静めることは無理だと思ったのである。

問四　「僕」から「まさか話しかけられると思っていなかった」相手の仲間が，「は？　なんなん」と強く返し，「僕」も強く返してきた，という状況をふまえて考える。

問五　直後にある「犬の集団」や「アヒル」の例で述べられていることが，アに合っている。

重要　問六　高杉くるみは，「石」にのめりこんでおり，自分の空想の世界の中だけで生きているというわけではない。よって，イの文は誤り。高杉くるみは，帰り道で「僕」に「あんまり気にせんほうがええよ。山田くんたちのことは」と言っていることから，「僕」の気持ちを想像したり，気遣ったりすることをしいていることがわかる。よって，オの文は誤り。

問七　直前の「ただ僕があの時，気づいてしまっただけだ。自分が楽しいふりをしていることに」に注目する。

問八　宮多に送ったメッセージが，「僕」が,自分は刺繍が好きだという本当の思いを伝えるものであったことから考える。

重要　問九　刺繍が好きなことを宮多から認められたことをきっかけに，「僕」は，自分の好きなことを追い求めていこうと思うことができたのである。同時に，「宮多に……ゲームのことを，教えてもらおう。……僕はまだ宮多のことをよく知らない」とあるように，宮多たちとの関係も深めていこうと思っている。

やや難　問十「わかってもらえるわけがない。どうして勝手にそう思いこんでいたのだろう」「宮多は彼らではないのに」とあることから，「僕」はこれまで，自分が好きなことは他人に理解されるわけがないと思っていたことが読み取れる。また，「宮多に……ゲームのことを，教えてもらおう。……僕はまだ宮多のことをよく知らない」とあることから，「僕」がこれまで，誰かの好きなことで自分の知らないことについては，理解しようとしてこなかったことがわかる。

二　**(論説文一漢字の書き取り，語句の意味，内容理解，要旨)**

基本　問一　a「談話」は，ある事柄についての見解などを述べた話。　b　送り仮名の付け方を間違えないように注意する。　c「統」の「充」の部分の形に注意。　d「体現」は，思想や理念などを具体的なかたちに現すこと。　e「熟知」は，詳しく知っていること。

問二　①「メッキ」には，中身の悪さを隠して外面だけを飾りつくろうこと，という意味もある。②　無駄に・意味もなく，という意味。

問三「彼女は自分が抱えている不安を隠すことなく開示したのです」とあることに注目。国のリーダーが，自分の不安を口にすることは，一般的な常識からすれば，「意外」であるといえる。

問四　あとに「彼女は『強さ』を誇るような態度はとりません」とあることに注目。リーダーが強さを誇るようなことを言わなかったことで，それを聞いた人たちは，強い気持ちをもたなくてよいと安心したのである。

問五　あとに「これまでは『強い』リーダーが発言力を高めていました」「しかし，これからは，いたずらに『強がる』リーダーではなく，真の意味で『弱さ』を受け入れることのできる『弱い』リーダーこそが，人々と深いところでつながるのではないか」とあることに注目。

重要　問六　筆者は,「交わり」について「日常生活で『交わり』のなかにいるとき,私たちはなるべく『弱さ』を隠そうとします。『強がる』ことが多いようにも思います」と述べる一方で，「信頼できる人と『つながり』を感じるときは，安心して『弱く』あれるのではないでしょうか。……互いに助け合うということも起こる」と述べている。この内容が，イに合致している。

問七「つながり」という言葉に注意して，——線部5がもたらすものをとらえる。四つあとの段落に書き抜くべき言葉が見つかる。

やや難　問八　中略のあとの四つの段落から，筆者の考えと，それに対する学生の考えをとらえる。筆者の考えは主に最後の段落に，学生の様子は終わりから二つ目の段落に述べられている。

★ワンポイントアドバイス★

読解問題では，文章が長いうえに細かい読み取りが必要となる。文章が比較的長めなので，早く的確に読み取る力が求められる。読解力を養うには，ふだんから新聞を読んだり，いろいろな小説や随筆，論説文に触れたりすることが大切！

一般②

2021年度

解　答　と　解　説

《2021年度の配点は解答欄に掲載してあります。》

＜算数解答＞

1　(1)　4042　(2)　380個　(3)　$\frac{13}{23}$　(4)　71071　(5)　28：13

2　(1)　エ　(2)　シ　(3)　2.8cm

3　(1)　容器A　5%　容器B　4%　(2)　容器A　9%　容器B　18%

4　(1)　360m　(2)　2640m

5　(1)　25通り　(2)　12通り　(3)　10通り

6　(1)　416cm^2　(2)　488cm^3

○推定配点○

2, 5　各7点×6　他　各6点×13　計120点

＜算数解説＞

1　(四則計算，割合と比，相当算，数列，平面図形，相似)

(1)　$2021\times(0.0027+0.0263+0.171+0.24+1.56)=2021\times2=4042$

基本　(2)　$5\frac{3}{4}-3=\frac{11}{4}$(袋)が$965+80=1045$(個)に相当し，1袋が$1045\div\frac{11}{4}=380$(個)

基本　(3)　$\square\div23=\frac{4}{7}$のとき，$23\times\frac{4}{7}=13\frac{1}{7}$より，求める分数は$\frac{13}{23}$

基本　(4)　$7+14+21+\cdots+7\times142=7\times(1+142)\times142\div2=71071$

重要　(5)　$2+1=3$，$2+3=5$，これらの最小公倍数15より，

AP＝10，PD＝5，BQ＝6，QC＝9とする。

三角形ABRの面積の2倍は$15\times6\div(3+5)\times5=\frac{225}{4}$

三角形PQSの面積の2倍は$15\times5\div(5+9)\times9=\frac{675}{14}$

したがって，正方形と斜線部分の面積比は

$(15\times15):\left(\frac{225}{4}+\frac{675}{14}\right)=28:13$

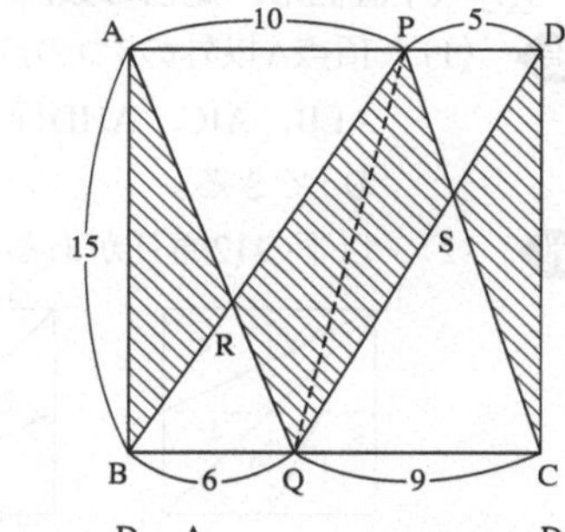

2　(割合と比，濃度，演算記号)

基本　(1)　図1において，EHとFGは平行であり，四角形AEIHの面積は一定である。…グラフ(エ)

(2)　図2において，直角二等辺三角形EBFの面積は一定であり，三角形EFIの面積はFIの長さに比例する。…グラフ(シ)

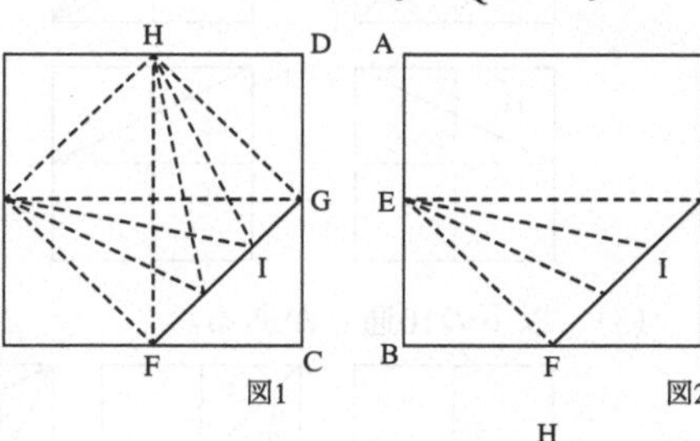

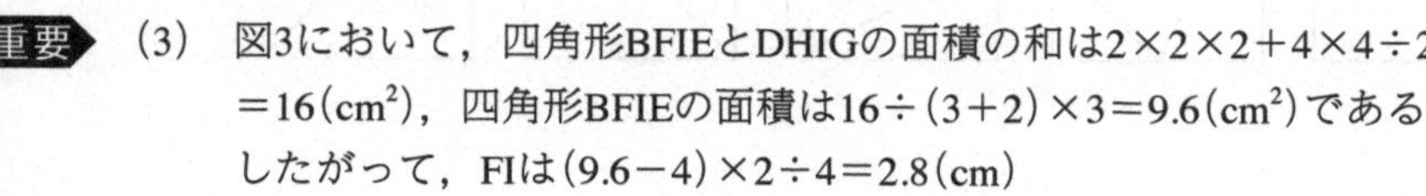

重要　(3)　図3において，四角形BFIEとDHIGの面積の和は$2\times2\times2+4\times4\div2=16$(cm^2)，四角形BFIEの面積は$16\div(3+2)\times3=9.6$(cm^2)である。したがって，FIは$(9.6-4)\times2\div4=2.8$(cm)

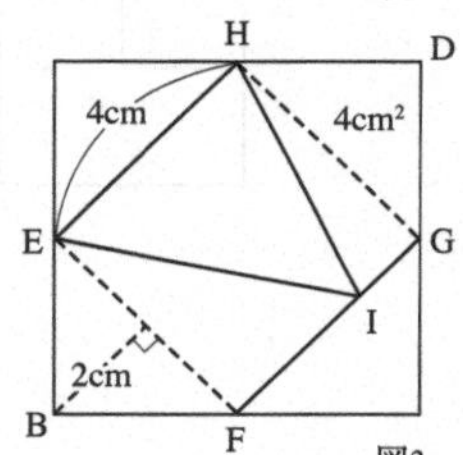

3 (割合と比，濃度)

重要 (1) 容器AからBへ50g…50g：100g＝1：2より，Bは(1×6＋2×3)÷3＝4(%)
容器BからAへ50g…Aは(6＋4)÷2＝5(%)

やや難 (2) (1)より，容器A・Bの濃度はそれぞれ最初に6%と3%，1回目の操作で5%と4%，2回目の操作でBは$(1\times5+2\times4)\div3=\frac{13}{3}$(%)，Aは$\left(5+\frac{13}{3}\right)\div2=\frac{14}{3}$(%)になり，それぞれの濃度の和は$6+3=5+4=\frac{13}{3}+\frac{14}{3}=9$(%)である。したがって，2回目の操作で容器A・Bの濃度がそれぞれ13%と14%であったとき，最初の濃度はそれぞれ3×3＝9(%)と6×3＝18(%)である。

やや難 **4 (速さの三公式と比，割合と比，単位の換算)**

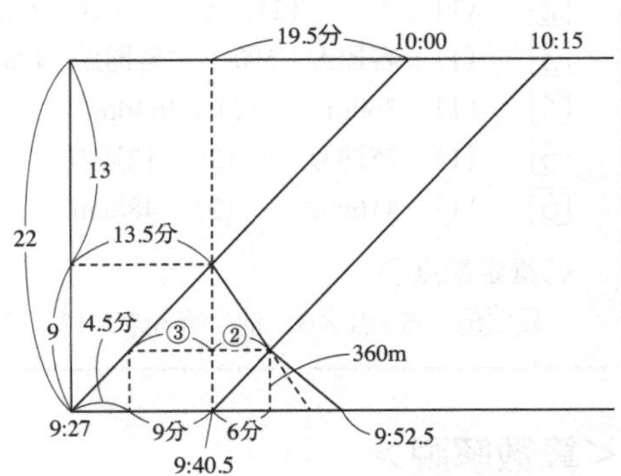

(1) 右図において，太郎君がとちゅうまで行ってから引き返した速さの比は2：3であり，弟と出会うまで引き返した時間は15÷(3＋2)×2＝6(分)である。したがって，弟が進んだ距離は60×6＝360(m)

(2) (1)より，太郎君が引き返し始めた時刻は9時52.5分－6分×2＝9時40.5分であり，太郎君は予定では全体の$\frac{22-9}{22}=\frac{13}{22}$を10時－9時40.5分＝19.5分で進み，全体の$\frac{9}{22}$を19.5÷13×9＝13.5(分)で進む。したがって，太郎君が360m進んだ時間は13.5－6×1.5＝4.5(分)，全体の距離は360÷4.5×(13.5＋19.5)＝2640(m)

5 (平面図形，場合の数)

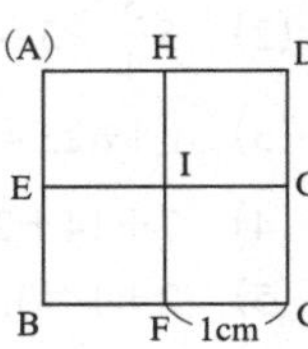

重要 (1) 頂点A以外の8つの点から2つを選ぶ方法は8×7÷2＝28(通り)あり，AEB，AIC，AHDは三角形ができないので，三角形は28－3＝25(通り)できる。

やや難 (2) 以下の12通りがある。

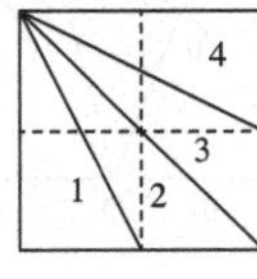

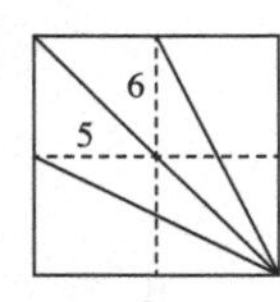

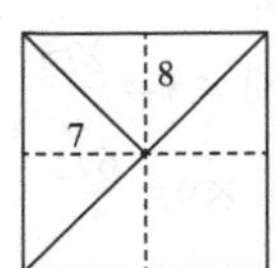

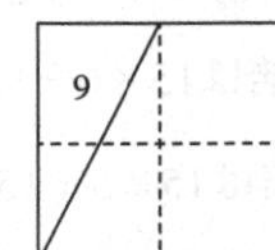

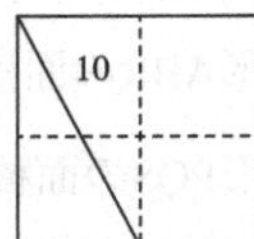

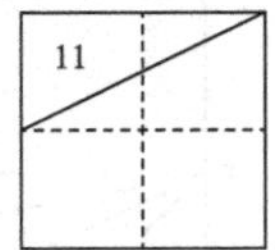

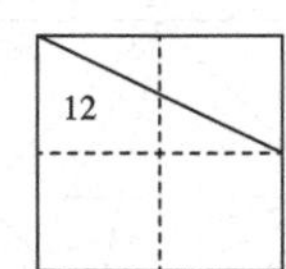

(3) 以下の10通りがある。

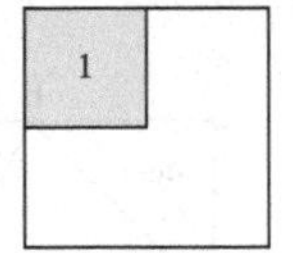

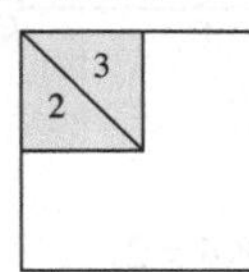

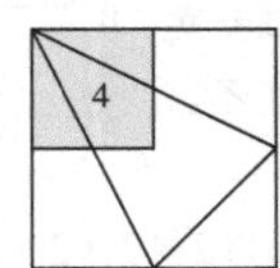

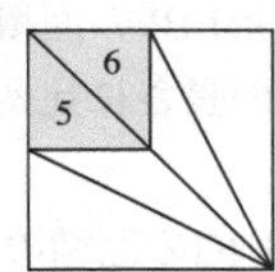

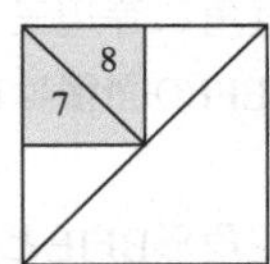

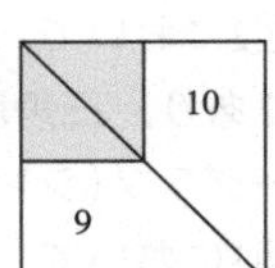

6 (立体図形，平面図形)

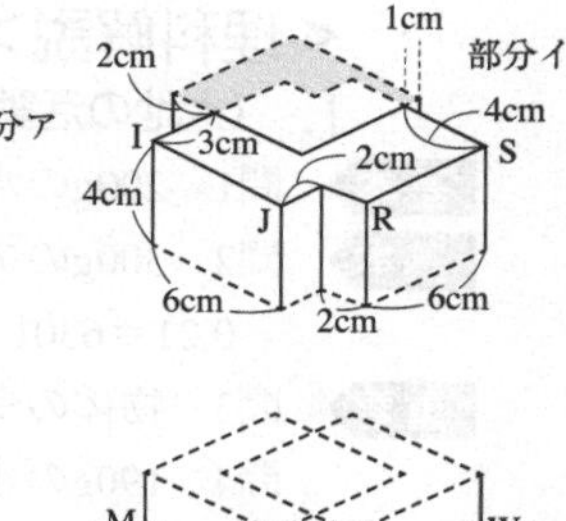

やや難 (1) 部分アの側面積＋斜線部分の上面積
…6×4×2＋6×6＋3×6＋5×4＋1×2＝124(cm^2)
部分イの側面積＋色がついた部分の底面積
… (6×4＋2×6＋3＋4＋1)×4＋6×6－4×5＋2×2＝
172(cm^2)
部分ウの側面積＋底面積… (6×4＋2×4)×2＋6×6×2－4×4＝120(cm^2)
したがって，124＋172＋120＝416(cm^2)

重要 (2) (1)より，計算する。
部分ア…6×6×2＝72(cm^3) 部分イ… (6×6＋3×6＋5×4＋1×2)×4＝304(cm^3)
部分ウ…(6×6×2－4×4)×2＝112(cm^3) したがって，72＋304＋112＝488(cm^3)

★ワンポイントアドバイス★

3(2)「最初の濃度」は(1)の数値の関係に気づくと容易であり，4「速さの三公式と比」は簡単ではなく，5(2)「面積の場合の数」も，完全に描き出すことが容易ではない。さらに，6(1)「表面積」の裏側が盲点になりやすい。

＜理科解答＞

1. 問1 2000カロリー 問2 630カロリー 問3 ア 問4 760カロリー
問5 0.1 問6 0.09 問7 ア，イ

2. 問1 (1) カ (2) イ，ウ (3) 上方置換法 (4) カ
問2 (1) イ (2) イ 問3 ウ

3. 問1 (1) ア (2) 平行脈である 問2 (1) ウ (2) 胚乳 (3) ア，イ
問3 イ，オ 問4 (1) 踏んだ回数が多いほど，草丈は低くなる。 (2) 麦踏みを行うことで，コムギの草丈が低くなり，ロゼット葉状になることで，冬期でも光合成がしやすくなるから。

4. 問1 ウ 問2 (1) 空気中の水蒸気が氷の表面で冷やされて凍ったため。
(2) 気温変化が大きいことによって 問4
氷が膨張する場合。
問3 (ひたっている体積) 115cm^3
(とけた体積) 115cm^3
問5 (1) 氷そのもの(の重さ)
(2) 氷河の底で氷がとけ出るために氷河がすべって動き，氷にかかる重さが増えるほど氷が多くとけ出てすべりやすくなるために氷河の動きが速くなるから。

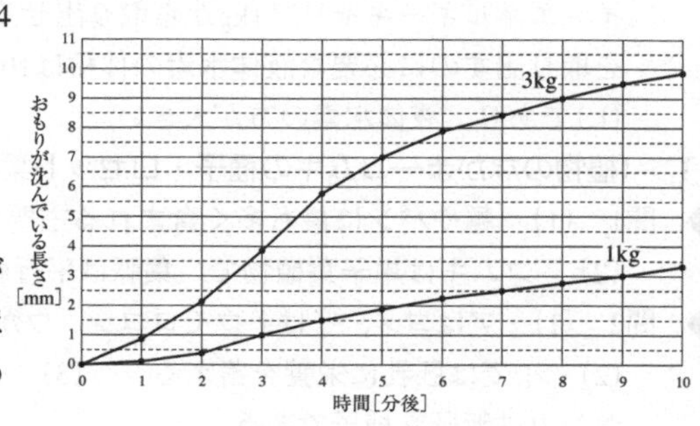

○推定配点○
1. 問7 各1点×2 他 各3点×6 2. 問2 各1点×2 他 各3点×6
3. 問1(2)・問2(2)・問4 各3点×4 他 各2点×4 4 問3・問4・問5(2) 各3点×4
他 各2点×4 計80点

＜理科解説＞

1. (大地の活動－ヒマラヤ山脈の形成)

基本 問1　200gの水の温度が10℃上昇したので，水が受け取った熱量は200×10＝2000(カロリー)である。

基本 問2　300gのアルミニウムの温度が10℃下がったので，アルミニウムが放出した熱量は300×10×0.21＝630(カロリー)である。

重要 問3　物体の受け取る熱量の計算式は，(物の比熱)×(物の重さ)×(物の温度上昇度)で求められる。

問4　190gの水の温度が20℃から24℃になったので，水の受け取った熱量は190×4＝760(カロリー)である。

問5　鉄の比熱を□とすると，鉄球が放出した熱量は760カロリーに等しいので，□×100×(100－24)＝760　□＝0.1となる。

問6　ここでも鉄の比熱を□として，鉄球が失った熱量と1gの水が失った熱量の和が760カロリーに等しいので，□×100×(100－24)＋1×(100－24)＝760　□＝0.09

問7　鉄球の失った熱量が水以外のものをあたためると，問5で求めた鉄の比熱が本来の値より小さくなる。アでは水以外に空気を温め，イでは容器を温めるのでその原因となる。ウやエでは，鉄球以外から熱を受けとるので問6の場合と同じになる。

2. (気体の性質―アンモニアの性質・生成量)

基本 問1　(1)　アンモニアは刺激臭のある無色の気体で，水に非常によく溶け水溶液はアルカリ性を示す。

重要 (2)　アンモニアの発生には，塩化アンモニウムと水酸化カルシウムの混合物を加熱する。

基本 (3)　アンモニアは水によく溶けるので水上置換法は使用できない。空気より軽いので，上方置換法で捕集する。　(4)　アンモニアを満たした丸底フラスコにスポイドから水を噴射すると，その水にアンモニアが溶けフラスコ内の圧力が下がりフェノールフタレイン溶液を入れた水が吸い上げられ，噴水となって噴き出す。

問2　(1)　ア　同温で圧力を大きくすると，図3よりアンモニアの生成率が増加している。　イ　同圧で温度を高くすると，図3より高温の方がアンモニアの生成率が低くなる。　ウ　図4では，それぞれのグラフで，ある時間以降のアンモニアの生成率が一定になる。これがアンモニアの生成率の上限である。温度が高いほど上限に達する時間が短くなる。

(2)　イの二酸化マンガンは触媒としてはたらく。ア，ウではそれぞれが反応する。

問3　ア　沸点は，気体から液体に変わる温度に等しい。アンモニアの方が高い温度で凝縮する。

イ　エネルギーキャリア1kgから取り出せる水素の重さは液体水素の方が多い。　ウ　1kgの水素を取り出すのに必要な液体水素の体積は1000÷70.8＝14.1(L)　アンモニアでは1000÷121＝8.261(L)であり，液体水素の方が大きい。

3. (植物のなかま―コムギの種子・ロゼット葉)

基本 問1　(1)　麺やパンに最も多く含まれる主要な栄養素は炭水化物である。

(2)　コムギは単子葉植物で，葉脈は平行脈である。

基本 問2　(1)　アはコメ，イはトウモロコシ，ウがコムギ，エは大豆，オはホウセンカである。

(2)　小麦は胚乳に栄養を蓄える。　(3)　コメとトウモロコシは有胚乳種子であり，大豆，ホウセンカは無胚乳種子である。

問3　ロゼット葉をもつものは，ハルジオンとセイヨウタンポポである。

問4　(1)　結果より，踏む回数が多いほど草丈は低くなる。　(2)　麦踏みをするとコムギの草丈が低くなりロゼット葉になるので，冬場でも日光がよく当たり光合成が起きやすくなるため成長が良くなる。

4. **(天体の総合問題―惑星・月・星の動き)**

問1 極地のクレーターの内側は太陽の光が全く当たらない。そのため温度が大変低く，氷が解けない。

問2 (1) 空気中の水分が氷に触れて冷やされ凍ったため，表面が白くなった。 (2) 図2より，0℃において水が氷に変化すると体積1cm3当たりの重さが減少している。よって重さが同じ場合，水が氷になると体積が増加する。氷河が地震を起こすのは，水が氷に変わり膨張して体積が増加し氷が割れるためである。

問3 水にひたっている部分の体積は，$5 \times 5 \times 4.6 = 115cm^3$。溶けた氷の重さは$5 \times 5 \times 5 \times 0.92 = 115g$。水は$1cm^3$が1gなので$115cm^3$になる。

問4 氷が解けるだけならば，bの変化量とaの変化量の差はいつも0になる。aの変化量とbの変化量の差が，おもりが氷内部に沈んだ高さになる。この値をグラフにする。

問5 (1) 氷自身の重さがおもりに当たる。 (2) 氷河が動くのは氷河の底で氷がとけて水になるため，氷河がすべるからである。氷河の厚みが厚いほど氷河が重く，多くの水がとけ出るため速くすべる。

★ワンポイントアドバイス★
実験や観察をもとにした問題で問題文が長く，読解力を要する。できる問題を確実に得点に結び付けたい。

＜社会解答＞

問1 イ　問2 ア　問3 春節　問4 (1) 水屋[水塚，水倉] (2) B　問5 江戸・明治時代の秋田の農民は，収穫量の多い稲種，寒冷地でも栽培できる稲種を求めて，旅行した際に他の地域の稲種をもらったり，地元の水田を観察して突然変異した優れた稲種を選び取った。

問6 明治時代の秋田県の農家は，手作業で農作業をしたにも関わらず，全国的には広い面積の水田を経営していた。そのため，稲穂が出る時期の異なる稲種を分散して作付けすることで，稲刈りの時期の集中を防ぎ，家族の労力だけで作業量の多い稲刈りを終わらせた。

問7 エ　問8 ウ　問9 敗戦後の日本では，水稲総収穫量が伸び悩む一方で，海外からの大量引き揚げ者の存在と出生数の増加によって国内人口は急増した。そこで，供給不足が心配された主要農作物を日本の農家に増産させようとして，地域に適した優良な種子を安く農家に提供して栽培させることを目的に，種子法が制定された。　問10 ウ

○推定配点○

問5 10点　問6・問9 各15点×2　他 各5点×8　計80点

＜社会解説＞

(総合―国土と自然・農業・邪馬台国・戦後の政治・人権・政治のしくみなど)

問1 衆議院の解散は憲法69条に規定された内閣不信任案の可決などによる場合のほか，憲法7条に規定された天皇の国事行為(3項に衆議院の解散とある)にも列挙されている。ただし，天皇には国政に関与する権能は認められておらず，実質的には内閣の権限とされることから首相の「伝家の宝刀」とも呼ばれる。戦後行われた24回のうち69条による解散は4回に過ぎない。法律や条例を廃止するのは議会の権限，選挙年齢を定めるのは公職選挙法であり，地方自治体が独自に定め

ることはできない。

問2　2世紀後半，倭国大乱と呼ばれる混乱の中からまとめ役として擁立されたのが女王・卑弥呼である。　イ　狩りや漁，採集などが中心の社会は縄文時代。　ウ　東は毛人を征すること五十五国，西は衆夷を服すること六十六国とあるのは倭王武の上表文。　エ　魏への朝貢は東アジアの大国である中国の権威を国内支配の後ろ盾とすることが主要な目的。

問3　中国では1年で最も重要な祝日といわれる。中国だけでなく，多くの華人が生活する東南アジアでも1週間にわたって盛大に行われる。日本でもお月見など旧暦で行われる季節行事はあるが，明治の太陽暦切り替え以降は旧正月を祝うことはあまり盛んではない。一方，日本以外のアジア諸国では旧正月を盛大に祝う国が多い。お隣の韓国ではソルラル，ベトナムではテトなど呼び名や期間も異なるものの一大イベントとなっている。

問4　(1)　洪水の多発地帯である木曽三川(木曽川・長良川・揖斐川)の下流地域では，盛土をした高いところに母屋を建て，さらに高いところに水屋を作り家財道具や食料などを準備し避難場所としている家もある。こうした施設は利根川や淀川など全国各地の大河川の下流地帯に多く見られる。複数の蔵を階段状に並べ，大切なものをより高い蔵に準備するといった「段蔵」など地域によっていろいろな呼び名が用いられている。　(2)　河川の洪水対策は降った雨を川に集めやすくし，川に閉じ込め海に流すことを目指してきた。そのためには強靭(きょうじん)な堤防を作ったり，蛇行する川を直線化するなど自然を改造する方法がとられた。しかし，最近の異常気象の中では堤防の決壊なども頻繁に起きている。模式図に示されたのは大雨が降った際に堤防と堤防の隙間から水を溢(あふ)れさせ，一気に下流に流さない工夫をした堤防である。霞がたなびくように見えることから「霞堤」と呼ばれる。上流から下流に向かってハの字型に設置され，切れ目からあふれた水を堤防で守られた居住地や田畑(これを堤内という)に逆流させることで水量を減らす。洪水が終わるとあふれた水は自然に川に流れるというシステムである。武田信玄が釜無川に作った「信玄堤」がこれである。川は時にはあふれるものだという減災の考え方を取り入れた堤防といえるだろう。

問5　コメは本来熱帯性の植物であり温帯の日本での栽培には様々な苦労があったと思われる。縄文時代末期に西日本に伝わり南から北に北上したといわれる稲作だが，近年は北東アジアから直接北日本に別種の伝来ルートがあるのではという説も主張されている。比較的早期に定着したと思われる稲作だが，やはり気候的な問題は大きく寒さや病気に対する抵抗力は当地の人々にとっては大きな課題となっていた。おいしく，収穫量の多いことは当然として，寒冷の土地でも育ち，冷害の心配のない品種が求められていた。そのためにそうした品種を求め各地で様々な稲を観察しそれを手に入れることに全力を傾けていたはずである。組織的な研究機関もなかったことだろうが，生きるという視点から彼らは本能的ともいえる行動をとっていたのかもしれない。

問6　効率的な農業生産を考える上では同一の品種を栽培し，農業従事者がだれでも一定の生産が予定されるような形態をとることが合理的と思われる。だから，500種にも及ぶ稲の品種の中でも代表的な「コシヒカリ」が全国の作付け面積の3分の1以上を占めている。ところが，資料3にみられる秋田県の農家では10以上もの品種を栽培している。現在でも秋田の農家一戸当たり耕地面積は300aを上回り全国でも3位の規模を誇る。しかし，機械を導入した農業など考えられない当時では一斉に開花した稲穂に対応することはできず，ある程度収穫を犠牲にしても品種を分散して対応せざるを得なかったものと思われる。

問7　奈良は西側を生駒山地(大阪との県境をなし最高峰は生駒山の647m)，東側は京都府南東部から奈良県北東部にまたがる標高500m前後の山地に囲まれた盆地(奈良盆地あるいは大和盆地)を形成，盆地は標高100m以下の沖積地で奈良県最大の河川である大和川の様々な支流が集まっている。アは埼玉県，イは長野県，ウは岐阜県。

基本 問8　プライバシーの権利はみだりに私生活を他人に知られない権利だけでなく，自分に関する様々な情報の流れをコントロールできる権利へと内容が拡大されつつある。マスメディアの発達に伴って主張されるようになった権利であり，特に行政機関などが持つ情報の開示，修正などが重視され個人情報保護法や情報公開法なども整備された。憲法に明文の規定はなく憲法13条の幸福追求権や21条の表現の自由などを根拠に主張されている。学問の自由は23条，教育を受ける権利は26条，居住や移転，職業選択の自由は22条で規定されている。

問9　敗戦国日本はあらゆる産業が壊滅的被害を受けた。疲弊した台地で生産される農業も例外ではなく，最も基本であるはずの食糧事情は混乱を極めていた。一方，海外からの帰国者は急激に拡大，さらにベビーブームで出生者数も多くなったため食の需要は増える一方だった。こうした時期に政府が農業生産の安定と生産性の向上を目的に制定したものが種子法である。

やや難 問10　1950年，北朝鮮が突如武力統一を目指して韓国に侵入して朝鮮戦争(1950～53年)が始まった。2週間後にはGHQが警察予備隊の創設を指令，アメリカは日本を反共の砦とするため対日講和を急ぐことになった。平和条約の締結は1951年，第5福竜丸事件は1954年，国連加盟は1956年，日中国交回復は1972年。

★ワンポイントアドバイス★

記述問題をスムースに書くには何といっても慣れることが一番である。過去問を含めいろいろな問題に触れることで書くポイントを身につけよう。

＜国語解答＞

一　問一　a 厚　b 除去　c 築　d 蒸発　e 複雑

問二 ウ　問三 イ　問四 エ　問五 ウ　問六 ア　問七 イ　問八 ア

問九 (例) 一志と長谷さんがボールを交わしただけで男同士の友情をはぐくむ様子を目にして，自分が，野球を介した父さんと僕の仲に感じていたどうしようもないほどの嫉妬心に，目をそむけ続けてきたことに気づかされたこと。

問十 エ　問十一 ア　問十二 ウ

二　問一 (例) 工場で物を大量生産するあり方が経済や人間の生活を支配する近代の産業社会を維持するためには，職業間の流動性を高め，工場に働きに来る人を確保する必要があったから。

問二 エ　問三 イ　問四 ウ　問五 エ　問六 ウ　問七 イ

問八 ア　問九 エ

○推定配点○

一　各5点×9　二　問一　各4点×5　他　各5点×11　計120点

＜国語解説＞

一　(小説一漢字の書き取り，表現理解，心情理解，内容理解，主題)

基本 問一　a　同訓異字「あつ(い)」は，「厚い本」「熱いコーヒー」「夏は暑い」のように使い分ける。 b 「除去」は，取り除くこと。　c 「築」の「凡」の部分を「几」としないように注意。　d 「蒸」の字形に注意する。　e 「複雑」の「複」，「復路」の「復」，「腹」の「腹」を区別しておくこと。

問二 「わざとらしいつくり笑いではない。ひさしぶりに，歯を見せて，大きく笑った」とあることから，一志の笑いが本心からの笑いであることがわかる。長谷の投げたボールを受けて，一志は野球の喜びを久しぶりに感じたのである。

問三　長谷がキャップを「目深にかぶり直した」のは，自分の喜びを「俺を苦しめてたもんは，もうない。俺は自由や」と，思わず大げさに表現してしまったことへの照れ隠しである。

問四　「雨宮のため息」とは，雨宮が一志を心配して悩むあまりに発する「ため息」であることをふまえて考える。

問五　長谷が直前で，「俺ら，……心が見えないのは当たり前やろ」と言っていたことに注目。「カウンセラー」でない，というのは，カウンセラーのように人の心の中が見えるわけではないということ。

問六　直後に「そんなパワープレーが許されるのは,長谷さんだけだ」とあることに注目。雨宮は,長谷らしい強引さに驚きつつ，自分が一志に対してしたくてもできないことを長谷がしようとしていることに感嘆しているのである。

問七　長谷は一志に「すべては，お前が投げるところから，はじまる。お前が起点や」とも言っている。長谷は自分の経験をもとに，ピッチャーは自分が中心だという強い思いで努力を続けるべきだと言っているのである。

重要　問八　――線部7の「怪我」とは，長谷の言葉が強すぎて，かえって一志の心にダメージを与えてしまう場合のことである。

やや難　問九　――線部8の前後で雨宮は，弟の傑への，野球を介した嫉妬心を改めてはっきりと自覚している。これは，長谷と一志の野球を介したやりとりを見たことがきっかけである。

問十　長谷の声が「湿り気を帯びて，震えていた」のは，一志の言葉に心を動かされているからである。

問十一　直後の「嫉妬なんか，いらない。……プロのグラウンドキーパーになりたかった」に書かれている雨宮の気持ちに，アが合致している。

問十二　――線部11のあとで長谷は「グラウンドキーパーの気持ちも……グラウンドキーパーにしかわからへん」「相手の笑顔によりそうんや」「ほかの仕事にはない，やりがいや。もうすぐ一年なんやから，雨宮にはわかると思ってたんやけどな」と，雨宮に対して，「グラウンドキーパー」としての大切な思いを語っている。雨宮の強い思いを受けて，長谷は雨宮に自分の思いを正面から伝えたのである。この大切な思いを言う前に長谷が気を引き締めた様子が，――線部11である。

二　(論説文―内容理解，要旨)

やや難　問一　「近代」「産業」というキーワードが出てくる部分を探す。五つあとの段落「ところが産業革命が起こり……」には，近代の産業社会では，「工場で物を大量に生産するあり方」が経済や人間を支配するので，工場で働く人が必要になることが述べられている。これに続く三つの段落では，そうした近代社会において，「誰でも，何にでもなれる」という思想により，工場の働き手を確保する必要があったことが述べられている。

問二　直前に「一見，これは個々人の『持ち味』を大切にしているように見えますが」とあることに注目。これと逆の内容を表しているエが正解である。

問三　直後の二つの段落で述べられている「階級」「年齢」などの話が，イに合致している。

問四　直後の段落の「あなたは羊飼いではなくて，他のものになっていい」というのは，家業に関係なく，自由に職業を選んでいいということである。この内容に，ウが合致する。

問五　直後の段落で述べられている「『誰にでもできる』ことが前提だということは，取り換えが可能だということです」などの内容に注目する。

問六　――線部6を含む段落全体に注目。「産業労働者」になるために「一定の計算能力，一定の言語能力だけが育てばいい」というのが,「近代の普通教育」であると筆者は述べている。

問七　近代社会では,過去の社会をネガティブにとらえることで,自分たちの社会を肯定したということである。

重要 問八　――線部8のあとに注目。近代以前の社会では,「武士は武士の道,……なんでも『道』というものが生き方の基本的な形式になって」おり,それが「真実の生き方とは何か」という問いにつながっていたということである。

問九　直前の二つの文で述べられている内容が,エに合致している。

★ワンポイントアドバイス★

文学的文章・説明的文章ともに,細かい読み取りを必要とする選択問題が出題されている。ふだんから小説や随筆,論説文を読むことを心がけよう！　語句の意味なども,こまめに辞書を調べるなどして,基礎力をつけることが大切！

大切なことはメモしておこうネ！

2020年度

★★★★★★★★★★★★★★★★★★★★★★★★

入　試　問　題

2020年度

海城中学校入試問題（一般①）

【算　数】（50分）　＜満点：120点＞

【注意】・分数は最も簡単な帯分数の形で答えなさい。

・必要であれば，円周率は3.14として計算しなさい。

1　次の問いに答えなさい。

(1)　次の計算をしなさい。

$$5\frac{3}{10}\div\left\{\left(3-\frac{2}{5}\right)\div 3\frac{1}{3}+0.5\times 0.875\div 1\frac{9}{16}\right\}$$

(2)　10％の食塩水と20％の食塩水と10gの水を混ぜて，15％の食塩水を100g作ります。10％の食塩水は何g必要ですか。

(3)　下の図で，角アの大きさは何度ですか。ただし，同じ印のついた角の大きさは等しいものとします。

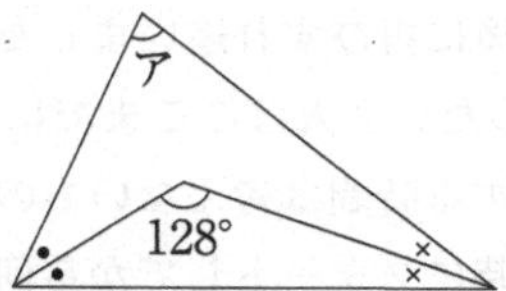

(4)　赤球と白球がそれぞれいくつかあります。赤球と白球の個数の比は　5：3　で，赤球全体の $\frac{2}{3}$ を取り除き，白球全体の □ を取り除いたところ，赤球と白球の個数は等しくなりました。空らんにあてはまる数を分数で答えなさい。

(5)　下の図のように，1辺の長さが2cmの正方形ABCDと，点Dを中心とする半径が2cmのおうぎ形があります。図のアとイの部分の面積が等しくなるとき，PCの長さは何cmですか。

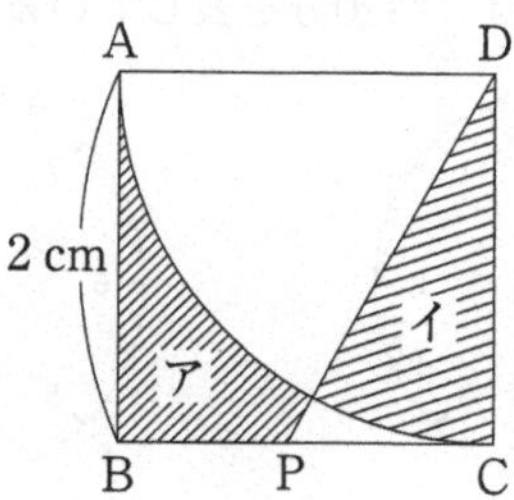

2　1から6までの数字が書かれた6枚のカードがあります。この中から3枚を取り出して並べ，3桁（けた）の数を作ります。次の問いに答えなさい。

(1)　3桁の数は，全部で何個作れますか。

(2)　作ることができる3桁の数で50番目に大きい数を答えなさい。

(3)　3の倍数である3桁の数は，全部で何個作れますか。

3 三角形ABCにおいて，下の図のように，各辺を三等分した点を結んで図形を作ります。次の問いに答えなさい。

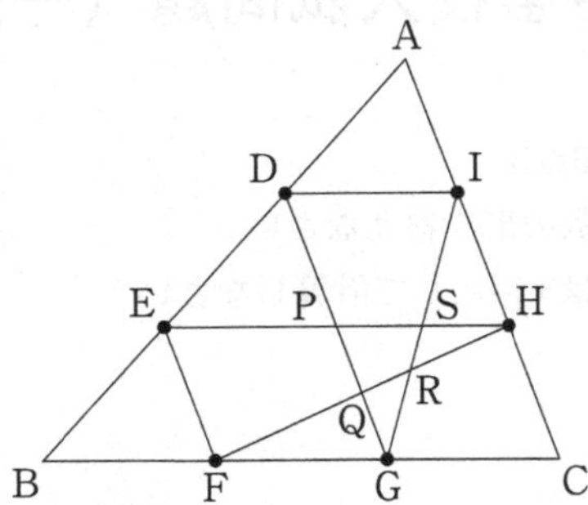

(1) 三角形HEFの面積は，三角形ABCの面積の何倍ですか。

(2) 三角形RFGの面積は，三角形ABCの面積の何倍ですか。

(3) 四角形PQRSの面積は，三角形ABCの面積の何倍ですか。

4 A君とB君が50mプールで800mのタイムを競うことにしました。２人は50mプールの同じ側から同時にスタートし，何秒後かに初めてすれ違(ちが)いました。その後，２人はそれぞれ１回ずつターンをして，初めてすれ違ってから40秒後に再びすれ違いました。A君がゴールしたとき，B君はちょうど750mのターンをしたところでした。２人はここまでにそれぞれ一定の速さで泳いでいるものとし，２人の体の長さやターンに要する時間は考えないものとして，次の問いに答えなさい。

(1) ２人が初めてすれ違ったのは同時にスタートしてから何秒後ですか。

(2) A君のタイムは何分何秒ですか。

(3) B君は最後の50mをこれまでの$\frac{2}{3}$の速さで泳ぎ，ゴールしました。このとき，B君のタイムは何分何秒ですか。

5 ある星では，１日が８時間で，１時間が40分です。この星の時計は下の図のようになっており，例えば，図１は３時ちょうど，図２は３時20分を表しています。次の問いに答えなさい。

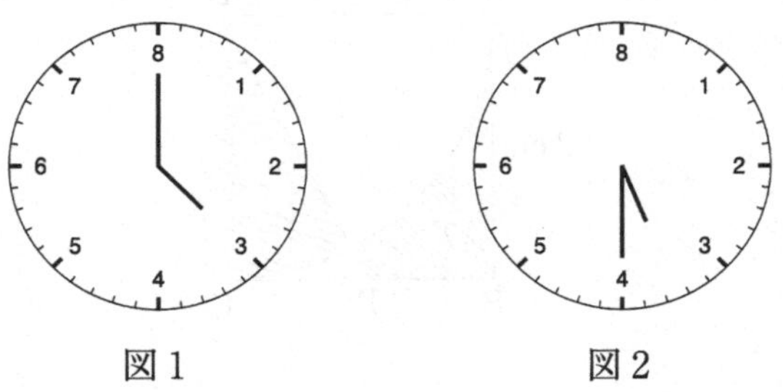

図１　　図２

(1) ３時32分のとき，長針と短針がつくる角のうち，小さい方の角の大きさは何度ですか。

(2) 長針と短針のつくる角の大きさが90°となるのは１日で何回ありますか。

(3) 現在４時16分です。次に長針と短針のつくる角の大きさが128°となるのは何分後ですか。

6　右の図のように，直方体を平面ABCDで切った容器があります。底面EFGHはFG＝6㎝，GH＝7㎝の長方形です。また，AE＝DH＝10㎝，BF＝CG＝8㎝です。ABCDの部分が空いていて，水を入れることができます。

この容器を傾(かたむ)けて水を入れます。次の問いに答えなさい。ただし，角すいの体積は，(底面積)×(高さ)÷3 で求められます。

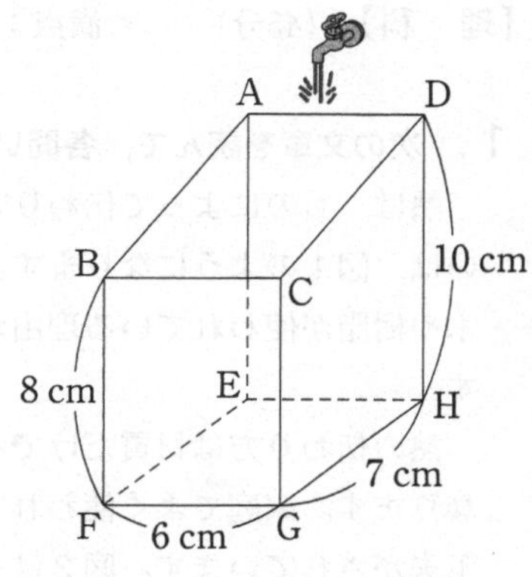

⑴　この容器を傾けて水を入れたところ，水面が3点B，C，Hを通りました。入れた水の体積は何㎤ですか。

⑵　この容器を傾けて水を入れたところ，水面が3点A，B，Gを通りました。入れた水の体積は何㎤ですか。

⑶　この容器を傾けて水を入れたところ，水面が3点A，B，Hを通りました。入れた水の体積は何㎤ですか。

【理　科】（45分）　＜満点：80点＞

1．次の文章を読んで，各問いに答えなさい。

熱は，ものによって伝わり方が異なり，その材質によるちがいは，図１のようになります。例えば，フライパンの取っ手に木や樹脂(じゅし)が使われている理由が，図１をみるとわかると思います。

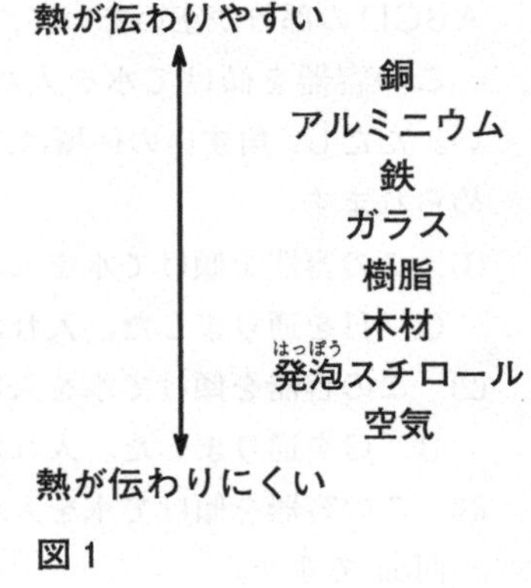

図１

熱の伝わり方は材質だけでなく，もののつくりによっても異なります。家庭でよく使われていた魔法(まほう)びんは保温性を高める工夫がされています。図２は，魔法びんの断面を，模式的に表しています。内びんと外びんがあり，①内びんと外びんの間は真空に近い状態になっています。また，びんがガラス製の場合は②内びんは金属のはくをつけるなどして鏡のようになっています。このような構造にすることで，熱が外部へ伝わる，つまり熱がにげるのをさまたげています。

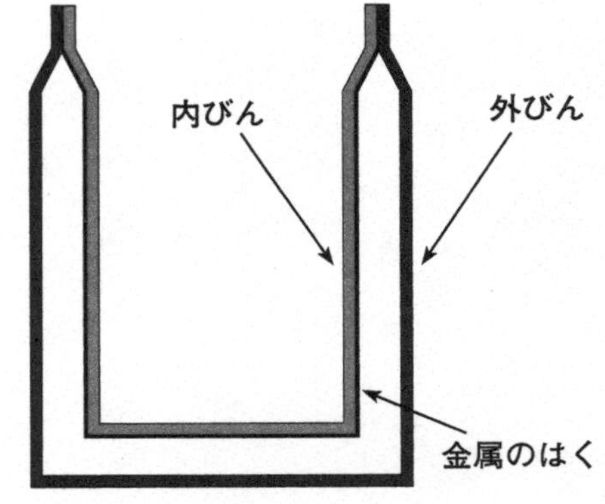

図２

ところで，日本の建物の窓には，アルミニウム製のわくに一枚のガラスをはめたものが広く使われています。この窓は熱が伝わりやすく建物の冷暖房(れいだんぼう)の効率を下げる要因のひとつになっています。そのため，③わくやガラスに工夫することで冷暖房の効率を上げられることが期待できます。

熱の伝わり方の中のひとつに，（　1　）があります。これは水や空気のように，流れることができるもので起こる現象です。この現象が起こる仕組みについて考えてみることにしましょう。一般に，温度が（　2　）くなるとともに，ものは膨張(ぼうちょう)していきます。これは，同じ（　3　）で比べると，温度が（　4　）い方が軽くなることを意味します。その結果，軽いものは上へ，重いものは下へと移動していくことになります。これが（　1　）と呼ばれる現象です。テレビなどで伝えられる気象情報で，「上空に（　5　）い空気が入りこんでいるため大気の状態が不安定です」，と耳にすることがありますが，これも（　1　）が主な要因です。

問１　下線部①について，これによって主にさまたげている熱の伝わり方の名称(めいしょう)と，なぜさまたげられるのかを簡潔に答えなさい。

問２　下線部②について，これによって主にさまたげている熱の伝わり方の名称と，なぜさまたげられるのかを簡潔に答えなさい。

問３　下線部③について，考えられる工夫を１つ答えなさい。

問４　文章中の（１）～（５）に適する語句をそれぞれ答えなさい。

問５　気体は，その温度が１℃変化すると，０℃のときの体積の273分の１だけ体積が変化することが知られています。このことを利用して，温度による重さのちがいについて文章の内容を参考にしながら考えると，－６℃の気体の重さは30℃の気体の重さの何倍になりますか。整数か，割り切れない場合は必要であれば約分して分数で答えなさい。

2．次の文章を読んで，各問いに答えなさい。

塩酸と水酸化ナトリウム水溶液を用いて，次の実験をしました。

【実験】 ある濃さの塩酸（A）と，別の濃さの水酸化ナトリウム水溶液（B）を合計で100gになるように，下の①～⑪の組み合わせで水溶液を混合した。よくかき混ぜたあと，混合溶液を加熱して，水分をすべて蒸発させた。その後，残った固体（C）の重さをはかって，表にまとめた。

表

実験番号	①	②	③	④	⑤	⑥	⑦	⑧	⑨	⑩	⑪
A［g］	100	90	80	70	60	50	40	30	20	10	0
B［g］	0	10	20	30	40	50	60	70	80	90	100
C［g］	0	0.72	1.44	2.16	2.88	3.60	3.92	4.14	4.36	4.58	4.80

問１　塩酸とは水に何という物質が溶けている水溶液ですか。その物質の名称を答えなさい。

問２　次の⑴～⑹にあげる水溶液の性質のうち，塩酸のみに当てはまるものは「**ア**」，水酸化ナトリウム水溶液のみに当てはまるものは「**イ**」，両方に当てはまるものは「**ウ**」，どちらにも当てはまらないものは「**エ**」で答えなさい。

⑴　青色リトマス試験紙につけると，赤色に変化する。

⑵　加熱して水を完全に蒸発させたときに，固体が残る。

⑶　マグネシウムを加えたときに，気体が発生する。

⑷　アルミニウムを加えたときに，気体が発生する。

⑸　銅を加えたときに，気体が発生する。

⑹　石灰石を加えたときに，気体が発生する。

問３　**実験**で用いた水酸化ナトリウム水溶液（B）の濃さは何％ですか。必要であれば四捨五入して小数第１位まで答えなさい。

問４　次の⑴～⑷に答えなさい。

⑴　**実験番号**②のときに，残った固体は何ですか。

⑵　**実験番号**⑩のときに，残った固体は何ですか。

⑶　**問１**で答えた物質が完全に中和されずに残っている**実験番号**を①～⑪からすべて選びなさい。

⑷　⑶で選んだ**実験番号**の混合水溶液にBTB溶液を加えたとしたら，何色になりますか。

問５　**実験**で用いたものと同じ濃さの塩酸（A）と水酸化ナトリウム水溶液（B）を，ちょうど中和させて，中性の水溶液をつくろうと思います。**実験**と同じように合計で100gになるようにするとき，塩酸（A）を何g用いればよいですか。必要であれば四捨五入して整数で答えなさい。

3．次の文章を読んで，各問いに答えなさい。

（文１）　K君は家族で家庭菜園をしています。今年，K君は苗を作ることにしました。３月下旬，ポットに種まき用の土を入れて，そこに種をまきました。トマト，ナス，ネギの種はとても小さく１つずつまくのが難しいので，ポットの中に複数入れました。ポットは縦に４つ，横に４つのトレイにそれぞれ入れました（次のページの**図１**）。トマトを４ポット，トウモロコシを４ポット，キュウリを４ポット，ナスを２ポット，ネギを２ポット作りました。苗を作る際は，同じ種類の作物がとなり合うように連続してポットを並べました。

K君は日当たりの良い庭で苗を育てていました。ある日，夕方になると突然かみなりが鳴り，ひょうが降ってきました。急いで，ポットが入ったトレイを屋根のあるところに入れました。そうしたら，トレイの向きがわからなくなってしまい，どのポットにどの種がまかれているかわからなくなってしまいました。１週間程がたち，すべてのポットの種が発芽しました。すると，１つの種子から発芽した子葉の数が**図２**のようになっていました。K君はトレイの端に☆のマークをつけて，①子葉の数と子葉の特徴からポットの苗の種類を推定しました。

図１　使用したトレイとポット

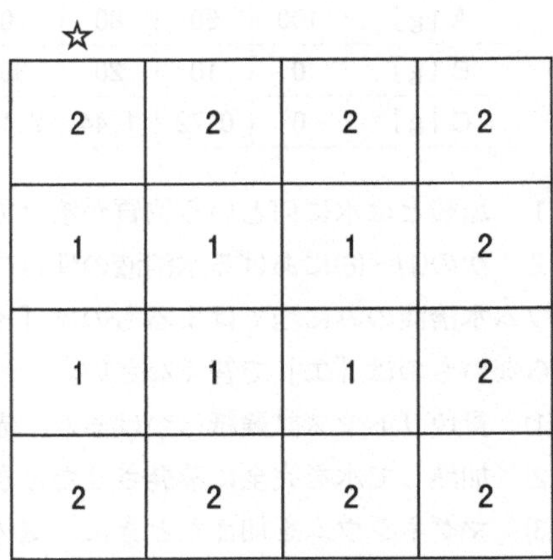

☆

2	2	2	2
1	1	1	2
1	1	1	2
2	2	2	2

図２　各ポットの子葉の数

問１　今回，苗を作った作物のうち根の形状がひげ根になるものを次の**ア～オ**からすべて選び，記号で答えなさい。

ア　トマト　　**イ**　トウモロコシ　　**ウ**　ナス　　**エ**　キュウリ　　**オ**　ネギ

問２　**下線部①**について，ポットで育った苗の種類の配列として正しいものを次の**ア～カ**から１つ選び，記号で答えなさい。なお，☆の位置は**図２**でつけたものと同じです。

子葉の特徴

・☆のすぐ下のポットの子葉は卵型をしており，トレイ内の２つの子葉を持つものの中で一番大きかった。

・☆の下３番目のポットの子葉は，他の子葉に比べて細長く，筒状であった。

ア

☆

トマト	トマト	トマト	トマト
トウモロコシ	トウモロコシ	トウモロコシ	キュウリ
トウモロコシ	ネギ	ネギ	キュウリ
ナス	ナス	キュウリ	キュウリ

イ

☆

トマト	トマト	トマト	トマト
ネギ	トウモロコシ	トウモロコシ	ナス
ネギ	トウモロコシ	トウモロコシ	ナス
キュウリ	キュウリ	キュウリ	キュウリ

ウ

☆

キュウリ	キュウリ	キュウリ	キュウリ
ネギ	トウモロコシ	トウモロコシ	ナス
ネギ	トウモロコシ	トウモロコシ	ナス
トマト	トマト	トマト	トマト

エ

☆

キュウリ	キュウリ	キュウリ	キュウリ
トウモロコシ	トウモロコシ	トウモロコシ	トマト
トウモロコシ	ネギ	ネギ	トマト
ナス	ナス	トマト	トマト

オ

☆

キュウリ	キュウリ	キュウリ	キュウリ
ネギ	トマト	トマト	ナス
ネギ	トマト	トマト	ナス
トウモロコシ	トウモロコシ	トウモロコシ	トウモロコシ

カ

☆

キュウリ	キュウリ	キュウリ	キュウリ
ナス	トウモロコシ	トウモロコシ	トマト
ナス	トウモロコシ	トウモロコシ	トマト
ネギ	ネギ	トマト	トマト

（文２）　Ｋ君は家庭菜園で②ジャガイモとサツマイモも育てています。③イモという名がつくのに，イモのつき方がそれぞれちがうことに興味を持ちました。調べてみたところ，ジャガイモのイモは（　１　）の一部が変化したものであるのに対し，サツマイモのイモは（　２　）の一部が変化したものであることがわかりました。ジャガイモは南米アンデスの高山の原産であり。比較的寒さに強く，一方，サツマイモは中央アメリカの熱帯の原産であり，比較的寒さに弱いことがわかりました。Ｋ君は近所の農家の方にジャガイモとサツマイモの育て方について聞いてみたところ，④「ジャガイモは溝をほった中に種イモを植え，土を被せ，成長したら根元に土を寄せるのが良い。そして，サツマイモは高めに土を盛り，その上部に苗を植えるのが良い。こうやって植えてうまく育てると収穫量が多くなるよ。」と教えてくれました。

問３　文章中の（１），（２）に適する語句をそれぞれ答えなさい。

問４　下線部②について，花の形でなかま分けをしたとき，⑴ジャガイモと⑵サツマイモは次のア～オの植物のどれと同じなかまですか。なかまとして最も近いものをそれぞれ１つずつ選び，記号で答えなさい。

ア　ナス　　イ　ダイズ　　ウ　ニンジン　　エ　アサガオ　　オ　キュウリ

問５　下線部③について，ジャガイモもサツマイモも「イモ」の部分に光合成で作られた栄養を貯めています。その主成分を調べる方法とその結果を答えなさい。

問６　下線部④について，ジャガイモとサツマイモはどうして，収穫量を増やすための植え方が異なるのでしょうか。成長の仕方をふまえて，異なる理由を説明しなさい。

4．次の文章を読んで，各問いに答えなさい。

チリやホコリについて調べるために，海城中学校の地面や床(ゆか)に堆積(たいせき)しているチリやホコリを**図１**中の３か所（正門前，教室内，屋外の通路）で採取しました。以下では，３か所のいずれかで採取したものをそれぞれ**堆積物Ａ**，**堆積物Ｂ**，**堆積物Ｃ**と呼ぶことにします。採取した**堆積物Ａ～Ｃ**を顕微鏡(けんびきょう)で見てみると，それぞれ次ページの**図２ａ**，**２ｂ**，**図３ａ**，**３ｂ**，**図４ａ**，**４ｂ**のように観察され，この観察結果は**表１**のようにまとめられました。

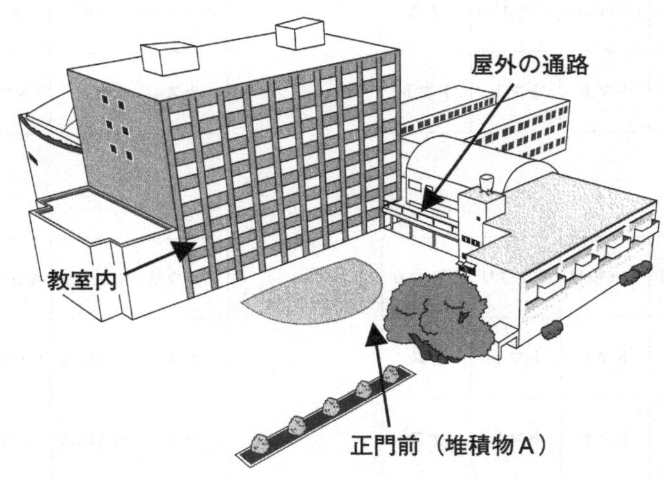

図１　海城中学校と堆積物の採取地点

表１　採取したもののまとめ

採取物	採取地	粒子(りゅうし)の形・種類	粒子の色
堆積物Ａ (図２ａ，２ｂ)	正門前	角張っている	透明(とうめい)～黒（不透明）まで様々
堆積物Ｂ (図３ａ，３ｂ)	？	角張っているがやや丸みを帯びている 黒っぽい小さなかけらが粒子の表面や粒子の間に見られる	透明～黒（不透明）まで様々
堆積物Ｃ (図４ａ，４ｂ)	？	角張っているものから丸みを帯びたものまで様々 特に繊維状(せんいじょう)のものや細長くうすいものが多い	透明～黒（不透明）まで様々

※ 表１中の「？」は、「教室内」もしくは「屋外の通路」のどちらか

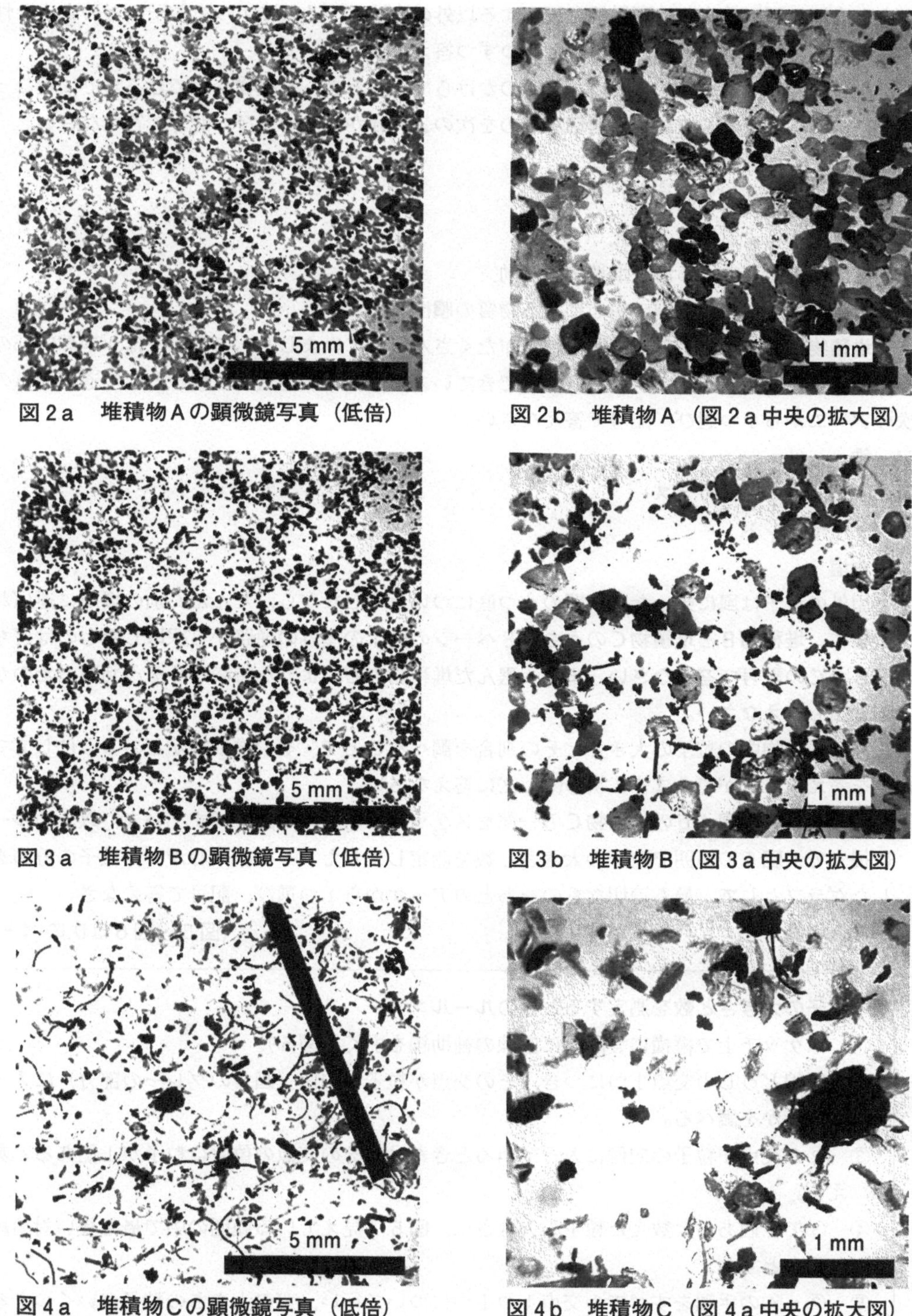

図２a　堆積物Ａの顕微鏡写真（低倍）　図２b　堆積物Ａ（図２a中央の拡大図）

図３a　堆積物Ｂの顕微鏡写真（低倍）　図３b　堆積物Ｂ（図３a中央の拡大図）

図４a　堆積物Ｃの顕微鏡写真（低倍）　図４b　堆積物Ｃ（図４a中央の拡大図）

問１　採取した堆積物にふくまれている各粒子が何であるのかを調べるときに，顕微鏡で観察する以外の方法もたくさん考えられます。もしあなたが堆積物の粒子の特徴を調べるとしたら，どのような方法で調べますか。顕微鏡で観察する以外の方法と，それによって粒子のどのような性質のちがいが調べられるのか，それぞれ１つずつ答えなさい。

問２　**堆積物Ａ**が地層を構成していた物質のかけらであるとき，**堆積物Ａ**ができるまでに起こった可能性のある現象として最も**不適切なもの**を次の**ア**～**オ**から１つ選び，記号で答えなさい。

ア　風による堆積物の運搬（うんぱん）

イ　河川水による岩石の侵食（しんしょく）

ウ　大気や水による岩石の風化

エ　地震時（じしんじ）の津波（つなみ）による海底堆積物の移動

オ　火山の噴火（ふんか）による地球の中心にある物質の噴出

問３　**堆積物Ａ**の中には，無色透明な粒子がたくさん入っていました。この粒子は，地球内部の岩石がとても豊富にふくんでいる成分からできています。この無色透明な粒子として適切なものを次の**ア**～**エ**から１つ選び，記号で答えなさい。

ア　鉄

イ　石英（もしくはガラス）

ウ　ダイヤモンド

エ　食塩

問４　屋外の粒子は風に乗ったり人間のくつ底についたりしながら，だんだん別の場所に運ばれていきます。**堆積物Ｂ**と**堆積物Ｃ**のうち，８ページの**図１**の屋外の通路から採取したものはどちらか，**Ｂ**か**Ｃ**の記号で答えなさい。また，選んだ堆積物のどのような特徴からそう判断したのか，その理由も答えなさい。

問５　ある堆積物中の粒子の大きさとその割合を調べることで，その堆積物がどのようにしてできたかを考えることができます。次の⑴，⑵に答えなさい。

⑴　前のページの**図４ｂ**の**堆積物Ｃ**の一部をスケッチしたものが**図５**です。いま，以下のルールに従って，**図５**の範囲（はんい）で粒子の大きさと数を測定しました。その結果わかった粒子の分布を示したグラフとして，最も適切なものをあとの**ア**～**ケ**から１つ選び，記号で答えなさい。

（図５・図６は次のページ）

＜粒子の大きさと数を測定するときのルール＞

①　スケッチ上で縦横に等間隔（とうかんかく）に直線の補助線を引く（**図５**）。

②　直線どうしの交点１つにつき，その交点が粒子の内側（**図５**のグレーの部分）に入っているかを調べる。

③　②の交点が粒子の内側に入っているときだけ，その交点の位置に粒子が１個あると数える。

④　③で１個あると数えた粒子の大きさは，**図５**で見えている範囲の中で最も長い対角線の長さとする。

⑤　②～④の手順をすべての交点１つ１つについて行い，どの大きさの粒子がいくつあるかを数える（測定の例は**図６**の通り）。

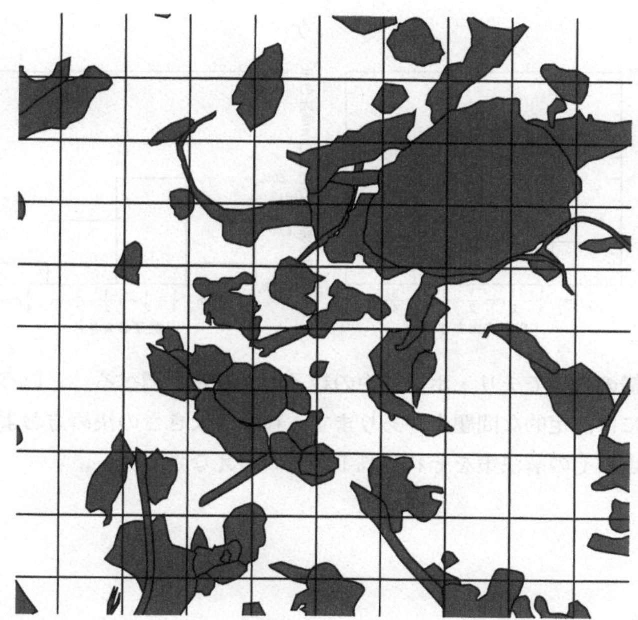

図５　堆積物Ｃの輪かくのスケッチ
（補助線の間隔は縦横とも $\frac{1}{4}$ mm）

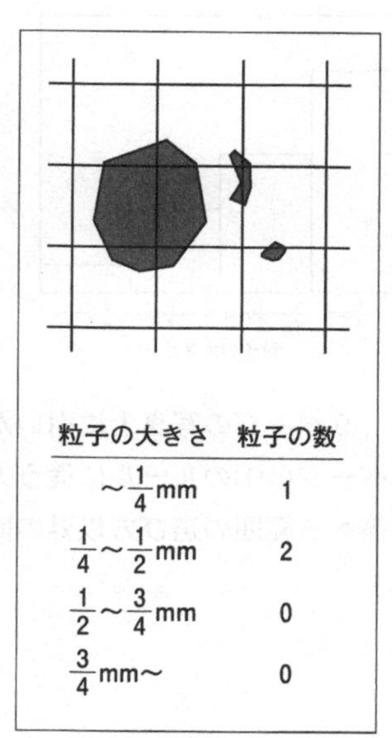

粒子の大きさ	粒子の数
～$\frac{1}{4}$mm	1
$\frac{1}{4}$～$\frac{1}{2}$mm	2
$\frac{1}{2}$～$\frac{3}{4}$mm	0
$\frac{3}{4}$mm～	0

図６　ルールに従って測定した例
（補助線の間隔は縦横とも $\frac{1}{4}$ mm）

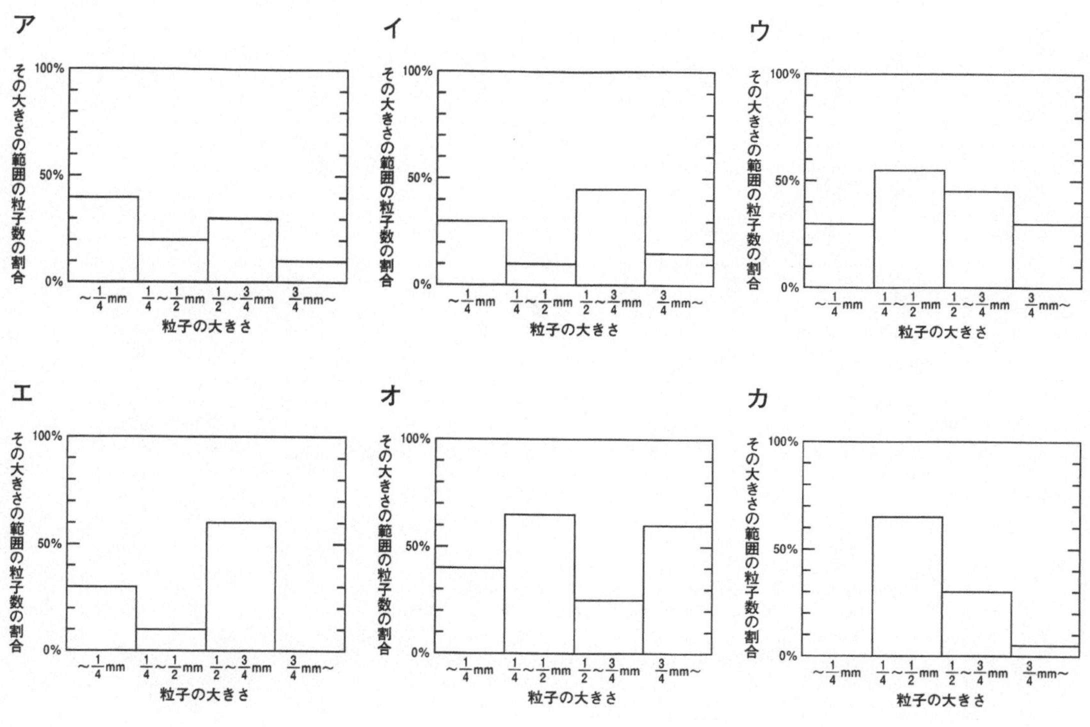

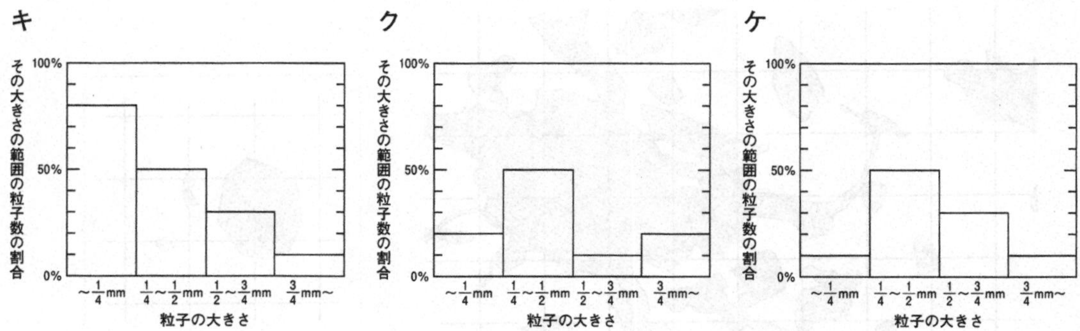

(2)　9ページの写真上に引いた縦横の直線でチリ・ホコリ中の粒子の大きさを調べる，という10ページの(1)のルールに従う方法には決定的な問題点があります。粒子の大きさの決め方および調べる範囲の選び方以外の問題点とその解決策をそれぞれ１つずつ答えなさい。

【社　会】（45分）　＜満点：80点＞

問題　次の文章をよく読んで，あとの問いに答えなさい。

《写真》シャネルスーツを着る女優のロミー・シュナイダーとシャネル

（ELLE「シャネルが愛したおしゃれ女優。ロミー・シュナイダーに学ぶレディモード」より）
https://www.elle.com/jp/fashion/icons/g127307/fpi-fashion-icon-romy-schneider17-0403/

右の《写真》をみてください。受験生のみなさん，この服装に見覚えはありませんか。このような，襟の無いジャケットにひざが隠れる丈のスカートを合わせたスーツは，女性にとって式典で着用する「正装」の定番のひとつとなっています。このスーツには，実はある人物の名前がつけられています。その人物とは「ガブリエル・ボヌール・シャネル（《写真》中の後ろにいる女性）」で，フランスの高級ブランド「シャネル」の創業者です。このようなスーツは「シャネルスーツ」とよばれ，1954年にシャネルが発表し，1960年代以降欧米を中心に多くの女性の支持を得て，その後①日本にも広まったものなのです。

さて，自身の名前がついたスーツを世界中に広めたというだけでも，シャネルは十分「偉業」を成し遂げたといえるのですが，彼女の「最大の偉業」は，女性のファッションを革新したことだけにとどまらず，女性の「生き方」や「価値観」まで変えてしまったことにあるといわれています。では，19世紀から②20世紀にかけてのヨーロッパにおける③女性を取り巻く環境と，彼女の生涯を追いながら，その「最大の偉業」についてみていくことにしましょう。

1883年，フランス西部のソーミュールという田舎町にシャネルは生まれますが，11歳の時に母親が亡くなり，父親はシャネルを孤児院に預けて出ていってしまいました。そして，17歳になるころから洋裁店（洋服を作る店）で働き始めます。そのかたわら，歌手になるという夢を持ち，貴族たちが通う競馬場で歌を披露していました。

しかしシャネルは，裾が床につくようなドレスや，④果物や⑤金属などの装飾が多く施された⑥色とりどりの帽子を選んで着用する上流階級の婦人たちの姿を競馬場で目にして，そのような服装に対して強烈な反発心を抱くようになります。当時の「美しさ」の基準は，「男性が好むものかどうか」で考えられており，女性が脚を人前で見せることは男性にとって「美しくない」行為で，豪華な装飾は男性たちの考える「美しさ」そのものでした。しかし，シャネルの考える「美しさ」の基準は異なっており，自らシンプルな帽子を作って身につけていました。すると，それがシャネルと同じ考えを持っていた女性たちにも注目されるようになり，シャネルの作る帽子には注文が殺到しました。そして25歳の時，ついにパリに帽子店を開くまでになったのです。

その後シャネルはフランス北西部のドーヴィルという⑦リゾート地で新たに店を開き，そこでは叔母や妹とともに，帽子だけではなくシャツやスカートを作って売るようになりました。そして第一次世界大戦中の1916年，シャネルに大きな転機が訪れます。今までにない素材や形を取り入れながらも，当時の女性たちが求める華やかさを持ち合わせた「ジャージードレス」を作ると，それが評判となり，フランス国内だけでなくイギリスや⑧アメリカからも上流階級の女性たちが店に押し寄せて注文をするようになったのです。⑨第一次世界大戦によって国民が総動員された結果，女性たちの生活状況が大きく変化し，ジャージードレスはその変化に合った服装として広く受け入れられました。そして，ジャージードレスはそれまで夫や家庭に縛られ，「守ってもらうべき存在」と広く認識されていた女性の生き方を，服を通してくつがえした象徴としても大きく取り上げられるようになります。これこそがシャネルの「最大の偉業」といわれているものです。

シャネルはその後もデザイナーとして活躍し，87歳でその生涯を終えました。彼女が存命中に世に広めたものは「ショートカット（女性の短髪）」・「黒色のドレス」・「香水」・「ショルダーバッグ」など，現代の女性たちの生活にごく普通に溶け込んでいるものばかりです。また，彼女が残したブランド「シャネル」は，⑩ユニクロをはじめとした多くのファストファッションブランドが台頭する現在のファッション業界においても，いまだに多くの人にとって特別な存在となっています。

～新しい世紀の児である私は，新しい世紀を，服装で表現しようとしたのだ。～

シャネルのいう「新しい世紀」である20世紀には，女性の「自由」や「自立」が大きく前進しました。そして，私たちが生きる21世紀は，これまで当たり前のように使われてきた「女性は～」・「男性は～」といった線の引き方自体を考えなおすべき時代なのかもしれません。海城が目指す「新しい紳士」の素質とはまさしく，このような要請に応えられる力なのではないでしょうか。

問１．下線部①に関連して，日本に西洋服が広まったのは明治時代に入ってからですが，それに大きな役割を果たしたのが，政府が東京の日比谷につくった，《絵》のような社交場でした。この社交場の名称を答えなさい。

《絵》

（光村図書『社会６』より）

問２．下線部②に関連して，20世紀に日本で起きた次のア～エの出来事を，年代順にならべかえなさい。

ア．大阪で，日本では初めてとなる万国博覧会が開催された。

イ．中東での戦争を引き金に，第一次オイルショックが起こった。

ウ．日本軍が中国軍を攻撃し，満州を占領した。

エ．小村寿太郎が，関税自主権の回復を実現した。

問３．下線部③について，日本における女性の権利や社会参画に関する次のア～エの文のうち，正しいものを**すべて**選び，記号で答えなさい。

ア．平塚雷鳥たちによる女性の地位向上運動の結果，1925年には25歳以上の男女が選挙権を得た。

イ．日本で初の女性国会議員が誕生したのは，1946年の総選挙においてである。

ウ．企業が，妊娠や出産を理由に女性労働者に退職などを求めることは，現在の法律では禁じられている。

エ．育児休暇を取得することは，女性労働者のみに与えられる権利である。

問４．下線部④に関連して，次の**《地図》**で示されている地域は，ある果物の有数の産地であり，**《グラフ１》**はこの地域で多く生産される果物の都道府県別生産割合（2017年）を示しています。では，**《地図》**上で果樹園が広がっている，山地から平野にかけて広がる地形の名称と，**《グラフ１》**が示す果物の名称を，それぞれ答えなさい。

《地図》

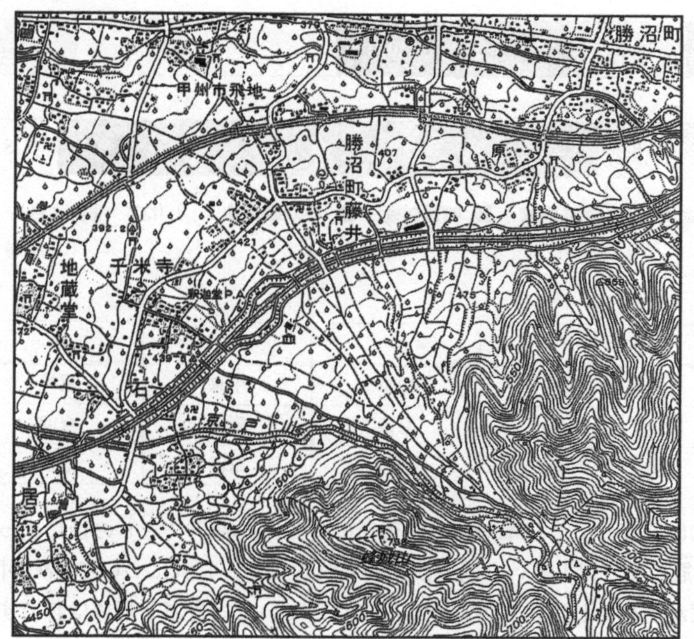

（国土地理院 1：25000 地形図「石和」）

《グラフ１》

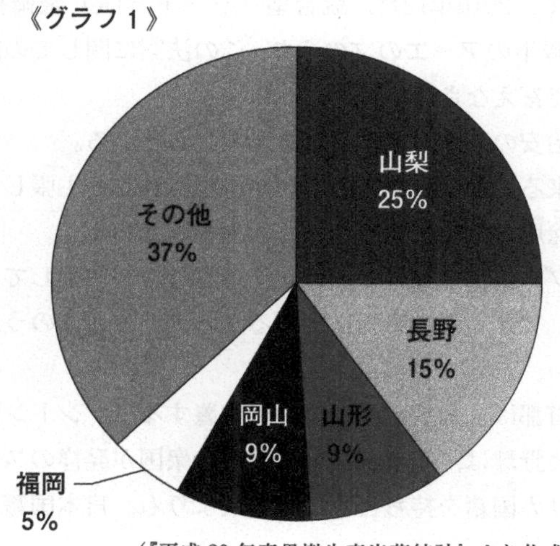

（『平成29年産果樹生産出荷統計』より作成）

問５．下線部⑤に関連して，以下の**《グラフ２》**は，日本の三大工業地帯（京浜・中京・阪神）における，金属をはじめとする工業の業種別出荷額割合（2014年）を示したものです。**《グラフ２》**中のＡ～Ｃと工業地帯との組み合わせとして正しいものを，次の**ア～カ**から１つ選び，記号で答えなさい。

《グラフ２》

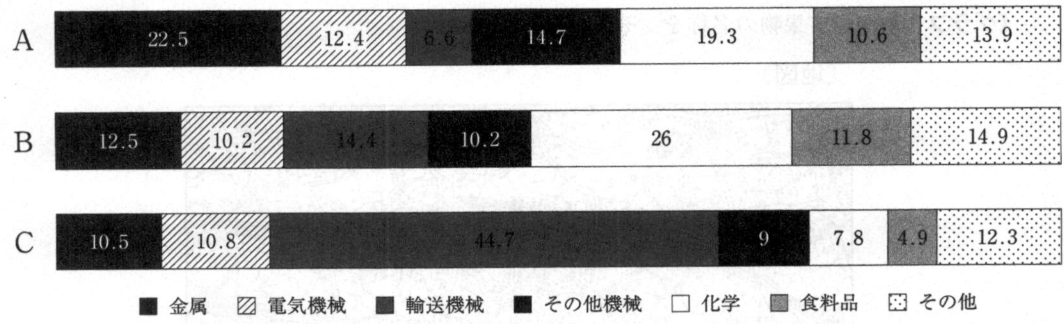

（『平成26年工業統計表』より作成）

	ア	イ	ウ	エ	オ	カ
A	京浜	京浜	中京	中京	阪神	阪神
B	中京	阪神	京浜	阪神	京浜	中京
C	阪神	中京	阪神	京浜	中京	京浜

問６．下線部⑥に関連して，日本では推古天皇の時代に，帽子（冠(かんむり)）の色によって朝廷(ちょうてい)に仕える者の位を示す「冠位十二階(かんいじゅうにかい)」という制度が定められました。これについて，次の問いに答えなさい。

(1) この制度が定められたときの政治をおこなっていた，有力な豪族は誰(だれ)ですか。その名前を答えなさい。

(2) この制度が定められた目的を，簡潔に説明しなさい。

問７．下線部⑦に関連して，2016年12月，統合型リゾート（IR）整備推進法案（通称(つうしょう)「カジノ法案」）が成立しました。以下の**ア～エ**の文のうち，この法案に関しての議論の内容として正しいものを**すべて**選び，記号で答えなさい。

ア．賛成派は，国内の治安の改善が予想されると主張している。

イ．賛成派は，日本に来る外国人観光客の増加が予想されると主張している。

ウ．反対派は，国内の雇用(こよう)の減少が予想されると主張している。

エ．反対派は，ギャンブル依存症患者(いぞんしょうかんじゃ)の増加が予想されると主張している。

問８．下線部⑧について，アメリカ合衆国に関する次の**ア～エ**の文のうち，**誤っているもの**を１つ選び，記号で答えなさい。

ア．アメリカ合衆国の首都は，太平洋側の北部に位置するワシントンD.C.である。

イ．バスケットボールと野球は，いずれもアメリカ合衆国が発祥(はっしょう)のスポーツである。

ウ．2019年現在，アメリカ国籍(こくせき)を持ち日本に住む人よりも，日本国籍を持ちアメリカ合衆国に住む人の方が多い。

エ．アメリカ合衆国の国旗には50個の星が描（えが）かれているが，これは現在アメリカ合衆国にある州の数を表している。

問９．下線部⑨について，シャネルが1916年に発表したジャージードレスが上流階級の女性たちに広く受け入れられたのは，女性たちが服装を選ぶ基準が大きく変化したからだといわれています。では，基準の変化の内容およびその変化の理由を，**本文や以下の《資料１》～《資料４》**から読み取れることをふまえ，220字以内で説明しなさい。そのとき，女性たちの生活状況が第一次世界大戦によってどのように変化したかについてふれること。

《資料１》19世紀末から20世紀初頭にかけてのヨーロッパの女性服

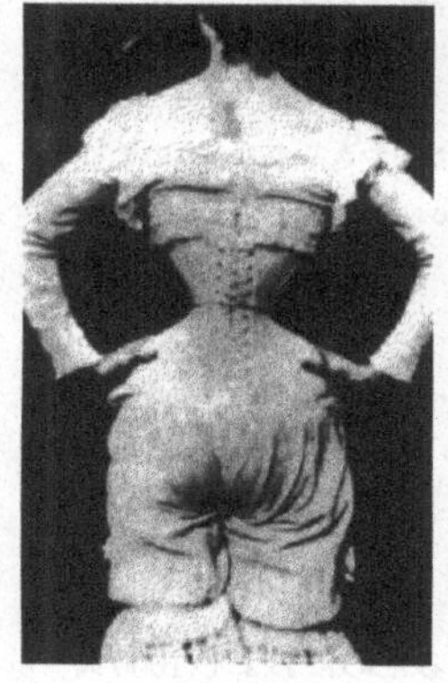

「コルセット」とよばれる、上半身を強く締（し）め付（つ）けて体型を細く見せる下着を着用する女性。

上流階級の女性たちが、競馬場や社交場に行くために着用していた服装。ドレスの下にはコルセットを着用している。

《資料２》ジャージードレスのデザイン

（日置久子『女性の服飾文化史―新しい美と機能性を求めて―』・深井晃子ほか『増補新装カラー版　世界服飾史』より作成）

《資料３》ジャージードレスに使われた生地（きじ）の特徴

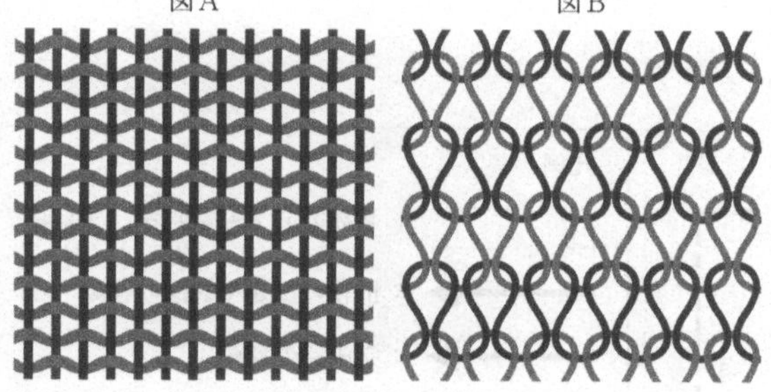

従来、ドレスの生地には図Aのような織り方のものが多く使用されていたが、シャネルが使用したジャージー素材の生地は、従来と同じ素材を用いながらも、図Bのような織り方によって作られていた。

（日置久子『女性の服飾文化史―新しい美と機能性を求めて―』より作成）

《資料４》第一次世界大戦中のイギリスにおける女性労働者数の変化

業種	1914年を100としたときの、1918年11月時点で雇用されていた女性労働者の数
路面電車・バス	2325
ガス・水道・電力	1500
製鉄	1147

（林田敏子『戦う女、戦えない女　第一次世界大戦期のジェンダーとセクシュアリティ』より作成）

問10．下線部⑩に関連して，低価格商品の大量販売によって利益を得るファストファッションブランドの多くは，人件費の削減（さくげん）のために工場を中国や東南アジアに置いて服を製作しています。一方，シャネルなどの高級ブランドの多くは，客一人ひとりに合わせて服を手作りする「オートクチュール」を手掛けており，現在でもブランドが発祥した都市の比較的狭い範囲で製作しています。シャネルの場合は，パリ市内でオートクチュールの大部分を製作していますが，その理由を以下の《資料５》～《資料７》を参考に，130字以内で説明しなさい。

《資料５》フランス人女優のアナ・ムグラリスがシャネルのオートクチュールを注文したときの感想

シンプルなシルエットで、派手さはないものの刺繍とレース（糸の縫い方で模様を表現した生地）が圧巻！流行に左右されないデザインだから、機会があるごとに着ているのよ。オートクチュールで服を注文するって、とても素敵な体験ね。３回のサイズ合わせではその都度、私のために多くの縫製職人（生地を縫い合わせる職人）たちが、総動員で取りかかってくれたの。とても感動したわ。できたドレスは非のうちどころがない完璧さ。まるで魔法のよう！それしか言いようがないわね。

（VOGUE JAPAN「シャネルのオートクチュールを支えるアトリエの新たな挑戦。」の文章をやさしく書き改めました）
https://www.vogue.co.jp/fashion/article/2019-11-11-the-new-challenges-of-the-atelier

《資料６》シャネルのオートクチュールで作られた服の特色

生地には複数の素材や何色もの糸が用いられており、22万ものスパンコール（金属製やプラスチック製の飾り）は、シャネルと契約を交わしている工場の職人たちが、手作業で縫い付けている。デザイナー、生地職人、裁断職人、縫製職人が、完成途中の製品に何度も手直しを加え、このジャケット１着を製作するためにおよそ1000時間が費やされた。

（VOGUE JAPAN「シャネル、オートクチュールが出来上がるまで―秘密のアトリエへご案内。」より作成）
https://www.vogue.co.jp/collection/trends/2018-07-11/chanelatelier/cnihub

《資料７》シャネルのオートクチュールが完成するまでの流れ

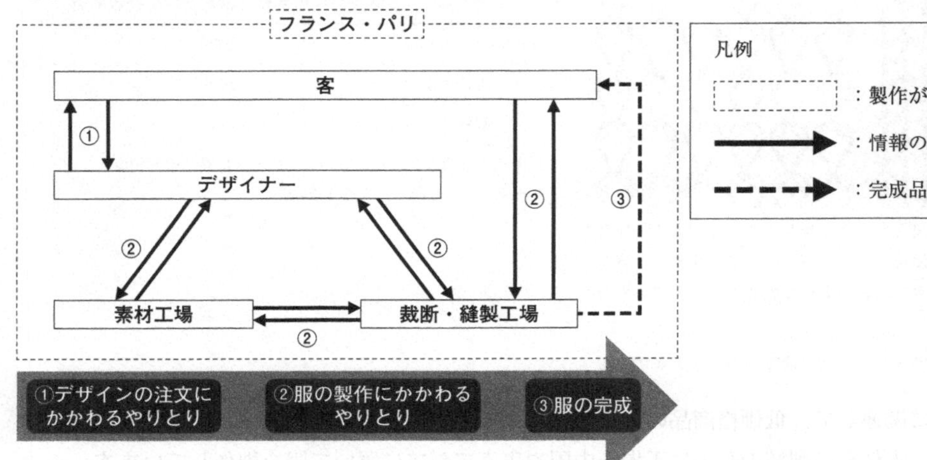

（長沢伸也『シャネルの戦略』より作成）

ウ　問題の実情を知らない当事者以外の人が倫理的な面から批判を加えることによって、一方的な支援のあり方を見直す機会を生み出すことにつながっていくから。

エ　単なる好奇心をきっかけに、その問題に関わろうとする人が出てきたとしても、それが結果として当事者の生活を豊かにすることになりさえすればよいから。

問八　――線部7「時間のよそ者、という考え方もできる」とあるが、筆者はどういう「考え方」について言おうとしているのか。次の中から適当なものを一つ選び、記号で答えなさい。

ア　ある社会問題が風化しそうな時に、類似した事件について後の世代の人々が社会で取り上げていくことによって、被害者が当時の記憶を語りはじめ、心を救われることがあるという考え方。

イ　ある社会問題が風化しそうな時に、後の世代の中で事件を語り継ごうと行動する人々が現れたり、時間が経ったことで事件について語れるようになる人が出てくることもあるという考え方。

ウ　ある社会問題が風化しそうな時に、後の世代の中から事件の語り手として問題に関わる人々が現れてくる一方で、事件について語ろうとする当事者を批判する人々も現れるという考え方。

エ　ある社会問題が風化しそうな時に、やっと事件について語れるようになった当事者と後の世代の人々が交流する中で、当事者に代わって事件の語り手になっていく人々も現れるという考え方。

問九　――線部8「どんなよそ者であっても『わがまま』を言っていい」とあるが、それはどういうことか。次の中から適当なものを一つ選び、記号で答えなさい。

ア　ある社会問題について、いずれは自分の利益になることを期待して、直接の被害者でなくとも口を出すほうがよいということ。

イ　ある社会問題について、自分の立場を気にすることなく、他の批判者と団結して改善の要求をしていくほうがよいということ。

ウ　ある社会問題について、今の自分と関わりがなくとも、必要なことを自分なりに考えて遠慮せず実行したほうがよいということ。

エ　ある社会問題について、現在の自分の利害とは全く関わりのないことにこそ、当事者として関わっていくほうがよいということ。

問十　――線部9「すこしだけ距離を置いた支援者の関わりが重要になってきます」とあるが、筆者がこのように考えるのはなぜか。その理由を七〇字以上、八〇字以内で説明しなさい。ただし、次の言葉を必ず用いて答えること。

資源

ア　ハラスメントは、誰もが加害者や被害者になりえる問題であり、直接関係がないと思っている人もふくめて皆で話し合い考えることで、苦しむ人々を減らし支援することができるから。

イ　ハラスメントは、加害者の性格だけが原因にされやすい問題であり、第三者が話し合いを通じて多様な視点から考え直していくことで、事件の根本的な原因を理解することができるから。

ウ　ハラスメントは、被害者が注目されることの多い問題であり、加害者にも目を向けて両者で話し合う機会を積極的につくることで、被害者に対する真の反省を生み出すことができるから。

エ　ハラスメントは、大半の人々が自分は無関係だと考えがちな問題であり、さまざまな人が参加可能で問題について語りやすい場を設けることで、世論の流れを変えることができるから。

問五　――線部4「そこで力になったのが、福島県外で生活している消費者や、原発問題について知識を持つ科学者でした」とあるが、それはなぜか。その理由として適当なものを、次の中から一つ選び、記号で答えなさい。

ア　福島で暮らしている人が原発や食の安全について語り信頼を回復しようとしても、消費者は信じないから。

イ　福島に縁のない人が個人的に意見を言うだけなら、その土地の人を傷つけ利益をそこなうことはないから。

ウ　福島に住み、被害を受けた人々こそが、誰よりも原発や農作物の安全性について不信感を抱いていたから。

エ　福島で被災した人々に気をつかいすぎることなく、食の信頼回復のために意見を述べることができたから。

問六　――線部5「スラム住民にもそういう気持ちを与えてしまう可能性がある」とあるが、それはどういうことか。次の中から適当なものを一つ選び、記号で答えなさい。

ア　自分たちの生活を興味本位だけで見学にきて、あからさまにあわれみの目を向ける観光客の横暴さが、スラム住民ににくしみの気持ちを抱かせるおそれがあるということ。

イ　自分たちの生活を見せたところで、観光客は同情するだけでスラムの文化を学んでくれるわけではないことが、スラム住民にむなしさを感じさせるおそれがあるということ。

ウ　自分たちの生活を観光客からものめずらしそうに見られたり、あわれみの言葉をかけられたりすることが、スラム住民にみじめな気持ちを抱かせるおそれがあるということ。

エ　自分たちの生活に同情して、現地でお金を使ってくれる観光客のおかげで何とか生計を立てていることが、スラム住民に後ろめたさを感じさせるおそれがあるということ。

問七　――線部6「『おせっかい』という観点からすれば『アリ』ではないでしょうか」とあるが、筆者がこのように考えるのはなぜか。その理由として適当なものを、次の中から一つ選び、記号で答えなさい。

ア　とりたてて関係もない誰かがある問題に介入（かいにゅう）することで、その人が問題について知ることや、困難を抱えている人々を支援することにもつながっていくから。

イ　その問題について何の関心もない人が気の向くままに関わろうとするだけでも、問題が世の中に広く知れわたるきっかけになる点ではよいことだと言えるから。

きも、全国から東北に集まったNPOやボランティア団体の力がなければ、各地の災害救援活動は実現しなかったとも言われています。食料支援やがれきの片付けだけでなく、足湯やお茶会を行ったり、亡くなった人々の思い出が詰まった写真の洗浄など、必ずしも生活に必要じゃない、でも心のケアにつながるような活動が数多く行われたのは、彼らがいい意味で問題のよそ者だったからでしょう。

（富永京子『みんなの「わがまま」入門』）

㊟ グローバル化＝社会的・経済的な結びつきが、国や地域を超えて地球規模で深まっていくこと。
非正規雇用＝期間を限定し、比較的短期間での契約を結ぶ雇用形態。
ハラスメント＝他者に対して行われるいやがらせのこと。
スラム＝貧しい人々が固まって住んでいる場所。
NPO＝営利を目的とせず社会的活動を行う民間の団体。

問一 〰〰線部a～eのカタカナを漢字に直しなさい。

問二 ――線部1「『よそ』での経験が、社会問題に対する関心をつくりあげ、『うち』とつながっている、と理解できた」とあるが、それはどういうことか。次の中から適当なものを一つ選び、記号で答えなさい。

ア 途上国の人々を援助する活動に参加したことによって、世界の労働問題は自分たち先進国の経済活動が原因で起きていると理解したということ。

イ 自分たちとは無関係だと思われた海外の社会問題に関わって見識を深めたことで、同様の問題が身近にも存在することに気がついたということ。

ウ 遠くはなれた海外の国で起きている社会問題に関心を向け支援することが、いずれ自分たちの国に利益をもたらすことになると知ったということ。

エ 労働問題を抱える途上国で派遣労働者として働いた経験を通じ、日本国内にも存在する似たような問題への対応の必要性を実感したということ。

問三 ――線部2「その問題に対してよそ者である可能性が高い」とあるが、筆者がこのように考えるのはなぜか。その理由として適当なものを、次の中から一つ選び、記号で答えなさい。

ア 実際に日本をはなれて「よそ」での経験を積まなければ社会問題に対する関心は育たないため、問題が起きているアフリカ諸国に直接足を運ばない限り、当事者意識を持つことは難しいから。

イ 日本語で読み書きをしているということは、アフリカ諸国の言葉を知らない可能性が高く、問題を抱える国の言語を理解しない限り、その国の社会問題に関わるのは簡単なことではないから。

ウ 貧困に苦しんでいるアフリカの子どもの問題を社会問題と位置づけたところで、日本では子どもが貧困に苦しんでいるという実態はないため、どうしても現実感をともなって考えにくいから。

エ ほとんどの日本人は、アフリカから遠くはなれた場所にいて、現地の社会問題について直接被害を受けて困った体験をしたわけではないので、自分たちのこととしてとらえるのは難しいから。

問四 ――線部3「『よそ者』であるけれども関わる必要がある」とあるが、筆者がこのように考えるのはなぜか。その理由として適当なものを、次の中から一つ選び、記号で答えなさい。

使った支援や応援のあり方って、6「おせっかい」という観点からすれば「アリ」ではないでしょうか。

空間のよそ者じゃなくて7時間のよそ者、という考え方もできる。ある社会的被害について、「風化」という観点から語られることは、すごく多いですね。それこそ東日本大震災でも、人々の記憶から原発事故が薄れつつあることが問題にされますし、戦争の悲惨さを伝える活動でも、語り手が高齢化し、その経験を後継者へと語り継ぐことが課題視されています。

一方で、時間が経ったからこそ言えることもある。たとえば、セクシャル・ハラスメントの被害などでもそのようなdコウヨウはよく聞かれるところです。当時は振り返るのもつらかったが、今になって捉え直すことができたから被害を明るみに出した、という人もいます。こういう告発に対して、「そんなつらかったなら、なぜ今になって言うんだよ」という批判もあるかもしれませんが、つらすぎることやほんとうに思い出したくもないことって、記憶に蓋をしてしまうんですよね。でも、あるとき何かスイッチが入るというか、類似の事例を目にしてはじめて、噴き上がるように思い出すことがあるんじゃないかと、私はある人から相談されてはじめて気づきました。

ここまでの私の考えをまとめると、「今のお前に関係ねえじゃん」と言われたら、「いや、自分のことじゃないからできるんだ」と堂々と言えばいいのです。たとえば、福島や広島に住んでないとか、この問題の被害者じゃないとか、あるいは被害者であったのがはるか昔であったとか、8どんなよそ者であっても「わがまま」を言っていい。そのような「おせっかい」が、その被害者のために、かつての自分のために、未来、もしかしたら自分が被害者になるときのためになるかもしれない。

（中略）

社会運動論には「資源動員論」という理論があります。社会運動に参加する人々はどんな人かを問う理論とここでは考えてください。

それまでは、怒りや感情が人々を社会運動へと押し進めるのだと言われてきた。しかし、資源動員論を唱えている人はどちらかといえばクールで、「お金とか時間、そういう資源を持っている人が運動に参加するに決まってるやん」と言います。「そりゃそうだろ」という感じもしますが、この理論をよそ者と当事者の議論に当てはめると、ただたんに資源のある人が運動に参加する、という以上のことが見えてきます。

震災というと２０１１年の東日本大震災をイメージされる方が多いと思いますが、関西では２０１８年に大阪府北部地震があり、私はそこで帰宅困難者になりました。

私は震災のせいで家に帰れなかったり、授業に出られなかった、つまり「被災」したにもかかわらず、自分が被災者とは思えませんでした。実際に被災地のなかでボランティアによる支援を遠慮する人はとても多くて、その人たちは「うちは、だれかに助けに来てもらうほどではない」「自分の地域は今、被害が大きいほうではない」といった理由でeコトワるのだそうです。つまり、もっとひどい状態にある人々と比べれば、自分は被害者ではないと思ってしまうのですね。

こうした状況で9すこしだけ距離を置いた支援者の関わりが重要になってきます。実際に、大阪府茨木市の震災においても、ボランティアは市外の人がほとんどで、とりわけ過去にボランティアで活動した経験のある災害㊟NPOの人々は大活躍したと言います。東日本大震災のと

しても、それを失礼だと思っていない、という多くの人の間違った認識のうえに成り立っているのだから、「おかしなやつ」に限らず、だれでもハラスメントを生み出す空気をつくっていると言える。だからこそハラスメントをしたこと・されたことのない男性も女性も、3「よそ者」であるけれども関わる必要があると言える。

またパッと見はハラスメントなんかに全然遭わなそうな人だって、被害に遭うことはあるし、その場合表沙汰にはなりにくい。被害に遭うことが想定されやすい人々、たとえば女性や年少者とはまた違う意味で、恥ずかしくて、だれにも話せない、ということもあるのでしょう。このような場合でも、多くのよそ者が痴漢やハラスメントの問題に関わっていたとしたら、すこしは語りやすい空気ができるのではないでしょうか。ある社会問題によそ者が関わることは、被害を受けたと見なされにくい被害者や悩みを抱えた人を救うことにもなるのです。

よそ者だから貢献できることはけっこういっぱいあります。五十嵐泰正さんが、『原発事故と「食」』（２０１８年）という本を書いています。２０１１年東日本大震災をきっかけに起きた福島第一原発事故後に、福島の農作物は放射能汚染されているのではないか、ほんとうに食べても大丈夫か、と農作物の安全性が問われてきました。この本では長い時間をかけて市民がどのようにその信頼を回復したか、という経緯が書かれているんです。

このような問題は、福島に住む人や、縁のある人であればあるほど声を発しにくい。なぜかというと、生産者も、もっとも被害をcシンコクに受け止めている人々も福島に住んでいるのだから、「私はこう思っている」と言うことは、近くにいるだれかを傷つけたり、だれかの利益を奪うことになりかねない。それぞれに傷も深く、奪われたものも多いからうまくコミュニケーションできない。

4そこで力になったのが、福島県外で生活している消費者や、原発問題について知識を持つ科学者でした。この本の著者である五十嵐さんも同じく福島の外にいる方で、だからこそ原発事故と食について、実践をまとめた本を書くことができた部分もあるんじゃないかと私は考えています。

よそ者だから関われることは、他にもあります。たとえば、アフリカなどでは、「(注)スラム・ツーリズム」が行われています。現地のガイドの案内のもと、民家や学校、土産物屋やレストラン（というよりは「バー」とか「屋台」とかいった簡易な業態のところも多いと思いますが）などさまざまな場所への訪問を通じて、スラムの文化を理解するための観光です。

貧困が生じている現場を目の当たりにしつつ、現地にお金を払うことで、経済の活性化を図る試みですが、一方でスラム住民の生活が「見せ物」になってしまう点で、倫理的な観点からは批判されています。みなさんも、「うわー、これが日本の高校生の生活かー。こんなにしょぼい教室で勉強してるんだ。かわいそう」と言われたらショックでしょうから、5スラム住民にもそういう気持ちを与えてしまう可能性があるということですね。

もちろん、倫理的にはこの批判の通りで、実際にはスラム・ツーリズムが成立しうる構造そのものを変えていかなきゃいけない。ただスラムの人々はそれで生計を立てていることも否定し難い事実ですし、旅が学びを与える可能性は十分にある。だから、よそ者であることをうまく

二、次の文章を読み、後の問いに答えなさい。

経済の㊟グローバル化に反対して、途上国支援の活動に関わっていた人が、その後日本で、低aチンギンのアルバイトで働いている人を支援する活動に関わるようになったというお話を聞いたことがあります。

それまでは、途上国にある先進国企業の工場で働いている人や、途上国で十分な教育を受けられない人を支援する活動をしていたのですが、その経験を踏まえて周りを見てみると、じつは日本にいる私たちも同じような構造のなかにいることがわかった。大企業の上層部の人々（もちろん、その人たちはその人たちでいろんな苦しみを抱えているわけですが）は、アルバイトや派遣労働者といった㊟非正規雇用の人々を安く使いながら、自らの経済活動をより発展させようとしているという点で、先進国と途上国とを問わず、じつは同じような関係があるんじゃないかという話をしていました。

さらには、途上国の労働者と同じように、アルバイトや派遣労働者はいろいろな事情から、なかなかその立場を抜け出せないことが身をもって理解できた、とその人は言うのです。1「よそ」での経験が、社会問題に対する関心をつくりあげ、「うち」とつながっている、と理解できた例といえるでしょう。

それでもどうしても私たちは「よそ者」であるときがあります。たとえば、アフリカの貧しい子どもがかわいそうだ、これは社会問題だ、というと、少なくとも日本語でこの本を書いたり読んだりしている私たちは多くの場合、2その問題に対してよそ者である可能性が高い。他にも、たとえば天災等で自分が被害を受けたとしても、「自分よりもかわいそうな目に遭った人がいる」と思うと、その問題の当事者として振る舞いにくいと感じることもあるでしょう。

ただ、「自分がある社会問題によって、何らかの被害を受けた」という感覚からしか「わがまま」が言えないとなると、私たちが「わがまま」を言ってもいい範囲というのは、どんどん狭まってしまいます。「わがまま」が本来持っている可能性を、自分で狭めてしまうというのかな。

もちろん、想像力を活かして、一見当事者ではないように見えるけど、じつは自分もその問題の当事者なんだ!ということは、主張できなくもないでしょう。たとえば戦争の問題でも、「もしかしたら自分が徴兵されるかもしれない」ということもできる。ただ、そうやって自分が問題の当事者である領域を広げる一方で、それでも想像が及ばない「よその世界」というものはあります。

（中略）私たちの想像や視界のbトドく範囲には限りがある。いくら想像しようとしても、全然生活環境が違って、私たちの思いもよらないことで苦しんでいる人はたくさんいる。そういう人たちの問題について、当事者でない人は何も口出しできないのでしょうか。自分がその問題によってほんとうに困っている。あるいは、困る可能性がある、という気持ちから出る「わがまま」でなければ、やっぱりうさんくさくて、偽善っぽい、ということになるのでしょうか。

たとえば、痴漢や㊟ハラスメントの被害がある。こういうときに被害に遭った人だけの立場から痴漢を政治的、社会的な問題にしてしまうと、それ以外の人々——ハラスメントをする側でもされる側でもないと思っている人——にとっては、「あ、じゃあ自分は関係ないじゃん。まあする人はするだろうけど、それは一部のおかしなやつだけじゃん」という感覚になってしまってもおかしくない。実際は、他人にひどいことを

ただけだったことが、不本意だと考えている。

イ　香奈枝の希望を聞き入れようとしたことに対し、丁寧なお願いやお礼の言葉があるものだと期待していたが、あいまいな態度でごまかそうとした香奈枝が許せないと思っている。

ウ　一方的に人を巻き込んでおいて、都合が悪くなると身勝手なふるまいで自分に気をつかわせたうえ、何のお礼も言わない香奈枝に、振り回されたようで不快な気持ちになっている。

エ　同情をさそって他人に気をつかわせた挙句、お礼の言葉も言わずうれしそうにふるまう香奈枝を見て、他人に優しく接して損ばかりしている自分に対し、怒りがこみあげている。

問十一　――線部11「多美子は、一瞬黙ってから、ぱかっと箱を開くような笑顔になって」とあるが、この時の「多美子」についての説明として適当なものを、次の中から一つ選び、記号で答えなさい。

ア　多美子は、杏美が白雪姫の役を香奈枝に譲ったと聞いてそのいきさつを一瞬疑問に思ったものの、杏美には白雪姫よりももっとふさわしい役があると自分自身に言い聞かせ、その場をとりつくろって笑ってみせた。

イ　多美子は、杏美が白雪姫の役を香奈枝に譲ったと聞いて少し残念に思ったものの、杏美が友だちとの関係を大事にしたことを感じてうれしくなり、自分も同じ気持ちで香奈枝ママに接しようと思って笑ってみせた。

ウ　多美子は、杏美が白雪姫の役を譲ったと聞いて少し意外に思ったものの、杏美は自分の能力を生かす道をあえて選んだのだと気づいてほめてやりたくなり、その気持ちをこの場で杏美に伝えようとして笑ってみせた。

エ　多美子は、杏美が白雪姫の役を香奈枝に取られたと知って一瞬香奈枝をにくらしく思ったものの、杏美は無理に香奈枝と張り合わない方がいいと思って、香奈枝ママから自分の気持ちをかくすために笑ってみせた。

問十二　――線部12「『我慢』のひと言は、鑢みたいに耳たぶを擦った」とあるが、これは杏美の多美子に対するどのような思いを表していると考えられるか。次の中から適当なものを**二つ**選び、記号で答えなさい。

ア　本当は白雪姫を演じてほしかったという正直な思いを言葉にせず、わが子をノッポで不器量だとさげすむことしかできない多美子の冷たい性格を思い知らされ、悲しい気持ちになっている。

イ　自分をノッポで不器量だと言っていた多美子が発した意外な言葉によって、自ら賢い選択をしたのだと考え納得させてきた自分の思いが台無しにされたことを、つらく不快に感じている。

ウ　自分は白雪姫の役などばかばかしいと本気で思っているのに、役を譲ったことに対して無意味な同情を寄せる多美子にあきれながらも、何とか本心を理解させようと、むきになっている。

エ　賢いと思った自分の選択が多美子を傷つけてしまったことに気づき、ひどくうろたえる一方で、わが子に期待していた母親の思いをふみにじってしまったことを、申し訳なく思っている。

オ　白雪姫役に決まったときはあまりよい反応を示さなかったにも関わらず、役を降りたあとに本当は白雪姫を演じてほしいと思っていたことをほのめかしてきたことに、いら立ちを覚えている。

かみしめ、可愛い香奈枝と同じように主役を演じるほこらしさを体中で感じている。

エ　多美子とは違い、香奈枝と白雪姫役を演じられるようになったことを喜んでくれた香奈枝ママに感謝し、その期待にこたえようと決意している。

問七　――線部7「杏美はようやくこの首輪を外せると思った」とあるが、それはどういうことか。次の中から適当なものを一つ選び、記号で答えなさい。

ア　白雪姫役を降りることになった香奈枝に、自分は何もしてあげられず申し訳ないと思っており、何とか香奈枝を元気づける機会をさぐっていたので、これでやっと香奈枝をはげましてあげられると思ってうれしくなったということ。

イ　白雪姫を演じられないことを香奈枝が納得するはずもなく、いずれは白雪姫役を演じたいと大泣きするだろうと思っていたが、意外にも冷静に話しかけてきたことで、面倒（めんどう）なことに巻き込まれる心配がなくなり安心したということ。

ウ　白雪姫役をめぐって飯田麻耶と香奈枝が対立する様子を見ていられず、自分から役を譲ろうと考えていたところに、香奈枝が機嫌よく話しかけてきたことで、ようやく役を譲ってあげられると思って気持ちがすっきりしたということ。

エ　白雪姫を演じられなくなって香奈枝の機嫌が悪くなっていることを、自分にも責任があるかのように感じて苦痛に思っていたが、香奈枝の方から声をかけてきたことで、この気まずさから解放されると思ってほっとしたということ。

問八　――線部8「意を決した顔の香奈枝の目はきれいだった」とあるが、この時の「香奈枝」についての説明として適当なものを、次の中から一つ選び、記号で答えなさい。

ア　杏美はもともと白雪姫よりもナレーターをやりたかったのだから、自分が白雪姫をやれなくなった以上、杏美に白雪姫の役を譲らせればいいのだと何の疑いもなく思っている。

イ　白雪姫をやれなくなった自分のことをなぐさめてくれてもいいはずの杏美が、全くふだん通りでいるのが気に入らず、仕返しに冷たい態度を取ってやろうと気持ちを固めている。

ウ　自分が白雪姫をやれなくなったのだから、もともといろいろな能力にめぐまれている杏美は、白雪姫の役ぐらい自分に譲ってくれてもよいのではないかと気持ちが整理できた。

エ　自分は急に白雪姫の役をやれなくなったのに、自分から役を奪った飯田麻耶が平然としていることに納得がいかず、それならば自分も杏美から役を奪ってやろうと心に決めた。

問九　――線部9「正式に白雪姫から降りた時、取り返しのつかないことをしてしまったような気がした」とあるが、杏美はなぜ「取り返しのつかない」と感じるほどの後悔を抱いたのか。六〇字以上、八〇字以内で説明しなさい。

問十　――線部10「酷く不当なことをされた気がした」とあるが、この時の杏美の気持ちを説明したものとして適当なものを、次の中から一つ選び、記号で答えなさい。

ア　香奈枝からのお願いやお礼を自分からさえぎることで、自分が優位に立てると思っていたが、結果的にはおたがいがいやな思いをし

ア　香奈枝にきつい言葉を浴びせたことに罪悪感を抱いていたが、笑顔で話しかけられたことで、香奈枝が何も思っていなかったことが分かり、気持ちが楽になったから。

イ　自分が冷たい態度をとったことを香奈枝が気にしていなかったため、自分の後悔がむだであったことにがっかりしながらも、負い目がなくなってせいせいしたから。

ウ　香奈枝が母親の事情で転園したことを知るまでは、多美子の機嫌をそこねたことを後悔していたが、これからは何も気にせずに香奈枝と仲良くできると思ったから。

エ　昔のひどい行いを香奈枝本人が入学式の日に笑顔で許してくれたため、直接顔を合わせることへの恐怖がなくなり、今後は香奈枝に気をつかわずに済むと思えたから。

問四　――線部4「杏美と香奈枝の力関係は変わりつつあった」とあるが、それはどういうことか。次の中から適当なものを一つ選び、記号で答えなさい。

ア　杏美にとって、香奈枝は自分に従うだけの都合のいい存在でしかなかったが、いつの間にか香奈枝のわがままに杏美が従うようになりつつあったということ。

イ　杏美からすれば、自分より劣っていて特別な存在であるとも思われなかった香奈枝が、いつの間にか杏美よりもクラスで存在感を示しつつあったということ。

ウ　杏美にとって、いつも一緒の「二人組」で対等の存在であった香奈枝が、今では力を持つようになり、クラスの中での扱いに差ができつつあったということ。

エ　杏美からすれば、香奈枝は何もできない存在で自分が支えてあげる必要があったが、今ではクラスから一目置かれる立派な人間になりつつあったということ。

問五　――線部5「甘ったるい食べ物を不意打ちで舌にのせられたような気がした」とあるが、この時の杏美の気持ちを説明したものとして適当なものを、次の中から一つ選び、記号で答えなさい。

ア　あきらめていた白雪姫役が思いがけず演じられるようになったことを喜びつつ、どう演じたらよいのかと迷っている。

イ　いきなり白雪姫役をおしつけてくる香奈枝に不快感を抱き、それでも役を引き受けるしかないとうんざりしている。

ウ　香奈枝と同じ衣装で演じられるうれしさから立候補を前向きに考える一方で、役自体にはまだ好感を持てずにいる。

エ　自分には縁がないと思っていたはなやかな役を一緒にやろうと急に言われ、照れくさく感じつつとまどっている。

問六　――線部6「杏美は香奈枝とつないだ手をぶんぶん振って、勇ましく歩いた」とあるが、この時の「杏美」についての説明として適当なものを、次の中から一つ選び、記号で答えなさい。

ア　ふだんからその可愛らしさに対してあこがれを抱いていた香奈枝とともに、白雪姫役を演じられるようになったことの喜びが全身に広がっている。

イ　香奈枝と同じように白雪姫役を演じることで、香奈枝よりも自分の方が白雪姫にふさわしいことを多美子に必ず認めさせようと意気込んでいる。

ウ　白雪姫という大役を本当に演じられるようになった喜びを改めて

んが演ったほうがずっと様になるわよ」

と言った。

それなのに、家に帰ってから、

「杏美が白雪姫役を降りたこと、知らなかったよ。よく我慢したね」と、杏美に言った。

我慢？

ノッポの杏美には似合わないって、お母さん、何度も言っていたくせに。

「我慢なんかしてないよ！　わたし、白雪姫なんて、本当はやりたくなかったんだから」

多美子は本当は自分に白雪姫をやってもらいたかったのだ。そう思ったら、12「我慢」のひと言は、鑢みたいに耳たぶを擦った。

「五人でやる役なんて、ばっかみたい」

いくらひらひらしたドレスを着たところで、台詞ふたつの白雪姫より、みっつ喋れるナレーターのほうが、賢い選択なんだ。たとえナレーターは舞台には立たず、その下でマイクを使ってしゃべる役だったとしても。

（朝比奈あすか『君たちは今が世界』）

㊟　リトミック＝音楽を通して子どもの育成をはかる教育プログラム。

不器量＝顔かたちが整っていないさま。

問一　——線部1「自分でもびっくりするくらい、険しい声が出た」とあるが、それはなぜか。その理由として適当なものを、次の中から一つ選び、記号で答えなさい。

ア　自分よりも周囲の人間からの評判がよい香奈枝が、自分よりずっとへたくそな絵を描いていることが気に入らなかったから。

イ　将来美人になりそうというだけで、香奈枝のへたくそな絵が自分の絵よりもほめられるのがくやしく、不公平に感じたから。

ウ　母親に可愛くないと言われた自分の顔を、可愛いとほめられた香奈枝にへたくそに描かれたことが不快で、許せなかったから。

エ　母親から不器量と言われて落ち込んでいる自分を、へたくそな似顔絵ではげまそうとする香奈枝の無神経さに腹が立ったから。

問二　——線部2「なぜか杏美はそんなことを言った」とあるが、「杏美」がそのように言ったのはなぜだと考えられるか。その理由として適当なものを、次の中から一つ選び、記号で答えなさい。

ア　急に香奈枝のことを深い実感を持ってほめ始めた多美子の意図がつかめなかったので、香奈枝の悪口を言ってみることで、多美子の真意がどこにあるかを知りたいと思ったから。

イ　何一つうまくできない香奈枝のことをふだんから心配していたため、何もできなくても可愛ければ全く問題ないと簡単に考えている多美子の考え違いを正したいと思ったから。

ウ　香奈枝は多美子の言うようにたしかに可愛いが、実際はただ可愛いだけで、不用意に人の神経を逆なでするようなところがあるので、手放しでほめられていることに反発したから。

エ　何をやってもうまくできない香奈枝が、可愛いということを多美子にほめられていることは、何をやっても自分がいちばんだと思っていただけに、納得がいかないことだったから。

問三　——線部3「世界が一気に輝いたように感じた」とあるが、それはなぜか。その理由として適当なものを、次の中から一つ選び、記号で答えなさい。

香奈枝ママの言葉が、ポップコーンみたいに軽やかに、耳元で弾け続けていた。

その日、公文教室からマンションの近くの別れ道まで、6杏美は香奈枝とつないだ手をぶんぶん振って、勇ましく歩いた。

しかし翌日の朝の会で先生が、白雪姫の役を決め直すと言ったのだった。なんでも昨日休んでいた飯田麻耶が、親を通じて電話で白雪姫役に立候補したいと伝えたらしい。

皆の前で、六人でじゃんけんをして、香奈枝が負けた。

大泣きするかと思った香奈枝は無表情で引き下がった。先生が何か言葉をかけていたけれど、香奈枝は黙っていた。

休み時間に杏美が香奈枝に話しかけるとぷいっと横を向かれた。香奈枝は、杏美だけではなく、他の誰ともしゃべらなかった。杏美は、白雪姫役を奪った飯田麻耶が平気な顔で授業を受けているのを、信じられないような思いで見ていた。香奈枝の不機嫌は、何かじわじわとした首輪になって、自分に巻きついてくるようだった。

だから、給食の準備時間に、

「あずちゃん……」

と香奈枝に声をかけられたとき、7杏美はようやくこの首輪を外せると思った。

「あずちゃんは本当は白雪姫、演りたくなかったんだよね？」

8意を決した顔の香奈枝の目はきれいだった。

「あずちゃん、本当は、ナレーター演りたかったんでしょ。だったら……」

「わたし、やめてもいいよ」

皆まで言わせず、杏美は言った。

「え、本当？」

香奈枝の顔がぱあっと光る。

「先生に言いに行こう」

杏美は香奈枝の手を握った。香奈枝の手を、自分から握るのは久しぶりだった。香奈枝が、

「よかった」

と言った。うん、よかった。わたしはもともと白雪姫なんて演りたくなかったんだから。台詞が多いナレーターを演りたかったんだから。

それなのに、先生に許可を得て、9正式に白雪姫から降りた時、取り返しのつかないことをしてしまったような気がした。

ちゃんと頼まれていないし、ちゃんとお礼も言われていない。急にそんな考えが湧いて、香奈枝を責める気持ちがむくむくと湧き上がった。ちゃんと頼ませないように、ありがとうを言わせないように、そうしたのは自分だったのに、どういうわけか10酷く不当なことをされた気がした。

「あずちゃんが、うちのカナに、白雪姫役を譲ってくれたそうで。本当にありがとうございます。あずちゃんは、優しい子ね」

数日後の公文の帰り道、香奈枝ママが多美子に礼を言うのを聞いていた。

そのことを知らなかった11多美子は、一瞬黙ってから、ぱかっと箱を開くような笑顔になって、

「いいのいいの。うちのなんて、白雪姫って柄じゃないし、香奈枝ちゃ

だから、小学校の入学式で香奈枝が満開の笑顔で近づいてきてくれた時、3世界が一気に輝いたように感じた。ふたりが再び、「二人組」になった。当たり前のことだけど、香奈枝はもう「はじゅちゃん」ではなく「あずちゃん」と、呼べるようになっていた。

　秋になり、学芸会で『白雪姫』を上演すると発表された。

　配役が発表されると、

「あずちゃん、何の役やる？」

　香奈枝に訊かれた。杏美は、ほんの少しだけ白雪姫役に惹かれていたけれど、なぜか、

「ナレーター」

と言った。

「かなちゃんは？」

「あたし白雪姫に立候補する」

　きっぱり言う香奈枝の目はみずみずしい野心に満ちていた。

　すでに4杏美と香奈枝の力関係は変わりつつあった。香奈枝はクラスで一番背が低く、発想も幼く、絵や字もへたくそで、計算も遅い。何もかも杏美に負けているのに、一向に気にしていないようだ。気が強くわがままで、そのわがままを通す力を持ち始めていた。

「白雪姫なんて、セリフ全然ないじゃん」

　香奈枝のまっすぐな物言いが眩しすぎて、杏美はそんなふうに言った。白雪姫役は五人。十の台詞を、五人がふたつずつ担当するのだ。ナレーターには三つ台詞がある。それ以上、台詞のある役はない。皆が平等に目立てるように、先生たちが台本を作ったのだろう。動物だの妖精だの、いろんなのが出てきて、一つ、二つ、皆が喋る。

「だって、ドレス着れるの、白雪姫だけでしょ。それに」

と、香奈枝が思いがけないことを言った。

「あずちゃんも一緒に白雪姫やれば、一緒に練習できるよ」

「え…？」

　杏美は困った顔を作った。

「やろうよ、やろうよ」

「でも……どうしようかな」

　5甘たるい食べ物を不意打ちで舌にのせられたような気がした。

　白雪姫役に手を挙げる時、どきどきした。立候補者はぴったり五名。全員仲良く白雪姫になることができて、安堵の息がもれた。

　その日の夕方、一緒に通っていた公文教室にお迎えにきた多美子と香奈枝ママに、二人は口々に白雪姫役をやることを報告した。香奈枝ママは「やったね」と言い、香奈枝の手のひらと自分の手のひらをパチンと合わせた。一方、多美子は、「やあだ、五人の中で杏美だけがノッポじゃないの、入れ替わった時に変な感じになっちゃうじゃない」

とぶつぶつ言った。香奈枝ママは、そんな多美子に苦笑いをしながら、

「あずちゃんと一緒に白雪姫できるなんて、カナ、良かったね。おんなじドレスのお衣裳を着て、写真をいっぱい撮りたいね」

と杏美に声をかけた。

「白雪姫のドレス、親が作るのかしらね……香奈枝ちゃんには似合うでしょうけど、うちはどうかしら……」

　まだぶつぶつ言っている多美子だったが、いつもよりはその目が優しく細められている気がした。

　――おんなじドレスのお衣裳を着て、写真をいっぱい撮りたいね。

【国　語】（五〇分）〈満点：一二〇点〉

【注意】　字数指定のある問いは、句読点なども字数にふくめること。

一、次の文章を読み、後の問いに答えなさい。

保育園で、杏美は香奈枝と「仲良し二人組」だった。

思えば、家が近くて母親どうしが顔見知りだったというだけの理由だったが、赤ちゃんの頃から一緒にいて、周囲からも先生からも「仲良し二人組」として扱われると、ちいさな園の中で、その関係はほぼ固定化された。

四歳になっても、香奈枝は「はじゅちゃん」と、舌足らずに呼んだ。

そのころ杏美は保育園の同じ学年の子たちの中で、一番背が高かった。自分でもよく覚えている。㊟リトミックでも体操でも、何をやってもいちばん上手で、みんなができないのが不思議なくらいだった。お絵描きの時間は大得意だった。他の子たちがどうにかして人間を描こうとしても全部お化けみたいになっちゃう時に、杏美は前髪も眉毛も首も、丁寧に描いた。上手ねえ、とおとなに褒められるたび、自分は特別なんだと思った。

ある時香奈枝が、大きくまるを描いて、その中にぐりぐりと目玉らしきものをぬりこんでいた。できあがったものをみんなに向けて言った。

——これ、はじゅちゃん。

にこにこしている香奈枝を見て、カッとなった。

——わたし、そんな顔じゃないよ！

1自分でもびっくりするくらい、険しい声が出た。その声に、目の前の香奈枝が固まった。

香奈枝は無言で消しゴムを探し、ごしごしと絵を消した。消して消して、その指先が真っ赤になるくらいに力を込めて消しているうち、紙が破けてしまったから、さすがに申し訳なくて、杏美は焦った。けれど、優しい言葉を香奈枝にかけることが、どうしてもできなかった。

あの時のことを、香奈枝は忘れてしまったのだろうか。杏美ははっきり覚えている。あんなに強く反応してしまったのは、同じころ母親の多美子が香奈枝の写真を見ていて、

——この子は将来、美人になるわ。

と言ったからかもしれない。

ため息のこもったようなその声には、深い実感があった。

——でも、かなちゃんは何にもできないんだよ。

2なぜか杏美はそんなことを言った。

——いいのよ。あれだけ可愛いんだから。

多美子はさらっとそう言ってから、

——あなたは㊟不器量だから、しっかり勉強して、みんなの役に立つ仕事に就かないとね。

と、杏美に言った。

それからしばらくして香奈枝が保育園を退園した。

わたしが絵のことで怒ったから、香奈枝を傷つけてしまったのだろうかと、子どもながらにはらはらと後悔した。そのことを多美子に言ったら怒られそうな気がして、杏美はずっと黙っていた。

実際は、香奈枝の母親が仕事を辞めたために、幼稚園に転園したというだけのことだったのだが、幼い杏美にそんな事情は分からなかった。

大切なことはメモしておこうネ！

2020年度

海城中学校入試問題（一般②）

【算　数】（50分）　＜満点：120点＞

【注意】・分数は最も簡単な帯分数の形で答えなさい。

・必要であれば，円周率は3.14として計算しなさい。

1　次の問いに答えなさい。

⑴　次の計算をしなさい。

$$\left(1.3-\frac{1}{10}\right)\times 0.125-\left[1\frac{1}{5}\times\left\{\frac{1}{4}-0.25\times\left(4.5-3\frac{2}{3}\right)\right\}\right]\div 2$$

⑵　1以上100以下の整数のうち，5でも7でも割り切れない整数は何個ですか。

⑶　ある本を1日目に全体の$\frac{1}{3}$，2日目に残りの$\frac{4}{9}$，3日目に162ページ読んだら，残りは全体の$\frac{1}{27}$でした。この本は全部で何ページですか。

⑷　右の図で，MがABの真ん中の点であるとき，角アの大きさは何度ですか。

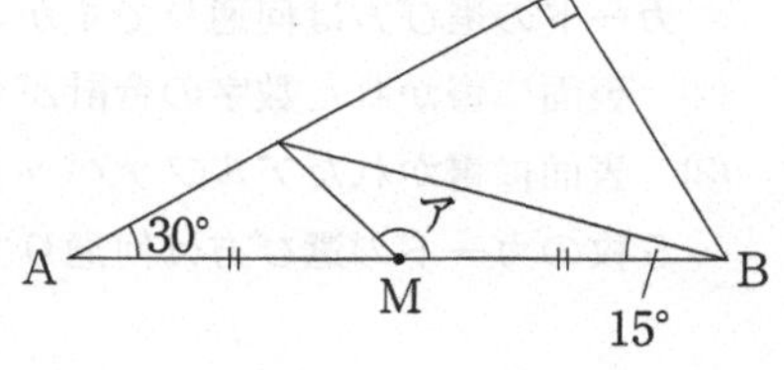

⑸　直径に1本の線がひかれた歯車A，B，Cが横一列に並んでかみ合っています。歯車A，B，Cの歯の数はそれぞれ45，72，120です。右の図のように，はじめそれぞれの歯車にひかれた線は1本につながっていました。歯車Aを1分間に15回転の速さで回転させるとき，再び線が1本につながるのは何秒後ですか。

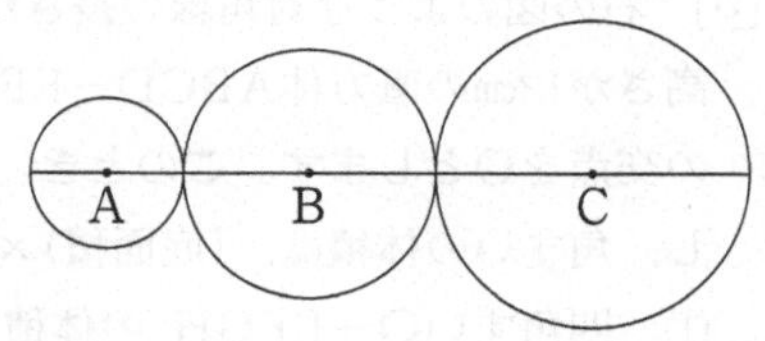

2　三角形ABCの辺BC，CA，AB上にそれぞれ点P，Q，Rがあり，BP：PC＝4：3，CQ：QA＝3：5，AR：RB＝2：3 です。APとQRが交わった点をSとするとき，次の問いに答えなさい。

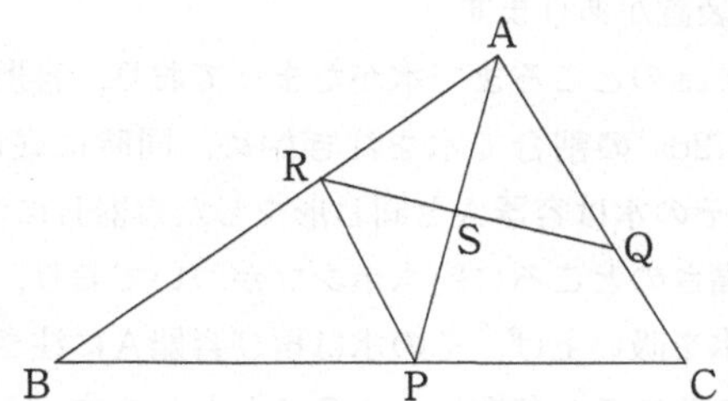

⑴　三角形ARP の面積は，三角形ABC の面積の何倍ですか。

⑵　RS：SQ を最も簡単な整数の比で表しなさい。

3　ある競技場は午前９時に開場します。開場前に何人かの行列ができていて，行列には１分間に10人の割合で人が加わります。

２つの入場口を開くと，午前９時24分に行列がなくなり，３つの入場口を開くと，午前９時15分に行列がなくなります。１つの入場口で１分間に入場できる人数は一定であるとして，次の問いに答えなさい。

(1)　午前９時にできていた行列の人数は何人ですか。

(2)　行列を午前９時６分までになくすためには，入場口を少なくともいくつ開けばよいですか。

4　表面に「K」「A」「I」「J」「O」と書かれたカードがそれぞれ５枚ずつ，計25枚あります。それぞれのカードの裏面には，アルファベットごとに１から５の異なる数字が１つずつ書かれています。例えば，５枚あるKのカードの裏面には，１から５の異なる数字がそれぞれ１つずつ書かれています。A，I，J，Oについても同様です。この25枚のカードから５枚を選ぶとき，次の問いに答えなさい。

(1)　表面はすべて異なるアルファベットであり，裏面もすべて異なる数字となるような，５枚のカードの選び方は何通りですか。

(2)　裏面に書かれた数字の合計が６となるような，５枚のカードの選び方は何通りですか。

(3)　表面に書かれたアルファベットは２種類であり，裏面に書かれた数字は３種類となるような，５枚のカードの選び方は何通りですか。

5　右の図のような対角線の長さが12cmの正方形を底面とする，高さが12cmの直方体ABCD－EFGHがあり，対角線ACとBDの交点をOとします。このとき，次の問いに答えなさい。ただし，角すいの体積は，(底面積)×(高さ)÷３　で求められます。

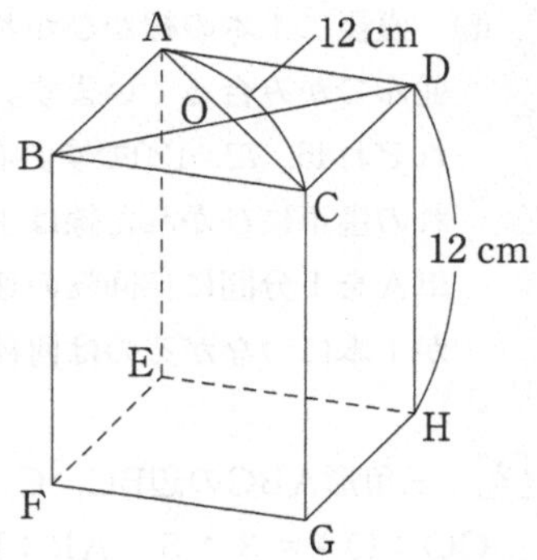

(1)　四角すいO－EFGH　の体積は何cm³ですか。

(2)　四角すいO－EFGH　の表面積は何cm²ですか。

(3)　FDを軸として，三角形OFHを回転させたときにできる立体を考えます。この立体を平面BFHDで切断したとき，その切断面の面積は何cm²ですか。

6　次のページの図のような装置があります。

はじめ，容器Aには高さ６cmのところまで水がたまっており，容器Bは空です。(＊)

容器Aに，蛇口から毎分72cm³の割合で水を注ぎ始め，同時に底についている排水管から毎分48cm³の割合で水を排出し，その水は容器Aと同じ形をした容器Bに注ぎ込まれます。

容器Bには底面からある高さのところに給水ポンプがついており，給水ポンプの高さに水がとどいたときから一定の割合で水を吸い上げ，その水は再び容器Aに注ぎ込まれます。

容器Aが満水になったところでこの装置はとまることとします。このとき，あとの問いに答えなさい。ただし，水が排水管や給水ポンプを移動する時間は考えないものとします。また，給水ポンプの体積も考えないものとします。

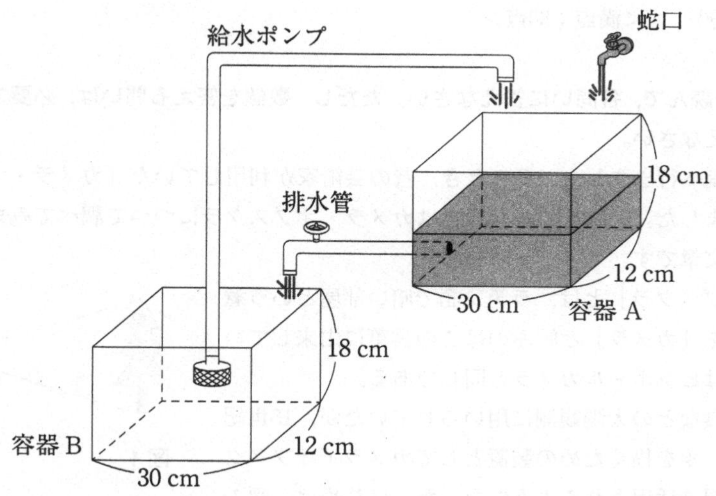

⑴ 給水ポンプの吸い上げる水の量を毎分13.8㎤にしたところ，給水ポンプが水を吸い上げてからこの装置がとまるまで，容器Bの水面の高さは7.6㎝上昇しました。装置がとまるまでの時間の経過と容器A，Bの水面の高さの関係を表したものがそれぞれグラフ1，グラフ2です。

このとき，[ア]，[イ]，[ウ]，[エ] にあてはまる数はいくつですか。

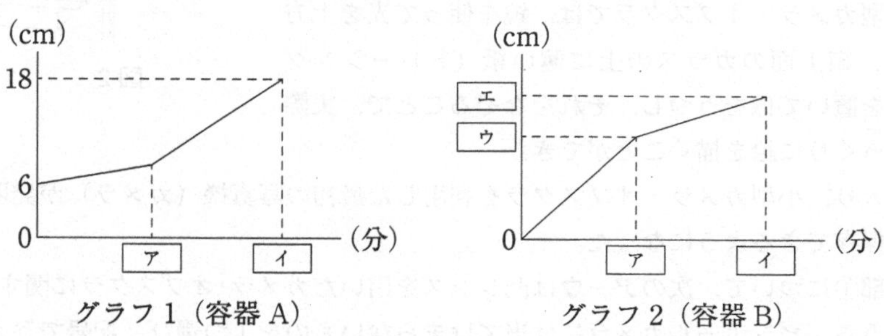

グラフ1（容器 A）　グラフ2（容器 B）

⑵ 再び(＊)の状態に戻します。給水ポンプの吸い上げる水の量を調節したところ，装置がとまったとき，容器Bも満水になりました。このとき，給水ポンプが吸い上げる水の量は毎分何㎤ですか。

【理　科】（45分）　＜満点：80点＞

1．次の文章を読んで，各問いに答えなさい。ただし，数値を答える問いは，必要であれば四捨五入して整数で答えなさい。

K君は美術館へ行きました。そのとき，昔の芸術家が利用していた「カメラ・オブスクラ」というものを知りました。興味を持ったK君はカメラ・オブスクラについて調べてみました。以下はK君がまとめた文章です。

「カメラ・オブスクラ」とは，ラテン語で暗い部屋という意味で，写真機を「カメラ」と呼ぶのはこの言葉に由来している。その原理はピンホールカメラと同じである。

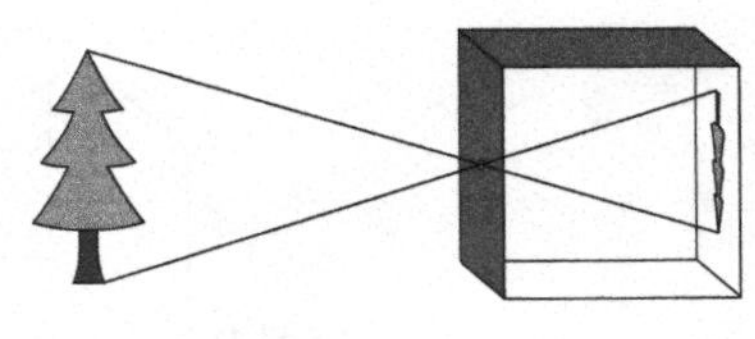

図1

古くから日食などの太陽観測に用いられていたが，15世紀ごろになると，絵を描くための装置としてカメラ・オブスクラが芸術家の間で活用されるようになった。はじめは，**図1**のように大きな箱（部屋）を用意し，壁に小さな針穴を開けて反対側の内壁に像をうつすというものだった。

その後，穴に①凸レンズを当てるとよりはっきりとした像がうつることがわかり，小型で実用的なものになった。**図2**のような小型カメラ・オブスクラでは，鏡を使って光を上方に反射させ，箱上面のガラスの上に薄い紙（トレーシングペーパー）を置いて像をうつし，それをなぞることで，実際の景色とそっくりに絵を描くことができた。

図2

19世紀に入り，小型カメラ・オブスクラを利用した最初の写真機（カメラ）が発明され，景色を写真として保存できるようになった。

問1　**下線部①**について，次の**ア～ウ**は凸レンズを用いたカメラ・オブスクラに関する説明文です。これらのうち，ピンホールカメラには**当てはまらない**ものを1つ選び，記号で答えなさい。ただし，鏡は使わないものとします。

ア　光の通る穴を大きくすると，像は明るくなる。

イ　像がはっきりうつる位置（光の通る穴と像との間の距離）が決まっている。

ウ　像はさかさまにうつる。

K君は，段ボール，凸レンズ，鏡，透明な板などを使って**図2**と似たカメラ・オブスクラを作ってみました（**図3**）。そして，友人S君が道端に立つ景色（次のページの**図4**）の像を薄い紙にうつしてなぞってみることにしました。その際，②**鏡の位置Xを調節して，薄い紙に景色がはっきりうつるようにしました。**

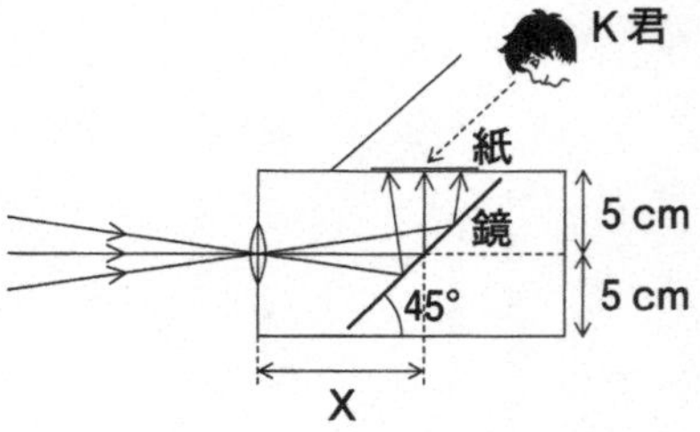

図3

K君は遠近感のある絵が描けました。絵の中では，S君の長さが3㎝，杉の木の長さが5㎝とあまり変わらないことにK君は驚きました。また，このことから③実際の杉の木の高さを算出してみました。

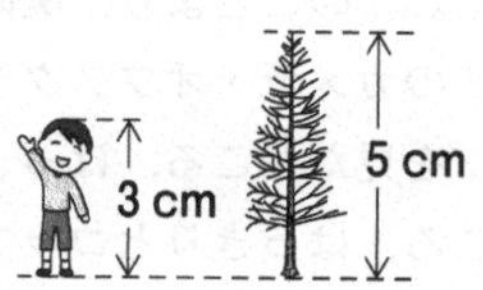

図４

問２　Ｋ君が直接見る景色は図４です。前のページの図３のように，このカメラ・オブスクラを通すと，Ｋ君にはどのように像が見えますか。次のア～エから１つ選び，記号で答えなさい。

ア

イ

ウ

エ

問３　Ｋ君が使用した凸レンズにおいて，図５のように凸レンズと物体の距離を a［m］，凸レンズと像の距離を b［cm］とするとき，a の値と像がはっきりうつる b の値との間には下のグラフ（図６，図７）のような関係があります。Ｓ君の身長を150cmとして，以下の⑴～⑸に答えなさい。

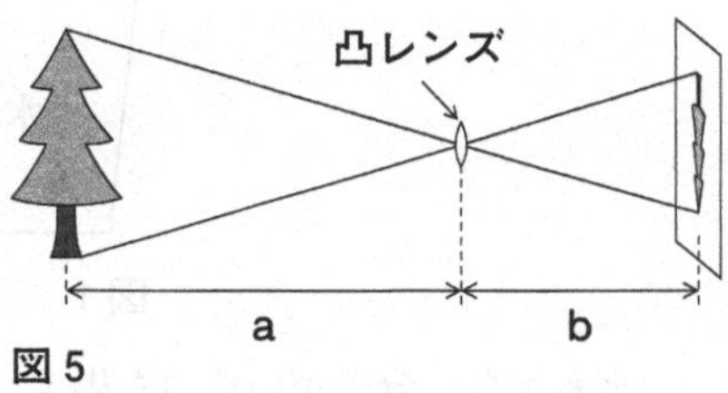

図５

グラフからは次のことが分かります。

・物体が凸レンズに近いとき，a の値を変えると b の値は大きく変化する。（図６）

・物体と凸レンズが離(はな)れているとき，a の値に関係なく b の値はほとんど一定になる。（図７）

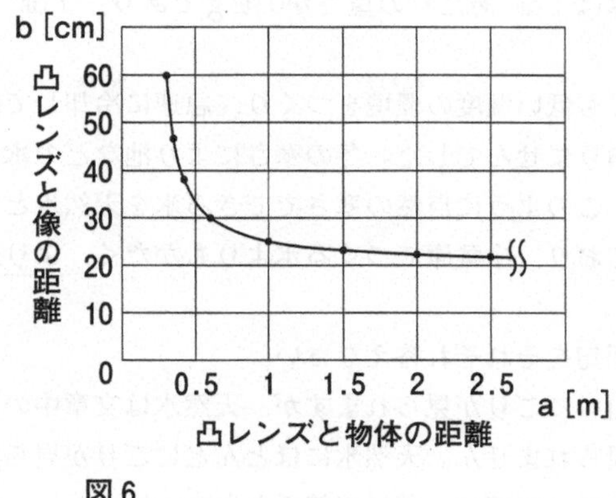

図６

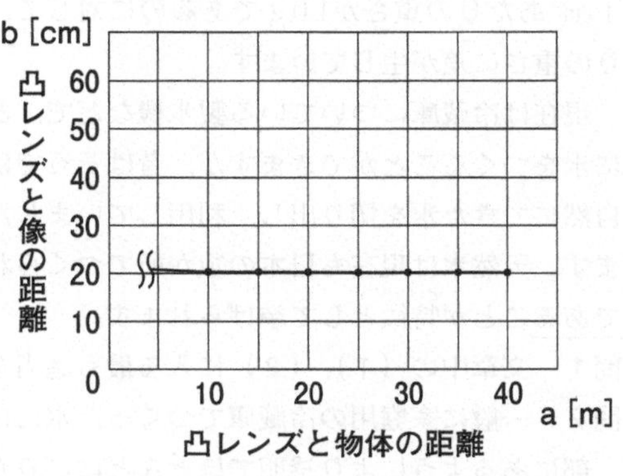

図７

⑴　下線部②について，Ｋ君は，前のページの図３の鏡の位置Ｘ（凸レンズと鏡の中心との間の距離）を何cmに調節しましたか。

⑵　凸レンズからＳ君までの距離は何ｍですか。図５を参考にして答えなさい。

⑶　下線部③について，K君は杉の木の高さを算出するために，凸レンズからS君までの距離と凸レンズから杉の木までの距離を歩数で計りました。その結果，S君までは14歩，杉の木までは56歩でした。このことより，実際の杉の木の高さを何mと算出できますか。

⑷　K君は，このカメラ・オブスクラを屋内でも使ってみました。凸レンズから1m離れた高さ12㎝のコップを見たところ，はっきりとコップの像が見えませんでした。そこで鏡の位置**X**を調節したところ，はっきりとコップの像がうつりました。36ページの**図3**の鏡を⑴の**X**の値から左右どちらに何㎝移動させたのでしょうか。「右へ1㎝」のように答えなさい。ただし，鏡の角度は変えないものとします。

⑸　⑷のときのコップの像の長さは何㎝ですか。

2．次の文章を読んで，各問いに答えなさい。

水は0℃以下で（　**1**　）し，氷へと変化します。容器に水を入れ，氷に変化させると，水のときの水面の位置よりも上部が少し盛り上がった状態になります（**図1**）。この変化には水や氷を構成する分子と呼ばれる非常に小さな粒（つぶ）が関係しています。

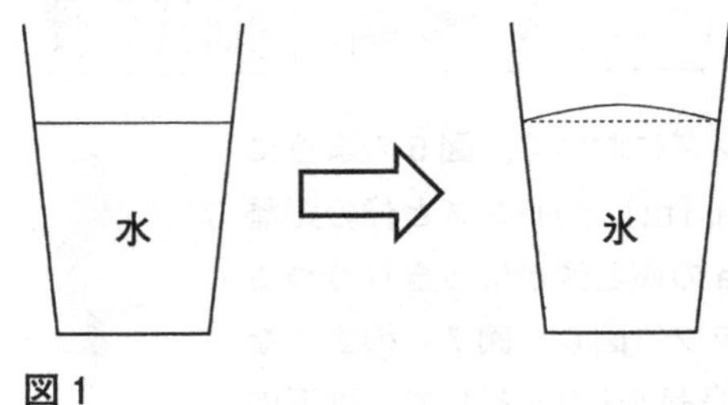

図1

水も氷も，分子がいくつも集まってできています。**図1**のような変化が起こるのは，分子の大きさが変わったからではなく，集まった分子と分子の間のすき間の大きさが変わったからです。どちらのすき間も非常に小さく，肉眼で観察することはできませんが，この非常に小さなすき間が（　**2**　）の方が大きい構造となっているため，**図1**のような変化が起こります。そのため，水は1㎤あたりの重さが1.0gであるのに対して，氷は1㎤あたりの重さが0.92gであり，1㎤あたりの重さに差が生じています。

現在は冷蔵庫についている製氷機などで，とても低い温度の環境（かんきょう）をつくり，急速に冷却（れいきゃく）して簡単に氷をつくることができますが，昔はそうではありませんでした。冬の寒さにより池などの水から自然にできた氷を切り出し，利用していました。このように自然の寒さでできる氷を天然氷と言います。天然氷は現在も日本の数か所でつくられており，冷蔵庫でつくる氷よりもかたく，<u>より透明であること</u>が特徴（とくちょう）として挙げられます。

問1　文章中の（**1**），（**2**）に入る最も適当な語句をそれぞれ答えなさい。

問2　一般に家庭用の冷蔵庫でつくった氷には白いにごりが見られますが，天然氷は文章中の**下線部**にあるようにより透明でほとんどにごりが見られません。天然氷にほとんどにごりが見られない理由として考えられるものを次の**ア**～**ウ**からすべて選び，記号で答えなさい。

ア　ゆっくりと水が凍（こお）るから。

イ　水が凍るときの周囲の温度がとても低いから。

ウ　不純物を多く含（ふく）んでいるから。

問3　水に物質を溶(と)かしたものを水溶液(すいようえき)といいます。それぞれ固体である**物質A**および**物質B**を水に溶かしたときの溶解度は次の**図2**のグラフのように表されます。下の(1)～(4)に答えなさい。

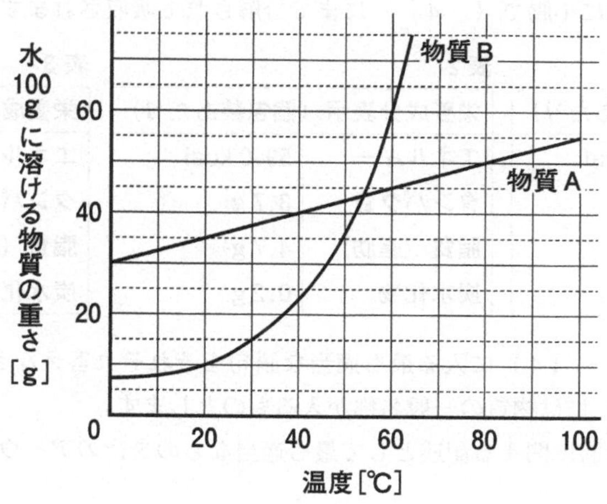

図2

(1)　氷100cm³がとけて20℃の水になったとき，この水に**物質B**は何gまで溶かすことができますか。必要であれば四捨五入して小数第1位まで答えなさい。

(2)　**物質A**および**物質B**をそれぞれ沸(ふっ)とうした水150gに50gずつ溶かしました。これらの水溶液を冷却したとき，より高い温度で結晶(けっしょう)が生じるのは**物質A**と**物質B**のどちらですか。

(3)　温度を80℃に保ち，**物質A**の飽和(ほうわ)水溶液100gをつくりました。この水溶液を冷却し，ろ過したところ10gの結晶が得られました。このとき，水溶液の温度は何℃になっていますか。整数で答えなさい。

(4)　温度を60℃に保った水に**物質B**を50g加えたところ，すべて溶けました。この水溶液を30℃まで冷却し，ろ過したところ20gの結晶が生じていることが分かりました。ろ過後の水溶液が下にある状態で，ろ紙の上から60℃の水50gをろ紙の上の結晶が溶けるように，まんべんなくゆっくり注ぎました。ここで得られた水溶液の温度を60℃に保つとき，あと何gの**物質B**を溶かすことができますか。必要であれば四捨五入して整数で答えなさい。

3．次の文章を読んで，各問いに答えなさい。

（文1）　タンパク質，脂肪(しぼう)，炭水化物は三大栄養素とよばれており，食物の中にさまざまな割合で含まれています。

売られている食品の栄養成分表示の中に「kcal」という単位をみたことがある人も多いと思いますが，これは「キロカロリー」と読み，熱量（エネルギー）の単位です。炭水化物とタンパク質はそれぞれ1gあたり4kcal，脂肪は1gあたり9kcalのエネルギーをもつことがわかっています。12歳(さい)の男性は1日あたり2500kcal程度のエネルギー摂取(せっしゅ)が必要といわれていますが，特定の栄養素のみからエネルギーを得るのはよくないでしょう。次のページの**表1**～**表3**はチーズ，せんべい菓子(かし)，サラダチキン（とりのむね肉を味付けしたもの）のいずれかの栄養成分表示を示したもので，三大栄養素以外の内容は省略しています。

これら三大栄養素はそれぞれ口を含むさまざまな消化器官を通る過程で段階的に消化（分解）

されます。例えば，タンパク質はまず（　1　）から分泌（ぶんぴつ）される（　2　）とよばれる消化酵素（こうそ）である程度分解された後，（　3　）液に含まれるトリプシンとよばれる消化酵素等によってさらに分解され，最終的に小腸で（　4　）にまで分解されて吸収されます。

表1

栄養成分表示（個包装あたり）	
エネルギー	67.0 kcal
タンパク質	1.6 g
脂質（ししつ）（脂肪）	1.0 g
炭水化物	12.0 g

表2

栄養成分表示（個包装あたり）	
エネルギー	59.0 kcal
タンパク質	3.7 g
脂質（脂肪）	4.7 g
炭水化物	0.2 g

表3

栄養成分表示（個包装あたり）	
エネルギー	37.0 kcal
タンパク質	7.8 g
脂質（脂肪）	0.3 g
炭水化物	0.4 g

問1　文章中の（1）～（4）に入る最も適当な語句をそれぞれ答えなさい。なお，（1）には消化器官の名称（めいしょう），（4）には物質の一般名称が入るものとします。

問2　タンパク質，脂肪に関する記述として最も適当なものを次の**ア**～**ウ**から１つずつ選び，記号で答えなさい。

ア　最もエネルギー効率の高いエネルギー源であり，クルミに多く含まれる。

イ　筋肉等からだをつくる物質の材料であり，ダイズに多く含まれる。必要に応じてエネルギー源となる。

ウ　最も利用されやすいエネルギー源であり，米に多く含まれる。

問3　栄養成分表示と食品の正しい組み合わせを次の**ア**～**カ**から１つ選び，記号で答えなさい。

	表1	表2	表3
ア	チーズ	せんべい菓子	サラダチキン
イ	チーズ	サラダチキン	せんべい菓子
ウ	せんべい菓子	チーズ	サラダチキン
エ	せんべい菓子	サラダチキン	チーズ
オ	サラダチキン	チーズ	せんべい菓子
カ	サラダチキン	せんべい菓子	チーズ

問4　上の**表2**の食品において，全エネルギーのうち何％が脂肪に由来しますか。必要であれば四捨五入して小数第１位まで答えなさい。

（**文2**）　三大栄養素はいずれも体内においてエネルギー源となります。わたしたちのからだを構成する細胞（さいぼう）は，酸素を用いてこれら栄養素を二酸化炭素にまで分解する過程で生命活動のエネルギーを得ています。これを呼吸（細胞呼吸）とよびます。

ここで，呼吸商とよばれる値が次のように決められています。

$$呼吸商 = \frac{放出される二酸化炭素の体積}{吸収される酸素の体積}$$

例えば，炭水化物の一種であるブドウ糖が細胞内で二酸化炭素にまで分解される場合，

吸収される酸素の体積：放出される二酸化炭素の体積＝１：１

という結果になるので，呼吸商は1.0となります。一方，脂肪の一種であるトリパルミチンが細胞

内で二酸化炭素にまで分解される場合，

吸収される酸素の体積：放出される二酸化炭素の体積＝145：102

という結果になるので，呼吸商は（　5　）となります。

一般に炭水化物の呼吸商は1.0，タンパク質の呼吸商は0.8，脂肪の呼吸商は（　5　）となることがわかっています。それぞれの動物が呼吸（外呼吸）によって取り入れる酸素の体積と放出する二酸化炭素の体積から呼吸商を算出することで，その動物が三大栄養素のうちどれを主に用いてエネルギーを得ているかがわかります。一般的な傾向として呼吸商の値は【　　】と考えられます。

問5　文章中の（5）に入る最も適当な数値を，必要であれば四捨五入して小数第1位まで答えなさい。

問6　文章中の下線部について，次の⑴～⑶に答えなさい。

⑴　【　】に入るものとして最も適当なものを次のア～ウから1つ選び，【　】を埋めて文を完成させなさい。

ア　肉食動物より草食動物の方が大きい

イ　肉食動物より草食動物の方が小さい

ウ　肉食動物も草食動物も変わらない

⑵　⑴で，そのように答えた理由を，「呼吸商」の一語を必ず用いて説明しなさい。

⑶　ウマがえさ不足になってしまったとき，えさが十分にあるときと比べて呼吸商は変化します。大きくなるか小さくなるか，理由とともに答えなさい。

4．次の文章を読んで，各問いに答えなさい。

地球には生命が存在するのに適した量の大気や水があり，生命はその中で長い時間をかけて進化してきました。地球以外に生命が存在できる天体はあるのでしょうか。

地球に最も近い天体は，地球の衛星である①月です。今からおよそ半世紀前の1969年7月に，アポロ11号に乗った宇宙飛行士が人類史上初めて月に着陸し，②「静かの海」から石を持ち帰りました。月には，近い将来人類が長期滞在する計画がありますが，生命は存在していないと考えられています。

地球に一番近い惑星は，夜空でひときわ明るく見える（　1　）で，表面温度がおよそ500℃にも達します。また，三番目に地球に近い水星は，昼は430℃，夜は－170℃ほどになります。これらはいずれも生命が存在するのに適した環境とはいえないでしょう。それに対し，二番目に地球に近い（　2　）は，これまでたびたび生命存在の可能性が話題にのぼってきた惑星です。夜空で赤く光って見える（　2　）は，表面温度が最高で20℃程度で，かつて表面に液体の水が存在していたこともわかっています。この惑星は，将来的に人類の移住が検討されており，月に（　2　）への中継基地をつくる計画もあります。

太陽系の外には生命はいるのでしょうか。地球から太陽までの距離はおよそ1億5000万 km ですが，③太陽の次に近い恒星はケンタウルス座α星という星で，地球からおよそ4.3光年の距離にあります。この星は，ケンタウルス座の中でケンタウルスの左前脚にあたる部分に位置しており，東京の緯度のみに対応している星座早見盤には載っていません。④ケンタウルス座α星は主に南半球で見られる星であり，南緯29度より南では一日中地平線の下に沈むことがありません。ケンタウルス座α星は，実際には⑤ケンタウルス座α星A，ケンタウルス座α星B，プロキシマケンタウリという3つの恒星からなっており，⑥プロキシマケンタウリの周りには惑星の存在が確認（かくにん）されています。⑦惑星の表面に液体の水が存在できるような温度となる領域のことをハビタブルゾーンといいますが，プロキシマケンタウリの惑星の1つはハビタブルゾーンの中にあって，表面に液体の水が存在する可能性が指摘（してき）されています。

問1　文章中の（1），（2）に入る最も適当な語句をそれぞれ答えなさい。

問2　下線部①について，月の表面の模様は世界各国で様々なものに例えられてきました。たとえば，日本では古くから「餅（もち）つきをするうさぎ」に例えられます。月の表面の様子を地球からはっきりと見て取ることができ，その模様が世界各国で様々なものに例えられてきたことの理由として，**直接関係ないと考えられる**ものを次の**ア**～**オ**から1つ選び，記号で答えなさい。

ア　地球に対して月はほぼ同じ面を向け続けている。

イ　月にはほとんど空気がない。

ウ　月の表面には海と呼ばれる部分と，陸（高地）と呼ばれる部分があり，それぞれ構成している岩石が異なる。

エ　月が自転する周期と地球の周りを公転する周期は同じである。

オ　月は昼夜の表面温度の差が大きく，赤道付近で昼は110℃，夜は－170℃になる。

問3　下線部②について，アポロ11号は月の玄武岩（げんぶがん）を地球に持ち帰りました。玄武岩の特徴に関して述べた次の文の［A］～［C］に入る語の組み合わせとして最も適当なものを下の**ア**～**ク**から1つ選び，記号で答えなさい。

玄武岩は，［A］というつくりをした［B］であり，［C］っぽく見える。

	A	B	C
ア	はん状組織	火山岩	黒
イ	はん状組織	火山岩	白
ウ	はん状組織	深成岩	黒
エ	はん状組織	深成岩	白
オ	等粒状組織	火山岩	黒
カ	等粒状組織	火山岩	白
キ	等粒状組織	深成岩	黒
ク	等粒状組織	深成岩	白

問4　下線部③について，ケンタウルス座α星は，地球から見て太陽のおよそ何倍遠くにありますか。最も適当なものを次の**ア**～**オ**から1つ選び，記号で答えなさい。ただし，1光年とは，光の速さで1年間に進む距離のことです。光は1秒間に30万kmの速さで進み，1年間は3000万秒として計算しなさい。

ア　2.6万倍　　**イ**　6万倍　　**ウ**　26万倍　　**エ**　60万倍　　**オ**　260万倍

問5　下線部④について，次の⑴，⑵の問いに答えなさい。

⑴　南極付近で見える星の動き方を示した図として最も適当なものを次のページの**ア**～**エ**から1つ選び，記号で答えなさい。

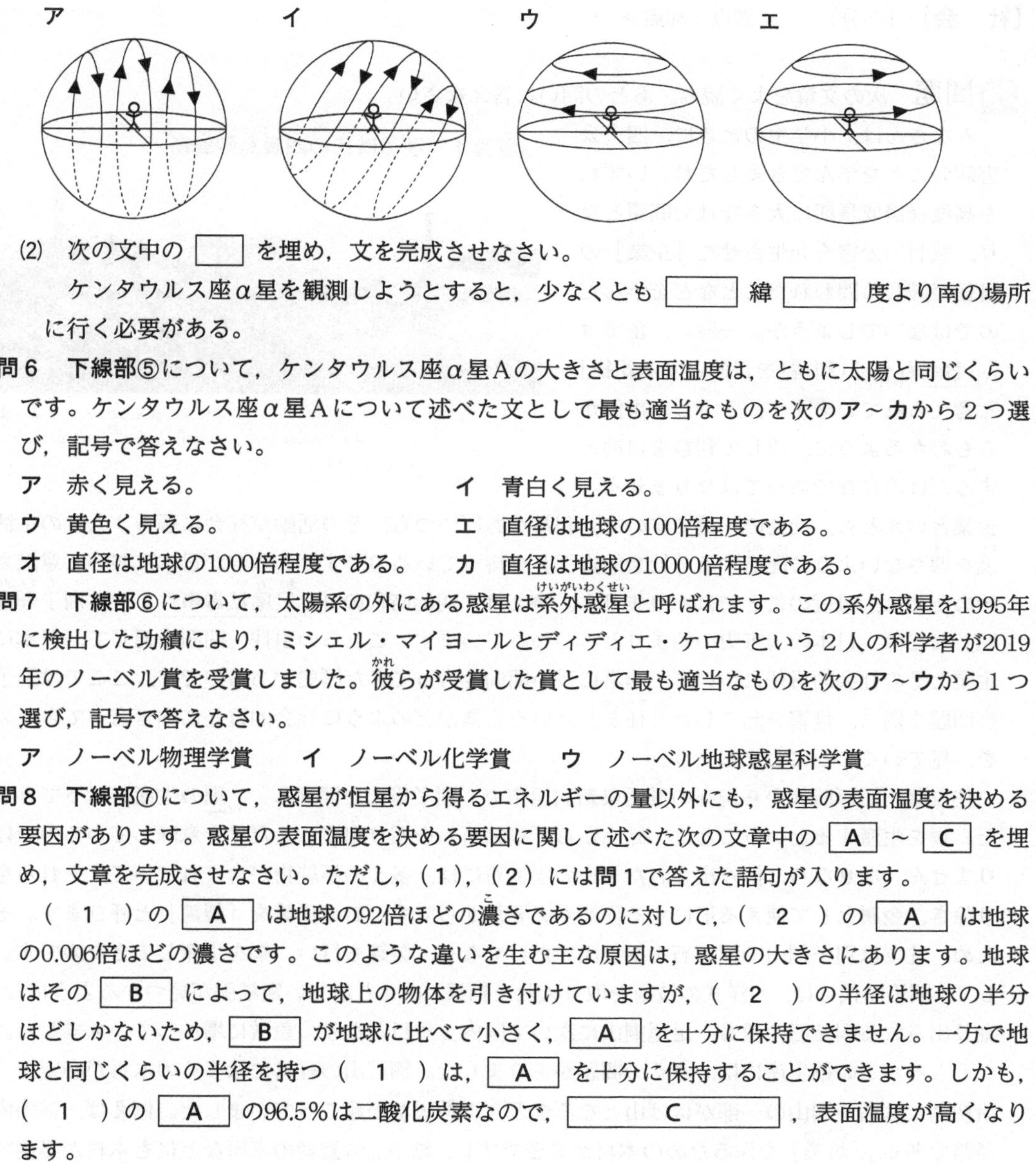

⑵　次の文中の □ を埋め，文を完成させなさい。

ケンタウルス座α星を観測しようとすると，少なくとも □ 緯 □ 度より南の場所に行く必要がある。

問６　下線部⑤について，ケンタウルス座α星Ａの大きさと表面温度は，ともに太陽と同じくらいです。ケンタウルス座α星Ａについて述べた文として最も適当なものを次の**ア**～**カ**から２つ選び，記号で答えなさい。

ア　赤く見える。　　　　　**イ**　青白く見える。
ウ　黄色く見える。　　　　**エ**　直径は地球の100倍程度である。
オ　直径は地球の1000倍程度である。　**カ**　直径は地球の10000倍程度である。

問７　下線部⑥について，太陽系の外にある惑星は系外惑星（けいがいわくせい）と呼ばれます。この系外惑星を1995年に検出した功績により，ミシェル・マイヨールとディディエ・ケローという２人の科学者が2019年のノーベル賞を受賞しました。彼（かれ）らが受賞した賞として最も適当なものを次の**ア**～**ウ**から１つ選び，記号で答えなさい。

ア　ノーベル物理学賞　　**イ**　ノーベル化学賞　　**ウ**　ノーベル地球惑星科学賞

問８　下線部⑦について，惑星が恒星から得るエネルギーの量以外にも，惑星の表面温度を決める要因があります。惑星の表面温度を決める要因に関して述べた次の文章中の [Ａ] ～ [Ｃ] を埋め，文章を完成させなさい。ただし，（１），（２）には**問１**で答えた語句が入ります。

（　１　）の [Ａ] は地球の92倍ほどの濃（こ）さであるのに対して，（　２　）の [Ａ] は地球の0.006倍ほどの濃さです。このような違いを生む主な原因は，惑星の大きさにあります。地球はその [Ｂ] によって，地球上の物体を引き付けていますが，（　２　）の半径は地球の半分ほどしかないため，[Ｂ] が地球に比べて小さく，[Ａ] を十分に保持できません。一方で地球と同じくらいの半径を持つ（　１　）は，[Ａ] を十分に保持することができます。しかも，（　１　）の [Ａ] の96.5％は二酸化炭素なので，[Ｃ]，表面温度が高くなります。

【社　会】（45分）　＜満点：80点＞

問題　次の文章をよく読み，あとの問いに答えなさい。

《写真１》明治時代の四阪島製錬所

（住友金属鉱山ウェブサイトより）
https://www.smm.co.jp/csr/activity_highlights/environment/highlights5.html

みなさんは，小学生のときに，四大公害病のことを学んできましたね。いずれも高度経済成長期に大きな社会問題となり，裁判で公害を発生させた「企業」の責任が厳しく問われたことなどを学んだのではないでしょうか。一般に，企業は「①お金もうけ(利益)を目的とする組織」と考えられていますが，こうした事例からもわかるように，決して利益を目的とするだけの存在であってはなりません。企業といえども，社会の一員ですので，利益をあげつつも，その活動が社会に暮らす人々の生活環境を壊さないように配慮する「社会的責任」を持っているのです。これらが日本において意識され始めたのは，最近のことではありません。例えば，明治時代の「②足尾鉱毒事件」や「別子煙害問題」などは，日本の公害史の始まりともいわれています。これらの事件・問題を通じて，日本には企業とその社会的責任について，非常に長い間向き合ってきた歴史があるのです。ここでは別子煙害問題を例に，煙害を起こした「住友」という企業がどのように社会的責任に向き合ってきたのかを，見ていくことにしましょう。

住友は，江戸時代から現在の愛媛県新居浜市で，別子銅山を開発し，③銅の生産を行ってきました。銅を生産するということは，鉱山から「銅鉱石」を掘り出すことだけを意味しているのではありません。なぜなら，掘り出されたままの銅鉱石には，多くの不純物が含まれていて，それらを取り除き，金属として使える形にする作業が必要だからです。この作業を「製錬」と呼びます。そのため，住友は別子銅山で銅鉱石を掘り出すだけでなく，製錬も行い，銅を生産してきたのです。そして，明治時代には，西洋式の技術を取り入れた結果，次々と新しい銅鉱脈が見つかるようになり，掘り出される銅鉱石の量も，足尾銅山に次いで国内２番目となり，急激に増加していきました。

ところがこの銅生産には，多くの問題がありました。銅鉱山の経営には多くの木材が必要で，明治初期には別子銅山の一部がはげ山となるなど，森林破壊が起こっていました。例えば，鉱山内の通路である④「坑道」を作るための木材が必要ですし，鉱山⑤労働者の家屋などにも木材が必要でした。また，家庭の燃料の薪や炭も必要でした。それらのすべては別子銅山の周囲の山林から切り出されていたのです。加えて，銅を製錬する過程で出る煙には，有害な亜硫酸ガスが含まれていました。それは製錬所付近の⑥田畑を汚染する煙害を引き起こし，地元住民は困り，怒りをあらわにする人もいました。

そこで，こうした問題の解決のために住友本社から派遣されたのが伊庭貞剛です。すでに住友が別子銅山関連の事業で，地元の労働者を多く雇っていたので，伊庭は，住友が新居浜を離れると住民の働き口がなくなってしまうことも想定し，新居浜での事業を継続しつつ，これらの問題に取り組むことにしました。煙害問題に関しては，すぐに被害を減らすには，煙害の発生源である製錬所を移転させるしかありません。伊庭は最初，新居浜の市街地から離れた別子銅山の周辺に移転させることを検討しました。しかし，⑦長期的な視点に立ったうえで，わざわざ無人島である四阪島を開発させ，1905年に前のページの《写真１》のように製錬所を移転させました。さらに，そこへ毎日従業員や必要となる水・物資を運ぶ船を運航させるようにしました。森林破壊に関しては，植林活動を継続的に実施していくことにしました。そして伊庭は，こうした経験から，現在の「企業の社会的責任」という考え方につながるような会社の方針を文書にして掲げました。

鈴木馬左也が伊庭のあとを継ぐと，さらに銅製錬での煙害を完全になくすことが目指されました。鈴木は煙害に対する賠償金を払ったとしても，住友が事業を行ううえで有害な煙を出し続けることは，根本的に会社の方針に反することだと考えました。そこで，鈴木は煙から有害物質を取り除く⑧技術開発に力を入れるべきと主張しました。そして，実際にそうした技術が発明され，有害物質を取り除く中で，化学肥料の原料となる物質が副産物として出されるようになりました。新たな設備費用を考えると，この副産物を他の会社に売った方が利益が出るとも見込まれましたが，鈴木は住友の会社の方針にのっとり，自社で化学肥料を製造することを決めました。1915年に住友肥料製造所は新居浜の沿岸部で操業を開始し，２年後には全国生産量の８％がこの工場から供給されるようになりました。

その後，住友は新居浜を拠点に発展を続け，林業事業と肥料製造事業はそれぞれ，現在の住友林業と住友化学という会社が引き継いでいます。公害を引き起こしてきた歴史から生み出された，⑨住友の会社の方針は，「企業の社会的責任」のあり方を考えていくうえで，１つのヒントを与えてくれる事例かもしれません。一方で，「企業の社会的責任」のかたちは様々で，ほかにも，企業が利益の一部を使い，イベントを企画し，そこに人々を無料で招待したり，法律を厳正に守ったりすることなども，そのかたちの１つといえます。このように，持続可能な社会を求める現代では，社会を構成する様々な団体や会社，機関，そして私たち一人一人の行いが，世の中にどう影響するか視野に入れて行動すべきなのかもしれませんね。

問１．下線部①について，次の《グラフ１》は平成30年度の日本の国家予算の歳出を示したものです。《グラフ１》のＡ～Ｃにあてはまるものの組み合わせとして正しいものを，次の**ア**～**エ**から１つ選び，記号で答えなさい。

《グラフ１》

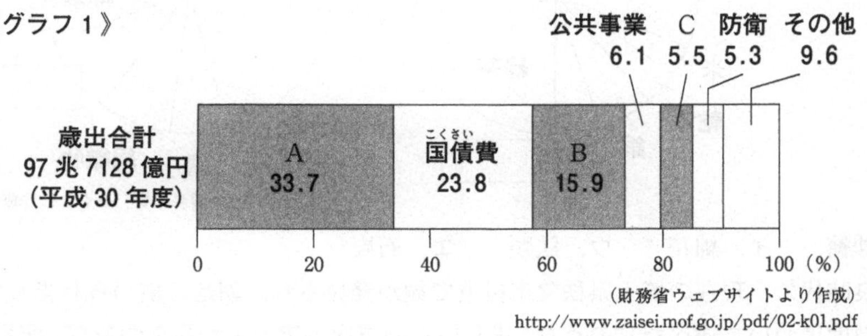

（財務省ウェブサイトより作成）
http://www.zaisei.mof.go.jp/pdf/02-k01.pdf

	A	B	C
ア	地方財政の援助	社会保障	教育と文化・科学の振興
イ	地方財政の援助	教育と文化・科学の振興	社会保障
ウ	社会保障	教育と文化・科学の振興	地方財政の援助
エ	社会保障	地方財政の援助	教育と文化・科学の振興

問２．下線部②から出た鉱毒が主に流れた河川の名称と，その場所を示した《地図》中の記号Ａ～Ｃの組み合わせとして正しいものを，次のア～カから１つ選び，記号で答えなさい。

ア．渡良瀬川－Ａ
イ．渡良瀬川－Ｂ
ウ．鬼怒川－Ｃ
エ．鬼怒川－Ａ
オ．荒川－Ｂ
カ．荒川－Ｃ

《地図》

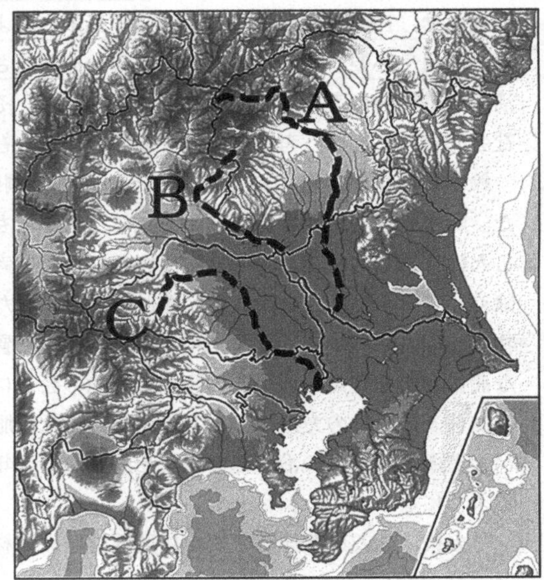

（「デジタル地図帳 Ninomap」をもとに作成）

問３．下線部③について，以下の問いに答えなさい。

⑴　次の《グラフ２》は銅を含む1885年と1900年の輸出品の内訳ですが，空欄には同じ輸出品が入ります。この輸出品を次の**ア**～**エ**から１つ選び，記号で答えなさい。

《グラフ２》

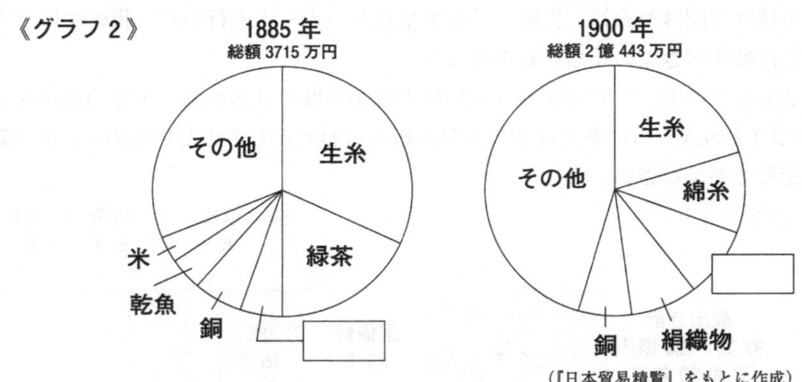

（『日本貿易精覧』をもとに作成）

ア．砂糖　　**イ**．綿花　　**ウ**．鉄類　　**エ**．石炭

⑵　奈良時代に，現在の埼玉県秩父市付近で銅が発見され，朝廷に納められました。奈良時代の租税制度について述べた文のうち，正しいものを次の**ア**～**エ**から１つ選び，記号で答えなさい。

ア．特産物を都まで運ぶことも義務であった。
イ．防人は都の防衛を行う兵役であった。
ウ．庸は地方で10日間の労働か布を納める税であった。
エ．租は稲を都に納める税であった。

⑶　青銅器に関係する文のうち，**誤っているもの**を次の**ア**～**エ**から１つ選び，記号で答えなさい。

ア．米作りや鉄器が伝わったのと同じ時期に青銅器も中国大陸や朝鮮半島から伝来した。

イ．銅鐸（どうたく）は祭りのときに使用された道具と考えられている。

ウ．「ワカタケル大王（おおきみ）」の名が刻まれた銅剣（どうけん）がさきたま古墳群（こふんぐん）から発見された。

エ．古墳の石棺（せっかん）の中から副葬品（ふくそうひん）として銅鏡が発掘（はっくつ）されている。

問４．下線部④について，別子では用材不足が目立つ中で，木材の使い方も見直しがなされました。例えば明治20～30年頃（ごろ）からは坑道を補強する枠木（わくぎ）の切り出し方が工夫（くふう）されています。工夫された（明治時代になって導入された）枠木の切り出し方は**《資料１》**のＡ，Ｂのどちらと考えられるでしょうか。解答欄（かいとうらん）のＡ，Ｂどちらかに○をつけ，解答欄の文に続く形で，その理由を簡単に説明しなさい。

《資料１》枠木の切り出し方（断面図の木材はすべて同じで、同縮尺のもの）

原木

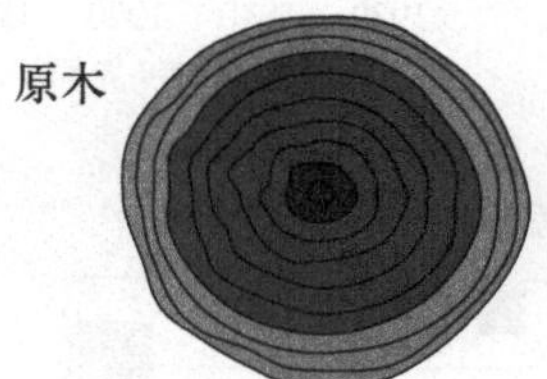

A

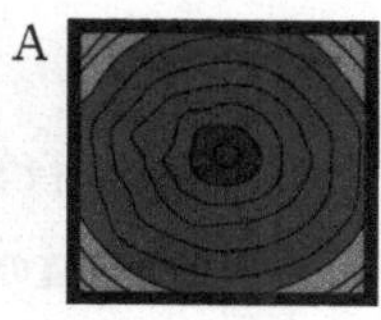

B

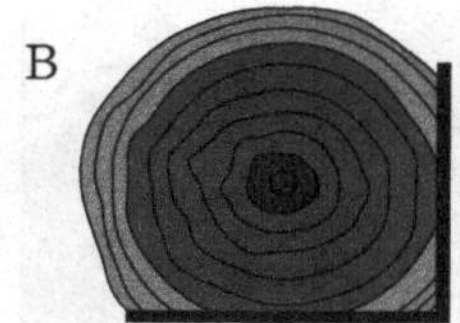

※ ━━━ 切り出す断面

問５．下線部⑤について，内閣には労働についての仕事を担当している「省」があります。この「省」が担当する仕事を，次のア～エから１つ選び，記号で答えなさい。

ア．国民の健康に関する仕事

イ．経済や産業に関する仕事

ウ．地方自治に関する仕事

エ．消費者の権利に関する仕事

問６．下線部⑥について，下の**《写真２》**のように田畑の形を改良することを何といいますか。４文字で答えなさい。

《写真２》

1976 年

→

2013 年

（これらの航空写真は、ほぼ同じ範囲（はんい）を撮影（さつえい）したものです。）

（航空写真は「地理院タイル」による）

問７．下線部⑦について，伊庭が四阪島を移転先に選んだ理由を，**本文**と次のページの**《資料２》**～**《資料４》**を参考に，160字以内で説明しなさい。その際，伊庭が長期的な視点に立って予想したことを明らかにしたうえで，別子銅山と四阪島の立地条件を比較しながら述べること。

《資料2》銅製錬所の移転先と当時の交通網

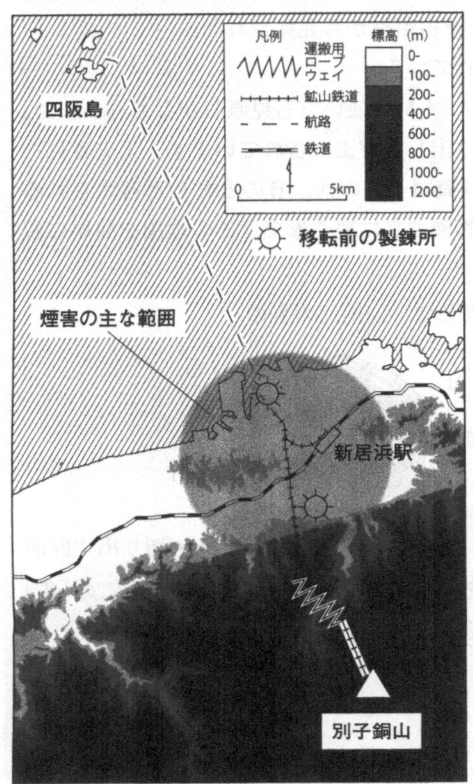

（地理院地図の「標高タイル」と『住友別子鉱山史上巻』をもとに作成）

《資料3》別子銅山産出の銅鉱石から取り出される銅の割合

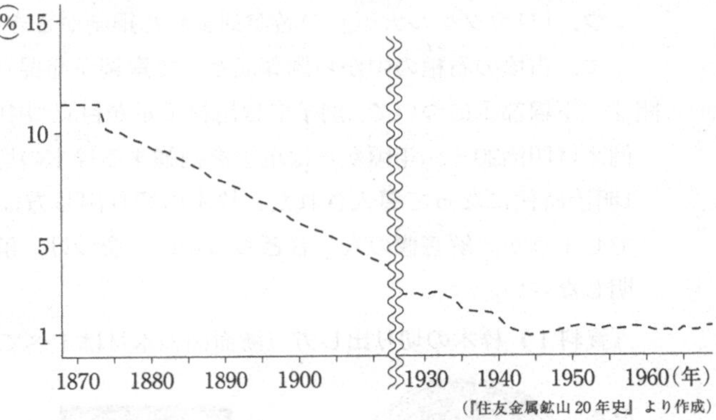

（『住友金属鉱山20年史』より作成）

《資料4》四阪島製錬所で製錬した銅鉱石の産地の変化

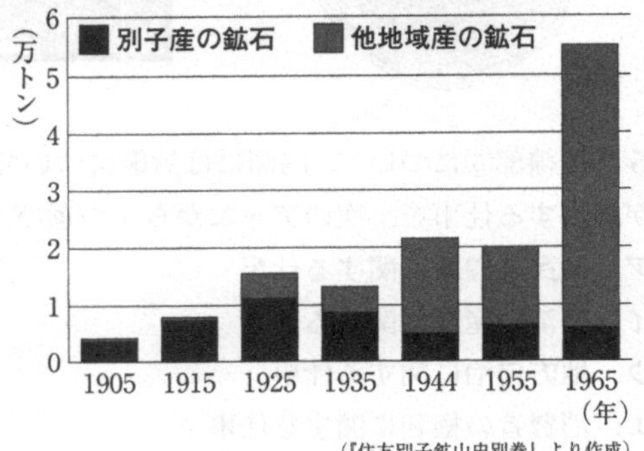

（『住友別子鉱山史別巻』より作成）

問8．下線部⑧について，技術開発によって，私たちの暮らしは大きく変わってきました。例えば，洗濯（せんたく）の道具や機械の開発によって，洗濯の方法は大きく変化しています。以下のA～Cの洗濯に関する道具や機械を古いものから順番にならべかえた時，２番目に開発されたものを記号で答えなさい。また，これらを説明した次のア～ウの文のうち，正しいものをすべて選び，記号で答えなさい。なお，正しいものがない場合は解答欄に×を書くこと。

A

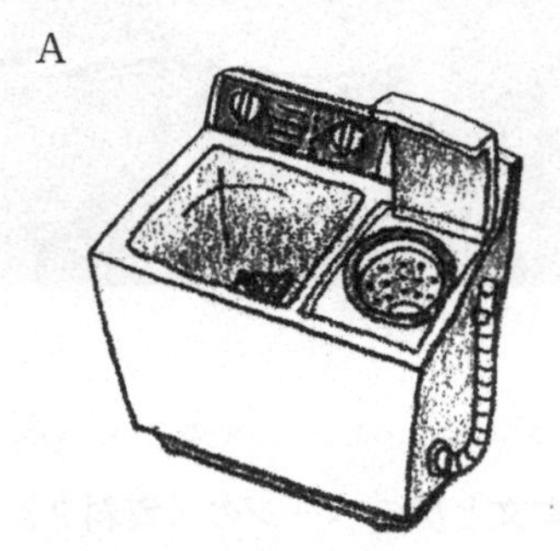

（日本文教出版『小学社会３・４上』より）

B

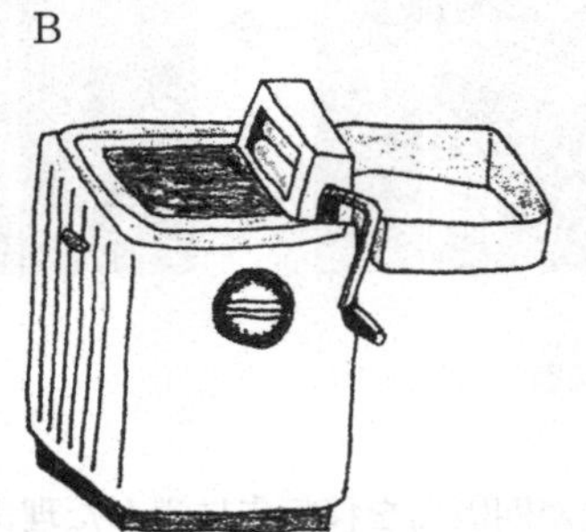

（教育出版『小学社会３・４上』より）

C

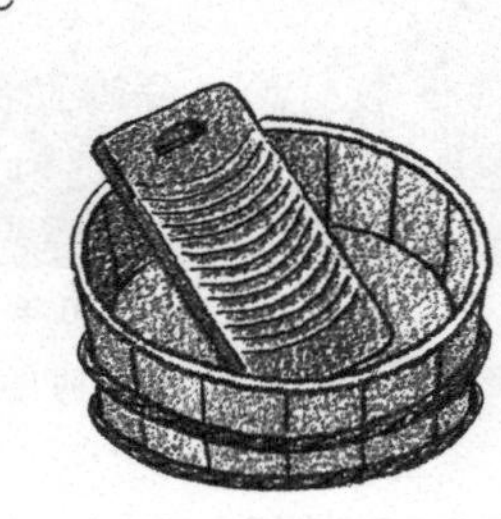

（東京書籍『新しい社会３・４上』より）

ア．Aは２槽（そう）式になっており，洗濯する衣類の素材によって２つを使い分けていた。

イ．Bについているハンドルとローラーを回すことで，洗濯機の回す力や洗濯の種類を調整した。

ウ．Cは汚（よご）れを確かめて洗うので，無駄（むだ）な水を使いにくい。

問９．下線部⑨について，住友の会社の方針とはどのようなものだったのでしょうか。**本文と《資料５》～《資料８》**から，植林事業と肥料製造事業が「住友の利益」と「地域への社会貢献」のそれぞれにどのような役割を果たしたのかを具体的に指摘したうえで，２つの事業に代表される住友の会社の方針を190字以内で答えなさい。

《資料５》木を育て、出荷するまでの流れと別子銅山付近における植林本数の推移

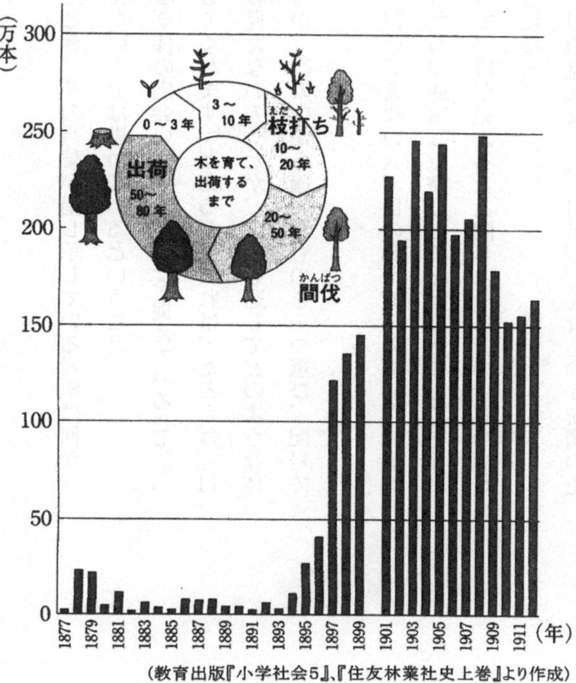

（教育出版『小学社会5』、『住友林業社史上巻』より作成）

《資料６》肥料価格の推移

		1917年	1923年	1929年
肥料の種類	大豆かす	2.79	2.32	2.37
	化学肥料	1.87	1.85	1.37

（『東京深川市場月別平均高値市況』より）
（円／10貫（約37.5kg））

《資料７》別子大水害について

1899（明治32）年に別子大水害が発生した。この水害は、銅鉱山の坑道入口周辺の集中豪雨と風速33mの暴風が襲ったことで土石流が発生し、鉱山労働者やその家族など513人の死者を出した大惨事であった。製錬設備や社宅など住友が整備した施設は壊滅的な被害を受けた。また、下流にも被害が出た。

（『住友林業社史上巻』をもとに、やさしく書き改めました）

《資料８》愛媛県における肥料利用について

第一次世界大戦後に化学肥料が普及した。化学肥料は効力が著しいため争って購入された。特に大正８、９年では、化学肥料は普及し始めたばかりで流通量が少なく、天然肥料に頼るしかない農家も多かった。しかし、昭和以降は量産によって化学肥料も普及した。愛媛県は肥料の大量移入県であった。

（『愛媛県史』をもとに、やさしく書き改めました）

と。

エ　ある言葉に触れたとき、その言葉が指し示している対象は何か、目の見える人と見えない人では違っているということ。

問八　――線部7『異なる体の出会い』としてそれを捉えてみることも、多くの発見をもたらしてくれます」とあるが、これは、たとえば「目の見える人」と「目の見えない人」とが、読書を通してどのような体験をすることをいうのか。次の中から適当なものを一つ選び、記号で答えなさい。

ア　本を読むことで、目の見えない人が目の見える人の書いた視覚的な描写に接し、自分たちが通常は意識したり記憶したりしていない視覚的な情報によって、目が見える人と同じようにこの世界を捉えることができるようになる。

イ　目の見える人は、目の見えない人の日常がどんなものかを書いた本を読むことで彼らの世界を知り、目の見えない人もまた、目の見える人が書いた本を読むことで彼らが通常どのように世界を捉えているかを知ることができる。

ウ　読書を通じて、目の見えない人は通常意識しない視覚的な情報を通してこの世界に触れ、目の見える人は目の見えない人の感じる違和感を通して自分たちの視覚に片寄った描写に気づくことで、お互いに世界の捉え方が変わる。

エ　目の見えない人が読書を通じて感じる違和感を知ることで、目の見える人たちが、自分たちが視覚に頼るあまりにものを見た目だけで捉え、触覚、嗅覚なども用いてものの本質的な部分を捉えていなかったことに気づかされる。

ウ　目の見えない人にとって「テーブルが五つ」という描写は店内にテーブルがいかに多いかを伝える情報になっているが、見える人にとってその描写はテーブルの多さだけでなく、それが空間全体の中でどう配置されているかまで広く伝えうる情報になっている。

エ　目の見えない人にとって「テーブルが五つ」という描写は店内にテーブルがいかに少ないかを伝える情報になっているが、見える人にとってその描写はテーブルの少なさだけでなく、テーブルの居心地のよさまで広く伝えうる情報になっている。

問四　――線部3「『レストランの規模』を読者に伝える」とあるが、目の見えない人に「レストランの規模」を伝えるには、どのような情報が書かれていることが望ましいか。そのことについて具体的に書かれている一文を探し、初めの五字をぬき出しなさい。

問五　――線部4「その背後にあるのは、経験の質的な差異です」とあるが、どういうことか。次の中から適当なものを一つ選び、記号で答えなさい。

ア「自然だ」と感じるレストランの描写が目の見えない人と見える人とで違うのは、レストランに入った瞬間に無意識に把握する情報の違いのせいであるということ。

イ　不自然に感じないレストランの描写が目の見えない人と見える人とで違うのは、レストランで食事をするときにどう楽しむかという楽しみ方の違いのせいであるということ。

ウ　違和感がないと感じるレストランの描写が目の見えない人と見える人とで違うのは、レストランに行ったときに意識するものごとの違いのせいであるということ。

エ　臨場感を感じるレストランの描写が目の見えない人と見える人とで違うのは、レストランに入って食事をする際に意識し、記憶している情報の違いのせいであるということ。

問六　――線部5「見える人が行う描写について『落ちている』と感じる」とあるが、中瀬さんがこのように感じるのはなぜか。その理由として適当なものを、次の中から一つ選び、記号で答えなさい。

ア　目の見える人は、その空間の広さや視覚的な美しさ、物の数ばかりを描写し、大切な居心地のよさには触れないから。

イ　目の見える人が行う描写は、視覚的な描写が中心で、目の見えない人にも理解できるような配慮に欠けているから。

ウ　目の見える人の触覚や嗅覚による描写は、目の見えない人の通常感じている世界に比べてうまく描けていないから。

エ　目の見える人の描写は視覚的で、目の見えない人が通常意識している触覚や嗅覚による情報が描かれていないから。

問七　――線部6「言葉の定義そのものが違っている」とあるが、どういうことか。次の中から適当なものを一つ選び、記号で答えなさい。

ア　ある言葉に触れたとき、五感で感じたものをどれくらいはっきりイメージできるか、目の見える人と見えない人では違っているということ。

イ　ある言葉に触れたとき、五感のどこでどのように感じ取ったものを思い起こすか、目の見える人と見えない人では違っているということ。

ウ　ある言葉に触れたとき、その言葉の意味を他人に対してどのように説明するか、目の見える人と見えない人では違っているというこ

ん。一方、触覚は全身に広がっており、「どこで感じたのか」（手のひらなのか、背中なのか、足裏なのか）という位置の情報も、そこには含まれています。となると、記憶に関しても、位置の情報が何らかの形で再生されるのではないか。

中瀬さんも言います。「椅子の触感とかは、座ったときの感覚がよみがえる感じですね」。それはまるで、「背中で思い出している」ような記憶のあり方です。（中略）

このように読書は、ときとして、書き手と読み手のあいだの体の違いを、明瞭（めいりょう）にあぶりだす機会になります。それは小さな違和感を生み出しますが、中瀬さんにとってこの違和感は、「自分に合っていない」という嫌悪（けんお）につながるというよりは、見える人の世界と自分の世界の違いを発見し、探求するきっかけになっています。（中略）

感覚は純粋（じゅんすい）に生理的なものではありません。文字を含め、人類が生み出した技術は、人間の生理的な能力を拡張するためにあると言われます。本を読めば、自分が経験したことのないことを擬似（ぎじ）的に経験することができ、その知識はその人の感じ方、世界の捉（とら）え方を変えます。障害と読書というと、「情報保障」のような福祉（ふくし）的な視点が中心になりがちですが、7「異なる体の出会い」としてそれを捉えてみることも、多くの発見をもたらしてくれます。

（伊藤亜紗『記憶する体』）

問一 ═══線部a～eのカタカナを漢字に直しなさい。

問二 ───線部1「目が見える人の文章を読んだときに、小さな違和感を感じることがある」とあるが、中瀬さんは「目の見える人の文章」をどう感じると言っているか。次の中から適当なものを一つ選び、記号で答えなさい。

ア 目の見えない自分がふだんの生活の中でさほど重要と思っていない、ゆえに書かれていても退屈（たいくつ）を感じるだけのテーブル席の数についての情報が細かく記述されていると感じる。

イ 目の見えない自分がふだんの生活の中で特に関心をもたない、ゆえにさほど意味があるとも思えないテーブル席の数などに関する情報がこと細かく記述されていると感じる。

ウ 目の見えない自分がふだんの生活の中で意識していない、ゆえにいくら説明されても理解できないテーブル席の細かな様子などについて延々と記述されていると感じる。

エ 目の見えない自分がふだんの生活の中で経験することのない、ゆえにその目的も分からない席を数えるという行為について細かく記述されていると感じる。

問三 ───線部2「そこに『質』の問題も関わっている」とあるが、たとえば「テーブルが五つ」という描写は、目の見えない人と見える人にとって、それぞれどのような「質」の情報になっていると筆者は言っているか。次の中から適当なものを一つ選び、記号で答えなさい。

ア 目の見えない人にとって「テーブルが五つ」という描写は単にテーブルの数を伝えるに過ぎない情報になっているが、見える人にとってその描写はテーブルの数だけでなく、テーブルが存在する場所全体の雰囲気までも広く伝えうる情報になっている。

イ 目の見えない人にとって「テーブルが五つ」という描写はその場にあるテーブルの数だけを伝える情報になっているが、見える人にとってその描写はテーブルの数だけでなく、そのテーブルがどのような見た目かまで広く伝えうる情報になっている。

という数では表現しないだけです。

加えて、見える人が席数を描写するのは、レストランに入ったときに、「自分（たち）の席を選ぶ」意識があることとも関係しているでしょう。店のなかで、どこに空席があり、どこが人数にふさわしく、かつどこが最も居心地がよさそうか。つまり目の見える人の多くが、レストランに入った瞬間、「テーブル」に意識を奪われているのです。

だからこそ「席数」の描写があっても不自然には感じない。これに対し、目の見えない人は、特に初めて入るレストランでは、自分で席を決めるのではなく、介助者や店員に案内されて席につく、という形になります。つまり、「テーブルの状況を把握しなくちゃ」という習慣がない。こうした意識の違いも、描写の違いのbイチインであると考えられます。

このように、目の見えない人と見える人では経験のパターンが違っており、だからこそ、「自然だ」と感じる描写のパターンも違ってきます。そのギャップが「細かい」というような量的な多少として感じられたとしても、4その背後にあるのは、経験の質的な差異です。

実際、中瀬さんは、5見える人が行う描写について「落ちている」と感じる情報もあると言います。中瀬さんの経験の記憶からすれば「あって当然」の情報が、書き込まれていないのです。

中瀬さんは言います。「本の描写では、椅子が何脚で机が何脚で、ということは書いてあるんですが、材質や座り心地はあんまり書いていない。テーブルも、四角いか丸いかはあんまり書いてない。触覚とか匂いとか、そういうものは見える人の書く本からは落ちている気がします」。

近代cイコウの文学において、描写とは基本的には「視覚的な描写」を意味します。絵画のように、あるいは演劇のように、場面や人の行為を、読者の目の前にありありと見せること。これが描写の役割とされてきました。それゆえ、触覚や嗅覚の情報は、相対的に「落ちやすい」。もちろん、「dハナをつく匂いが漂ってきた」のように、描かれることもあるでしょう。しかしそれはあくまで視覚的な描写に対してはeホソク的な位置にとどまります。

一方、中瀬さんの場合は違う。とらえるのは、触覚や嗅覚の情報によって構成される世界です。「自分の場合は、ベンチに座ったら、お尻がくぼんでいるなとか、ずいぶん柔らかいなとか、どういう座り心地なのかは意識する、というか勝手に入ってきちゃうんです」。

ちょっと極端な言い方をすれば、6言葉の定義そのものが違っている、とでも言えばいいでしょうか。「椅子」と言われたときにイメージするものが、見える人と見えない人では違っているのです。「あの行きつけのレストランの椅子」と言われたら、見える人であれば、椅子の色や形、素材を思い出すでしょう。

しかし中瀬さんは違います。「椅子の背がカクカクしていたかとか、椅子を引いたときの重さとか、思い出しますね」。

「あとは手触り。木って言ってもトゲが刺さりそうなやつなのか、山小屋みたいな［丸太の］凸凹のやつなのか、ニスっぽいきれいなやつなのか、そういったことは手触りで覚えていますね」。

このような触覚的な記憶についての話を聞くと、「そもそも記憶とはどこにあるのか」という哲学的・脳科学的な大問題にぶちあたります。視覚的な記憶を思い出す場合、少なくとも私たちの実感としては、「頭に思い浮かべる」のであって「目で思い出している」わけではありませ

出すこともあれば、逆に体を変えるような学びの機会になることもあります。そうした「自分のものでない記憶との出会い」について、考えてみたいと思います。

中瀬恵里さんは、全盲の読書家です。先天的に全盲ですから、そもそも「見る」ということがどういうことかを経験的には知りません。それゆえ、1目が見える人の文章を読んだときに、小さな違和感を感じることがあると言います。

たとえば小説で、レストランの店内の様子が描写されていたとします。「店の扉をあけると、カウンターのほかにテーブル席が五つあった」。たとえばこんな何気ない描写であったとしても、中瀬さんにとっては、違和感を感じると言います。

それはどんな違和感か。「細かい」と中瀬さんは言います。「本を読むとすごく情報が細かい。ふだん知らないようなことも書いてあって、『へー、テーブルが五つ』みたいな（笑）。行きつけのお店でも数えたことないような情報が入ってくるから、細かいな、と思います」。

「細かい」という反応は、中瀬さんが実際にレストランに行くときの経験の記憶と、本で描写されている情報を比較することから生じています。中瀬さんは、行きつけのお店であってさえ、わざわざ席の数を確認したことはない。ゆえに思い出そうとしても思い出すことができない。それは意識していない、記憶していない情報です。

ところが、目が見える人が書いた文章には、平然と席の数が「五つ」と明示してある。自分が意識・記憶していない情報が描いてあるがゆえに、中瀬さんはそれを「細かい」と感じているのです。

注意しなければならないのは、この差異が、単純な情報の「量」には還元できないということです。

確かに目が見える人の記述は、中瀬さんが意識・記憶していない情報も含まれているという意味で、情報量が多いように思えます。しかし「テーブルが五つ」という情報によって、目が見える人が何を伝えようとしているかを考えれば、2そこに「質」の問題も関わっていることが分かります。

目が見える人がレストランの席数を記述するとき、多くの場合それは3「レストランの規模」を読者に伝えることが目的でしょう。もちろん、aスイリ小説などでは「5」という数そのものが重要になる場合もありますが、たいていは数は手がかりにすぎません。

「五席」であればかなり小さな、こじんまりしたレストランでしょうし、「一〇〇席」となればファミレスのような、店員さんが端末を持って注文を取りに来るような機械化された店をイメージします。席数という情報を手がかりに、目が見える人は、店舗の空間的な広さやタイプ、料理の価格帯、想定されるコミュニケーションなどについてのイメージをふくらませます。

では全盲の方がレストランに行くとき、彼らはこうした「店の規模」に関する情報を得ていないかというと、必ずしもそういうわけではないでしょう。お客さんの会話のトーン、BGMや環境音が反響する具合、あるいは頬にあたる空気の流れを手がかりに、彼らは瞬時に「規模」を把握しているはずです。

中瀬さんも言います。「たとえば初めてのレストランに行ったとしますよね。そうすると、広そうなレストランなのか、こじんまりしたレストランなのかは、なんとなく雰囲気で分かります」。ただ、それを「席数」

し切れるように真剣に話そうとしている。

エ　大人びている百井に幼稚な提案をするのは少しためらわれるので、勇気をふりしぼって伝えようとしている。

問十三　――線部13「なんてめちゃくちゃな言い分だ」とあるが、どういう点が「めちゃくちゃ」なのか。次の中から適当なものを一つ選び、記号で答えなさい。

ア「バカみたいな遊び」をやろうとさそっておきながら、それを中学生にもなって「全力で」やろうと言っている点。

イ「勉強」だけのつき合いで別れが近づいても淡々と過ごしていたのに、最後に急に「遊ばねえ？」と言っている点。

ウ「遊ぶ」というのは自分のやりたいことをやりたいようにやるものなのに、それを「ちゃんと」と言っている点。

エ「最後」なのだから本当は内容や価値のあることこそすべきなのに、「くだらないこと」をしようと言っている点。

問十四　――線部14「恥ずかしさが胸をよぎって」とあるが、なぜそのような気持ちになったのか。次の中から適当なものを一つ選び、記号で答えなさい。

ア　ほんの少し前にあっさりと別れておきながら、今度は息を切らし必死に追いかけてきて、汗だくのまま一方的にしゃべる自分を、百井がぽかんと見ていたから。

イ　もともと勉強を通してのまじめなつき合いであり、百井もだからこそ自分と友達になったのに、実は遊びたかったのだということを百井に知られてしまったから。

ウ　いつまでも忘れてほしくないと思っているのは自分だけで、むしろ百井の方は最後まで淡々としていて、特別な感情はわいていないのかもしれないと思ったから。

エ　最後にただただ二人の楽しい思い出をつくって別れたいという思いは、自分一人だけのもので、百井はまったくそれを望んでいないのではないかと思ったから。

問十五　――線部15「まぎれもない、子どもの百井の顔だった」とあるが、百井のどのような心情が表れたものか。その説明として適当なものを、次の中から一つ選び、記号で答えなさい。

ア　本当は全力で遊んでみたいと思いながら言い出せずにいたが、その気持ちに「俺」が気づいてくれたことに感動し、子どものような喜びが表情に表れた。

イ　最後くらい一緒にガキみたいに遊ぼうと言われ、「俺」と一緒に遊んだ小学校時代のことを思い出し、なつかしさに自然と子どものころの表情になった。

ウ　最後くらい一緒にバカみたいな遊びをしようという「俺」の提案がうれしくて、これからやろうとすることへの子どもらしい期待が顔中にあふれている。

エ　この日まで背伸びして大人っぽくふるまっていたが、「俺」がわざわざ追いかけて来てくれたことがうれしくて、思わず子どもらしい素顔が顔を出した。

二、次の文章を読み、後の問いに答えなさい。

ある人が書いた文章を、別の誰かが読む。（中略）異なる体の記憶が、別の、しかも条件の異なる体と出会う。この接触は、違和感を生み

ア　自分の思いを完全には伝えきれなかったという後悔は残るものの、いかにも別れにふさわしい感動的でかっこつけた言葉は口にせずにすんだことには満足している。

イ　自分の気持ちをうまく伝えられなかった心残りはあるものの、二人の最後にふさわしい言葉を言わなければならないという重圧からは解放されて少しほっとしている。

ウ　無理せず自分の実感に見合った言葉で別れることができたことは誇らしく思うものの、ありきたりな言葉しか出てこなかった点については少し落ち込んでいる。

エ　最後は特に感情的になることもなくあっさり別れてしまったものの、別れた後急に百井を失ってからのことが思いやられて言いようもないさみしさにおそわれている。

問九　――線部9「まあ、そんなもんだよな。結局は」とあるが、ここには「俺」のどのような気持ちが表れているか。次の中から適当なものを一つ選び、記号で答えなさい。

ア　百井がいなくなった実感がわかないまま、今後も悲しむことなく、百井のことを自然に忘れてしまえるはずだと自分に言い聞かせている。

イ　百井がいなくなったことがぴんとこなくて、百井をそのまま忘れてしまいそうな自分の冷たさにおどろきながらも、そんな自分を受け止めようとしている。

ウ　百井がいなくなった痛みを感じられないことに拍子抜けしながらも、百井が自分にとってそれほど大きな存在ではなかったことを納得しようとしている。

エ　百井がいなくなった喪失感を感じられないまま、百井の印象も段々とうすれていってしまうことを仕方がないことだと受け入れようとしている。

問十　――線部10「急にすとんと、胸に落ちた気がした」とあるが、この表現はどういうことを言っているのか。次の中から適当なものを一つ選び、記号で答えなさい。

ア　突然押さえきれない思いで胸がいっぱいになった。

イ　不意にはっきりと納得のいく形で理解できた。

ウ　ふとどうでもいいことに思えてわだかまりが消えた。

エ　簡単には消えない形で胸にきざみ込まれた。

問十一　――線部11「俺が百井にいちばん言いたかったのは……」とあるが、この時「俺」は、どのような思いから、どのようなことを百井に「言いたかった」と考えられるか。解答らんの文末に合うように、八〇字以上、一〇〇字以内で答えなさい。ただし、解答には次の二語を必ず用いること。

大人・子ども

問十二　――線部12「俺はまぶたの汗をぐいっとぬぐって、まっすぐに百井を見た」とあるが、この時の「俺」のどのような様子を言ったものか。次の中から適当なものを一つ選び、記号で答えなさい。

ア　百井に本気で伝えたいと思っていることがあるので、それを余計なことを考えず一心にぶつけようとしている。

イ　百井に追いついて最後に話す機会ができたので、今度こそきちんと伝えるために冷静になろうとしている。

ウ　ようやく自分のわだかまりを言葉にできたので、百井の反対を押

を、自分よりかなり大人だと感じている。

イ　早くから勉強は不利な環境を打開するための手段になると考え、長期的な視野をもって勉強を続けて一回一回の試験の結果に一喜一憂しない百井を、自分より大人だと感じている。

ウ　めぐまれない今の環境では達成できることも限られていると早くから自分の将来に見切りをつけ、人生に多くを期待していない百井を、自分よりかえって大人だと感じている。

エ　自分の今いる環境をうらんだり悲しんだりせず、その環境の中でいだける夢を早くから見つけてそのために迷わず努力している百井を、自分よりはるかに大人だと感じている。

問六　――線部6「それでも、これでいいんだと～自分にそう言い聞かせた」とあるが、このように自分に言い聞かせているのはなぜか。その理由として適当なものを、次の中から一つ選び、記号で答えなさい。

ア　百井の様子から最後までいつも通りに接した方が良いとは思うものの、お互いの心に残るような送り出し方が他にあるのではないかという思いが日ごとにわき上がってくるのをどうすることもできずにいるから。

イ　百井が喜ぶのは大げさな送り出し方ではなく、淡々とした送り出し方だろうと思って実行してはいるものの、日がたつごとに本当に百井が喜んでくれているのか少しずつ自信がなくなってきてしまっているから。

ウ　親友がいなくなるので本当はセンチメンタルな気分にひたって別れを惜しみたいと思ってはいるものの、日がたつにつれて何事にも冷静な百井に拒絶される気がして余計に言い出しにくくなってしまっているから。

エ　特別なことをしないまま親友の百井と別れてはいけないと思ってはいるものの、自分たちにふさわしい気のきいた送り出し方がなかなか思いつかず、ただ時間ばかりが過ぎてしまいあきらめかけているから。

問七　――線部7「俺たちは心なしかいつもより饒舌で、そして、陽気だった」とあるが、なぜか。その理由として適当なものを、次の中から一つ選び、記号で答えなさい。

ア　もうすぐ最後の別れだが、いつもよりもにぎやかにすることで、相手は友達の一人にすぎず、いなくなっても平気だと互いに無理に装っているから。

イ　もう会わなくなると分かった上で、いつも以上に明るく調子を合わせることで、つい泣きそうになる気持ちを互いに何とかおさえようとしているから。

ウ　別れの時が近づいたと感じながら、いつもよりもはしゃぐことで、ふだん通りの雰囲気を壊さないようにしようと互いに少し無理をしているから。

エ　一緒に帰るのも最後だが、いつも以上に盛り上がることで、別れぎわに何を言おうかと高まってきた緊張をゆるめようと互いに思っているから。

問八　――線部8「俺はふう、とため息をついた」とあるが、ここには「俺」のどのような気持ちが表れているか。次の中から適当なものを一つ選び、記号で答えなさい。

て、突き放すような言葉の中に甘えずに頑張れという激励の気持ちが感じられ、ありがたかったから。

ウ　同情されることを求めていない自分の気持ちを「俺」がくみ取った上で、あえて突き放すような言葉を返してきたことが理解でき、ありがたかったから。

エ　本当は同情を求めている自分の気持ちを「俺」が読み取ってくれていて、一見突き放すような言葉の中にも同情の気持ちが感じられ、ありがたかったから。

問二　――線部2「変な先生だよね。先生っぽくないっていうか」とあるが、どういうところが「変」で「先生っぽくない」のか。次の中から適当なものを一つ選び、記号で答えなさい。

ア　転校していく生徒には通常はなむけの言葉をおくるものなのに、この先生はわざわざ「勉強だけはしっかりしろよ」と忠告めいたことを口にしているところ。

イ　転校していく百井をいかにも勉強ができない生徒としてあつかい、お前には「一発逆転」をねらうしかないと本人に向かってその現状をつきつけているところ。

ウ　学校の先生としては、堅実で手堅い人生を送るように生徒を導くはずなのに、「一発逆転」などという手っ取り早く成功を収める方法をすすめているところ。

エ　学校の先生なら、人間を学歴だけで評価するような考え方を批判するのがふつうなのに、それを生徒に向かって大真面目に「ラッキー」だと肯定しているところ。

問三　――線部3「勉強って、みんな平等だろ?　それって、すごいことじゃんか」とあるが、どういうことを言っているのか。百井の家庭環境から考えてここで言う「平等」とはどういうことかを明らかにしながら、それがどういう点で「すごいこと」なのかを、六〇字以上、八〇字以内で答えなさい。

問四　――線部4「自分の足で生きる方法を、子どもに教えられるようになりたい」とあるが、百井はどのような思いからこのように言っているのか。次の中から適当なものを一つ選び、記号で答えなさい。

ア　百井自身が小学校の担任から教わったように、学歴社会である日本で生きていくためには勉強が大切であることを子どもたちに教えたいという思い。

イ　百井自身が親の事情に左右されたり、親の言いなりになったりせずに自身の力で生きていこうと考えていて、子どもたちもそう導きたいという思い。

ウ　自分と同じ貧しい家に生まれた子どもたちでも、引け目を感じることなく学校生活を送れるように、誰にも平等な学校教育を実現したいという思い。

エ　自分のように転校や友達との別れといったつらい出来事にあっても、それに負けずに強く生きていけるような子どもたちを育てたいという思い。

問五　――線部5「遠いな、と思った」とあるが、このとき「俺」は百井のことをどう感じているか。次の中から適当なものを一つ選び、記号で答えなさい。

ア　自分の得意・不得意を早々に見きわめ、不得意なことに時間をかけるより得意分野の勉強で未来を切り開こうと一心に努力する百井

全力で走った。

そりゃもうめちゃくちゃに、本気の本気で、チャリを飛ばした。

だから道の先に、ひょろっとした百井の背中を見つけた時、俺はどっと安堵したんだ。

「もーもいーー！」

俺が叫ぶと、百井が弾かれたようにふり返った。びっくりしたようにどんぐりまなこを見開いて立ち止まった百井の前に、俺は急ブレーキで停車する。

「どうしたの、矢代くん」

ぜえぜえと息を切らしてハンドルに額を預ける俺をのぞきこんで、けげんそうに百井が問いかけてくる。何度か深呼吸して息を整えると、12俺はまぶたの汗をぐいっとぬぐって、まっすぐに百井を見た。

「……今からさ、遊ばねえ？」

ひとりでに、言葉が口をついて出る。「え？」と百井はなおもけげんそうにまばたきをしたけれど、構わず俺は、一気につづけた。

「ガキみたく、全力でさ。走ったり、叫んだり。そういう、バカみたいな遊び。……だってさ、俺、お前とちゃんと遊んだことといっぺんもないじゃんか。最後くらい、勉強じゃなくて、くだらねえこと一緒にしようぜ。だって俺ら、まだ中学生じゃんか」

懸命に言い連ねながら、13なんてめちゃくちゃな言い分だ、と自分であきれた。

でも、まぎれもない本心だった。

百井はきっとこの先も、急いで大人になろうとするんだろう。それは、悪いことじゃない。だけど、覚えていてほしかった。本当に大人になった時、ああ楽しかったな、って、今日のことを思い出してほしかった。

肩で息をする俺を、百井が、ぽかんとした顔で眺めている。

それを見て、俺は急に心細くなってきた。こんなの、ひとりよがりなんじゃないか、百井はこんなことこれっぽっちも望んでないんじゃないか。そんな不安が、今さらのように押し寄せてくる。14恥ずかしさが胸をよぎって、俺は、とうとううつむきかけた。

けれど、その時だった。

「……うん！」

うれしそうな百井の声がすぐそばで弾けて、俺ははっと顔を上げた。

おずおずと、前を見る。

百井はきらきらと目を輝かせて、笑っていた。

まるで、とっておきのいたずらを持ちかけられたみたいに。わくわくしてたまらない、今すぐにでも走り出したいって気持ちが見える。

それは、15まぎれもない、子どもの百井の顔だった。

（水野瑠見『十四歳日和』）

問一 ――線部1「『うん。ありがとう』」とあるが、百井はなぜそう言うのか。その理由として適当なものを、次の中から一つ選び、記号で答えなさい。

ア 同情されたくない自分の気持ちを「俺」が感じ取った上で、わざと突き放すような言葉を放ってこの暗い話を終わらせようとしてくれたと思い、ありがたかったから。

イ 本当は同情してほしい自分の気持ちに「俺」が気づいてくれてい

踏切を越して、しばらく歩いた先の交差点に差しかかった時、百井が言った。

「……あ、そっか」

気の抜けたような返事をして、俺はこの日、初めてちゃんと正面から、百井を見た。裾が短くなりすぎて、くるぶしまで見えているズボン。相変わらずのぼさぼさ頭……そういう百井のいでたちを見下してた日々が、急に、昔のことのように思えた。

何か言わなくちゃ、と俺は思う。

これで最後なんだから。感動的な、かっこつけられるような何かを――、

「ま、元気でやれよ」

結局、俺が選んだのは、そんなありきたりな一言だった。

「うん。矢代くんもね」

と、百井は、きまじめな顔でうなずいた。

そうしてお互い、「じゃあな」って手をふり合って、背中を向ける。拍子抜けするぐらい、あっさりとした別れぎわだった。

しばらくチャリを押しながら歩いてみて、百井の足音も聞こえなくなったころ、8俺はふう、とため息をついた。深呼吸してふり向くと、アスファルトの道の上に、百井の姿は、もうなかった。

ペダルに足をかけながら、俺はぼんやりと、頭の端で考える。

春休みが終わって学校に行っても、もう百井はいないんだ。

そう理解はしていても、なぜだか実感がわかなかった。

というか、実際三年生になってみても、卒業するころになっても、ずっとぴんとこないような気さえする。そうして永久にぴんとこないまま、俺は百井のことを、次第に忘れていくんだろう。

――9まあ、そんなもんだよな。結局は。

妙に冷静な気持ちで、そう思った時だった。

どこからか甲高い笑い声が響いてきて、俺はびくっと肩を跳ねさせた。と、顔を上げたとたん、ランドセルを背負った小学生たちが、すれちがいざまに、俺のわきを全速力で駆けていった。どうやら、近所の小学校も、今日が終業式だったらしい。

「ちょっと待ってよ、置いてかないでよ」

と、いちばん背の低いメガネの男の子が叫ぶと、「バーカ、お前がトロいんだって！」「早く来いよ！」と仲間らしいふたりが叫び返す。メガネの子は、どうしてなかなか負けん気が強いらしく、「うるさい！」と言い返して、すぐさまふたりの後を追いかけていった。

竜巻のような三人組の背中が、みるみる遠ざかっていくのを眺めながら、俺はふと、自分がガキだったころのことを思い出した。

毎日あちこち走り回って、わけもなく大声で叫んでみたりして。友達とどつき合って、ゲラゲラ笑って。思い返してみても、バカみたいだ。でも、あのバカみたいな一瞬一瞬が必死で、ただ、一生懸命だったこと。

楽しかったな――。

そう思った瞬間、俺は、はっと息をのんだ。わだかまっていたもどかしさの理由が、10急にすとんと、胸に落ちた気がしたからだった。

――ああ、そうか。11俺が百井にいちばん言いたかったのは……、

気づいたらもう、じっとしてはいられなかった。

チャリを方向転換させ、勢いをつけてペダルを踏み込む。どうか百井を見つけられますようにと、心の内で念じながら。

5遠いな、と思った。

俺より何十歩も何百歩も先の場所に、百井はいるんだ。きっと、ずっと前から。

それから終業式までの日を、俺も百井も、今までとまったく同じように過ごした。

朝会えば、「おはよー」「うっす」と定番のあいさつを交わす。

休み時間には、他愛もない話題で、笑い合う。

放課後になると、百井はまっすぐ帰るか図書室に向かい、俺はいつもどおり部活に行った。そして、「だりー」「眠みー」とたけるたちと言い合って、真っ暗な通学路を自転車で走った。

何も変わらない、淡々とした日常。

くり返される昨日が、まんま今日で、そっくり明日だった。6それでも、これでいいんだと、俺は部屋の日めくりカレンダーをちぎるごとに、自分にそう言い聞かせた。

――だって俺、センチメンタルに別れを惜しむキャラでもないし。ていうか、別に死に別れってわけでもないし。

それに百井だって、すっきり送り出してもらったほうが、よっぽど気分がいいだろう。分かってる。だけど同時に、これでいいのか、というもどかしさが心の片すみにくすぶっているのもまた、嘘じゃなかった。

どうしてなのか、自分でも、よく分からなかった。

ひとり大人になってく、百井へのやっかみ？

置いてかれることへのあせり？

それもある……かもしれないけど、それだけじゃない。それだけじゃないんだ。なぜなのかは、いくら考えても、つかめないままだったけど。

そうこうしているうちに、三学期最後の日がやってきた。

（中略）

つい一週間くらい前までは身が切れそうなほど寒かった気がするのに、今日は制服の背中が、うっすら汗ばむほどの陽気だ。

「なーんかさー、ザワ先のヤツ、わりとあっさりしてたよなあ。お別れ会とか、百井への叱咤激励とか、なんかしらあるかと思ってたのに。なにせ、体育会系だし」

カラカラと自転車を押しながら、俺はぼやいた。百井が隣で苦笑いする。

「それは、僕が頼んだんだよ、先生に。お別れ会とかあいさつとか、そういうのは仰々しくて恥ずかしいからやめてください、って。かなりしぶられたけど」

「そういうとこ、やっぱひかえめだよなー、百井って」

「うん。謙虚だからね、僕は」

「いやいや、謙虚って自分で言ったら、謙虚じゃねえよ」

代わり映えのしない道のりを歩きながら、7俺たちは心なしかいつもより饒舌で、そして、陽気だった。沈黙をうめようとするみたいに、俺も百井もつまらない冗談を言って、べつだんおもしろくもなんともないのに、声を立てて大げさに笑った。

けれどいくら名残惜しんだところで、通学路は、いつもの長さのままだ。十五分も歩けば、簡単に、別れ道についてしまう。

「矢代くん。じゃあ、僕、こっちだから」

「マジマジ。勉強するようになったのって、小三の時からだもん」
　俺の口真似をしてうなずくと、百井は、何かを思い出すみたいにふっと目を細めた。
「……ていうか、小三の時の担任が、変な人でさ」
「担任？」
「そう。僕が転校することになった時、その先生、言ったんだよね。『百井、お前、勉強だけはしっかりしろよ』って」
「なんか、ありきたりな台詞だな」
「うん、そう思うよね。僕も正直、うざいなって思った。けどその後先生、こう言ったんだ。『なんだかんだ言っても、日本は学歴社会だ。でもな百井、それってすごいラッキーじゃないか？　勉強ってのはだれにでも与えられた、一発逆転のチャンスなんだからさ』って、すごい真剣な顔で」
　ぽかんとする俺の顔を見て、百井はかすかにほっぺをゆるめた。
「2変な先生だよね。先生っぽくないっていうか。でも、僕としては、目からうろこだったんだ。すごくびっくりした。そっか、自分なんかにも逆転のチャンスがあるのかーって」
　それを聞いたとたん、俺は、いつかの百井の言葉を、ようやくちゃんと理解できたような気がした。――3勉強って、みんな平等だろ？　それって、すごいことじゃんか。
「そっから僕、勉強、頑張るようになったんだ。もともと賢いわけじゃないから、努力でなんとかしなきゃって必死だった。そのぶん、他の子たちみたいに遊んだりできなかったけど」
「……だから、ドッジもあんなにヘタクソだったのか」
　力なく冗談めかしてそう言った俺に、けれど百井は、「そうだね、うん。きっとそう」と笑って、暗くなった空を見上げた。
「僕、将来、学校の先生になりたいんだよね。そんで、4自分の足で生きる方法を、子どもに教えられるようになりたい。現実から逃げずに、うまく乗り切れるように」
　それはただの夢物語ではなくて、誓いのように、俺には聞こえた。そうか、としか答えることができなかった。それ以外に、俺に、なんて言えただろう？
「ヘビーな話でごめん。けど、そういう事情だから仕方ないんだ。僕が、自分で決めたことでもあるんだし。今さら後には引けないし」
　なんにも悪くないくせに、申し訳なさそうに眉を下げる百井に、俺はいたたまれなくなった。だからあえて、「でも百井、入学して最初の実力テストは、お前、俺より順位下だったじゃん」と話をそらして、おどけてみせた。
　百井は一瞬きょとんとして、それから、ああ、と手を打った。
「あれね。僕、休んでたから。新学期早々、インフルエンザで」
「……マジで？」
「うん。だからそれは、矢代くんの不戦勝」
　がくっとうなだれる俺を見て、百井は愉快そうに天へ向かって息を飛ばす。
　その大人びた横顔が、少しだけ、にくらしかった。
　だって、俺ははっきり落胆してたから。ライバルだって、友達だって思ってたヤツが、春にはどっか遠くへ行ってしまうこと。そして、百井がその未来を割り切って、ちっともめそめそしてないことに。

【国　語】（五〇分）〈満点：一二〇点〉

【注意】　字数指定のある問いは、句読点なども字数にふくめること。

一、次の文章を読み、後の問いに答えなさい。

　矢代大地（俺）は中学二年生。入学直後の実力テストで学年一位になったが、その後はどんなに頑張っても二位だった。悔しがる大地だが、とあるきっかけで、常にトップの生徒が教室では影のうすい百井裕樹であることを知ってショックを受ける。が、トップであることをひけらかすこともなく、常に謙虚な百井の人がらにふれ、大地は百井との関係を深めていく。そんなある日、一緒に県内トップの進学校へ進学するつもりでいた大地に、百井は中三になる四月に引っ越すことになったと告げる。

「とっくに気づいていると思うけど、僕ん家ってお金ないんだよね」

と、ゆっくり歩きながら、百井はぽつぽつとしゃべった。

「もともと父親は、運送会社で働いててさ。もうばりばりの肉体労働系。けど途中で腰を痛めちゃって、やめるしかなくなっちゃって」

「……そうなんだ」

「そこからが大変だった。うちの父親、高校中退で学歴も資格もないから、なかなか次の仕事が見つからない。やっと決まった会社も労働条件悪くて、しょうがなく母親もパートに出るようになったんだけど、そのうち言い争いとかも増えてきて」

　百井は、乾いて血のにじんだくちびるをなめると、さらにつづけた。

「結局、小三の時に離婚した。そっから母親とふたりで別の町に移り住んで、団地に住んでたけど、小六の終わりにそこの建て替えが決まって、中学からはこの町に越してきたってわけ。ま、今のアパートも前と同じくらいひどいけど」

「……それで」

「やっと落ち着いたと思ったら、今度は母親が、再婚したい相手がいるってさ。別にそれを止めようなんて思わないけど、僕だって、今さら他人と住むなんて嫌だよ。親の事情でふり回されるのも、言いなりになるのも。だから頼んだんだ、自分から。再婚するなら、僕を、じいちゃん家に行かせてほしい、って」

「………」

「ふつうさあ、子どものほうを取ると思うじゃん？　でもそうじゃなかったんだよね、うちは」

　そこでいったん言葉を区切ると、百井はめずらしく、おどけた表情を俺に向けた。

「……ひょっとして、同情した？」

「しねーよ、バカ。うぬぼれんな」

　内心ぎくりとしたけれど、わざと突き放すような口調で俺は言った。

　百井は俺から目をそらし、1「うん。ありがとう」とつぶやいた。だから俺は平然を装って、「つうか、お前、よくグレないよなあ。えらいじゃん」と茶化してみせた。

「だよねえ。自分でもそう思うよ」

　百井はしみじみと言って、うなずいた。

「けど、ちっちゃい時は、かなりひねくれてたんだよ。勉強だって大嫌いだったし」

「うっそ、マジで？　想像つかねー」

大切なことはメモしておこうネ！

一般①

2020年度

解　答　と　解　説

《2020年度の配点は解答欄に掲載してあります。》

＜算数解答＞

1　(1)　5　(2)　30g　(3)　76度　(4)　$\frac{4}{9}$　(5)　0.86cm

2　(1)　120個　(2)　435　(3)　48個

3　(1)　$\frac{2}{9}$倍　(2)　$\frac{2}{27}$倍　(3)　$\frac{1}{27}$倍

4　(1)　40秒後　(2)　10分20秒　(3)　11分22秒

5　(1)　117度　(2)　14個　(3)　$23\frac{1}{9}$分後

6　(1)　168cm^3　(2)　210cm^3　(3)　170.8cm^3

○推定配点○

各6点×20　　計120点

＜算数解説＞

1　(四則計算，濃度，割合と比，鶴亀算，平面図形)

(1)　$5.3\div\left(2.6\times\frac{3}{10}+\frac{7}{16}\times\frac{16}{25}\right)=5.3\div(0.78+0.28)=530\div106=5$

重要　(2)　10%の食塩水と20%の食塩水を合計100－10＝90(g)混ぜて，100×0.15＝15(g)の食塩が含まれたことになる。したがって，10%の食塩水は(90×0.2－15)÷(0.2－0.1)＝30(g)

基本　(3)　図1において，●＋×は180－128＝52(度)であり，角アは180－52×2＝76(度)

図1

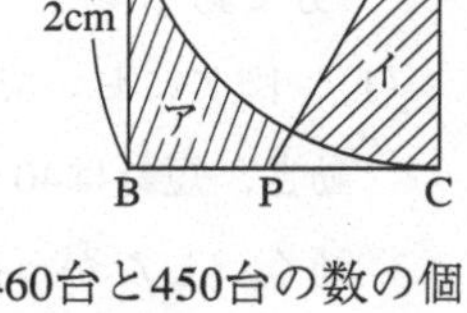

重要　(4)　赤球と白球の個数の比は5：3＝15：9であり，15÷3＝5　したがって，白球の(9－5)÷9＝$\frac{4}{9}$を取り除いた。

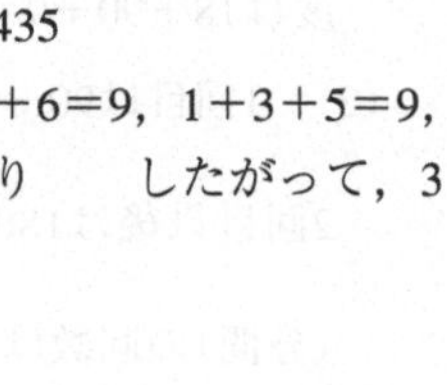

重要　(5)　図2において，台形ABPDの面積は四分円に等しくBPの長さは2×2×3.14÷4×2÷2－2＝1.14(cm)　したがって，PCの長さは2－1.14＝0.86(cm)

図2

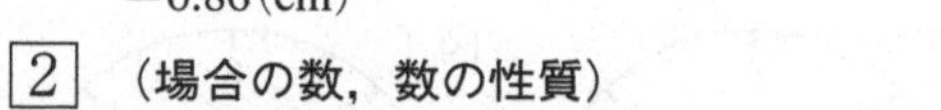

2　(場合の数，数の性質)

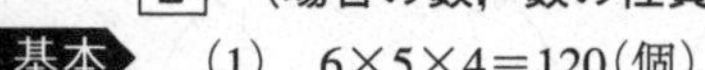

基本　(1)　6×5×4＝120(個)

重要　(2)　(1)より，600台と500台の数の個数の合計は2×5×4＝40(個)であり，460台と450台の数の個数の合計は4×2＝8(個)である。したがって，大きいほうから50番目の数は435

やや難　(3)　各位の数の和が3の倍数になる3個の数の組み合わせは1＋2＋3＝6，1＋2＋6＝9，1＋3＋5＝9，1＋5＋6＝12，2＋3＋4＝9，2＋4＋6＝12，3＋4＋5＝12，4＋5＋6＝15の8通り　したがって，3の倍数は3×2×1×8＝48(個)作られる。

3 (平面図形，割合と比)

基本 (1) 図アにおいて，三角形HEFの面積の2倍が2×1＝2のとき，三角形ABCの面積の2倍は3×3＝9であり，求める割合は$\frac{2}{9}$倍

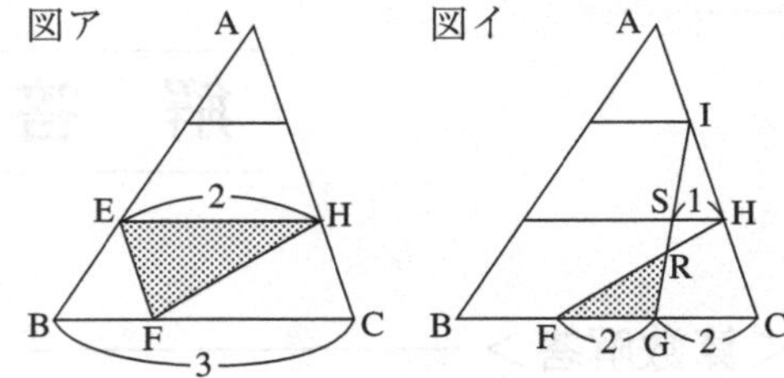

重要 (2) 図イにおいて，三角形ISHとIGCは相似で，対応する辺の比は1：2であり，三角形RFGとRHSも相似で，対応する辺の比は1：2である。三角形RFGの面積の2倍が2×2＝4のとき，三角形ABCの面積の2倍は2×3×3×3＝54であり，求める割合は$\frac{4}{54}=\frac{2}{27}$(倍)…三角形ABCの高さは3×3＝9

やや難 (3) 右図において，(2)より，SR：RGが1：2，SG：RGが(1＋2)：2＝3：2である。三角形PQHとGQFは相似で，対応する辺の比は1：1であり，PQ：QGは2：1であるから，三角形PGSとQGRの面積比は(3×2)：(2×1)＝3：1，三角形PGSと四角形PQRSの面積比は3：(3－1)＝3：2である。また，三角形PGSの面積の2倍が1×1＝1のとき，三角形ABCの面積の2倍は2×3×3＝18である。したがって，四角形PQRSの面積は三角形ABCの(1÷3×2)÷18＝$\frac{1}{27}$(倍)

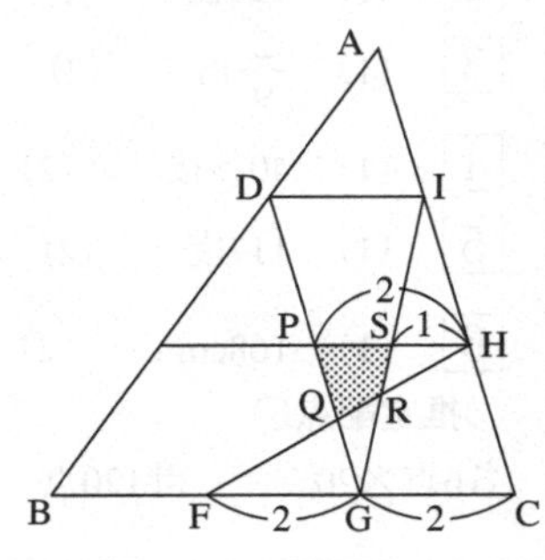

4 (速さの三公式と比，旅人算，割合と比，単位の換算)

基本 (1) 1回目にすれ違ってから2回目にすれ違うまでの40秒で2人が泳いだ距離の和は50×2＝100(m)であり，スタートしてから1回目にすれ違うまでに2人が泳いだ距離の和も100mである。したがって，1回目にすれ違う時刻は40秒後。

重要 (2) A君とB君の速さの比は800：750＝16：15であり，(1)より，A君は40秒で100÷(16＋15)×16＝$\frac{1600}{31}$(m)泳ぐ。したがって，800mのタイムは40÷$\frac{1600}{31}$×800＝620(秒)すなわち10分20秒である。

(3) (2)より，B君の50mのタイムは40÷(100÷31×15)×50＝$\frac{124}{3}$(秒)であり，速さが$\frac{2}{3}$になると$\frac{124}{3}\times\frac{3}{2}$＝62(秒)かかる。したがって，実際のタイムは$\frac{124}{3}$×(800－50)÷50＋62＝620＋62＝682(秒)すなわち11分22秒である。

重要
5 (時計算，速さの三公式と比，単位の換算)

1分で動く角度…長針：360÷40＝9(度)　短針：360÷8÷40＝$\frac{9}{8}$(度)

(1) 図アにおいて，長針は2分で9×2＝18(度)動き，短針は40－32＝8(分)で$\frac{9}{8}$×8＝9(度)動く。したがって，3時32分の両針の間の角度は18＋90＋9＝117(度)

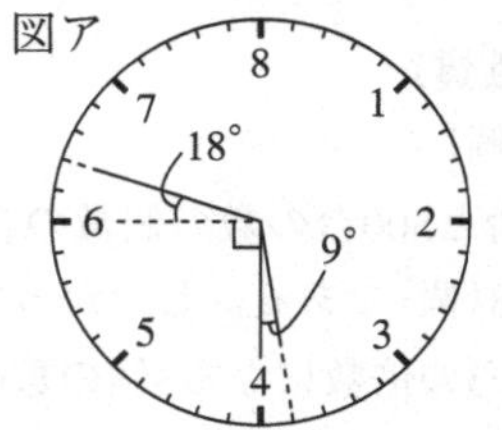

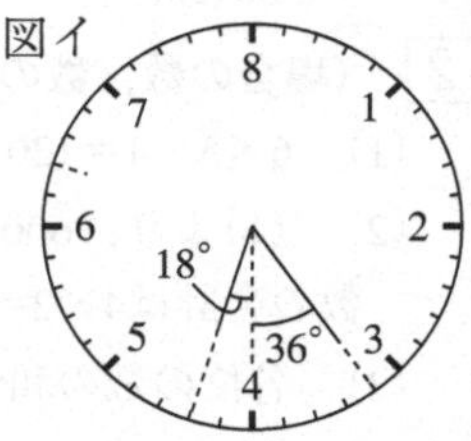

(2) 1回目は$90\div\left(9-\frac{9}{8}\right)=90\times\frac{8}{63}=\frac{80}{7}$(分)，2回目以後は$180\times\frac{8}{63}=\frac{160}{7}$(分)ごとに両針の間の角度が90度になる。したがって，40×8＝320(分間)の回数は$\left(320-\frac{80}{7}\right)\div\frac{160}{7}+1=14.5$(回)より，14回

(3)　前ページ図イにおいて，4時16分の両針の間の角度は$9\times(20-16)+\frac{9}{8}\times16=54$(度)　したがって，求める時刻は$(54+128)\times\frac{8}{63}=23\frac{1}{9}$(分後)

6　**(立体図形，平面図形，割合と比)**

基本　(1)　図1より，$8\times7\div2\times6=168$(cm³)

重要　(2)　図2より，斜三角柱部分と三角柱部分の体積の和は$8\times6\div2\times7+2\times7\div2\times6=168+42=210$(cm³)

(3)　図3において，三角錐M－BFGとM－AEHは相似であり，対応する辺の比は8：10＝4：5，体積比は64：125である。したがって，三角錐台BFG－AEHの体積は$10\times6\div2\times7\times5\div3\div125\times(125-64)=170.8$(cm³)

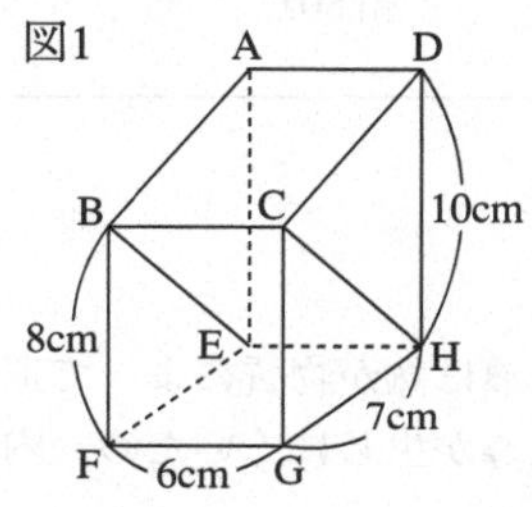

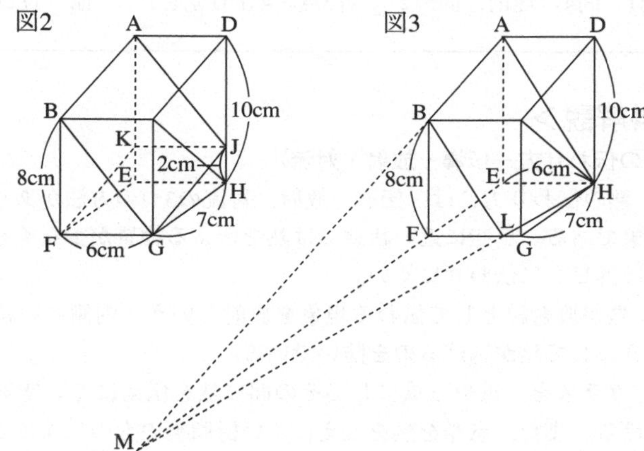

★ワンポイントアドバイス★

間違いやすい問題，差がつきやすい問題は②(3)「3の倍数」，③(3)「面積比」，⑤(2)「90度になる回数」，⑥(2)・(3)「水の体積」であるが，これらの問題もよく出題される問題であり，復習して自力で解けるようにしておこう。

＜理科解答＞

1.　問1　伝導・真空に近い状態なので，熱を伝える物質がほとんどないから。
問2　放射・金属のはくによって熱が反射するから　問3　ガラスを二重や三重にし，間に熱を伝えにくい空気の層を作る。　問4　1　対流　2　高　3　体積　4　高　5　冷た　問5　$1\frac{12}{89}$倍

2.　問1　塩化水素　問2　(1)　ア　(2)　イ　(3)　ア　(4)　ウ　(5)　エ　(6)　ア　問3　4.8%　問4　(1)　塩化ナトリウム　(2)　塩化ナトリウム，水酸化ナトリウム　(3)　①，②，③，④，⑤，⑥　(4)　黄色　問5　48g

3.　問1　イ，オ　問2　ウ　問3　(1)　茎　(2)　根　問4　(1)　ア　(2)　エ
問5　(方法)　イモの断面にヨウ素液をつける。　(結果)　ヨウ素液をつけた部分が青紫色

に変化する。　問6　ジャガイモは種イモの上部に茎がのび，そこにイモができる。一方，サツマイモは苗の下部に根がのび，そこにイモができるから。

4. 問1　(方法)　水の中に入れる　(性質)　密度　問2　オ　問3　イ
問4　(記号)　B　(理由)　屋外の堆積物Aのように角張った物質が多く混ざっているから。
問5　(1)　ク　(2)　(問題点)　大きな粒子を重複して数えている点。　(解決策)　大きな粒子はざるを使って分けてから，広い間隔の補助線で数える。など

○推定配点○

1. 問1，問2の理由，問3　各3点×3　問1，問2の名称，問4　各1点×7　問5　4点
2. 問1，問2　各1点×7　問5　3点　他　各2点×5
3. 問6　4点　他　各2点×8(問1完答)
4. 問1，問4の理由，問5(2)　各3点×4(問1完答)　他　各2点×4　計80点

<理科解説>

1. **(熱の伝わり方―伝導・放射・対流)**

問1　熱の伝わり方には，伝導，放射，対流の3つの方法があり，伝導は熱が物質によって運ばれる現象である。真空に近い状態では熱を伝える物質が少なく熱の伝導が生じにくいため，内ビンの熱は外ビンに伝わりにくい。

問2　熱が放射線として伝わる現象を放射という。内側に金属のはくをつけて放射線が反射されるようにして熱が逃げるのを防いでいる。

問3　ガラスを二重や三重にしてその間に熱を伝えにくい空気などのガスを入れると，熱の伝導を防げる。また，窓枠を熱を伝えにくい樹脂製のものにすることもできる。

重要　問4　(1)　水や空気のように，流れることのできる物体の移動で熱が伝わる現象を対流という。
(2)　一般的に温度が高くなると，物質は膨張する。　(3)・(4)　同じ体積で比較すると，温度が高いほど物体の重さは軽くなる。　(5)　暖かい空気は軽いので上空に運ばれる。ここに冷たい空気が流れ込むと空気が冷やされ，不安定な状態になる。

問5　温度が1℃変化すると，気体の体積は0℃のときの体積の273分の1変化する。−6℃のときの体積は，0℃の体積を1とすると$1\times\frac{6}{273}$だけ小さくなり$\frac{267}{273}$になる。30℃のときの体積は$1\times\frac{30}{273}$だけ大きくなり，$\frac{303}{276}$になる。同じ体積でこれらを比較すると，−6℃の気体の重さは30℃の気体の重さの，$\frac{303}{273}\div\frac{267}{273}=\frac{303}{273}=1\frac{12}{89}$(倍)になる。

2. **(水溶液の性質・反応―中和反応)**

基本　問1　塩酸は塩化水素の水溶液である。

問2　(1)　青色リトマス紙を赤くするのは酸性の物質で，塩酸のみに当てはまる。　(2)　加熱して固体が残るのは，水酸化ナトリウム水溶液のみである。　(3)　マグネシウムは塩酸と反応して水素を発生するが，水酸化ナトリウム水溶液とは反応しない。　(4)　アルミニウムは塩酸とも水酸化ナトリウム水溶液とも反応し水素を発生する。　(5)　銅はどちらの水溶液とも反応しない。
(6)　石灰石に塩酸を加えると二酸化炭素が発生する。水酸化ナトリウム水溶液では生じない。

基本　問3　⑪の値より，100gの水酸化ナトリウム水溶液に4.80gの水酸化ナトリウムが溶けているので，濃度は，(4.80÷100)×100＝4.8(%)である。

問4　(1)　①から⑥までは水酸化ナトリウム水溶液の重さと，Cの重さが比例する。これはこの間

水酸化ナトリウムがすべて反応したことを示す。②では残った固体には塩化ナトリウムだけが含まれる。　(2)　⑥から⑦でCの増加量がそれまでとは異なるので，⑦以降は塩酸がすべて反応し，未反応の水酸化ナトリウムが残る。Cに含まれるのは塩化ナトリウムと水酸化ナトリウムである。　(3)　①から⑥までは水酸化ナトリウム水溶液の重さとCの重さが比例するので，この間水酸化ナトリウムがすべて反応し，塩化水素が残る。　(4)　塩酸が残るので水溶液は酸性を示し，BTB溶液は黄色になる。

やや難　問5　塩酸と水酸化ナトリウム水溶液がちょうど反応するのは，⑥と⑦である。1gの水酸化ナトリウムから生じる塩化ナトリウムは0.072gであり，未反応の水酸化ナトリウム水溶液1gからは0.022gの水酸化ナトリウムが出てくる。水酸化ナトリウム水溶液の量が50gから□g増えた時にちょうど中和したとすると，この間に生じた塩化ナトリウム0.072×□gと，50＋□gから60gまでの間の未反応の水酸化ナトリウム0.022×(10－□)gの和が，⑥から⑦の間で増加した3.92－3.60＝0.32(g)に等しい。0.072×□＋0.022×(10－□)＝0.32　これより0.050×□＝0.10となり，□＝2gとなる。よって塩酸は50－2＝48(g)用いればよい。

3. (植物―双子葉植物・単子葉植物)

基本　問1　ひげ根になるのは，単子葉植物のトウモロコシとネギである。

問2　トマトとナスの子葉は双子葉植物で細長い形であり，☆印のすぐ下のポットはキュウリの子葉である。☆の下3番目は単子葉植物で，細長い筒状であることからネギである。苗をつくる際は，同じ種類の作物がとなり合うように連続してポットを並べたので，中央の4つはトウモロコシであり，苗の配列はウとわかる。

基本　問3　ジャガイモは茎が変化してイモになる。サツマイモは根が変化してイモになる。

問4　ジャガイモはナス科の植物であり，サツマイモはヒルガオ科の植物である。

問5　共に主成分はデンプンであり，ヨウ素液をつけると青紫色になる。イモの断面にヨウ素液をつけるとよい。

問6　ジャガイモは茎が上に伸びこれがイモに変わるので，種イモに土をかぶせるとよい。サツマイモは根が下に伸びるのでイモの下にやわらかい土があるとよく育つ。

4. (観察―堆積物の分類)

問1　水に入れると，水に溶けるかどうか，水より重いか軽いかといったことが確認できる。水より重いか軽いかで，その堆積物の密度が1より大きいか小さいかがわかる。

問2　火山の噴火で噴出するのはマグマであり，地球の中心にある物質ではない。

問3　石英，ダイヤモンド，食塩の結晶は透明であるが，岩石の主成分は石英である。

問4　堆積物Bには角張ったものが多く，Cには丸みを帯びたものや繊維状のものが含まれる。屋外の通路では，外から堆積物が運ばれることが多いため，角張ったものが多くなる。それで屋外の通路から採取したものはBである。

問5　(1)　32の交点が粒子の内側に入っており，一番多い大きさのものが$\frac{1}{4}$～$\frac{1}{2}$で，一番少ない大きさのものが$\frac{1}{2}$～$\frac{3}{4}$であるので，クのグラフになる。　(2)　大きな粒子には多くの交点が含まれており，それぞれ別のものとして数えているので粒子の数が重複する。大きな粒子はざるを使って分けてから，広い間隔の補助線で数えると重複を避けられる。

★ワンポイントアドバイス★

問題文が長く，よく読んで内容を理解し推論する能力が求められる。そのためにも各分野のしっかりとした理解や知識と応用力が必要である。

＜社会解答＞

問1 鹿鳴館　問2 エ→ウ→ア→イ　問3 イ・ウ　問4 (地形) 扇状地 (果物) ぶどう　問5 オ　問6 (1) 蘇我馬子　(2) 家柄にとらわれず，能力のある豪族を役人に採用するため。　問7 イ・エ　問8 ア　問9 当時の女性たちは体形を細く見せるための下着や，すそが長く歩きづらいドレスなど，男性たちが求める美しさを重視して服装を選んでいたが，第一次世界大戦によって男性たちが戦地に出ていくようになると，代わりにそれまで働く必要のなかった女性たちも外に出て仕事をするようになった。そのため，シャネルが発表したジャージードレスのように，見た目も華やかさを保ちながらもすそが短く生地の伸縮性にすぐれた，動きやすい服装がこのまれるようになった。　問10 パリ市内には現在，高く評価されている服のデザイナーや，それを商品にできる高度な技術を持った職人が存在する。シャネルのオートクチュールが作られる際には，そのようなデザイナー，職人などの生産者と客とのあいだで，時間や手間を惜しまず何度もやり取りがなされるため。

○推定配点○

問1～問8　各5点×9(問2・問3・問4・問7は各完答)　問9 20点　問10 15点　計80点

＜社会解説＞

(総合―地形図・国土と自然・産業・近代の政治・国民生活など)

問1 1883年，イギリスから招かれニコライ堂などで知られるコンドルの設計による建物。1882年に外務卿(のちの外務大臣)に就任した井上馨は領事裁判権の解消と輸入関税の一部引き上げを狙って交渉。その一環として連日のように夜会や舞踏会が開催され鹿鳴館時代と称された。交渉は外国人の国内雑居の許可や外国人裁判官の採用などを中心に進展したが，刑法や民法を起草したボアソナードの反対や国内からの批判，さらに折から発生したノルマントン号事件で領事裁判権への反発が盛り上がり井上は辞職して改正交渉はとん挫した。

重要 問2 1911年，小村寿太郎外務大臣はアメリカと日米通商航海条約の締結に成功，念願であった不平等条約の改正が実現した。1931年，奉天(現在の瀋陽)郊外の柳条湖で関東軍が鉄道を爆破，これを中国軍の仕業として軍事行動を開始し半年足らずの間に満州全域を占領，1932年3月には清朝最後の皇帝・溥儀(ふぎ)を執政とする満州国の建国を宣言。1970年，アジアで初の万国博覧会が開催，人類の進歩と調和をテーマに6400万人以上と万博史上最高の入場者を集め日本の高度経済成長を象徴する出来事となった。1973年，第4次中東戦争が勃発，アラブ諸国は石油を武器にイスラエルに対抗。価格は一挙に4倍に高騰，日本を含め世界経済は大混乱に陥った。

問3 1945年12月，民主化政策に基づき選挙法が改正，20歳以上のすべての国民に選挙権が与えられ男女平等に向け一歩前進した。翌年4月，戦後初の総選挙では78名の女性候補が立候補し39名の女性代議士が誕生することになった。雇用機会均等法第9条では妊娠や出産を理由とした解雇は無効とされる。解雇以外でも減給，降格，配置転換など不利な扱いは認められず，違反に対しては指導・勧告のほか罰則も課せられる。1925年の改正では女性の選挙権は認められず，育児・介護休暇は女性に限らず男性にも当然のこととして与えられる。

基本 問4 冬は気温が下がるが夏は高温になる甲府盆地は果物の栽培に適した気候といえる。とくに扇状地は水はけがよく，甲府盆地は江戸時代からブドウが特産物として知られていた。ブドウ以外でもモモ・スモモが全国1位のほか，サクランボ3位，キウイフルーツが6位と果物王国といえる。

基本 問5 名古屋を中心に愛知・岐阜・三重3県に広がる中京工業地帯は，2000年以降は京浜工業地帯を抜き日本一の工業地帯に発展。豊田周辺の自動車工業を中心に，古くからの窯業，繊維工業なども知られている。2位の阪神工業地帯は繊維や鉄鋼を中心に戦前は日本最大の工業地帯として発展，戦後は大阪湾沿いに重化学工業を中心とする大規模な工場が進出している。近年は京浜工業地帯を抜き2位に復帰している。3位の京浜工業地帯は首都東京を背景に総合工業地帯として発展，情報が集中することから印刷・出版など他の工業地帯ではあまりみられない業種もある。

問6　(1)　大和政権の財政に関与し渡来人らを支配していた豪族。積極的に仏教を保護し廃仏派の物部氏を打倒，天皇と姻戚関係を持って実権を掌握した。推古天皇は姪であり聖徳太子(厩戸皇子)は甥で娘婿でもある。　(2)　聖徳太子により制定されたといわれる最初の位階制度。徳・仁・礼・信・義・智の儒教的徳目をそれぞれ大小に分けて12に分類，それぞれに対応する冠の色で識別。豪族の世襲的な地位とは別に個人の能力や功績を評価して優秀な人材を発掘しようとした政策。蘇我氏などの有力な氏や皇族は授与の対象から外された。

問7　カジノだけでなく，ホテルや劇場などのアミューズメント施設，ショッピングモール，国際会議場などの複合観光集客施設。大きな経済効果が見込まれるほか，雇用の拡大，インフラ整備による地域の活性化などが期待されるが，ギャンブル依存症の増加や治安の悪化，マネーロンダリングなど反対意見も多い。東京や横浜，大阪，長崎など数か所が立候補している。

問8　ワシントンはメリーランド州とヴァージニア州に挟まれたポトマック川に臨む計画都市で正式名はコロンビア特別区。ホワイトハウスや連邦議会議事堂など各省庁や大使館が集中する政治都市。ワシントン州はカナダとの国境に位置する西海岸最北部の州。

問9　毎年のように変化する女性のファッションだがその根底に流れるものを考えてみよう。第1次世界大戦は初めての総力戦であり生活必需品より軍需生産を優先，食料も配給制になり生活水準も悪化。多くの男性が出征したため年少者や女性が工場などで働き女性の社会進出は一挙に高まっていった。こうした社会情勢が女性のファッションにも大きな影響を与えることとなった。

問10　中国が世界の工場と呼ばれるようになったのはその巨大な労働力と人件費の安さが主な要因であった。その中国も経済発展に伴い人件費が上昇，現在ではより人件費の安い周辺のアセアン諸国へ工場を移す動きが活発となっている。こうした低価格品に対抗するもう一つの流れは，より手間をかけた作り手の顔が見えるものということになる。確かな技術に裏打ちされ，消費者の細かな注文にも応えてくれる製品である。これが高額であるにもかかわらずいまだに衰えることのないオートクチュールの魅力ということになる。

★ワンポイントアドバイス★

100字以上の長い記述に関してはまず条件ごとのポイントを箇条書きに整理してみよう。はじめ字数は考えずあとから調整すれば大丈夫である。

＜国語解答＞

一　問一　ウ　問二　エ　問三　ア　問四　イ　問五　エ　問六　ウ　問七　エ　問八　ア　問九　(例)　本当は白雪姫役に心をひかれており，そのはなやかな役を一度は演じることになっていたのに，お礼を言われることもないまま，自分から香奈枝に役をゆずってしまったから。(79字)　問十　ウ　問十一　ア　問十二　イ・オ

二　問一　a　賃金　b　届　c　深刻　d　効用　e　断　問二　イ　問三　エ

問四　ア　　問五　エ　　問六　ウ　　問七　ア　　問八　イ　　問九　ウ

問十　(例)　災害の当事者でない人は，お金や時間といった資源に余裕があるからこそ，支援を遠慮している人にとっても必要な，心のケアにつながる支援を行うことができるから。(76字)

○推定配点○

一　各5点×13　　二　問一　各3点×5　　問十　8点　　他　各4点×8　　計120点

＜国語解説＞

一　**(小説―心情理解，内容理解，表現理解，主題)**

問一　――線部1のあとにある，「母親の多美子が香奈枝の写真を見ていて」言った言葉と，それに対する杏美の反応に注目して考える。

問二　直前の「かなちゃんは何もできない」という発言の背景には，そのころ杏美が「何をやってもいちばん上手」で「自分は特別なんだ」と思っていたことがある。

問三　直前の段落「わたしが絵のことで怒ったから，香奈枝を傷つけてしまったのだろうかと，……」から，杏美が感じていた心配が読み取れる。この心配な気持ちをふまえて考える。

問四　自分の希望を「きっぱり言」い，「みずみずしい野心」をもつように見えるようになった香奈枝の様子に注目。

問五　「甘ったるい」はここでは，杏美の感じた照れくささを表している。

問六　杏美は白雪姫の役をやれることをうれしく感じている。

重要　問七　「香奈枝の不機嫌は，何かじわじわとした首輪になって，自分に巻きついてくるようだった」という前提をふまえて，――線部7のときの気持ちを考える。

問八　直前の「あずちゃんは本当は白雪姫，演りたくなかったんだよね？」という香奈枝の言葉は，素直な思いであり，裏表はない。

やや難　問九　「取り返しのつかない」とは，元通りにはできない，ということ。杏美は本当は白雪姫の役をやりたかったが，それが無しになったうえ，「ちゃんと頼まれていないし，ちゃんとお礼もいわれていない」ところが気になったのである。

問十　問九と関連させて考える。――線部10の直前の「ちゃんと頼まれていないし，ちゃんとお礼もいわれていない。……香奈枝を責める気持ちがむくむくと湧き上がった。……そうしたのは自分だったのに」に合うのはウ。

問十一　杏美の役がナレーターになったいきさつと，多美子の発言から考える。

重要　問十二　「ノッポの杏美には似合わないって，お母さん，何度も言っていたくせに」「多美子は本当は自分に白雪姫をやってもらいたかったのだ」という言葉から，杏美が，多美子は自分を理解してくれていないと感じていることを読み取る。

二　**(論説文―漢字の書き取り，内容理解，要旨)**

基本　問一　a「賃金」はここでは，給料のこと。　b「届」の「由」の部分を「田」としないように注意。　c「刻」の「亥」の部分の形に注意。　d「効用」は，ききめ，という意味。　e「断」を使った熟語には「断定」「切断」などがある。

問二　直前の段落の内容と，――線部1の前の「途上国の労働者と同じように，……身をもって理解できた」という内容から考える。

問三　「少なくともこの本を書いたり読んだりしている私たち」にとって，「アフリカ」の問題は直接経験することが難しいということ。

問四　直前の「だれでもハラスメントを生み出す空気をつくっていると言える」に注目。

問五　直前の段落の内容をふまえると，エが正しい。

問六　直前に「スラム住民の生活が『見せ物』になってしまう点で，倫理的な観点からは批判されています」とあることに注目。

問七　問六でとらえたマイナス面とは違う，「スラム・ツーリズム」の長所をとらえる。

重要　問八　直後の「ある社会的被害について，『風化』という観点から語られることは，すごく多い」や，あとの段落の「一方で，時間が経ったからこそ言えることもある」という内容の両方が正しく入っているのはイである。

問九　――線部8を含む段落やそれまでの筆者の考察に，ウが合致している。

やや難　問十　(中略)以降の五つの段落に述べられている内容を，「資源」という言葉に注目しながらとらえる。

★ワンポイントアドバイス★

文学的文章・説明的文章ともに，細かい読み取りを必要とする選択問題が出題されている。ふだんから小説や随筆，論説文を読むことを心がけよう！　語句の意味なども，こまめに辞書を調べるなどして，基礎力をつけることが大切！

一般②

2020年度

解 答 と 解 説

《2020年度の配点は解答欄に掲載してあります。》

<算数解答>

1 (1) $\frac{1}{8}$ (2) 68個 (3) 486ページ (4) 135度 (5) 16秒後

2 (1) $\frac{8}{35}$倍 (2) 64：75 3 (1) 1200人 (2) 7個

4 (1) 120通り (2) 25通り (3) 600通り

5 (1) 288cm^3 (2) 288cm^2 (3) 105.6cm^2

6 (1) ア 54 イ 134 ウ 7.2 エ 14.8 (2) 毎分7.5cm^3

○推定配点○

各6点×20 計120点

<算数解説>

1 (四則計算，数の性質，割合と比，相当算，平面図形，比例・反比例，単位の換算)

(1) $1.2\div 8-\left\{1.2\div 4\times\left(1-\frac{5}{6}\right)\right\}\div 2=\frac{3}{20}-\frac{1}{40}=\frac{1}{8}$

基本 (2) 5の倍数…100÷5＝20(個) 7の倍数…98÷7＝14(個) 5×7＝35の倍数…35，70の2個
したがって，5，7で割り切れない整数は100－(20＋14－2)＝68(個)

重要 (3) $\frac{1}{3}+\left(1-\frac{1}{3}\right)\times\frac{4}{9}+\frac{1}{27}=\frac{2}{3}$より，162ページは全体の$1-\frac{2}{3}=\frac{1}{3}$である。
したがって，全体は162×3＝486(ページ)

重要 (4) 右図において，角Bは60度であり，三角形CMBは正三角形，三角形CDBは角DBCが60－15＝45(度)の直角二等辺三角形，三角形CDMが二等辺三角形である。したがって，角MCDが90－60＝30(度)であり，角アは(180－30)÷2＋60＝135(度)

重要 (5) A，B，Cの歯数の比が45：72：120＝15：24：40であり，
Aが半回転する時間は60÷15÷2＝2(秒)，Bが半回転する時間は$2\times\frac{24}{15}=\frac{16}{5}$(秒)，Cが半回転する時間は$2\times\frac{40}{15}=\frac{16}{3}$(秒)である。したがって，これらの最小公倍数により，求める時刻は16秒後。

2 (平面図形，割合と比)

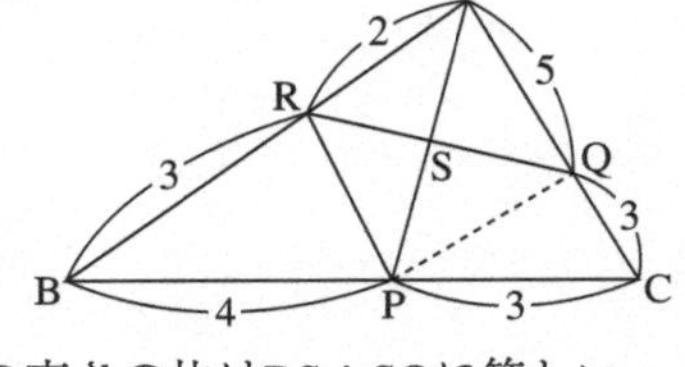

重要 (1) 右図において，三角形ABCの面積を7にすると，三角形ARPの面積は4÷(2＋3)×2＝1.6であり，$1.6\div 7=\frac{8}{35}$(倍)

やや難 (2) 同じく，三角形ABCの面積を7にすると，三角形APQの面積は$3\div(5+3)\times 5=\frac{15}{8}$であり，(1)より，RS：SQは$1.6:\frac{15}{8}$＝64：75…三角形ARPとAPQはAPを共通の底辺とし，それぞれの高さの比はRS：SQに等しい。

重要 3 (割合と比，ニュートン算)

(1)　24分で行列に加わった人数と15分で行列に加わった人数の差である10×(24－15)＝90(人)が，入場口2つで24分に入場する人数と入場口3つで15分に入場する人数の差に等しく，入場口1つで1分に入場する人数は90÷(2×24－3×15)＝30(人)である。したがって，最初の行列の人数は(30×3－10)×15＝1200(人)　【別解】 (30×2－10)×24＝1200(人)

(2)　(1)より，6分で行列がなくなるためにには1分に10＋1200÷6＝210(人)が入場すればよい。したがって，入場口は210÷30＝7(つ)以上でよい。

やや難 4 (場合の数)

(1)　1枚目のカードの選び方…5×5＝25(通り)　2枚目のカードの選び方…4×4＝16(通り)
3枚目のカードの選び方…3×3＝9(通り)　4枚目のカードの選び方…2×2＝4(通り)
5枚目のカードの選び方…1通り
したがって，これら5枚の組み合わせは25×16×9×4×1÷(5×4×3×2×1)＝120(通り)

(2)　6＝1＋1＋1＋1＋2である。
アルファベットがすべて異なる場合…5通り
アルファベットが4種類の場合…4種類の選び方が5通り，2のカードのアルファベットの選び方が4通りあり，5×4＝20(通り)
したがって，全部で5＋20＝25(通り)

(3)　2種類のアルファベットの選び方…5×4÷2＝10(通り)
2種類のアルファベットのうち，一方が3枚で他方が2枚である場合…2(通り)
3種類の数字の選び方…5×4×3÷(3×2×1)＝10(通り)
3種類の数字5個を2個＋2個＋1個に組み合わせる場合…3(通り)
例　1,1,2,2,3　1,1,2,3,3　1,2,2,3,3
したがって，全部で10×2×10×3＝600(通り)

5 (立体図形，平面図形，相似)

基本 (1)　12×12÷2×12÷3＝288(cm^3)

やや難 (2)　図1において，二等辺三角形OGFの面積は12×12－(6×12＋6×6÷2)＝54(cm^2)
したがって，四角錐の表面積は54×4＋12×12÷2＝288(cm^2)

図1

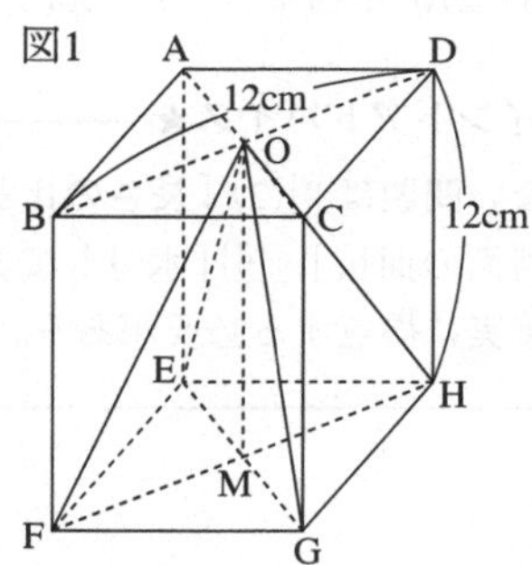

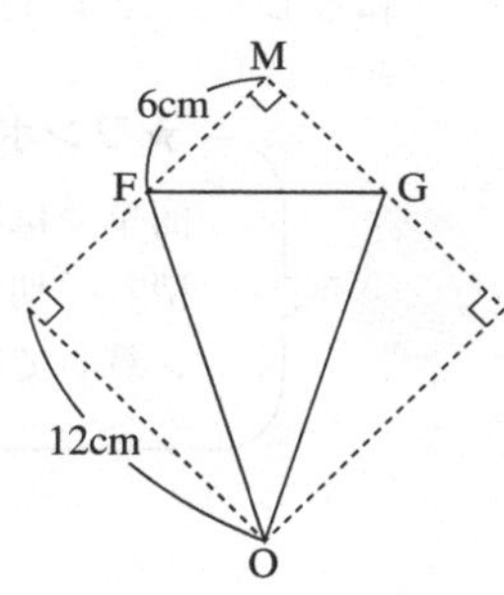

(3)　図2において，切断面は辺FB，FHを含み線対称である八角形になる。三角形BPOとHSM…三角形BFOとNFQは相似でNQは3cmであり，QMは12－3＝9(cm)　三角形BPOとMPQは相似で対応する辺の比が6：9＝2：3であり，三角形BPOの高さは6÷(2＋3)×2＝2.4(cm)，三角形BPOとHSMの面積の和は6×2.4＝14.4(cm^2)
たこ形DORM…三角形RMOとRBHは相似で対応する辺の比が1：2であり，DT：DRは3：(3＋1)＝3：4，たこ形の面積は6×6÷2÷3×4＝24(cm^2)　したがって，切断面の面積は12×12－(14.4＋24)＝105.6(cm^2)

図2

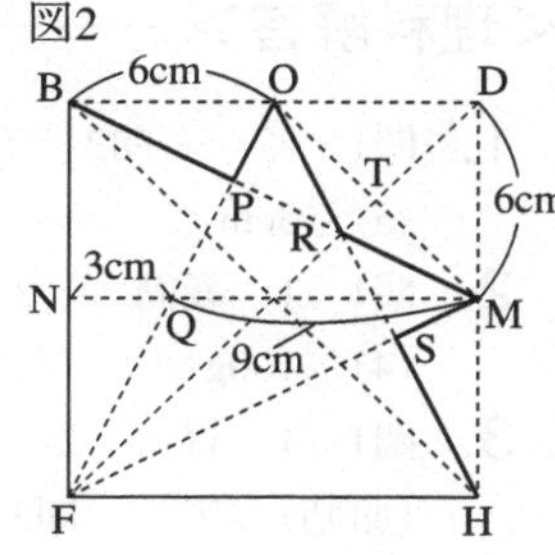

6 (立体図形，平面図形，割合と比，グラフ，消去算)

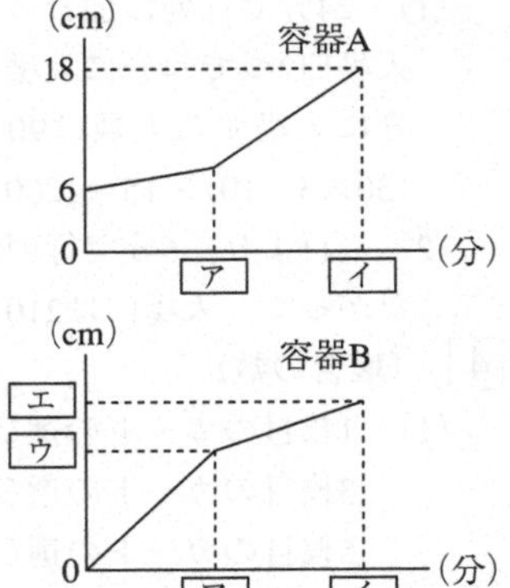

容器の底面積…12×30＝360(cm^2)

容器の高さ…18cm

容器A…最初の水の高さは6cmであり，毎分(72－48)÷360＝$\frac{1}{15}$(cm)の割合で水がたまり始め，その後，$\frac{1}{15}$＋13.8÷360＝$\frac{1}{15}+\frac{23}{600}=\frac{21}{200}$(cm)の割合で水がたまる。

容器B…毎分48÷360＝$\frac{2}{15}$(cm)の割合で水がたまり始め，その後，$\frac{2}{15}-\frac{23}{600}=\frac{19}{200}$(cm)の割合で水がたまる。

やや難 (1) 容器Bからポンプが水を吸い上げた時間…7.6÷$\frac{19}{200}$＝80(分)

容器Aにポンプから80分，給水されたとき，水の高さは$\frac{21}{200}$×80＝8.4(cm)上昇したので，給水されるまでの時間ア は{18－(6＋8.4)}÷$\frac{1}{15}$＝54(分)，イ は54＋80＝134(分)　したがって，ウ は$\frac{2}{15}$×54＝7.2(cm)，エ は7.2＋7.6＝14.8(cm)

(2) (1)より，最初から80分後の容器Aの水面は6＋$\frac{1}{15}$×54＝9.6(cm)の高さにあり，容器A，Bの各水面の高さから上端までの長さの比は(18－9.6)：(18－7.2)＝7：9である。したがって，ポンプが水を吸い上げる量が○cm^3のとき，○＋72－48＝○＋24と48－○の比が7：9であり，○＋24の9倍，○×9＋216が48－○の7倍，336－○×7に等しく，○は(336－216)÷(9＋7)＝7.5(cm^3)

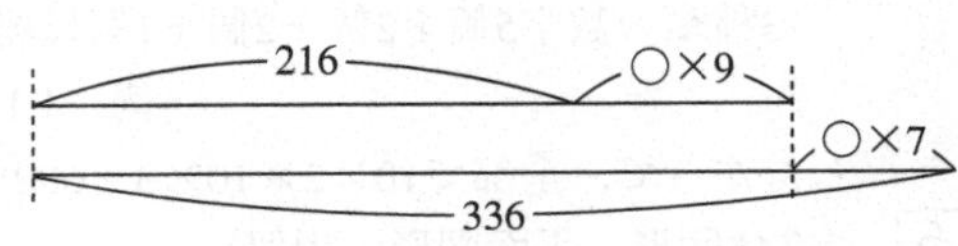

★ワンポイントアドバイス★

簡単ではない問題は2(2)「長さの比と面積比」，4「場合の数」，5(2)・(3)「表面積」・「切断面の面積」，6「水量」である。したがって，1の5問と，3「ニュートン算」で着実に得点する必要がある。

＜理科解答＞

1. 問1 イ　問2 イ　問3 (1) 15cm　(2) 10m　(3) 10m　(4) 右へ5cm　(5) 3cm

2. 問1 1 凝固　2 氷　問2 ア　問3 (1) 9.2g　(2) 物質B　(3) 20℃　(4) 100g

3. 問1 1 胃　2 ペプシン　3 すい液　4 アミノ酸　問2 (タンパク質) イ　(脂肪) ア　問3 ウ　問4 71.7%　問5 0.7　問6 (1) ア　(2) 肉食動物は呼吸商の小さいタンパク質や脂肪を多く含む肉を食べ，草食動物は呼吸商の大きい炭水化物を多く含む植物を食べるため。　(3) からだをつくり上げている呼吸商の小さい脂肪やタンパク質を用いてエネルギーを得るようになるため，呼吸商は小さくなる。

4. 問1　1　金星　　2　火星　　問2　オ　　問3　ア　　問4　ウ　　問5　(1)　エ
(2)　北緯29度　　問6　ウ，エ　　問7　ア　　問8　A　大気　　B　重力
C　温室効果が強く働くことによって

○推定配点○

1. 問1　2点　　他　各3点×6　　2. 問2　2点　　他　各3点×6
3. 問1　各1点×4　　問6(2)・(3)　各3点×2　　他　各2点×5(問2完答)
4. 問1，問5(1)，問7　各1点×4　　他　各2点×8(問6完答)　　計80点

＜理科解説＞

1. (光の性質―ピンホールカメラ)

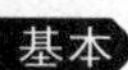

問1　凸レンズを用いると，像のハッキリうつる位置が決まるが，ピンホールカメラではスクリーンの位置がどこでも像はうつる。

重要　問2　凸レンズを通してできる像は上下左右が逆に見える。鏡にうつる像は，上下は同じで左右が逆になる。図4を180度回転させ，それを左右逆にした図がK君の見る像となり，イの形に見える。

問3　(1)　S君の像が3cmなので，S君と凸レンズの距離は離れており，図7の関係になる。よってS君の位置にかかわらず，凸レンズと像の距離は20cmになる。図3より，紙と鏡が5cm離れているので，鏡の位置Xは20－5＝15(cm)になる。　(2)　図5より，物体の大きさ：像の大きさ＝a：bになる。S君の身長が150cmで像が3cmなので，a：b＝150：3＝50：1である。ここでb＝20cmなので，aの長さは，a：20＝50：1　a＝1000cm　つまり10mになる。　(3)　14歩で10mなので，56歩では40mである。杉の木の高さを□mとすると，40m：20cm＝□m：5cm　□＝10mである。
(4)　凸レンズから物体までが1mなので，凸レンズと像の距離は図6より25cmになる。このとき鏡の位置Xは25－5＝20(cm)となり，(1)のときより右に5cm移動させた。　(5)　a：b＝100cm：25cmであり，コップの高さが12cmなので，100：25＝12：□　□＝3cmである。

2. (ものの溶け方―溶解度・状態変化)

基本　問1　液体が固体に変化することを凝固という。水よりも氷の方が小さなすき間の多い，体積の大きい構造をしている。

問2　氷の中の白い濁りは，空気が氷の中に閉じ込められたものである。天然氷は冷凍庫の中よりも高い温度でゆっくりと冷やされるため，水中の空気が抜けやすく透明な氷ができる。

問3　(1)　100cm^3の氷の重さは，100×0.92＝92(g)である。図2より，物質Bは20℃で水100gに10g溶けるので，92gの水に□g溶けるとして，100：10＝92：□　□＝9.2gまで溶ける。　(2)　150gの水に50g溶かしたので，100gの水には50×100÷150＝33.3(g)溶けている。温度を徐々に下げていくと，物質Bのグラフの方が先に33.3gに達するので，より高い温度で生じるのは物質Bである。図2を用いるためには，水の重さが100gのとき，それに溶けている物質の重さを求める必要がある。

やや難　(3)　80℃で水100gに物質Aは50gまで溶ける。このとき150gの飽和溶液になる。80℃で100gの飽和溶液中の物質Aの重さは，150：50＝100：□　□＝$\frac{100}{3}$g　このとき水は100－$\frac{100}{3}$＝$\frac{200}{3}$(g)になる。この水溶液を冷却し10gの結晶が得られたので，このとき$\frac{200}{3}$gの水に$\frac{100}{3}$－10＝$\frac{70}{3}$(g)のAが溶けていた。水の量を100gにすると，$\frac{200}{3}$：$\frac{70}{3}$＝100：□　□＝35gが溶けていることになる。図2より物質Aは20°Cで飽和溶液になる。　(4)　30℃の水溶液は飽和溶液になっ

ており，50－20＝30(g)のBが溶けている。図2より30℃では，水100gに15gのBが溶けると飽和溶液になる。よってB30gを溶かす水の量は200gであり，はじめの温度を60℃に保った水の量は200gであった。ここに50gの水を加えるので，60℃の水250gに溶けるBの最大量は100：60＝250：□ □＝150gであり，初めに50gのBを溶かすのであと100g溶かすことができる。

3. (その他―三大栄養素・呼吸商)

重要 問1 タンパク質は胃から分泌される酵素ペプシンである程度分解された後，すい液に含まれる酵素トリプシンでさらに分解されアミノ酸になる。

基本 問2 アは脂肪に関する説明である。イはタンパク質，ウは炭水化物の説明である。

問3 表1は炭水化物の割合が多いことより炭水化物で，せんべい菓子である。表2は脂質が多いのでチーズ，表3はタンパク質が多いのでサラダチキンである。

問4 全エネルギーに占める脂肪のエネルギーの割合は，{(4.7×9)÷59.0}×100＝71.69≒71.7(%)である。

問5 呼吸商は，102÷145＝0.70≒0.7である。

問6 (1)・(2) 肉食動物は主に呼吸商の小さいタンパク質や脂肪を食べるのに対して，草食動物は呼吸商の大きい炭水化物を食べるので，肉食動物より草食動物の方が呼吸商の値は大きい。

(3) エサ不足になると，体内に蓄積している脂肪やタンパク質を分解してエネルギーを得ようとする。エサの炭水化物よりこれらは呼吸商が小さいため，呼吸商の値は小さくなる。

4. (天体の総合問題―惑星・月・星の動き)

基本 問1 金星は地球に最も近い惑星であり，二酸化炭素の雲に覆われている。火星は赤く見える惑星で，川の跡とみられる地形が見つかっている。

問2 月の自転周期と公転周期は等しく，地球にいつも同じ側を向けている。月には空気がほとんどないので，雲に覆われて表面が見えないことがない。月の表面の岩石の違いで光の反射が異なり，月の表面に模様が見える。月の表面温度の違いは月の見え方には関係しない。

重要 問3 玄武岩は，地表の近くで短い時間で固まってできる火山岩の一種である。火山岩の特徴は，細かな結晶(石基)の中に大きな結晶(はん晶)が点在するはん状組織を持つことである。また，玄武岩は黒っぽい岩石である。

問4 ケンタウルス座α星の地球からの距離は4.3光年であり，これは4.3×30万×3000万秒＝38兆7000億kmである。これは地球から太陽までの距離の，38兆7000億秒÷1億5000万km＝25万8000≒26万倍である。

基本 問5 (1) 星は北極星を中心として反時計まわりに回転し，南極付近では天の南極を中心に時計回りの回転をする。緯度が90度なので，エのように見える。 (2) ケンタウルス座α星は南緯29度より南では地平線の下に沈まない。一方，北緯29度より北では地平線上に出てこないので，ケンタウルス座α星を観察するには北緯29度より南に行く必要がある。

問6 太陽と表面温度が同じくらいなので，色も同じ黄色に見える。太陽の直径は地球の約100倍である。

問7 受賞したのはノーベル物理学賞である。ノーベル地球惑星科学賞はない。

問8 金星の大気は地球の約92倍であるが，火星にはほとんど大気がない。地球は大気を重力で引き付けている。重力の大きさには物体の質量が関係しており，火星は地球より小さい惑星で質量が小さいので重力が小さく大気を十分引き付けることができない。金星の大きさは地球と同じくらいである。金星の大気のほとんどが二酸化炭素である。二酸化炭素は温室効果ガスなので，金星の表面温度は非常に高く約460℃に達する。

★ワンポイントアドバイス★

計算問題は難問を含むことが多い。また，生物分野などでは思考力を要する問題も多い。できる問題を確実に得点に結びつけたい。

＜社会解答＞

問1　エ　　問2　イ　　問3　(1)　エ　　(2)　ア　　(3)　ウ　　問4　B(が新たに導入された切り出し方であり,)無駄に木をそぎ落とさないので，効率的に使うことができるから。

問5　ア　　問6　耕地整理[ほ場整備]　　問7　将来，別子銅山から産出される銅鉱石の質が悪くなった際に，別子銅山周辺は，海から何度も積み替えが必要で交通の便が悪いが，四阪島は，船で直接外部から原材料や製品の入出荷ができる。銅採掘業が衰退しても，四阪島で他地域産の銅を製錬することによって，新居浜での事業を継続して行え，煙害の発生源を市街地から遠ざけることができるから。　　問8　(2番目)　B　　(記号)　ウ　　問9　植林事業は間伐材や用材を出荷することで利益が得られ，土砂災害の危険を減らし，鉱山や新居浜市の安全を確保する目的があった。また，肥料製造事業は，普及し始めた効力の高い肥料を量産して販売し利益を出し，値上がりする天然肥料よりも安価な化学肥料を製造し，農家の経済的負担を減らす目的があった。これらは，長期的に会社の利益を上げながら，事業を通じて社会貢献をするという経営理念を代表する。

○推定配点○

問1～問6・問8　各4点×10(問4は各4点×2，問8は完答)　　問7・問9　各20点×2　　計80点

＜社会解説＞

(総合―国土と自然・農業・古代～近代の政治・経済・財政など)

基本　問1　日本の人口は2008年をピークに減少を続けているが，高齢者の割合はこれと反比例して増加，1995年には高齢者の割合は14%を突破，2007年には21%も突破して超高齢社会に足を踏み込んだ。現在では28%も超え主に高齢者向けに支出される社会保障関係費は歳出の3分の1を占め財政の最大の圧迫要因となっている。一方，地方分権の掛け声のもと地方への財源移譲は進んでいるが，いまだに自主財源の割合は5割に満たず交付税などに頼る体質は変わっていない。

問2　足尾銅山は江戸時代初期に発見され幕府直轄として財政を支えた銅山だが17世紀後半を最盛期に産出量が減少，明治には民間に払い下げられることとなった。民間会社は最新の技術を導入して鉱山を再開発，明治後期には全国の3分の1を占める最大の鉱山に変身することに成功した。しかし，その陰では鉱山から排出される有害物で渡良瀬川は汚染，流域の農民たちは塗炭(とたん)の苦しみを味わうこととなる。田中正造が国会議員の職を辞して天皇に鉱山の操業停止を直訴した事件は有名である。渡良瀬川は足尾山塊を源に埼玉県の栗橋で利根川に合流する長さ108kmの川。Aは利根川最大の支流・鬼怒川，Cは下流では隅田川と呼ばれる荒川。

問3　(1)　幕末の日本の輸出品は生糸が8割で残りを茶や海産物などが占めていた。その後産業の進展に従い徐々に綿糸など工業製品も増えることになってくる。一方，開港期に船舶用・輸出用として扱われていた石炭は1890年代の蒸気機関の利用に伴い生産量を飛躍的に拡大，特に九州の筑豊炭田は財閥系の企業が進出し日清戦争後には国内産出量の過半数を占める炭田となり輸出にも大いに

重要 貢献をすることになる。 (2) 708年，武蔵国から自然銅が献上されたことを契機に和同開珎が鋳造，平城京遷都に要する莫大な費用を確保したといわれる。調は絹や糸その他の特産物を納める税で，京での10日間の労役の代わりに布などを納める庸とともに，自ら都まで運ぶ運脚と言われる義務まで課され大きな負担となっていた。防人は北九州の防衛に当たった兵士で都の警備にあたったのは衛士(えじ)。1反につき稲2束2把を納める租は各地の正倉に納められ地方の財源とされた。 (3) 埼玉の稲荷山古墳から出土した鉄剣には先祖代々大王の親衛隊長として仕えたと記されている。熊本の江田船山古墳出土の鉄刀にもワカタケルの名が刻まれており，5世紀後半には大和政権の勢力が東国から九州まで及んでいたことが推測される。

問4 坑道を補強する枠木は坑内で働く労働者の命を守る極めて大切なものであるが，そこに要求されるのはあくまで支えるという機能であって，住宅などで用いられるような見た目の良さも要求されるというものではない。丸太の周辺をすべてそぎ落さないことで径が大きく強度も増し，加工に要する時間の短縮も図ることができる。

問5 2001年の省庁再編に伴い厚生省と労働省が統合されて誕生したマンモス組織。所轄する業務が膨大な量に上がっていることなどから早期の分割を主張する声も聞かれる。経済や産業に関するのは経済産業省，地方自治に関するのは総務省，消費者に関するのは消費者庁(内閣府)。

問6 形や面積が不ぞろいの入り乱れた耕地を整然とした区画に改めること。土地の交換や分合など様々な方法が用いられる。耕地だけでなく道路や用排水路施設を整備，大型の機械の搬入も可能とすることで収穫量の増加を目指す事業。

問7 現在島は全島が住友金属鉱山の所有となっており，住民はおらず従業員は全員新居浜から船で通っている。新居浜から無人島に移したことで新居浜の環境は改善したかもしれないが，汚染そのものが消えてなくなったわけではない。むしろ海上に移したことで汚染範囲が拡大したともいえる。高い煙突を立てて拡散させるといった手法は他の鉱山などでもしばしばみられることだが，それはある種地方のエゴといえなくもない。事実，四阪島移設後も煙害はつづき，最終的には脱硫装置の開発を待つことになったという。ただ，当時の知識，技術の範囲ではある程度しかたがなく伊庭の決断は大いに評価に値するものといえるだろう。

問8 洗濯板は衣類などの洗濯に用いられる波条の板で，日本では大正時代から用いられるようになったといわれる。洗濯機は昭和の初めに作られるようになったが戦後現在のような洗濯機が安価で生産されるようになり一気に普及した。高度成長期の三種の神器がこれである。当初はローラー式の手で絞る形であったが，その後脱水槽と洗濯槽が分かれた二層式が登場することになる。

問9 本来企業とは利益を追求することを目的とした組織である。もちろん安全な製品やサービスを提供するだけでなく，労働者を雇うことで雇用を創出したり，利益を通じて税を納めるといった様々な貢献もしている。しかし，最近ではさらに一歩進んで，環境の保護や地域への貢献といった責任も果たすべきであるとする考え方が増えている。文化活動や芸術活動への補助といったメセナ，ボランティア活動に貢献するフィランソロピーなどの活動をCSR(企業の社会的責任)という。

★ワンポイントアドバイス★

記述問題をスムースに書くには何といっても慣れることが一番である。過去問を含めいろいろな問題に触れることで書くポイントを身につけよう。

＜国語解答＞

一　問一　ウ　　問二　エ　　問三　(例) 勉強は，お金がない家に生まれても親が離婚していても関係なく平等にできるものであり，それによって誰にでも一発逆転のチャンスがあるという点ですごいということ。(77字)　　問四　イ　　問五　エ　　問六　ア
問七　ウ　　問八　イ　　問九　エ　　問十　イ　　問十一　(例) 百井が急いで大人になろうとするのは悪いことではないが，時には子どもらしく遊んで楽しい思いをすることも必要だろうという思いから，最後くらい「俺」と，勉強ではなくてバカみたいな遊びを一緒にしよう(95字)　　問十二　ア　　問十三　エ　　問十四　エ　　問十五　ウ

二　問一　a　推理　　b　一因　　c　以降　　d　鼻　　e　補足　　問二　イ　　問三　ア
問四　お客さんの　　問五　ウ　　問六　エ　　問七　イ　　問八　ウ

○推定配点○
一　問三　6点　　問十一　6点　　他　各5点×13　　二　問一　各3点×5　　他　各4点×7
計120点

＜国語解説＞

一　(小説ー心情理解，内容理解，表現理解，主題)

問一　百井は「ひょっとして，同情した？」と大地に問うているが，同情してもらいたいわけではない。

問二　先生が言った「日本は学歴社会だ。……それってすごいラッキーじゃないか？……一発逆転のチャンスなんだから」という言葉に注目。

重要　問三　「僕ん家ってお金ないんだよね」「結局，小三の時に離婚した。そっから母親とふたりで別の街に移り住んで……」という百井の状況をふまえてまとめる。

問四　問三でとらえた百井の状況に加え，今度は母親と離れることになったという環境をふまえて考える。

問五　百井が自分のこれからと希望をしっかりと語ったことや，——線部5の前の「(百井の) 大人びた横顔が，少しだけ，にくらしかった」「百井がその未来を割り切って，ちっともめそめそしてない」という内容に注目。

問六　——線部6に「そう言い聞かせた」とあることから，大地の心には，日々をたんたんと過ごしていていいのだろうか，という疑問もあることが読み取れる。

問七　「三学期最後の日」つまり，二人が別れる日であることに注意する。

問八　大地が百井に最後にかけた言葉は「ありきたりな一言」であり，「拍子抜けするぐらい，あっさりとした別れぎわだった」ものの，「これで最後なんだから。感動的な，かっこつけられるような何かを」言わなければならない，という重圧からは解放されて，ほっとしてはいる。

問九　「永久にぴんとこないまま，俺は百井のことを，次第に忘れていくんだろう」ということを，大地は「妙に冷静な気持ち」で受け入れようとしている。

問十　「胸に落ちる」は，納得する，という意味。

やや難　問十一　大地はこのあと百井に追いついて，「最後くらい，勉強じゃなくて，くだらねえこと一緒にしようぜ。だって俺ら，まだ中学生じゃんか」と言っている。大地は，「急いで大人になろうと」している百井に対して，最後くらい子どもみたいに遊ぼうと呼びかけてるのである。

問十二　一度別れた百井を追いかけたのは，どうしても言いたいことがあったからである。

問十三　最後の日であることに対して，「くだらねえこと一緒にしようぜ」という言葉は「めちゃくちゃな言い分」だと感じたのである。

問十四　直前の「こんなの，ひとりよがりなんじゃないか，百井はこんなことこれっぽっちも望んでないんじゃないか。そんな不安が，……押し寄せてくる」という内容から考える。

問十五　「きらきらと目を輝かせて，笑っていた」「まるで，とっておきのいたずらを持ちかけられたみたいに。わくわくしてたまらない，……って気持ちが見える」という百井の様子に注目。

二　**（論説文―漢字の書き取り，内容理解，要旨）**

基本　問一　a 「推」の字形に注意する。　b 「一因」は，ひとつの原因，という意味。　c 「以降」の類義語は「以後」である。　d 「鼻」の「自」の部分を「白」としたり，「田」の部分を「日」としないように注意する。　e 「補」の部首は「ころもへん」である。「しめすへん」にしないように注意。

問二　「中瀬さんは，行きつけのお店であってさえ，わざわざ席の数を確認したことはない。ゆえに思い出そうとしても思い出すことができない。それは意識していない，記憶していない情報」とあることに注目。

重要　問三　問二でとらえたように，目の見えない人はテーブルの数を意識していない。これに対して，目の見える人は，テーブルの数を知ることで，「レストランの規模」「店舗の空間的広さやタイプ，料理の価格帯……」などについての情報を得ることができる。

問四　二つあとの段落に「全盲の方がレストランに行くとき」のことが書かれている。

問五　直前の文の「目の見えない人と見える人では経験のパターンが違っており，だからこそ，『自然だ』と感じる描写のパターンも違ってきます」という内容がウに合致している。

問六　「『落ちている』と感じる情報」の具体例が，直後の段落にある。

問七　――線部6の前後の「ベンチ」や「椅子」の具体例によって説明されていることをとらえる。

やや難　問八　最後の二つの段落に書かれている内容がウに合致している。

★ワンポイントアドバイス★

読解問題では，文章が長いうえに細かい読み取りが必要となる。文章が比較的長めなので，早く的確に読み取る力が求められる。読解力を養うには，ふだんから新聞を読んだり，いろいろな小説や随筆，論説文に触れたりすることが大切！

データ対応

収録から外れてしまった年度の
問題・解答解説・解答用紙を弊社ホームページで公開しております。
巻頭ページ＜収録内容＞下方のQRコードからアクセス可。

※都合によりホームページでの公開ができない内容については，
次ページ以降に収録しております。

ウ　人間は自らの経験やすぐれた認知能力にもとづき、いつも自分にしか見えないものを見ようとしているから。

エ　人によって認知のしくみが違うので、自分に見えているものと他人に見えているものは絶対的に異なるから。

問九　――線部8「見えていないものや～芸術を楽しむことができる」とあるが、ここに表れた筆者の考えはどのようなものか。次の中から適当なものを一つ選び、記号で答えなさい。

ア　人間は自分にとって必要なものしか見ていないが、むしろ不要だと思われるものに注意をこらすことこそが、芸術的な感性の高まりをうながすことにつながり、その人だけに見えている世界を自分一人で楽しめるようになるという考え。

イ　人間の認知のしくみにはわかっていない点が多く残されているが、だからこそ人間には無限の可能性があり、私たちが目にしている世界に新たな解釈をもたらす、すばらしい芸術が生み出される楽しみもまた残されているという考え。

ウ　人によって見えているものはそれぞれ違い、そのたくさんの違いの中に宿っている、新鮮な感覚を刺激するようなおもしろさを見過ごさずにとらえることから芸術が生まれ、それに親しむことによって人生もまた豊かになるという考え。

エ　芸術家とはふつうの人と違うものの見方や考え方ができる人のことであるが、そのような感覚を持つ人が多ければ多いほど、目に見える世界を正しく認知できる人が増え、芸術や文化が新たな方向へと発展する原動力になるという考え。

どをしっかり思い起こさないまま探すので、別人であっても似ている人がいたら、瞬時に本人だと認識してしまうから。

イ　ふだんは、一人ひとりの背格好や服装など気にもかけていないのに、待ち合わせのために無理やりあいまいな記憶に頼って探すので、似た別人を本人だと思い違いをしてしまうから。

ウ　待ち合わせの際には、あらかじめ想定している相手の背格好などの情報を付近の人にあてはめようとするので、その情報との共通点が多い人を、目的の相手だと誤解してしまうから。

エ　待ち合わせをしている時は、相手と早く会いたいとあせって注意深く見極めたりしないため、背格好や服装が似ている人がいたら、瞬時に待ち合わせの相手だと早合点してしまうから。

問六　――線部５「それがやがて～目に飛びこんでくるようになった」とあるが、なぜそのようになったのか。その理由として適当なものを、次の中から一つ選び、記号で答えなさい。

ア　何度もきのこの採集をしているうちにきのこの生えている場所もわかってきて、闇雲に歩き回らなくても、探すべき場所を正確に判断して、まちがいなく探せるようになるから。

イ　きのこを採集する経験の中で身につけたさまざまな知識が働くことによって、きのこの生息する場所を、多くの手がかりや確かな根拠を手にしなくても察知できるようになるから。

ウ　自然に生息するきのこを自分の目で見る経験を重ねるうち、倒木のすみや草むらの陰などの見つけにくい場所に生えているものでも、はっきりその形を見分けられるようになるから。

エ　きのこ採集に出かける前に、目的地に関する多くの情報を分析することで、あちこち探し回らなくてもあらかじめきのこの生息しそうな場所を特定したうえで探せるようになるから。

問七　――線部６「ふだんの物のとらえ方と少し違う、原初的な感覚」とあるが、それはどのようなものか。次の中から適当なものを一つ選び、記号で答えなさい。

ア　周囲にただようささいな雰囲気の違いに、自分でも明確に言葉にできないような感覚で反応するような、人々がまだ自然に頼って生きていた時代から持っていたであろうもののとらえ方。

イ　目や耳ではっきり確認する前に、わずかな匂いをかぎとっていちはやくその存在を察知するような、狩猟生活を営んでいたころの人々が持っていたであろう動物的なもののとらえ方。

ウ　対象に関する整理された知識がたくわえられることによって、はっきりと言葉では意識していなくてもなんとなくその存在に気づいてしまうような、言葉を必要としないもののとらえ方。

エ　色や形といった、はっきりと言葉に置きかえられるものに頼らず、肌で感じ取れるわずかな変化だけでものの存在に気づくような、言葉を学習する前の人間のみが持つもののとらえ方。

問八　――線部７「自分の見ている世界がかなり偏ったものである」とあるが、それはなぜか。その理由として適当なものを、次の中から一つ選び、記号で答えなさい。

ア　日常生活の中では、身の安全や目的のために必要な情報以外は、意識的に見ないようにしているから。

イ　その人が見ようとするものや、独自の感覚、持っている一連の知識によって見えるものは異なるから。

イ　白い服と黒い服の選手たちが交わす、バスケットボールのパス回しの見事さに目をうばわれてしまうので、横切ったゴリラが目に入らなくなるから。

ウ　映像に出てくるキャプションにうながされ、ゴリラが現れる瞬間を確かめようとすればするほど、かえってボールの動きに気を取られてしまうから。

エ　私たちは必要なものにしか注意を向けないので、パスの中を横切るゴリラを認識していても、不必要な情報として気に留めないようにしているから。

問三　――線部２「しっかり見ようとすればするほど、見えなくなっている」とあるが、どういうことか。次の中から適当なものを一つ選び、記号で答えなさい。

ア　注意してものを見ようとすればするほど、無駄な力ばかりが入って視野がせまくなり、かえって対象が見えにくくなってしまうということ。

イ　ものの動きが複雑になればなるほど、対象の動きをしっかり追おうとするので、かえって必要な情報がとらえられなくなってしまうということ。

ウ　一瞬も目を離さずに対象の動きを追いかけようとすると、かえって視線が安定せず、動きを正確にとらえられなくなってしまうということ。

エ　真剣に見ようとすればするほど、見ようとする対象に注意が集中することになり、それ以外のものは認識できなくなってしまうということ。

問四　――線部３「人に見えていない『おもしろい』を抽出して表現につなげるのが、アーティストなのだろう」とあるが、それはどのようなことか。次の中から適当なものを一つ選び、記号で答えなさい。

ア　わざわざ注意を向ける必要のない、人に見えていないような情報の方が「おもしろい」のだとわかっていて、いつもその情報に注意をこらしているような人が「アーティスト」なのではないかということ。

イ　ふだんの生活には不要な情報に目を向ける余裕があり、それを自分一人だけでおもしろがっているのではなく、他人にそのおもしろさをわかりやすく説明できる人が「アーティスト」なのではないかということ。

ウ　もともと情報の伝達のためにつくられた人工物以外のものからも情報を読み取ることができ、その中でつねに瞬間ごとの情報の取捨選択をおこなっている人が「アーティスト」なのではないかということ。

エ　生きていくために必要不可欠な情報や記号ではなく、ふだんは人が気にもかけないような物事に関心をいだき、それを魅力的（みりょく）なものとして発信することができる人が「アーティスト」なのではないかということ。

問五　――線部４「背格好の似た別人に遠くから手を振って、気まずい思いをすることもある」とあるが、なぜこのようなことが起こるのか。その理由として適当なものを、次の中から一つ選び、記号で答えなさい。

ア　待ち合わせの相手はよく知っている人で、わざわざその背格好な

だった。5それがやがてなにげなく山道を歩いていても、ふと、きのこが目に飛びこんでくるようになった。

　きのこの好む場所がわかってきただけでなく、きのこを採集するぞ、となると、目がきのこモードになって検出力が上がる感じだ。いわば、きのこスキーマが発動した状態なのだろう。地面や木の d ミキ、倒木のすみ、少し離れた草むらの陰。なんとなく「!」と感じて、よく見ると、そこにきのこがある。

　ときどきバードウォッチングに通っていたこともあって、そのときには鳥の検出力が少し上がった。この場合も、鳥見をするぞ、と思うと目が鳥モードになる。木の上などになんとなく「!」と感じて、にらんでいると、鳥が枝を移る動きで居場所がわかるのだ。もっとも、鳥にくわしい人は、格段にすぐれた鳥察知能力をもっている。一緒に鳥見に行くと、街中の公園でも、こんなに多くの種類の鳥がいるのかと驚かされた。

　生き物の存在を察知するときは、形より先に、質感や動きで察知しているような気がする。あるいはなんか匂う、というときもある。スキーマのなかに、質感や動きや匂いが含まれているからなのだろう。いずれも、「なんとなく」という感じなのは、「何か」として認知する、つまり意味処理される前の認知 e カテイで注意を向けているということなのかもしれない。

　それは、6ふだんの物のとらえ方と少し違う、原初的な感覚のようにも感じる。旧石器時代の人びとや縄文人など、狩猟採集生活をしていた人たちは、おそらく相当感度の高いセンサーをもって、獲物や採集物をとらえていたはずだ。

　数年前、公園でふと「!」のセンサーが働いて、なにげなく上を見た。すると高い木の枝に、なぜかおにぎりがちょこんと置いてあった。手が届かないので写真を撮って拡大してみると、フィルム未開封の直火焼きたらこおにぎりだ。ヒトかカラスか、謎のままだったが、いずれにしても相当うっかりものだ。と思ったが、いや、自分もそういう不要なものに気をとられているから、うっかり電柱にぶつかったりするのだと反省した。

　人間の認知のしくみについて知れば知るほど、絶対的なものなど何もないという気持ちになる。7自分の見ている世界がかなり偏ったものであることには自覚的でいたい。

　でも、8見えていないものやゆがんでとらえているものがたくさんあるからこそ、芸術が生まれ、芸術を楽しむことができるのだと思う。

（齋藤亜矢「要、不要」）

㊟ 映像＝筆者は、これよりも前の部分で「selective attention test」（選択的注意テスト）という動画について説明している。
キャプション＝映像にそえた説明のための字幕。
地衣類＝コケなどの、岩石や樹の上に生育する植物群。
フィールドワーク＝野外など現地で調査や研究を行うこと。

問一　〰〰線部 a ～ e のカタカナを漢字に直しなさい。

問二　〰〰線部 1「白服とボールだけに注意を向けているからゴリラが見えない」とあるが、そのようなことが起こるのはなぜか。その理由として適当なものを、次の中から一つ選び、記号で答えなさい。

ア　ゴリラは目に入ってはいるものの、映像の指令に従ってバスケットボールのパスの回数を数えるために、選手とボールばかりを見ることになるから。

に情報の取捨選択をおこなうのは、a ノウの限られた容量を効率よくつかうためだ。

では、ふだんの生活のなかで必要な情報ってなんだろう。外を歩きながら考えた。道路に出て、まず、ぶつかったり、転んだりしないように気をつけるべきは、段差、電柱などの障害物、すれ違う人の動き。道路を横断するときには、横断歩道の位置や信号の色、近づいてくる車の動きも確認が必要だ。そして目的地に向かうために、案内板や地図を確認し、目印となる曲がり角のパン屋さんやお店の看板を探す。もともと情報を伝達するためにつくられた人工物は要チェックだ。

でも、それ以外の多くのものは、わざわざ注意を向ける必要がないものばかりだった。傘をもつべきか判断するのに晴れか雨か空を見上げる必要はあるが、はるか上空の渡り鳥のV字編隊に気づく必要はない。街路樹は障害物として認識する必要はあるが、㊟地衣類がこっそり彩っていることに気づく必要はない。

今度は公園の森のなかに入る。道路を歩いていたときよりも必要な情報が少なくなり、不要な情報に目を向ける余裕が出てきた。カラスがかっこよく滑空して地面にすとんと舞い降りる瞬間や、アリの巣穴が暗号のように並んでいるところ、クスの木の枝ぶりが、何があったのだろうというような不思議な曲がり方をしているのも目に入る。

ふいに、上から何かくるくると優雅に回りながら落ちてきた。なんだろう、カエデの種かなと思って拾いあげるとブナの木の小枝だ。左右交互に少しねじれてついた葉が、プロペラのような回転の力を生みだしていたのだろう。

おもしろいなあと思った。そして、気づけば「おもしろい」と感じるものはすべて、不要な情報だった。

自分の場合は一人でおもしろがっているだけだけれど、3 人に見えていない「おもしろい」を抽出して表現につなげるのが、アーティストなのだろう。

さて、何が必要で何が不要かは、そのときの行動の目的や周囲の状況によってまったく違う。

たとえば、電車に乗るために急いでいるときには、すれ違う一人ひとりの顔の情報はいちいち必要ない。でも、b カイサツ口で待ち合わせの相手を探しているときには、その付近にいる人の背格好や顔、髪型や服装などに注意を向ける。このとき、相手の顔や容姿についての一連の知識（スキーマ）が呼び起こされ、それと照らしあわせることで、すみやかに認識できる。もっともそのせいで、4 背格好の似た別人に遠くから手を振って、気まずい思いをすることもある。

必要な情報を瞬時に察知して認識するために、その状況や c ブンミャクに関連したスキーマを準備しておく。文章に誤字があっても気づかずに読めてしまうのも、知っている単語のスキーマにあてはめて認識しているからだ。

（中略）

知識が増えるとスキーマも充実するので、わずかな手がかりからでも察知し、認識しやすくなる。この「知る」ことで見えてくるという感覚は、野生生物の㊟フィールドワークのときにも強く実感することだ。

学生のころ、授業をきっかけにしばらくきのこ採集に通っていたら、きのこの察知能力が少し身についた気がした。はじめは山のなかを闇雲にうろうろ、きょろきょろして歩き回り、ようやく見つけるという感じ

る必要はないと、自分で自分の心を落ち着かせようと思っている。

エ　上級生の教室に入っていかなければならないうえに、おこっている佐藤先輩に声をかけるのは緊張するが、自分の思いは必ず伝わるはずだという自信もあるので、堂々とカードを渡そうと思っている。

問十二　――線部12「わたしの伝えたいこと」とあるが、それはどういうことか。解答らんの文末に合うように、二五字以内で答えなさい。

問十三　――線部13「少しきまり悪そうに目をそらされた」とあるが、佐藤先輩はどのような気持ちで「目をそら」したのか。次の中から適当なものを一つ選び、記号で答えなさい。

ア　転校生だった自分には「わたし」の気持ちが分かるはずなのに、腹を立てて冷たく接してしまった自分をかえりみて気はずかしく思う気持ち。

イ　自分が理不尽に腹を立てていて、「わたし」はまったく悪くないにもかかわらず、一方的に謝らせてしまったことに対し申し訳なく思う気持ち。

ウ　心の中では「わたし」のことをまだ許していないのだが、一人前なので謝罪を受け入れざるを得ない状況になってしまい不満に思う気持ち。

エ　本当はもう「わたし」のことなどどうでもいいと考えていたが、はっきりそう言うと「わたし」を傷つけてしまうだろうと気まずく思う気持ち。

二、次の文章を読み、後の問いに答えなさい。

㊟映像は、指令からはじまる。「白い服のグループがパスを回した回数を数えてください」。そして、白い服と黒い服のグループがそれぞれ、バスケットボールでパスを回しはじめる。相手のグループの間を縫うように流動的に立ち位置をずらし、バウンドパスも入れたりするので、結構集中が必要だ。映像が終わると、正解の回数が示される。よし、あたり。ほっとしたところで「ところで、あなたはゴリラを見ましたか？」という㊟キャプションが現われる。ん？　映像が巻き戻し再生される。あろうことか、パスをしている人びとの横から着ぐるみのゴリラが悠々と現れて、真ん中で堂々と胸を叩いてから通り過ぎてゆく。

はじめて見たときは衝撃的だった。あんなに真剣に見ていたのに、まったくゴリラが見えていなかった。

わたしたちはふだん、目に入るたくさんのもののなかから、そのとき必要なものだけを選んで注意を向けている。その「選択的注意」のおかげで、雑踏のなかで知り合いを見つけたり、がやがやした居酒屋で相手の話す声を聞きとったりすることができる。1白服とボールだけに注意を向けているからゴリラが見えない。

（中略）

ちゃんと見ているつもりでも、見えていないものがたくさんある。むしろ、2しっかり見ようとすればするほど、見えなくなっているのだ。見えないゴリラに気づく人も一定数いるが、バウンドのパスとそうでないパスを別々に数えるなど難易度を上げると、気づかない人が増えるという。

無駄な情報を切り捨て、必要な情報だけに目や耳を向ける。瞬間ごと

エ　実は頼りにしていた佐藤先輩に見放され、これからは孤独な学校生活を送るようになるかもしれないということ。

問八　――線部8「わたし……マレーシアに帰りたい」とあるが、そう思ったのはなぜか。その理由を六〇字以上、八〇字以内で説明しなさい。その際、**マレーシアにいたころと日本に帰ってきた今とのちがいが明らかになるようにすること。**

問九　――線部9「その本、私も好きだよ」とあるが、この時七海さんは、沙弥に向かってなぜ「その本」が「好き」だと言ったのか。次の中から適当なものを一つ選び、記号で答えなさい。

ア　中学生のころ、主人公の女の子に自分を重ねてその本を読むことで、自分とは異なる別の人生を味わうことができ、幸せな気持ちになれたから。

イ　昔から本が好きで休日に図書館巡りをしていた時に、この本がたいていの図書館に置いてあり、多くの本の中でも特に親しみを感じていたから。

ウ　中学生のころに感動したその本の凜とした姿を目にすると、大人になった今も身が引きしまる思いがし、司書としての仕事に張りが出るから。

エ　自分が中学生のころ、気持ちのゆれ動くような出来事があった時に、その本が心の支えとなって気持ちが立て直せたという経験があったから。

問十　――線部10「今はそれの逆」とあるが、どういうことか。次の中から適当なものを一つ選び、記号で答えなさい。

ア　マレーシアの日本人学校では日本でよく読んだ本を図書室で見つけることで心が安らいだが、日本に帰ってきた今は、マレーシアでよく読んだ本を図書室で見つけることでつらい気持ちになること。

イ　マレーシアの日本人学校に編入したばかりのころは、日本でよく読んでいた本が図書室にたくさんあったが、日本の学校の図書室ではマレーシアでよく読んでいた本はなかなか見つからないこと。

ウ　日本からマレーシアに行った時には、日本でよく読んだ本を発見してほっとしていたが、マレーシアから日本に帰ってきた今は、マレーシアで読んだ本を日本で見つけて懐かしく思っていること。

エ　マレーシアにも日本の本がそろっていたことでマレーシアも日本と同じだと安心したが、日本でマレーシアにいたころ読んだ本を見つけた今は、マレーシアとちがう日本に不安を感じていること。

問十一　――線部11「怖くない、怖くない。わたしは自分に言い聞かせ、ずんずんと目指す席まで進んだ」とあるが、この時の「わたし」の思いはどのようなものか。次の中から適当なものを一つ選び、記号で答えなさい。

ア　上級生ばかりの教室に入っていくだけでも気後れしそうになるのに加え、気を悪くしている佐藤先輩に話しかけなければならないので、勇気をふりしぼり、自分の心を奮い立たせようと思っている。

イ　上級生の教室に入っていくのは恐ろしかったが、今落ちこんでいるはずの佐藤先輩を元気づけるためには自分がここでふみとどまらなければならないと決意し、自らの気持ちをはげまそうと思っている。

ウ　上級生の教室にたった一人で入っていくことには心細さを感じるが、自分を吟行に誘ってくれた佐藤先輩ならたとえ上級生でも恐れ

つ選び、記号で答えなさい。

ア　朋香たちの前で無理やり吟行に誘う佐藤先輩に対して、ここ数日がまんしてきたイライラが思わず口をついて出てしまったことに気づき、あせっている。

イ　朋香やクラスメイトに短歌を詠む変わり者だと思われるのがはずかしくて、佐藤先輩に失礼なことを言ってしまったことに気づき、申し訳なく思っている。

ウ　朋香やほかのクラスメイトとの友人関係を守ろうとして必死になるあまりに、佐藤先輩にひどいことを言ってしまったことに気づき、後悔（こうかい）している。

エ　朋香と同じクラブに入るために吟行の約束を破ったことで佐藤先輩からおこられるかもしれず、軽はずみな発言だったと気づき、おじけづいている。

問四　――線部4「わたしは少し口をとがらせた」とあるが、これは「わたし」のどのような気持ちを表したものか。次の中から適当なものを一つ選び、記号で答えなさい。

ア　佐藤先輩がわざわざ誘ってくれたのに、教室ではっきり返事をしなかった自分が悪いのだと反省する気持ち。

イ　教室では聞こえないふりをし通したが、実は自分は約束通りに来ていたのだということを強く訴（うった）えたい気持ち。

ウ　吟行を楽しみにしていてずいぶん長い間待っていたのに、佐藤先輩が来てくれなかったことを残念に思う気持ち。

エ　自分から三時半に図書室に来るように言っておきながら、約束をすっぽかした佐藤先輩のことを非難する気持ち。

問五　――線部5「佐藤先輩はわたしのほうを見ず、本の背ラベルに目を向けたまま言った」とあるが、ここには「佐藤先輩」のどのような気持ちが表れているか。次の中から適当なものを一つ選び、記号で答えなさい。

ア　自分と吟行に行くことを他人に知られたくないと「わたし」が思っていると知り、裏切られた思いでおこっている。

イ　自分が吟行に誘うことで「わたし」につらい思いをさせていたと知り、もう二度と迷惑はかけまいと思いつめている。

ウ　自分で誘っておきながら待ちぼうけをくわせたことで、「わたし」に合わせる顔がなく、申し訳ない気持ちでいる。

エ　自分の吟行の誘いを迷惑がったり、反対に吟行に行かないとおこったりする「わたし」の身勝手さにとまどっている。

問六　――線部6「わたし、サイテーだ」とあるが、どのようなところを「サイテー」だと考えているのか。六〇字以上、八〇字以内で説明しなさい。

問七　――線部7「何かもっと大事なものの終わり」とあるが、どのようなことを表しているか。次の中から適当なものを一つ選び、記号で答えなさい。

ア　友達と一緒に悪口を言ってしまったことで、取り返しのつかないほど佐藤先輩を傷つけたかもしれないということ。

イ　佐藤先輩と一緒に吟行に行ったり、親しく接したりするような関係にはもう戻れないかもしれないということ。

ウ　佐藤先輩に目をかけてもらいながら、同級生とも仲よくすることができなくなってしまうかもしれないということ。

た。佐藤先輩に会えるとしたらここだから。

「何？　ジャランジャランって？」

声のほうを見ると、佐藤先輩が本棚に寄りかかって腕組み（うでぐ）をしていた。

「ジャランは、『道』。ジャランジャランで『散歩』っていう意味になります！」

来てくれた。

それだけのことがうれしくて、わたしは図書室なのも忘れて大きな声で答えた。

そして大きく息を吸う。

「ごめんなさい！」

耳にかけていたボブの毛先がぱさりと落ちる。

「わたし、吟行楽しみにしてたのに。なのに、周りにどう見られるか気にして……。すごくかっこ悪かったです。」

「顔上げなよ。もう気にしてないから。」

「ほんとですか。」

佐藤先輩の顔を見ると、13少しきまり悪そうに目をそらされた。

（こまつあやこ『リマ・トゥジュ・リマ・トゥジュ・トゥジュ』）

㊟ タンカード＝短歌を書き留めておくカード。初めての吟行の時に、佐藤先輩から渡された。

問一 ――線部1「じゃ、ないんだけど……、木曜日はちょっと用事があって」とあるが、この時の「わたし」の気持ちはどのようなものか。次の中から適当なものを一つ選び、記号で答えなさい。

ア もともと吟行にはあまり行きたくなかったのだが、かといってその気持ちを朋香にうまく説明するのも難しく、とっさに言葉が出てこないまま混乱している。

イ うそをついてまで朋香の誘いを断ることには抵抗（ていこう）があるが、一方で木曜に吟行に行くかどうかもまだ決めかねており、どっちつかずの気持ちのまま迷っている。

ウ 吟行に行く約束より朋香とかわしたバスケ部見学の約束の方が先だったと思い出し、そのことについてきちんとした言い訳をしなければと思ってあせっている。

エ 木曜に吟行に行くことについては朋香に話したくないのだが、一方で習い事があるとうそをつくこともしたくないので、どう言えばよいか分からず困っている。

問二 ――線部2「この人は短歌を詠むくせに空気を読まない」とあるが、それはどういうことか。次の中から適当なものを一つ選び、記号で答えなさい。

ア 本当は一緒に短歌を詠みに行きたくないという「わたし」の気持ちを、佐藤先輩がまったく分かってくれないということ。

イ クラスのみんなが、佐藤先輩に「督促女王」というあだ名をつけて怖がり、嫌がっていることに気づいていないということ。

ウ クラスのみんなの前で佐藤先輩に話しかけられたくないと思っている「わたし」の気持ちを感じとってくれないということ。

エ 「わたし」が入ろうと思っているバスケ部の活動日が木曜で、吟行に行く日と重なっているのに気づかってくれないということ。

問三 ――線部3「そう言った瞬間、我に返った」とあるが、この時の「わたし」の気持ちはどのようなものか。次の中から適当なものを一

レームの眼鏡の奥の目がどんぐりみたいに丸くて茶色い。

それでも、この人が中学生のころって、きっと十年以上前の話だ。

「私は、昔から本が好きだったから、休みの日は一日中、自転車に乗って図書館巡りをしてたの。たいていの図書館にその本は置いてあった。それがすごく心のよりどころになった。嫌なことや悲しいことがあって自分の心がグラグラになっても、その本は私が行く先々で、どこでも同じ凜とした姿で図書館にある。それを見ると、安心して、私も自分の気持ちを立て直すことができたの。」

マレーシアの日本人学校の図書室にも、この中学校の図書室にも。遠く離れた場所でも、この本は変わらない……。

そういえば、マレーシアの日本人学校に編入したばっかりのころ、日本でよく読んでいた本が図書室にそろっていて、何だかほっとしたっけ。

10今はそれの逆だなんて笑ってしまう。

「佐藤さんね、編入してきたあなたのことを気にしてたよ。佐藤さんも転校生だったから、花岡さんの心配や緊張を和らげようとして、それで吟行に誘ったんじゃないかな。ただ、不器用だから、あんな命令口調になってたけど、花岡さんと仲よくなりたかったんだと思うよ。」

わたしと仲よくなろうと……？

もし、それが本当だったら。単に出席番号が三十一だからだけじゃないとしたら……。

わたしはひどいことを言ってしまった。

そう思ったとき、本鈴が鳴った。

「教室に戻れそう？」

わたしはうなずいた。

教室に戻る途中、埃の転がる廊下を急ぎ足で進みながら考える。

佐藤先輩に謝らなきゃ。

どうにか、仲直りをする方法……。

気持ちを伝えるにはどうすればいい？

月曜日の朝、わたしは三年A組の後ろの扉をそろりと開けた。

佐藤先輩の目印はつややかなロングヘア。教卓の目の前の席で本を開いているのが、すぐ目に入った。

「失礼します！」

思った以上に大きな声が出て、教室にいる人たちの視線がわたしに集まる。

11怖くない、怖くない。わたしは自分に言い聞かせ、ずんずんと目指す席まで進んだ。佐藤先輩は振り返らないままだ。

「あの、これ！」

わたしは(注)タンカードを渡した。

「何？」

「この間の続きを見てみてください。わたしの短歌が書いてあります。」

それだけ言うと、佐藤先輩の言葉を待たずに、教室を出た。

12わたしの伝えたいことは、あの短歌に託してあるから。

『ジャランジャラン　願いを込めてもう一度いっしょに歩いてみたい道です』

伝わりますように。

放課後、待ち合わせているわけじゃないけれど、わたしは図書室にい

トゥドゥンはカラフルで、数人で身を寄せている後ろ姿は、きれいな羽の鳥たちみたいに見えた。

その前でおしゃべりしているのは、わたしたちとよく似た中華系の人たち。（でも、髪型や服のセンスとか、どこか日本人とちがう。）

ドアに寄りかかっているのは、目のぱっちりしたインド系のお兄さんたち。

マレーシア語も、英語も、どこの国か分からない言葉も混ぜこぜで聞こえてきた。

そんな車内から、窓の外の景色以上に目が離せなかった。

タブンカ、なんていう言葉はまだよく知らなかった。でも、一つハッキリ言えることは、わたしの気分がかなり上がったということ。

すごい、すごい、すごい。

暮らし始めると何を見ても新鮮で、サイダーの泡みたいな刺激があった。

扉を完全に閉じる前に走りだしちゃうバス。

舗装がボッコボコのアスファルト。

屋台で売られているカエル肉の料理。

鼻にパンチを食らわすドリアンが山積みになった出店。

バッサバッサと葉が生い茂るヤシの木たち。

大自然と都会がとなり合わせにあって、街の中心にはペトロナスツインタワーと呼ばれるトウモロコシみたいな形のビルがそびえ立つ。

蜘蛛の巣みたいな大きなヒビを窓ガラスに入れたまま走っている電車もあったっけ。

解放感、というのかな。

ここに来ることができてすごくラッキーだと思った。

みんなで同じものを持たなくちゃ、同じようなタイムで走らなきゃ、同じものをおいしいと思わなきゃ。

マレーシアに来る前のわたしはそんな思いにとらわれていた。それは四年生の後半あたりからわたしの胸に蜘蛛の巣のように張りついていた。

でもここは、人とちがっていても仲間外れにされちゃうような場所じゃない。マレーシアで、わたしたち兄妹が入った日本人学校もそうだった。

インターナショナルスクールってガラじゃないよね、とか言ってお父さんとお母さんが決めた学校だったけれど、学年の隔てはなくて自由だった。一つ二つの歳の差なんて気にせず、よく一緒に遊んでいた。

なのに、今のわたしときたら。

人とちがうことを怖がって、人とちがうことを否定して。

こんな自分、嫌だ。

「花岡さん。」

とん、とん。七海さんは横からわたしの背中を優しくたたき、

「9その本、私も好きだよ。」

ほんわかした口調で言った。

「私が中学生のころに発行された本なの。主人公の女の子に、自分を重ねて読んでた。」

わたしはまじまじと七海さんの顔を見る。

大人の人の年齢ってよく分からないけど、七海さんはまだお姉さんって呼べるくらいには若い。白い肌には少しソバカスがあって、赤いフ

何も、ちがわないじゃないか。

下級生からも変わり者扱いされている佐藤先輩と、仲よくしていることを周りに知られるのが嫌だった。

わたしまで変わり者のカテゴリーに入ってしまうと思ったから。

なのに、二人でいるときは仲よくしたいなんて、虫がいい。

佐藤先輩の気持ちなんて考えていなかった。

「わたし、周りから自分がどう呼ばれてるかなんて知ってるよ。いばって督促状を持ってくるから、督促女王。どの教室も、わたしが入っていくと嫌そうな顔をする。」

「わたしは……。」

「いいよ、自分の身を守りなよ。わたしとちがって、中学生活まだまだ続くんだから。居心地いい寝床は必要だよ。」

佐藤先輩はくちびるだけで微笑んでいた。怖いと思った。だってそれは、本当の笑顔じゃないと分かったから。

昼休みだけじゃない、7何かもっと大事なものの終わりのような予鈴が鳴る。

「それじゃあ。」

佐藤先輩はわたしの横をすり抜けた。

「じゃあ七海さん、戻りますね。」

「お疲れさま。今日はもう一人の当番の服部さん来なかったわねえ。」

「来週はサボらないように言っておきます。」

佐藤先輩と七海さんのやり取りが耳に届く。

わたしも教室に戻らなくちゃ。でも、動けない。

そのとき、本棚に並んでいる一冊が目に留まった。

何だか懐かしさが胸に広がって、それがマレーシアの日本人学校の図書室で読んだ小説だと少し遅れて気がついた。

その本を見つめていると、

「あら、花岡さん。もう本鈴鳴るよ。教室戻って……ていうか、どうしたの？」

七海さんに声をかけられた。

「あ、えと、その。これ借りたくて。」

わたしはとっさにごまかし、人さし指をかけて本棚からその本を抜き出した。

この本を胸に抱えて目を閉じたら、マレーシアの日本人学校の図書室にワープできればいいのに。

そんなファンタジーの世界のようなことを考えたら、涙が出てきた。

「この本、マレーシアで通ってた学校の図書室にもあったんです。8わたし……マレーシアに帰りたい。」

わたしは日本に帰ってきてから、周りの目ばかりを気にしている。

どうして。どうして。

わたしは悔しかった。

飛行機で運ばれる間に、自分の性格が変わってしまったような気がする。

マレーシアはいろんな民族がごっちゃに暮らしている多民族国家だ。

わたしは、マレーシアには東南アジア系の顔の人たちだけが住んでいると思っていた。でも、そうじゃなかった。

電車に乗っても、一つの車両にいろんな人たちがいた。

トゥドゥンと呼ばれるベールを被ったイスラム教徒の女性たち。その

「でも、出発って言ってたよ？」

「ああ、うん。なんていうか、まあ……。」

朋香ちゃんの顔に疑問の表情がうかぶ。

「だからバスケ部来られないのか。仲いいんだね。」

「そういうわけじゃないよ！」

わたしは、必死に首を横に振る。

朋香ちゃんを失いたくない。

佐藤先輩へのイライラが募る。

やめて、教室で話しかけないで。わたしまで変わり者だと思われちゃうから。

「無理やり連れていかれるだけなんだよ。ほんとは迷惑！」

3そう言った瞬間、我に返った。

言いすぎた。

わたしがあわてて教室を見回すと、もう佐藤先輩はいなかった。

大丈夫。聞こえてない、よね。

（中略）

放課後、指定された時間に図書室に行くと、どこにも佐藤先輩の姿はなかった。

待ってみるけれど、三時四十五分になっても、四時になっても現れない。

「あの、督そ……、佐藤先輩どこにいるか知りませんか？」

カウンターでパソコンに向かっていた司書の七海さんにきいてみた。

「さあ……今日は見てないね。明日の昼休みは図書委員の当番で来るけど。三年A組の教室のぞいてみたら？」

ああ分かりました、と答えたものの、ちょっと気が引けた。上の学年のクラスをのぞくのってすごく勇気がいる。

図書室から出て、教室の扉にはまっている窓から佐藤先輩の姿を捜した。

いない。数人が窓際に集まって何かしゃべっているだけだった。

残念、かも。

わたしはいつの間にか吟行を楽しみにしていたみたいだ。

翌日の昼休み、佐藤先輩は図書室の書架の整頓をしていた。

「昨日、吟行するんじゃなかったんですか？」

わたし、待ってたんですけど、ということをアピールするように、4わたしは少し口をとがらせた。

「もう行かないよ。」

「え？」

「花岡さんと吟行はしない。」

5佐藤先輩はわたしのほうを見ず、本の背ラベルに目を向けたまま言った。

「わたしといるところを見られるの、嫌なんでしょ？」

ああ。

昨日の給食の時間、自分の口から飛び出た言葉を思い出す。

『無理やり連れていかれるだけなんだよ。ほんとは迷惑！』

あの言葉が聞こえていたなんて……。

6わたし、サイテーだ。

「ごめんなさい。あの……。」

ちがうんです、と言おうとしたけれど、言えなかった。

【国　語】〈五〇分〉〈満点：一二〇点〉

【注意】字数指定のある問いは、句読点なども字数にふくめること。

一、次の文章を読み、後の問いに答えなさい。

花岡沙弥は、中学二年の九月にマレーシアの学校から転校してきた。二学期が始まって早々、中学三年の図書委員で督促女王の異名を持つ佐藤先輩に呼び出され、吟行（短歌を詠むために外へ出かけること）に連れて行かれる。そこで初めて短歌を詠み、興味を持った沙弥は、毎週木曜に佐藤先輩のパートナーとして一緒に吟行に行く約束をするのだが……。

「さーや、今日バスケ部見学に来る？」

翌週の木曜日、給食の時間。朋香ちゃんに言われるまですっかり忘れていた。そういえば誘われていたんだった。

「あ、えーっと。ごめん。今日はちょっと。」

「そっかあ、残念。」

転校生のわたしは、今月中に部活を決めることになっている。部活は強制じゃないけど、中二のほとんどは何かしらの部に入っているみたいだった。

「バスケ部って木曜日が活動日なんだっけ？」

「うん。週二回。月曜と木曜だよ。わりとゆるくて楽なんだ。」

ダメだ、吟行とダブってる。佐藤先輩との吟行は、毎週木曜日だ。

「何か、習い事があるの？」

「1じゃ、ないんだけど……、木曜日はちょっと用事があって。」

佐藤先輩と一緒に短歌を詠むことにしたの、なんて言えない。

だって、督促女王なんて変なあだ名つけられちゃうような人と仲よくしているなんて知られたくない。

そのとき、勢いよく扉が開いた。

振り返らなくても誰か分かる。

だって今日は木曜日。督促女王こと、佐藤先輩が登場する日だ。

一週間前とまったく同じシチュエーション。わたしはとっさに目をそらして、わかめごはんを一気にかき込む。顔が隠れるように、食器を斜めに傾けて。

来るな、来るな、話しかけないでよ。

わたしの願いははねのけられ、

「今日も三時半に図書室でね。」

佐藤先輩がわたしの横で立ち止まって言った。

わたしは聞こえないふりをした。

「聞いてる？　三時半に出発するよ。」

2この人は短歌を詠むくせに空気を読まない。

わたしは、チラリと顔を上げ、

「はい……。」

首をけがしているカメのようにひかえめにうなずいてみせた。

「どこに出発するんすかっ？」

オカモトくんが佐藤先輩にきいた。

「ヒミツ。」

にやっと笑った佐藤先輩が離れると、恐れていた事態がやってきた。

「さーや、今日、督促女王と何の約束してるの？」

「いや、とくに……。」

ウ　筆者は、世の中の秩序や制度によって苦しい立場に置かれている人びとのために構築主義は存在しており、構築主義の立場から現実を見つめ直して、世の中に対する批判の声を上げなければならないと主張している。

エ　筆者はモースの『贈与論』に基づきながら、現代の人間関係をめぐる問題の解決に向けて「贈与」という行為に注目し、また『贈与論』にある「鋭敏な感覚」という言葉を取り上げ、そのような感覚をもつことの重要性にふれている。

オ　エチオピアや大阪の、精神的に「異常」をきたした人と社会との関わり合いについて取り上げた上で、構築主義や贈与論の考え方を手がかりにして、現代社会の今後のあるべき姿について、その道筋をさぐっている。

カ　エチオピアの話は、人と人がつながっている具体例として、大阪の話は、人間関係から物を贈り合う習慣が失われた具体例として提示されており、その後の構築主義や贈与論に関する議論をわかりやすいものにしている。

イ　物事の性質はもともと決まっているとは限らず、社会の習慣によって、また新しい言葉が定着することによって、その多くはつくりだされるものだという考え方。

ウ　物事の性質は、社会の制度や言葉によってどうにでも変化するので、どういう制度をつくるか、どういう言葉を社会に広めるか、注意深くあるべきだという考え方。

エ　物事の性質は、言葉や習慣によってどのようにつくりだされたのかを解明していけば、それが今後どう変化していくのかを予測できるものだという考え方。

問六　――線部４「世の中のバランスを取り戻すには、おそらく、この贈与の力がいる」とあるが、そう言えるのはなぜか。その理由として適当なものを次の中から一つ選び、記号で答えなさい。

ア　他人と関わろうとしない人が増えたことで分断されてしまった世界を修復するには、贈与というモノや行為のやりとりによって、人と人をつなぎ直すことが必要だから。

イ　隣人との関係を軽視する人が増えたことで分断されてしまった世界を修復するには、贈与のもつ相手を従わせる力によって、人びとを地域の課題に関わらせることが必要だから。

ウ　他人との関わりを避ける人が増えたことで分断されてしまった世界を修復するには、贈与というお互いを思いやる営みによって、人びとに鋭敏な感覚を身につけさせることが必要だから。

エ　社会と関わろうとしない人が増えたことで分断されてしまった世界を修復するには、贈与という見返りを求めない行為によって、相手の気持ちを変えることが必要だから。

問七　――線部５「『つながり』を失わせる力」とあるが、その力が強まることによって、人びとはどういう状態になると考えられるか。その説明として適当なものを次の中から一つ選び、記号で答えなさい。

ア　親しくない相手や見ず知らずの他人に気をつかってつながり続けるよりも、お金をはらうことでそれに見合ったサービスを受けて物事を済ませたい誘惑（ゆうわく）に、人びとの多くがとらえられた状態。

イ　よく知らない相手に対し自分とは無関係だと考えることで、たとえその人が苦しんでいるのを見ても助けてあげたいと思わないような、道徳観が働かないあり方が、人びとのあいだに広がった状態。

ウ　他人や社会との元からある関係を保つ意欲さえも弱まってきており、重要でもない人間関係をわざわざ新しく作ることなどなおさら面倒だという心理が、人びとのあいだで共有された状態。

エ　他人と距離をつめて向き合い、よりよい関係を作ろうとしながらも、そこから上下の関係が生じがちであることにやがて疲（つか）れ、人びとの多くが他人に無関心になった状態。

問八　本文の内容・表現・論理展開の説明として**まちがっているもの**を、次の中から**二つ**選び、記号で答えなさい。

ア　大阪の地下鉄の駅で壁に向かって正座し続ける老婆がいたことについて、筆者は彼女と関わろうとしない周りの人々もその状況をつくりだすことに手を貸していると述べている。

イ　筆者は「ストレス」という言葉を例としてあげながら、新しい言葉が導入されることによって、それまで明確にはとらえにくかった不快な感覚がはっきり意識できるようになることを示して、構築主義を説明している。

A　立ち往生
ア　状況を打開するために行ったり来たりすること
イ　左にも右にも移動できず、身動きがとれなくなること
ウ　物事が行きづまりの状態になって対応にこまること
エ　応対の仕方に迷った結果、取り乱してしまうこと

B　ばつが悪そうに
ア　その場を取りつくろえず、気まずい様子で
イ　その状況に興味がもてず、無関心な様子で
ウ　気にくわず、反感を抱いている様子で
エ　自分の行いに対し、責任を取りたくない様子で

問三　――線部**1**「みんな心得たもので、大きな声で『元気にしてるか？』と声をかけたり、『食べていきな』と、食事を出してあげたりする」とあるが、エチオピアの人びとが、「おかしな振る舞いをする」人にこのように接するのはなぜだと考えられるか。その理由として適当なものを次の中から一つ選び、記号で答えなさい。

ア　おかしな振る舞いをする人を必要以上に恐れたり、面倒だと思って避けたりせずに、みんなで関わり続けていけば必ずよくなるということがわかっているから。
イ　おかしな振る舞いをする人に攻撃されたり、からまれたりしないようにするために、ふだんから機嫌をとって少しでも関係をよくしておいた方がよいと思っているから。
ウ　おかしな振る舞いをする人になる可能性は誰にでもあり、元に戻る場合もあることを経験的に知っていて、隣人として関わり続けていくものだと思っているから。
エ　おかしな振る舞いをする人が迷惑をかけても、それは本人のせいではなく病気のせいなので、隣人として病気になる以前の関わり方を続けるのが当たり前だから。

問四　――線部**2**「『ふつう』の世界は、じつは傍らにいる他者によって、つねにその足もとを揺さぶられている」とあるが、このことを説明した次の文の空らんを補う言葉として適当なものを、後の選択肢の中から一つ選び、記号で答えなさい。

異質な他者と関わらないことで保たれる、「ふつう」と信じられている世界は、周りにいながら見なかったことにしている、異質な他者の存在を通じて、（　　　　　）。

ア　すべての人が平等にあつかわれる公平な社会が築けるかどうかを、試され続けているということ
イ　一部の人を無視するような姿勢が許されるのかどうかを、ふだんから追及されているということ
ウ　「ふつう」とそうでない物事を区別することの無意味さを、つねに突きつけられているということ
エ　そういう世界のあり方が本当に当たり前なのかどうかを、いつも問いなおされているということ

問五　――線部**3**「こうした構築主義の視点」とあるが、それはどのような考え方か。次の中から適当なものを一つ選び、記号で答えなさい。

ア　物事の性質はさまざまな作用によってつくり上げられており、社会集団の性質や社会問題を論じる際には、そのさまざまな作用に注目すべきだという考え方。

代にもつながる道徳と経済との関わりを考えようとした。そこには、自己利益の計算だけに終始する世界が出現しつつあることへの危機感があった。

モースは、贈与が法や経済、宗教や美など、社会システム全体に関わる現象だと考えた。本書も、この考え方にならおうと思う。贈与的な行為を、正反対の行為だとされる「商品交換」や「市場」、そして政治の制度である「国家」との関係のなかに位置づけてみる。他者とのモノや行為のやりとりが社会／世界を構築する作業であることを確認しながら、そのどこをどう動かせば変えることができるのか、その手がかりを探したいと思う。

モースは、贈与にはさまざまな側面があると指摘した。それはかならずしも慈愛に満ちた行為とはかぎらない。返礼の義務があるなかで、返せないほどの贈り物を渡して、相手の名誉を傷つけ、従属させる「ポトラッチ」という儀礼もある。でも、たとえ支配と従属であっても、そこには人と人とをつなぐ「関係」ができる。これが贈与の力だ。

モースは言う。「贈り物というのは、与えなくてはならないものであり、受けとらなくてはならないものであり、しかもそうでありながら、もらうと危険なものなのである。それというのも、与えられる物それ自体が双方的なつながりをつくりだすからであり、このつながりは取り消すことができないからである」（『贈与論』岩波文庫、三六九頁）。贈与は怖い。でも、4世の中のバランスを取り戻すには、おそらく、この贈与の力がいる。

世界は、分断されている。「知らない」とか、「関係ない」とか、「敵だから」とか、いろんな認識の壁で分断されている。この関係の断絶は、ぼくらの倫理性を麻痺させる。人を殺すことだって、人が殺されているのを無視することだって、できてしまう。だからこそ、他者に向き合い、その姿にみずからを映しながら、いろんな「つながり」を回復する必要がある。

必要なのは、市民が自分自身について、他者について、社会的現実について、鋭敏な感覚をもつことだ。モースはそう書いている。でも、どうやったらその「鋭敏な感覚」をもてるのか。その「感覚」は「贈与」とどう関係しているのか。それが本書の問いのひとつだ。

モースは言う。私たちの生活は、いまだに贈与と義務と自由とが混ざり合った雰囲気のなかにとどまっている。物には情緒的な価値が備わっていて、貨幣価値に換算される価値だけがあるわけではない、と。たぶん、それは現代の日本でも変わらない。

グローバル市場が㊟席巻したようにみえる世界でも、贈与がもつ「つながり」力は消えたわけではない。それは、5「つながり」を失わせる力との㊟拮抗のなかで、いまもぼくらの世界をつくりだしている。

（松村圭一郎『うしろめたさの人類学』）

㊟ 贈与論＝相手から贈り物を受け取ったり、世話になったりすると、自分だけが利益を得ることをうしろめたく感じて、相手にお礼の品を返そうとする、人間の営みに関する考察。
席巻＝激しい勢いで勢力範囲を広げること。
拮抗＝互いに同じくらいの力で張り合っていること。

問一　═══線部a～eのカタカナを漢字に直しなさい。

問二　〰〰線部A・Bの本文中の意味として適当なものを、次の中からそれぞれ一つずつ選び、記号で答えなさい。

会的に構築されてきた。そう考える。

この考え方は人類学だけでなく、社会学など人文社会科学では、もはやbジョウシキになっている。構築されているのは、「男性」や「日本人」といった社会集団の性質だけにとどまらない。

昔は「ストレス」という言葉はなかった。ところが、いま「ストレス」という語句を使わずに、「あのいやな感じ」を説明することはできない。「ストレス」という言葉が一般化したことで、人の感覚すらも構築されてしまう。ある言葉や概念が、ぼくらがずっとそこにあると信じて疑わない「現実」さえもつくりだす。「児童虐待」や「ストーカー」だって、昔はなかった概念が生まれたことで、はじめて社会問題として構築されてきた。

3こうした構築主義の視点は、既存の秩序や体制を批判するとき、とても有効だった。ジェンダーだったら、性差別を批判し、性差にもとづいた社会制度（婚姻制度や就業慣行など）に正当性がないと主張する有力な武器となった。構築主義が批判理論のひとつとされるのは、そのためだ。

（中　略）

いろんな現象の構築性を批判するのはいい。でも批判のあとには、どこか虚しさが残る。男らしさも、日本人らしさも、社会的に、歴史的に、構築されてきたのはわかった。あらたな概念がつくられると、ぼくらの感覚や物の見方もがらっと変わってしまう。それもいい。で、じゃあどうしたらいいの？　そんな疑問が浮かぶ。

物事の構築性をふまえたうえで、なにをどう変えていけばいいのか。この本では、その問いから考えていこうと思う。

構築主義には、視点を転換する力がある。でも、その核心は「批判」そのものにはない。もっと別のところに可能性があるのではないか。

いまここにある現象やモノがなにかに構築されている。だとしたら、ぼくらはそれをもう一度、いまとは違う別の姿につくりかえることができる。そこに希望が芽生える。その希望が「構築人類学」の鍵となる。

いまの世の中にどこか息苦しさを感じたり、違和感を覚えたりしている人にとって、最初から身の回りのことがすべて本質的にこうだと決まっていたら、どうすることもできない。でもそれが構築されているのであれば、また構築しなおすことが可能だ。

ではどうやって別のものに再構築できるのか？

（中　略）

もちろん簡単に答えは出ない。だから最初に、ぼくら一人ひとりがいま生きている現実を構築する作業にどう関与しているのか、その関わり方を探ることからはじめよう。そこで手がかりになるのが、人と人とがモノや行為をやりとりする「コミュニケーション」だ。

一九二五年に発表されたマルセル・モースの『㊟贈与論』は、人類学の可能性を世に知らしめた古典的cメイチョだ。これまで多くの人類学者が、繰り返し『贈与論』に立ち返って研究を深めてきた。

モースは、まず次のような問いを立てる。dミカイ社会では、どんなeキソクが受けとった贈り物への返礼を義務づけているのか。贈られた物に潜むどんな力が、受けとった人に返礼をさせるのか。

古くから多くの社会で、交換や契約は贈り物のかたちで行われてきた。表面的には自由意志にもとづきながらも、実際には義務として与えられ、返礼されている。モースは、この「義務」の生成に注目して、現

んと関わり合いながら暮らしている。

調査をしてきた村にも、ちょっとおかしな振る舞いをするアブドという名の青年がいた。頭にオレンジ色の紐を巻きつけ、長い木の枝を手に、ぶつぶつとつぶやきながら、ふらっと人の家に入ってくる。1みんな心得たもので、大きな声で「元気にしてるか？」と声をかけたり、「食べていきな」と、食事を出してあげたりする。

あるとき、アブドが隣村の家に火をつけて全焼させてしまった。それでも捕まえられるわけでもなく、村のなかを歩きまわり、他人の家に居候しながら、同じような暮らしを続けていた。みんな彼が問題を抱えていることを知ったうえで、寛容な態度をとっていた。

数年後、村の畑で収穫作業に立ち会っていたときのことだ。刈りとったトウモロコシを袋詰めする若者たちのなかに、見たことのある男がいた。表情も落ち着いて、すっかり見違えている。ちらっとこちらを見上げると、Bばつが悪そうに目をそらし、寡黙に作業を続ける。「あのアブド？」と、隣にいた友人に目配せすると、「よくなったんだ」と微笑む。畑作業などを手伝いながら、自活しはじめたようだ。

他にも精神的におかしくなったり、またもとに戻ったりした村人が何人もいる。人の心は、ときに異変をきたす。そのときは、そのときなりに隣人としての関わり方がある。エチオピアの人びとは、それを日常のこととして経験している。

もちろん、それは生やさしいことではない。私の親しい村の友人も、一時、精神的に「おかしく」なり、家族に暴力をふるいはじめた。困りはてた親族の者がワイヤーで手足を縛り、その鬱血がもとで彼は病院で右手を切断した。一連の経緯を村人たちは、みんな知っている。ああだこうだと意見をぶつけ合いながら、誰もがその出来事のaトウジシャであり続けていた。

日本に生きるぼくらは、どうか。精神に「異常」をきたした人は、家族や病院、施設に押しつけられ、多くの人が日常生活で関わる必要のない場所にいる。どこかで見かけたとしても、「見なかった／いなかったこと」にしている。あるいは、どうしたらいいかわからずに立ち往生する。

数年前に大阪の地下鉄の駅で見かけた小柄な老婆の姿が目に焼きついている。きちんと身だしなみを整えたその女性は、にぎやかな人波に背を向け、小さな布の上で、ひとり壁に向かって正座したまま、じっとしていた。あの女性が社会から孤立しているのは、たぶん彼女だけの選択の結果ではない。私も含め、彼女の姿を視線の隅でとらえながらも、「関わらない」という選択をした多くの人びとが、おそらくは、その現実を一緒になってつくりだしている。

そうして他者と関わらないことで、「ふつう」の人間像、「ふつう」の世界の姿が維持される。ぼくらが、いつもそこにあると信じて疑わない2「ふつう」の世界は、じつは傍らにいる他者によって、つねにその足もとを揺さぶられている。この本が目指す「構築人類学」は、その揺さぶりに寄りそって、別の世界の姿を考える。

構築主義という考え方がある。何事も最初から本質的な性質を備えているわけではなく、さまざまな作用のなかでそう構築されてきた、と考える視点だ。よくあげられる例は、「ジェンダー」だろう。男性は生まれたときから「男らしさ」をもっているわけではない。社会の制度や習慣などによって「男らしさ」を身につけてきた。だから「男らしさ」は社

葉に「私」が言い直したのはなぜか。その理由として適当なものを次の中から一つ選び、記号で答えなさい。

ア　Aの言葉では仕方のない事情で佐奈の誕生日会に行けなくなった印象になるが、Bの言葉では自分の意志に基づいて、佐奈たちの所に行かないと決めたことを示せるから。

イ　Aの言葉では本当は佐奈たちの所に行きたいのに行けない印象になるが、Bの言葉では佐奈の誕生日会に行きたくないと考えていることがはっきりと示せるから。

ウ　Aの言葉では佐奈の誕生日会へ行きたくない意志が表されている印象になるが、Bの言葉では行かないのはわざとではなく仕方のない事情であることを示せるから。

エ　Aの言葉では佐奈たちの所に行きたくない意志を遠回しに示している印象になるが、Bの言葉では佐奈の誕生日会に出席したくないという意志をはっきり示せるから。

問十一　――線部**10**「思わずうなずきそうになるのを抑えて、曖昧にほほえみ返した」とあるが、まゆの言葉に「私」がこのように応じたのはなぜか。その理由を八〇字以上、一〇〇字以内で説明しなさい。

問十二　この文章の中で、藤原さんが作った「サグラダファミリア」の立体カードはいろいろな役割を果たしていると考えられる。その説明として**まちがっているもの**を一つ選び、記号で答えなさい。

ア　サグラダファミリアのカードは、悩んでいる「私」に一歩前へ踏み出す勇気をあたえ、今後の生き方について考えるきっかけをもたらし、「私」をみちびくような役割を果たしている。

イ　サグラダファミリアのカードには、スペインに行ってサグラダファミリアを直接見たいという藤原さんの思いがこめられており、藤原さんの夢を追い求めるひたむきな姿を印象づける役割を果たしている。

ウ　サグラダファミリアのカードには、壮大な教会を設計し、その完成を見ずに亡くなったガウディの生き方が表れており、死ぬまでに完成するかどうかを問題とせず、自分の信じた道を突き進むことの大切さを示す役割を果たしている。

エ　サグラダファミリアのカードは、さっこちゃんがそれをそっとなでる様子に表れているように、さっこちゃんが藤原さんの夢を、映画館を作るという自身の夢と重ね合わせつつ、優しく応援していることを示す役割を果たしている。

二、次の文章を読み、後の問いに答えなさい。

あるときエチオピア南部の小さな町で買い物をしていると、こぎれいな格好をした青年に英語で話しかけられた。彼はニコニコしながら、流ちょうな英語でずっとなにかを話しかけてくる。だが、まるで意味がつかめない。その笑顔もどこかゆがんでいて、なにを考えているのか、読みとれない。

どうしたものかと戸惑ってA立ち往生していると、通りすがりの人が、そっと彼の手を引いて、「おいで」と連れていく。彼も笑顔のまま手を振りながら、離れていった。

エチオピアの田舎には、精神を病んだ人が入院できる医療施設などない。文字どおり、町のなかで「ふつう」に生きている。町の人も、そういう人のことをよくわかっていて、ときに笑いものにしながらも、ちゃ

ア　自分の悩みを母に相談したいという心の弱さに負けてしまったら、これまで通り何でも母に決めてもらう関係のままになってしまうと感じ、母に頼る気持ちを何とかしてふりはらわなければならないと思ったから。

イ　自分の悩みを母に打ち明けたいという気持ちに流されてしまったら、佐渡に来ても友だちとうまく付き合えていないことが父や祖母にまで伝わってしまうと思い、そのことで二人に心配をかけるのをどうにかして避けたいと考えたから。

ウ　自分の悩みを母に聞いてもらいたいという甘えた気持ちになってしまったら、離れていても電話をかけてきて何でも決めようとする母の言いなりになってしまうように思い、怖くてその場に居続けることができなくなったから。

エ　自分の悩みを母に解決してもらおうという人まかせの気持ちになってしまったら、母に頼るまいとして祖母と一緒に努力してきたことが無駄になってしまうように感じ、支えてくれる祖母に対して申し訳なく思ったから。

問八　――線部８「自分の心の中の居場所」とは、どういう場所なのか。その説明として適当なものを次の中から一つ選び、記号で答えなさい。

ア　親の期待や友だちの意向からひとまず距離を置けて、自分と周囲の人との関係を優しい気持ちで見なおすことで、新たな関係を作れる場所。

イ　未来の自分の姿や夢をはっきりと思い描く(えが)ことができ、その姿や夢に向かってすべてを忘れて熱中して取り組むことのできる場所。

ウ　自分の本当に好きなものだけに囲まれてひと息つけ、世間で正しいとされるあり方をこばむことで、自由でいられる場所。

エ　生きていくのにつらさを感じるような時でも、安心できたり自身の内面を見つめなおしたりできて、元気を取り戻せる場所。

問九　――線部９「あきらめさせてくれんもんなんだよね……」とあるが、この言葉から、さっこちゃんは自身の行為をどのようにとらえていると考えられるか。その説明として適当なものを次の中から一つ選び、記号で答えなさい。

ア　映画館を開く夢が強く心に残り続け、そこに向けて挑戦(ちょうせん)することをやめられず、無謀(むぼう)にも実現させて余計な苦労を背負ってここまで来てしまったことを、今はしぶしぶながら受け入れている。

イ　映画館を開くという心の中であたため続けた計画を、夫など身近な人間にさえ相手にされず、自分でもあきらめかけもしたが、もともとの信念を貫(つらぬ)いてついに実現させた達成感を改めてかみしめている。

ウ　自分の奥底にある、映画館を開きたいという強い思いは、時間の経過や他人の言葉、さらには自分自身の心の迷いによってくじけそうになっても、消えたりしなかったことをしみじみとふり返っている。

エ　映画館を開きたいという願望といさぎよくあきらめようという思いがずっと心の中にあり、自分がその願望と断念の板ばさみになって苦しみ続けてきたことを思い返している。

問十　〰〰線部Ａ「やっぱり行けなくなって……」、〰〰線部Ｂ「やっぱり藤原さんと出かけようと思って」とあるが、Ａの言葉からＢの言

の理由として適当なものを次の中から一つ選び、記号で答えなさい。

ア　藤原さんは「私」と一緒に出かける気でいてくれるのに、「私」は藤原さんとの約束を果たせなくなってしまい、そのことが気まずかったから。

イ　藤原さんは「私」と仲良くなりたいと思って祖母の映画館にやって来るのに、「私」は藤原さんと仲良くなれそうもないと感じていたから。

ウ　藤原さんは毎日ブックコーナーに来て一人で何かをしているのだが、「私」にはその行動の目的が理解できず、不思議な人だと思っていたから。

エ　藤原さんは佐奈たちとうまくいっていないのに、「私」はすでに彼女たちとわかり合えており、藤原さんを裏切っているようでうしろめたかったから。

問四　――線部４「藤原さんは、小さい子がママに見せるみたいに、私にカードを広げてみせた」とあるが、ここから藤原さんのどのような性格がうかがえるか。その説明として適当なものを次の中から一つ選び、記号で答えなさい。

ア　相手の反感も気にせず、自分のその時の気持ちをありのままに表現する性格。

イ　親しみを持った相手に対して、無防備なまでに自分から心を開く性格。

ウ　自分に自信があり、小さなことでも人にほめてもらおうとする性格。

エ　本心をあからさまに見せるのではなく、だれに対しても控(ひか)えめにふるまう性格。

問五　――線部５「藤原さんの表情がさっと曇る。〜佐奈の言葉を思い出した」とあるが、この時の「私」は藤原さんの心情をどのように読み取ったと考えられるか。その説明として適当なものを次の中から一つ選び、記号で答えなさい。

ア　藤原さんは、スペイン語を学んでいることを佐奈たちに馬鹿(ばか)にされたことがあるらしく、その悲しみから立ちなおれず、前向きな気持ちになれないでいる。

イ　藤原さんは、スペイン語を学んでいることを佐奈たちに馬鹿にされたことがあるらしく、友だちのことも一切信じられなくなっている。

ウ　藤原さんは、スペイン語を学んでいることを佐奈たちに馬鹿にされたことがあるらしく、そのことが忘れられずに、今でも気にしている。

エ　藤原さんは、スペイン語を学んでいることを佐奈たちに馬鹿にされたことがあるらしいが、それでもかまわないと開きなおっている。

問六　――線部６「(やっぱり……藤原さんとの約束を優先したい)〜ぎゅっと胃が縮む気がした」とあるが、「私」がこのように感じるのはなぜか。その理由を一〇〇字以上、一二〇字以内で説明しなさい。

問七　――線部７「私は力をこめて首を横にふると、逃げるようにリビングから出た」とあるが、「私」がこのような行動を取ったのはなぜか。その理由として適当なものを次の中から一つ選び、記号で答えなさい。

怖(こわ)い。……でも、言うんだ。

「……せっかく誘ってくれたのに、ごめんね」

あのころは、自分を守ることだけで精一杯(せいいっぱい)だった。でも、今はちゃんと言いたい。

「誘ってくれて、うれしかった。ありがとう」

思いきって言うと、佐奈はさっぱりと笑った。

「そっか～。まあ、いちかとの約束が先だったんだから、しょうがないね」

まゆが佐奈の顔色を見ながらこそっと言った。

「でもさ、今度からはいちかには気をつけなよ」

思わずうなずきそうになるのを抑(おさ)えて、曖昧(あいまい)にほほえみ返した。

（高田由紀子『君だけのシネマ』）

㊟ 人生フルーツ＝さっこちゃんの映画館で上映する予定の映画の題名。
サグラダファミリア＝スペインにある、ガウディが設計した教会。
ポップアップカード＝紙を加工して作るカードで、開くとデザインしたものが立体的に飛び出すしかけになっている。

問一 ――線部1「……そうか。だから、誘ってるんだ」とあるが、「私」は佐奈とまゆの誘いをどのように受け取ったのか。その説明として適当なものを次の中から一つ選び、記号で答えなさい。

ア 藤原さんと「私」との出かける約束が大事なものであるとは思わず、佐奈の誕生日会の方が楽しいに違いないと考えて「私」を誘っている、と受け取った。

イ 藤原さんと「私」で出かける約束をしたが、「私」が気乗りしていないと思い、藤原さんと出かけずにすむように、佐奈の誕生日会という口実を作ってくれた、と受け取った。

ウ 藤原さんと「私」が出かける約束をするくらい仲がいいのをうらやんでおり、佐奈の誕生日会に「私」を呼ぶことで「私」を仲間に引き入れようとしている、と受け取った。

エ 藤原さんと「私」とのあいだに出かける約束があることを知った上で、佐奈の誕生日会に誘って「私」が来るかどうかを試そうとしている、と受け取った。

問二 ――線部2「私の心の中で嵐はどんどんひどくなっていった」とあるが、どういうことか。次の中から適当なものを一つ選び、記号で答えなさい。

ア 佐奈たちは表面的には仲良くしてくれるものの、対等の関係ではなく、佐奈たちにひたすら従うような関係しか築けない自分に対して今までにない強い嫌悪(けんお)を感じているということ。

イ 佐奈たちは表面的には仲良くしてくれるものの、実は佐奈たちは自分のことを友だちだと思っていないことがはっきりわかり、悲しい気持ちが強くなる一方であるということ。

ウ 佐奈たちに友だちとして迎(むか)え入れられたものの、友だちとして良い関係が築けるか自信がもてず、この先どうなってしまうのか、不安が強くなってきているということ。

エ 佐奈たちに友だちとして迎え入れられたものの、結局佐奈たちと藤原さんのどちらと仲良くすればよいのかわからず、とまどう気持ちが強くなってきているということ。

問三 ――線部3「まさか、また藤原さんが来てるってことはない……よね？」とあるが、「私」が藤原さんを避けようとするのはなぜか。そ

「学校に、行かなくても？」

さっこちゃんは塔の先端の十字架をそっとなでた。

「居場所は、どこでもいいと思う。外になければ、自分の中に作ればいい」

「自分の中？」

「そう。8自分の心の中の居場所。何もかも忘れて熱中できたり、優しい気持ちになれたり、ほっとしたり、それから……」

「それから？」

「ちょっと強くなれる場所」

さっこちゃんもカードを閉じるとまた開いた。

「私もね、ずっと親の言いつけどおりに生きてきたんだ。本当は大学時代に映画館でずっとアルバイトをしとったし、映画の仕事がしたかった。でも、佐渡にもどって結婚しなさいって親の言うことを素直に守って、役場で働いて……。おじいちゃんに夢を語ったこともあったけど、本気にしてもらえんかったな……」

「さっこちゃんも……ずっとがまんしてたの？」

「私は、がまんしてたっていうより、それが当たり前だと思っとった。思い込もうとしとった」

さっこちゃんがカードを棚の上にもどした。

「でも、本当に好きなことって、だれが何を言っても、何年たっても、9あきらめさせてくれんもんなんだよね……」

さっこちゃんが、いつもスクリーンのある場所を見た。

「映画も、この場所も、なくたってみんな生きていける。元気な時や、守られている時や、必要とされている時は」

私は小さくうなずく。

「でも、そうじゃない時にほっとひと息ついたり、自分を見つめたりできる場所になればいいな……と思って、ここを開いたんだ」

カードを見ながら、私は決心した。

（やっぱり、佐奈たちには、土曜日は行けないって言おう）

翌日、学校へ行くと佐奈たちが来る前に、伝えることを心の中で練習した。

新潟にいた時、アミにはちゃんと伝えられなかったけど、今度は。

朝練の終わった佐奈とまゆが教室に入ってきた。

思いきって立ち上がる。

「佐奈、まゆ、おはよう」

「あ、しおりん、おはよー」

「あの……土曜日のことなんだけど」

「ん？　誕生日会のこと？　あっ、そうだ。うちの場所、知らんかったよね？」

一瞬、佐奈の勢いに巻き込まれそうになる。

「う、ううん。それなんだけど、Aやっぱり行けなくなって……じゃない。ちゃんと、言わなきゃ。

「先に約束してたから、Bやっぱり藤原さんと出かけようと思って」

……言えた。

手に汗がにじむ。

佐奈の顔色が一瞬変わった気がした。まゆも「えっ」という感じで私を見つめた。

と目で私に聞いてきた。

引っ越してからずっと、母からの電話には出なかった。

でも、今日は、なぜか声が聞きたい気がした。簡単に、答えをもらいたくなっている自分がいる。

(お母さん……やっぱり佐奈たちと仲良くしておいた方が、いいかな。佐渡の学校にも居場所がなくなったら、もうどこにも逃げられないし……)

さっこちゃんや父には、心配かけたくない。

佐渡に来てまで、こんなことで悩んでいるなんて。

小さいころは、小学校であったことはなんでも母に相談していた。母に反発を覚えるようになってからも、すべてを母にさらけ出すのが義務のように感じ、やめることができなくなっていた。

返事ができないでいると、さっこちゃんが「ちょっと待ってくださいね」と、受話器を手でふさいで、もう一度私に視線を送ってきた。

(……だめだ。ここでお母さんとしゃべったら、また飲み込まれる)

7私は力をこめて首を横にふると、逃げるようにリビングから出た。ろうかを渡ると、さっこちゃんの声が小さくなっていく。

(さっこちゃん、ごめん)

どうして自分の母親なのに、電話にすら出られないのだろう。

なのに、一瞬、母の声に決断をゆだねてしまいそうになった弱い自分がいやになる。

さっこちゃんの声が聞こえなくなると、大きくため息をついた。

でも、まだ電話が続いていないか耳をすます。何も音がしないのを確認すると、ふーっと力が抜けた。

暗くなったブックコーナーの電気をつけた。

藤原さんの作ったサグラダファミリアのカードが、窓辺に飾られている。

手に取ると、藤原さんが紙を切っていた時のまっすぐなまなざしを思い出した。

藤原さんとしゃべっていると、学校にいた時に吹き荒れていた嵐がやんでいたことも。

ずっと心の奥からせり上がってきていたものが、ゆるゆるとおさまっていったことも。

一度、カードを閉じてまた開くと、白い教会がすっくと立ち上がった。

母と離れたからって、私は何も変わってない。母じゃなくても、声の大きい人に流されようとしているだけ。また、自分の気持ちにうそをつくの？

カードの中の教会は、うす暗い部屋で、白く、強く、まっすぐ立っている。

まるで藤原さんみたいだ。

自分にうそをつかなくていい。だれも、傷つけなくていい。

それって……気持ちいいのかな。藤原さん。

さみしくないのかな。

さっこちゃんが、部屋に入ってきてつぶやいた。

「今日は、藤原さん、ずっと熱心にそれを作っとったねえ」

「学校サボってここに来てたんだね」

私が言うと、さっこちゃんもカードを手に取って、ゆっくり見つめた。

「今の藤原さんは、ここで好きなことしとったらいいって思うな」

「えっ、まだできていないの?」

「うん……ガウディが亡くなってから百年後に完成予定なんだって……。でも、このカードは完成後をイメージして作ってみたんだ」

藤原さんはカードをうれしそうに眺めると、ふーっとため息をついた。

「ああ、完成する前にスペインに行って、本物を見てみたいなあ」

「えっ、完成する前がいいの?」

「造っている途中を見たいの。そして、完成した姿も……」

熱に浮かされたように早口で言う藤原さんの横顔は白く光って、なぜかきれいに見えた。

藤原さんが切った紙や厚紙を掃除すると、下からサグラダファミリアの本とノートが出てきた。

「サグラダファミリアって……まだできていないのに、廃墟みたいな感じもするね」

「うん。だから……好きなのかもしれない」

藤原さんがうなずきながら、ノートをさっと自分の方へ引き寄せた。

ノートの表紙には「español」と書いてあった。

「これ……もしかしてスペイン語?」

5 藤原さんの表情がさっと曇る。

――「なんでスペイン語なんだっつーの!」

はき捨てるような佐奈の言葉を思い出した。

「もしかして、そのノートでスペイン語、勉強してるの?」

「う、うん……。やっぱり少しは読み書きしたり、しゃべれるようになったりしてから行きたいって思って」

「すごい……」

「……勉強は嫌いじゃないけど……学校に行くと疲れる。古い建物を見たり、こういうのを作ったりしとる方が、私は、楽しい」

藤原さんの顔は学校にいる時と全然違って、輝いている。

「ノート、見せてもらっていい?」

（中　略）

「うわっ……」

全然きれいにまとめられてなんかいない。

蛍光ペンを引いたり、線で囲ったりもない。

ひたすら、スペイン語を書きなぐっている。ノートの裏に、うつるくらい。

でも、本当に、スペイン語を身につけたいと思っている気迫が伝わってくる。

私……こんなふうに勉強したこと、なかったな。

ただただ、テストの点数を取るためだけだった。志望校に合格するためだけの勉強だった。

藤原さんは、一人の時間を、前に進むことに、自分の夢のために使っているんだ。

私はひとりぼっちには耐えられないと思って、約束をやぶろうとしているのに。

6 (やっぱり……藤原さんとの約束を優先したい)

でもそう思っただけで、またぎゅっと胃が縮む気がした。

その夜、母から電話がかかってきた。

今度は夕食のあとすぐだったから、さっこちゃんが、「どうする?」

言ってしまったあと、胃から何かがせり上がってくるような気がした。

母の意見に同意できないのに、無理やり「はい」と言わされた時と同じ、苦くて重いものが。

（大丈夫、大丈夫）

スカートに両手をこすりつける。

「やった！」

佐奈とまゆがハイタッチして、私もそれに加わった。

二人がはしゃぐ声がすぐそばで聞こえているのに、遠く感じた。

私は嵐をさけて、どこに行こうとしているんだろう？

そこは、本当に、安心できる場所なんだろうか？

わからないわからないわからないわからない……。

ＯＫの返事をしたのに、2私の心の中で嵐はどんどんひどくなっていった。

帰宅するとすぐに、カフェコーナーをのぞいた。

さっこちゃんはおばさん二人組と、「㊟人生フルーツ」のチラシを見ながら談笑していた。

3まさか、また藤原さんが来てるってことはない……よね？

おそるおそるブックコーナーをのぞくと、すらりとした背中が見えた。

うわ、また来てる！

本当は、そのまま自分の部屋へ行きたい気分だった。でも、土曜日に行けなくなったと言わなきゃいけない。

「藤原さん」

思いきって声をかけると、藤原さんはゆっくりと顔を上げた。白い紙をはさみで切っている。

「何やってるの」

「㊟サグラダファミリアの㊟ポップアップカード、私も作ってみたいと思って」

テーブルの上には、小さな白い紙片が散乱している。藤原さんの手元を見ると、カフェに飾ってあった立体カードとそっくりなサグラダファミリアが完成しつつあった。

「わ、すごい」

藤原さんはカードにメガネがくっつくんじゃないかと思うくらい顔を近づけると、はさみの先端を使って最後の仕上げをした。

「できたあ」

4藤原さんは、小さい子がママに見せるみたいに、私にカードを広げてみせた。精巧なサグラダファミリアがゆっくりと立体的に浮かび上がってくる。

「わあ……」

小さな窓がいくつも細かくていねいに切り抜かれ、鋭い塔が何本も建っている。

「すごい……！　見本なしで作ったの？」

「うん。頭の中に、もうイメージはできてたから」

藤原さんは角度を変えながらカードを眺めて、頬を赤くした。

「サグラダファミリアって……スペインにあるんだよね？」

「うん。二〇二六年に完成する予定なんだって」

【国　語】〈五〇分〉　〈満点：一二〇点〉

【注意】　字数指定のある問いは、句読点なども字数にふくめること。

一、次の文章を読み、後の問いに答えなさい。

新潟（にいがた）市に暮らす「私」（史織（しおり））は、アミたちとの関係がこじれて学校に行けない日が続いていた。中学二年生になる春休みに、「私」は関係の悪かった母親と離れ、父親と佐渡島（さどがしま）へ引っ越す。そして、自宅を改装してカフェコーナーとブックコーナーが付いた小さな映画館を開いている「さっこちゃん」（父方の祖母）の家から島の中学校に通い始め、佐奈、まゆ、藤原さん（いちか）たちと出会った。藤原さんと次の土曜日に出かけることになった「私」が、そのことを佐奈とまゆに伝えると、彼女たちは藤原さんについて話し始めた。

「ねえ、なんでいちかが『廃墟（はいきょ）』って呼ばれとるか知っとる?」

「六年の卒業文集って〝好きなこと〟とか書いたりするじゃん?　あの場所にさ」

佐奈とまゆが顔を見合わせてくすくすと笑った。

「廃墟&（アンド）スペイン語――って書いてあったの。ウケるでしょ」

「廃墟ってなんだよ、って感じ。自分が特別だとでも思ってんのかな」

「しかもさあ、なんでスペイン語なんだっつーの!」

佐奈がおかしさを隠（かく）しきれないという感じで、かん高い声を出す。

「頭はいいらしいけど空気読めんし」

まゆの言い方がどんどんキツくなる。

……うん。わかる。

藤原さんにイラッとするのも、悪口を言い出すと止まらないのも。

私だって、アミと仲の良かった時は、他の子の悪口を言ったことがある。

炭酸を飲んだ時に似ていた。ちょっとだけでやめようと思っても、甘（あま）くて、スカッとして、止められない。

「ねえ、土曜日の午後、部活休みだから、佐奈の誕生日会やろうって言ってるんだ。本当は来週の火曜日なんだけど、ちょっと早めにみんなでお祝いしようって」

まゆが私の両肩（りょうかた）にポンと手を置いた。

えっ……土曜日は誘われてるって言ったよね?

1<u>……そうか。だから、誘ってるんだ。</u>

まゆは誘ってくれただけなのに、真正面から強い風にあおられたみたいに息苦しくなった。

ここで「うん」って言わなきゃ、嵐（あらし）はもっとひどくなるんだろう。

ここで「うん」って言わなきゃ、私はまた一人になってしまうかもしれない。

（中　略）

……簡単だ。

ここで、みんなに、合わせればいいんだ。

私が嫌（きら）われているわけじゃない。藤原さんが嫌われているんだから。

藤原さんのために、またひとりぼっちになるなんて、耐（た）えられない。

心も体も空っぽになって、その中を乾（かわ）いた砂が風に吹（ふ）かれて通りすぎていって、砂すらもなくなって、ザラザラとした感触（かんしょく）だけが残っているような、あんな気持ちにだけは、二度と、なりたくない。

「……うん、じゃあ、私も行っていい?」

うにすること。

エ　ロボットの得意な領域と人間が得意な領域とを冷静に見きわめ、互いに相手の領域をおかさないように役割分担を明確に定めて仕事をすること。

問十一　――線部10『さすが、慣れたもんだね……、こんなところを器用に運転できるんだから……』とつぶやく自動運転システム～あってもいいのだ」とあるが、ここには筆者のどのような考えが表れているのか。次の中から適当なものを一つ選び、記号で答えなさい。

ア　人工知能やロボットも完璧ではあり得ず、それを無条件に信頼してしまうことは、実は思わぬ事故や失敗につながりかねない危険をはらんだことなのだということ。

イ　人工知能やロボットがどれほど高度な機能を備えたとしても、やはり人間にしかできないことは必ずあり、互いに協力していくことは欠かせないのだということ。

ウ　人工知能やロボットにあえて弱点を残しておくことは、人間と人工知能が協働することにつながり、人間の能力を退化させないために必要なことなのだということ。

エ　人工知能やロボットも能力が高いことだけがよいのではなく、人間が参加できる機会を残し、両者の特長を生かしながら課題の解決を目指すのがよいということ。

間にか掃除が終わっているから。

問六　――線部5「そうした高度な関わりにあっては、ロボットはすべての能力を自らのなかに抱え込む必要はない」とあるが、なぜか。その理由として適当なものを、次の中から一つ選び、記号で答えなさい。

ア　すべての能力を身につけてしまえば、向上する余地がなくなってしまうから。

イ　足りない能力があるからこそ、他者の力を引きだすことができるから。

ウ　さまざまな個性と協働できるような能力があれば、それで十分であるから。

エ　完璧に仕事を行う能力があると、いつかは人間の仕事を奪うことになるから。

問七　――線部6「でもどうして、このような連携プレーが可能なのだろう」とあるが、なぜ可能なのか。解答らんの書き出しに続けて、六〇字以上、八〇字以内で答えなさい。

問八　――線部7「それでおしまいということにはならないようなのだ」とあるが、どういうことか。次の中から適当なものを一つ選び、記号で答えなさい。

ア　ロボットに完璧な仕事ができるのなら、人間がする仕事はなくなってしまうということにはならない。

イ　ロボットだけで仕事をこなせるのだから、人間とロボットの共生は必要ないということにはならない。

ウ　ロボットが人間の手を借りることなく、自分一人だけで仕事ができれば十分ということにはならない。

エ　ロボットと人間が仕事を分担することで、持ちつ持たれつの関係が成立するということにはならない。

問九　――線部8「ロボットの高機能さは、～むしろ傲慢さのようなものを引きだしてしまうようなのだ」とあるが、どういうことか。次の中から適当なものを一つ選び、記号で答えなさい。

ア　ロボットが完成されたものになればなるほど、人間が自分たちの弱点を認めようとしなくなってしまうということ。

イ　ロボットの性能が高まれば高まるほど、ロボットに対する感謝や尊敬の気持ちを失っていってしまうということ。

ウ　ロボットの機能が向上すればするほど、面倒な仕事は何でもロボットに押しつけようとしてしまうということ。

エ　ロボットが有能になればなるほど、ロボットがさらに便利で完成されたものとなるように望んでしまうということ。

問十　――線部9「その役割のあいだに線を引いた途端に」とあるが、「役割のあいだに線を引」くとは、どういうことか。次の中から適当なものを一つ選び、記号で答えなさい。

ア　人間が生活していく上での便利さと生きがいのバランスを考えに入れて、ロボットにはどの程度の性能や役割をもたせるべきかを判断すること。

イ　一つの課題を協力してやりとげようとするのではなく、仕事をするのはロボットで人間はそれを使うだけというように立場をはっきりさせること。

ウ　ロボットの弱点を理解し、人間はそれを助ける工夫をしながらも、ロボットが得意とするところは徹底的に任せて手を出さないよ

対するわたしたちの備えや工夫をもっと引きだせるはずなのだ。

同様のことは、いま各方面から期待されつつある人工知能やロボットにも当てはまるものだ。自動で運転をしてくれるクルマというのも便利そうだけれど、いつも強がってばかりいてはどうかと思う。「ちょっと、こんな霧では自信がないなぁ……」とときどき弱音を吐いてくれたら、ドライバーもすこしは手伝ってあげようかという気になることだろう。これでは自動運転システムとはならないだろうけれど、ときにはお互いの〈弱さ〉を補完しつつ、相互の〈強み〉を引きだすという関係性も大切にしたい。「さすが、慣れたもんだね……、こんなところを器用に運転できるんだから……」とつぶやく自動運転システムを横目に、ときには得意顔でドライバーがハンドルを握るような場面があってもいいのだ。

（岡田美智男『〈弱いロボット〉の思考　わたし・身体・コミュニケーション』）

問一　～～～線部a～eのカタカナを漢字に直しなさい。

問二　——線部1「ひとりで勝手にお掃除～いつかは奪ってしまうのではないか」とあるが、そのように考えてしまうのは、ロボットがどのような点ですぐれているからか。次の中から適当なものを一つ選び、記号で答えなさい。

ア　自分の能力や技術を向上させ続けられる点。
イ　難しい計算でもすぐに行うことができる点。
ウ　状況に合わせて臨機応変に行動できる点。
エ　与えられた仕事を正確に実行し続けられる点。

問三　——線部2「わたしたちの心構えもわずかに変化してくる」とあるが、どう考えるようになるのか。次の中から適当なものを一つ選び、記号で答えなさい。

ア　ロボットにたよらず自分だけで何とかしようと考えるようになる。
イ　ロボットが失敗を繰り返す様子を健気だと考えるようになる。
ウ　ロボットのことを仕事を分かち合う相手だと考えるようになる。
エ　ロボットの欠陥を克服しなければならないと考えるようになる。

問四　——線部3「見方を変える」とあるが、どういうことか。次の中から適当なものを一つ選び、記号で答えなさい。

ア　ロボットが人間に活躍の機会を与えてくれているのだと見ること。
イ　人間の手助けがロボットの欠点の克服に役立っていると見ること。
ウ　ロボットの弱点をむしろ人間の弱点を知るヒントとして見ること。
エ　人間とロボットとは互いに助け合うべき存在であると見ること。

問五　——線部4「そこで一緒にお掃除する様子を眺めてみるとおもしろい」とあるが、なぜ筆者は「おもしろい」と感じるのか。次の中から適当なものを一つ選び、記号で答えなさい。

ア　互いの様子をうかがい合ううちに、人間とロボットが力を合わせて掃除を進めていくことになるから。
イ　人間とロボットが試行錯誤を重ねることで、これまでより効率よく掃除が行われるようになるから。
ウ　協力して掃除を進めていくうちに、気がつけば人間とロボットが心を通じ合わせるようになるから。
エ　人間とロボットがそれぞれ得意なことに取り組むうちに、いつの

高まるように思うけれど、一方では〈持ちつ持たれつの関係〉から遠ざかってもいるようだ。

例のお掃除ロボットがもっと完璧にお掃除するものであったらどうだろう。もうコードに巻きついてギブアップすることもなければ、ちょっとした段差であれば大丈夫！　誰の助けも借りることなく、きっちりと仕事をこなしてくれる。そのことでわたしたちの手間もだいぶeハブけることだろう。ただどうだろう、7それでおしまいということにはならないようなのだ。

すかさず「もっと静かにできないの？」「もっと早く終わらないのかなぁ」「この取りこぼしはどうなの？」と、その働きに対する要求をエスカレートさせてしまう。そうした要求に応えるべく、技術者も新たな機能の開発に勤しむことに。8ロボットの高機能さは、わたしたちの優しさや工夫を引きだすのではなく、むしろ傲慢さのようなものを引きだしてしまうようなのだ。

これはお掃除ロボットに限らず、他の家電製品などにも当てはまるものだろう。量販店に並ぶ商品には、「新機能」と称して、毎年のように新たな工夫が加えられる。「今年の電子レンジは、サックリ解凍機能がついてるんです！」との店員のアピールに、「えっ、そのサックリ解凍って、なに？」と思いつつも、なにげなく選んでしまう。同じ価格であれば、その新たな機能がついているというだけで、ちょっと得した気分になるからだろう。そうしたこともあってか、作り手としても手を緩めるわけにいかない。これは、いわゆる〈足し算のデザイン〉の姿であり、認知工学者のドナルド・ノーマンの指摘した「なし崩しの機能追加主義」そのものだろう。「もっと、もっと」という要求のなかで、いつの間にか消耗戦を強いられてしまうことだろう。〈お掃除してくれるロボット〉と〈それを使う人〉、9その役割のあいだに線を引いた途端に、相手に対する要求水準を上げてしまう。こうした図式は、モノとの関わりに限らず、いま至るところに生じているようなのだ。

おばあちゃんの世話をするというなにげない関わりが職業となった途端に、「もっと、もっと」と、相手に対する要求を高めてしまう。その結果、〈介護する人〉と〈介護される人〉とのあいだに垣根が生まれてしまう。あるいは、至れり尽くせりの講義を準備すればするほど、〈教師〉に対して「もっと大きな声で、もっと手際よく」と〈学生たち〉からの要求がエスカレートしてしまうこともある。

こうした場面に遭遇するたびに、お掃除ロボットの気ままさやあっけらかんとした姿もいいなぁと思う。老練な教師ならばすでに心得ているように、「この説明では誰も理解できないだろう……」という講義も何回かに一度は許されてもいい。時には「えっ、なにこれ？　ちょっとわからない、どうしよう……」という学生たちの緊張感も必要だろうと思う。すこし緊張した関係性がむしろ豊かな学びを引きだしているようなのだ。

防災分野などでも「防潮堤の存在ゆえに、住民の避難行動に遅れが生じる」という。津波の災害にあうたびに、「あの防潮堤をもっと高くして！」との要求が高まるけれども、それにも限度はある。「これくらいの高さがあれば、きっと大丈夫！」と防潮堤はいつも強がろうとするけれど、ときには〈弱さ〉を認め、開示することも必要なのだろう。「あれっ、今回はちょっと危ないかも……」と早めにつぶやいてくれたら、それに

白を残してくれている」ともいえるのだ。

4そこで一緒にお掃除する様子を眺めてみるとおもしろい。わたしたちとロボットとは、お互いに部屋を片づける能力を競いあいながら、この掃除に参加している風ではない。どこまで手伝えばいいのか、どのような工夫をすれば、このロボットは最後まで完遂してくれるのか。そうした試行錯誤を重ねるなかで、お互いの得手、不得手を特定しあう。目の前の課題に対して、その連携のあり方を探ろうとする。「相手と心を一つにする」というところまで、まだ距離はありそうだけど、ようやくその入り口に立てたような感じもするのである。

　床の上のホコリを丁寧に吸い集めるのは、ロボットの得意とするところであり、わたしたちに真似はできない。一方で、ロボットの進行を先回りしながら、椅子を並べかえ、c**ショウガイブツ**を取り除いてあげることは、わたしたちの得意とするところだろう。一緒にお掃除しながらも、お互いの〈強み〉を生かしつつ、同時にお互いの〈弱さ〉を補完しあってもいる。

　これも多様性というのだろうか、そこでは部屋の壁、わたしたち、そして健気なお掃除ロボットという、さまざまな個性やそれぞれの技が協働しあっていて心地よい。5そうした高度な関わりにあっては、ロボットはすべての能力を自らのなかに抱え込む必要はない。わたしたちもまた完全である必要はないということなのだろう。

6でもどうして、このような連携プレーが可能なのだろう。一つにはこのロボットの性格から来るものなのではないかと思う。ぶつかるのを知ってか識らずか、部屋の壁に果敢に突き進んでいく。コードに巻きついても、そこからなかなか離れようとはせず、遂にはギブアップ……。そんな失敗をなんどかくりかえしても、懲りることがない。

　そのようなロボットのあっけらかんとした振る舞いに対して、「どうして壁にぶつかると知っていて、ぶつかるのだろう。アホだなぁ……」と思いながらも、いつの間にか応援してしまう。

　先に述べたように、わたしたちの共同行為を生みだすためのポイントは、自らの状況を相手からも参照可能なように表示しておくことである。「いま、どんなことをしようとしているのか」「どんなことに困っているのか」、そうした〈弱さ〉を隠さず、ためらうことなく開示しておくことで、お掃除ロボットは周りの手助けを上手に引きだしているようなのである。

　もう一つのポイントは、相手に対する〈敬意〉や〈信頼〉のようなものではないだろうか。お互いの〈弱い〉ところを開示しあい、そして補いあう。一方で、その〈強み〉を称えあってもいる。このお掃除ロボットは相手を信頼してなのか、その部屋の壁になんのためらいもなく、d**ユダ**ねることをする。一方で、わたしたちも「へー、こんなところのホコリを丹念に吸い集めてしまうわけ?」「すごい、これには敵わないなぁ……」というわけで、「ここはロボットに任せておこう!」ということを徹底させている。

　人とロボットとの共生という言葉があるけれど、自らをわきまえたお掃除ロボットは、わたしたちとのあいだで、持ちつ持たれつという共生をちゃっかり成功させているようなのである。

　ここしばらくの「利便性を追求する」というモノ作りの流れは、個々の〈弱さ〉を克服することに向けられてきたようだ。いわゆる「ひとりでできるもん!」をめざそうというのである。そこで一面的な利便性は

上原はどういうことを伝えようとしているのか。次の中から適当なものを一つ選び、記号で答えなさい。

ア　駅伝には出場したが陸上部に正式に所属していたわけではないのだから、中学校に来ても大田が走る場所は用意できないということ。

イ　中学校に戻ってこなくても、大田が活躍できる場所はいくらでもあるのだから、今は前を向いて新しい道を進んでいってほしいということ。

ウ　中学校で陸上部の部員たちと走るよりも、今は大田のことを必要としている鈴香のために、一生懸命（いっしょうけんめい）走り続ける方が良いということ。

エ　気が進まないのは分かるが、通い慣れた中学校に逃（に）げ込むのではなくて、高校の陸上部で自分の走る場所を見つけるべきだということ。

問十二　――線部12「俺は残っている力すべてを使って、最大限の声援を送ってくれた鈴香たちのもとへ向かった」とあるが、スタートした時とこの時とでは大田の心境に変化がみられ、その変化は「ぱんばって―」という声援を送ってくれていた鈴香が、大田に何かを気づかせてくれたから起きたものでもあると考えられる。大田の心境がどのように変化したのかを、鈴香が大田に気づかせてくれたことに触れながら、八〇字以上、一〇〇字以内で説明しなさい。ただし、次の言葉を必ず用いて答えること。

高校

二、次の文章を読み、後の問いに答えなさい。

1ひとりで勝手にお掃除（そうじ）してくれるロボット。その能力を飛躍（ひやく）的に向上させるなら、わたしたちの仕事をいつかは奪（うば）ってしまうのではないかと心配する向きもある。しかし、もうしばらくは大丈夫（だいじょうぶ）なのではないかと思う。一緒に暮らしはじめてみると、その〈弱さ〉もいくつか気になるのだ。

玄関（げんかん）などの段差から落ちてしまうと、そこからはなかなか這（は）い上がれない。部屋の隅（すみ）にあるコード類を巻き込んでギブアップしたり、時には椅子（いす）やテーブルなどに囲まれ、その袋小路（ふくろこうじ）から抜けだせなくなりそうになる。「アホだなぁ……」と思いつつも、そんな姿になんとなくほっとしてしまう。

こうした関（かか）わりのなかで、2わたしたちの心構えもわずかに変化してくる。ロボットのスイッチを入れる前に、部屋の隅のコードをaタバねはじめる。ロボットの先回りをしては、床（ゆか）の上にbランザツに置かれたモノを取り除いていたりする。いつの間にか、部屋のなかはきれいに片づいている。このロボットの意図していたことではないにせよ、周りの手助けを上手に引きだしながら、結果として「部屋のなかをお掃除する」という目的を果たしてしまう。これも、まさしく〈関係論的なロボット〉の仲間だったのである。

先に述べたように「コードを巻き込んで、ギブアップしやすい」というのは、一種の欠陥（けっかん）や欠点であり、本来は克服（こくふく）されるべきものだろう（じつは、いつの間にかパワーアップされたお掃除ロボットの仲間は、こうした欠点を克服しつつある……）。しかし、その3見方を変えるなら、この〈弱さ〉は、「わたしたちに一緒にお掃除に参加するための余地や余

ウ　高校の部活動だけにしばられることなく、自由に走ったらよいというのはその通りだが、ただ一人で走るのではなく、中学の駅伝の時のように仲間とともに走る喜びを感じたいのだということ。
エ　学校のグラウンド以外でも走れる所はいくらでもあるというのはその通りだが、ただ一人でどこかを走ればよいのではなく、同じゴールに向かって誰かと一緒に走りたいのだということ。

問八　――線部8「レースはどこでだって行われてるよ」とあるが、この上原の発言を説明したものとして適当なものを、次の中から一つ選び、記号で答えなさい。
ア　ただ走るのではなく、自分の力をためすことができる場所を探している大田の気持ちを感じ取り、まずはレースに出たらどうかと提案している。
イ　学校という枠にとらわれて自分の力をもてあましている大田に、学校の外へ目を向けて、広い世界に飛び出していくべきだとすすめている。
ウ　一人で走ることに孤独を感じてきた大田の気持ちを感じ取り、たくさんの人と一緒にゴールを目指すレースへの参加をうながそうとしている。
エ　自分の生きがいを見つけられずにいる大田に、自分をかけることができるものは、実はいたるところにあるということを示してはげましている。

問九　――線部9「あそこで、大田君に必死で手を伸ばしてる子がいるけど」とあるが、上原はどういうことを伝えようとしているのか。次の中から適当なものを一つ選び、記号で答えなさい。
ア　誰かの助けを必要とする時には、年齢に関係なくまずは必死に手を前に伸ばし、助けを求める自分に気づいてもらわなくてはならないということ。
イ　高校生になったのだから、自分を必要とする人が差し伸べる手をしっかりつかむことで、その人の信頼にこたえられる人になってほしいということ。
ウ　中学校を卒業した後であっても、時には誰かが差し出してくれる手をたよりにしながら、自分の生きる道を探していっても良いのだということ。
エ　もう中学生ではないのだから、自分の居場所は自分で見つけるべきだが、たまには大切な人の手を取ることで安らぎを得る時間も必要だということ。

問十　――線部10「あの小さな手は、くたくたになるまで、俺を走らせてくれる」とあるが、どのようなことを表しているのか。次の中から適当なものを一つ選び、記号で答えなさい。
ア　鈴香のためならできる限りのことをしてやりたいと思うほど、今の自分にとって鈴香が大切な存在であるということ。
イ　わがままな鈴香に振りまわされ、あちこち走りまわらされてしまうことで、いつもへとへとになっているということ。
ウ　自分を疲れさせる存在ではあるが、まだ幼い鈴香を放っておくことができずに、つい面倒をみてしまうということ。
エ　いつも全身で何かをうったえ、全力で何かをしようとする鈴香がいとおしく、何でもやってやりたくなるということ。

問十一　――線部11「大田君の走る場所は中学校にはないよ」とあるが、

イ　ただのタイムトライアルだからといまひとつ気合が入っていなかったが、にぎやかな応援を受けて気分が盛り上がり、絶対に勝つんだという気持ちになった。

ウ　弱気になりかけていたところに、自分のことを大切に思ってくれる人の声援を受けたことで、力を取り戻すことができ、まだやれるという気持ちになった。

エ　自分が今こうして走っているのは、自分自身のためだけではないことに気づき、自分を応援してくれる人のためにも全力で走ろうという気持ちになった。

問五　――線部5「崎山はそんな俺に静かに微笑んだ」とあるが、崎山はなぜ「静かに微笑んだ」のか。その理由として適当なものを、次の中から一つ選び、記号で答えなさい。

ア　走ることをやめた今の大田ではもはや自分の相手にはならないだろうと思っていたが、その油断が原因で敗北したことが悔しく、未熟な自分のことを笑いたくなったから。

イ　練習を積んでいない大田にまともな走りができるわけがないと思っていたが、最後まで力をふりしぼって走り抜きゴールに倒れこんだ姿を見て、大田のことを見直したから。

ウ　かつて一度も勝つことができなかった大田に今日こそは必ず勝つと思っていたが、なりふりかまわず全力で走った大田に惜しくも敗れ、悔しくもすがすがしい気分になったから。

エ　地道にトレーニングをしてきた自分の走りに自信を持っていたが、上原の見ている前で大田に自分の実力をほめられたことが気はずかしく、照れくさい気持ちになったから。

問六　――線部6「走り終えたみんなは、穏やかですっきりしたいい顔をしている」とあるが、大田の目にそのように映るのはなぜか。その理由として適当なものを、次の中から一つ選び、記号で答えなさい。

ア　夢中になれるものに全力を注ごうとしている中学生たちの姿は、同じように陸上競技に夢中になっていた自分自身とも重なり、うらやましく、すばらしいものに感じられたから。

イ　好きなことに取り組めるというだけで満足そうな中学生たちの姿は、久しぶりに好きなことに打ち込む喜びを味わった自分自身とも重なり、ほほえましく、心温まる思いがしたから。

ウ　たがいにライバル意識を持ち競い合っている中学生たちの姿は、高校で仲間に恵まれずに孤独な日々を送っている自分とは違って、晴れ晴れとして、楽しそうに見えたから。

エ　結果にとらわれず一つの物事に対してがむしゃらになれる中学生たちの姿は、レースの結果にこだわってしまった自分とは違って、さわやかで、すがすがしいものに思えたから。

問七　――線部7「上原の言うとおりだ。だけど、そうじゃない」とあるが、どういうことか。次の中から適当なものを一つ選び、記号で答えなさい。

ア　学校のトラックよりあぜ道や山道やアスファルトで走る方が向いているというのはその通りだが、ただどこででも走れればよいのではなく、感動できるような走りがしたいのだということ。

イ　学校のグラウンド以外で陸上部が活動をしても校則違反にはならないというのはその通りだが、ただ活動できればよいのではなく、練習やレースを通して充実感を味わいたいのだということ。

ア　久しぶりにタイムトライアルを走るのは不安ではあったが、走り出してみればそんな不安はすぐにふき飛んで、走ることが楽しくてたまらなくなっている。

イ　競技として走るのは久しぶりだが、毎日走っていたことが結果的にはトレーニングになっており、思ったより調子よく走れていることに満足している。

ウ　久しぶりとは言え、上原にみっともない走りは見せたくないと思っていたが、二周目を終え勢いがつき、上原に良いところを見せられると安心している。

エ　久しぶりに走っているのに、一周目と同じラップタイムで二周目を走ることができ、走るリズムを身体が覚えていたことをうれしく思っている。

問二　――線部2「俺とは全然違う毎日を重ねてきたはずだ」とあるが、この時の「俺」の気持ちとして適当なものを、次の中から一つ選び、記号で答えなさい。

ア　高校の陸上部もやめ、ともに走る仲間を失って孤独を感じている自分とは違い、仲間に囲まれて充実した練習を続けてこられた崎山のことをうらやましく思っている。

イ　この二年間まじめに練習したことで大きな成長をとげた崎山に力強さを感じ、ろくに練習してこなかった自分にはとうていかなわないとあきらめの気持ちが生じている。

ウ　それほど努力しなくても中学の駅伝では活躍（かつやく）できた自分とは違い、初めは弱かった崎山がこれほど速く走れるようになるには相当な努力をしたはずだと感心している。

エ　打ちこめることのないままこの二年を過ごしてきた自分をふがいなく思うとともに、その間ひたむきに練習してきたであろう崎山の充実した様子に手ごわさを感じている。

問三　――線部3「いや、それじゃだめだ。これではおもしろくない」とあるが、この時の「俺」の思いとして適当なものを、次の中から一つ選び、記号で答えなさい。

ア　すぐれたペースメーカーである崎山にあわせて走っていくのではなく、常にトップでゴールを目指すような自分本来の走りをしたいと思っている。

イ　正確なラップを刻む崎山の走りに揺さぶりをかけて今後の崎山の成長をうながすような走りをしないと、自分が走る意味はないと思っている。

ウ　一定のリズムに乗って最後まで安定した走りをするのではなく、ペースは崩してでもすべての力を出し切るような走りをしたいと思っている。

エ　たとえこのままのペースに乗って九分台で走るという目標を達成できたとしても、一位でゴールに入らないと意味がないと思っている。

問四　――線部4「お母さんたちの声援の合間に、～繰り返している」とあるが、この声援を受けて、「俺」はどのような気持ちになったか。次の中から適当なものを一つ選び、記号で答えなさい。

ア　お母さんたちや女の子たちのはなやかな応援に乗せられていい気持ちになり、がらにもなく全力をふりしぼってがむしゃらに走ろうという気持ちになった。

のを待ってたら、だめなんだよな……」

　俺がつぶやくのに、上原が、

「そんなこともないんじゃない？　9あそこで、大田君に必死で手を伸ばしてる子がいるけど」

　と笑った。

「あ、ああ。鈴香だ」

　ベンチのほうに顔を向けると、鈴香は「ぶんぶー」と言いながら俺のほうへ手を伸ばしている。練習の邪魔にならないようにと、お母さんたちに押さえられながら、手を振っている。10あの小さな手は、くたくたになるまで、俺を走らせてくれる。どうやら、今は鈴香のもとへ行くことがやるべきことのようだ。

「俺、そろそろ行くわ。あ、そうだ。二学期になったら、たまに駅伝練習見に行ってやろうか」

　俺の申し出に、すぐさま「やめてよ」と上原は首を振った。俺が中学生のときにも、たまに卒業生が来ていたし、駅伝チームにとってもいい刺激になりそうなのに。首をかしげる俺に、

「11大田君の走る場所は中学校にはないよ」

　と上原が言った。

「あんだよ、それ」

「大田君が走るのは、今まで通ってきた場所じゃなくて、これから先にあるってこと。まだ十六歳なんだもん。わざわざ振り返らなくたって、たくさんのフィールドが大田君を待ってるよ」

「そう、なのかな」

　なんとなく教師らしい発言に、俺が素直にうなずくと、

「本当は大田君が来たら、みんなびびって練習にならないしね。それに、金髪で中学校入られたら、教頭先生に文句言われそうだし」

　と上原は肩をすくめた。

「ったく、失礼なやつだな」

「ごめんね。教頭先生に怒られるの面倒だから」

　上原はへへへと笑った。こいつと話していると、本当に気が抜ける。

「ま、ほかの場所探すわ。今年も県大会出てくれよな」

　俺がそう言うと、

「うん。わかった。大田君もがんばって」

　と上原は軽く手を振った。

　がんばってか。すでに努力している相手に失礼な言葉だとか、プレッシャーを与える言葉だとか、小難しいことを言うやつもいる。でも、シンプルでいい言葉だ。「がんばって」そう言葉をかけてくれる人間がいるだけで、自分も捨てたものじゃないと思える。

「ぶんぶー、ばんばってー」

「もう終わったよ」

　愛ちゃんたちに笑われながら、覚えたての言葉を使うのがうれしいのだろう。鈴香は何度も俺にそう叫んでいる。

　よし。アクエリアスを飲んで体も回復したし、最終目的地までダッシュするか。12俺は残っている力すべてを使って、最大限の声援を送ってくれた鈴香たちのもとへ向かった。（瀬尾まいこ『君が夏を走らせる』）

問一　――線部1「いいぞ。俺は自分の体に手ごたえを感じた」とあるが、この時の「俺」の気持ちとして適当なものを、次の中から一つ選び、記号で答えなさい。

もう高校生になってしまった俺は、たかだか３０００メートル走っただけで、完全に体は空っぽで、立ち上がることも声を出すこともできないくらいへばっていた。

「まだまだ走れるんだね」

ようやく立ち上がった俺に、上原が言った。

「そうみたいだな」

俺はトラックを眺めながら答えた。駅伝チームのやつらはタイムトライアルを終え、ジョグを始めている。6走り終えたみんなは、穏やかですっきりしたいい顔をしている。

「大田君もダウンしといたほうがいいんじゃない?」

「いや、いいわ」

「そう? 勢いよく走ってたから、明日体にきそうだけど」

明日まで待たなくても、すでに太ももやふくらはぎは張っている。だけど、さすがに中学生たちと並んでジョグするのは照れる。

「俺、走りたかったんだな……」

俺は一つになって走る八人の背中を見ながら言った。あの中に入りたいわけではない。でも、あんなふうに走れたらいいだろうなとは思う。

「また走ればいいじゃない」

上原が何でもないことのように言った。

「そんなうまくいくかよ。俺の高校の陸上部なんて活動してないのも同然だから。ま、あの高校に入った時点で終わったって感じだけどな」

「大田君、トラック専門に変更したの?」

上原が首をかしげた。

「何も専門でやってねえけど」

「じゃあ、グラウンド以外も走ればいいじゃん。高校の陸上部って、学校のグラウンドしか走っちゃいけないわけじゃないんでしょう。駅伝のときは、校外も走ってたじゃない。あぜ道も山道もアスファルトも」

7上原の言うとおりだ。だけど、そうじゃない。俺はただ走りたいんじゃない。どこでも走ればいいってわけではない。それでいいなら、俺は毎日走ってる。そうじゃないんだ。さっきの３０００メートルみたいに、仲間じゃなくたっていい、友達じゃなくたっていい。誰だっていいから、誰かと同じ場所へ向かって、体を、気持ちを動かしていたい。苦しくて辛くたってかまわない。じっとしてはいられない、体が自然に動くあの衝動。それに従ってみたいんだ。

「まあ、そうなんだけどさ」

どう言っていいかわからず、あいまいに答えると、上原は、

「8レースはどこでだって行われてるよ」

と言った。

「そっか?」

「そうだよ。いつだって、どこだって、だいたい誰かが走ってる。それに、大田君を駆り立てるものだって、そこら中に転がってる」

上原ははっきりと言った。

そうだとして、その場所をどうやって探せばいいのだろう。どうすればそこへたどり着けるのだろう。もう中学生じゃないんだ。義務教育を卒業した俺を、わざわざ引っ張ってくれるやつはいない。この手を自分で伸ばして、この足で向かわなくてはいけない。それはとても難しい。

「もうガキじゃねえんだから、誰かが手を差し伸べて引っ張ってくれる

声が飛んできた。

「おじさん、ファイト！」

愛ちゃんと由奈ちゃんの声だ。

「ほら、しっかりー！　前離れてるよ！」

お母さんたちも大きな声で応援してくれている。

「ばんばってー」

そして、一番よく聞こえるのは、みんなのまねをして叫ぶつたない鈴香の言葉だ。

中学校駅伝のブロック大会。駅伝は6区間もあるから、わざわざ俺が走る2区を応援しにくるやつなど誰もいなかった。他校の選手への声援が飛ぶ中、俺は孤独にそれでもがむしゃらに走っていた。そんな最後の上り坂。声援を浴びた他の選手が加速し、俺を引き離したときだ。担任の小野田の声が聞こえた。「走れ！　お前ならやれる」って。その声で俺の体は、勢いがついたんだっけ。

「前抜けるよ！」

「あと少しファイト！」

4 お母さんたちの声援の合間に、愛ちゃんたちがきゃあきゃあ叫び、そのそばで、鈴香は「ぶんぶー」と「ばんばってー」を繰り返している。ただのタイムトライアル。それなのに、声をかけられると、残された力が沸き立ってくる。まだ余力があったのかと自分で驚くくらい、手にも足にも力が満ちていく。崎山の背中は手を伸ばせば届くところに近づいた。残りは50メートル。ここですべてを出し切ってやる。毎日走ってるやつらには悪いけど、俺はやれるんだ。俺は走りたかったんだ。お前ら以上に、ずっとこんなふうに走りたかったんだ。

「ラストー、ファイト。ここまで」

ゴール地点に、俺は倒れこむように突入した。なりふりかまわずただ前に突っ込んだ。そして、倒れこんだ分だけ、崎山よりわずかに先に走りぬいた。

ゴールした俺はそのまま動けずべたりと座り込んでしまったけれど、崎山は涼しい顔で汗をぬぐっただけだった。

「お前、すごいじゃん」

俺は思わず崎山を見上げて言った。

「負けるわけないって思ってたんですけど……。さすがっすね」

5 崎山はそんな俺に静かに微笑んだ。

「いや、完全にレースはお前の勝ちだわ。あと10メートルでもあったら完敗だ」

俺は正直に言った。最後の最後、ただ声援に乗せられて体が進んだだけだ。

「駅伝では、僕も倒れるまで走ります」

「そんなことしたら、お前ダントツ一位だな」

「ありがとうございます」

崎山は軽く頭を下げると、ほかのやつらに「腕を振れよ」「あと200」などと声をかけ始めた。

すごいよな。中学生って。走りきって疲れた後に、俺に負けて悔しい気持ちのままで、誰かに声を送れるなんて。

俺はその様子を見ながら上原にもらったアクエリアスを飲みほした。

んという正確な走りだろう。その一方で、俺はだんだん息が上がってきた。前を行く色黒のやつも俺と同じように息が乱れている。さすがにこの速度で3キロを走るのはきつい。だけど、9分台で走るには、崎山から離れてはだめだ。俺は腕を軽く振って息を整えると、もう一度足に力を込めた。ここで少し勢いをつけよう。パワーのあるうちに詰めておかなくては。わりいな。俺は心の中でつぶやきながら、すぐ前を走る背中を追い抜いた。

「五周目、76、77、78……、残り二周半」

2000メートル経過。それでも崎山は速くなることも遅くなることもせず、同じ間隔で足を運んでいる。一年生で駅伝練習に参加していたときは、か弱くすぐにバテていたというのに。こいつはこの二年、どれだけ練習を積んできたのだろう。**2**俺とは全然違う毎日を重ねてきたはずだ。うっかり気を抜いたら一気に離されてしまう。俺はしっかりと背中を見つめ、前へ前へ足を運んだ。

「六周経過、この周79、80……。残り一周半」

上原の声が響く。あと600メートルだ。七周目に入って、俺は周回遅れのやつを二人抜いた。そのたびに少しペースが崩れ、息が上がる。先を行く崎山は誰かを抜かしてもペースに変動がない。相変わらずリズムを刻むように走っていく。細いけれど、体幹が鍛えられているのだろう。体はまったくぶれがない。すげえペースメーカーだ。このまま、崎山についていけさえすれば、俺も9分台で3キロを走りきれるだろう。

3いや、それじゃだめだ。これではおもしろくない。この走りは俺の走りとは違う。体が空っぽになっていくあの快感はまだやってきていない。ここでスパートをかけるのは早すぎるし、もう体も疲れかけている。でも、このペースから外れたいと、跳び出したいと体は言っている。あとのことはどうだっていい。体中弾ませて、無鉄砲でも前に向かっていく走り。それが俺の走りだ。それをしなくちゃ走る意味はない。大きく腕を振ると、俺は体ごと前に送り出した。その勢いにちゃんと足も付いてくる。よし、いける。俺は大きく息を吐くと、そのまま崎山を抜き去った。

「あと、一周400メートル」

上原の声が聞こえ、崎山もペースを上げ俺につけてきた。さすが部長だ。まだ余力を残していたんだな。悪いけど、負けてはいられない。体があの夏を思い出して、何度も何度もスパートをかけている。あのころの俺はいつも弾丸のように走っていた。レース展開なんて考えず、ただゴールに向かうことに、ただタスキを渡すことに、必死だった。

「ラスト200、がんばって」

ここからはもう短距離だ。このままゴールまで一息に行こう。だけど、さすがに俺の体は重くなって足の回転が遅くなり出した。むやみにかけたスパートのせいで、息も完全に乱れている。そんな俺に反して、崎山は自分のペースを取り戻し、真後ろにぴったりとついている。そして、「やっぱり正しい走りが一番なんだな」そう思った瞬間に、するりと抜かされてしまった。

当然だ。たまたま調子よく走れていただけで、まじめにやってるやつにかなうわけがない。高校の陸上部もいつのまにかやめて、何ひとつやりきっていない俺が勝てるほどレースは甘くないのだ。どんどん崎山の背中は遠のいていく。こうなったら、二位だけは保たないとな。せめて9分台で走りきろう。そう呼吸を整えて、腕を軽く揺すったところに、

【国　語】〈五〇分〉〈満点：一二〇点〉

【注意】字数指定のある問いは、句読点なども字数にふくめること。

一、次の文章を読み、後の問いに答えなさい。

大田（「俺」）は、何の目標も持てずさえない生活を送っていた中学三年生の時に、先生のすすめで駅伝のチームに入り充実した時間を過ごした。走る喜びを知った大田は、高校で陸上部に入部するが、様々な原因から部をやめて、再び前のようなさえない生活を送ることになってしまった。高校二年生の夏休み、大田はひょんなことからアルバイトとして、先輩の娘である鈴香の面倒を見ることになった。はじめは一歳の鈴香に手を焼くが、次第に打ち解けて、毎日公園で遊ぶようになった。公園では愛ちゃんや由奈ちゃんという友達もできた。そんなある日、大田はいつもの公園で、中学陸上部の先生だった上原や陸上部員と出会う。上原に誘われた大田は、部員たちとタイムレースをすることになったのだが……。

「よーい、スタート」

上原の合図に合わせて、一斉にスタートを切る。俺の体もぐんと前に飛び出る。このトラックを七周半。以前の俺なら9分台で走れただろう。あれから二年。無駄に過ごした時間は、俺をどれくらいなまらせてしまっているのだろうか。俺は自分の体を確かめながら、足を進めた。

連なって走っていたのは200メートルほどで、一周を過ぎるとだいぶ差がついてきた。駅伝練習がスタートして、一ヶ月は経っているのだろうか。中学生たちの走りもそれなりに様にはなっている。それでも、まだ夏休みの時点では長距離を走り慣れてないやつが多いようで、俺より前を走るのは二人だけだ。

一番前を走るのは崎山。一定のリズムを刻みながら進んでいる。完全に走り慣れているし、体に負担がかからないような穏やかな走りだ。もう一人は真っ黒に日に焼けたがっちりしたやつ。駅伝のために集められたのだろう、長距離がなじんでないから体が無駄にはねているけど、スピードがある。体にペースが染みついていけば、力が付きそうだ。

「二周目終了、この周78、79、」

スタート地点を通過すると、ラップタイムを読み上げる上原の声が聞こえた。最初の周とほぼ同じタイムだ。このペースで行けば、3000メートル10分を切れる。なかなかいい速度だ。それに、俺の体はまだどこも疲れてはいない。毎日鈴香の家まで走っているし、ショッピングモールや駅に行くときも走ることが多い。いつもジョグ程度の速さだけれど、心肺は鍛えられているようで、まだ息も上がっちゃいない。それどころか、ここにきて足や腕にエンジンがかかり、勢いを増している。

「三周通過、この周76、77、78……」

1<u>いいぞ。俺は自分の体に手ごたえを感じた。</u>

1200メートルを過ぎても、まだ速度は落ちていなかった。練習を積んだ中学生と対等に走れるなんて思った以上だ。崎山が3メートルほど前を走り、俺の真ん前に色黒のやつが足音を響かせながら走っている。パワフルな走りに、最後まで持つのだろうか、とこっちが心配になってしまう。ほかの六人はだんだん後れを取り始め、半周近くの差が開いているやつもでてきた。

「四周終了、この周77、78」

1600メートルを通過し、俺は上原の読み上げるタイムに、驚いた。一番前を行くすらりとした背中。崎山のペースは一切乱れていない。な

のどのような点か。次の中から適当なものを一つ選び、記号で答えなさい。

ア　現実的な人や物の姿を捨てて色のかたまりで表すことによって、かえって写真以上の現実らしさを生み出す点。

イ　一見してよく分からない形や色なのに、よく見ると何を表しているかがきちんと分かるという錯覚を楽しめる点。

ウ　現実を正確に描写する分かりやすさをはなれて、色や形体の力、筆のタッチから表現内容をこちらに伝えてくる点。

エ　人や物の様子を色彩が勢いよく動くような筆づかいで描くだけなのに、描いたものを分かりやすく表現できている点。

問七　――線部**6**「自分が一段と進化した喜び」とあるが、どのような喜びのことか。次の中から適当なものを一つ選び、記号で答えなさい。

ア　わけの分からないものを苦労して分かったことによって、自分の理解力について新たな自信が生まれた時の喜び。

イ　分かりたがる脳が理解できないような物事に出会い、分からなくても良いのだ、ということに気づいた時の喜び。

ウ　安易に分かったつもりにならず、感覚や心の中に訴えてくるものを受け止め、味わおうとする時に得られる喜び。

エ　分かることをあきらめたはずなのに、むしろその姿勢によって目にした物事の理解に到達することができた喜び。

問八　――線部**7**「俺はもう、あんたにはものを訊ねないよ」とあるが、ここでは大学教授と大作家の間でどのようなすれ違いが起こってしまったと考えられるか。次の中から適当なものを一つ選び、記号で答えなさい。

ア　大学教授は単に質問の正しい答えを求められたと思っていたが、大作家は質問にすぐに答えが返ってくることを求めたのではなく、その疑問に向き合う時間を共有することを求めていたということ。

イ　大学教授はたまたまその質問にすべて答えられてしまったが、大作家はこの大学教授でも知らないことについて楽しく語り合うことによって、親交を深めることを会話の目的と考えていたということ。

ウ　大学教授には自分の博識を自慢するつもりは全くなかったにもかかわらず、大作家はそれが自分の知識を自慢げにひけらかすような、鼻につく態度であると受け止めてしまったということ。

エ　大学教授は大作家の質問に軽い気持ちで答えたが、大作家は質問の答え自体に興味はなく、大学教授が質問に対して真剣に考え、議論してくれる人物かどうかを確かめるために質問をしたのだということ。

問九　══線部**X**「分かっているつもりの画一的思考」とあるが、これに陥らないようにするためにはどのような姿勢が必要だと筆者は考えているか。文章全体の内容をふまえて、七〇字以上、九〇字以内で説明しなさい。

問三　――線部２「それには自然というモデルが参考になります」とあるが、「自然」について考えてみると、「発見的理解」とはどのようなものだと言えるか。次の中から適当なものを一つ選び、記号で答えなさい。

ア　「発見的理解」とは、自然の成り立ち方があらゆるものの基本だと考え、自然の構造からうまく説明できるかどうかを検証することで未知のものを解明し、深い理解に到達するものである。

イ　「発見的理解」とは、自然を少しずつ解明していくことで次第にその全体像が見えてくるように、小さな理解をこつこつと積み重ねていくことで得られる大きな理解を目指すものである。

ウ　「発見的理解」とは、自然を自分の仮説を足がかりに検証を重ねながら解明していくように、これまでのやり方では分からないことも自分で探り見極めながら理解を深めていくものである。

エ　「発見的理解」とは、マニュアルの存在しない自然を解明するために、自分自身の力でマニュアルを作成し、それに従って観察と検証を繰り返すことで深い理解を手に入れるものである。

問四　――線部３「そうやって得られた理解は、その本人にとっての地図になり海図になるのでしょう」とあるが、それはどういうことか。次の中から適当なものを一つ選び、記号で答えなさい。

ア　ヒトと自然に対する深い理解は、自分が世界をどこまで知ることができたか、未知の分野は何なのかということをはっきり示してくれるものになるだろうということ。

イ　ヒトと自然に対する深い理解は、ヒトの歴史とはどのようなものであり、自分たちが様々な感情とどう向き合えばよいかを示してくれるものになるだろうということ。

ウ　ヒトと自然に対する深い理解は、世界とはどのようなものであるのかということを、まるで世界の見取り図のように明解に示してくれるものになるだろうということ。

エ　ヒトと自然に対する深い理解は、ヒトである自分たちはどのように位置づけられるか、どのように生きていけばよいかを示してくれるものになるだろうということ。

問五　――線部４「答えが出ないものへの不断の挑戦」とあるが、それはどういうことか。次の中から適当なものを一つ選び、記号で答えなさい。

ア　音楽は、表現したい感情や思いなどをどうすれば音で表せるか正解があるわけではないので、常にその表現を追求する試みが様々に行われることになること。

イ　音楽は、聞き慣れていない人にとっては少し分かりづらいものなので、どうすれば理解してもらえるか、失敗を繰り返しながら探し続けることになること。

ウ　音楽は、悲しみや喜びなどを表現する際、これが答えだというように完成させてしまうと深みが出ないので、必ずその直前でとどめられることになること。

エ　音楽は、人に理解されることを目的としておらず、より高みを目指して感情に訴えかけるうたや演奏などの技術を向上させながら作られることになること。

問六　――線部５「さらなる高みで感覚に訴えるのが抽象画」とあるが、「さらなる高みで感覚に訴える」ことを可能にしているのは「抽象画」

どの会合に十数名が集まり、誰がどの本の書評を書くか決めるのです。その会合で、あるとき高名な大作家が、若手の文芸評論家で㊟博覧強記で知られた大学教授に、ある質問をしたそうです。すると例によって外国語にも㊟堪能なその教授は、即座にそれはこうこうですと答えました。こんなやりとりが何回も続いたため、大作家は「7俺はもう、あんたにはものを訊ねないよ。何を訊いても知らないことがないのだから、つまらないよ」と、半ば冗談めかして言ったのです。

黒井千次氏は、そこに大作家の本心を感じとった思いがしました。大作家は、相手に、自分が抱く疑問に参加し、一緒に考えてみる姿勢を期待したのに違いなかったからです。そして大作家のその言葉に、謎や未知の事柄に向き合うときの姿勢を読みとって感動したといいます。

（中略）

黒井千次氏は八十代半ばの大作家であり、日本芸術院長もつとめられているので、その意を尽くした文章を味わってもらうために、そのまま引用します。

それにしても、とあらためて考えざるを得なかった。謎や問いには、簡単に答えが与えられぬほうがよいのではないかと。不明のまま抱いていた謎は、それを抱く人の体温によって成長、成熟し、更に豊かな謎へと育っていくのではあるまいか。そして場合によっては、一段と深みを増した謎は、底の浅い答えよりも遥かに貴重なものを内にEヤドしているような気がしてならない。

全くそうです。ネガティブ・ケイパビリティは拙速な理解ではなく、謎を謎として興味を抱いたまま、宙ぶらりんの、どうしようもない状態を耐えぬく力です。その先には必ず発展的な深い理解が待ち受けていると確信して、耐えていく持続力を生み出すのです。

（帚木蓬生『ネガティブ・ケイパビリティ　答えの出ない事態に耐える力』）

㊟ 大御所…ある分野での第一人者として大きな力を持っている人。
信奉…ある学説や主義・主張、特定の宗教などを最上のものと信じて従うこと。
友誼…友情、交友関係のこと。
キーツ…十九世紀に活躍したイギリスの詩人。
対峙…二つの勢力が向かい合っていること。
拙速…出来は悪いが仕上がりは速いこと。
博覧強記…広く書物を読み、いろいろな事をよく記憶していること。
堪能…技能・学芸などにすぐれ、深くその道に通じていること。

問一　～～線部A～Eのカタカナを漢字に直しなさい。

問二　――線部1「浅い理解」とあるが、「浅い理解」にとどまりやすい例に当たるものはどれか。次の中から適当なものを一つ選び、記号で答えなさい。

ア　気象についてよく知るために、通説を知るだけではなく自分でも観測を続けながら気象に対する興味を深める。
イ　戦国時代に活躍した武将たちの様々な逸話を集めることで、戦国時代の全体像を理解していこうとする。
ウ　自分の店のレシピを作るために、いろいろな材料を吟味し、少しずつ改良を加えながら試作を繰り返す。
エ　動物の行動には何か決まりがあるのではないかと考え、生態を調べ、実験を行って自分の考えを確かめる。

の蓄積があっても、不可能だったのです。

これに対して、山鳥先生は発見的理解を推賞します。これには既存の理解や教科書は、あまり役に立ちません。自分で発見していくしかないかたちの理解です。2それには自然というモデルが参考になります。自然にはマニュアルがありません。自然の解明の足がかりとして立てられるとしたら、自分の考えた仮説くらいです。

この仮説にBソって自然を観察し、うまく説明できるかどうかを検証します。この検証には到達点がありません。不断に検証を自ら重ねることによって、深い理解、発見的理解に到達します。

この山鳥先生の見解は、そのまま㊟キーツのネガティブ・ケイパビリティを想起させます。キーツは詩人や作家が、ヒトを含めた自然と㊟対峙したとき、今は理解できない事柄でも、不可思議さや神秘に対して㊟拙速に解決策を見出すのではなく、興味を抱いてその宙吊りの状態を耐えなさいと主張します。ヒトと自然の深い理解に行きつくのには、その方法しかないのです。3そうやって得られた理解は、その本人にとっての地図になり海図になるのでしょう。

キーツがそれまでにない深いかたちで古代を描いた長詩を書き、また現世的な恋愛詩を書くことができたのも、そのおかげでした。

分かりたがる脳が、何やらわけの分からないものを前にして苦しむ実例が、音楽と絵画で見られます。

例えばクラシック音楽を初めて聴いたときなど、多くの人は「分からん」と言ってサジを投げます。しかしもともと音楽など分かるはずはなく、分からなくていいのです。味わうだけです。雄大な景色を味わうようにして、そこに身を浸せばいいだけの話です。晴れた日の山頂からの景色を見て、「分かった」と言う人はいないはずです。

もともと音楽は、分かることなど前提としていません。4答えが出ないものへの不断の挑戦と言っていいでしょう。愛児を失ったどうにもならない悲しみ、あるいは恋人を得たときの喜びを、Cカシや人の声、打楽器や管楽器、弦楽器がそのままうたい上げます。答えを出してはおしまい、というような深みを音で追求していきます。分かることを拒否して、そのずっと奥の心のひだまで音は到達して、魂を揺さぶるのです。

分かることを拒否する点では抽象画も似ています。例えば、南仏のアンティーブでアパートから身を投げ、四十一歳で死んだニコラ・ド・スタールの「サッカー選手」と題された一連の作品があります。赤や黄や白、黒や紺のブロックのかたまりが、せめぎ合っているような画面です。サッカーを描くのであれば、数人がボールを取り合う写真が一番手っ取り早いのでしょうが、ド・スタールの絵は、確実に写真を超えて、そのせめぎ合いが伝わってきます。色と色のブロックがぶつかっているところに、汗が飛び散り、周囲の色からはサポーターの声援も聞こえてきそうです。絵を前にして、見る人はサッカー場にいる錯覚がします。画家の興奮がこちらにも伝わり、応援したくなるような色と形、筆のタッチなのです。

分かることを拒否したうえで、5さらなる高みで感覚に訴えるのが抽象画です。脳はまたそこで、6自分が一段と進化した喜びを味わっているのかもしれません。

もうひとつ、最近心に残った随筆に、作家黒井千次氏の「知り過ぎた人」があります。

黒井氏は若い頃、某新聞の書評委員をDツトめていました。月二回ほ

朝倉くんからも「さえこ」と名前を軽々しく呼ばれてしまうが、祖母からもらった助言を心の支えに努力を始めた今の自分を大事にしていきたいと感じている。

イ　それほど親しくない友達に名前を「さえこ」と呼ばれることはまだがまんできるのだが、活け花を通じて本当の自分を見せたいと思っている朝倉くんには、どうしても本当の名前で自分を呼んでもらいたいと思っている。

ウ　今はまだ自分と呼べるものがしっかりとあるわけではなく、朝倉くんからも本当の名前ではなく「さえこ」と呼ばれてしまうが、いつかきちんと自分を持ち、自分らしい花を活けることができるようになりたいと願っている。

エ　朝倉くんは都合のよいところしか見ていないのに、すべて見通しているかのような調子で「さえこ」と呼ぶのが腹立たしく、もっと真面目な気持ちで「紗英」という人間や「紗英」の花に向き合ってほしいと思っている。

二、次の文章を読み、後の問いに答えなさい。

私は、X分かっているつもりの画一的思考が陥った例として、ピロリ菌の発見をよく思い出します。

慢性胃炎と胃癌の原因とされ、日本人の二人にひとりが持っているピロリ菌が発見されたのは、一九八三年オーストラリアの二人の医師によってです。ヒトの胃から採取したらせん状の細菌の培養に成功したのです。

酸性である胃の中で生息する細菌がいることは、その百年前から散発的に報告されていました。

しかし一九五〇年代になって米国の病理学の㊟大御所が千人以上の胃の生体標本を調べ、細菌は発見できなかったと報告して以来、三十年の長きにわたって、胃酸環境内無菌説が㊟信奉され続けました。

当時、胃の内視鏡が最も発達して、よく使われていたのは日本でした。ですから、国内の何千人もの消化器内科の医師たちは、日々、患者の胃の中をのぞいていたはずです。胃液を採取して顕微鏡で検鏡した医師も、何百人かはいたでしょう。たまたま何か細菌のような物体を見ても、これはゴミか、アーチファクト（人工産物）だと見なして、それ以上の追求はやめていたと考えられます。

まさしく大御所の間違った高説を記憶し、理解し、さっさと片づけたいという欲望が、ピロリ菌の発見を遠ざけたと言えます。

（中略）

私が三十年近く㊟友誼をいただいている方に、Aシンケイ心理学者の山鳥重先生がいます。脳と心のつながりという極めて微妙な問題を、分かりやすい言葉で解き明かしてくれます。

脳が理解する、分かるのはどういうことかについても、素晴らしい記述があります。

山鳥先生によれば、分かるといってもその水準はさまざまで、浅い理解と深い理解があるといいます。1浅い理解でとどまりやすいのは、重ね合わせ的理解です。いわゆる小さなこまごまとした理解を積み重ねて、大きな理解を目ざします。しかし現実は、そううまくいくものではなく、いくら積み重ねても断片のままで残っているのが実情でしょう。

前に述べたピロリ菌の発見も、何千人何十万人という内視鏡検査

単に教室をやめてほしくない。

問八　――線部**8**「母は祭したように穏やかな声になる」とあるが、この時の母の様子はどのようなものか。次の中から適当なものを一つ選び、記号で答えなさい。

ア　紗英は自分の好きなように花を活けたいと思っているが、その方法を分かっていないことが感じられるので、すぐにあきらめないことが大事だということに気づいてもらおうとしている。

イ　紗英は型をうまく身につけられずになやんでいるが、今度もまた紗英に根気がないことが原因だと気づき、ねばり強く取り組んでいけるように、ゆっくり話しながらさとしていこうとしている。

ウ　紗英は自分がどんな花を好きなのか見つけようとしているが、それはみんなと同じことをやりたがらない紗英だからこその問いだと思い、自分で答えを見つけるまで見守ろうとしている。

エ　紗英は花をどう活けたらいいのかなやんでいるが、それはいつものように紗英が決まり事に従うのが苦手なことと関係していると分かるので、そのなやみにやさしく付き合おうとしている。

問九　――線部**9**「その点、囲碁はいい」とあるが、ここに見られる紗英の考えはどのようなものか。次の中から適当なものを一つ選び、記号で答えなさい。

ア　祖母や姉は将棋も囲碁も集中しなければ勝てないと思っているが、紗英は一手もおろそかにできず息が詰まる将棋に対し、囲碁は後から逆転すればいいので簡単だと感じている。

イ　祖母や姉は将棋も囲碁も定石通りに打つことで上達すると考えているが、紗英は囲碁についてはあくまで自分の力で打ちたいので、あえて定石を覚えたくないと考えている。

ウ　祖母や姉は将棋も囲碁も同様に定石を覚えることが大切だと考えているが、紗英は将棋よりも石の置き方一つで形勢が変わる囲碁の方が、性に合っていて好ましいと思っている。

エ　祖母や姉は将棋も囲碁も最短で勝つことこそ美しいと思っているが、紗英は盤上のあちこちで陣地の取り合いがあり、定石が役に立たない囲碁の方により美しさを見出している。

問十　――線部**10**「さえこが本気になる」とあるが、紗英が「本気」になったのはなぜか。七〇字以上、九〇字以内で説明しなさい。

問十一　――線部**11**「意外だったけど、面白くなりそうだ」とあるが、この時の朝倉くんの気持ちはどのようなものか。次の中から適当なものを一つ選び、記号で答えなさい。

ア　紗英が新しい型を作ることに想像以上に本気になったと感じ、力をつけて自分のライバルになると思いうれしくなっている。

イ　紗英が型とは何かを本当に考え始めたと感じ、彼女と手を取り合って活け花をもっと楽しいものにしたいと意気込んでいる。

ウ　すっかり変わった紗英の花から彼女のやる気を感じ、教えがいのある存在になると彼女のさらなる進歩を心待ちにしている。

エ　紗英が本気で活け花に取り組み始めたことに気づき、彼女の活けた花から可能性を感じてこれからの成長に期待している。

問十二　――線部**12**「さえこ、って呼ばないで」とあるが、この時の紗英の気持ちはどのようなものか。次の中から適当なものを一つ選び、記号で答えなさい。

ア　まだ自分の活け花は未熟なため自分の花を活けることができず、

いた。

ウ　活け花は自分の思いなど超えたところにある世界なので、わざと自分の思いとは逆になるように花を活けてみようと考えていた。

エ　自分は型をふまえて思った通りに花を活けることがまだできないので、あえて型を意識せず自由な気持ちで花を活けてみようと考えていた。

問五　――線部5「急に、目の前の花が色褪せて見える」とあるが、それはなぜか。次の中から適当なものを一つ選び、記号で答えなさい。

ア　先生の行動を振り返ってみると、自分に対する愛情がないように感じられて、このまま同じ先生に習い続けることがいやになってしまったから。

イ　今の教室の様子を見ていると、自分と気持ちが同じで理解し合える人がいないように感じられて、このまま教室に通い続けることがむなしくなったから。

ウ　今のやり方のまま花を活けていても、ただ花を型通りに活けることしかできないように感じられて、活け花を習っていることがつまらなくなったから。

エ　先生の言葉を考え直してみても、先生は一つの花の活け方しか認めていないように感じられて、多様な表現が許されないことにうんざりしてしまったから。

問六　――線部6「紗英子なら呼べる」とあるが、それはどういうことか。次の中から適当なものを一つ選び、記号で答えなさい。

ア　「子」をつけることでクラスメイトは気がねなく紗英の名前を呼べるようになり、紗英に対して軽い気持ちで声をかけてかまうことができるようになるということ。

イ　「子」をつけることでクラスメイトは冗談を言うような口調で紗英の名前を呼べるようになり、紗英の本当の気持ちなど考えることもなく軽口を言い合えるようになるということ。

ウ　「子」をつけることでクラスメイトはからかうような気分で紗英の名前を呼ぶようになり、紗英に対して心の中ではばかにして対等には扱わないようになるということ。

エ　「子」をつけることでクラスメイトはアイドルのような存在として紗英の名前を呼ぶようになり、紗英のことをはなやかな女の子として憧れの目で見るようになるということ。

問七　――線部7「自転車置き場まで並んで歩く」とあるが、この時の朝倉くんの気持ちはどのようなものか。次の中から適当なものを一つ選び、記号で答えなさい。

ア　紗英はどう花を活けるべきか迷っているが、周囲には新しい活け花を生み出そうとする紗英の挑戦に共感している者もいて、自分もその一人であることを知ってもらいたい。

イ　紗英は活け花で自分に対抗しようとしているが、まずは自分が身につけてきたものを紗英も習得することが大切で、そのためにはまだまだ教室に通い続けた方がよい。

ウ　紗英が自由な表現を求めているのは理解できるが、たとえ先生個人がきらいでも技術を学ぶことには価値があり、先生に教えを受け続けることの大切さを分かってもらいたい。

エ　紗英がどんな意図で花を活けたのかある程度想像できるが、活け花では自分を表現する前に身につけておくべきことがあるので、簡

つ選び、記号で答えなさい。

ア　頭の中ではこれから活けようとする花の完成図が見えているのだが、それと全く同じように活けられてはいないから。

イ　花を思い通りに活けられる技術が身についたとしたら、そこで花を活ける気持ちよさに自然と気づかされるはずだから。

ウ　たとえ花を思い通りに活けられて気持ちよくなれたとしても、常にまだまだだと思って努力すべきだと思っているから。

エ　花を思うように活けられると、花を活ける気持ちよさが長く続くはずだが、毎回それが感じられているわけではないから。

問二　――線部２「千尋が私の左肘をつついて止めようとしている」とあるが、ここでの紗英、朝倉くん、千尋の関係はどのようなものか。次の中から適当なものを一つ選び、記号で答えなさい。

ア　朝倉くんは自分がまだまだ未熟な花の活け方しかできていないと理解できていて、紗英は自分もそんなかしこさを持ちたいとうらやましがっているが、繰り返し同じような質問をする紗英の様子が彼を困らせているので、千尋は質問をやめさせようと思っている。

イ　朝倉くんは自分の思うように花を活けることができていないと判断できていて、紗英はなぜ彼がそう判断できるのかを知りたがって続けざまに質問をしているが、その様子には少し強引なところが見られるので、千尋は紗英にそれとなく気づかせておこうと思っている。

ウ　朝倉くんは自分が自在に花を活けることができていないと自覚していて、紗英はそんな冷静さを持つためにはどうすればいいかを彼から聞き出そうとしているが、二人の会話があまりかみ合っていないので、千尋は二人の会話に割って入ろうと考えている。

エ　朝倉くんは自分の花を活ける技術はまだ不十分だと気づいていて、紗英は活け花は技術がすべてではないと思っているので彼の考えに疑問を感じているが、紗英の遠回しな言葉が朝倉くんをとまどわせているので、千尋は言い方への注意をうながそうとしている。

問三　――線部３「しょうがないわねえ」とあるが、この時の先生の気持ちはどのようなものか。次の中から適当なものを一つ選び、記号で答えなさい。

ア　紗英の花は型をそれて花の美しさが台無しになっており、真剣に取り組めていない紗英の様子を腹立たしく思う気持ち。

イ　紗英の花には迷いが表れていてまとまりがなく、活け花に集中できていない紗英の様子を困ったものだと思う気持ち。

ウ　紗英の花は花の形や個性が生かされておらず、花の基本形を大事にしていない紗英の様子をいらだたしく思う気持ち。

エ　紗英の花からは活け花を愛する気持ちや情熱が感じられず、面白半分で活けている紗英の様子を許せないと思う気持ち。

問四　――線部４「真剣に考えたらこうなったんだ」とあるが、紗英はどのように考えて花を活けていたのか。次の中から適当なものを一つ選び、記号で答えなさい。

ア　自然の花は自分の思った通りになるものではないので、自分の思いよりも花のあるがままの姿を生かして活けてみようと考えていた。

イ　自分が思った通りに花を活けようとしてもうまくいかないので、できるだけ自分の考えを反映させないで花を活けてみようと考えて

桜並木の土手の上を、自転車を押していく。朝倉くんが川のほうを見ながら前輪ひとつ分だけ前を行く。㊟茴香が無造作に新聞紙に包まれて籠にある。車輪からの振動で黄色い花が上下に細かく揺れている。

「それで今日の花なんだね。10さえこが本気になると、ああいう花になるんだ」

ちょっと振り返るように私を見て、朝倉くんがいう。

「なんだか、意外だ」

意外だなんてよくいう。私のことなんか知らないくせに。ふわふわのところしか見てなかったくせに。

でもさ、といって朝倉くんは自転車と一緒に足を止める。川原のほうを指さして、下りる？と目で訊く。

「11意外だったけど、面白くなりそうだ」

土手から斜めに続く細い土の道を、勢いよく下りはじめる。私は後ろからそろそろと下りる。自転車のハンドルを握って、勢いがつかないよう力を込める。一歩一歩踏みしめて、それでも最後は駆け足になる。自転車が跳ね、籠から茴香が飛び上がった。

下りきったところに朝倉くんはスタンドを立てる。私が隣に自転車を停めるのを待って、川縁のほうへ歩き出す。

「さえこが本気になるなんて」

「12さえこ、って呼ばないで。ほんとうの名前はさえこじゃないの」

朝倉くんがゆっくりとこちらを向くのがわかる。私は川面が新しくなったり古くなったりしながら流れていくのを眺めている。

「知ってるよ」

「じゃあ、ちゃんと名前で呼んで。これがあたし、っていえるような花を活けたいと思ってるの。さえこじゃないの」

「うん」

「さえこじゃなくて、紗英の花。まだまだ、遠いけど」

さえこの花は、といいかけた朝倉くんが、小さく咳払いをして、いい直す。

「紗英の花は、じっとしていない。今は型を守って動かないけど、これからどこかに向かおうとする勢いがある」

「型通りに活けたのに？」

聞くと、大きくうなずいた。

「俺、ちょっとどきどきした」

どきどきした、と朝倉くんがいう、その声だけでどきどきした。朝倉くんがまた川のほうを見る。太陽が水面に反射してまぶしい。

（宮下奈都「まだまだ、」）

㊟
逸脱…あるべき姿から外れてしまうこと。
剣山…花や枝の根もとを刺して固定するための土台として使う活け花の道具。
不遜…相手に対してへりくだる気持ちがないこと。思いあがっていること。
定跡・定石…過去の様々な対局の研究により、最善とされ、定型となった将棋や囲碁の指し方や戦法。
棋譜…囲碁・将棋で対局の手順を数字や記号で表した記録。
耳朶…耳たぶ、また耳そのものをいう。
茴香…セリ科の多年草。

問一　――線部1「まだまだ、って、どうしてわかるの」とあるが、なぜ朝倉くんは「まだまだ」だと言うのか。次の中から適当なものを一

「いいもん、将棋なんか、勝てなくてもいいもん」

姉たちは将棋も強かった。たったひとつの玉を目指して一手ずつ詰めてゆく。ふたりが盤の上できれいな額をつきあわせ、意識を一点に集中させてゆくと、傍にいるだけで息が苦しくなった。**9**その点、囲碁はいい。盤上のあちこちで陣地の取り合いがある。右辺を取られても左辺が残っている。石ひとつでも形勢が変わる。将棋よりずっと気持ちが楽だ。

「囲碁でもおんなじ。㊟定石無視してるから強くなれないのよ。いっつもあっという間に負かされてるじゃない。長い歴史の中で切磋琢磨してきてるわけだからね、定石を覚えるのがいちばん早いの」

「早くなくてもいい」

ただ楽しく打てればいい。そう思って、㊟棋譜を覚えてこなかった。数え切れないほどの先人たちの間で考え尽くされた定石がある。それを無視して一朝一夕に上手になれるはずもなかった。

「それがいちばん近いの」

「近くなくてもいい」

姉は根気よく言葉を探す。

「いちばん美しいの」

美しくなくてもいい、とはいえなかった。美しくない囲碁なら打たないほうがいい。美しくないなら花を活ける意味がない。

「紗英はなんにもわかってないね」

祖母が呆れたようにため息をつく。

「型があるから自由になれるんだ」

自分の言葉に一度自分でうなずいて、もう一度繰り返した。

「型があんたを助けてくれるんだよ」

はっとした。型が助けてくれる。そうか、と思う。そうだったのか。毎朝毎朝、判で押したように祖母がラジオ体操から一日を始めることに、飽きることはないのかと不思議に思っていた。そうじゃなかったんだ。毎朝のラジオ体操が祖母を助ける。つらい朝も、苦しい朝も、決まった体操から型通りに始めることで、一日をなんとかまわしていくことができたのかもしれない。楽しいことばかりじゃなかった祖母の人生が型によって救われる。そういうことだろうか。

「いちばんを突き詰めていくと、これしかない、というところに行きあたる。それが型というものだと私は思ってるよ」

今、何か、ぞくぞくした。新しくて、古い、とても大事なことを聞いた気がした。それはしばらく㊟耳朶の辺りをぐるぐるまわり、ようやく私の中に滑り込んでくる。

型って、もしかするとすごいものなんじゃないか。たくさんの知恵に育まれてきた果実みたいなもの。齧ってもみないなんて、あまりにももったいないもの。今は型を身につけるときなのかもしれない。いつか、私自身の花を活けるために。

今は修業のときだ。そう思ったら楽しくなった。型を意識して、集中して活ける。型を身体に叩き込むよう、何度も練習する。さえこも紗英も今はいらない。型を自分のものにしたい。いつかその型を破るときのために。

「本気になったんだ」

私の花を見て、朝倉くんがつぶやいた。

「うん」

嘘をついた。やめてもいいかな、とちょっと思っていた。曲がりなりにも活けた花を、有無をいわせず全部抜かれたらやっぱりめげる。

でも、朝倉くんが笑顔になった。

「そうか、よかった。せっかくなんだから、やめるなよ」

「ありがとう」

手を振って別れ、すぐに朝倉くんは反対方向へ走り出す。私は桜並木のほうへ自転車をゆっくり漕ぎ出しながら、朝倉くんの「せっかくなんだから」を考える。せっかく始めたんだから、やめるなよ。せっかく面白くなってきたんだから、やめるなよ。せっかく会えるんだから、やめるなよ。うん、これかな。私はいちばん自分に都合のいいフレーズを選んで口の中で繰り返す。せっかく会えるんだから、やめるなよ。うふふ、と笑みがこぼれる。

（中略）その後、紗英は学校の華道部の顧問の細谷先生に入部を勧められる。「わかるでしょう、そんなに真剣にならなくていいの。部活の間、楽しく笑って過ごしてくれればそれでいいの。その代わり、男子なんかも勧誘してくれるとうれしいんだけどな。そういうの、得意よね」という先生の言葉に、紗英は反発し、これまでの自分を振り返る。

「あたしの花ってどんな花なんだろう」

濡れた髪を拭き、ほうじ茶を飲みながら漏らした言葉を、祖母も母も姉も聞き逃さなかった。

「紗英の花？」

私らしい、といういい方は避けようと思う。自分でも何が私らしいのか、今はよくわからないから。

「あたしが活ける花」

「紗英が活ければぜんぶ紗英の花じゃないの」

母がいう。私は首を振る。

「型ばかり教わってるでしょう、誰が活けても同じ型。あたしはもっとあたしの好きなように」

といいかけて、私の「好き」なんて曖昧で、形がなくて、天気や気分にも左右される、実体のないものだと思う。そのときそのときの「好き」をどうやって表せばいいんだろう。

8母は察したように穏やかな声になる。

「そうねえ、決まりきったことをきちんきちんとこなすっていうのは紗英に向いてないかもしれないわねえ」

そうかな、と返しながら、そうだった、と思っている。すぐに面倒になってしまう。みんながやることなら自分がやらなくてもいいと思ってしまう。

「でもね、そこであきらめちゃだめなのよ。そこはすごく大事なところなの。しっかり身につけておかなきゃならない基礎って、あるのよ」

「根気がないからね、紗英は」

即座に姉が指摘する。

「ラジオ体操、いまだにぜんぶは覚えてないし」

「将棋だってぜんぜん㊟定跡通りに指さないし」

祖母がぴしゃりといい放つ。

「だから勝てないんだよ」

「いつもの津川さんじゃないわね。遊び半分で活けるのは、花を裏切ったことになるの」

すみません、と私は謝った。遊び半分なんかじゃなく、4真剣に考えたらこうなったんだけど、普段は穏やかな先生の剣幕を見たらやっぱりそれはいえなかった。先生は花を全部抜くと大きくため息をついて、ふいと立ち去ってしまった。

千尋と目が合う。どんまい、と目だけで笑ってくれる。もう一度水切りをしなおして、少し茎の短くなってしまった花を見る。またいつもみたいに、習った型の通り順番に差していくんだろうか。型通りなら誰が活けても同じじゃないか。私はこっそり辺りを見まわす。みんな、おとなしく従っているのはなぜなんだろう。——そんなふうに思うなんて㊟不遜だし傲慢だ。だけど5急に、目の前の花が色褪せて見える。もしかしたら活け花はどうしても私がやらなきゃならないことじゃないのかもしれない。

このまま塾に行くという千尋と別れて帰ろうとしたら、市民センターの出口のところに朝倉くんがいた。自然にふたり並んで歩き出す。

「どうして私を待ってたの、とか訊かないか普通」

朝倉くんがいうので初めて気がついた。

「そっか、朝倉くん、あたしのこと待っててくれたんだ」

「……いいよなあ、さえこは」

さえこ。懐かしい呼び名だ。久しぶりに聞いた。さえこ、さえこ、と中学のクラスメイトは呼んだ。ほんとうの名前は紗英なのに、そこになぜか子をつけて、紗英子、それが私の愛称だった。紗英、と呼び捨てにするほど親しくない同級生たちにとって、子をつけるだけでフェイクになる。6紗英子なら呼べる。そういうことらしい。彼らは私を呼びたかったのだ。さえこ、さえこ、と気軽に愛称で呼べて、さえこはいいよなあ、なんていえる存在が欲しかったんだと思う。事実、私は一日に何度も名前を呼ばれ、さえこ、さえこ、と手招きされる。さえこはいいね、さえこはいいよなあ。何がいいのかよくわからないけど、みんなにそういわれるのがこそばゆくて、うふふ、と笑う。そうすると彼らはいよいよもって、いいよなあ、と繰り返す。

「さっきの、先生に注意されてた花、見たよ。びっくりした。あれ、遊んでたんじゃないよな、確信犯だよな」

うーん、と私は言葉を濁す。

「自分でもどうしたいんだかわからなくなっちゃった」

「それもわかった、あの花見たら」

朝倉くんはそういって笑う。

「やりたいことはなんとなく伝わってきた。面白いと思ったよ。でも、何百年もかけて磨かれてきた技に立ち向かおうと思ったら、足場が必要だろ。いきなり自己流じゃ太刀打ちできない」

市民センターを出ると陽射しが強い。7自転車置き場まで並んで歩く。

「あの先生は、正当に磨かれてきた技を継いできたひとだと俺は思ってる。頭は少々固いけど、習う価値はあると思うよ。だけどさえこがどう思うかは、さえこ次第だ」

「あたしはべつに」

「べつに、やめようとは思ってない？」

【国　語】（五〇分）〈満点：一二〇点〉

【注意】　字数指定のある問いは、句読点なども字数にふくめること。

一、次の文章を読み、後の問いに答えなさい。

「私」（津川紗英）は三姉妹の末っ子で、二人の姉たちにかわいがられて育った。中学の時の同級生である朝倉くんと活け花教室で再会し、彼が活けた花を見て、その美しさに心をうばわれる。以下はそれに続く部分である。

活け花教室で次に朝倉くんと会ったときに私は訊いた。

「1まだまだ、って、どうしてわかるの」

え、と朝倉くんが顔を上げる。

「こないだ、まだまだだっていったよね。どうしてそう思うの。どうしてわかるの。どうしたらまだまだじゃなくなるの」

まだまだ届かない、思うようには活けられない。朝倉くんは自分の花をそう評した。

「ちょっと、紗英」

2千尋が私の左肘をつついて止めようとしている。千尋は親切だから私が突っ走り気味になると上手に制御してくれる。この活け花教室を紹介してくれたのも千尋だった。

「わかるときはわかるんじゃないかな」

真面目な声で朝倉くんはいった。それからちょっと笑った。

「謙遜だとは考えなかったんだね」

「え、謙遜だったの？」

私が驚くと、冗談だよ、という。

「花を活けてると気持ちがいいだろ。思った通りに活けられると、気持ちのよさが持続する。そのやり方をここに習いに来てるんだ。みんなもそうなんじゃないの」

「なるほど」

私は感心して何度もうなずいた。

「気持ちのよさが持続する。なるほどね」

朝倉くんは、やめて、恥ずかしいから、といった。

「なるほど。気持ちのよさを持続するために」

うなずきながらもう一度私がいうと、朝倉くんはしっしっと追い払う真似をした。

思った通りに活ける、と朝倉くんはいったけれど、私の「思った通り」じゃだめなんだと思う。私なんかの思ったところを超えてあるのが花だ。そう朝倉くんの花が教えてくれている。

じゃあ、なるべくなんにも考えないようにして活けてみよう。その考えは、しかし間違いだったらしい。

「津川さん、真面目におやりなさい」

先生は巡回してきて私の花を見るなりそういった。

「3しょうがないわねえ」

いつもなら、注意されることはあっても先生の目はあたたかい。しょうがないわねえ、と笑っている。でも、今日は違った。基本形を㊟逸脱しためちゃくちゃな花がよほど腹に据えかねたらしく、㊟剣山から私の花をぐさぐさ抜いた。

「どういうつもりなの」

声は怒りを抑えている。周囲の目がこちらに集まっている。

ウ　いきいきと働くことができないのは、今の仕事が自分に合っていないだけなのに、自らの能力のなさを恥じ、自分を追いこむことになりがちだから。

エ　学歴や偏差値で他人におくれをとっている人たちにとって、肩書きでしかその評価をくつがえすことはできないため、職業に対する信仰心が強くなるから。

問十　――線部9「作業そのものに好奇心を抱かせる要素がなくても、いきいきと働いている人はたくさんいる」とあるが、なぜ「いきいきと」働けるのか。その理由として適当なものを、次の中から一つ選び、記号で答えなさい。

ア　どういう職業、どういう作業内容であるかということではなく、その職場で自分がどれだけ責任ある地位につくことができるかということが重要であるから。

イ　作業の内容そのものは単純である方がかえって職場での人間関係を良好に保っていきやすく、仲間と力を合わせて仕事をする楽しさや充実感を得やすいから。

ウ　複雑で高い能力を必要とする仕事よりも、かえって退屈にしか思えない単純な作業の方がより微妙な技術を必要とし、やりがいの感じられる仕事であるから。

エ　職業や作業そのものの楽しさとは別に、職場環境や一見単純できついだけの仕事の中にも見つけられるやりがいによって、仕事に対する満足度は上がるから。

問十一　――線部10「アタマだけで何かを判断することには慎重にならなければいけない」とあるが、筆者がここでこのように言っているのはなぜか。**「アタマ」と対になる本文中の漢字二字の熟語を探し、それを必ず用いて**解答らんの書き出しと文末**「仕事の価値は、～から。」**に合うように、二〇字以内で答えなさい。

の具体例として適当なものを、次の中から**二つ**選び、記号で答えなさい。

ア　若い頃から歌手になりたいと思っていたが、大人になっていざ夢をかなえてみると、その仕事には自分が考えてもみなかった人間関係のしがらみなどがともなうということに気づいた。

イ　若い頃は純粋にスポーツ選手に憧れているつもりだったが、大人になって考えると、勉強をしなければならない現実から目をそらし運動に夢中になるふりをしていただけだったと気づいた。

ウ　若い頃から総理大臣になるのが夢だったが、大人になってから冷静に振り返ってみると、それが現実味のない夢であり自分にはとうてい無理な目標であったということに気づいた。

エ　若い頃から医者になりたいと願っているつもりだったが、大人になってみると、自分が本当になりたい職業は他にあったのに、目指せと言われたがために医者を目指していたということに気づいた。

オ　若い頃から裁判官になるのが夢だったが、大人になってから思い返すと、それを目指していることで自分が人から認められるだろうという考えでその夢を追いかけていたことに気づいた。

カ　若い頃は小説家を目指していたが、大人になってみると、ただ個人的に文学を楽しみたいだけで現実の職業として文学をやっていくほどの強い思い入れは持っていなかったことに気づいた。

問七　――線部**6**「なんだかつらい話だ」とあるが、現在の子供が「つらい」状況(じょうきょう)におちいってしまったのは、「かつて」と「現在」とで夢と現実との関係がどう変わってしまったからだと筆者は言っているか。六〇字以上、八〇字以内でまとめなさい。

問八　――線部**7**「少なくとも平成にはいって以来の社会の変化は――ということになる」とあるが、どういうことか。次の中から適当なものを一つ選び、記号で答えなさい。

ア　平成にはいって以来、「夢」は大人が早期に子供に課す努力目標を指すようになり、子供はしだいに「夢」から逃避するようになってきたということ。

イ　平成にはいって以来、「夢」という言葉そのものが使われなくなり、かわりに「職業」という言葉が多く用いられるようになってきたということ。

ウ　平成にはいって以来、「夢」という言葉から明るい無邪気(むじゃき)さが感じられなくなり、それにともなって「夢」が話題にされなくなったということ。

エ　平成にはいって以来、「夢」からのびのびした自由さがしだいに失われ、きゅうくつで手堅(てがた)く選択された職業を「夢」と呼ぶようになったということ。

問九　――線部**8**「その意味で実に厄介だ」とあるが、なぜ「厄介」なのか。その理由として適当なものを、次の中から一つ選び、記号で答えなさい。

ア　たまたま今の仕事が向いていないだけで、自分にふさわしい仕事は必ずどこかにあると考えて、自分は恵まれていないと思うようになってしまうから。

イ　自分が職場で思うように評価してもらえないのは、仕事に対する経験がまだ足りていないだけなのに、簡単に今の仕事に見切りをつけてしまうから。

ア　多くの子供たちが大人に言われて夢を持つことは大切だと思いこんでいることへの驚き。

イ　子供に夢を持たせることは、子供にとっては必ずしもよいこととは言えないという疑念。

ウ　周囲の人たちが、子供に夢を持たせるよう指導すべきだと自分に強要することへの反発。

エ　子供に夢に向かって努力せよと言うことは、大人にとって当然のことだという義務感。

問三　――線部2「私が子供だった50年前には、夢を持っている子供はむしろ少数派だった」とあるが、それは当時がどのような時代だったからか。次の中から適当なものを一つ選び、記号で答えなさい。

ア　子供が自分の将来のことを考える余裕（よゆう）がなく、今を生きることに精いっぱいの時代だったから。

イ　子供が今を純粋（じゅんすい）に楽しむことができたので、現実から逃避するための幻想が必要ない時代だったから。

ウ　子供が感情のままに今を生きることができ、特に将来の目標を持つ必要がない時代だったから。

エ　子供が今よりもずっと大人だったため、無責任な妄想をする子供がほとんどいない時代だったから。

問四　――線部3「『努力と忍耐の時間』に性格を変える」とあるが、なぜ「子供の現在」が「努力と忍耐の時間」になってはいけないのか。その理由として適当なものを、次の中から一つ選び、記号で答えなさい。

ア　かけがえのない子供時代を楽しむことは価値があるはずなのに、まちがった夢を追い求めることでその価値がなくなってしまうから。

イ　子供時代は夢中になって毎日を楽しむことが重要なのに、夢を持つことでそれを我慢して将来のために備えなければならないから。

ウ　子供時代に過度な努力と忍耐を課すと、将来、実際に夢が手に届くところに来た時に全力で努力をする余力がなくなってしまうから。

エ　子供に将来のための努力と忍耐をさせるには、大人の助けがかなり必要になり、子供自身の力で夢を実現することにはならないから。

問五　――線部4「お仕着せの人生設計」とあるが、どういうことか。次の中から適当なものを一つ選び、記号で答えなさい。

ア　それを目指すことで今の生活が充実（じゅうじつ）する夢ではなく、今やりたいことを我慢して自分をがんじがらめにしなければかなわない夢のこと。

イ　自分の内側から自然に湧き上がってきた夢ではなく、周りが目指しているから自分も目指さなければならないと感じて作りあげた夢のこと。

ウ　自分が本当に実現したいと思っていた夢ではなく、周囲の人に強制されて無理矢理目指すことになってしまった夢のこと。

エ　自分の中から自然に生まれた夢ではなく、将来なりたいものがなければいけないと思いこんで無理に作りあげた夢のこと。

問六　――線部5「若い頃に～というケースもある」とあるが、「ただの『虚栄心』だったという例」や「事前弁解だったというケース」

職業信仰は、ある意味で、偏差値信仰や学歴信仰よりタチが悪い。

というのも、学歴や偏差値が、しょせんは数値化された一面的な能力の指標であるのに比べて、「職業」が物語る「能力」は、ずっと多岐にわたるからだ。

だから、職業を背景とした肩書信仰は、特定の職業に就いている者（あるいは職業に就いていない人間）への差別を生じさせる。

それ以上に、職業信仰は、「どこかに青い鳥（自分に向いた楽しくてやりがいのある仕事）がいる」という、空虚な不遇感の温床になる。

8その意味で実に厄介だ。

実際には、9作業そのものに好奇心を抱かせる要素がなくても、いきいきと働いている人はたくさんいる。

たとえば、ネジのアタマがeキントウに揃っているのかを検査するみたいなおよそ退屈にしか見えない仕事にでも、取り組んでいる人間は、それなりにいる。

よく似たなりゆきを、部活の練習で経験した生徒もいるはずだ。

作業や練習メニュー自体が退屈でも、毎日の繰り返しの中で成果があがれば、それなりに楽しくなってくることはある。

また、キツいサーキットトレーニングでも、気に入った仲間と一緒にこなしていれば、多少は楽しく取り組むことができる。

つまり「職業」そのものとは別に「職場」の善し悪しや向き不向きが、仕事の評価を変えることもあるということだ。

自分の気に入った職場で、気のおけない仲間と一緒に働くのであれば、与えられた役割をこなすというそれだけのことが、責任感と達成感をもたらすことになる。それ以上に、他人の目には㊟瑣末な検品作業に見えるであろう仕事であっても、長年それに取り組んでいる人間からすれば、いわく言いがたい微妙な難しさがあるわけで、一定の経験を積めば、その難しさ（他人から見れば単に「キツさ」にしか見えない何か）にチャレンジすることに誇りを感じるようになる。

つまり、多くのベテランが言うように、仕事の素晴らしさやくだらなさは、ある程度の期間それに携わってみないとわからないということだ。

であれば、職業の名前で他人の能力を判断したり、自分に与えられている肩書きで自分の幸福度やプライドを計測することは、テストの点数で他人を値踏みすること以上に空しいということがわかるはずだ。

13歳の君たちは、とてもアタマが良い。

それだけに、10アタマだけで何かを判断することには慎重にならなければいけない。

仕事は、いずれ向こうからやってくる。

それまでの間は、なるべくバカな夢を見ておくことをおすすめする。

（小田嶋隆「13歳のハードワーク」）

㊟ プロット＝話の筋書き。
うたかた＝水面に浮かぶあわ。はかなく消えやすいもののたとえ。
卑近＝日常的で手近な様子。
瑣末な＝細かいことであり、重要でない様子。

問一 ～～線部a～eのカタカナを漢字に直しなさい。

問二 ――線部1「といった調子のお話を子供に吹き込む決まりになっているからだ」とあるが、この言い方には筆者のどのような思いが表れているか。次の中から適当なものを一つ選び、記号で答えなさい。

とそんなに変わらない機能を果たしている。つまり、「夢」は、なによりもまず、自分をだましたい人間が自分をだますために見る物語だということだ。

もうひとつ指摘しておきたいのは、「夢」という単語が、ほぼ必ず「職業」に結びつく概念として語られるようになったのは、この30年ほどに定着した、比較的新しい傾向だということだ。

昭和の中頃まで、子供らが「夢」という言葉を使う時、その「夢」は、もっと他愛のない、バカバカしいものだった。

というよりも、「実現可能」だったりするものは、はなから「夢」とは呼ばれなかった。であるから、「cカンゴシになりたい」とか「編集者になりたい」といった感じの、実現に向けてコツコツと努力しなければならないタイプの堅実な「夢」は、子供らしい生き生きとした「夢」とは見なされなかった。

それが、いつの頃からなのか、「夢」は、より現実的な「目標」じみたものに変質した。そして、現実的になるとともに、それは年頃の男女が、一人にひとつずつ必ず持っていなければならない必携のアイテムとして、万人に強要されるようになっている。

6なんだかつらい話だ。

本来なら、退屈な現実から逃避するためのヒーロー幻想であったり、叱られた小中学生が㊟うたかたの慰安を求めて思い浮かべる絵空事であった「夢」という多分に無責任な妄想が、就職活動の面接における必須ワードになっていたり、中高生が考える職業選びの土台になっていたりする現状は、今年の秋に60歳になる私の目から見ると、あきらかにどうかしている。

21世紀にはいって十数年が経過した現在、「夢」は、子供たちが「将来就きたい職業」そのものを意味する極めて㊟卑近な用語に着地している。なんという、夢のない話であることだろうか。

結局、この30年ほどの間に、われわれは、より年の若い子供たちに、

「実現可能な夢を早い段階で確定しておきましょう」

という感じのプレッシャーを与える教育をほどこしてきたわけだ。ということはつまり、7少なくとも平成にはいって以来の社会の変化は、「夢」という言葉から夢が失われていく過程そのものだったということになる。

（中略）

13歳の段階の少年少女が、自分の得意不得意や、好奇心や、好き嫌いや、あるいは友達のマネやアニメの影響で、どんな職業に憧れるにせよ、その憧れは、どうせたいして現実的なお話ではない。

3年後には、たぶん笑い話になっている。

そういう、3年たってから振り返って笑えるみたいな憧れを持つのは大変にdケッコウなことだ。

というのも、憧れは、それに到達することによってではなくて、届かないことや、じきに笑い話になることによって、それを抱いていた人間を成長させるものだからだ。

ただ、

「この広い世界には、きっと自分に向いた仕事があるはずだ」

という思い込みを抱くことは、夢を持つこととは違う。それは人生の選択を狭めかねない。その意味で、あまりおすすめできない。

（中略）

「夢があってこそ人は輝く」

てなことを信じているかもしれない。

というのも、昨今、ものわかりのよさげな大人は、誰もがaイクドウオンに、

「自分だけの夢に向かって努力しなさい」

1といった調子のお話を子供に吹き込む決まりになっているからだ。

この「夢」を中心に据えた教訓話は、ある時期から急に言われはじめたことで、私が子供だった頃は、さして人気のある㊟プロットではなかった。というよりも、2私が子供だった50年前には、夢を持っている子供はむしろ少数派だった。事実、私は、自分が夢を持っていた記憶を思い出すことができない。

にもかかわらず、夢なんかなくても、子供時代は楽しかった。当然だ。子供は「いま、ここ」にあるがままにある存在で、その時々の一瞬一瞬を、その場その場の感情のままに生きている。その、あるがままの子供たちは、「将来の展望」や「未来への希望」を特段に必要としていない。彼らの生活は、「大人になるための準備」として運営されているのでもなければ、「夢への助走」として立案されたものでもない。子供であることの楽しさは、元来、そこのところ（未来や過去と切り離されているところ）にある。

「夢」を持つことは、一見、前向きで素晴らしい取り組みであるように見える。しかしながら注意深く検討してみると、「夢」は「未来のために現在を犠牲にする」要求を含んでいる。

ということは、「夢を持ちなさい」という一見素敵に響くアドバイスは、その実、「今を楽しむ」という子供自身にとって最も大切な生き方を真っ向から否定する命令（具体的には「将来のために今の楽しみを我慢しなさい」ということ）でもあるわけで、とすれば、悪質な「夢」に囚われた少年少女は、不確かな未来のために、かけがえのない思春期をbダイナしにしているのかもしれない。

自分の将来に「夢」を設定した人間は、その夢から逆算して、現在の生活を設計しなければならなくなる。

と、その子供の「現在」は、将来のための準備期間、すなわち3「努力と忍耐の時間」に性格を変える。たとえば、プロサッカーの選手になることを心に決めた14歳は、部活の練習だけでは足りないと考える。と、彼は、放課後の2時間を自主練習に当てる決意を固めなければならない。あるいは、東京大学に合格する目標を立てた12歳は、一日に8時間の勉強時間を自分に課すかもしれない。

もし、君の抱いている夢が、自分自身の内側から自然に湧き上がってきた夢であるのなら、現在の娯楽や休息を多少犠牲にしてでも、将来のために努力を傾ける価値がある。でも、もし仮に君の抱いている「夢」が、「夢を持たねばならない」という義務感から無理矢理に設定した4お仕着せの人生設計であるのだとしたら、ほかならぬ自分自身をがんじがらめにするそんな不自由な夢からは、早めに目を覚ました方がよい。

5若い頃に自分で「夢」だと思っていたものが、大人になった時点から振り返ってみると、ただの「虚栄心」だったという例は珍しくない。自分で夢だと思っているそのことが、実は、現実を直視せずに済ますための事前弁解だったというケースもある。そうでなくても、親しく行き来しているメンバーが、同じデザインの靴下を欲しがるみたいにして揃えたがる「夢」は、死刑囚の目からギロチン台を隠しておくための絵屏風

追い求めていた絵本に出会っていたということ。

ウ　マヤのためを思って絵本の専門家になろうと努力してきたつもりだったが、いつの間にか自分の絵本に対する価値観をマヤにおしつけるようなことを言ってしまっていたということ。

エ　マヤに文学的な絵本を読ませたい一心で、それまで関心のなかった絵本の世界にのめりこみ、目の前にいるマヤが二歳の子供だということも忘れて思わず語りかけていたということ。

問九　――線部9「ひんぱんに訪れる、訪れる口実に本を買う」とあるが、ランビアーズ署長が店を訪れる本当の目的とは何か。次の中から適当なものを一つ選び、記号で答えなさい。

ア　自分が読んだ本の感想をともに語り合ってくれるような話し相手を探したいという目的。

イ　ご婦人がたのために開いている読書会を自分たち警官向けにも開いてもらいたいという目的。

ウ　マヤがいつになったら正式にフィクリーの養女になれるかをいち早く確認したいという目的。

エ　マヤの安全や成長ぶりを彼女に会うことで確認し、その愛らしさに直接触れたいという目的。

問十　――線部10「『たいした言葉を～ほんとにそうなったのか？』」とあるが、ここでのランビアーズの心の動きはどういうものか。次の中から適当なものを一つ選び、記号で答えなさい。

ア　マヤが正式にフィクリーの「養女になった」という事実は喜ぶべきことだと思いつつも、ここはまず最初にマヤが「養女」という難しい単語を使ったことをほめることの方が先決だと、教育的な配慮（はいりょ）をしている。

イ　マヤが「養女になった」という、非現実的なことをいきなり言ったので驚き、それを疑わしいとは思いつつも、ひとまず「養女」という難しい言葉を覚えたことをほめ、あとでフィクリーに実際の事実関係を確認している。

ウ　初めはマヤが「養女」というやや難しい単語を使ったことに感心したが、その後でマヤがフィクリーの「養女になった」という、より重要な事実におくれて気づき、あとから改めてより大きな驚きと喜びを感じている。

エ　マヤがフィクリーの「養女になった」ことに驚き、喜びを感じたが、「養女」になることの意味を今ひとつ分かっていないマヤよりも、大人であるフィクリーとともに喜びを分かち合いたいと思っている。

問十一　――線部11「地域社会との強力な絆（すなわち本屋）」とあるが、フィクリーがマヤを養女とする上で有利に働く「絆」とは、具体的にどういう人たちがどのようにすることでできるつながりのことか。解答らんの文末「**ことでできるつながり。**」に合うように、六〇字以上、八〇字以内で答えなさい。

二、次の文章を読み、後の問いに答えなさい。

君たちは、

「夢を持ちなさい」

「夢のない人生には価値がない」

「夢を持たない人間は、誰（だれ）にも愛されない」

を使うとは思えなかったから。

ウ　いつも他人を見下すような態度をとっていたフィクリーが、店に置き去りにされていた子を育てるためとはいえ、自分たち母親の助言をまともに聞くとは思えなかったから。

エ　冷たくていつもイライラしていたフィクリーが、店に捨てられていた子を育てることになったからといって、急に自信を得ておだやかになるとは思えなかったから。

問六　――線部6「A・Jとしてはこうした訪問を気にしてはいない」とあるが、A・J・フィクリーは「アリス島の母親たち」に対してどのような態度で接していると言えるか。その説明として適当なものを、次の中から一つ選び、記号で答えなさい。

ア　母親たちが驚くほどに、自分はマヤの父親として子育てを完璧にこなしているという自信をもっており、母親たちの助言や贈り物などは必要ないものとして無視している。

イ　自分やマヤに関する母親たちのおせっかいな言動にいちいちふりまわされることなく、自分たちの役に立つ情報や贈り物については受け入れて活用することにしている。

ウ　母親たちがマヤを自分から取り上げようとしていることに気づかず、グーグルで得られぬ知識をありがたがり、彼女たちが喜ぶような本を仕入れるサービスをしている。

エ　母親たちのことをマヤに害をもたらす存在として内心嫌っていたが、自分に不足している子育ての知識を補うため、表面的には彼女たちを受け入れるふりをしている。

問七　――線部7「あなた、この育児相談が、まさか無料だとは思わないでしょ？」とあるが、マージーンがフィクリーに言おうとしているのはどのようなことか。次の中から適当なものを一つ選び、記号で答えなさい。

ア　自分たちが子育ての経験からフィクリーに助言しているのだから、フィクリーも書店主の経験をいかして本の読み方を教えるべきだということ。

イ　自分たちが子育てについてフィクリーに助言をするお礼に、フィクリーが自分たちの好みの本を書店にそろえておくのは当然だということ。

ウ　自分たちがマヤの子育てについて相談にのる代わりに、フィクリーは自分たちが楽しく読めるような本を無料で配らなくてはならないということ。

エ　自分たちがフィクリーの子育てを手助けする見返りに、自分たちが共感できるような有能な女性が出てくる本を無料で紹介してほしいということ。

問八　――線部8「彼はこうつぶやいている自分に気づく」とあるが、「こうつぶやいた」ではなく、このような言い方で表そうとしたのはどのようなことか。次の中から適当なものを一つ選び、記号で答えなさい。

ア　本に関することとなるとだれが相手でもついつい真剣に論じてしまい、マヤがうなずく姿を見て初めて自分が語りかけた相手がまだおさない子供だったと思い、はっとしたということ。

イ　マヤに文学的な絵本を読ませるため、それまで関心のなかった絵本についてわき目もふらず調べているうちに、いつの間にか自分がくびっているのではないかと思ったから。

ウ　二人がジェニーの説得に負けまいと結束していることは、マヤの幸せのためにこの島にやってきたジェニーにとって、いわれのない敵意を向けられているように感じられることだから。

エ　二人が家族になりたいと強く願うのは良いが、そのためにはジェニーが厄介な手続きをしなければならないということにまったく気がついていないのではないかと思われたから。

問三　――線部３「うーむ……」とあるが、この時のフィクリーの気持ちはどのようなものか。その説明として適当なものを、次の中から一つ選び、記号で答えなさい。

ア　教育や育児の入門書として最適な『アッシャー家の崩壊』を読んではいるが、読書は経験とはいえないので口に出すのをためらっている。

イ　教育や育児の経験はほぼないので、ここでは相手に弱みをみせないために嘘をついてでもその場をやりすごそうと苦心している。

ウ　教育や育児の経験については『アッシャー家の崩壊』の話が役立つと思う一方で、相手がポーを知っているかという点に不安を感じている。

エ　教育や育児の経験はないが、相手を納得させるために何かしらもっともらしいことを言わなければならないと思いをめぐらしている。

問四　――線部４「好ましくない影響」とあるが、なぜ「好ましくない」と言っているのか。その理由として適当なものを、次の中から一つ選び、記号で答えなさい。

ア　少女時代に読んだみなしご物語の主人公たちの苦労の方が胸に深く刻まれてしまったために、マヤのようなみなしごたちを幸せにする手助けをしてあげられると心から信じて仕事を進めることができなくなってしまったから。

イ　少女時代に読んだ物語のようにみなしごたちの人生をハッピー・エンドに導くことが自分の使命だと信じこんでこの仕事についたのに、実際には事務手続きの苦労が先に立って、子供の幸せを第一に考えてやれないから。

ウ　少女時代に読んだハッピー・エンドのみなしご物語のように、みなしごたちが幸せになるために働くのだと思ってこの仕事を選んだが、実際にはそんなロマンチックなものではなく、落胆や苦しみを感じることも多いから。

エ　少女時代に読んだハッピー・エンドのみなしご物語がみなあまりにロマンチックなものだったので、実際に厳しいみなしごたちの現実を目の当たりにしても、それを強引にハッピー・エンドだと思いこもうとしてしまうから。

問五　――線部５「みんな驚いている」とあるが、なぜ「驚いている」のか。その理由として適当なものを、次の中から一つ選び、記号で答えなさい。

ア　他人に対して思いやりがないことで有名だったフィクリーが、自分の店にたまたま捨てられていたということだけで、その子を大切に育てるとは思えなかったから。

イ　いつもケチだったフィクリーが、店に置き去りにされていたのがかわいそうだという理由だけで、その子の養育のために自分のお金

には決着がついた。Ａ・Ｊに不利な点は、運転免許がないことと（例の発作があるので免許はとったことがない）、それからもちろん独り身で子供を育てたこともないし、犬や植木鉢の世話をしたこともないという事実だった。最後には、Ａ・Ｊの学歴と、11地域社会との強力な絆（すなわち本屋）と、そして母親がマヤを彼のもとに託していったという事実が、不利な点をしのいだのである。

（ガブリエル・ゼヴィン著・小尾芙佐訳『書店主フィクリーのものがたり』）

㊟ ソーシャル・ワーク科＝ソーシャル・ワーカーの資格を得るための学科。ソーシャル・ワーカーとは社会的に困っている人の相談にのり、その支援を行うための仕事をしている人のこと。

エルモ＝アメリカの子ども向け番組『セサミストリート』の人気キャラクターのこと。

男やもめ＝妻を亡くした男性のこと。

『タマレーン』＝フィクリーの家から少し前に盗まれたエドガー・アラン・ポーの詩集。非常に手に入りづらく、売れば高い値のつく本で、フィクリーが最も大切にしていた。

アイランド・ブックス＝フィクリーが営む書店の名前。

懐柔できる＝自分のいいように手なずけることができる。

ペイパーバック＝安い紙に印刷された手にとりやすい本。

問一 ――線部1「『パパ』とマヤがうまいタイミングでいう」とあるが、どういうことを「うまいタイミング」と言っているのか。次の中から適当なものを一つ選び、記号で答えなさい。

ア フィクリーが説得に夢中になり、ついジェニーに対して感情的になってしまったちょうどその時に、マヤが「パパ」といったことで、フィクリーは落ち着きを取りもどし、その場に張りつめていた空気がゆるんだということ。

イ フィクリーがマヤを引き取ればよいとジェニーが少しずつ思い始めてきたちょうどその時に、マヤが「パパ」といったことで、ジェニーは二人の強い絆を感じ、二人の養子縁組を認める決心がやっとついたということ。

ウ フィクリーがマヤを引き取る正当性を主張しているちょうどその時に、マヤが「パパ」といったことで、マヤのフィクリーに対する信頼がジェニーにも自然と伝わり、フィクリーの主張に説得力が生まれたということ。

エ 簡単に仕事を済ませようとジェニーがフィクリーの話を適当に聞いていたちょうどその時に、マヤが「パパ」といったことで、ジェニーは二人の真剣な思いに気づき、フィクリーの話をしっかりと聞く気になったということ。

問二 ――線部2「ふたりの目は、腹立たしいほど決意にあふれている」とあるが、なぜ「ふたりの目」が「決意にあふれている」ことが「腹立たしい」のか。その理由として適当なものを、次の中から一つ選び、記号で答えなさい。

ア 二人が共に暮らしていきたいと望むことは、すぐにマヤを引き渡してもらえると思っていたジェニーにとって、仕事が思っていた以上に面倒になることを意味するから。

イ 二人の決意が固いということをジェニーに見せつければ、ソーシャル・ワーカーになりたてのジェニーなら簡単に説得できるとみ

明する。ある晩、8彼はこうつぶやいている自分に気づく。「本の形態として、絵本は短篇小説と同じ優美さをそなえているんだな。ぼくのいっていることがわかるかい、マヤ?」

マヤは真面目くさってうなずき、本のページをめくる。

「こういう絵本をつくるひとの才能はすばらしいね」とA・Jはいう。「正直いって考えもしなかった」

マヤは本をたたく。ふたりは『まめぼうやのリトル・ピー』を読んでいる、甘いお菓子をちゃんと食べたら、デザートの野菜をもらえるえんどう豆のお話。

「これをアイロニーというんだよ、マヤ」とA・Jはいう。

「アイロン」とマヤはいう。そしてアイロンをかけるしぐさをする。

「アイロニー」と彼はくりかえす。

マヤは首をかしげる、そしてA・Jは、いつかアイロニーについてマヤにちゃんと教えようと思う。

ランビアーズ署長は店を9ひんぱんに訪れる、訪れる口実に本を買う。ランビアーズは無駄遣いはしないたちだから、買った本はかならず読む。はじめのうちは主に㊟ペイパーバックを買っていた——ジェフリー・ディーヴァーとジェイムズ・パタースン（あるいはジェイムズ・パタースンと共著で書いているだれやらの）——それからA・Jは、ジョー・ネスボとエルモア・レナードのペイパーバックに彼を進級させる。このふたりの作家は、ランビアーズもおおいに気に入ったので、A・Jは、彼をさらに、ウォルター・モズリイ、それからコーマック・マッカーシーへと進級させる。A・Jの最近のおすすめは、ケイト・アトキンソンの『探偵ブロディの事件ファイル』だ。

ランビアーズは、店にやってくるとすぐ本の話をしたがる。「ところでさ、おれははじめはどっちかというとあの本が嫌いだったけどね、ところがだんだんあいつのよさがわかってきたんだよ、なあ」彼はカウンターに身をのりだす。「だってさ、あれは刑事の話だもんな。だけどどうもテンポがのろくてさ、おまけにほとんどなにも解決しないんだよ。だけどさ、ちかごろおれは考えた、それが人生というもんだってね。この仕事はじっさいこんなものなんだってね」

「続篇がありますよ」とA・Jは教える。

ランビアーズはうなずく。「それにのったもんかどうかねえ。ときどき、なにもかも解決してもらいたいと思うんだ。悪人は罰せられる。善人は勝つ。そういうことさ。またあのエルモア・レナードのご同類じゃないのか。ねえ、A・J、おれはずっと考えてきたんだよ。あんたとおれとで警官たちのための読書会をはじめられるんじゃないかって。そう、おれの知ってるお巡りどもも、こういう小説が好きかもしれないんだ、おれは署長だからさ、やつらにここで本を買わせる。なにもお巡りに限ったことはない。犯罪捜査関係に熱中している連中でもいい」ランビアーズは両手にピュレルの消毒用ジェルをつけて、それから腰をかがめてマヤを抱き上げる。

「よう、別嬪さんや。どうしてる?」

「養女になった」とマヤはいう。

10「たいした言葉を知ってるねえ」ランビアーズはA・Jを見る。「おい、それはほんとの話かい? ほんとにそうなったのか?」

手続きには通常の時間を要したが、マヤの三度目の誕生日の前の九月

する。

6 Ａ・Ｊとしてはこうした訪問を気にしてはいない。助言はあらかた無視している。贈り物は、一応受けとっている（ご婦人がたが帰ったあと、それらを勝手に仕分けして消毒する）。店を出た客たちが舌打ちすることは知っていても、腹は立てないようにしている。消毒用のピュレルのボトルをカウンターにおき、そのとなりに、〈王女さまに触れる前にどうぞ手の消毒をしてください〉という立て札はおいている。母親たちは、Ａ・Ｊの知らないことをいろいろ知っている。トイレの訓練（お菓子やおもちゃで㊟懐柔できる）とか、歯が生える時期とか（歯茎が痛いときには面白い形をしたアイス・キューブで冷やす）とか、予防注射のこととか（水疱瘡の予防注射はしなくてもいい）などなど。育児の助言を求めるには、グーグルは広範囲の知識はあるが、哀しいかな、それほど深い知識はない。

　ご婦人がたの多くは、子供を訪ねるついでに本や雑誌も買ってくれる。Ａ・Ｊは、新しい本の仕入れもはじめる、なぜならご婦人がたは、本についてもあれこれ話し合って楽しむだろうとＡ・Ｊは思ったからだ。しばらくのあいだ、ここの婦人サークルは、有能すぎる女性が厄介な結婚にはまるという現代小説に好ましい反応を示した。その女性が浮気でもすれば大喜び――むろんここのご婦人がたが浮気をしているというわけではない（あるいは、浮気をした経験があると認めるむきもあるかもしれない）。ご婦人がたの愉しみは、こうした女性たちに審判を下すこと。わが子を捨てる女性となると、これはいきすぎだが、恐ろしい事故に遭った夫はおおむねあたたかく受け入れられる。（その夫が死んで、妻が新しい恋人を見つければ、追加点が入る）。メイヴ・ビンチーにしばらく人気があつまる、前世では投資銀行家だったというマージーンが、ビンチーの小説はあまりにも陳腐だと不平をならすまでは。「いったいどれだけ読まされるの、若い娘がハンサムなワル男と、息が詰まりそうなアイルランドの町で結婚するっていう話」そこでＡ・Ｊが、図書館の司書並みのお仕事にせっせと励むことになる。「この読書クラブをつづけるつもりなら」とマージーンがいう。「もっとバラエティーがあったほうがいいんじゃないかしら」

「これは読書クラブなんですか？」とＡ・Ｊは訊く。

「そうでしょ？」とマージーンがいう。「7あなた、この育児相談が、まさか無料だとは思わないでしょ？」

　四月は、『ヘミングウェイの妻』。六月は『頼りがいのある妻』。八月は『アメリカの妻』。九月は『タイム・トラベラーズ・ワイフ』。十二月には、題名に「妻」という言葉がつく手ごろな作品は底をついた。そこでみなは『ベル・カント』を読む。

「絵本の売り場をもっとひろげてもいいんじゃない」いつもくたびれたようなペネロピがいう。

「子供たちもここにいるときは、なにか読まないと」ご婦人がたは、マヤといっしょに遊ばせようと自分のチビたちも連れてくるので、それは当然だろう。いうまでもなくＡ・Ｊは、『この本の最後にモンスターがいる』は読みあきている。以前は絵本にはとくに関心がなかったが、このさい、専門家になってやろうと決心する。マヤには、文学的な絵本を読んでもらいたい、そういうものがあればだが。なるべくなら現代の絵本を。なるべくなら、いっそフェミニストの本を。王女さまの出てくる本はもうけっこう。彼の条件にかなう絵本はたしかに存在することが判

いうと、これはあのゆだんのならない㊟エルモの影響だと思うんですよ。あいつはだれでもみんな好きになるから」

「エルモはわたしもよく知ってます」とジェニーはいう。彼女は泣きたい。事務手続きが山ほどあるだろう。それも里親を決めるためだけに。養子縁組というものは、ただでさえ難しいものなのに。児童福祉局の職員がマヤとA・Jの様子をチェックしようと思うたびに、ジェニーはアリス島まで二時間の旅をしなければならない。「オーケー、おふたりさん、上司に電話してみましょう」マサチューセッツはメドフォード出身の、堅実で愛情豊かな両親の産物であるジェニー・バーンスタインは、少女時代、『赤毛のアン』や『小公女』みたいなみなしご物語が大好きだった。ああいう物語をくりかえし読んだための4好ましくない影響が、自分にソーシャル・ワーカーという職業を選ばせたのではないかと、彼女は近ごろ思うようになった。だいたいこの仕事は、ああいう本を読んで信じこまされたようなロマンチックなものではない。昨日は、かつてのクラスメートからこんな話を聞かされた、ある養母が、ろくに食べ物をあたえなかったために、十六歳の少年の体重が二十キロになってしまったという話。隣り近所のひとたちは、この少年が六歳の子供かと思っていたそうだ。「あたしはそれでも、ハッピー・エンドを信じたいわ」とクラスメートはいった。「でもだんだんそれがむずかしくなっていくのよね」ジェニーはマヤに笑いかける。なんという幸運なおちびさんかと、ジェニーは思う。

クリスマスからこちら、さらに数週間たったいまも、アリス島は、㊟男やもめの本屋の主、A・J・フィクリーが、捨て子を家で世話しているという噂でもちきりだ。これはアリス島における――おそらく『㊟タマレーン』の盗難以来の――もっともしがいのある噂話で、A・J・フィクリーという男の性格を考えれば、だれもが興味津々になるというもの。町のひとたちは、彼を偉ぶった冷たい人間だと考えてきた、そんな男が自分の店に置きざりにされていたという理由で、その子を養女にするとはとうてい信じがたい。町の花屋によれば、サングラスを㊟アイランド・ブックスに置き忘れ、その日のうちに取りにもどったら、A・Jはもうそれを捨てちまったという。「やつがいうにはな、自分の店は遺失物保管所じゃないんだと。あれはヴィンテージもののすばらしいレイバンだったのになあ！」と花屋はいう。「これが生身の人間だったら、どういうことになるかねえ？」さらにA・Jは、長年、町の生活にかかわるように求められてきた――サッカー・チームのスポンサーになってくれとか、やれ自家製菓子のバザーを後援してくれとか、やれ高校の卒業記念アルバムに広告を出してくれとか。あの男は応じたためしがなかったし、それも丁重にお断りするというわけでもない。ただ『タマレーン』の紛失以来、A・Jがいくらか軟化してきたことは、町のひとたちも認めている。

アリス島の母親たちは、子供がほうっておかれるのではないかと心配している。独り身の男が子供の養育についてなにを知っているだろう？母親たちはそれを口実にひんぱんに店に立ち寄り、A・Jに助言をしたり、ときには小さな贈り物をもっていったりする――幼児用の古い家具、洋服、毛布、おもちゃなどなど。マヤが見るからに清潔で幸せそうで、自信に満ちていることを発見して、5みんな驚いている。ただみんな店を出たあとに、マヤの過去の悲劇的な事件を持ち出しては舌打ちを

【国　語】（五〇分）〈満点：一二〇点〉

【注意】字数指定のある問いは、句読点なども字数にふくめること。

一、次の文章を読み、後の問いに答えなさい。

ある日、書店主A・J・フィクリーの店で一通の書き置きがそえられた捨て子マヤ（二歳）が発見される。第一発見者であり、また書き置きの中でマヤの養育をたのまれてもいたフィクリーは、いやいやながらも行きがかり上、この子を一時的に預かることを了承するが、数日ともに過ごすうち、彼の心にマヤに対するほのかな愛着がめばえてきてしまう。やがて正式な里親さがしの手続きをすすめるため、児童福祉局から派遣されたジェニーがマヤを引き取りに来るのだが……。

「つまりですね……通常は認められないでしょうが、でもこの子の母親がこの手紙をぼくに残していったんです」彼はその手紙をジェニーにさしだす。「母親はぼくにこの子を預けたいといっているんですよ。それが母親の最後の望みだった。ぼくがこの子を預かるのが本筋じゃないだろうか。ここにしかるべき家があるのに、どこかの知らない里親の家にこの子を行かせたくない。この問題はゆうべグーグルで調べました」

「グーグル」とマヤがいう。

「この子、この言葉がお気に入りでね、どういうわけか知りませんが」

「問題ってなんですか？」とジェニーが訊く。

「この子をぼくに預けるのが母親の希望である場合、この子をよそに引き渡す義務はないということです」A・Jは説明する。

1「パパ」とマヤがうまいタイミングでいう。

ジェニーはA・Jの目からマヤの目に視線をうつす。2ふたりの目は、腹立たしいほど決意にあふれている。彼女はためいきをつく。きょうの仕事は簡単だと思っていたのに、厄介なことになってきた。

ジェニーはもう一度ためいきをつく。これは初仕事ではないけれど、㊟ソーシャル・ワーク科の修士課程をわずか一年半前に終えたばかり。ふたりを助けてあげたいと思うほど純真だし、未経験でもある。そうはいっても彼は店舗の上に住んでいる独身の男だ。事務手続きは厄介だろう、と彼女は思う。「教えてください、フィクリーさん。あなたには、教育とか、育児とかの経験がおありなのかどうか」

「3うーむ……ぼくは、本屋を開業するために大学院をやめるまで、アメリカ文学の博士課程にいました。専門は、エドガー・アラン・ポーです。『アッシャー家の崩壊』は、子供をこう扱ってはいけないという、格好の入門書にはなりますね」

「それはまあ、ないよりましというか」とジェニーはいうが、それはまったく役に立たないという意味だ。「ご自分が、こうしたことに適しているとお思いですか？　たいへんな財政的、心理的、時間的な負担がかかりますが」

「いや」とA・Jはいう。「自信はない。でもマヤは、ほかのひとといっしょにいても、ぼくといっしょにいても、よいチャンスに恵まれると思いますよ。仕事をしているあいだも、この子のおもりはできるし、おたがいに好き合っていると思うし」

「すき」とマヤがいう。

「そう、いつもこうなんですよ」とA・Jはいう。「自分でかちとったわけでもない愛情をむやみにふりまくなと警告しているんだけど、正直

た。

ウ　自然の音と調和するような音を鳴らすことを求め、進化を続けていった。

エ　求める音をより正確に表現することを目指して、性能を高めていった。

問十　――線部9「古典的で素朴な伝統楽器の方が、近代的で機械的な楽器よりも、はるかに豊かな音の情報量を持っている」とあるが、「古典的で素朴な伝統楽器」によって演奏される時、音楽とは、どのようなものであると言えるか。「古典的で素朴な伝統楽器」の特徴（とくちょう）を説明しながら、解答らんに合うように、五〇字以上、七〇字以内で答えなさい。

物が作り出す音楽の間に優劣は付けられないということを示すため。

ウ　鳥やクジラの声に限らず、自然の中には、私たちの考えている以上に音楽と捉えられるさまざまな形の音があるのだということを示すため。

エ　自然の中にあふれている音には一つ一つ違いがあるのだから、操作することなく保存されることが求められるということを示すため。

問六　――線部5「『五重記』の例を用いながら、筆者が言おうとしていることは、どのようなことか。次の中から適当なものを一つ選び、記号で答えなさい。

ア　自然を知ることが、音楽を深く理解していくことにつながると考えられていたこと。

イ　五重の思想こそが、音楽と自然との関わりを考えていく際に重要であったということ。

ウ　笛の修行の段階が、四季の移り変わりに合わせて表現されていたということ。

エ　笛が奏でる様々な音色が、風が吹く様々な様子にたとえられていたということ。

問七　――線部6「この自然観の違い」とあるが、A「日本人の自然観とその行動」、B「西洋人の自然観とその行動」の説明として適当なものを、次の中からそれぞれ一つずつ選び、記号で答えなさい。

ア　自然を人知を超えた強大な力と考え、その力を加工しながらうまく利用しようとする。

イ　自然を人間に脅威を与える恐るべき存在と考え、遠ざけて深く関わらないようにする。

ウ　自然を人間と対立するものと考え、それに手を加えたり意のままに扱おうとしたりする。

エ　自然を動かしがたい絶対的なものと考え、それが本来あるべき姿や配置に直そうとする。

オ　自然をおそれ敬うべきものと考え、なるべく手を加えずにそのまま受け入れようとする。

問八　――線部7「日本の楽器は『自然化』していくのだ」とあるが、なぜ「日本の楽器は『自然化』していったのか。その理由として適当なものを、次の中から一つ選び、記号で答えなさい。

ア　雑音をとりのぞくことで、汚れのない純粋な自然音を表現するため。

イ　余分な音や音程の微妙なずれなど、あるがままの音を大切にするため。

ウ　西洋の楽器のような複雑な操作をなくし、演奏を簡素化していくため。

エ　自然素材をそのまま活かしながら、音の精密さを追求していくため。

問九　――線部8「西洋の楽器」を説明したものとして適当なものを、次の中から一つ選び、記号で答えなさい。

ア　飾り気のない自由な表現力を獲得すべく、優れた運動性を備えていった。

イ　音を管理、征服するために、様々な機械を次々と付け加えていっ

㊟ ピッチ変動＝音の高低の変化。
体軀＝からだつき。
主題＝ここでは、楽曲において中心となるメロディーのこと。
楽書＝音楽についての書物。
シンメトリー＝左右のつり合いがとれていること。
変遷＝時間の経過に伴って、うつりかわること。
精緻＝細かい点にまでよく行きとどいているさま。
ベクトル＝ここでは、方向のこと。

問一 ═══線部ａ～ｅのカタカナを漢字に直しなさい。

問二 ───線部１「鳥たちやクジラたちも、作曲をしたり、音楽を楽しんでいる」とあるが、その説明として適当ではないものを、次の中から一つ選び、記号で答えなさい。

ア 鳥たちのさえずりは、一続きの音ではなく、高さの違う短い音がいくつもつなげられているもので、人間が作る曲のようである。

イ 鳥たちの鳴き方のパターンは、鳥の種類によって生まれつき一つに決まっていて、そのおかげで雄（おす）と雌（めす）が出会うことができる。

ウ クジラたちは、それぞれが好き勝手に歌うばかりでなく、何頭かで音楽的に合わせながら歌うことがあることが知られている。

エ クジラたちは、主題を展開したり曲の締め括りを作ったりという、人間が作曲するのと同じような手法を用いて作曲している。

問三 ───線部２「ぼくたちは身近な動物たちよりも『耳が悪い』のだ」とあるが、ここで言う「耳が悪い」とはどういうことか。次の中から適当なものを一つ選び、記号で答えなさい。

ア 人間の耳は、身近な動物たちが歌い、聞き合っている音の中で、低い領域の音に限って聞き取れないことがあるということ。

イ 人間の耳は、身近な動物たちがどんなに大音量で鳴いていたとしても、それを聞き取れるようにはできていないということ。

ウ 人間の耳は、身近な動物たちが作曲し、歌っているというその鳴き声を、一つの曲として聞くことはできないということ。

エ 人間の耳は、身近な動物たちが聞き取っている音の切り分けや音の領域を聞き取ることができないことがあるということ。

問四 ───線部３「エラそうなことはいえない」とあるが、これはどのようなことを述べようとしているのか。次の中から適当なものを一つ選び、記号で答えなさい。

ア 動物は種が生き残るための音楽を持っており、人間の作り出す音楽よりも重大な意味を持っているということ。

イ 人間は他の動物とは異なり、遠く離（はな）れた相手にまで届くような壮大な音楽を作ることはできないのだということ。

ウ 人間だけが音楽を持っているとは言えず、むしろ動物は人間よりも優れた音楽を作ることができるということ。

エ 人間が、動物たちの奏（かな）でている音を音楽ではないと簡単に決めつけるようなことはできないのだということ。

問五 ───線部４「日本には、森羅万象が音楽を持ち、歌を持つという考えがある」とあるが、ここで筆者がこのような考え方を持ち出すのはなぜか。次の中から適当なものを一つ選び、記号で答えなさい。

ア 自然界のあらゆる音の中に音楽はあるのだから、わたしたちはより多くの音を聴き取ろうと努力するべきだということを示すため。

イ 自然界のさまざまな生物が独自の音楽を持っており、そうした生

んだ西洋人の自然観の違いでもある。

6この自然観の違いは、楽器の㊟変遷史にも対照的に表れている。たとえば、日本の尺八と西洋のフルートは、ともに木材に孔を開けただけの同じ dキゲンを持つ楽器だが、西洋のフルートが、バロック期のシンプルなフラウト・トラヴェルソ（七孔・木製）から孔の数を増やして、一三～一五もの孔を機械的に操作し、優れた運動性を持つモダン・フルートへと高性能化していったのに対し、日本の尺八は、自然素材である竹の節をあるがままに活かし、孔の数を増やすどころか、むしろそれを減らしてまで簡素化していく。つまり、西洋の楽器がより「文明化」していくのに逆行するかのように、7日本の楽器は「自然化」していくのだ。西洋文明史観的にみれば、これを退化という。

8西洋の楽器が、自然素材である音をいかに管理・征服し、合理化したかという過程は、機能和声を発展させていった西洋音楽の歴史にも eハンエイされているが、日本の楽器は、音を加工することをよしとはせず、音という自然をあるがままに表現することを重視した。このために、日本音楽では、西洋では雑音として排除されたノイズ（電気ノイズではなく、音程を持たない音）をあえて奏法に取り込んだり、音程の微妙なずれや音色の微細な陰影を強調したりする。日本の楽器にみられる「サワリ」という技法は、楽器にあえて雑音を付ける技法のことだが、なぜわざわざ雑音を付けるのかといえば、自然の音をあるがままに描写するためでもある。たとえば、三味線には弦を指で擦り「シュッ」という音を出す技法があるが、これは「あたかも蜻蛉が水面を掠めるように」と表現されている。

このように、機能的な㊟精緻さを追求した西洋の楽器の「進化」とは逆の㊟ベクトルで、むしろ機能を「退化」させていった日本の楽器は、西洋の精密な楽器が捨て去った素朴で自由な表現力を手に入れて、自然と「一体化」するという音楽観の現れともいえるのだ。

西洋の近代楽器と日本の伝統楽器が持つ周波数帯域の違いを調べてみると、興味深いデータが現れてくる。西洋の近代楽器たちの周波数帯域の上限が、おおむね一〇～二〇キロヘルツという人間の可聴周波数域内に収まっているのに対し、日本の伝統楽器たちは、それよりもはるかに高い音域を含んでいるのだ。なかには、二〇〇キロヘルツを超える周波数帯域を持つものさえある。

日本の伝統楽器だけではない。たとえば、西洋の楽器のなかでも、ピアノより古い楽器であるチェンバロの方が、はるかに高い周波数帯域を持っているし、東南アジアのガムラン音楽の原始的な打楽器たちは、一〇〇キロヘルツを超える周波数帯域を持っている。この周波数帯域は、熱帯地方の雨音の周波数特性に近い数字だという。つまり、9古典的で素朴な伝統楽器の方が、近代的で機械的な楽器よりも、はるかに豊かな音の情報量を持っているのだ。

近代楽器は高度な運動性や機能性を手にしたことと引き替えに、音の器として肝心な音の情報量を失ってしまった。だが、そもそも可聴周波数域を超えた音をいくら出せても、耳に聞こえない音に何の意味があるのか、と思われるかもしれない。ただ、それは音楽は「耳」で聴くものという固定観念があるからだ。ぼくたちは耳だけで音を聴いているわけではない。肌で感じ、脳で感じているのだ。音は聴くだけでなく、感じるものでもあるのだ。

（浦久俊彦『１３８億年の音楽史』）

する歌手であり、おそらく最も巨大な㊟体軀の作曲家でもある。ザトウクジラの歌は、ソロ、デュエット、トリオだけでなく、数十頭による合唱までである。たとえば、ひとつの歌は、いくつかの同一のフレーズまたはゆっくりと変化するフレーズを伴った六つの㊟主題からなり、各フレーズは二～五音までの音のつながりで、クジラたちは、その主題を世代や個体によって自在に展開させるということまで行っているというから驚きだ。これを、音楽の専門用語では「主題労作」といい、楽曲に統一性を与えるための重要な手法のひとつだが、マッコウクジラは、主題を展開させるだけでなく、楽曲を締め括るコーダ（終結部）まで持っているという。クジラたちは、人間が作曲技法と呼ぶまさにその手法を駆使して、作曲を行っているのだ。

可聴周波数域という、耳に聞こえる音波領域が判明したがゆえに、人間の可聴周波数域は、身近な犬や猫にもはるかに劣ることがわかった。はっきりいえば、2ぼくたちは身近な動物たちよりも「耳が悪い」のだ。だから3エラそうなことはいえない。そして、クジラがいかに偉大な声楽家だとしても、大地を揺るがすような超低周波音で数百キロメートルの彼方にまで響き渡るような彼らの壮大な歌を聴くことは、ぼくたちはできないのだ。

古来、4日本には、森羅万象が音楽を持ち、歌を持つという考えがある。自然のありとあらゆるもの、生きとし生けるものは、悉く歌を歌う。世阿弥の作と伝えられる『白楽天』には、鳥も、蛙も、雨も、風も、自然のすべてが歌う情景が登場してくる。

（中略）

日本最古の㊟楽書とされる5『五重記』には、毛・皮・肉・骨・髄という五重を、音楽、とくに笛の修行の段階にたとえて示されている。ここでは、風が大きな意味を持っている。

毛は、春風が草木を揺らすこともなく、ようやく風がかすかに吹くさま。これは、笛を形なりに吹ける段階を表し、皮は、夏風が草木をbハゲしく揺らすが、まだ楽器の調和にはほど遠い段階。肉は、秋風が樹木を紅葉させ、吹き散らすさまを、その次の段階にたとえ、骨は、冬に風が草木を枯らし地底深く舞うように、笛を巧みに奏する熟練の段階。そして、髄は、五重をよく知り、さまざまな奥義を究めた最高の段階を表している。

おもしろいのは、笛の修行の段階が、風にたとえられているところだが、これはたんなるたとえに留まらず、風を読み、風を知るというcキョウチこそが、音楽だけでなく、あらゆる芸の修練であることを示していると読むこともできる。

日本人は、自然をあるがままのものと捉え、西洋人は、自然を人間に対峙するものと捉える。その自然観の違いは、「切り取られた自然」である庭の作り方を見ればよくわかる。日本の庭は、樹木や岩や水を、まるで森や山や泉の風景のように、あるがままに配置する。西洋の庭は、樹木や石を均一に切り揃え、水は噴水などの装飾品に仕立て、㊟シンメトリーに配置するなど、人間の美意識に適うように自然を加工する。これは、自然の脅威に逆らわず、それを崇めて生きていくことを選んだ日本人と、自然の脅威に対峙しつつ、それを征服して生きていくことを選

の中から適当なものを一つ選び、記号で答えなさい。

ア　どんなときでも「ぼく」の味方になって、さりげなく「ぼく」をかばい守ってくれるところ。

イ　「ぼく」の気持ちを察して、頼んだりしなくても「ぼく」のために行動してくれるところ。

ウ　「ぼく」の様子を見かねて、「ぼく」の代わりに直面している問題を解決してくれるところ。

エ　口べたな「ぼく」の心の内を理解し、周りの人に「ぼく」の気持ちを代弁してくれるところ。

問十一　――線部11「俺、ちょっと、泣いてもいい？」とあるが、この時の「ぼく」の気持ちはどのようなものか。次の中から適当なものを一つ選び、記号で答えなさい。

ア　金ちゃんに涙を見せることは悔しいが、これ以上涙をこらえきれないと思っている。

イ　母と同じ頼み方で、金ちゃんに自分の悲しみを理解してもらおうと思っている。

ウ　金ちゃんの前でなら、自分の気持ちをすなおに表現することができると思っている。

エ　一緒に戦ってくれた金ちゃんの許しがないうちは、泣いてはいけないと思っている。

問十二　――線部12「帰り道も、ぼくたちは一言も喋らなかった」とあるが、なぜ「一言も喋らなかった」のか。「ぼく」、「金ちゃん」、それぞれの思いに触れながら、二人が「一言も喋らなかった」理由を、一〇〇字以上、一二〇字以内で答えなさい。

二、次の文章を読み、後の問いに答えなさい。

1鳥たちやクジラたちも、作曲をしたり、音楽を楽しんでいる。それを、ぼくたちが音楽と認めるかどうかは別にしても。認知比較行動学の分野で行われている鳥類の知能と行動にかんする研究によれば、鳥類がいかに高度な音楽的感性を持っているかが報告されている。しかも、ヒトの能力ではとても聴取できない高度なレベルで。

人間は、たとえ鳥たちの歌を美しいと感じることはできても、そのさえずりの豊かさを完全に聴きとることはできない。鳥たちが連続音を音響的に切り分ける能力は、人間の一〇倍にも相当するとされているからだ。たとえば、ある種のツグミのわずか二秒間のさえずりは、四分の一の速度で再生してみると、四五～一〇〇個の音符と、二五～五〇回の㊟ピッチ変動で構成され、あらゆる和声的音程を含んだ五音音階に似た人間の作った曲に聴こえるという。

さらに、鳥たちは多彩な歌唱のレパートリーを持っていることもわかっている。ウタスズメは二〇曲ほどの異なる歌を、フタスジモズモドキは七五曲、ハシナガヌマミソサザイは一〇〇曲以上もの歌を作曲することさえあるという。鳥たちにとって、歌は生命のaイトナみそのもの。もし一羽の雄鳥が、同種の雌鳥と出会えなければ、彼は子孫を残すことができず、種は滅びてしまう。彼はそのために声の限りに歌い、異性を呼び求める。歌は、彼らの命の叫びであり、生存の鍵でもあるのだ。

（中略）

地球上で最も巨大な哺乳類であるクジラは、大海原という舞台で活躍

時の「女子」の言動に対して、「ぼく」は何を感じていると言えるか。次の中から適当なものを一つ選び、記号で答えなさい。

ア　友人として「ぼく」の悲しみに寄りそおうとしていることは分かるが、そんな女子の厚意をむだなものだと思い、嫌気を感じている。

イ　つい強く当たってしまったことを、やり過ぎたと思わないわけではないが、次々と「ぼく」に文句を言ってくる女子に、怒りを感じている。

ウ　自分たちにも非があるにもかかわらず、それをごまかそうとするために「ぼく」のことをしきりに責めてくる女子を、身勝手だと感じている。

エ　かわいそうな「ぼく」のことを心配して情けをかけてあげる、親切な女の子を演じているかのように見える女子に、いきどおりを感じている。

問七　――線部7「金ちゃんはベロベロッと舌を出した。『バーカ、バーカ、バーカ！』」とあるが、「金ちゃん」がスカートめくりをした上に、このような態度を「女子」に対してとったのはなぜだと考えられるか。次の中から適当でないものを一つ選び、記号で答えなさい。

ア　「ぼく」が女子たちに直接怒りをぶつけて、深刻な事態になることを避けたかったから。

イ　より騒ぎを大きくすることで、「ぼく」の怒りがどれほどのものか分からせたかったから。

ウ　「ぼく」の気勢をそぐようなやり方で、代わりに女子たちをやっつけようとしたから。

エ　女子たちの意識をひきつけて、自分も「ぼく」に加勢することをはっきり示したかったから。

問八　――線部8「だが、女子は流暢に説明した」とあるが、なぜ「女子」は「説明」できるのか。次の中から適当なものを一つ選び、記号で答えなさい。

ア　優等生として認められている自分たちの言い分なら、先生が聞いてくれて当然だと感じているから。

イ　泣きわめいた後でまだ興奮しており、自分たちにも落ち度があったことを忘れてしまっているから。

ウ　自分たちに悪気はなかったことを、先生に注意される前に説明した方が有利になると思っているから。

エ　男子たちが悪いことをしたのは明らかなので、自分たちが怒られることはないと考えているから。

問九　――線部9「僕は怒鳴った」とあるが、「僕」が「怒鳴った」のはなぜか。次の中から適当なものを一つ選び、記号で答えなさい。

ア　女子たちの態度に反発する気持ちを持っているところに、先生から謝罪するように無理じいされたと思ったから。

イ　自分たちを正しいと言う女子たちに注意を与えている先生も、僕の気持ちを少しも理解していないと分かったから。

ウ　勝手な理くつで一方的に僕や金ちゃんを非難する女子たちの行動を、先生が全く止めようとしなかったから。

エ　女子たちの僕に対する同情の言葉にいらだっているうえに、先生からはすぐ暴力をふるう生徒だと思われたから。

問十　――線部10「いい友達を持ったな」とあるが、「金ちゃん」が「ぼく」にとって「いい友達」であるというのはどのようなところか。次

エ　「ぼく」を心から気づかってはいるのだが、どう声をかけるべきか思いつかないでいる。

問二　――線部2「ぼくは、無言で頷いた」とあるが、この時の「ぼく」の気持ちを説明したものとして適当なものを、次の中から一つ選び、記号で答えなさい。

ア　父が亡くなってしまったことについて、誰かに話しかけられるのが嫌でそっとしておいてほしいと考えてはいるが、先生が自分の大変さを理解してくれたことを喜んでもいる。

イ　ここ数日の間、自分は本当に大変な思いをしてきたのだということを実感し、それ以上は先生の言葉が耳に入らなくなるほど、父を亡くした悲しみで胸が一杯になっている。

ウ　自分がどれだけ大変だったのかは他人に分かる訳がないと思いながらも、先生が自分を気にかけ、必要最低限の言葉だけを口にしてくれたことについては、ありがたくも思っている。

エ　大変な思いをした自分のことを、先生が心配して声をかけてくれたことを嬉しく思ってはいるが、その先生の気持ちにどのようにこたえれば良いのか分からないでいる。

問三　――線部3「ぼくの代わりに泣いてくれた」とあるが、この表現からはどのようなことが分かるか。次の中から適当なものを一つ選び、記号で答えなさい。

ア　「ぼく」の心情を理解してくれていた女子たちは、父の葬儀の場で「ぼく」の分まで悲しんで泣いてくれたということ。

イ　「ぼく」をいたわる言葉が見つからなかった女子たちは、なぐさめの言葉を言わずに、ただ涙を流してくれたということ。

ウ　本当は「ぼく」も泣きたかったのだが、女子たちは「ぼく」の涙が引っ込むほどに、ぼろぼろと涙を流していたということ。

エ　「ぼく」に声をかけてきた女子たちは、葬儀で自分のことでないのにもかかわらず、いかにも悲しそうに泣いていたということ。

問四　――線部4「わずかに、賢しさが混じった声」とあるが、「ぼく」が「わずか」な「賢しさ」を感じたのは、「女子たち」の中にあるどのような思いに対してだったか。次の中から適当なものを一つ選び、記号で答えなさい。

ア　若くして肉親を亡くしてしまった「ぼく」をあわれむような思い。

イ　適切な言葉で「ぼく」に話しかけることができているという思い。

ウ　「ぼく」の悲しい気持ちをしっかりと理解しているという思い。

エ　父親を亡くしたかわいそうな「ぼく」を支えてあげようという思い。

問五　――線部5「燃え尽きた」とあるが、それは「ぼく」がどうなってしまったことを表現しているのか。次の中から適当なものを一つ選び、記号で答えなさい。

ア　怒りを爆発させることを何とか踏みとどまらせていた自制心が失われてしまったこと。

イ　思いもかけない言葉に頭が真っ白になり、何も考えられなくなってしまったこと。

ウ　父の死に動揺する気持ちを隠して平静を装うための精力を使い果たしてしまったこと。

エ　自分勝手なことを言ってくる女子に言い返そうとする気力がなくなってしまったこと。

問六　――線部6「せっかく同情してやってんのに！」とあるが、この

「帰っていい」

ぼくは首を横に振った。まだ、外には女子がいるだろう。泣いているところを見られるなんて、まっぴらだ。

「じゃあ、好きなときに帰れ」

先生は、指導室を出て行った。

しばらくしてから、金ちゃんがこっそり入ってきた。ぼくは、ようやく涙を飲み込んだところだった。

「サカモっちゃん」

まだ、ぼくの目は赤かったと思う。

「ヨシゾウが、もう終わったっつーからさ」

ヨシゾウというのが、担任の渾名だった。苗字は吉岡で、名前がトシゾウ。縮めてヨシゾウだ。

「……金ちゃん」

ぼくは呟いた。

金ちゃんは、「おう、何だ」と答えた。

「女子たち、帰った？」

「もうとっくだ」

その返事に、ほっとする。もう限界だった。

11 _「俺、ちょっと、泣いてもいい？」_

おかあさんがぼくに頼んだのと同じことを、頼んだ。

ぼくは、家で泣くわけにはいかない。

父が死んだことで、自分を責め抜いているおかあさんの前で、ぼくが駄目押しするように泣くわけにはいかないのだ。

「おう、泣けや」

投げ出すような金ちゃんの返事と、ぼくの嗚咽と、どっちが早かったか。

返事を聞いてからだったと信じたい。

ぼくが声を上げて泣いている間、金ちゃんは椅子にそっくり返っていた。

何も訊かず、何も急かさず、黙ってそっくり返っていた。

「……ごめん。帰ろうぜ」

「おう」

12 _帰り道も、ぼくたちは一言も喋らなかった。_

（有川浩『アンマーとぼくら』）

㊟ HR＝ホームルーム。学級活動のこと。

阿鼻叫喚＝混乱し、わめきさわぐ様子。

一蹴＝主張などをはねつけること。

ブーイング＝不平・不満の声をあげること。

問一 ――線部1「金ちゃんが、黙ってぼくのそばにいて、同級生は遠巻きにするようにぼくの席に近づかなかった」とあるが、「ぼく」は「金ちゃん」と比べて他の「同級生」の態度をどう捉えているか。次の中から適当なものを一つ選び、記号で答えなさい。

ア 「ぼく」の事情を理解しており、安易な言葉でなぐさめたりせずに離れて見守っている。

イ いつも通りに接しようと考えて、「ぼく」の悲しいできごとを話題にしないようにしている。

ウ いったいどのように接したら良いのかが分からなかったので、「ぼく」から遠ざかっている。

8だが、女子は流暢に説明した。

「酷いんです！」

「わたしたち、サカモトくんに同情してあげたのに、突き飛ばされたんです！」

「金城くんは、スカートめくって」

キャンキャンキャンキャンキャン、まるで躾のなってない小型犬のようだ。

うるさい。うるさい。うるさい。

「とにかく、職員室に来い」

ぼくたちは、全員職員室に連行された。

そして先生は、生徒指導室で、男子と女子に順番に話を聞いた。ぼくたちの話を聞くときは、女子を部屋から出し、女子の話を聞くときは、ぼくたちを部屋から出した。

そして、最後に全員を指導室に入れた。

「とにかく、暴力は悪い」

「暴力じゃありませんー、スカートめくりですー」

金ちゃんが鼻をほじったが、先生は「人の嫌がることは、全部暴力だ」と㊟一蹴した。

「二人とも、謝れ」

「嫌です！」

9僕は怒鳴った。

「勝手な同情を押しつけられて、何で怒っちゃいけないんですか！」

「女子は、厚意だったんだ」

「そんな厚意、いるかよ！」

勝手な厚意を押しつけて、自分が期待したように受け入れられなかったからってキャンキャン吠えて、どこのヤクザだ。どこの当たり屋だ。

「いいから、謝れ！」

先生は、ぼくたちの頭を押さえつけ、むりやり女子に頭を下げさせた。

女子たちが勝ち誇ったような顔になる。

すると、先生は女子に向かって言った。

「お前たちも、謝れ」

何で!? と女子たちは大㊟ブーイングだ。

「お前たちのも、暴力だ」

「でも、わたしたちはサカモトくんに同情して……！」

「厚意だったのに！」

「同情がほしくないときもある。相手が嫌がる厚意だったら、それも暴力だ」

武闘派な先生だった。言葉を丸めることなく、どっちも暴力だと水平に、一律に片づけた。

女子たちは、渋々ごめんなさいと謝った。自分が悪いなんて一欠片も思ってないのは丸分かりだったが、とにかく、嫌々ながらも、謝った。

「金城と、女子は帰れ」

また、女子たちが勝ち誇った顔になる。ぼくだけ残されて説教されると思ったのだろう。

金ちゃんが、歯を剝き出して威嚇する。女子たちはスカートを警戒しながら逃げた。

全員が指導室を出てから、先生が言った。

「10いい友達を持ったな」

涙が、ぼろっとこぼれた。

【国語】（五〇分）〈満点：一二〇点〉

【注意】字数指定のある問いは、句読点なども字数にふくめること。

一、次の文章を読み、後の問いに答えなさい。

幼い頃に母と死別した「ぼく」は、父が再婚して以来、「ぼく」、父、継母の三人で暮らしていた。中学二年生の夏休みに、カメラマンだった父は、継母がとめるのも聞かず、台風の日にカメラをもって海に出かけて命を落としてしまう。父の葬儀には「金ちゃん」や、他のクラスメートも参列した。

やがて迎えた夏休み中の登校日で、ぼくは完全に腫れ物だった。

中学校でも同じクラスになっていた1金ちゃんが、黙ってぼくのそばにいて、同級生は遠巻きにするようにぼくの席に近づかなかった。

担任の先生は、男の先生だが、敢えて父のことには触れなかった。

帰りの㊟HRが終わってから、ぼくの席に来て、

「大変だったな」

一言だけ、そう言った。2ぼくは、無言で頷いた。

大変だったことは、事実なので。

騒ぎが起こったのは、先生が教室を出ていってからだ。

帰ろうとしていたぼくと金ちゃんのところに、女子が三人連れ立って来た。

「サカモトくん」

声をかけてきたのは、父の葬儀で3ぼくの代わりに泣いてくれた女子たちだった。

「大変だったね」

先生が声をかけるのを見て、ぼくにどういう同情の言葉をかけたらいいのか分かったのだろう。

4わずかに、賢しさが混じった声だった。

それだけで、導火線はもう一ミリしか残っていなかった。

「かわいそう」

5燃え尽きた。

ぼくは、物も言わずに女子を突き飛ばした。

きゃあっと悲鳴が上がって、突き飛ばした女子が大きく後ろによろめいた。

「ちょっと、何すんのよ！」

友達が両側から彼女を支える。

「6せっかく同情してやってんのに！」

殴る。全員殴る。そう決めた。

ぼくが決意を籠めて握った拳を大きく引いたとき、

ばさっとスカートが翻った。

真ん中一枚、続けて左右。

きゃあっと悲鳴を上げた女子が、翻ったスカートを押さえた。

「何すんのよ！」

黄色い悲鳴に、7金ちゃんはベロベロッと舌を出した。

「バーカ、バーカ、バーカ！」

女子が怒り、泣き出し、周りは㊟阿鼻叫喚。

一度職員室に帰った先生が、生徒に呼ばれて戻ってきた。

「一体何だ！」

説明など、できるものではない。

多様性に富んでいると言えるから。

イ　男性の方が、日常的な交友関係を特定の集団内に限定しがちであるという点において、真に「外界の他者」と接しているとは言えず、むしろ女性の方が積極的に「外界」に出て多様な「他者」と接する機会を多く持とうとしているから。

ウ　男性の方が、接する相手をえり好みして気の合う人としか付き合わないという点において真に「外界の他者」と接しているとは言えず、むしろ女性の方が子育てや家事の必要性から多様な「他者」と接する機会を多く持っているから。

エ　男性が日常的に接している人は多くの場合、自分よりも地位が下の人たちばかりだという点で真に「外界の他者」とは言えず、むしろ女性が日常的に接している相手の方が、その上下関係において多様性に富んでいると言えるから。

問十　――線部８「嫌悪というより、恐怖のゆえだろう」とあるが、なぜ「恐怖」だというのか。その理由として適当なものを次の中から一つ選び、記号で答えなさい。

ア　場面に応じて日常的に顔を使い分けているような人物の心の内は、常識的な理解を超えるものであるから。

イ　ある人物からまったく正反対の性質があらわれることは、理屈で説明できるようなことではないから。

ウ　楽しげに話しながら飼い犬に暴力をふるうような人物に対しては、寛容な心を持つことはむずかしいから。

エ　表と裏をはっきりと持っている人物と接すると、誰の心にも相反する二面性があることを意識させられるから。

問十一　――線部９「私はそのような人物の登場する小説のほうが、好きだ」とあるが、筆者はなぜ「そのような人物の登場する小説」が好きなのか。「そのような人物」の指し示す内容を明らかにしつつ、一〇〇字以上、一二〇字以内の一文で説明しなさい。

問十二　この文章を大きく二つに分けると、どの段落から後半がはじまるか。その段落の最初の五字をぬき出して答えなさい。

が、行きすぎた使い分けは相手から思わぬ怒りを買うこともあるため、かえって失礼にあたると思っているから。

ウ　顔の使い分けは自分が日常生活を円滑に過ごす上で必要なものであるが、その場の雰囲気（ふんいき）をこわさず、相手を不快にさせないようにする気づかいでもあると思っているから。

エ　いつでも本当の自分を相手に見せ続けることは理想ではあるが、顔を使い分けることで本音が表に出て来ないようにすることも、大人として当然必要なことだと思っているから。

問六　――線部５「美容院で～いるのかしらん」とあるが、筆者がそのように思うのはなぜか。その理由として適当なものを次の中から一つ選び、記号で答えなさい。

ア　一緒に出かける相手や出かけていく場所に応じたお洒落を楽しんだらどうかと言っているようでいて、状況にあった服装を間違えずに選択しなさいと言われているようにも見えるから。

イ　妻と母と女、それぞれの立場に応じた服装をしたらどうかと言っているようでいて、自分がどの立場を選んだのかということをはっきりと主張できるようになりなさいと言われているようにも見えるから。

ウ　服装を選ぶ時ぐらいは、顔の使い分けをしなくてもよいのではないかと言っているようでいて、一緒に出かける相手や出かけていく場所に応じて適切な服装をしなさいと言われているようにも見えるから。

エ　母親ではなく、ひとりの女性としてお洒落を楽しんだらどうかと言っているようでいて、妻と母と女というすでに決められた選択肢の中から選びなさいと言われているようにも見えるから。

問七　――線部６「自主的に言っているのか、それとも、社会的風潮に言わされているのか、どちらなのだろう」とあるがどういうことか。次の中から適当なものを一つ選び、記号で答えなさい。

ア　自ら積極的に母親という役割を捨て去り、ひとりの女性として生きることを選んでいるようでいて、そうしていこうという社会の風潮になんとなく乗っかっているだけなのではないかということ。

イ　自らの意志でひとりの女性としての自分も大事にする生き方を選び取っているようでいて、そうあらねばならないという社会の風潮に生き方を選ばされているのではないかということ。

ウ　自ら判断して母親としてだけでなくひとりの女性として生きることを主張しているようでいて、そうあってはならないという社会の風潮にただ反発しているだけなのではないかということ。

エ　自ら母親になってもひとりの女性でありたいと意欲的に主張しているようでいて、そうすべきであるという社会の風潮に気圧（けお）されているのではないかということ。

問八　A、Bに適当な言葉を補いなさい。ただし、Aは漢字二字、Bは漢字一字で答えること。

問九　――線部７「外界の他者と接するのは、女性が圧倒的に多いのだと思う」とあるが、筆者がそのように思うのはなぜか。その理由として適当なものを次の中から一つ選び、記号で答えなさい。

ア　男性が日常的に接する人は多くの場合、相手との関係性が固定している人たちばかりだという点で真に「外界の他者」とは言えず、むしろ女性が日常的に接している相手の方が、その関係性において

できるのが人の心だと思う。その相反する二面が自らの内にあるとは、私たち自身もたいていは自覚していない。

小説にかぎっていえば、9私はそのような人物の登場する小説のほうが、好きだ。いい人はずっといい人で、悪い人は登場からすでに悪そう、という一面的な人ばかり出てくる小説は、ちょっと退屈（たいくつ）してしまう。いい人でもあるが、でも悪い人でもあり、いや、そもそも、いい、悪いってなんだ？　と、つい考えてしまうような小説が好きである。現実には、笑いながら犬を蹴る女の子はこわすぎて直視できないが、小説ならば、その理解不能な心の奥底（おくそこ）を、じっと見つめることができるからである。自分の知らない、自身の内の深い穴をのぞきこむように。

（角田光代『世界は終わりそうにない』）

問一　＝＝線部a～eのカタカナを漢字に直しなさい。

問二　――線部1「『私』を分裂させる」とあるが、どういうことか。次の中から適当なものを一つ選び、記号で答えなさい。

ア　その人に対する好き嫌いによって自分の態度が変わってしまうということ。

イ　たくさんの自分を演じることによって本当の自分を見失ってしまうということ。

ウ　そのときどきの状況に合わせて相反する二つの顔を使い分けるということ。

エ　接する相手などに応じて自分の振る舞い方をさまざまに変化させるということ。

問三　――線部2「他人の顔の使い分けに気づくと、ものすごくいやなものを見た気になった」とあるが、その理由が述べられている一文をこの――線部がふくまれる段落の中から探し、最初の五字をぬき出して答えなさい。

問四　――線部3「その言外の意味を理解した私は消え入りたいほど恥ずかしかった」とあるが、それはなぜか。その理由として適当なものを次の中から一つ選び、記号で答えなさい。

ア　自分が緊張を隠すために顔を使い分けていることに気づかれたばかりか、そうやって顔を使い分けることで男子への好意を示していた自分を批判されたから。

イ　男子と接する際に緊張していつもと違う顔を見せる自分に気づかれたばかりか、その緊張を態度に表すことを男子に媚びていると受け取られてしまったから。

ウ　顔を使い分けるという行為を自分がしていることに気づかれたばかりか、男子に気に入られるために顔を使い分けているのだと誤解されてしまったから。

エ　男子の前では顔の使い分けをしていることに気づかれたばかりか、自分が同年代の男子とかかわりあうことに慣れていないことを見破られてしまったから。

問五　――線部4「顔の使い分けは礼儀でもある」とあるが、筆者がそのように考えるのはなぜか。その理由として適当なものを次の中から一つ選び、記号で答えなさい。

ア　社会に出て、年齢を重ねると、人間関係がより複雑になるため、顔を使い分けることで公私の区別をつけなければ、自分が周囲からの信頼（しんらい）を失うことになりかねないと思っているから。

イ　顔の使い分けは社会で生きていく上で必要不可欠なものである

思ったことがある。その雑誌は三十代の母親向けの雑誌だったのだが、妻と母と女、それぞれのファッションの提案がなされていた。家族や、お子さんと出かけるときはこんな格好で。夫と二人で出かけるときはこんなお洒落はいかが。同窓会やパーティといった、ひとりで出かける場ではこんな装いで……。服装の提案ではあるのだが、なんだか顔の使い分け奨励でもあるように見える。たしかに女性が、「母親ではあるが、ひとりの女性でもありたい」というようなことを言っているのを耳にしたことが、一度ならずあるが、あれは、**6**自主的に言っているのか、それとも、社会的風潮に言わされているのか、どちらなのだろう。

けれど自分の母親の世代を振り返ってみれば、彼女たちが三十代のころに「母でもあるがひとりの女でもある」などと言えたはずがないのだから、そんなふうに言えるほど、女性たちは以前より、選択肢が増えたのだなと思う。働くことも、母になることも、ならないことも、妻になることもならないことも、選べて、なおかつ、選んだことを主張できるのだな、と。

ところで、男性雑誌は見ないから知らないだけかもしれないが、夫、父、男、と異なるファッションを男性が提唱されるのはあまりないように思う。せいぜい雑誌にのっているのは、仕事とそうでない日の服の着分けくらいではないか。

「[A]ではあるが、ひとりの[B]でもありたい」などと言っている男性は見たことがなく、ときたまそんなせりふを聞くと、たんなる浮気の言い訳だったりする。

子育てや家事を積極的にする男性が増えたとはいえ、やはり、**7**外界の他者と接するのは、女性が圧倒的に多いのだと思う。働いていれば会社の人と顔を合わせるのは男性も同じだが、近所の方々、学校の先生や子どもの友だち、その保護者、商店や**e**タクハイ業者と話すのだって、女性のほうが多いのではないか。会社の重役だった男性が、退職したものの、近所の集いに入れないという話をよく聞く。いざ入っても、かつての癖で偉そうな態度をとってしまい、敬遠されるという。こういう人は、社会貢献はしてきたが、一般社会と本当の意味で接してはこなかったのだろう。顔を使い分ける必要性を学んでこなかったのだろう。

そのような日常的な顔の使い分けとは異なって、はっきり「裏」と「表」があると感じたとき、やはり人はさほど寛容ではない。**8**嫌悪というより、恐怖のゆえだろう。

ずっと前のことだが、私の前を、携帯電話で話しながら、犬の散歩をしている女の子が歩いていたことがあった。二十歳くらいの子で、恋人と話しているらしく、甘えた声でたのしげに話している。その子は、うしろを歩く私に気づかなかったのだろう、突然、リードの先の犬の脇腹を、ガッ、と蹴ったのである。にこにこと会話しながら。泣きそうになるほど、こわかった。まったく意味のわからないこわさである。犯罪のニュースで、加害者の周囲の人が口にする「そんなことをする人にはまったく見えなかった」人が、そんなことをする場に居合わせてしまった、という、理解を超えたこわさ。

では、そうした二面性を理解できない自分自身の内には、表と裏、まったく相反する二つの性質などないのかといえば、そんなこともやっぱりない。私は自分を常識的な人間だと思うが、他人から見たら非常識なことを平気でしているかもしれない。慈悲深さと残虐さが、正義と不義が、謙虚と傲慢が、みだらさと貞淑さが、何も対立することなく同居

【国　語】〈五〇分〉〈満点：一二〇点〉

【注意】・字数指定のある問いは、句読点なども字数にふくめること。

一、※問題に使用された作品の著作権者が二次使用の許可を出していないため、問題を掲載しておりません。

二、次の文章を読み、後の問いに答えなさい。

私たちの多くは、おそらく学校という場所ではじめて、1「私」を分裂させるのではないか。家で、好き勝手に過ごしているままではいられない。親と接するのとはべつな方法で、先生や友だちと接しなければならない。年齢があがるにつれて人間関係はどんどんシンプルではなくなり、それにaシタガって私たちはべつの顔を用意しなければならなくなる。私もそうだった。bシシュンキのころ、暗いこと、ネガティブなことばかり考えるようになったけれど、学校では明るく振る舞っていた。そうしながら、2他人の顔の使い分けに気づくと、ものすごくいやなものを見た気になった。私は学校のほとんどすべての教師が嫌いだったが、おそらく彼らの二つの顔を見たせいだろう。覚えているのはそんなエピソードばかりだからだ。発展途上国の子どもたちへの寄付を呼びかける教師が、毛皮のコートを自慢しているのを見たり、正直であることがいちばんのcビトクのように説く教師が、自分の手抜きを隠すための嘘をついているのに気づいたり、今考えれば、そんなことくらい、どうだっていいじゃないかと思うようなささいなことで、私はその教師を嫌いになっていた。自分が顔を使い分けていることを自覚していて、そのことに嫌悪を感じていたのだろう。

私が通っていたのは女子校で、大学生になって久方ぶりに同世代の男子と近しく接するようになった。同世代の男子とかかわりがあったのは小学校のときが最後だったので、声変わりをし、すっかり大人びた体の大きな彼らに私はひどく緊張し、その緊張を必死に隠して接していた。するとあるとき友人から、指摘を受けたのである。あなたは男の子にたいするときはなんだか感じが違うわね、と。それはおそらく、緊張を隠したいために、何かが過剰だったのだろうと思うのだが、異性に媚びている、と彼女は言いたいのだった。3その言外の意味を理解した私は消え入りたいほど恥ずかしかった。媚びているつもりはまったくなかったのだが、二度とそのように思われてはなるまいと、意識して慎重に男子と接するようになった。

けれど社会に出て、年齢を重ねていくと、顔の使い分けにたいするかつてのような潔癖な嫌悪はなくなった。と、いうよりも、むしろ使い分けなければ日々を過ごすのがたいへんである。趣味の友だちとは趣味の話をし、飲み友だちとは飲む場においてdシュウシする話で盛り上がり、仕事相手とは仕事の話をする。どれが表も裏もなく、まあ、違う顔という程度ではあるが、ごく自然に使い分けて過ごしている。むしろ、混同しないように私は気をつけている。仕事相手と酒を飲んで話すうち、プライベートな相談を持ちかけてしまいに泣き出すような失態はすまい、と心に決めているし、不機嫌なときにそれを見せていい相手、いけない相手、というようなこともわきまえている。4顔の使い分けは礼儀でもある。

5美容院で渡された雑誌を見ていて、もしかして女性は、そのような使い分けを世のなかからやんわりと強要されてもいるのかしらん、と、

という現実を知ると、子どもが将来何か気に入らないことがあったときに、自分の意見を通そうとして他人を攻撃する人になる危険があるから。

ウ　孤独を癒す方法を見出すことができずに殺人をおかしてしまう人がいるという現実を知ることは、子どもが将来孤独の苦しみに陥ったときに、立ち直る助けにならないばかりか悪い影響をあたえるから。

エ　孤独な気持ちを誰にも癒してもらえず凶暴になって殺人までおかす人がいるという現実を知ると、子どもが将来孤独な状況に置かれている人と関わることを恐れ、手をさしのべなくなる可能性があるから。

問八　――線部7「悪魔祓いというのは～儀式を見ているムラ中の人たちを救ってもいるのです」とあるが、そう言えるのはなぜか。その理由として適当なものを次の中から一つ選び、記号で答えなさい。

ア　ムラ中の人たちが、悪魔祓いを通じてみんなで協力することの大切さに気づき、いっそう連帯感をもって生きていけるようになるから。

イ　ムラ中の人たちが、深い悩みをかかえた時には助け合うしくみがあることを知り、それを心のより所として生きていけるようになるから。

ウ　ムラ中の人たちが、他人のために尽くした自分自身には必ず救いがあると確信し、悩みをもたずに生きていけるようになるから。

エ　ムラ中の人たちが、悪魔憑きになった仲間の苦悩が癒される喜びを分かち合い、たがいを大切にしながら生きていけるようになるから。

問九　――線部8「人間らしさの回復が社会のなかにインプットされている」とあるが、どういうことを言っているのか。次の中から適当なものを一つ選び、記号で答えなさい。

ア　子どものうちに悪魔祓いの儀式を通じて、自分が窮地に陥った時には助けてもらえることを誰もが体感しており、そうした教育的なシステムが社会に組み込まれているということ。

イ　苦しんでいる人を助けることで、助けられた人以上に助けた周囲の人たちの間に連帯感が生まれ、その結果所属する集団のきずなが深まるシステムが社会に組み込まれているということ。

ウ　苦悩している人は癒され、周りの人も自分が窮地に陥った時は助けてもらえると感じており、多くの人間がつながりを持ち信頼しあえるシステムが社会に組み込まれているということ。

エ　危機的な状況に陥った人がいれば、楽しい儀式を開いてたがいに勇気づけあおうという、あらかじめ交わした約束にもとづいて支え合うシステムが社会に組み込まれているということ。

いかざるを得ず、場合によっては逆に他人からひどい仕打ちを受けてしまうということ。

ウ　砂漠にいれば他人の目を気にしなくてよいという点では気が楽だが、社会のなかでは周囲を人に取り巻かれた中で生きていかざるを得ず、その結果としてしばしば非難の目をも引き受けなければならないということ。

エ　砂漠にいれば誰にも助けてもらえないのは当たり前で、そのことを特に考えたりしないが、社会のなかで周りに人がいるのに誰も自分を助けてくれないことで、その分だけ強く心理的な痛みを感じてしまうということ。

問四　――線部3「スリランカならば悪魔が憑いたと言われるような人がやたらに多い」とあるが、今の日本でそのような人が「やたらに多」くなっているのはなぜか。五〇字以上、六〇字以内で答えなさい。

問五　――線部4「ちゃんと病むことが必要です」とあるが、「ちゃんと病む」とはどういうことか。次の中から適当なものを一つ選び、記号で答えなさい。

ア　統合失調症などの精神疾患との違いがはっきりわかるような形で症状が出ること。

イ　自傷行為やひきこもり、暴力的行動という形でその人の苦悩が表現されること。

ウ　その人の苦悩が悪魔憑きの症状として周囲の人々に受け入れられる形で現れること。

エ　中途半端（ちゅうとはんぱ）な苦悩ではなく、悪魔憑きとしか言いようのないほど深く思いなやむこと。

問六　――線部5「リストカットは苦悩が表現されているという意味では次善の策と言えます」とあるが、どういうことを言っているのか。次の中から適当なものを一つ選び、記号で答えなさい。

ア　苦悩が示された形にはなっているので、いきなり暴力的な行動などに及ぶよりはまだましだが、苦悩が解消されるのが最善であるということ。

イ　悪魔祓いが受け入れられそうにない日本社会で、苦悩が共有され解決に向かうという意味ではまだましだが、悪魔祓いをするのが最善であるということ。

ウ　他人を傷つけたり殺したりするのに比べればまだましだが、みずからの体を傷つけることなく苦悩から回復できるのが最善であるということ。

エ　ひきこもりや突然暴力的な行動に及ぶことよりは苦悩が表現されている分まだましだが、人々とのつながりを拒絶（きょぜつ）しない形を取るのが最善であるということ。

問七　――線部6「子どもにはそういう『誰でもいいから殺したい』という願望や無差別殺人の現実を見せてはいけません」とあるが、このように言うのはなぜか。その理由として適当なものを次の中から一つ選び、記号で答えなさい。

ア　孤独のあまり弱い立場の人を攻撃（こうげき）して苦しみからのがれようとする人もいるという現実を知ることは、子どもが将来他人から攻撃されることを恐れて、悩みや弱みを人にさらけだせなくなる原因になるから。

イ　孤独の苦しみを社会にうったえるために他人を攻撃する人もいる

者だけを救っているのではなく、実は儀式を見ているムラ中の人たちを救ってもいるのです。

このアイデアを㊟敷衍するならば、人が人を助けるという行為は、助けられた人を助けるだけでなく、その行為を見ている周りの人をも助けていると言ってよいでしょう。その行為を見ることによって得られる「自分が危機に陥ったときもきっと助けてくれるにちがいない」という確信が生きることを支える根っこになるのです。ところが、その根本イメージが欠けていることが今の日本社会のきわめて深刻な問題だと思います。

仏教は一切皆苦と言って「すべては苦しみだ」と説いているため、ものすごくネガティブな宗教のように見えます。しかし、苦悩があることで多くの人たちがつながり、かけがえのない御縁ができていくわけで、そこまでを含めたセットとして見る必要があると思うのです。スリランカの悪魔祓いもそうした視点で見ると、8人間らしさの回復が社会のなかにインプットされていると考えることができます。

人生のピンチに直面したときに塞ぎこんだり元気を失ったりすること、それは人間らしい大切な側面です。それとともに誰かが目の前で生きる力を回復したら「ああ、よかったな」と誰もが思うわけで、このことは文化や時代を超えた重要な人間らしさの一端だと言えるでしょう。

（上田紀行『人間らしさ』）

㊟ 自傷行為＝自分で自分の体を傷つけること。
憂慮＝悪い結果になるのではないかと心配すること。
敷衍＝押し広げること。

問一 ～～線部a～eのカタカナを漢字に直しなさい。

問二 ――線部1「悪魔のまなざしが来てしまう」とあるが、どういうことを言っているのか。次の中から適当なものを一つ選び、記号で答えなさい。

ア 他人の評価を気にしすぎたり、自分が周囲の人から嫌われていないかどうか不安になったりするうちに、人と接することを恐れるようになってしまうということ。

イ 自分の味方になってくれる人がいなかったり、実際に仲間から冷たいあつかいをされたりするうちに、周りの人に対してうらみや敵意を抱いてしまうということ。

ウ 自分の言動に誰も注目してくれなかったり、みんなから仲間外れにされたりするうちに、身近にいる人たちのことをだんだん信頼できなくなってしまうということ。

エ 誰も関心を向けてくれなかったり、愛情をもって接してくれなかったりするうちに、自分は周りの人から否定されているのだという考えに陥ってしまうということ。

問三 ――線部2「砂漠のなかの孤独より、人のなかの孤独の方が人間にとって厳しい状態だと思います」とあるが、どのようなことを言っているのか。次の中から適当なものを一つ選び、記号で答えなさい。

ア 砂漠にいるときは自分自身の命を日々保っていくのに精いっぱいだが、社会の存在する町や村は環境的に過ごしやすい分、周りの人から助けを得られない状況であることについて、くり返し考えてしまいがちだということ。

イ 砂漠にいるときは自力で生き抜くことに集中すればよいが、社会のなかで生き抜くにはしばしば他人を利用したり押しのけたりして

値がない」とか「早く辞めていなくなれ」といったひどい言葉が投げかけられるわけです。

そういうなかで、酒を飲み過ぎたり、鬱病になったり、㊟自傷行為をしたり、あるいはひどい場合には刃傷沙汰に及ぶケースもあるのですが、日本には憑いた悪魔を祓う儀式がないのです。私たちは悪魔祓いを前近代的なこととしてバカにしますが、それに代わる何かを持っているかというと持っていないわけです。

私がスリランカで悪魔祓いと出会ったことが、日本での癒しの流行につながったわけですが、癒しのためには、まずは、**4**ちゃんと病むことが必要です。つまり、悪魔が憑くからこそ悪魔祓いができるのです。

それから、小さい頃から悪魔祓いの儀式を見ていることも重要です。たとえば、「親戚のお姉さんに悪魔が憑いたとき、表情がなくなり、気味の悪い声でおかしなことを言ったりしたけど、悪魔祓いをやったら元に戻った」ということを見て知っていれば、悪魔憑きがどういうものかもわかるし、悪魔祓いをすれば治ることも理解できるわけです。

ちなみに悪魔憑きには明らかにd**コユウ**の症状があり、精神疾患とは異なります。たとえば統合失調症の患者が悪魔祓い師のところに行っても「これは悪魔憑きじゃないから病院に連れていきなさい」と言われるのです。

私なりに説明すると、悪魔が憑くのは三つの関係性が失われたときです。一つは人と人との関係であり、二つ目は自分の心と体の関係であり、三つ目は人と宇宙との関係です。ここで宇宙と言っているのは人を超えたもの、たとえば仏様や神様のことで、よく「神も仏もあるものか」と言いますが神も仏もない状態、つまりこの世の中に身の置き場所がない状態になると悪魔が憑くようにできているのです。

日本でそんな悪魔憑きと思われる状態になった人はどうなるでしょうか？　おそらくリストカットなどの自傷行為やひきこもり、あるいは突然キレて暴力的行動に及ぶ、といったことがこの世の中に身の置き場所がなくなった状態の日本での「悪魔憑き」のありかたでしょう。

人間の苦悩というのは、その人が孤立しているときに危機に陥ります。苦悩は表現され、人々とつながるなかで共有されないと解決されないのです。だから、**5**リストカットは苦悩が表現されているという意味では次善の策と言えます。

しかし「誰でもいいから殺したい」と言って人間を実際に殺してしまうケースが頻繁にe**ホウドウ**されています。子どもたちがテレビや新聞を通して「誰でもいいから殺したい」という言説を聞きながら育っていくのは相当㊟憂慮すべき事態だと思います。

6子どもにはそういう「誰でもいいから殺したい」という願望や無差別殺人の現実を見せてはいけません。スリランカ南部の農漁村の子どもたちは小さいときから「孤独になって身の置き所がないと悪魔憑きになるのだ。でも悪魔憑きになるとこんな楽しい悪魔祓いの儀式でみんなが癒してくれるのだ」というメッセージを受け取りながら育ちます。それは子どもたちの無意識の中に浸透し、だから自分が人生でピンチに陥ったときには、悪魔憑きの症状が出て、そしてその苦悩が癒され、人生をまたやり直していけるのです。

ですから子どもには悪魔憑きになったときの状態を見せるだけでなく、そうなったときには必ず隣人が救ってくれるということも併せて見せなければいけません。つまり、**7**悪魔祓いというのは悪魔が憑いた患

ウ　今までの街の姿の維持に過度にこだわって、新しいものをむりやりに街並みに合わせているように感じていたから。

エ　街の歴史や文化を乱してしまうことを気にしつつ、一方で新しいものを利用することに目がないと感じていたから。

問十四　――線部14「浅はかだった自分が恥ずかしくて」とあるが、「私」がそのような気持ちになったのはなぜか。八〇字以上、一〇〇字以内で答えなさい。ただし、答えの中で次の二語を必ず使うこととする。

舞妓
京都

二、次の文章を読み、後の問いに答えなさい。

悪魔祓い師に「どんな人に悪魔が憑くのか」と尋ねると「孤独な人に悪魔が憑く」「孤独な人に悪魔のまなざしが来る」という答えが返ってきました。

スリランカという国は、日本と同様に人の目をとても気にする社会です。そして周りの人のまなざしが来ていないか、あるいは来ていても温かいまなざしではない時に1悪魔のまなざしが来てしまうのです。「おまえなんか死ね」とか「おまえの成功なんて誰も望んでいない」といった冷酷なまなざしです。

だから、この場合の孤独とは砂漠のなかにたった一人しかいない孤独ではなく、周囲に人がいるなかでの孤独なのです。

たとえば、渋谷駅には万単位の人がaムれ集まっているけれども、誰も自分のことなど気にもしていない。この場で倒れても誰も悲しまないという孤独。あるいは、小学校の六年一組でクラスメートからいじめられているけれども、だれも自分を助けてくれないし、自分のことを思ってくれる人が誰もいないという孤独。2砂漠のなかの孤独より、人のなかの孤独の方が人間にとって厳しい状態だと思います。

（中略）

悪魔祓いの儀式には、お金も相当かかります。日本で言えば三〇万～五〇万円ぐらいの費用をかけているのです。何にかかるかと言うと、第一が接待です。母家では大変なご馳走が用意され、ムラの人たちに振るまわれています。だから、参加者にとっては儀式を見るだけでなく、ご馳走を食べるのも楽しみなのです。

患者とすれば、自分のために家族が貯金を取り崩したりお金をかき集めたりして儀式を開催してくれる。遠くから親戚が集まってきて声をかけてくれる。そして、ムラの人たちがみんな集まってきては悪魔祓いをbモり上げてくれる。それだけでも、患者にとっては相当うれしいことです。さらにはみんなで大笑することで「私は孤独じゃない。みんなが私をサポートしてくれる」という確信が生まれます。

悪魔祓いの儀式というと、迷信とか、非科学的とか、いかがわしいとか思われがちですが、どっこいこれは私たちの集団の中の癒しの力を高めてくれる、すばらしい場なのではないかと思えてきたのです。

スリランカから日本に帰国すると、孤独を感じている人、つまり3スリランカならば悪魔が憑いたと言われるような人がやたらに多いと感じました。

高度経済成長時代の企業であれば、サラリーマンはcシュウシン雇用で仲間意識がありましたが、リストラが当たり前になってくると「おまえが失敗するのを待っているんだよ」とか「稼げないおまえには存在価

ウ　誰かに認めてもらいたくても、自分から人に働きかけることなどできなかった「私」だったが、金子さんと話すうちに、待っているだけでは何も変わらないことに気づき、自分から行動してみようという気持ちになっている。

エ　どんなにはげましの言葉をかけてもらっても、素直に聞くことができずに尻込みしてしまう「私」だったが、金子さんという信頼できる人と出会って、初めて人の言葉を受け入れ、やってみようという気持ちになっている。

問十　――線部10「もう二重ちゃんになる必要はないんやろ?」とあるが、ここでいう「二重になる」とはどういうことか。「二重」という呼び名の表す意味が明らかになるように、二五字以内で答えなさい。

問十一　――線部11「世の中ってそういうふうにできてるんやて」とあるが、この言葉によって金子さんが言おうとしているのはどういうことか。次の中から適当なものを一つ選び、記号で答えなさい。

ア　恩を受けた相手に直接恩を返すよりも、周囲の人の助けになるように努めることで、世の中にその善意がつながっていき、元の恩を受けた相手にとっても見返りがより多くなるということ。

イ　恩を受けた相手は個人として見返りがほしいのではなく、助けた人がまた周囲の助けとなって、世の中において善意がつながっていくことを、わが身をかえりみずに求めているのだということ。

ウ　誰かに助けてもらったなら今度は自分がほかの誰かの助けになり、そうした善意を広げていくことが、何もしなければ悪意のはびこりがちな世の中を押しとどめることになるということ。

エ　誰かに感謝の気持ちを持ったなら今度は自分がほかの誰かの助けになり、そうして生まれたきずなが人から人に連なっていった結果、世の中に善意が少しずつ着実に広がっていくということ。

問十二　――線部12「嬉しい。嬉しくて堪らない」とあるが、ここで「私」にとって嬉しいのはどういうことか。次の中から適当なものを一つ選び、記号で答えなさい。

ア　誰も自分のことなど助けてはくれないと思い込んでいた「私」に、金子さんだけははじめから親切に接し、「応援してるわ」という暖かい言葉ではげましてくれたから。

イ　誰かの記憶に残ることなどないと思っていた「私」だが、金子さんの「忘れない」という言葉で、はじめて「私」という存在を人に受け止めてもらえたと感じられたから。

ウ　誰かの役に立つことなどないと思っていた「私」だが、金子さんの言葉によって、善意で接していさえすれば誰かの役に立てるかもしれないと思えるようになったから。

エ　誰からも評価されることのない「私」だったが、金子さんだけはありのままの「私」をしっかりと心に留めてくれ、「私」という人間の価値を正当に認めてくれたから。

問十三　――線部13「違和感や嫌悪感」とあるが、「私」が京都の街にそういう印象を抱いていたのはなぜか。その理由として適当なものを次の中から一つ選び、記号で答えなさい。

ア　昔からの街の姿に誇りを持ちすぎて、新しいものを嫌い、このままでいいと思い上がっているように感じていたから。

イ　街の歴史や文化を大事にしようと、多少の不便さを我慢してまで新しいものを制限しているように感じていたから。

ん見ているはずの自分の正体に気づかなかった左京もおろかであると、金子さんに言われた気がして悲しくなったから。

エ　外見を変えることで自分に注目してもらうのはずるいやり方で、そんな自分の外見にひかれた左京にも浅はかなところがあると、金子さんに言われたような気がして落ち込んだから。

問七　――線部７『ウチのことを幸せにして』って他人任せにせんかったら、選択権はいつでもその人にあるもんや」とあるが、この言葉によって金子さんが「私」に伝えようとしているのはどういうことか。次の中から適当なものを一つ選び、記号で答えなさい。

ア　相手が自分に働きかけてくれることを待っているのではなく、相手との関わり方をどうしていきたいのか、自分の意志で決めるべきだということ。

イ　相手がどれほど自分を大切にしてくれる人かを気にするよりも、自分がどれだけ大切にしたくなる相手なのかを考えて、相手を選ぶべきだということ。

ウ　相手の考え方にふり回されて言いなりになるのではなく、積極的に自分の意見を主張して、相手との関係において主導権を握っていくべきだということ。

エ　相手があたえてくれる物にまどわされるのではなく、相手の性格をよく確かめて、自分にふさわしい人かどうかを判断するべきだということ。

問八　――線部８「プロのカメラマンは被写体の心も写せるんや」とあるが、この発言によって金子さんが「私」に伝えようとしているのはどういうことか。次の中から適当なものを一つ選び、記号で答えなさい。

ア　左京が二重に好意を感じながら二人の写真を眺めるうちに、写真に写り込んだ「私」自身の思いが伝わり、実は「私」が二重に変装していたのだということが左京にもわかるはずだということ。

イ　左京が二重への恋心をつのらせながらくり返し写真を眺めるうちに、二重に変装していた「私」自身の思いを写真から感じ取り、やがて二人はたがいのことが好きになっていくはずだということ。

ウ　左京が二重との思い出をふり返りながら写真を眺めるうちに、写真に写り込んだ左京自身の恋心をよりはっきりと自覚し、さらには二重が本当は「私」であることにも気づくはずだということ。

エ　左京が二重を思い出しながら写真を眺めるうちに、写真から「私」の思いが伝わって、左京が心ひかれていた二重は「私」だったのだと気づき、「私」のことも好きになるはずだということ。

問九　――線部９「やってみます」とあるが、この言葉から「私」のどういう気持ちの変化が読み取れるか。次の中から適当なものを一つ選び、記号で答えなさい。

ア　舞妓姿にでもならなければ誰にも認めてもらえない「私」だったが、舞妓体験を通じて自分をそれほど嫌いではなく、愛着を抱いていることに気づき、もっと自信を持って積極的に行動してみようという気持ちになっている。

イ　自分から進んで人と関わることが苦手な「私」だったが、すぐに名乗り出られないのなら、舞妓の振りをしてメル友になればという金子さんの名案を聞いて、そういう方法ならできるかもしれないという気持ちになっている。

い舞妓を前にして緊張しつつ、どうふるまっても軽蔑されるだけなのではないかと恐れている。

イ　きれいで上品な舞妓を前にあがってしまって、会話を持たせるために思わず無内容な質問をくり出してしまい、自分の言動のおろかさを感じて動揺を隠せないでいる。

ウ　素敵な舞妓を前に心の高ぶりを感じる一方で、名前を訊くのはただの修学旅行生としては出過ぎたふるまいであり、嫌がられるかもしれないと、緊張もしている。

エ　金子さんと話す中でデレデレしてしまったので、自分が恋心に近いものを抱いた舞妓をうかつにも怒らせてしまったように感じ、必死にきげんを取ろうとしている。

問四　――線部４「痛いのは私の胸だ」とあるが、「私」が胸を痛めているのはなぜか。その理由として適当なものを次の中から一つ選び、記号で答えなさい。

ア　左京と心を通わせ合って話をすることができたが、自分を本物の舞妓であると思い込んでしまった左京に、正体を打ち明けられなかったことが悔やまれたから。

イ　左京が自分の姿に感心してくれたが、それは本当の自分とはまるで違う舞妓の姿であり、本当の自分を隠して左京の気を引いたことが情けなく感じられたから。

ウ　左京が舞妓姿の自分に感心するのを見て、憧れていた左京が外見で人を判断する浅はかな一面を持っていたことを知ってしまったような気がして悲しくなったから。

エ　左京が自分と同い年であることに驚くのを見て、同じ学校の生徒だと本当に気が付いていないと分かり、本来の自分にはやはり関心がないのだ、とつらくなったから。

問五　――線部５「これからも鏡はこの私しか映さないのだから、もう少し上手に自分と向き合っていこう」とあるが、「私」のどういう気持ちを言ったものか。次の中から適当なものを一つ選び、記号で答えなさい。

ア　結局自分のことは自分にしかわからないので、他人の目に自分がどう映るかなど気にする必要はないという気持ち。

イ　意外にも自分はそんなに嫌われていないことがわかったので、もう少し積極的にみんなと接してみようという気持ち。

ウ　自分にとって大事なのは、他の誰よりも自分自身なので、これからは自分を信じて生きていこうという気持ち。

エ　他でもないありのままの自分を嫌がらずに受け入れ、もう少し自分自身を大切にして生きていこうという気持ち。

問六　――線部６「心が暗くなった」とあるが、「私」がこのように感じているのはなぜか。その理由として適当なものを次の中から一つ選び、記号で答えなさい。

ア　自分が舞妓に変装するのに協力してくれていた金子さんが、左京に名乗り出るべきだと考えているということを知ったものの、正体を明かしたくないので気が重くなったから。

イ　ふだん目立たない自分が舞妓姿になって注目を集めるのを、心から応援してくれていたはずの金子さんに、実はそんなことは卑怯だと思われていたと知り、裏切られたように思ったから。

ウ　自分をいつわって左京に好かれようとしたのはよくないし、ふだ

舞妓体験を通じて心境の変化があったのは確かだ。私は少しだけ自分を好きになれた。ずっと自分が嫌だった。だから『自分を変えたい』『変わりたい』と思ってばかりいた。でもそれは主に外見だった。外側を変えることに囚われていたからこそ、舞妓体験に心を鷲掴みにされた。

ところが舞妓になってみると、自分の素顔が『満更捨てたものでもない』と思えた。ないもの強請りをするのも時には必要だけれど、元からあるものを大事にしなくちゃ。ベースは私なんだ。土台をそっくり変えることは不可能。元々の私を否定したら。何も積み上げることはできない。

もしかしたら京都の景観も同じことなのかもしれない。昔からある街並みを大事にするのは、歴史や文化を積み重ねるため。『景観を守る』ということは、見た目だけじゃなく『歴史や文化を大事にする』ということなのだろう。

目に見えないものを守りたいから、細かい条例を定めてみんなで古都の街並みを維持している。私は表面的なことしか見ていなかった。変身願望が強いあまり、京都が変わることを怖がっているように思えたのだ。

4浅はかだった自分が恥ずかしくて、心苦しくて私はまた下を向いた。バスに乗っても窓の外の景色を眺めることができなかった。今の私には目の毒だ。でも俯いていても京都人が紡いできた想いが心に入り込んでくる。目を瞑っても同じだ。

直視できない街並みがバスの左右を流れていく中で、私は悔い改めた。京都人の精神を見習って、もっともっと自分を大事にしよう。少しずつ自分を肯定していくんだ。そうすれば、いつか自分に自信が持てるようになるはずだ。

（白河三兎『ふたえ』）

問一 ――線部1「私と左京くんの心の距離は縮まる」とあるが、どういうことを言っているのか。次の中から適当なものを一つ選び、記号で答えなさい。

ア 学校では「私」のことなど見向きもしなかった左京だが、舞妓姿の「私」のかわいさにひかれて、「私」のことを見直し、少しずつ特別な感情を抱き始めているということ。

イ 「私」の正体には気づかない左京も、左京を前にした舞妓の「私」もひどく緊張してぎこちなかったが、金子さんたちのおかげでだんだんと緊張がほどけていったということ。

ウ これまで「私」は左京とこんなに間近で接する機会などなかったので、すぐ隣に左京がいるというだけで、彼の存在が急に近しいものに感じられるようになったということ。

エ 左京は「私」の正体に気づいていないので、「私」と左京の関係は「私」の片思いのままだが、二人並んで写真を撮られることで左京と心が通い合うように思えたということ。

問二 ――線部2「私が同じ学校に〜人などいないのだろう」とあるが、このことから学校での「私」はどのような生徒だと思われるか。それを端的に言い表した言葉を本文中から一〇字以上、一五字以内で抜き出して答えなさい。

問三 ――線部3「左京くんが上擦った声で訊く」とあるが、この時の左京の気持ちはどういうものか。次の中から適当なものを一つ選び、記号で答えなさい。

ア ただの修学旅行中の高校生に過ぎない自分よりはるかに大人っぽ

んに惚れていたり、メールのやり取りを通して惚れるようになったりしたら、二人のツーショット写真を特別な気持ちで眺めるやん。そしたらきっと二重ちゃんの正体に気付けるて」

現実では待っていても何も起こらない。未練がましい王子様が私の前に現れることはない。自分で動かなくちゃ何も始まらない。それは舞妓体験を通じて骨身に染みてわかったことだ。

私が清水の舞台から飛び降りる覚悟で修学旅行を抜け出したから、思い切って金子さんに協力を求めたから、左京くんとのツーショット写真が撮れたし、彼のアドレスを手に入れることができた。

「9やってみます。本当に本当にありがとうございます。どう感謝していいかわからないくらい金子さんにはお世話になって……」

「もう感謝せんでも大丈夫やて」と金子さんは遮って私にそれ以上言わせない。「さっきも『ありがとう』ゆうたやん」

「でもなんか申し訳なくて」

「そしたら、ウチへの感謝の気持ちを自分の近くにいる人へ使ってえな。それで貸し借りはなしってことにしよ」

「私、またここへ来ます。来店して直接金子さんに恩返しをします」

「10もう二重ちゃんになる必要はないんやろ?」

その通りだった。私に舞妓への憧れはない。周囲から注目されたかっただけだ。そして一番の目的は左京くんに写真を撮られることだった。そのために舞妓体験を利用したのだ。

「ウチに恩返しをしたいんやったら、自分の周りにいる人に優しくして。そしたら回り回ってウチのところに優しさが届くし。11世の中ってそういうふうにできてるんやて」

『情けは人の為ならず』ってことですか?」

「そうや。ウチは学校の先生に教わってそれを実践してるねん。その先生は学生時代の恩師から教わらはった。意外と世の中って善意で回ってるんや。そやしあんたもその回転に加わらへん?」

「はい」と私は穏やかな気持ちで返事した。

「応援してるわ。ウチはあんたのこと、忘れへんし。ずっと覚えとくさかい」

「私もです」と言ったと同時に、左目から涙が溢れる。

初めて人に認められた。私がずっと耳にしたかった言葉を金子さんが言ってくれた。12嬉しい。嬉しくて堪らない。右目からもあとを追うようにして涙が零れ、頬を伝っていく。

金子さんのお店を出てからもしばらく涙が引かなかった。視界がぼやける。行き交う人々も街並みも歪む。私は潤んだ瞳を隠すために極端にキャップを目深に被り、足下を見ながら歩いた。

完全に涙が止まったのは、四条京阪前のバス停に着いた頃だ。顔を上げ、時刻表を確認する。あと五分ほどで来る。ふと、反対車線のバス停の日除けが瓦調であることに気がついた。

周りを見回してみると、歩道のアーケードも、地下鉄の出入り口の屋根も瓦調だ。灯籠型の街灯と茶色の電柱も目に留まる。でも13違和感や嫌悪感を抱かなかった。自然にすっと目に溶け込んだ。

なんでちぐはぐに感じないのだろう？　舞妓に変身した影響で京都かぶれになったのか？　それとも京都人の金子さんや土屋さんと知り合って京都を贔屓目に見るようになったのか？　うーん、なんか違うような……。

らを外し、着物を脱いだ。それからシャワー付きの洗面台のあるロッカー室へ移動して和化粧を落とす。自分では取れない首の後ろや背中は金子さんが綺麗にしてくれた。

最後に前髪を洗ってドライヤーで乾かす。これで元戻り。金子さんがかけてくれた魔法は解けた。鏡の中にいるのはいつもの自分だ。『二重』だった私が名残惜しかったが、戻れて安心もした。

誰の目にも入らない存在であっても、私は自分に愛着を抱いている。舞妓になってみて自分をそこまで嫌っていないことがわかった。腐れ縁のようなものだ。5 これからも鏡はこの私しか映さないのだから、もう少し上手に自分と向き合っていこう。

待合室で五分ほど待ち、2Lサイズの写真が十枚入ったアルバムを受け取る。スタジオで撮ったのが四枚。屋外で撮ったのが六枚で、二枚は左京くんとのツーショット。どれもよく撮れていて自分であることを忘れてうっとりする。

私は会計を済ませ、金子さんに心からお礼を言った。土屋さんにも感謝したかったけれど、次の撮影に取り掛かっていたので、金子さんに伝言を頼んだ。

「楽しかったです。本当にありがとうございました」

「ウチも楽しかったで」

「金子さんが親切な魔女でよかったです。本当に！」

「魔女は健気な女子の味方やもん。当然のことをしただけやん」

「あの、金子さんは魔法で美しく着飾って王子様を射止めたシンデレラが幸せになれたと思いますか？」

「ズルして騙したのにってこと？」

「はい」

「卑怯ゆうたら卑怯かもしれんな。王子様もシンデレラの外見に一目惚れしたみたいやし。見た目で惚れる男にろくな奴おらんのも確かやし」

「そうですか」と言ったあとに、他人にはわからない小さな溜息を吐く。6 心が暗くなった。

「そやけど、王子様がろくでもない男やっても、玉の輿に乗りたいんやったら結婚したらええし、お金より愛を重視するんやったら別れたらええねん。7『ウチのことを幸せにして』って他人任せにせんかったら、選択権はいつでもその人にあるもんや」

「幸せになれるかはシンデレラ次第ってことですか？」

「そうや。そやからあんたも頑張りや」と励まして左京くんのアドレスが書かれたメモを私に手渡す。「アタックしてみい？」

「無理です。そんなことはできません」

私は慌ただしく否定した。滅相もない。

「すぐに名乗り出られへんのやったら、舞妓ちゃんの振りをして左京くんとメル友にでもなったらええんや。『現像できたから、写真を送りたいんだけど』ってメールしてまうんや」

「でも……」と尻込みする。

「現実の世界では、ガラスの靴を落としても王子様が拾うとは限らへんのやから、積極的にいかなアカンて。ウチの魔法はもう時間切れ。あとは自分の力でどうにかせんとしゃあないて。ガラスの靴を送り付けて王子様に見つけてもらわな」

「それで写真を送るんですか？」

「8 プロのカメラマンは被写体の心も写せるんや。左京くんが二重ちゃ

【国　語】〈五〇分〉〈満点：一二〇点〉

【注意】・字数指定のある問いは、句読点なども字数にふくめること。

一、次の文章を読み、後の問いに答えなさい。

高校の修学旅行で京都に来た「私」は、決められた行程から外れ、「一日舞妓体験」の店にやってきた。舞妓に変身して、クラスメイトや片思いの相手である左京に、写真を撮られたいと思ったからだ。担当の金子さんは二十代の女性で、「私」が事情を打ち明けると、みんなの記憶に残るようなかわいい舞妓にしてあげると張り切った。「二重」という呼び名まで付けてもらった「私」は、金子さんとカメラマンの土屋さんの協力で、左京とのツーショットを撮ってもらえることになる。

　土屋さんが「ええなぁ、ええなぁ」と私たちを乗せて撮っていく。二人のおかげで空気が和んだ。シャッター音がする度に、1私と左京くんの心の距離は縮まる。このまま恋人になれるような気さえする。

　だから土屋さんが「はい。お疲れさん」と言って撮影を終えた時に、結ばれかけた二人が引き裂かれたように感じた。したこともないのに大失恋をしたみたいだ。もっと左京くんと写真を撮られたかった。

　金子さんが自然な流れで「あとで現像した写真を送りたいし、連絡先教えてくれへんかな?」と左京くんから名前と電話番号とメアドを訊き出す。そしてスマホへの登録と並行して「修学旅行はいつまでなん?」と口を動かした。

「明後日までです」

「どこに泊まったはんの?」

「京都駅の近くのホテルです」と左京くんは顔をデレデレさせて答えてから、うろ覚えのホテル名を伝える。

「あのホテルの斜向かいにあるラーメン屋さんがなかなかイケんねんで」

「夜、抜け出せたら、行ってみます!」

　私は会話をしている二人に割り込んで、「ありがとうございました」と左京くんに握手を求める。彼は「こちらこそありがとうございました」と言って私の手を恭しく握った。

　2私が同じ学校に通う生徒であることにはまるで気付かない。私は口を開いても小声なので、私の声を記憶している人などいないのだろう。

「あの、お名前は?」と3左京くんが上擦った声で訊く。「俺は渡辺左京です」

「二重です。二つ重ねると書いて」

「へー、いい名前ですね」

「私も気に入っています」

「いくつなんですか?」

「十七歳です」

「マジで?　俺も十七なんだ!　なんかスゲー!」

　本物の舞妓だと信じ込んでいるのに、私が京都弁を使わないことに疑問を感じないようだ。同い年であることに大喜びしている彼が痛々しく思えた。

　ううん。違う。4痛いのは私の胸だ。急に自分のしていることが虚しく思えて、胸が苦しくなったのだった。

　お店に戻ると、着付けした部屋で金子さんに手伝ってもらって半かつ

解答用紙集

○月×日　△曜日　天気（合格日和）

◆ご利用のみなさまへ

＊解答用紙の公表を行っていない学校につきましては、弊社の責任において、解答用紙を制作いたしました。

＊編集上の理由により一部縮小掲載した解答用紙がございます。

＊編集上の理由により一部実物と異なる形式の解答用紙がございます。

人間の最も偉大な力とは、その一番の弱点を克服したところから生まれてくるものである。──カール・ヒルティ──

東京学参株式会社

◇算数◇

海城中学校(一般①)　2024年度

※ 149%に拡大していただくと，解答欄は実物大になります。

1

(1)

(2)

(3) 歳

(4)

(5) 度

2

(1) AQ : QE = :

(2) AP : PQ : QE = : :

(3) 三角形 ABC : 三角形 FPQ = :

3

(1) 分

(2) 分

(3) 分 秒

4

(1) 個

(2)

(3) 通り

5

(1) cm^3

(2) cm^3

6

(1) 秒後

(2) 秒後

(3) 秒後

海城中学校(一般①)　2024年度　◇理科◇

※141%に拡大していただくと，解答欄は実物大になります。

1.

問1 秒　問2 秒　問3 秒 m

問4 秒　問5 秒

問6 機器1は毎秒　mの速さで、機器2{に近づいている・から遠ざかっている}。

2.

問1 (1)　(2)　問2 %　問3 g

問4 (1)
(2) %

問5 (1) g (2) X Y Z

3.

問1 A B 記号　問2 (1) X

問2 (2)

問3

問4

問5 記号
理由

4.

問1　問2　問3

問5 (1)

問4 (1)

(2)

問5 (2)

(3)

海城中学校(一般①)　2024年度

◇社会◇

※ 135％に拡大していただくと，解答欄は実物大になります。

問1.

問2.　運動名　草案名

問3.

問4.　(1)　(2)

問5.　(1)　(2)

問6.

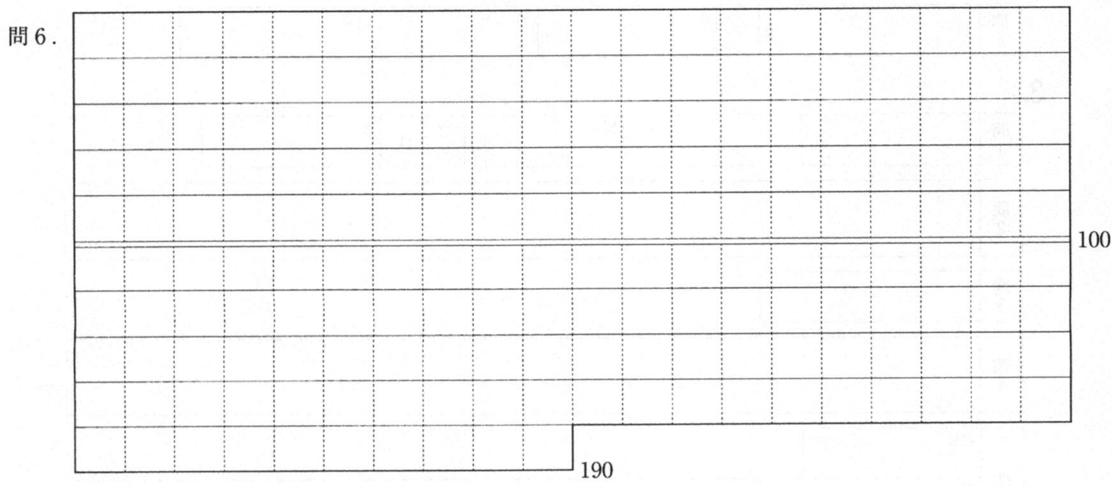

問7.

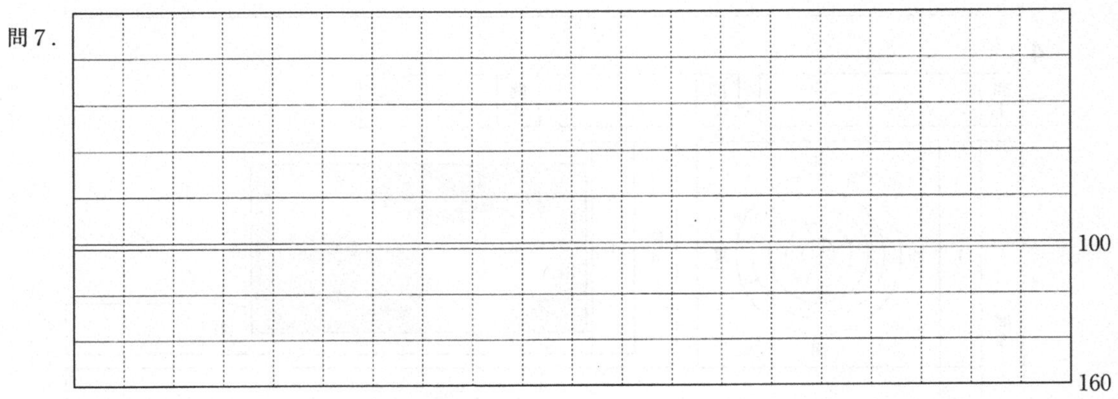

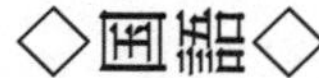

海城中学校（一般①）　２０２４年度

※１４５％に拡大していただくと、解答欄は実物大になります。

一

問一

問二

問三

問四

問五

問六

文字を書くときに

問七

問八

問九

問十

問十一

問十二

二

問一					
a		b		c	
d		e			

問二	

問三	

問四	

問五	

問六	

問七	

問八	

問九	

問十	

問十一

集団の中で人間は

60

80

海城中学校（一般②）　2024年度

◇算数◇

※ 149％に拡大していただくと，解答欄は実物大になります。

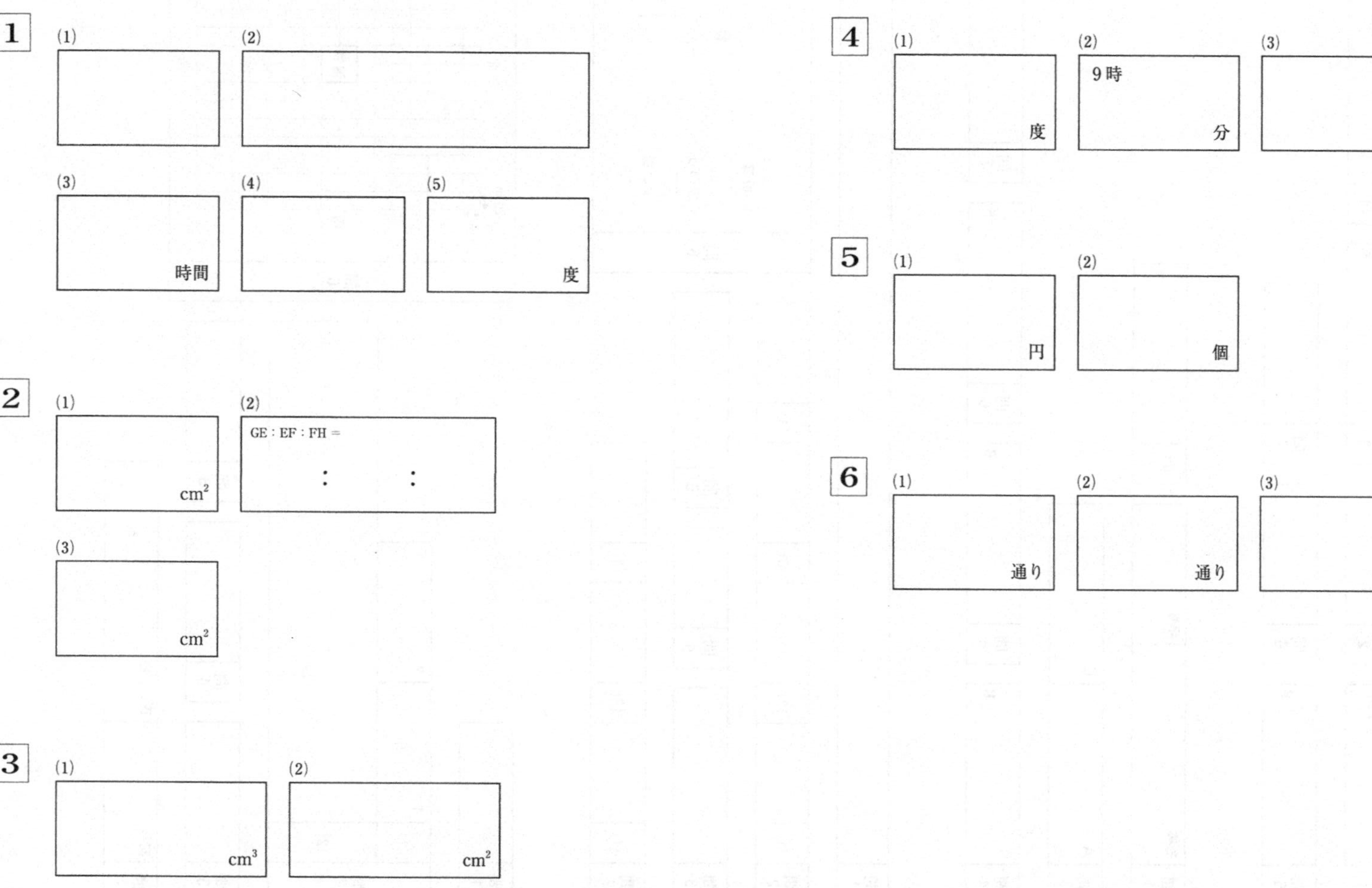

海城中学校(一般②)　2024年度

◇理科◇

※ 141%に拡大していただくと，解答欄は実物大になります。

1.

問1	cm^3	問2		問3	g	問4	cm
問5	g	問6		問7			

2.

問1	名称	記号	問2	g
問3	A	B		

問4	g	問5	g	問6	g	問7	g

3.

問1	

問2	(1)		(2)		(3)		(4)	

問3		問4		問5	

問7	(1)		(2)		(3)	

問6

肝臓

胆のう

すい臓

胃

(2)

4.

問1	

問2	(1)	1	2
	(2)		

問3		問4		問5	

問7	記号	正しい語

問6

20 m

20 m

北

西

建物

東

南

海城中学校(一般②)　2024年度

◇社会◇

※ 135%に拡大していただくと，解答欄は実物大になります。

問1.　A　B　C

問2.

問3.

問4.

100

190

問5.

100

160

問6.　⇒　⇒　⇒

問7.

問8.　(1)　(2)

海城中学校（一般②）　２０２４年度

※１４５％に拡大していただくと、解答欄は実物大になります。

◇国語◇

一

問一

問二

問三

問四

問五

問六

問七

問八

問九

問十

問十一

問十二

問十三

自分に対して

60

80

という気持ち。

二

問一 a b c d e

問二

問三

問四

問五

問六

問七

問八

リカちゃん人形は

80

100

ということ。

問九

問十

海城中学校(一般①)　2023年度

◇算数◇

※ 149%に拡大していただくと，解答欄は実物大になります。

1

(1)

(2) 個

(3) 人

(4) ア イ

(5) cm^3

2

(1) 個

(2)

(3)

3

(1) ：

(2) ：

(3) ：

4

(1) cm

(2) cm^2

5

(1) 回 と平行

(2) 回 と平行

(3) 5°　15°　25°　35°　45°　55°　65°　75°　85°

6

(1)

(2) 通り

(3) m n

海城中学校(一般①)　2023年度　◇理科◇

※ 141%に拡大していただくと，解答欄は実物大になります。

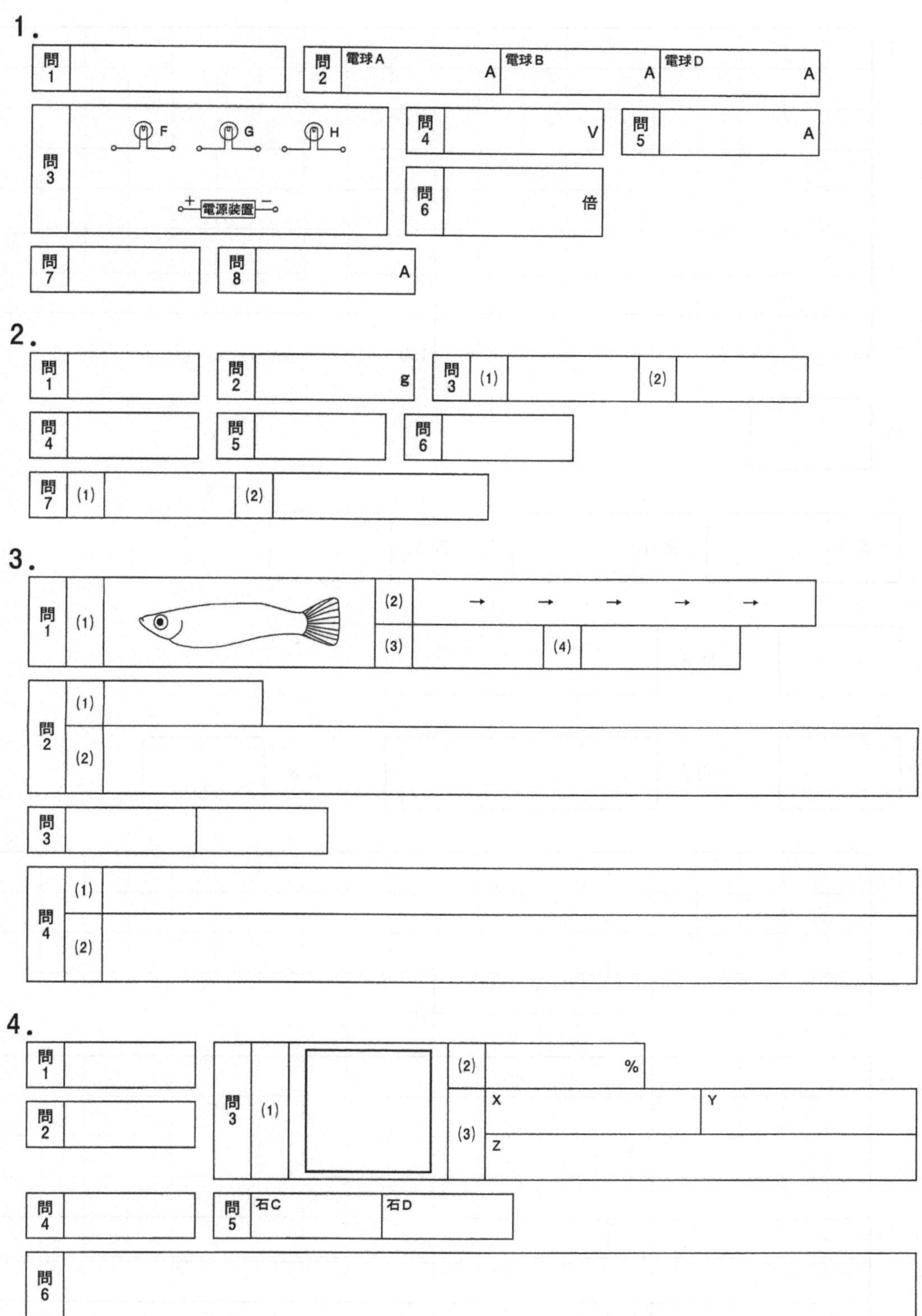

海城中学校（一般①）　2023年度

◇社会◇

※ 135%に拡大していただくと，解答欄は実物大になります。

問1．(1) 100 150

(2)

問2．2番目　4番目

問3．

問4．

問5．

問6．

問7．

問8．

問9．(1) 70

(2) 100 130

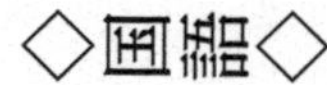

海城中学校(一般①)　2023年度

※145%に拡大していただくと、解答欄は実物大になります。

一

問一	

問二	

問三	

問四	

問五	

問六	

問七	

問八	

問九	

問十

80

100

二

問一	a		b		c	
	d		e			

問二	

問三	

問四	

問五	

問六	

問七	

問八	

問九	

問十	

問十一

60

80

海城中学校(一般②)　2023年度

◇算数◇

※ 149%に拡大していただくと，解答欄は実物大になります。

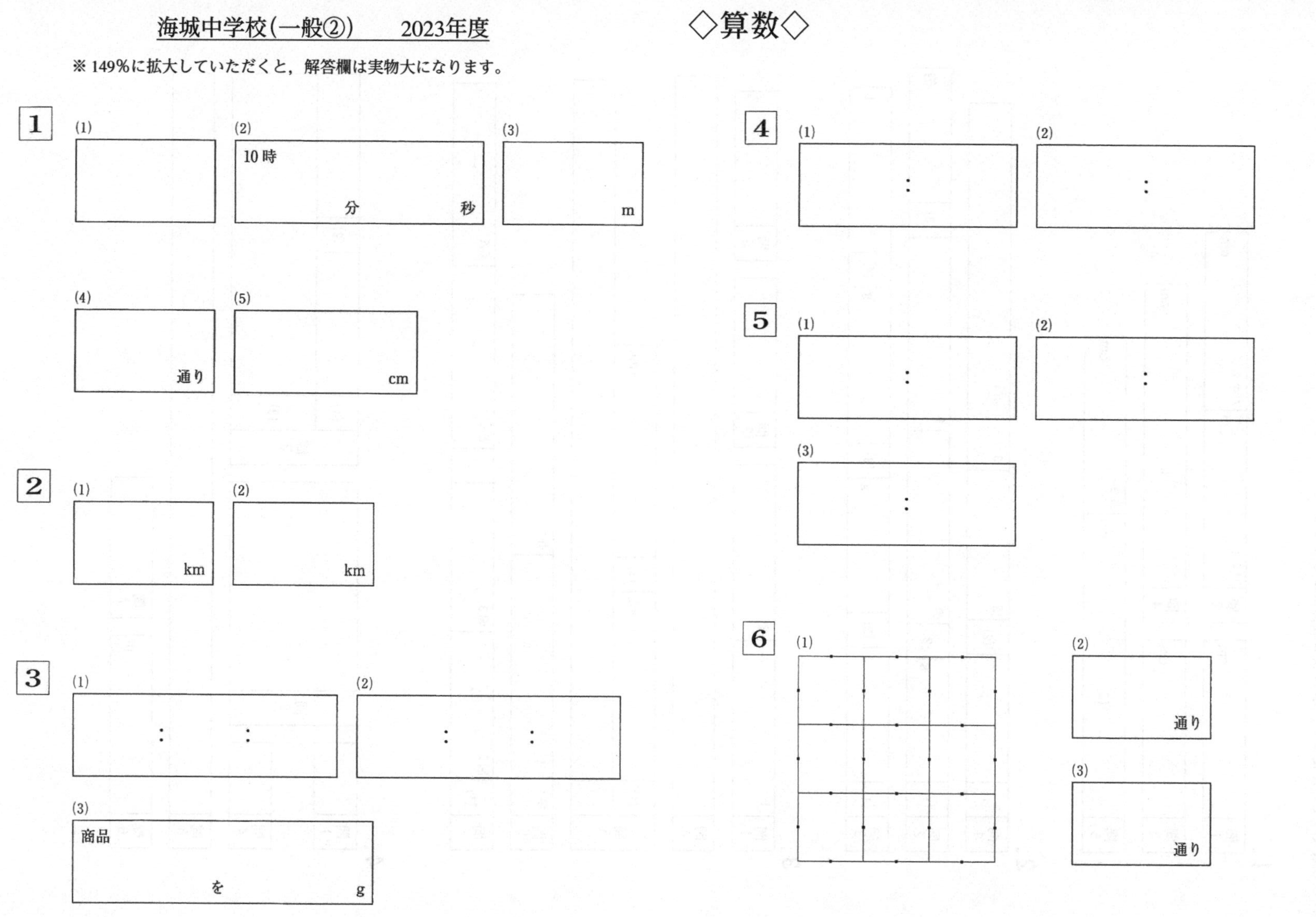

海城中学校(一般②)　2023年度

◇理科◇

※ 141%に拡大していただくと，解答欄は実物大になります。

1.

問1	cm	問2	バネ1 cm	バネ2 cm
問3	cm	問4	に cm	
問5	に cm	長さ cm		

2.

問1	(1)		(2)	2	3		
問2	(1)	g	(2)	少	多	(3)	倍
問3	(1)	L	(2)	g	(3) g	(4)	L

3.

問1	1	2	問2		問3	
問4						
問5	(1)	mL	(2)	mL		
	(3)					
問6	弁1	弁2				
問7	(1)	図2 →	図3 →	(2)	どっ —	くん —

4.

問1		問2		問3	(1)		(2)	
問4					(3)			
問5								
問6	m	問7						

海城中学校(一般②)　2023年度

◇社会◇

※ 135%に拡大していただくと，解答欄は実物大になります。

問1.

A国		B国	

問2.　　問3.　　問4.

問5. (1)

2番目		4番目	

(2)

問6.

問7.

100

200

220

問8.

100

130

問9.　　問10.

◇国語◇

海城中学校（一般②）　２０２３年度

※１４５％に拡大していただくと、解答欄は実物大になります。

一

問一	

問二	

問三	

問四	

問五	

問六	

問七	

問八	

問九	

問十	

問十一	

問十二	料亭の漫画は

70

90

二

問一					
a		b		c	
d		e			

問二

問三

問四

問五

問六

問七

問八

(50)

(70)

問九

海城中学校(一般①)　　2022年度

◇算数◇

※ 149%に拡大していただくと，解答欄は実物大になります。

1

(1)

(2)

(3) g

(4) 人

(5) 度

2

(1) ： ：

(2) ：

(3) ：

3

(1) m

(2)

4

(1) 通り

(2)

5

(1) FR cm　SH cm

(2) cm^3

(3) ：

6

(1) 枚

(2) 枚

(3) 枚

海城中学校(一般①)　2022年度

◇理科◇

※ 141%に拡大していただくと，解答欄は実物大になります。

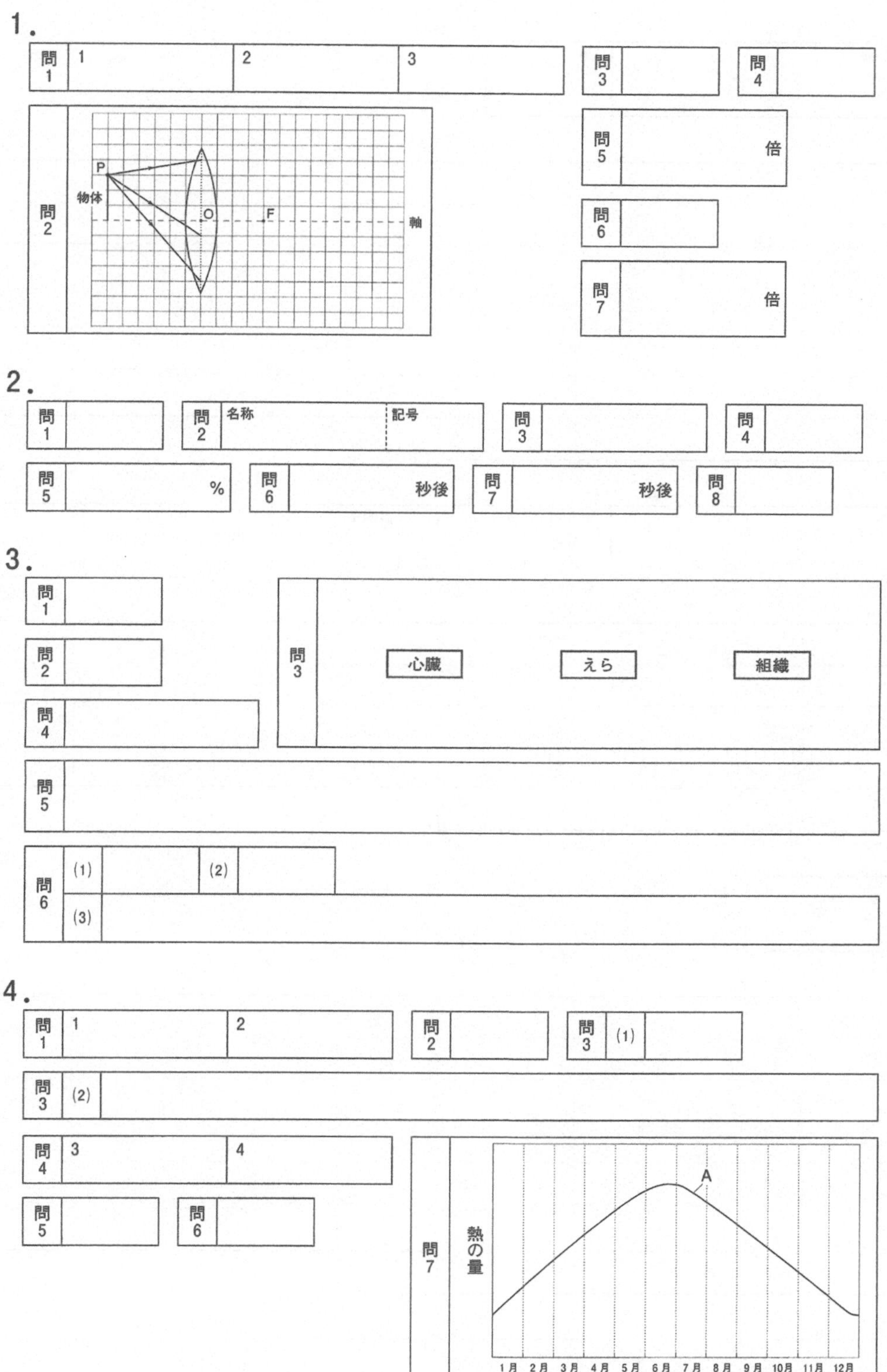

海城中学校（一般①）　2022年度

◇社会◇

※ 135％に拡大していただくと，解答欄は実物大になります。

問1.

名前	位置

問2.

100

130

問3.

問4.

写真	説明文

問5.

問6.

90

問7.

問8.

100

130

問9.

問10.

海城中学校（一般①）　２０２２年度

※１４５％に拡大していただくと，解答欄は実物大になります。

一

問一

問二

問三

問四

問五

問六

問七

問八

問九

問十

問十一

60

80

問十二

二

問一 a b c d e

問二

問三

問四

問五

問六

問七

問八

問九

問十 1 25 2 60 80

海城中学校(一般②)　　2022年度

◇算数◇

※ 149%に拡大していただくと，解答欄は実物大になります。

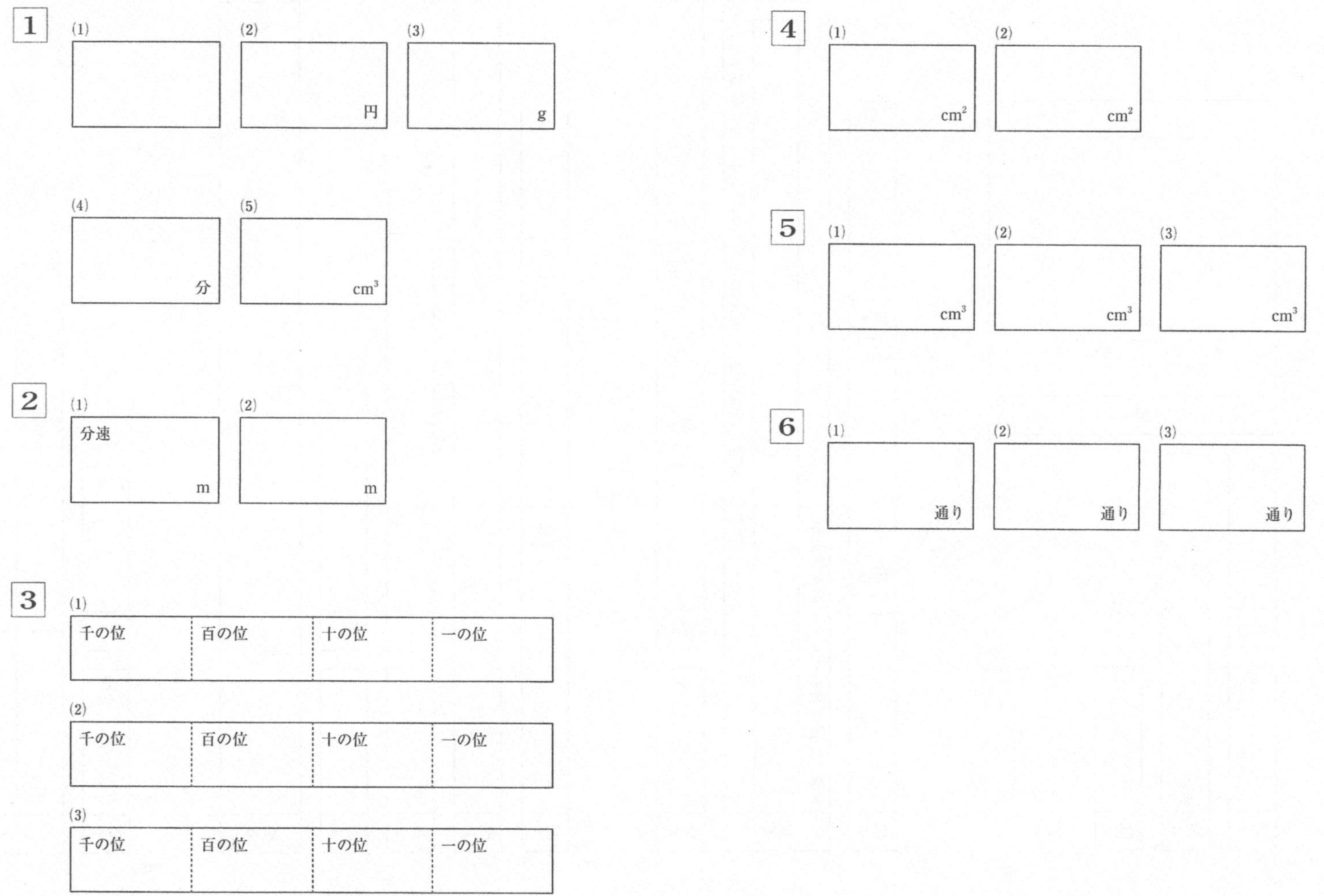

海城中学校（一般②）　2022年度

◇理科◇

※ 141％に拡大していただくと，解答欄は実物大になります。

1.

問1	m	問2	m
問3	毎秒　m	問4	
問5	（　，　）		

問6

	①	②	③	④	⑤
A					
B					
C					
D					
E					

2.

問1		問2		問3	色

問4 実験１で混ぜ合わせた２つの水溶液が

ことを確認し、実験２の温度変化が中和によるものであることを確認するため

問5	℃	問6		問7	℃	問8	

3.

問1	(1)		(2)		(3)	

問2

問3	名称	部分

問4		問5	

問6

4.

問1	月中	問2	度

問3	(1)		(2)		(3)	
	(4)		(5)			

海城中学校（一般②）　2022年度

◇社会◇

※ 135％に拡大していただくと，解答欄は実物大になります。

問1.

問2.

70

問3. (1)　(2)

問4.　問5.

問6.

100

120

問7.　問8.

問9.

問10.

100

160

2022年度

海城中学校（一般②）

※145%に拡大していただくと、解答欄は実物大になります。

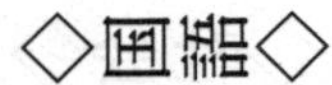

◇国語◇

一

問一

問二

問三

問四

問五

問六

問七

問八

問九

問十

50

70

問十一

問十二

二

問一					
a		b		c	
d		e			

問二

問三

問四

問五

問六

問七

問八

彼女の文章は、ただの作文ではなく、

という点で、小説の本質的なあり方を表したものだと思ったから。

問九

問十

海城中学校（一般①）　2021年度

◇算数◇

※ 149％に拡大していただくと，解答欄は実物大になります。

1

(1)

(2) 通り

(3)

(4) 度

(5) cm^2

2

(1)

(2)

(3)

3

(1) ：

(2) ：

4

(1) 分後

(2) m

5

(1) ア

イ

(2) ウ

(3) エ

6

(1) cm^2

(2) cm^2

(3)

海城中学校（一般①）　2021年度　◇理科◇

※ 141％に拡大していただくと，解答欄は実物大になります。

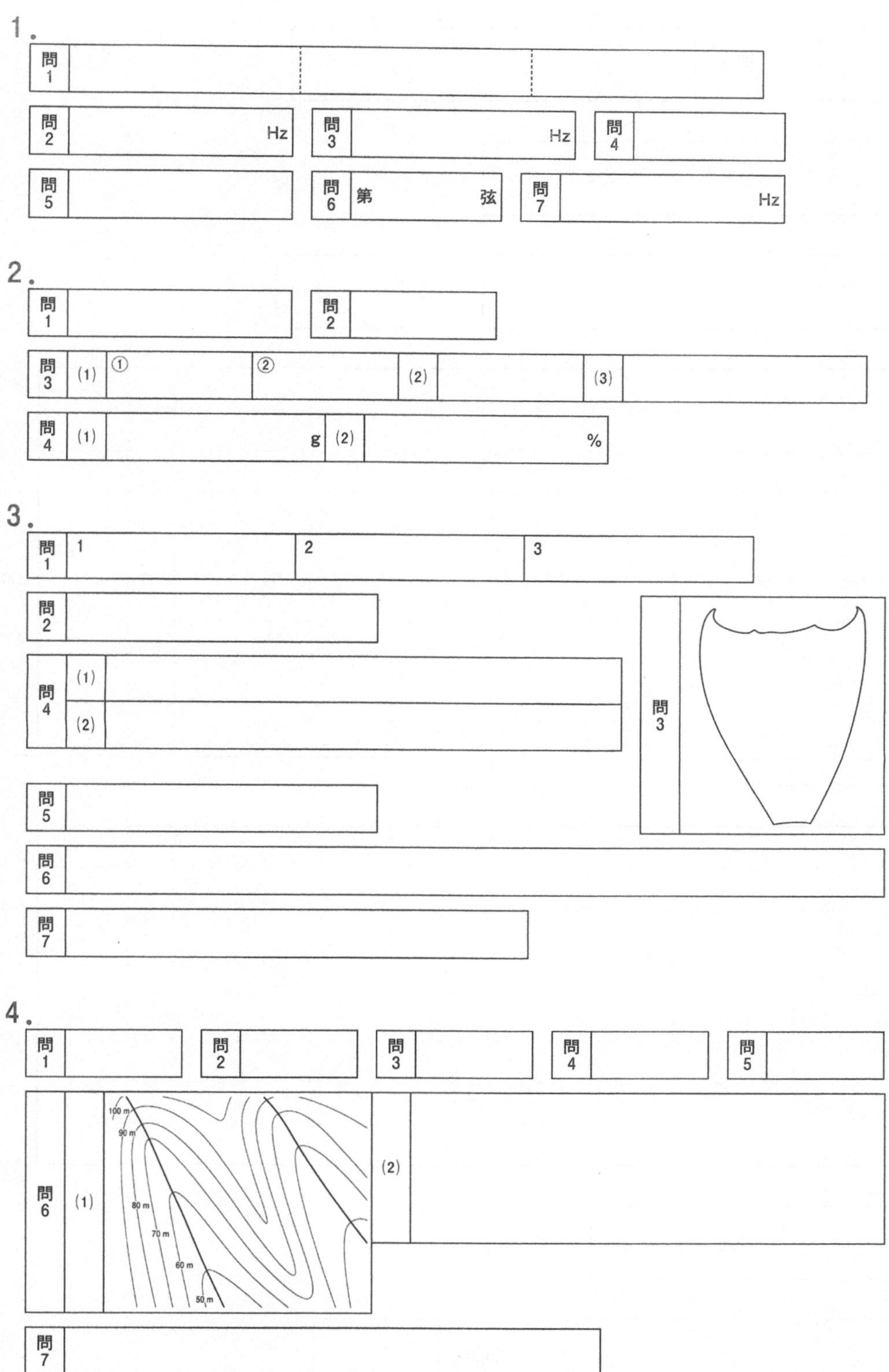

海城中学校(一般①)　2021年度

◇社会◇

※135%に拡大していただくと，解答欄は実物大になります。

問1.

問2.

問3.　⇒　⇒　⇒

問4. (1)　(2)

問5.

100

190

問6.

100

160

問7.

8月	産地

問8.　問9.　問10.

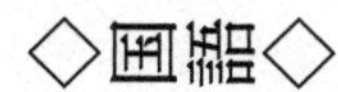

海城中学校(一般①)　２０２１年度

※１４７%に拡大していただくと、解答欄は実物大になります。

一

問一

問二

問三

問四

問五

問六

問七

問八

問九

問十

「僕」は、

50

70

ことに気づいていった。

二

問一 a b c d e

問二 ① ②

問三

問四

問五

問六

問七 始め 〜 終わり ような経験。

問八

80

100

海城中学校(一般②)　2021年度

◇算数◇

※ 149%に拡大していただくと，解答欄は実物大になります。

1

(1)

(2) 個

(3)

(4)

(5) ：

2

(1)

(2)

(3) cm

3

(1) 容器 A %　容器 B %

(2) 容器 A %　容器 B %

4

(1) m

(2) m

5

(1) 通り

(2) 通り

(3) 通り

6

(1) cm^2

(2) cm^3

※ 139%に拡大していただくと，解答欄は実物大になります。

1.

問1	カロリー	問2	カロリー	問3	
問4	カロリー	問5		問6	
問7					

2.

問1	(1)		(2)		(3)		(4)	
問2	(1)		(2)		問3			

3.

問1	(1)		(2)			
問2	(1)		(2)		(3)	
問3						
問4	(1)					
	(2)					

4.

問1		
問2	(1)	
	(2)	
問3	ひたっている体積	cm^3
	とけた体積	cm^3
問4		
問5	(1)	
	(2)	

問4 グラフ：縦軸　おもりが沈んでいる長さ[mm]（0～11）、横軸　時間［分後］（0～10）

海城中学校(一般②)　2021年度

◇社会◇

※ 143％に拡大していただくと，解答欄は実物大になります。

問 1．　　問 2．　　問 3．

問 4．(1)　　(2)

問 5．

90

問 6．

100

120

問 7．　　問 8．

問 9．

100

140

問10．

◇国語◇

海城中学校（一般②）　２０２１年度

※１４５％に拡大していただくと、解答欄は実物大になります。

一

問一	a		b		c	
	d		e			

問二		問三		問四	
問五		問六		問七	
問八					

問九

80

100

一

問十	

問十一	

問十二	

二

問一	

60

80

問二	

問三	

問四	

問五	

問六	

問七	

問八	

問九	

海城中学校(一般①)　2020年度

◇算数◇

※143%に拡大していただくと，解答欄は実物大になります。

1

(1)

(2) g

(3) 度

(4)

(5) cm

2

(1) 個

(2)

(3) 個

3

(1) 倍

(2) 倍

(3) 倍

4

(1) 秒後

(2) 分　秒

(3) 分　秒

5

(1) 度

(2) 回

(3) 分後

6

(1) cm^3

(2) cm^3

(3) cm^3

海城中学校（一般①）　2020年度　◇理科◇

※134％に拡大していただくと，解答欄は実物大になります。

1.

問1　名称

問2　名称

問3

問4　1　2　3　4　5

問5　倍

2.

問1

問2　(1)　(2)　(3)　(4)　(5)　(6)

問3　%

問4　(1)　(2)　(3)　(4)　色

問5　g

3.

問1

問2

問3　(1)　(2)

問4　(1)　(2)

問5　方法　結果

問6

4.

問1　方法　性質

問2

問3

問4　記号　理由

問5　(1)　(2)　問題点　解決策

海城中学校(一般①)　2020年度

◇社会◇

※136%に拡大していただくと，解答欄は実物大になります。

問1.

問2. ⇒ ⇒ ⇒

問3.

問4. 地形 果物

問5.

問6. (1)

(2)

問7.

問8.

問9.

100

200

220

問10.

100

130

◇国語◇

海城中学校（一般①）　２０２０年度

※１４１％に拡大していただくと、解答欄は実物大になります。

一

問一

問二

問三

問四

問五

問六

問七

問八

問九

60

80

問十

問十一

問十二

二

問一					
a		b		c	
d		e			

問二		問三		問四	
問五		問六		問七	
問八		問九			

問十

海城中学校(一般②)　2020年度

◇算数◇

※143％に拡大していただくと，解答欄は実物大になります。

1

(1)

(2) 個

(3) ページ

(4) 度

(5) 秒後

2

(1) 倍

(2) ：

3

(1) 人

(2) 個

4

(1) 通り

(2) 通り

(3) 通り

5

(1) cm^3

(2) cm^2

(3) cm^2

6

(1) ア

イ

ウ

エ

(2) 毎分 cm^3

海城中学校（一般②）　2020年度

◇理科◇

※131%に拡大していただくと，解答欄は実物大になります。

1.

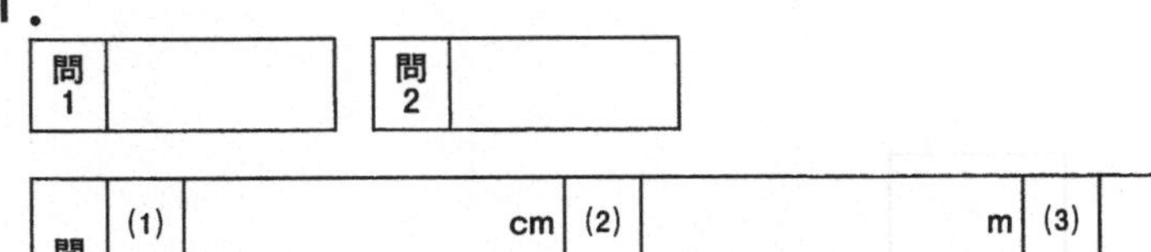

2.

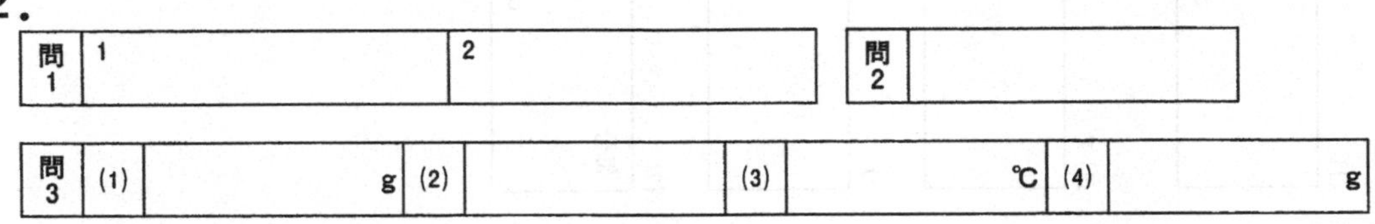

3.

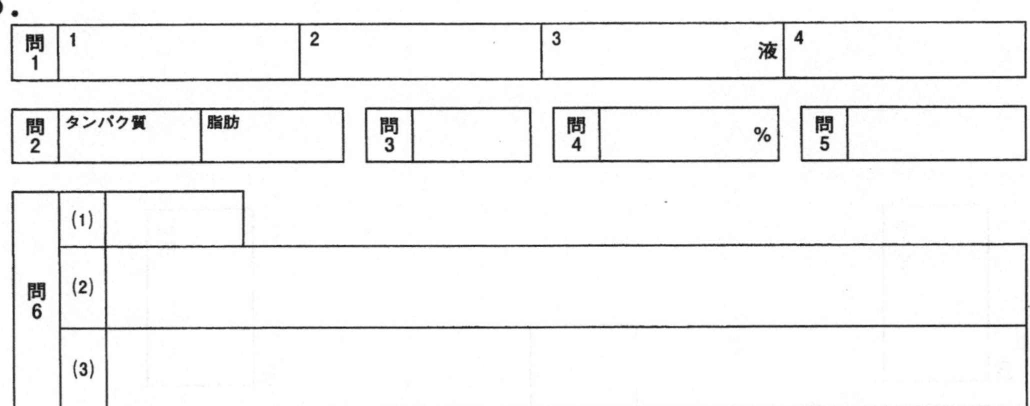

4.

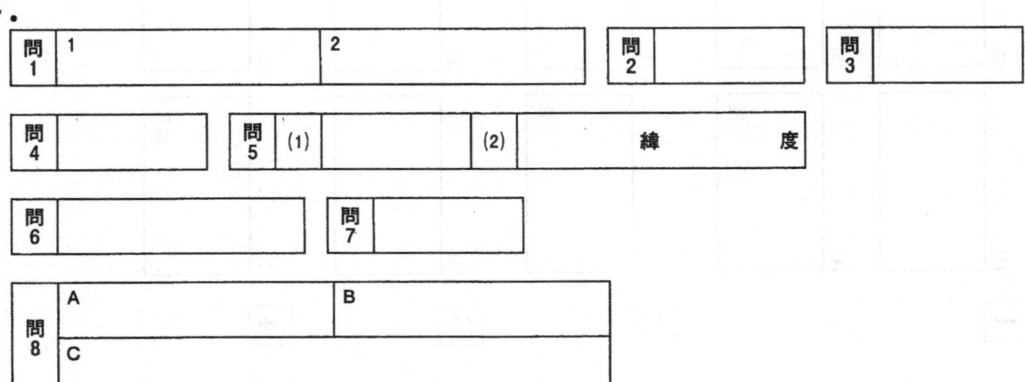

海城中学校(一般②)　2020年度

◇社会◇

※140％に拡大していただくと，解答欄は実物大になります。

問1.

問2.

問3. (1)　(2)　(3)

問4. A ・ B が新たに導入された切り出し方であり、

問5.

問6.

問7.

100

160

問8. 2番目　記号

問9.

100

190

海城中学校（一般②）　２０２０年度

※１４１％に拡大していただくと、解答欄は実物大になります。

◇国語◇

一

問一

問二

問三

60

80

問四

問五

問六

問七

問八

問九

問十

問十一

80

100

と言いたかった。

問十二

問十三

問十四

問十五

二

問一	
a	
b	
c	
d	
e	

問二	

問三	

問四					

問五	

問六	

問七	

問八	

MEMO

大切なことはメモしておこうネ！

T.G

MEMO

東京学参の

中学校別入試過去問題シリーズ

＊出版校は一部変更することがあります。一覧にない学校はお問い合わせください。

東京ラインナップ

あ　青山学院中等部(L04)
麻布中学(K01)
桜蔭中学(K02)
お茶の水女子大附属中学(K07)
か　海城中学(K09)
開成中学(M01)
学習院中等科(M03)
慶應義塾中等部(K04)
啓明学園中学(N29)
晃華学園中学(N13)
攻玉社中学(L11)
国学院大久我山中学
　(一般・CC)(N22)
　(ＳＴ)(N23)
駒場東邦中学(L01)
さ　芝中学(K16)
芝浦工業大附属中学(M06)
城北中学(M05)
女子学院中学(K03)
巣鴨中学(M02)
成蹊中学(N06)
成城中学(K28)
成城学園中学(L05)
青稜中学(K23)
創価中学(N14)★
た　玉川学園中学部(N17)
中央大附属中学(N08)
筑波大附属中学(K06)
筑波大附属駒場中学(L02)
帝京大中学(N16)
東海大菅生高中等部(N27)
東京学芸大附属竹早中学(K08)
東京都市大付属中学(L13)
桐朋中学(N03)
東洋英和女学院中学部(K15)
豊島岡女子学園中学(M12)
な　日本大第一中学(M14)
日本大第三中学(N19)
日本大第二中学(N10)
は　雙葉中学(K05)
法政大学中学(N11)
本郷中学(M08)
ま　武蔵中学(N01)
明治大付属中野中学(N05)
明治大付属八王子中学(N07)
明治大付属明治中学(K13)
ら　立教池袋中学(M04)
わ　和光中学(N21)
早稲田中学(K10)
早稲田実業学校中等部(K11)
早稲田大高等学院中学部(N12)

神奈川ラインナップ

あ　浅野中学(O04)
栄光学園中学(O06)
か　神奈川大附属中学(O08)
鎌倉女学院中学(O27)
関東学院六浦中学(O31)
慶應義塾湘南藤沢中等部(O07)
慶應義塾普通部(O01)
さ　相模女子大中学部(O32)
サレジオ学院中学(O17)
逗子開成中学(O22)
聖光学院中学(O11)
清泉女学院中学(O20)
洗足学園中学(O18)
捜真女学校中学部(O29)
た　桐蔭学園中等教育学校(O02)
東海大付属相模高中等部(O24)
桐光学園中学(O16)
な　日本大中学(O09)
は　フェリス女学院中学(O03)
法政大第二中学(O19)
や　山手学院中学(O15)
横浜隼人中学(O26)

千・埼・茨・他ラインナップ

あ　市川中学(P01)
浦和明の星女子中学(Q06)
か　海陽中等教育学校
　(入試Ⅰ・Ⅱ)(T01)
　(特別給費生選抜)(T02)
久留米大附設中学(Y04)
さ　栄東中学(東大・難関大)(Q09)
栄東中学(東大特待)(Q10)
狭山ヶ丘高校付属中学(Q01)
芝浦工業大柏中学(P14)
渋谷教育学園幕張中学(P09)
城北埼玉中学(Q07)
昭和学院秀英中学(P05)
清真学園中学(S01)
西南学院中学(Y02)
西武学園文理中学(Q03)
西武台新座中学(Q02)
専修大松戸中学(P13)
た　筑紫女学園中学(Y03)
千葉日本大第一中学(P07)
千葉明徳中学(P12)
東海大付属浦安高中等部(P06)
東邦大付属東邦中学(P08)
東洋大附属牛久中学(S02)
獨協埼玉中学(Q08)
な　長崎日本大中学(Y01)
成田高校付属中学(P15)
は　函館ラ・サール中学(X01)
日出学園中学(P03)
福岡大附属大濠中学(Y05)
北嶺中学(X03)
細田学園中学(Q04)
や　八千代松陰中学(P10)
ら　ラ・サール中学(Y07)
立命館慶祥中学(X02)
立教新座中学(Q05)
わ　早稲田佐賀中学(Y06)

公立中高一貫校ラインナップ

北海道　市立札幌開成中等教育学校(J22)
宮　城　宮城県仙台二華・古川黎明中学校(J17)
市立仙台青陵中等教育学校(J33)
山　形　県立東桜学館・致道館中学校(J27)
茨　城　茨城県立中学・中等教育学校(J09)
栃　木　県立宇都宮東・佐野・矢板東高校附属中学校(J11)
群　馬　県立中央・市立四ツ葉学園中等教育学校・
市立太田中学校(J10)
埼　玉　市立浦和中学校(J06)
県立伊奈学園中学校(J31)
さいたま市立大宮国際中等教育学校(J32)
川口市立高等学校附属中学校(J35)
千　葉　県立千葉・東葛飾中学校(J07)
市立稲毛国際中等教育学校(J25)
東　京　区立九段中等教育学校(J21)
都立大泉高等学校附属中学校(J28)
都立両国高等学校附属中学校(J01)
都立白鷗高等学校附属中学校(J02)
都立富士高等学校附属中学校(J03)
都立三鷹中等教育学校(J29)
都立南多摩中等教育学校(J30)
都立武蔵高等学校附属中学校(J04)
都立立川国際中等教育学校(J05)
都立小石川中等教育学校(J23)
都立桜修館中等教育学校(J24)
神奈川　川崎市立川崎高等学校附属中学校(J26)
県立平塚・相模原中等教育学校(J08)
横浜市立南高等学校附属中学校(J20)
横浜サイエンスフロンティア高校附属中学校(J34)
広　島　県立広島中学校(J16)
県立三次中学校(J37)
徳　島　県立城ノ内中等教育学校・富岡東・川島中学校(J18)
愛　媛　県立今治東・松山西中等教育学校(J19)
福　岡　福岡県立中学校・中等教育学校(J12)
佐　賀　県立香楠・致遠館・唐津東・武雄青陵中学校(J13)
宮　崎　県立五ヶ瀬中等教育学校・宮崎西・都城泉ヶ丘高校附属中学校(J15)
長　崎　県立長崎東・佐世保北・諫早高校附属中学校(J14)

公立中高一貫校「適性検査対策」問題集シリーズ

総合編　作文問題編　資料問題編　数と図形編　生活と科学編　実力確認テスト編

私立中・高スクールガイド

THE(ザ) 私立

私立中学＆高校の学校生活がわかる！

〈ダウンロードコンテンツについて〉

本問題集のダウンロードコンテンツ、弊社ホームページで配信しております。現在ご利用いただけるのは「2025年度受験用」に対応したもので、**2025年3月末日**までダウンロード可能です。弊社ホームページにアクセスの上、ご利用ください。

※配信期間が終了いたしますと、ご利用いただけませんのでご了承ください。

中学別入試過去問題シリーズ

海城中学校　2025年度

ISBN978-4-8141-3147-1

[発行所] 東京学参株式会社

〒153-0043　東京都目黒区東山2-6-4

書籍の内容についてのお問い合わせは右のQRコードから ⇒

2024年4月30日　初版